Der Staatshaushalt

und

die Finanzen Preussens.

Unter Benutzung amtlicher Quellen

bearbeitet von

O. Schwarz,
Geheimer Finanzrath
u. vortragender Rath im Finanzministerium.

und

Dr. jur. G. Strutz,
Geheimer Ober-Finanzrath
u. vortragender Rath im Finanzministerium.

Band I.

Die Ueberschussverwaltungen.

Berlin, 1900.
J. Guttentag, Verlagsbuchhandlung,
G. m. b. H.

Der Staatshaushalt

und

die Finanzen Preussens.

Band I.

Die Ueberschussverwaltungen.

Von

Dr. jur. G. Strutz,

Geheimer Ober-Finanzrath und vortragender Rath im Finanzministerium.

Lieferung 1.

Domänen- und Forstverwaltung.

Berlin, 1900.

J. Guttentag, Verlagsbuchhandlung,

G. m. b. H.

Vorwort zur ersten Lieferung.

Das infolge einer von hervorragenden Kennern des Preussischen Staatshaushalts unterstützten Anregung der Verlagsbuchhandlung von Herrn Geheimen Finanzrath Schwarz und mir in Angriff genommene Werk, dessen erste Lieferung ich hiermit der Oeffentlichkeit übergebe, will ein vollständiges, sich möglichst an den Staatshaushaltsetat anschliessendes Bild von der finanziellen Bedeutung und Entwicklung der einzelnen Zweige der Staatsverwaltung bieten. Entstehung, Werdegang und gegenwärtiger Zustand aller in dem Staatshaushaltsetat erscheinenden Verwaltungen sollen vom Gesichtspunkte der Staatsfinanzen für sich und in ihrem Zusammenwirken auf die Gestaltung des Staatshaushalts und der Finanzlage des Staates zur Darstellung gelangen.

Indem unsere Arbeit hinsichtlich der Einnahmen und Ausgaben des Staatshaushaltsetats im Einzelnen darüber Aufschluss zu geben sucht, wie sie entstanden sind und sich im Laufe der Zeit bis zur Gegenwart gestaltet haben, und auf welchen gesetzlichen oder administrativen Massnahmen, wirthschaftlichen und sonstigen Verhältnissen ihre Entstehung und Gestaltung beruht, wünschen wir für weitere Kreise des In- und Auslandes das Material für das Verständniss und eine zutreffende Beurtheilung der Finanzen Preussens, seines Budgets und seiner Finanzverwaltung zu geben, dem Parlamentarier aber und dem sonst auf ein genaueres Studium des Staatshaushaltsetats Angewiesenen zugleich gewissermassen einen Kommentar zu dem Etat zu bieten.

Das Buch soll zwei Bände umfassen, deren erster die Ueberschuss-, deren zweiter die Zuschussverwaltungen behandelt, und es ist eine derartige Theilung der Bearbeitung in Aussicht genommen, dass Herrn Geheimrath Schwarz die Letztern, mir die Erstern zufallen.

„Ueberschussverwaltungen“, d. h. Verwaltungszweige, welche bestimmt sind, der Staatskasse Reinerträge zuzuführen, sind die sog. „Betriebsverwaltungen“ und die Steuern. Die Ersteren, deren Erträge in der Wissenschaft auch als „Erwerbseinkünfte“ oder, allerdings mit Rücksicht auf die Lotterie und Münze nicht ganz zutreffend, als „privatwirthschaftlicher Erwerb des Staates“ bezeichnet werden, sind in Preussen zur Zeit die Domänen-, die Forst-, die Berg-, Hütten- und Salinen-, die Bernstein-, die Eisenbahn-, die Lotterie-, die Münzverwaltung und die Seehandlung. Von diesen stehen die Domänen- und die Forstverwaltung als diejenigen Verwaltungen, welche der Verwerthung des land- und forstwirthschaftlich nutzbaren Staatsvermögens gewidmet sind, in engem Zusammenhang. Dasselbe gilt von der Berg-, Hütten- und Salinenverwaltung und der Bernsteinverwaltung als den industriellen Unternehmungen des Staates. Ihnen am nächsten steht die Seehandlung als staatliches Bankinstitut, also ebenfalls Gewerbebetrieb. Wesentlich von diesen wie auch von den Eisenbahnen verschiedenen Charakter haben die Lotterie und Münze. Wenn ich beabsichtige, diese übrigens finanziell untergeordnete Bedeutung besitzenden Verwaltungen gleichwohl mit der Berg-, Hütten-, Salinen- und Bernsteinverwaltung und der Seehandlung in derselben Lieferung und nicht erst als letzte der Betriebsverwaltungen zu behandeln, so sind hierfür Rücksichten auf Herstellung in ihrem äussern Umfang einigermassen gleicher Abtheilungen des Werkes bestimmend.

Die in nahem Zusammenhang miteinander stehenden Domänen und Forsten, welche den Gegenstand der vorliegenden Lieferung bilden, werden hier in dem Umfange behandelt, in dem sie in dem Staatshaushaltsetat unter dieser Bezeichnung erscheinen. Eine Aussonderung der streng genommen nicht zu dem land- und forstwirthschaftlich nutzbaren Grundbesitz des Staates gehörigen Einnahmequellen, welche gleichwohl im Etat den Domänen und Forsten zugerechnet werden, wäre kaum durchführbar; jedenfalls würde sie der oben skizzirten Aufgabe des Werkes, über den Staatshaushalt zu orientiren, geradezu widerstreiten.

Die Anordnung konnte in den beiden Büchern, welche diese Lieferung bilden, im Wesentlichen die gleiche sein. Abweichungen beruhen in Verschiedenheiten im Charakter beider Verwaltungen, so darin, dass die Forstverwaltung thatsächlich — von ganz untergeordneten Ausnahmen abgesehen — nur forstwirthschaftliche Betriebe und Nebenbetriebe der Forstwirthschaft umfasst, die Domänenverwaltung sich dagegen keineswegs nur auf durch Landwirthschaft oder deren Nebenbetriebe nutzbares Staatseigenthum erstreckt, dass die Staatsforsten ganz überwiegend, die Objekte der Domänenverwaltung nur zum kleinsten Theil durch Selbstbewirthschaftung genutzt werden, dass die Beamten der einen Verwaltung in wesentlich weiterem Umfange als die der andern aus deren Fonds besoldet werden u. s. w.

In beiden Büchern beschäftigt sich der erste Hauptabschnitt mit der Entstehungsgeschichte des betreffenden Staatseigenthums, der zweite mit den Bruttoeinnahmen, der dritte mit den Ausgaben, und in einem Schlussabschnitt wird die Bilanz der Einnahmen und Ausgaben gezogen und beleuchtet. Innerhalb des zweiten und dritten Hauptabschnitts folgt die Darstellung fast überall der Anordnung im Staatshaushaltsetat, um der Aufgabe des Werkes, diesen gewissermassen zu kommentiren, gerecht zu werden. Nur wo für die Darstellung durchaus Zusammengehöriges bei strengem Anschluss an die Etatseintheilung auseinandergerissen werden würde, ist hiervon abgewichen.

In Betracht gezogen ist — wie ich dies auch für die späteren Lieferungen beabsichtige — der Zeitraum seit dem Jahre 1849 als demjenigen Zeitpunkt, von dem an das Etatswesen der Beschlussfassung der Volksvertretung unterliegt. Doch habe ich, davon ausgehend, dass die Vorgänge, je näher sie der Gegenwart liegen, desto aktuelleres Interesse bieten, die jüngste Zeit eingehender als die frühere berücksichtigt. Von diesem Gesichtspunkt gehen auch die Anlagen aus. Insbesondere sind dort von den Etats zum Abdruck gebracht aus der Zeit bis 1869 nur diejenigen von 1849, 1859, 1869 und ausserdem derjenige von 1866 als des letzten Jahres vor der Vergrösserung des Staatsgebiets durch die Ereignisse dieses Jahres, aus den 70er Jahren die Etats von 5 zu 5 Jahren, im nächsten Jahrzehnt von 2 zu 2 Jahren, dagegen diejenigen seit 1888/89 sämmtlich. Zu Grunde gelegt sind der Darstellung im Allgemeinen die Etats, nicht die in den Rechnungen erscheinenden Isteinnahmen und -Ausgaben, da die Ersteren ein klareres Bild der Finanzgebahrung und -Entwickelung geben, als die von allerlei Zufälligkeiten abhängigen Istergebnisse der einzelnen Jahre, die Etatsansätze ja auch auf den Ergebnissen der Vorjahre aufgebaut sind und diese daher wiederspiegeln. Neben den etatsmässigen Sollbeträgen auch die Rechnungsergebnisse in weiterem Umfange als geschehen zu berücksichtigen, verbot sich schon durch die Nothwendigkeit, das Werk keinen übermässigen Umfang annehmen zu lassen.

Selbstredend sind finanziell unbedeutendere Etatspositionen kürzer als wichtigere behandelt.

Zum Verständniss der finanziellen Ergebnisse einer Verwaltung gehört die Kenntniss auch der nicht direkt als finanzpolitische sich charakterisirenden bezw. gerade nur oder überwiegend für die betreffende Verwaltung erlassenen Gesetze, Verordnungen u. s. w. Auch diese sind daher insoweit zur Darstellung gebracht, als es zur Beantwortung der Fragen nach dem Rechtsgrund einer Etatsposition, nach den für ihre Verwendung bestimmenden Grundsätzen oder nach den Gründen ihres Wachsens oder Sinkens erforderlich ist.

In kleinerem Druck erscheinen vorwiegend die nicht unmittelbar finanzwirthschaftlichen Erörterungen, daneben Angaben über die Verhältnisse einzelner Bezirke sowie gelegentlich zum Vergleich herangezogene Verhältnisse anderer Staaten.

Indem ich hoffe, dass die Leser bei Beurtheilung der Arbeit die Schwierigkeiten der Beschaffung und Sichtung eines so umfangreichen, 50 Jahre zurückreichenden Materials berücksichtigen werden, möchte ich, um Missverständnissen vorzubeugen, noch betonen, dass das benutzte „amtliche Material“ sich auf rein thatsächliche Angaben beschränkt. Urtheile über die Vergangenheit und Gegenwart und Ausblicke in die Zukunft sind lediglich Aeusserungen meiner persönlichen Ansicht.

Nicht unerwähnt bleibe schliesslich, dass ich in dem II. Buch in weitem Umfange den Angaben des Werkes „Die forstlichen Verhältnisse Preussens“ von Hagen in der von Sr. Excellenz dem Herrn Oberlandforstmeister Donner geschaffenen Neubearbeitung gefolgt bin.

Charlottenburg im Dezember 1899.

Dr. **Strutz.**

Druckfehlerberichtigung.

In den Ueberschriften auf Seite 64, 66 und 68 ist statt „D“, „E“ und „F“ zu lesen beziehungsweise „III.“, „IV.“ und „V. Kapitel“.

Inhaltsverzeichniss.

Zweites Buch.

Die Forst-Verwaltung.

Erstes Buch.

Die Domänen-Verwaltung.

I. Hauptabschnitt.

Geschichtliche und staatsrechtliche Gestaltung der Domänen.

Einleitung. Begriff der Domänen.

§ 1. Die Bezeichnung „Domäne" hat ihren Ursprung in dem mittelalterlichen Latein. Dort lautete sie „domanium", woneben sich aber auch die Schreibweisen domaenium, domaynium und, namentlich in romanischen Ländern und in England, demanium finden. Man hat über den Ursprung des Wortes domanium verschiedene Hypothesen aufgestellt, von denen die einer Korruption des klassisch-lateinischen „dominium" die verbreitetste und ungekünstelste ist.[1])

Nach dieser Etymologie bedeutet Domminium als verstümmelte Schreibweise von dominium ursprünglich den Inbegriff der Rechte des dominus, des Herrn, im Gegensatz zu denen der seiner Herrschaft Unterworfenen, der Hintersassen, Hörigen.

Schon sehr früh schränkte man aber den Begriff auf das Grundeigenthum des Herrn, im Gegensatz zu dem an die Hintersassen überlassenen, ein. Dagegen wendete man die Bezeichnung keineswegs nur auf dasjenige des Landesherrn an, sondern auf jedes herrschaftliche Grundeigenthum, wie denn auch heute noch sich z. B. in Schlesien für die Güter, welche ehemals gutsherrliche Rechte besassen, die Bezeichnung „Dominium" erhalten hat, und einzelne Standesherren ihre Güter als „Domänen", ihre zur Verwaltung derselben berufenen Beamtenkollegien und Beamten als „Domänenkammer", „Domänenräthe" bezeichnen, ein übrigens in Oesterreich noch allgemeiner Gebrauch. Soweit es sich um landesherrliche Güter handelte, pflegte man im

---

[1]) Eine andere Ansicht, welche einen gewissen Anhalt in der Schreibart „demanium" findet, will das Wort von de manu, d. i. in der Hand — scil. des Fürsten — befindlich, herleiten. Vgl. u. a. Roscher, Finanzwissenschaft, § 6 Anm. 1, Art. „Domänen" in Conrad's Handwörterbuch der Staatswissenschaften.

Mittelalter dem Worte domanium oder dominium noch besondere Attribute beizufügen, wie „nostrum", „proprium" u. s. w.

Später gewöhnte man sich, unter Domänen oder Domanium ohne weiteren Zusatz nur den Grundbesitz des Landesherrn und des Staates zu verstehen. Eine scharfe Trennung zwischen dem Grundeigenthum des Erstern und dem des Letztern fand bei den unentwickelten Anschauungen von der besonderen Rechtspersönlichkeit und Rechtssphäre des Staates gegenüber der des Landesherrn in den Zeiten des Patrimonialstaates noch nicht statt. Wohl aber bildete sich, als der Ertrag der Domänen zur Bestreitung der Staatsausgaben je länger je mehr unzureichend wurde und die Steuerkraft der Unterthanen in Anspruch genommen werden musste, eine Unterscheidung zwischen Domänen oder Kammergütern und „Schatullgütern" heraus, indem die Landesherren bemüht waren, einen Theil des staatlichen oder landesherrlichen Grundbesitzes der von den Ständen als Aequivalent für die Steuerbewilligungen beanspruchten Mitwirkung bei der Verwaltung zu entziehen und ihrer alleinigen Disposition behufs Speisung ihrer „Schatulle" vorzubehalten. Mit der klareren Entwicklung des Staatsbegriffes, namentlich aber mit dem Uebergang zur konstitutionellen Monarchie, wurde diese Unterscheidung eine immer schärfere, wenn auch das Eigenthumsrecht an den Domänen in einzelnen kleineren Staaten noch bis heutigen Tages nicht zwischen Staat und Landesherrn völlig geregelt ist. Man versteht daher jetzt unter Domänen nur im Eigenthum des Staates stehenden Immobiliarbesitz, im Gegensatz zu dem dem Landesherrn gehörigen Schatullgut.

Aber auch nicht sämmtlichen staatlichen Grundbesitz rechnet man zu den Domänen, sondern nur denjenigen, der privatwirthschaftlich zur Erzielung von Einnahmen verwaltet wird, im Gegensatz zu demjenigen, der, wie das Eigenthum an Strassen, Strömen u. s. w. überhaupt nicht auf privatrechtlichem Titel beruht oder, wie Schulgebäude, Dienstgrundstücke, Festungswerke, einem öffentlichen Dienste oder Gebrauche gewidmet ist.

Der Zweck des vorliegenden Werkes bedingt es, in dem gegenwärtigen Theile desselben auch von dieser Begriffsbestimmung der Domänen abzuweichen und nur dasjenige unter demselben zu behandeln, was nach preussischer Verwaltungspraxis, d. i. nach der Einrichtung des Staatshaushaltsetats, unter dem Kapitel „Domänenverwaltung" zusammengefasst wird. Dazu gehören ausser den Domänen im engsten Sinne, den „Domänenvorwerken", andere der Domänenverwaltung überwiesene Grundstücke, Mühlen, Fischereigerechtigkeiten, Mineralbrunnen und Badeanstalten, grundherrliche Rechte, Domänen-Amortisationsrenten und gewisse andere Rentenbezugsrechte, sowie einzelne Aktivkapitalien, nicht dagegen die in einem besonderen Abschnitt des Etats stehenden, getrennt verwalteten Staatsforsten.

I. Abschnitt.

Entstehungsgeschichte der Domänen.

I. Kapitel.

Erwerbungen.

§ 2. Die Entstehung der ältesten Domänen im engeren Sinn, d. i. des domanialen Landbesitzes, hängt in Deutschland eng zusammen mit der Entwicklung des Königthums, des Lehnswesens und des Territorialstaates.

In den Zeiten des fränkischen wie in den ersten Jahrhunderten des römisch-deutschen Reiches bestand aller Reichthum fast ausschliesslich in Landbesitz. Die fränkischen Könige wie die Kaiser aus dem Hause der Karolinger waren zugleich die grössten Grundbesitzer des Reiches. Sie hatten ihren Hausbesitz durch die Güter unterworfener Fürsten vermehrt, und nach dem Aussterben des einen Königsgeschlechtes gingen dessen Besitzungen auf das ihnen folgende über. So vereinigten die Karolinger ihre Stammgüter mit denen der Merowinger. Als dann nach dem Aussterben der Ersteren die Königskrone an andere Häuser überging und sich immer mehr der Charakter des Wahlreiches entwickelte, hörten die ursprünglichen Güter der Karolinger auf, Hausgüter der deutschen Könige zu sein und erhielten die Natur von Reichsdomänen, die im Eigenthume des jeweiligen Reichsoberhauptes als solchen standen und von den Königen auf verschiedene Weise vermehrt, weit mehr aber vermindert wurden. Insbesondere gingen die Reichsdomänen allmählich mehr und mehr in den Besitz der Territorialherren über, wurden zu Landesdomänen.

Der Ursprung der deutschen Einzelstaaten liegt bekanntlich in dem allmählichen Selbstständigwerden ursprünglich Königlicher Beamter. Diese Beamten wurden, dem damaligen Ueberwiegen des Naturalbesitzes entsprechend, den durch Grundbesitz hervorragenden Familien entnommen. Als sie dann die Landeshoheit erlangten, wurde ihr Familiengut zur „Landesdomäne". Zu diesen ältesten Landesdomänen gesellten sich die ihnen von den Königen zu Lehen überlassenen Reichsdomänen, indem die Landesherren mit Erstarken ihrer Macht und Sinken der Königsmacht sich das Eigenthum derselben anmassten. Andere Reichsdomänen, deren blosse Verwaltung ihnen anvertraut war, vereinigten die Territorialherren gleichwohl ebenso mit ihren Landesdomänen, und wieder andere erwarben sie dadurch, dass die Könige in Geldnoth sie ihnen verpfändeten und dann nicht wieder einlösen konnten.

Zu diesen somit theils aus dem Erbgut der Landesherren theils aus Reichsdomänen entstandenen Landesdomänen gesellten sich namentlich in neuerer Zeit die Güter säkularisirter Klöster, Stifter und Bisthümer, die übrigens ihrerseits ursprünglich zum grössten Theile an die Klöster u. s. w. verschenkte oder zu Lehen gegebene Reichsdomänen waren. Schliesslich kamen hinzu noch durch Kauf, Urbarmachung und Konfiskation erworbene Güter.

§ 3. Wie im übrigen Deutschland, so ist auch in Preussen die Entstehung des Domänenbesitzes auf diese verschiedenen Ursachen zurückzuführen. Die Unterschiede nach dem Entstehungsgrunde haben sich hier indess in besonderem Masse verwischt, da infolge des häufigen Wechsels der Dynastieen, bis endlich die Hohenzollern die Landesherrschaft erlangten, und der auf dem Wege kriegerischer Eroberung, des Erbvergleiches u. s. w. erfolgenden Vergrösserung des Staates der grösste Theil des Domänenbesitzes eben schon als solcher in die Hand der Brandenburgisch-Preussischen Landesherren gelangte, ohne dass diese Veranlassung gehabt hätten, der Frage nachzugehen, auf welchem Wege die mit dem erworbenen Territorium übergegangenen Landesdomänen seiner Zeit zu solchen geworden seien.

In den eben genannten Umständen, dem mehrfachen Dynastieenwechsel, vermöge dessen die Güter der früheren Dynastie mit denen der neuen vereinigt wurden,[1]) und den auf kriegerischem wie friedlichem Wege erfolgenden Erweiterungen des Staatsgebietes, durch die die in den neuerworbenen Landestheilen vorhandenen Domänen zu den bisherigen hinzukamen, liegt ein Hauptgrund der besonderen Grösse des Preussischen Domänenbesitzes. Kaum weniger aber ist dieselbe dem zuzuschreiben, dass die Herrscher aus dem Hause der Hohenzollern sich zumeist vor der Mehrzahl der zeitgenössischen Fürsten durch verständige und sparsame Haushaltung auszeichneten und mehr als die meisten dieser einer Verschleuderung der Domänen abhold und vielmehr auf eine Vergrösserung derselben durch Zukauf, Urbarmachung von Oedländereien u. s. w. bedacht waren.

§ 4. Die Thätigkeit der ersten Hohenzollern erstreckte sich freilich mehr auf die Wiedergewinnung der von dem Adel usurpirten Domänen. Immerhin brachten die Vergrösserungen des Staatsgebiets durch die Neumark unter Friedrich II., Krossen, Züllichau, Sommerfeld und Bobersberg unter Albrecht Achilles, Zossen unter Johann Cicero und Neu-Ruppin unter Joachim I. Nestor auch dem Domanialbesitz einen erheblichen Zuwachs. Unter Joachim II. Hektor wurde dann durch die mit der Einführung der Reformation erfolgende Einziehung der Klostergüter neuer, ausserordentlich erheblicher Domänenbesitz erworben. Johann Sigismund fügte dem Staatsgebiet das Herzogthum Cleve, die Grafschaften Mark und Ravensberg und das Herzog-

---

[1]) Allerdings bedurfte es erst der Energie der ersten Hohenzollern, des Kurfürsten Friedrich I. und seiner Nachfolger, um die unter den früheren Markgrafen von dem Adel in Besitz genommenen Domänen wieder zur Landesherrschaft zurückzubringen. Vgl. Rönne, „Domänen-, Forst- und Jagdwesen“ S. 75 f.

thum Preussen hinzu. Durch diese Erwerbungen, welche das Staatsgebiet mehr als verdoppelten, wurde auch das Domanium in gewaltigem Umfange vermehrt; insbesondere hatte in Preussen der deutsche Ritterorden einen ausserordentlich umfangreichen Grundbesitz zusammengebracht, der nun den Brandenburgischen Domänen hinzuwuchs.

In den Nöthen des dreissigjährigen Krieges verringerte sich allerdings auch der Domänenbesitz in den von ihm berührten Landestheilen erheblich. Indessen wurden unter der Regierung des Grossen Kurfürsten nicht nur in den ererbten Landestheilen die verlorenen Domänen zum Theil zurückerworben und neue hinzugekauft, sondern auch durch die Vereinigung von Kammin und Hinterpommern, der Fürstenthümer Halberstadt und Minden, des Herzogthums Magdeburg, von Lauenburg-Bütow und Draheim mit dem Brandenburgisch-Preussischen Staate weitere umfangreiche Ländereien dem bisherigen Domänenbesitz hinzugefügt, sodass derselbe im Jahre 1696, also 8 Jahre nach dem Tode des Grossen Kurfürsten, 228 Güter mit einem Ueberschuss von nahezu 1 Million Thaler — einschliesslich der Rentengefälle — umfasste. Hieran war die Kurmark, in der sich beim Regierungsantritt Friedrich Wilhelms nur 28 Aemter im Eigenthum und Niessbrauch des Kurfürsten befanden,[1]) mit 50 Aemtern betheiligt.

§ 5. Später waren von besonderer Bedeutung für die Vergrösserung des Domänenbesitzes die Regierungen Friedrich Wilhelms I. und Friedrichs des Grossen. Unter Ersterem überwog weit der auf dem Wege des Kaufes und der Landesmelioration erfolgende Erwerb, unter Letzterem derjenige durch Vergrösserung des Staatsgebietes. Friedrich Wilhelm I. verwandte in der Zeit von 1713—1732 die für jene Zeit gewaltige Summe von 5 Millionen Thalern zum Ankauf von Domänen, und das von ihm mit einem Aufwand von 6 Millionen Thalern durchgeführte sog. Preussisch-Litthauische Retablissement liess, obwohl ein grosser Theil des Landes an Kolonisten zum Eigenthum ausgegeben wurde, doch auch zahlreiche neue Domänenämter entstehen.

Friedrich der Grosse war dieser Art der Vermehrung des Domaniums im Interesse der Konservirung der adligen Familien[2]) und der Erhaltung und Vermehrung des Bauernstandes abgeneigt, dagegen erwarb er mit Schlesien und Westpreussen umfangreichen neuen Domänenbesitz. In dem letzteren, bis dahin Polnischen Landestheil, befand sich zwar bei der Erwerbung das Krongut in den Händen der Starosten und der Geistlichkeit, Friedrich zog es jedoch als Domänengut wieder ein.

Die enorme Vergrösserung des Staatsgebietes um mehr als 2000 Quadratmeilen unter Friedrich Wilhelm II. hatte zunächst

---

[1]) Nach Breysig, „Geschichte der Brandenburgischen Finanzen in der Zeit von 1640 bis 1697".

[2]) Vgl. Instruktion für das Generaldirektorium vom 20. Mai 1748, Art. 28.

eine entsprechende Vermehrung der Domänen nicht zur Folge. Die Staatsgüter in den vormals Polnischen Landestheilen waren überwiegend im Besitze der Starosten und der Geistlichkeit. Und wenn auch durch Patent vom 26. Februar 1794 die Einziehung der starosteilichen und geistlichen Güter angeordnet wurde, so gelangte doch diese Massregel nicht nur, Dank der Gutmüthigkeit des Königs und der Schwäche der Verwaltung, nur sehr langsam und unvollkommen zur Ausführung, sondern es wurde auch ihr Zweck durch massenhafte neue Verschenkungen der Staatsgüter vereitelt.[1])

Friedrich Wilhelm III., bei dessen Tode übrigens der Staat noch nicht den äussern Umfang wieder erreicht hatte, den er bei seinem Regierungsantritt besessen hatte, gewann mit den neuen Landestheilen auch erheblichen und werthvollen neuen Domänenbesitz. Noch bedeutender war der Zuwachs durch Säkularisationen. Unter dem Druck der durch den unglücklichen Krieg von 1806/7 herbeigeführten Finanznöthe entschloss sich der König zur Einziehung sämmtlicher geistlicher Güter der Monarchie, welche durch das „Edikt über die Finanzen des Staates und die neuen Einrichtungen wegen der Abgaben“ vom 27. Oktober 1810 (G.S. S. 25) angekündigt und durch das „Edikt über die Einziehung sämmtlicher geistlicher Güter in der Monarchie“ vom 30. Oktober 1810 (G.S. S. 32) ausgesprochen wurde.

Edikt v. 27. Oktober 1810: „Ferner haben wir beschlossen, die geistlichen Güter in Unserer Monarchie zu säkularisiren und verkaufen zu lassen, das Aufkommen davon aber gleichfalls dem Staatsschulden-Abtrage zu widmen, indem Wir für vollständige Pensionirung der jetzigen Pfründner und für reichliche Dotirung der Pfarreien, Schulen und milden Stiftungen sorgen. Wir haben hierin nicht nur das Beispiel fast aller Staaten und den allgemeinen Zeitgeist vor Uns, sondern auch die Ueberzeugung, dass Wir weit mehr der Gerechtigkeit gemäss handeln, wenn Wir jene Güter unter den oben erwähnten Bedingungen zur Rettung des Staats verwenden, als wenn Wir zu diesem Ende das Vermögen Unserer getreuen Unterthanen stärker anziehen wollten.“

Edikt v. 30. Oktober 1810: „In Erwägung, dass a) die Zwecke, wozu geistliche Stifter und Klöster bisher errichtet wurden, theils mit den Ansichten und Bedürfnissen der Zeit nicht vereinbar sind, theils auf veränderte Weise besser erreicht werden können; b) dass alle benachbarte Staaten die gleichen Maassregeln ergriffen haben; c) dass die pünktliche Abzahlung der Kontribution an Frankreich nur dadurch möglich wird; d) dass Wir dadurch die ohnedies sehr grossen Anforderungen an das Privatvermögen Unserer getreuen Unterthanen ermässigen, verordnen Wir wie folgt: § 1. Alle Klöster, Dom- und andere Stifter, Balleien und Kommenden, sie mögen zur katholischen oder protestantischen Religion gehören, werden von jetzt an als Staats-Güter betrachtet. § 2. Alle Klöster, Dom- und andere Stifter, Balleien und Kommenden, sollen nach und nach eingezogen und für Entschädigung der Benutzer und Berechtigten soll gesorgt werden. § 4. Wir werden für hinreichende Belohnung der obersten geistlichen Behörden und mit dem Rathe derselben für reichliche Dotirung der Pfarreien, Schulen, milden Stiftungen und selbst

---

[1]) Vgl. Schück, „Die Güterverschleuderung in Südpreussen und das schwarze Register“, in den Abhandlungen der Schlesischen Gesellschaft, Jahrgang 1866.

derjenigen Klöster sorgen, welche sich mit der Erziehung der Jugend und der Krankenpflege beschäftigen und welche durch obige Vorschriften entweder an ihren bisherigen Einnahmen leiden oder deren durchaus neue Fundirung nöthig erscheinen dürfte."

Das Edikt vom 30. Oktober 1810 hat indess Gesetzeskraft nur für den damaligen Umfang der Monarchie, nicht also für die Landestheile westlich der Elbe, die Oberlausitz, Posen und die Stadt Danzig nebst ihrem Gebiet. In diesen Gebietstheilen ist, da das Edikt auch nachträglich nicht auf sie ausgedehnt wurde, soweit nicht schon der Reichsdeputations-Hauptschluss vom 25. Februar 1803 oder die Gesetzgebung der vor der Vereinigung bezw. Wiedervereinigung mit Preussen zuständig gewesenen Staatsgewalten die Säkularisation verfügt hatte, eine allgemeine gesetzliche Anordnung nicht erfolgt. Eine nicht gedruckte Kabinetsordre vom 9. August 1816 hat sogar ausgesprochen, dass in diesen Landestheilen eine allgemeine Säkularisation nicht erfolgen, sondern die Klöster nur allmählich zum Aussterben gebracht werden sollten. Infolgedessen sind beispielsweise die evangelischen Domstifte Merseburg und Naumburg und das Kollegialstift Zeitz, die sich in bis zum Wiener Frieden Sächsischen Landestheilen befinden, nicht säkularisirt. Das Domkapitel in Brandenburg ist dagegen 1820, die Balley Brandenburg des Johanniterordens 1852 neu errichtet.

Auch im übrigen ist das Edikt vom 30. Oktober 1810 nicht vollständig zur Ausführung gelangt.

Das Gesammtresultat der Regierung Friedrich Wilhelms III. war freilich infolge der weiter unten zu besprechenden Domänenveräusserungen nicht sowohl eine Vermehrung als vielmehr eine Verminderung der Domänen.

Die geringen politischen Erwerbungen Friedrich Wilhelms IV. brachten so gut wie keine Vermehrungen der Domänen, da die gesammten Hohenzollern'schen Domänen durch Art. 3 des Staatsvertrages vom 7. Dezember 1849 zu Stamm- und Fideikommissvermögen des Hohenzollern'schen Fürstenhauses erklärt wurden. Andererseits wurden dagegen die Domänenverkäufe unter Friedrich Wilhelm IV. in grossem Masse fortgesetzt.

§ 6. Infolge der kriegerischen Ereignisse des Jahres 1866 wurde der Preussische Domänenbesitz durch die Erwerbung von Hannover, Kurhessen, Nassau und Schleswig um 344 Vorwerke mit einer Fläche von ca. 207 000 Morgen und einer jährlichen Pachteinnahme von rund 685 000 Thalern vermehrt.[1])

Von dieser Vermehrung der Domänen entfallen auf

Hannover	200	Vorwerke mit	141 848	Morgen Grösse und	451 586	Thlr.	Pachteinnahme
Kurhessen	110	„ „	54 470	„ „ „	194 628	„	„
Nassau	31	„ „	9 508	„ „ „	58 766	„	„
Schleswig	3	„ „	1 248	„ „ „	1 957	„	„

[1]) Drucksachen des Abgeordnetenhauses Nr. 44 der Session 1867/68.

In Holstein befanden sich keine Domänen, und die Lauenburgischen wurden durch Art. I des Vertrags v. 15. März 1876[1]) als „ausschliessliches Eigenthum des Lauenburgischen Landeskommunalverbandes" anerkannt.

Der an Preussen gelangte Domänenbesitz in Hannover setzte sich zusammen aus den Hannoverschen Staatsdomänen und dem zum Privateigenthum des Königs Georg V. und zum Fideikommissvermögen des Hannoverschen Königshauses gehörigen Grundeigenthum. Nach dem mit dem Könige Georg abgeschlossenen Vertrage v. 29. September 1867 (Anlagen zu den Stenogr. Berichten des Abgeordnetenhauses 1867/68 Bd. I S. 119) verblieb Ersterem nur das Schloss Herrenhausen und die Domäne Calenberg, während er zur Ausgleichung der Einnahmen, die er bisher aus den Domänen und Forsten, aus den oberlehnsherrlichen Rechten, den heimgefallenen Lehnen und dem Lehnsallodifikationsfonds bezogen hatte, sowie als Ersatz für die Schlösser, Gärten und alles sonstige Grundeigenthum eine Abfindung von 11 Millionen Thalern erhielt.

Auch in Kurhessen gingen nicht nur die Landesdomänen, sondern auch der zum Fideikommissvermögen des Hessischen Fürstenhauses gehörige Grundbesitz in das Eigenthum des Preussischen Staates über mit alleiniger Ausnahme der Schlösser in Hanau, Rotenburg, Schönfeld bei Kassel und eines Theiles des Bellevueschlosses in Kassel. Die definitive Regelung erfolgte erst nach dem Tode des depossedirten Kurfürsten, dem ursprünglich das Fideikommissvermögen zur Nutzniessung überlassen, sodann aber wegen seiner Agitationen gegen Preussen im Wege der Sequestration entzogen war, durch Verträge mit den Philippsthaler Linien und der Grossherzoglichen Linie des Hessischen Fürstenhauses vom 13. Dezember 1880 (als Anlagen zu dem Gesetz v. 16. März 1881 betr. das Fideikommissvermögen des vormals Kurfürstlich Hessischen Hauses — G.S. S. 140 — veröffentlicht). Den Agnaten der Philippsthaler Linien ist durch diese Verträge als Entschädigung eine Jahresrente von 300 000 Mk. zugesichert.

In Nassau ist das gesammte Domänenvermögen „einschliesslich der bisher der Herzoglichen Hofhaltung überwiesenen Schlösser, Güter und sonstigen Liegenschaften" mit Ausnahme des Schlosses und Parkes in Biebrich, des „kleinen Palais" in Wiesbaden, des Schlosses in Weilburg mit den zugehörigen Gärten, des Walddistrikts Grub, des Jagdschlosses und der Oberförsterwohnung „auf der Platte", des Sauparks „bei der Platte" und des Hofguts zu Hornau in das Eigenthum Preussens übergegangen und dem depossedirten Herzog neben der Uebernahme gewisser Zahlungen an oder zu Gunsten von Agnaten eine Abfindung von 15 Millionen Gulden = 8 571 428 Thlr. 17 Sgr. 2 Pf. gewährt. Das „mit dem Nassauischen Domänenvermögen in keine substanzielle Verbindung gelangte" Privatvermögen des Herzogs und seines Hauses, namentlich auch die Besitzung Königstein ist in dem Besitz des Herzoglichen Hauses verblieben. (Vertrag v. 6. Dezember 1867, Anlagen zu den Stenogr. Berichten des Abgeordnetenhauses, Session 1867/68 Bd. I S. 117.)

Seit den Erweiterungen des Staatsgebiets im Jahre 1866 haben grössere Neuerwerbungen von Domänen nicht stattgefunden. Ueber die kleinern Ankäufe von Domänengrundstücken vgl. unten in den §§ 51 und 81.

Erhebliche Vermehrungen des land- und forstwirthschaftlich nutzbaren Grundbesitzes des Staates sind allerdings in den letzten Jahren durch die Güterkäufe der durch das Gesetz betr. die Beförderung deutscher Ansiedelungen in den Provinzen Westpreussen und Posen v. 26. April 1886 (G.S. S. 131) errichteten Ansiedelungskommission in diesen beiden Provinzen eingetreten. Indess bildet der durch diese erworbene Grundbesitz keinen Theil der Domänen, sondern einen zur Wiederveräusserung gegen Kapital oder Rente bestimmten besonderen Besitz des Staates. Nach der dem Landtag in der Session 1899 vorgelegten

---

[1]) Durch § 12 des Ges. v. 23. Juni 1876 betreffend die Vereinigung des Herzogthums Lauenburg mit der Preussischen Monarchie (G.S. S. 169) gesetzlich anerkannt und mit dem Gesetze in der Gesetzsammlung publizirt.

Denkschrift (Drucksachen des Abgeordnetenhauses Nr. 50) befanden sich in dem Wirthschaftsjahre 1. Juli 1897/98 in der Verwaltung der Ansiedelungskommission von den gesammten erworbenen Gütern noch 109 mit einem Areal von 84 876 ha. Erworben waren von ihr bis zum Schlusse des Jahres 1898 insgesammt 112 467,81 ha für einen Kaufpreis von 71 441 226,82 Mk.

II. Kapitel.

Veräusserungen.

§ 7. Auch die unter den meisten Hohenzollern herrschende Sparsamkeit und Ordnung in dem Staatshaushalt hat es nicht verhindern können, dass der Domänenbesitz im Laufe der Zeit auch grosse Verminderungen erfuhr und jetzt weit hinter seinem früheren Umfange zurücksteht.

Schon Kurfürst Friedrich I. untersagte durch die mit Zustimmung seiner Söhne 1437 errichtete letztwillige Verordnung die Veräusserung von Schlössern, Städten oder Gütern, es sei denn, dass „Noth dazu dringe“. Dasselbe bestimmte die von Friedrich II. mit seinen Brüdern errichtete Theilungsurkunde von 1447, und in der Dispositio Achillea von 1473 heisst es, dass „keiner unser Söhne noch ihre keines Erben von den obengenannten unsern Landen, Leuten, Schlossen, Stadten oder Zugehörungen noch andre, das sie von uns ererben, nichts von keinerlei vergeben, oder auf Fälle noch zur Urthät versetzen oder verkauffen sollen, bei den obgedachten Pflichten, sie sollen das auch weder sämmtlich oder sonderlich keine Macht haben zu thun, in kein Weiss, was sie aber zu den Land bringen oder das Ihnen von Angefällen zustünde, mit demselben mögen sie handeln nach aller löblicher Gewohnheit.“

Indess wurden diese Bestimmungen schon von den nächsten Kurfürsten nicht innegehalten. Namentlich der prunkliebende und freigebige Joachim II. nahm in grossem Umfange Veräusserungen und Verpfändungen von Domänen vor. Als infolge seiner Geldnöthe die Landstände um Bewilligung von Steuern zur Bestreitung der Bedürfnisse und zur Einlösung verpfändeter Domänen angegangen werden mussten, liessen sich diese von dem Kurfürsten wiederholt in „Reversalien“ von 1549 und 1550 garantiren, dass ohne ihre Zustimmung keine Veräusserungen von Domänen stattfinden sollten.

In den Reversalien vom „Mittewoch nach Michaelis 1549“ verpflichtet sich Joachim II. „hinführo ohne der ganzen Landschaft Wissen und Bewilligung kein Schloss, Amt, Kloster, oder andere Unsere Gefälle und Einkommen vergeben, verkaufen, versetzen, veräussern oder sonst in andere Wege davon kommen lassen“ zu wollen. Sollte es gleichwohl vorkommen, so solle „solches alsdann an ihm selbst nichtig“ und sollen die Erwerber zur Rückerstattung verpflichtet sein, ohne einen Anspruch auf Rückgewähr des von ihnen gezahlten Geldes „und was sie daran hätten“ zu haben.

Joachim Friedrich bestätigte diese Zusagen in den Reversalien vom 11. März 1602 (Corp. Const. March. Bd. VI, Abth. 1 Nr. 58). In dem von demselben Kurfürsten abgeschlossenen Geraer Hausvertrag vom 29. April 1599 wurden die Bestimmungen der Achillea hinsichtlich der Zulässigkeit von Veräusserungen ausdrücklich bestätigt.

Indess die Zeitereignisse waren stärker als alle solche noch so ernst gemeinte und feierliche Zusagen. Namentlich in Zeiten wie dem dreissigjährigen Kriege konnte es nicht ausbleiben, dass wieder zur Veräusserung und Verpfändung der Domänen gegriffen wurde und auch Manches an Domänen ohne derartige Rechtsgeschäfte abhanden kam. Als dann der Grosse Kurfürst an die Wiederaufrichtung des Staates ging, bedurfte er selbstredend in grossem Umfange der finanziellen Mithilfe der Stände, und zu den Gegenleistungen, die er ihnen hierfür gewähren musste, gehörte wiederum das Versprechen der Unveräusserlichkeit der Domänen, die von ihm sowohl in der „Konfirmation" vom 7. Juli 1646 (Corp. Const. March. Bd. VI, Abth. 1 Nr. 110), der Resolution vom 1. Mai 1852 (a. a. O. Nr. 115) und dem Landtags-Rezess vom 26. Juli 1653 (a. a. O. Nr. 118), wie auch in seinem Testament vom 23. März 1664 und dem Hausvertrage von 1668 ausgesprochen wurde.

In der Resolution v. 1. Mai 1652 heisst es, der Kurfürst wolle „von deren Churfürstl. Aembtern und Taffelgütern nichts weiter veräussern noch versetzen", und in dem Landtags-Rezess v. 26. Juli 1653: „Wollen wir von Unsern Churfürstl. Aembtern und Taffelgütern, inhalts voriger Landes-Reverse, nichts weiter veräussern oder versetzen, sondern was oppignoriret, sobald es nur immer möglich, wieder einlösen und reluiren lassen." Hier tritt zuerst eine schärfere Hervorhebung des Domänen- als des privatwirthschaftlichen Eigenthums hervor, während in den früheren Familienverträgen und Reversalien noch die Landeshoheit mit dem Privateigenthum vermischt erscheint.

Aehnliche Zusagen über die Inalienabilität, sei es des Landes überhaupt, sei es speziell des Domaniums, waren sowohl vom Grossen Kurfürsten, wie auch von seinen Vorgängern in der Regierung, für andere Landestheile gegeben worden, so[1]) in den Erbverbrüderungen mit Hessen von 1614, mit Pfalz-Neuburg von 1666, in der Westphälischen Landes-Einigung von 1590 („Schlösser, Stätte und Aemter in Westphalen soll Er hinfüro nicht veräussern, oder versetzen und verpfänden, ohne Rath, Wissen und Willen Dechants und Kapituls, auch der Westphälischen Ritterschaft und Landschafft"), dem Kleve- und Märkischen Landtags-Abschied von 1649 („Unsere hiesige Domänen, Jahr-Gülten, Renten oder Aufkünften, anderer Gestalt nicht, denn in kündlicher Noth, und alsdann mit Wissen, Willen und Konsens Unserer Land-Stände und Ritterschaft und Stätten, ferner nicht alieniren, beschweren, versetzen, vergeben noch verschreiben"), in der Kapitulation für das Erzstift Magdeburg von 1567, in dem Magdeburgschen Landtags-Abschied von 1654 („ohne ihr — d. i. des Domkapitals und der „andern Stände" — Wissen und Bewilligung, von Ihr Fürstl. Gn. Aemtern und Kloster-Gütern nichts zu versetzen, oder in einige Wege zu alieniren und verkauffen zu lassen"), in der Resolution an die Magdeburgischen Stände von 1680, in dem Landtags-Abschied an die Hinterpommerschen Stände von 1654 („Wir wollen auch ohne der Stände unterthäniges Einrathen und Verwilligung, wegen Verpfändung und Veräusserung der Tischgüter hinfüro nichts verhängen", ferner an einer andern Stelle: „Im Uebrigen, wie Wir und Unsere gehorsamen Stände einerlei Intention haben, dass Unsre Pommersche Tafel-Güter, welche wir noch in Besitz haben, oder freigemacht und herbeigeschafft werden, unverrückt beisammen bleiben und nicht wiederum veräussert und verpfändet werden, und auf einige Weise von Handen

[1]) Nach Rönne, Domänen- etc. Wesen S. 88 ff.

kommen, so thun Wir hiermit verordnen, dass das ganze Kurfürstliche Domanium und jedes Amt in Pommern . . . . richtig beschrieben u. s. w. Und damit Unsere gehorsamen Stände dieser ihrer Kondition desto besser versichert sein mögen; so haben Wir dieselbe anhero verzeichnen, und in diesen Landtags-Abschied als eine Landes-Konstitution bringen lassen"), in dem Münsterschen Landesprivileg von 1570 u. a. m.

Der wiederholt ausgesprochene Grundsatz der Unveräusserlichkeit der Domänen hinderte aber den Grossen Kurfürsten nicht, als er es im Interesse der Volksvermehrung und der Landeskultur für geboten erachtete, Domänenbesitz zu parzelliren und in Erbpacht an Kolonisten, wie Niederländer und Französische Hugenotten, auszugeben. Dadurch verblieb zwar dem Landesherrn das Obereigenthum, aber thatsächlich bedeutete es doch eine Veräusserung, und als dann unter Friedrich Wilhelm III. das Obereigenthum aufgehoben wurde, wurden die in Erbpacht ausgegebenen Domanialländereien freies Eigenthum der Erbpächter.

Auch abgesehen von den Vererbpachtungen wurde sowohl unter dem Grossen Kurfürsten wie unter seinem Nachfolger ab und zu der Grundsatz der Unveräusserlichkeit der Domänen verletzt. Mehr als hierdurch gefährdete aber König Friedrich I. den Bestand des Domaniums, als er, von dem Kammerrath Luben durch die in Aussicht gestellten höheren Einnahmen verleitet, 1701 in grösserem Massstabe zur Parzellirung und Erbverpachtung nicht nur wüster Feldmarken überzugehen beschloss.[1]) Indess war die schliessliche Einbusse für den Domänenbesitz nicht gross, da schon 1710 dieses System wieder verlassen und die Erbverpachtungen, nicht ohne grosse Härte für die Erbpächter, sowohl von Friedrich I., der indess die Mühlen vorerst noch in Erbpacht belassen wollte, wie von Friedrich Wilhelm I., der sich auf ein Gutachten der Juristenfakultät in Halle berief, wonach die Erbverpachtung eine Veräusserung („species alienationis") und daher nach den Hausgesetzen, Reversalien u. s. w. nichtig sei — jetzt auch unter Beseitigung der von Friedrich I. noch bestehen gelassenen Ausnahme für die Mühlen —, widerrufen und die ausgegebenen Stellen wieder eingezogen wurden.

Die ausserordentliche Sparsamkeit und die von grösseren Erschütterungen des Staates von aussen oder innen verschonte Regierungszeit Friedrich Wilhelms I. führten diesen Herrscher nicht in die Versuchung, an dem Grundsatze der Inalienabilität der Domänen zu rütteln. Nur für die dringend nothwendige Besiedelung einzelner Landestheile, namentlich Preussens und Litthauens, wurde staatliches Grundeigenthum in grösserem Umfange eigenthümlich überlassen, aber nicht durch Zerschlagung von Domänenvorwerken, sondern es wurden den Ansiedlern, wie den vertriebenen Salzburgern, wüste Ländereien zur Kultivirung unter Gewährung staatlicher Beihilfen überwiesen.

[1]) Vgl. Ranke, Genesis des Preussischen Staates S. 463 ff.; Riedel, Brandenb.-Preuss. Staatshaushalt S. 38 ff.; Rönne, Domänen S. 56 ff.; Hüllmann, Geschichte der Domänenbenutzung S. 100 ff.

Friedrich Wilhelm war schon als Kronprinz ein entschiedener Gegner des von seinem Vater unternommenen Versuches der Erbverpachtung der Domänen gewesen, und die Beobachtungen, die er damals gemacht hatte, mochten mit der Grund sein, dass er neuen Versuchen einer Veräusserung der Domänen einen Riegel vorzuschieben suchte, indem er (durch das Edikt von der Inalienabilität der alten und neuen Domänengüter vom 13. August 1713) in verschärfter Form jede Veräusserung der „Domanial-, Cammer- und Tafelgüter" verbot und für null und nichtig erklärte.

In dem Edikt heisst es: „Demnach Unseres nun in Gott ruhenden Herrn Vaters Majestät . . . . unter anderen auch verschiedene Fürstenthümer, Graf- und Herrschaften, auch andre Particulier-Güter und Einkünffte . . . . an Sich gebracht, Seine Königl. Majestät auch, ob sie zwar nach den Verfassungen und Grund-Gesetzen dieses Königlichen Kur- und Fürstlichen Hauses von solchen Ihren neu-erworbenen Landen und Gütern, nach dero freiem Gefallen in faveur anderer desponiren können, dieselbe dennoch solches nicht allein nicht gethan, sondern vielmehr diese neue Acquisitiones, vermittelst einer darüber im Jahre 1710 gemachten Disposition mit einem einigen Fideikommiss belegt; dergestalt und also, dass keiner von Dero an der Kron und Kur habenden Successoren Macht haben solle, oben erwähnte Lande und Güter unter einigem Praetext zu verpfänden, zu verkauffen, zu verschenken, oder sonst zu alieniren, dass zwar hierdurch der Veräusserung aller solcher . . . . aufs künfftige der Genüge vorgebauet werden, bevorab, da es auch ohnedem eine, Krafft oben erwähnter Grund-Gesetze dieses Hauses ausgemachte Sache ist, dass niemand . . . . die von Seinen Vorfahren auf Ihn vererbete Lande, Leute, Städte, Schlösser und andre Zubehörungen zu des Hauses Nachtheil völlig alieniren, und auf andre transferiren kann; Wir dennoch . . . . . die . . . . . acquirirte Lande, Güter und Revenüen auf Unsere Posteritaet, und alle Unsere . . . . Nachfolgern . . . . fortzubringen entschlossen seyen; Also wir auch zu solchem Ende hiermit und Krafft dieses vor Uns und Unsere Nachkommen an der Regierung als ein immerwehrendes und unverbrüchliches Gesetz stabiliret, und festgesetzet haben wollen, dass alle und jede oberwehnte von Unseres Herrn Vatern Majestät so wohl von dero angetretenen Regierung, als nachgehends wehrenden derselben ererbete, erkauffte, ertauschte oder auf andere Weise aquirirte Fürstenthümer, Graf- und Herrschaften, auch einzelne Güter und Revenüen, wie auch alle diejenige, so Wir wehrender Unserer Regierung durch Gottes Gnade und Seegen, etwa auch erwerben, und an Uns bringen werden, nie, und zu keiner Zeit, auch unter keinem Prätext, er habe Nahmen, wie er wolle, von Uns oder Unseren Nachkommen künfftigen Königen in Preussen, Marggrafen und Kurfürsten zu Brandenburg verkauffet, verschenket, oder auf andre Weise von Unserem Königl. Hause gänzlich ab- und an andre gebracht werden sollen. Zu dessen so viel mehrerer Verhütung Wir denn auch bemeldte von Unseres Herrn Vaters Majestät erworbene, auch von Uns ferner zu erwerbende Lande, Leute, Güter und Einkünffte, nichts davon ausgeschlossen, Unserer Kron und Kur auf ewig incorporiret, den unter denselben hierbevor gemachten Unterschied von Schatoul- und ordinairen Cammergütern in totum aufgehoben, und diesen neuen Acquisionen die Natur und Eigenschafft rechter Domanial-, Cammer- und Tafel-Güter sambt der denselben in den Rechten anklebenden Inalienabilität hiermit beygelegt haben wollen, solchergestalt, dass, wenn dennoch wider besseres Vermuthen, und diese unsere wohlbedächtige Konstitution, von erwehnten neu-acquirirten Landen, Gütern und Einkünfften hiernächst über kurtz oder lang an jemanden, es seye unter was für Prätext und Vorwand es wolle, etwas verkauffet, verschenket, zu Lehn gegeben, oder sonst alieniret, und dem Hause gäntzlich und in perpetuum entzogen werden würde, solches alles null und nichtig, auch der jedesmahlige König in Preussen, und Kurfürst zu Brandenburg befugt und berechtigt seyn soll, dergleichen Alienationes zu revociren und aufzuheben, und die dergestalt veräusserte Lande, Güter und Einkünffte wieder an sich zu nehmen und mit der Kron und Kur zu reuniren, ohne dass er schuldig sey, deshalb dem Detentori einige Erstattung zu thun."

Ob durch dieses Edikt auch die Erbverpachtung untersagt werden sollte, kann zweifelhaft sein. Der Wortlaut spricht für die Zulässigkeit derselben, da durch sie die Domänen wohl „in perpetuum", aber nicht „gäntzlich" „dem Hause entzogen" werden. Andererseits steht dieser Auffassung das oben erwähnte, von Friedrich Wilhelm selbst zum Zwecke der Revokation der Erbverpachtungen extrahirte Gutachten der Hallenser Juristenfakultät entgegen. Dass durch das Edikt eine Veräusserung in dem Falle nicht untersagt werde, wenn für das veräusserte ein gleichwerthiges Stück dem Domanium einverleibt werde, sprach Friedrich Wilhelm selbst in seinem Edikt vom 17. Oktober 1713 aus.

Unter Friedrich dem Grossen hatte der Staat, namentlich auch in finanzieller Beziehung, Krisen zu überstehen, wie sie ähnlich nur zur Zeit des dreissigjährigen Krieges dagewesen waren uud nur im Anfang dieses Jahrhunderts wiedergekehrt sind. Die Versuchung, zu ihrer Bewältigung zu dem Mittel umfassender Domänenveräusserungen zu greifen, lag daher nahe. Gleichwohl hat Friedrich dieser Versuchung widerstanden. Und als es nach dem siebenjährigen Kriege ein dringendes Gebot politischer Klugheit war, an eine Vermehrung der Bevölkerung und Verbesserung der Landeskultur zu denken, wurden doch nur einzelne kleinere Domänenvorwerke in Erbpacht ausgegeben und im Uebrigen zur Ansiedelung von Kolonisten bis dahin wüst liegendes, erst urbar zu machendes, insbesondere erst den Flüssen abzuringendes Land, wie der Oderbruch, verwandt.

Es wurden [1]) unter Friedrich insgesammt gegen 400 Vorwerke in Erbpacht gegeben, davon 81 parzellirt. Durch die Parzellirung wurden gewonnen aus 21 Vorwerken in der Kurmark 179, aus 15 in der Neumark 134, aus 33 in Pommern 273 und aus 7 im Magdeburgischen 125 neue Wirthschaften, während die Parzellen von 2 Vorwerken in der Neumark und dreien im Herzogthum Magdeburg an schon ansässige Bauern gegeben wurden.

Weniger pfleglich wurde, wie schon oben bezüglich der Provinz Südpreussen berührt ist, während der Regierungszeit Friedrich Wilhelms II. mit den Domänen verfahren. Das Edikt Friedrich Wilhelms I. stand ja allerdings auch seinem Wortlaute nach, soweit es sich um erst unter Friedrich II. oder Friedrich Wilhelm II. erworbene Domänen handelte, der Veräusserung nicht entgegen, da es nur von den unter Friedrich Wilhelm I. schon vorhandenen oder von ihm noch zu erwerbenden Gütern sprach.

§ 8. Das unter Friedrich Wilhelm II. vollendete Allgemeine Landrecht stellt sich, in der richtigen Erkenntniss, dass bei den wachsenden und wechselnden Bedürfnissen des Staates mit einem starren Verbot der Domänenveräusserung nicht auszukommen ist, schon nicht mehr völlig auf den Standpunkt des Ediktes von 1713, wenn es auch von Domänenverkäufen nicht ausdrücklich spricht, sondern

---

[1]) Nach Hüllmann, Geschichte der Domänenbenutzung in Deutschland S. 120 ff., wo sich ein Verzeichniss der zergliederten Vorwerke befindet.

nur Tausch, Erbpacht und Erbzins erwähnt. Es wird im II. Theil 14. Titel bestimmt:

§ 16. Domainengüter können nur in so weit an einen Privatbesitzer gültig gelangen, als der Staat dagegen auf andere Art schadlos gehalten worden.

§ 17. Insonderheit können sie gegen andre Güter vertauscht, in Erbpacht ausgethan, oder gegen fortwährende Zinsen den Unterthanen zum erblichen Besitze vertheilt werden.

§ 18. Uebrigens gilt, wenn ein Domainengut einer Privatperson gegen Entschädigung überlassen worden, die Vermuthung, dass die Schadloshaltung verhältnissmässig erfolgt sei.

§ 19. Wer aber wissentlich den Besitz eines Domainenguts ohne dergleichen Schadloshaltung an sich gebracht hat, der ist als ein unredlicher Besitzer anzusehen. (Th. I Tit. 7 §§ 10 sqq., §§ 40, 41, 42.)

§ 20. Lehne, welche dem Oberhaupte des Staats von seinen Vasallen heimfallen, ingleichen Erbzinsgüter kann derselbe zu allen Zeiten wieder verleihen.

Es wird also allgemein die Zulässigkeit des Gelangens der Domänen in Privatbesitz ausgesprochen, sofern nur der Staat „auf andere Art schadlos gehalten“ wird, und im § 17 werden, wie das Wort „insonderheit“ zeigt, nur Beispiele angeführt.

Entschieden gebrochen wurde mit dem Prinzip der Unveräusserlichkeit der Domänen und zu dem entgegengesetzten Grundsatz übergegangen unter Friedrich Wilhelm III., freilich nicht aus in der Sache selbst liegenden Gründen, sondern unter dem Druck äusserer Verhältnisse.

Der Tilsiter Frieden legte dem auf die Hälfte seines Umfanges reduzirten, durch den Krieg ausgesogenen Staate eine für damalige Verhältnisse ungeheuere Kontribution auf. Dazu kamen die Kosten der Unterhaltung der französischen Okkupationsarmee und der Wiederherstellung der Kriegsschäden. Diese Mittel aufzubringen, blieb kein anderer Weg, als der der Veräusserung der Domänen.

Durch das mittelst Edikts vom 6. November 1809 (G.S. S. 1806 bis 1810, S. 604) als Gesetz publizirte Hausgesetz vom 17. Dezember 1808, welches von den Ständen der Monarchie durch Unterschrift genehmigt war, wurden daher die der Veräusserung entgegenstehenden rechtlichen Schranken beseitigt und die entgeltliche Veräusserung, soweit sie die Bedürfnisse des Staates und eine verständige Staatswirthschaft nothwendig oder vortheilhaft erscheinen lassen, für zulässig erklärt. Das die noch jetzt gültige Rechtsgrundlage für die Veräusserung der Domänen bildende „Edikt und Hausgesetz“ bestimmt:

„Durch das Edikt vom 13. August 1713 ist von Unseres in Gott ruhenden Herrn Aeltervaters, des Königs Friedrich Wilhelm I Majestät die Unveräusserlichkeit aller Fürstenthümer, Graf- und Herrschaften, auch einzelner Güter und Einkünfte, welche die Preussische Monarchie bilden, auf den Grund eines in Unserm Königlichen Hause durch Verfassung und Fundamentalgesetze hergebrachten Familien-Fideikommisses, für immerwährende Zeiten festgesetzt. Obwohl Wir, Kraft der Uns zustehenden landesherrlichen und souveränen Gewalt, befugt sein würden, diese Unveräusserlichkeit, so weit sie auf die Domainengüter des Staats erstreckt wird, durch ein Edikt um so mehr aufzuheben, als die Nothwendigkeit einer Unveräusserlichkeit der Domainen weder durch das Fideikommiss- und Primogeniturgesetz

Unseres Königlichen Hauses (als welches nur die Theilung und Veräusserung der Souverainetätsrechte zu verhindern bestimmt ist), noch durch das Interesse des Staats geboten wird; so haben Wir Uns dennoch bewogen gefunden, ein Hausgesetz hierüber abzuschliessen, und die Stände in den Provinzen Unserer Monarchie dabei zuzuziehen.

Wir verordnen daher, mit Zuziehung aller Prinzen Unseres Königlichen Hauses, so weit es nöthig, in Vormundschaftlichem Beistande und Genehmigung, mit Zuziehung der Stände in den Provinzen, Folgendes:

§ 1. Es hat bei den Hausverträgen und Grundgesetzen Unseres Königlichen Hauses, in so weit solche die Untheilbarkeit und Unveräusserlichkeit der Souverainetätsrechte, mittelst Anordnung der Primogenitur und des Fideikommisses, festsetzen, sein Verbleiben.

§ 2. Was die Domainen Unseres Staats betrifft, deren Ertrag zu den öffentlichen Ausgaben bestimmt ist, so können jederzeit nur die Bedürfnisse des Staats und die Anwendung einer verständigen Staatswirthschaft darüber entscheiden, ob ihre Veräusserung, es sei mittelst Verkaufs an Privateigenthümer, oder mittelst eines anderen Titels, für das gemeinsame Wohl und für Unser und Unsers Königlichen Hauses Interesse nothwendig und vortheilhaft sei.

§ 3. Indem Wir daher die Vorschriften Unseres Landrechts Theil II, Titel 14, §§ 16 und f., nach welchen Domanialgüter nur in so weit an einen Privatbesitzer gültig gelangen können, als der Staat dagegen auf andere Art schadlos gehalten wird, hierdurch deklariren, setzen Wir fest:

a) dass eine Verschenkung der Domainen nicht Statt finde, vielmehr zu jeder Zeit, sowohl von dem Geschenkgeber selbst, als von seinem Nachfolger widerrufen werden können;

b) dass der jedesmalige Souverain befugt sei, die zu den Domainen gehörenden Bauergüter, Mühlen, Krüge und andere einzelne Pertinenzien gegen Entgelt, es sei mittelst Uebertragung des vollen Eigenthums oder Erbverpachtung oder zinspflichtiger Verleihung zum erblichen Besitz, oder mittelst eines andern nicht unentgeltlichen Titels, zu veräussern, sobald er solches den Grundsätzen einer staatswirthschaftlichen Verwaltung gemäss findet; auch erstreckt sich diese Befugniss auf die Uebertragung des vollen Eigenthums an bäuerlichen Besitzungen ohne Bezahlung eines Kaufgeldes, wie solche in Ostpreussen, Litthauen und Westpreussen durch die Verordnung vom 27. Juli 1808 geschehen ist, und in den übrigen Provinzen noch geschehen soll;

c) dass dem Souverain auch in Absicht der übrigen Domanialgrundstücke, Gefälle und Rechte die Veräusserung gegen Entgeld, jedoch nur mittelst Erbverpachtung, die Veräusserung des vollständigen Eigenthums aber, so wie die Verpfändung und Belastung der Domainen aller Art mit hypothekarischen und andern dinglichen Verbindlichkeiten nur in dem Falle gestattet sein soll, wenn das wahre Bedürfniss des Staats eintritt, und mit dem Kaufgelde oder dem erliehenen Kapital Schulden des Staats bezahlt werden müssen, die in der Erhaltung desselben entstanden sind; als solche erklären Wir zugleich alle jetzt schon vorhandenen Schulden und diejenigen, die zur Bezahlung der an Frankreich abzutragenden Kriegskontribution verwendet werden.

§ 4. Der Erwerber eines solchen nach § 3 Lit. b, c, veräusserten Domanialgrundstücks oder eines dinglichen Rechts soll gegen jeden fiskalischen Anspruch, der auf Vernichtung des über die Veräusserung oder Verpfändung abgeschlossenen Kontrakts unter dem Vorwande der behaupteten Unveräusserlichkeit gerichtet werden wollte, geschützt sein.

§ 5. Damit aber über die Frage, ob eine auf den Grund des § 3 Lit. c wegen eingetretenen nähern Bedürfnisses des Staats geschehene Veräusserung oder Verpfändung wirklich in der angezeigten Art nothwendig gewesen sei? kein Streit entstehe; so soll die diesfällige Urkunde nicht nur von dem Souverain, sondern auch von dem Thronfolger und von dem ältesten Prinzen Unsers, von des Königs Friedrich Wilhelm I. Majestät abstammenden Königlichen Hauses vollzogen werden.

Ist der Kronprinz noch minorenn, so soll der älteste Prinz des Hauses bei dieser Handlung sein Vormund sein, und von dem Chef der Justiz die obervormundschaftliche Autorisation erhalten.

Damit jedoch, durch die hier angeordneten Förmlichkeiten, in der augenblicklichen Lage des Staats, besonders wegen Erfüllung der gegen Frankreich übernommenen Verbindlichkeiten, kein Zeitverlust entstehe, so setzen wir fest, dass auf den Betrag derjenigen Summe, die Unser Finanzminister nach einem von Uns Selbst zu vollziehenden Etat des zur Kriegskontribution und zur Befriedigung der jetzt vorhandenen Staatsgläubiger aus den Domainen herbei zu schaffenden Geldbedarfs, als den Beitrag einer jeden einzelnen Provinz, mittelst eines von Unserm Grosskanzler zu beglaubigenden Extrakts aus dem Etat, oder als das Surrogat des im Etat zur Veräusserung bestimmten, in der Folge aber nach den Umständen davon ausgeschlossenen Beitrags einer andern Provinz, fordern wird, Domainen verkauft oder verpfändet werden können. Auch wollen Wir, dass die Verpfändungsurkunden, die Wir den Kaufleuten zu Königsberg, Elbing und Memel über den Belauf der von ihnen zur Berichtigung der Kriegskontribution ausgestellten Wechsel ausgefertigt haben, und den Kaufleuten zu Berlin, Breslau und Frankfurt noch ausfertigen werden, ohne das Erforderniss irgend einer Förmlichkeit in das Hypothekenbuch eingetragen werden sollen.

§ 6. Den Hypothekenbehörden untersagen Wir hiermit ernstlich, Urkunden, wodurch von Seiten des Souverains oder in Seinem Namen Eigenthums-, hypothekarische oder andere dingliche Rechte auf Domainen übertragen werden sollen, in die Hypothekenbücher einzutragen, wenn sie dem gegenwärtigen Hausgesetz nicht gemäss sind.

§ 7. Unter diesen Bestimmungen wollen und verordnen Wir, dass das Edikt Unsers Herrn Aeltervaters Majestät vom 13. August 1713, welches die Alienation aller der Krone und Chur inkorporirten Güter, bei Strafe der Nullität, untersagt, auf den Verkauf und die Verpfändung oder sonstige Belastung der Domainengüter mit dinglichen Rechten, nicht angewendet werden soll.

Zur Urkunde dessen haben Wir dieses Hausgesetz und Edikt Höchstselbst vollzogen, und von allen Prinzen Unsers Königlichen Hauses und dem für die minorennen Prinzen bestellten Vormunde mit vollziehen, auch die obervormundschaftliche Genehmigung, nach gesetzmässiger Prüfung, deshalb ertheilen lassen, so wie von den Ständen in den Provinzen Unserer Monarchie unterschrieben, auch Unser, der Prinzen und der Stände Siegel unterdrücken lassen."

Zweifellos unzutreffend erscheint in dem Edikt die Behauptung, das Fideikommiss- und Primogeniturgesetz des Königl. Hauses solle nur „die Theilung und Veräusserung der Souverainetätsrechte" verhindern.

Man bedurfte der durch das Edikt und Hausgesetz gewährten Möglichkeit der Veräusserung der Domänen zunächst namentlich zur Erfüllung der Frankreich gegenüber durch Traktat vom 8. September und Konvention vom 5. November 1808 übernommenen Verpflichtung, für die sämmtlichen Rückstände an Kontribution u. s. w. 120 Millionen Francs in monatlichen Raten von 4 Millionen vom 8. November 1808 ab zu zahlen und zur Sicherheit für 50 Millionen kaufmännische Wechsel und für 70 Millionen andere Verschreibungen auszustellen und diese letzteren Verschreibungen binnen 6 Monaten gegen Domänenpfandbriefe auszutauschen, die mit 4% zu verzinsen und bis zum 8. April 1811 terminweise einzulösen waren.[1]) Die Ausfertigung dieser Pfandbriefe wurde nun den Ständen übertragen: denselben wurden bestimmte Domänen zur Verwaltung und zum wiederkäuflichen Eigenthum übertragen gegen die Verpflichtung, die Pfandbriefe in der bei dem landschaftlichen Kreditsysteme üblichen Form auszufertigen und aus den Einkünften der Domänen zu verzinsen. Der Besitztitel dieser Domänen wurde auf die Stände berichtigt, das fiskalische Wiederkaufsrecht als dauernde Last und ein bestimmter Betrag an Domänenpfandbriefen als Schuld auf ihnen eingetragen.[2]) Indess sind die auf diese Weise an die Stände gekommenen Domänen schon in den nächsten Jahren wieder zurückgekauft worden, so bis gegen Ende 1815 von den 60 an die Stände der Kur- und Neumark übertragenen Domänenämtern 49.

---

[1]) Krug, Geschichte der Preussischen Staatsschulden S. 133ff.

[2]) Rezess mit den Ständen der Kur- und Neumark v. 24. März 1809 und Konfirmation desselben v. 6. Mai 1809 (G.S. 1806—1810 S. 543 u. 552).

Nachdem durch das Edikt und Hausgesetz von 1808/9 die rechtlichen Hindernisse für den Verkauf der Domänen beseitigt waren, verkündete das Edikt über die Finanzen des Staates u. s. w. vom 27. Oktober 1810 (G.S. S. 25):

„Wir haben die landesväterliche Absicht, Unsere Domänen zur Tilgung der Staatsschulden zu bestimmen. Zu dem Ende ist ihr successiver Verkauf beschlossen, und eine den Umständen angemessene Instruktion wegen der Veräusserung und Behandlung derselben ertheilt, wodurch jener so weit immer möglich befördert und erleichtert wird. Dabei sollen die Staatspapiere zu $^2/_3$ nach dem Nominalwerth angenommen werden. Es versteht sich von selbst, dass die Erwerber von Domänen-Grundstücken die darauf haftenden Pfandbriefe übernehmen, oder dass für solche den Gläubigern andere von gleichem Betrage gegeben werden müssen, im Fall sie abgelöst werden."

Es ist schon oben (§ 5) erwähnt, dass durch dasselbe Edikt auch die zu dem gleichen Zwecke beabsichtigte Säkularisation der geistlichen Güter angekündigt, die sodann das Edikt vom 30. Oktober desselben Jahres definitiv aussprach. Auf diese Güter fand indess das Edikt und Hausgesetz von 1808/9 keine Anwendung; ihre Veräusserung und Verpfändung sollte nach einer „Deklaration und Verordnung" vom 6. Juni 1812 (G.S. S. 108) „lediglich" „von dem Willen und Befehl" des Königs abhängig sein. Indess hat diese Sonderbestimmung schon durch die späteren Verordnungen Friedrich Wilhelms III., welche alle Domänen und säkularisirten Güter gleichmässig zur Sicherung, Verzinsung und Tilgung der Staatsschulden bestimmen, sodann aber durch die die freie Disposition des Landsherrn über die Staatsgüter, wozu die säkularisirten Güter durch das Edikt vom 30. Oktober 1810 erklärt waren, ausschliessende Verfassung ihre Bedeutung verloren.[1])

In Ausführung der in dem Edikt vom 27. Oktober 1810 ausgesprochenen Absicht, die Domänen und geistlichen Güter zur Tilgung der Staatsschulden zu verwenden, ergingen sodann ausser der schon erlassenen Veräusserungsinstruktion vom 25. Oktober 1810 das „Edikt wegen Veräusserung der Domänen, Forsten und geistlichen Güter" vom 27. Juni 1811 (G.S. S. 208) und die „Fernerweite Verordnung wegen Veräusserung der Staatsgüter" vom 5. März 1813 (G.S. S. 27). Zweck des erstern Edikts war, durch die Art und Weise der Veräusserung der Domänen und säkularisirten Güter die Möglichkeit einer Realisation der Staatspapiere zu gewähren und dadurch den Staatskredit zu heben, während die Verordnung vom 5. März 1813 daneben den Zweck verfolgte, die für die Armee erforderlichen baaren Mittel in die Hand zu bekommen. Das Edikt von 1811 liess daher allgemein den Erwerb sowohl des Eigenthums wie der Erbpacht gegen zum

---

[1]) Ueber die rechtliche Bedeutung der V. v. 6. Juni 1812 vgl. Rönne, Domänen etc. S. 114 f. Verfehlt ist jedoch dessen Deduktion, die Verordnung habe mit dem Tode Friedrich Wilhelms III. die Geltung verloren, weil „die Buchstaben des Gesetzes" nur von diesem König sprächen.

vollen Nennwerth — nicht nur, wie das Edikt vom 22. Oktober 1810 in Aussicht stellte, zu $^2/_3$ desselben — in Zahlung zu nehmende einzeln aufgeführte 21 Arten von Schuldverschreibungen des Staates — und der kurmärkischen Landschaft — zu, während die Verordnung von 1813 dieses Verfahren nur für einen Theil der Domänen beibehielt, für den andern Theil derselben sowie für die säkularisirten Güter aber die Veräusserung nur gegen baares Geld vorschrieb. Beide Verordnungen, die im übrigen Bestimmungen über die Modalitäten der Veräusserung und die Abführung und Verwendung der Erlöse enthielten, sind ebenso wie die nur an die Behörden erlassene, nicht publizirte Veräusserungsinstruktion vom 25. Oktober 1810 durch die spätern Bestimmungen beseitigt.

Auf die Domänen in den infolge der Freiheitskriege neu- oder wiedererworbenen Landestheilen fand das Hausgesetz von 1808/9 keine Anwendung. Es musste daher dort eine besondere Rechtsbasis für die Veräusserung der Domänen geschaffen werden. Dies geschah durch die „Verordnung über die rechtliche Natur der Domänen in den neuen und wiedererworbenen Provinzen“ vom 9. März 1819 (G.S. S. 73). Durch dieselbe wurden die dortigen Domänen in Ansehung ihrer rechtlichen Natur und Veräusserlichkeit den für die übrige Monarchie geltenden Bestimmungen des Allgemeinen Landrechts unterworfen (§ 1) und wie in den alten Landestheilen die ausschliessliche Verwendung des Erlöses aus ihrem Verkauf sowie aus der Ablösung von Domänengefällen und -Rechten zum Abtrage von Domänen- und allgemeinen Staatsschulden vorgeschrieben (§ 3). Von den landrechtlichen Bestimmungen unterscheidet sich die Verordnung insofern, als sie den Verkauf der Domänen ausdrücklich gestattet, die Verschenkung aber ausdrücklich verbietet und dem Landesherrn das Recht vorbehält, im Interesse der Förderung des Nationalwohlstandes den Domanialbauern das Eigenthum, sofern sie dasselbe noch nicht besitzen, auch ohne eine besondere Schadloshaltung des Staates zu verleihen.

Die Verordnung lautet in den §§ 1—4: § 1. „Es gelten in Ansehung dieser Domänen, was die rechtliche Eigenschaft und Veräusserlichkeit derselben betrifft, keine anderen Grundsätze, als welche die sonstigen allgemeinen staatsrechtlichen Bestimmungen Unserer Monarchie, wie solche in Unserm Allg. L.R. Th. II Tit. 14 §§ 16—20 ausgesprochen sind, mit sich bringen; und beruhet solchemnach in Absicht der Zulässigkeit der Veräusserung dieser Staatsgüter und der Ablösung der Domanialrenten, Erbpachtsgeldern und anderen Grundabgaben, Zinsen, Zehnten und Dienste, alles darauf, dass sie nicht anders geschehen, als unter genügender Schadloshaltung des Staats. § 2. Diesem gemäss sind in den wieder erworbenen und neu vereinigten Provinzen und Gebieten nicht allein Vertauschungen, Vererbpachtungen und zinspflichtige Verleihungen zum erblichen Besitz bei Domänen zulässig, sondern Wir behalten Uns, in der Ueberzeugung, dass ein wesentlicher Theil der Nationalkraft auf einem mit Eigenthum versehenen Bauernstande beruhet, hierdurch auch vor, bei der Verleihung des Eigenthums an diejenigen Dominialbauern, welche das Eigenthum der Höfe noch nicht besitzen, die Bedingungen, unter welchen ihnen dieses Eigenthum verliehen werden soll, festzusetzen, und dabei besonders zu bestimmen, ob ausser dem dadurch vermehrten Nationalwohlstande noch eine weitere Schadloshaltung an die Staatskassen von ihnen zu leisten sei. § 3. Auch mit dem Verkaufe der Domänen, sowie mit der Ablösung der Domanial-Gefälle und Rechte, kann in den gedachten Provinzen mit staatswirthschaftlicher Rücksicht auf bleibende Vortheile für den Staat verfahren werden, nur dass die davon aufkommenden Gelder ausschliesslich zum Abtrag gekündigter Domänenpassivkapitalien, und zur Bezahlung allgemeiner Staatsschulden, welche in Erhaltung und zum wahren Bedürfniss des Staats gemacht worden, zu verwenden sind. § 4. Verschenkungen von Domänen können dagegen nicht stattfinden; jedoch bestätigen Wir diejenigen Donationen hiermit ausdrücklich, welche in Beziehung auf die glorreichen Ereignisse der Jahre 1813, 1814 und 1815 in den erwähnten Provinzen bisher gemacht sind, behalten Uns aber auch vor, in Fällen, wo etwa Lehne heimfallen, zu deren Wiederverleihung Wir berechtigt wären, mit dieser nicht zu verfahren, sondern dergleichen Grundstücke als Domänen dem Staate und Unserer Krone, an die Stelle jener Donationsgüter, einzuverleiben und auf diese und andere Weise den Abgang derselben zu ersetzen."

Die seit der Einverleibung bis zum Erlass dieser Verordnung in den neuen Landestheilen vorgekommenen Domänen-Veräusserungen und -Ablösungen wurden durch die an das Staatsministerium wegen Publikation der Verordnung gerichteten Kabinetsordre von demselben Tage ausdrücklich bestätigt.[1] Dasselbe ist unter Hervorhebung, dass das Landrecht und die Verordnung v. 9. März 1819 auf die Veräusserungen, welche vor der Letzteren liegen, nicht Anwendung finden können, in einer in Sachen der an die Einwohner Magdeburgs geschehenen Ueberlassungen von Domänenländereien unterm 13. Januar 1827 ergangenen Kabinetsordre ausgesprochen (G.S. S. 20).

Die bisherigen Verordnungen zur Dienstbarmachung der Domänen für den Staatskredit trugen noch mehr oder minder den Charakter theils eines allgemeinen Programms, theils, wie die beiden Verordnungen vom 27. Januar 1811 und 5. März 1813 zeigen, unsicher tastender Versuche zur Ausführung des Programms. Das war durchaus erklärlich. Denn einmal handelte es sich um eine Neuerung von tiefgreifendster Bedeutung; sodann war man erst in den Anfängen der Neuordnung und Heilung wie des gesammten Staats- so des Finanzwesens, insbesondere von den Erschütterungen und Verwirrungen, die die Zeiten von 1806—1815 mit sich gebracht hatten. Namentlich aber fehlte es noch an einer sichern, zahlenmässigen Unterlage für die Beurtheilung der finanziellen Bedeutung der beschlossenen Verwendung der Domänen zur Tilgung und Sicherung der Staatsschulden durch die Feststellung des Betrages dieser Schulden. Als bei dem Eintritt ruhigerer Zeiten diese Feststellung, und zwar der verzinslichen Staatsschulden auf die Summe von 180 091 720 Thalern, der unverzinslichen auf 11 242 347 Thalern erfolgt war, wurden durch die Verordnung wegen der künftigen Behandlung des gesammten Staatsschuldenwesens vom 17. Januar 1820 (G.S. S. 9) auch die definitiven, noch jetzt gültigen Bestimmungen über die Indienststellung der Substanz und Erträge der Domänen für den Staatsschuldendienst getroffen. Nach § III dieser Verordnung wird „für die sämmtlichen jetzt vorhandenen Staatsschulden", d. h., wie sich aus der äussern Anordnung der Verordnung ergiebt, der 180 091 720 Thaler verzinslicher Staats-

[1]) Staatsministerialerlass v. 31. März 1819 (Kamptz Ann. III 51).

schulden, „und deren Sicherheit, insoweit letztere nicht schon durch Spezialhypotheken gewährt ist“, „mit dem gesammten Vermögen des Staats, insbesondere mit den sämmtlichen Domainen, Forsten und säkularisirten Gütern im ganzen Umfange der Monarchie“, mit Ausschluss derer, welche zur Aufbringung der (unten im § 15 zu besprechenden) Kronfideikommissrente von $2^1/_2$ Millionen Thalern erforderlich sind, Garantie geleistet. „Zur regelmässigen Verzinsung und Tilgung“ bestimmt die Verordnung (§ VII) „1) die sämmtlichen Domainen- und Forstrevenüen mit Rücksicht auf die Bestimmungen zu III; 2) den Erlös aus dem von jetzt ab nur gegen baares Geld“, also unter Abänderung der Verordnung vom 5. März 1813, „zu bewirkenden Verkaufe von Staatsgütern oder Ablösungen von Domanialrenten, Erbpachtsgeldern und andern Grund-Abgaben, Zinsen, Zehenten, Diensten etc.; und 3) die Salzrevenüen“ u. s. w. Die Behörden sind dafür verantwortlich, dass alle diese Intraden unverkürzt an die Staatsschuldentilgungskasse abgeführt werden.

Eine wichtige nähere Erläuterung haben diese auf Verpfändung und Veräusserung der Domänen bezüglichen Vorschriften durch die Kabinetsordre vom 17. Juni 1826 (G.S. S. 57) erfahren. Hiernach erstreckt sich die unter § III der Verordnung vom 17. Januar 1820 zugesagte „Spezialgarantie“ „auf sämmtliches Staatseigenthum, das, unter der Benennung der landesherrlichen Domainen, durch das Finanzministerium[1]) verwaltet wird, und diejenigen etatsmässigen Nutzungen gewährt, die nach § VII Nr. 1 als Domainen- und Forstrevenüen der Hauptverwaltung der Staatsschulden zur regelmässigen Verzinsung und Tilgung der Staatsschulden überwiesen sind“, einschliesslich der „dem Staatseigenthum als Domainen einverleibten Güter der aufgehobenen Klöster und geistlichen Stiftungen“. Die Einkünfte dieser säkularisirten Güter gehören auch zu den im § VII Nr. 1 der Verordnung vom 17. Juni 1820 genannten „Domainen- und Forstrevenüen“. Der nach § VII Nr. 2 a. a. O. zur Staatsschuldentilgung überwiesene „Erlös aus der Veräusserung von Staatsgütern“ besteht aus dem, was aus dem Verkaufe oder der Erbverpachtung der vorstehend bezeichneten Domänen, Forsten und säkularisirten Güter oder „Ablösungen von Kanon, Zinsen etc., welche zur Domainen-Verwaltung gehören, zur Staatskasse vereinnahmt wird“. Nicht dagegen fällt unter die Verordnung vom 17. Januar 1820 der Erlös aus Veräusserungen und Vererbpachtungen anderer „Besitzungen und Anlagen des Staats“, z. B. solcher der Berg-, Hütten- und Salinenverwaltung, von Gebäuden, die nicht zu den Wohn- und Wirthschaftsgebäuden auf den Domänen gehören, aus Ablösungen von Prästationen, die zu solchen nicht zu den Domänen gehörigen Staatsgütern oder „aus einem andern als dem domanialgrundherrlichen Rechtstitel“ zu leisten sind; diese Einnahmen

---

[1]) Jetzt das Ministerium für Landwirthschaft, Domänen und Forsten. Siehe unten § 40.

flossen vielmehr dem durch eine andre Kabinetsordre vom 17. Januar 1820 (G.S. S. 21) errichteten, durch Gesetz vom 18. Dezember 1871 wieder aufgehobenen Staatsschatz zu (vgl. unten § 9).

Auch wenn „der Staat in einzelnen Fällen mittelst Ausübung seiner nach den staatsrechtlichen Bestimmungen der Monarchie gestatteten Befugniss für das Bedürfniss anderweitiger Staatszwecke, zu deren Erreichung die angemessensten Mittel gewährt werden müssen, über die Substanz eines Domanialgrundstücks auch in der Art verfügt, dass ein Theil der bisherigen Einkünfte vom Domänen-Etat abgesetzt wird, z. B. bei Errichtung neuer Militär-Etablissements" oder zur Errichtung neuer Schulen, soll nach der Verord. die Staatsschulden-Tilgungskasse hierfür keinen besonderen Ersatz fordern dürfen, weil sie ja durch die mitüberwiesenen Satzeinkünfte gedeckt sei. Auf Abtretungen an Staatsanstalten, die gewerbliche Zwecke verfolgen, findet jedoch diese letztere Bestimmung nach einer Kabinetsordre v. 30. September 1836 (Kamptz Ann. XX 534) dann keine Anwendung, wenn das abzutretende Grundstück bisher dem Domänenfiskus eine Einnahme geliefert hatte; in diesem Falle hat die erwerbende Verwaltung den Werth zu bezahlen, der zur Staatsschulden-Tilgungskasse fliesst. Werden von der Domänenverwaltung zu andern Staatszwecken abgetretene Grundstücke wieder entbehrlich, so hat jene den Anspruch auf Rückgewähr derselben. Vgl. K.O. v. 13. März 1827, Reskripte v. 13. August und 6. November 1837 (Kamptz Ann. XXI 605 und 606) und 26. Juni 1845 (M.Bl. d. i. V. S. 328).

§ 9. Durch die Verfassungsurkunde vom 31. Januar 1850 haben die bis dahin über die Veräusserung von Domänen ergangenen Bestimmungen insoweit eine allgemeine Modifikation erfahren, als durch die Art. 99, 103 und 104 die einseitige Disposition des Landesherrn über die Substanz der Domänen ohne Mitwirkung der Landesvertretung ausgeschlossen ist. Eine ausdrückliche Genehmigung des Landtages zu der einzelnen Veräusserung, wie sie z. B. das Oesterreichische Staatsgrundgesetz verlangt, findet in Preussen danach allerdings nicht statt. Die verfassungsmässige Mitwirkung des Landtages beschränkt sich auf die Genehmigung des den Erlös aus den Domänenveräusserungen als Einnahmeposition enthaltenden Staatshaushaltsetats und die Prüfung der Rechnungen über den Staatshaushalt.

Für die durch die Ereignisse von 1866 erworbenen Domänen gelten zufolge Verordnung vom 5. Juli 1867, betr. die rechtliche Natur, Veräusserung und Verwaltung der Domänen und Regalien in den neu erworbenen Gebietstheilen (G.S. S. 1182), hinsichtlich ihrer rechtlichen Eigenschaft und Veräusserlichkeit völlig, sogar fast wörtlich gleiche Grundsätze, wie nach § 1 der im vorigen Paragraphen abgedruckten Verordnung vom 9. März 1819 für die Domänen in den 1814 und 1815 erworbenen Landestheilen, d. h. die Grundsätze des Allgemeinen Landrechts. Der Erlös aus Veräusserungen dieser Domänen und aus Ablösungen von Domänengefällen in den neuen Landestheilen ist (gemäss § 1 Abs. 2 a. a. O.) in erster Linie zur Tilgung vorhandener Schulden zu verwenden. Soweit er hierzu nicht Verwendung findet, floss er bis zu der durch Gesetz vom 18. Dezember 1871 (G.S. S. 593) erfolgten Aufhebung des Staatsschatzes diesem zu; seit der Aufhebung des Staatsschatzes, d. i. seit dem 2. Januar 1872, fliessen diese, wie alle bis dahin dem Staatsschatz überwiesenen Einnahmen, zu den allgemeinen Staatsfonds und sind wie diese, „soweit über dieselben nicht als Deckungsmittel im Staatshaushalt des betreffenden Jahres oder anderweitig unter Zustimmung der beiden Häuser des Landtages verfügt wird, zur Tilgung von Staatsschulden zu verwenden und an die Staatsschuldentilgungskasse abzuführen“ (§ 5 des Gesetzes vom 18. Dezember 1871). Die Domänen in den 1866 erworbenen Landestheilen unterliegen somit den Vorschriften der Verordnung über das Staatsschuldwesen nicht: weder sind sie für die dort bezeichneten Staatsschulden verhaftet, noch ist der Erlös aus ihrer Veräusserung unbedingt zur Tilgung von Staatsschulden zu verwenden.

Auch in den alten Landestheilen wird die Verhaftung der Domänen und der Einnahmen aus ihrem Verkaufe für die Staatsschulden demnächst erlöschen, indem die Schulden, für welche sie haften, bis auf einen im Etatsjahre 1899 zu tilgenden Rest von 6 246 000 Mark getilgt sind. Alsdann erlangt der Staat die freie Disposition auch über die Domänen der alten Landestheile, ihre Einnahmen und Verkaufs- und Ablösungserlöse. Damit wird ihm u. a. die Möglichkeit gegeben, mit den Veräusserungs- und Ablösungseinnahmen andere Domänen zu erwerben und so in domänenüberreichen Landestheilen den Bestand zu verringern und dafür in andern, domänenarmen zu erhöhen.

§ 10. Die Preussischen Domänenveräusserungen dieses Jahrhunderts, für welche diese gesetzlichen Bestimmungen die rechtliche Basis geschaffen haben, vollzogen sich theils in der Gestalt des Verkaufes, bis zum Jahre 1850 auch der Erbverpachtung von Domänen- und Forstgrundstücken, theils in der der Domänenablösungen, d. h. der Ablösung der dem Domänenfiskus zustehenden Renten, Erbpachtsgelder und andern Grundabgaben, Zinsen, Zehnten, Diensten u. s. w. (vgl. unten §§ 19—23). Ihr Umfang war in den einzelnen Zeiträumen ein durch die wechselnden Finanzverhältnisse bedingter sehr verschiedener.

In den Jahren 1806 bis 1815, also in Zeiten grösster finanzieller Bedrängniss, sind aus Domänen- und Forstverkäufen und -Ablösungen vereinnahmt rund 25 318 000 Thaler, also im Durchschnitt jährlich 2 800 000 Thaler. Auf den Zeitraum vom 7. Januar 1809 bis zum 1. Juni 1813 entfallen Veräusserungen und Ablösungen für rund 8 182 000 Thaler. Auch in der Zeit von 1815 bis 1819 haben erhebliche Veräusserungen stattgefunden. In die von da an von drei zu drei Jahren veröffentlichten Etats ist stets nur je eine Million Thaler für Domänen- und Forstveräusserungen und -Ablösungen eingestellt. Thatsächlich sind aber erheblich grössere Beträge erzielt worden: 1820 bis 1823 alljährlich rund 2 400 000 Thaler, 1823 bis 1827 rund

7 800 000 Thaler, von 1820 bis 1833 rund 23 818 000 Thaler und von 1833 bis 1848 20 742 000 Thaler. Für die Zeit von 1829 bis 1847 beläuft sich der Betrag nach einer Mittheilung der Etatskommission der II. Kammer in der Session 1849 auf 29 797 300 Thaler. Von 1848 bis 1862 sind rund 20 700 000 Thaler eingekommen.

Für die Zeit seit 1863 sind in der Anlage I die in den einzelnen Jahren erzielten Einnahmen, und zwar getrennt für Veräusserungen und für Ablösungen und seit 1867 für die alten und neuen Provinzen ersichtlich gemacht. Danach sind in den vier Jahren 1863—66 vereinnahmt 8 895 500 Mark, hiervon durch Veräusserung von Domänen- und Forstgrundstücken 4 464 320 Mark oder reichlich 50 Prozent. In der Zeit vom 1. Januar 1867 bis 31. März 1890, also 23¼ Jahren, sind in den alten Provinzen eingekommen 74 782 099 Mark, davon durch Veräusserung von Grundstücken 41 347 875 Mark oder rund 55 Prozent, während von den im gleichen Zeitraum in den neuen Provinzen aufgekommenen 95 226 317 Mark 47 333 778 Mark oder knapp 50 Prozent auf Verkäufe entfallen. In den acht Jahren vom 1. April 1890 bis dahin 1898 entfallen auf Domänen- und Forstverkäufe in den alten Provinzen von einer Einnahme von 18 858 742 Mark 8 853 458 Mark oder rund 47 Prozent, in den neuen Provinzen von 14 336 109 Mark Gesammteinnahme 11 226 774 Mark oder 78 Prozent. In dem ganzen Zeitraum von 1863 bis 1897/98 sind von dem Erlöse der Veräusserungen in den alten Provinzen ca. 53 Prozent, in den neuen Provinzen in der Zeit von 1867 bis 1897/98 ungefähr derselbe Prozentsatz durch den Verkauf von Domänen- und Forstländereien erzielt. Doch ist im letzten Jahrzehnt der Antheil der Verkaufserlöse an der Gesammteinnahme sowohl in den alten wie namentlich in den neuen Provinzen erheblich zurückgegangen. Im Jahresdurchschnitt hat die Einnahme aus den Verkäufen betragen:

in den alten Provinzen			in den neuen Provinzen		
1863—1897/98 rund	1 550 800	Mark	1867—1897/98 . .	1 873 938	Mark
1863—1866 . . .	1 116 080	„			
1867—31. März 1890	1 778 403	„	1867—31. März 1890	2 035 860	„
1890/91—1897/98 .	1 106 682	„	1890/91—1897/98 .	1 403 348	„

Sie ist also in dem letzten Jahrzehnt sowohl in den alten wie in den neuen Provinzen auch absolut geringer gewesen, als im Durchschnitt der Zeiträume 1863 bis 1. April 1898, 1863 bis 1866 und 1867 bis 1. April 1890 bezw. — in den neuen Provinzen — 1867 bis 1. April 1898 und 1867 bis 1. April 1890.

Ein Vergleich zwischen den alten und den neuen Landestheilen zeigt, dass seit der Annexion der letztern die Einnahmen aus Domänen- und Forstverkäufen hier grösser als dort gewesen sind, was seine Erklärung hauptsächlich in dem unten noch zu erwähnenden Grundsatz, nur kleinere Parzellen, namentlich Streuparzellen, zu veräussern, findet, da in den neuen Landestheilen der staatliche Grundbesitz mehr als in den alten aus solchen besteht.

Genaueren Aufschluss als die Zahlen der Anlage I, welche die in jedem Rechnungsjahre wirklich eingekommenen Beträge darstellen und daher für das Rechnungswesen entscheidend sind, geben über den Umfang der in den einzelnen Jahren abgeschlossenen Verkäufe die Anlagen II und III, von denen erstere die stipulirten Kaufgelder,[1]) letztere die veräusserten Flächen ersehen lässt.

Nach der Anlage II haben die stipulirten Kauf- und Erbstandsgelder für Domänen- und Forstgrundstücke zusammen betragen:

in den Jahren				im Durchschnitt per Jahr
1825—1840	17 090 731 Thlr.	=	51 272 193 Mk.,	3 204 511 Mk.
1841—1848	2 772 403 „	=	8 317 209 „	1 039 651 „
1849—1865	7 162 603 „	=	21 487 809 „	1 263 989 „
1825—1865	27 025 737 „	=	81 077 211 „	1 977 493 „

Bei weitem der grösste Theil dieser Beträge entfällt auf die Domänengrundstücke.

Den weitaus höchsten Durchschnitt weist aus naheliegenden Gründen die erste Periode nach Wiederherstellung des Staates von 1825 bis 1840 auf. Nachdem sich die Finanzlage gebessert hatte, sinkt in der Periode 1841—1848 der Jahresdurchschnitt auf weniger als den dritten Theil, um dann 1849—1865, indess nur infolge der umfangreichen Veräusserungen in den beiden Jahren 1849 und 1850, in denen die Kaufgelder mehr als zwei Millionen Thaler, beinahe ein Drittel der auf die ganze 17jährige Periode fallenden Summe betrugen und allein 1849 nicht weniger als 27 Vorwerke mit 38 850 Morgen Areal für 946 918 Thaler verkauft wurden, wieder etwas zu steigen; bei Ausscheidung der beiden Jahre 1849 und 1850 ergiebt sich nur ein Durchschnitt von 1 023 220 Mark, also etwas weniger als für 1841—1848.

In den letzten 30 Jahren betrugen die stipulirten Kaufgelder für Domänenländereien unter Ausschluss der Forsten:

in den Jahren	in den alten Provinzen ℳ	mithin im Durchschnitt jährlich rund ℳ	in den neuen Provinzen ℳ	mithin im Durchschnitt jährlich rund ℳ
1868 bis 1872	5 405 479	1 081 096	8 760 049	1 752 010
1. Jan. 1873 bis 31. März 1878	9 380 513	1 786 764	19 714 510	3 774 192
1. April 1878 „ „ „ 1888	11 507 841	1 150 784	14 067 446	1 406 745
„ „ 1888 „ „ „ 1898	8 338 686	833 869	11 383 848	1 138 385
1. Jan. 1873 „ „ „ 1898	29 227 040	1 157 506	45 165 804	1 788 744
„ „ 1868 „ „ „ 1898	34 632 519	1 144 877	53 925 853	1 782 673

[1]) In den Erläuterungen zu Kap. 3 und Kap. 24 Tit. 4 der Einnahme des Staatshaushaltsetats, Anlagen Bd. I Nr. 3 und Bd. II Nr. 4 Beilage A, sind die in den einzelnen Jahren thatsächlich aufgekommenen Kaufgelder, ohne Rücksicht darauf, wann der Verkauf stattgefunden hat, angegeben.

Wenn hiernach in einzelnen Perioden der letzten 30 Jahre die Kaufgelder für Domänenländereien der schon vor 1866 zur Monarchie gehörigen Landestheile im Durchschnitt höher sind, als in den Jahren 1841—1848 und 1849—1865 diejenigen für Domänen- und Forstländereien, für welch' letztere übrigens, wie Spalte 3 der Anlage II zeigt, auch in den letzten 30 Jahren mit Ausnahme des einen Jahres 1889/90 die Kaufgelder gegenüber denjenigen für Domänengrundstücke an Höhe weit zurücktreten, so weist das doch keineswegs auf eine Zunahme der Domänenverkäufe hin. Denn man darf bei einem Vergleiche der Erlöse von 1825—1840, 1841—1848 und 1849—1865 mit denen von 1868—1872, 1873—1878 u. s. w. die gesunkene Kaufkraft des Geldes nicht vergessen: was kostete dasselbe Grundstück vor 70, 60, 50 und 40 Jahren und was in den 70er, 80er und 90er Jahren! Dazu kommt, dass an den Kaufgeldern der letzten 30 Jahre der Stadtkreis Berlin mit sehr grossen Summen betheiligt ist, so, kleinere Beträge nicht eingerechnet, 1868—1872 mit 345 030 Mark, 1873 bis 1878/79 mit 2 092 309 Mark, 1878/79—1887/88 mit 5 151 196 Mark und 1888/89—1897/98 mit 4 252 817 Mark, also in den beiden letzten Perioden mit nahezu bezw. mit mehr als der Hälfte; in einzelnen Jahren, wie 1878/79, 1882/83, 1883/84, 1890/91 und 1895/96 entfallen von den gesammten Kaufgeldern der alten Provinzen mehr als die Hälfte, $^2/_3$, ja $^8/_9$ bis nahezu $^{10}/_{11}$ auf Berlin. Die für diese Beträge im Berliner Stadtbezirk veräusserten Grundstücke umfassten, abgesehen von 1878/79, wo es sich um eine Fläche von 99,764 ha handelte, nur wenige Hektare, nur in zwei Jahren mehr als drei, in je einem zwischen zwei und drei und zwischen einem und zwei Hektar, und es waren durchweg, wie schon ein Vergleich der Fläche mit den Kaufgeldern beweist, Grundstücke, die längst den Charakter rationeller Weise landwirthschaftlich zu nutzenden Landes mit dem von Bauplätzen vertauscht hatten, die daher nach den Grundsätzen einer vernünftigen Finanzwirthschaft, um das in ihnen brach liegende Kapital nutzbar zu machen, veräussert werden mussten. Rechnet man die Erlöse für die Berliner Grundstücke ab, so ermässigt sich der Durchschnitt 1873—1877/78 von 1 786 764 auf 1 388 228 Mark, 1878/79—1887/88 von 1 150 784 auf 635 664 Mark und 1888/89—1897/98 gar auf 408 586 Mark, also auf Beträge, die, wenn man die gesunkene Kaufkraft des Geldes berücksichtigt, gegenüber den vor 1866 erzielten Erlösen und im Verhältniss zum Gesammtwerth des Domänenbesitzes geringfügig genannt werden können.

Dasselbe Bild zeigt die in der Anlage III enthaltene Darstellung der Flächenabgänge durch Verkäufe. Denn diese Abgänge haben hiernach seit 1873 betragen:

in den Jahren	in den alten Provinzen ha	also im Jahresdurchschnitt ha	in den neuen Provinzen ha	also im Jahresdurchschnitt ha
1. Jan. 1873 bis 31. März 1878	7 617,586	1 450,968	9 752,588	1 857,636
1. April 1878 „ „ „ 1888	3 784,467	378,446	12 490,095	1 249,009
„ „ 1888 „ „ „ 1898	2 200,061	220,006	6 788,331	678,833
1. Jan. 1873 „ „ „ 1898	13 602,014	538,693	27 246,514	1 079,070

Diese gesammte seit 1873 veräusserte Fläche von rund 41 000 ha beträgt noch nicht 10 Prozent des 1872 vorhandenen Domänenareals, und es befinden sich darunter an ganzen Domänenvorwerken nur in den alten Provinzen 13 mit 3 368 ha, also durchschnittlich 259 ha Fläche, in den neuen Provinzen 32 mit 30 596 ha oder durchschnittlich gar nur 96 ha.

Auf die letzten 20 Jahre entfallen von dem veräusserten Areal nur rund 25 000 ha oder durchschnittlich 1 250 ha, darunter 21 Vorwerke mit zusammen 1 920 ha oder durchschnittlich 91,5 ha. Für die letzten 10 Jahre aber sind die entsprechenden Zahlen 8 988 ha oder durchschnittlich 898,8 ha, worunter acht Vorwerke mit 1 070 ha oder durchschnittlich 134 ha Areal. Auch für die letzten fünf Jahre weisen wenigstens die alten Provinzen einen weiteren ganz erheblichen Rückgang der Verkäufe auf: es sind hier nur 671,5 ha gegen 1 528,5 ha in der Zeit von 1888/89 bis 1892/93 veräussert, und Vorwerke befinden sich hierunter überhaupt nicht.

Wenn die Veräusserungen, sowohl was die erzielten Kaufgelder, als auch was die Fläche anlangt, in allen Zeitperioden der letzten 30 Jahre in den neuen Provinzen grösser als in den alten gewesen sind, so hat das seinen Grund vorwiegend in den andern Verhältnissen des dortigen Domänenbesitzes. Derselbe besteht, wie schon erwähnt, weit mehr in einzelnen Parzellen, deren Veräusserung wirthschaftlich geboten ist, oder in Mooren und andern Oedländereien, deren Veräusserung sich im Interesse der Nutzbarmachung derselben, wie in dem einer Kolonisation dünnbevölkerter Landstriche empfiehlt.

Das Gesammtbild der Domänenverkäufe der letzten Jahrzehnte zeigt jedenfalls das fortgesetzte und zwar, namentlich innerhalb des letzten Jahrzehnts, mit immer grösserem Nachdruck und Erfolge fortgesetzte Bestreben, den Domänenbesitz, in erster Linie die Domänenvorwerke, dem Staate zu erhalten und Veräusserungen nur dann vorzunehmen, wenn allgemeine Gründe des öffentlichen oder gemeinwirthschaftlichen Interesses dafür sprechen; als solche sind beispielsweise anerkannt: die Nothwendigkeit der Verwendung von domänenfiskalischen Flächen zu Eisenbahn-, Chaussee- und sonstigen Wegeanlagen oder zu gemeinnützigen Zwecken, die Befriedigung eines hervortretenden Bedürfnisses zur Ansässigmachung kleinerer Grundbesitzer oder zur Vergrösserung ihrer Stellen, zur Errichtung oder Erweiterung gewerblicher Etablissements, zur Beschaffung von Bauplätzen u. s. w. Ebenso hat man die Veräusserung geringwerthiger kleiner Grundstücke ihrer ferneren Erhaltung im fiskalischen Besitze vorgezogen, wenn sie von anderem fiskalischen Besitze weit entfernt lagen und ihre Verwaltung mit unverhältnissmässig hohen Kosten verbunden war. Auch ist in Fällen, in welchen über einzelne Grundstücke wegen deren Grenzen etc. Streitigkeiten mit Privaten ausgebrochen waren, die Hand geboten worden, dieselben durch Veräusserung der betreffenden Flächen, falls diese für die Domänenverwaltung von keinem besonderen Werthe waren, auszugleichen.

Wie sehr und wie erfolgreich hierbei die Domänenverwaltung zu allen Zeiten das finanzielle Interesse bei den Verkäufen zu wahren verstanden, und wie sorgfältig sie dem Grundsatze, dass Veräusserungen nur gegen völlige Schadloshaltung des Staates stattfinden sollen, beobachtet hat, beweist die in den Spalten 5—7 der Anlage II kenntlich gemachte Thatsache, dass die landesüblichen Zinsen der Erwerbspreise zuzüglich der aus den veräusserten Flächen nach der Veräusserung dem Fiskus noch zufliessenden Einnahmen seit 1825 ausnahmslos ganz erheblich höher waren als der Reinertrag der qu. Grundstücke vor der Veräusserung. Auch in dieser Beziehung weisen die letzten 10 Jahre besonders günstige Resultate auf, indem für nicht weniger als acht derselben die in Rechnung zu stellenden neuen Einnahmen die vor dem Verkauf erzielten um mehr als 100 Prozent übersteigen, was in dem vorangegangenen Jahrzehnt nur bezüglich dreier Jahre der Fall war; dabei ist seit dem 1. April 1895 die Einnahme aus der Grundsteuer der durch die Veräusserung steuerpflichtig gewordenen Grundstücke weggefallen.

§ 11. Von erheblich untergeordneterer Bedeutung als die durch Verkauf bewirkten Veräusserungen von Domänenländereien sind diejenigen, welche durch Tausch oder infolge der Ablösung von auf den Domänen haftenden Reallasten etc. eingetreten sind. Den durch Tausch bewirkten steht ein, wenn nicht der Fläche, so doch dem Werthe nach gleichwerthiger Zugang gegenüber: in den Jahren 1886/87 bis 1896/97 einem Abgang von 198,87 ha ein Zugang von 251,76 ha. Infolge von Ablösungen sind in dem gleichen Zeitraum abgetreten 1260,62 ha oder im Jahresdurchschnitt rund 115 ha, davon in den Jahren 1891/92 bis 1896/97 nur 215,31 ha oder durchschnittlich rund 36 ha, wie denn diese Abtretungen mit Fortschreiten der Ablösungen naturgemäss immer geringer werden müssen und in absehbarer Zeit aufhören werden.

Noch andere, nicht ganz unbedeutende Abgänge von dem Domänenareal haben durch Ueberweisung von Grundstücken und auch ganzen Vorwerken an die Forstverwaltung stattgefunden. Diese Ueberweisungen charakterisiren sich nicht als Veräusserung von Staatsländereien dar, sondern nur als ein Uebergang von solchen aus einer fiskalischen Verwaltung in die andere, vermöge dessen ihre Einnahmen und Ausgaben in andern Kapiteln des Staatshaushaltsetats erscheinen.

Wie sich infolge aller dieser Ab- und Zugänge gegenwärtig der Domänenbesitz des Preussischen Staates darstellt, wird unten bei den entsprechenden Kapiteln des II. Hauptabschnitts (Kap. II und III) darzustellen sein.

§ 12. In dem Staatshaushaltsetat erscheinen die Einnahmen aus den Domänen- und Forstveräusserungen und den Ablösungen von Domänen- und Forstgefällen in einer Summe, aber getrennt für die alten und für die neuen Provinzen, da nach den oben erwähnten gesetzlichen Vorschriften die Einnahmen aus den alten Landestheilen zur Tilgung von Staatsschulden zu verwenden sind, während diejenigen aus den neuen früher zum Staatsschatz flossen und jetzt zu den allgemeinen Staatsfonds fliessen. Aus diesem Grunde bilden jene eine besondere Position des Staatshaushaltsetats, nämlich Kapitel 3 der Einnahme „Erlös und Ablösungen von Domänengefällen und aus dem Verkaufe von Domänen- und Forstgrundstücken“; die Einnahmen aus den neuen Provinzen sind dagegen in dem Kapitel 24 „Allgemeine Finanzverwaltung“ enthalten, in deren Spezialetat sie einen Theil der Einnahme des 4. Titels „Einnahme des vormaligen Staatsschatzes“ bilden; gesondert erscheinen sie nur in der Beilage A zu diesem Etat „Uebersicht, betreffend den ehemaligen Staatsschatz“ unter IV „Anschlag der Einnahmen Kap. 24 Tit. 4“ Nr. 3.

Die für die alten Landestheile im Etat ausgeworfene Einnahme aus Domänen- und Forstveräusserungen und -Ablösungen hat betragen: bis 1851 je 3 000 000 Mk., 1852 4 800 000 Mk., 1853 und 1854 je 6 000 000 Mk., 1855 und 1856 je 4 500 000, 1857 3 900 000, 1858 und 1859 je 3 000 000, 1860 2 445 000, 1861 2 400 000, 1862—1865 je 3 000 000, 1866—1870 je 2 580 000, 1871 2 100 000, 1872 2 370 000, 1873 2 490 000, 1874 2 940 000, 1875 3 000 000, 1876 3 600 000, für 1. Quartal 1877 900 000, 1877/78 und 1878/79 je 4 500 000, 1879/80 4 200 000, 1880/81 3 800 000, 1881/82 3 300 000, 1882/83 3 200 000, von 1883/84 bis 1886/87 jährlich 2 200 000, 1887/88 bis 1892/93 je 2 000 000, 1893/94 1 950 000, 1894/95 1 700 000, 1895/96 bis 1899/1900 je 1 600 000 Mk.

§ 13. Infolge der besonderen Bestimmungen, welche einerseits in den §§ 5 und 6 des Hausgesetzes von 1808, andererseits in den §§ III und VII des Edikts über das Staatsschuldenwesen von 1820 enthalten sind, bedarf es bei Veräusserungen, insbesondere für die Eintragung des Eigenthumswechsels im Grundbuch, der Beobachtung verschiedener Modalitäten, je nachdem es sich um Domänengrundstücke handelt, welche sowohl dem Hausgesetz als auch dem Edikt von 1820 unterliegen, oder solche, die nur dem letztern, nicht auch dem erstern, oder endlich um solche, die keinen von beiden unterworfen sind. Zu den erstgenannten gehören die Domänen in den 1809 vorhandenen Staatsgebieten mit Ausschluss der säkularisirten geistlichen Güter, zu der zweiten Kategorie die Letztern und die Domänen in den später bis 1820 mit der Monarchie vereinigten, zu der letztgenannten diejenigen in den nach 1820 erworbenen Landestheilen (vgl. oben §§ 8 und 9). Bei der ersten Kategorie bedarf es des Nachweises der Quittung der Hauptverwaltung der Staatsschulden über den Erwerbspreis und der Bescheinigung der Abschreibung des Erwerbspreises von dem in Gemässheit des Hausgesetzes auf die betreffende Provinz vertheilten Staatsschuldenquantum oder, sofern dieses erschöpft ist, von dem Kontingente einer andern Provinz, für die zweite Kategorie nur der Quittung der Staatsschuldenverwaltung, für die dritte weder des einen noch des andern Nachweises. Mit der 1899 bevorstehenden völligen Tilgung derjenigen Staatsschulden, auf welche das Edikt von 1820 Anwendung findet, entfällt das Erforderniss dieser Nachweise auch für die 1820 zur Monarchie gehörigen Landestheile. Die näheren

Bestimmungen hierüber wie über das Hypothekenwesen der Domänen überhaupt zu vgl. bei Oelrich, Domänenverwaltung, 2. Aufl. S. 112—130.

Daselbst S. 92—106 sind auch die übrigen wichtigeren Anordnungen für das Verfahren bei den Veräusserungen, insbesondere auch über die Befugnisse der Regierungen zu Veräusserungen ohne höhere Genehmigung, über die Erhaltung auf den zu veräussernden Domänen etwa befindlicher Kunstdenkmäler, über die Regelung der Kommunalverhältnisse der zu veräussernden Parzellen, über den Ausschluss des Kirchenpatronats von der Veräusserung, die Lizitationsregeln vom 8. Mai 1869, über die Kosten der Veräusserung, den Abschluss des Kaufkontrakts, die Uebergabe und Auflassung theils wortgetreu, theils ihrem Inhalte nach angegeben. Besondere, ebendort S. 106 ff. inhaltlich wiedergegebene Vorschriften sind über die Veräusserung fiskalischer Dorfauen und Angerplätze erlassen.

Durch die Rentengutsgesetze vom 22. Juni 1890 und 7. Juli 1891 ist auch für die Domänenverwaltung die gesetzliche Möglichkeit gegeben, Domänen gegen feste Geld- oder Körnerrente zu veräussern. Bei der Kürze der seitdem verflossenen Zeit haben naturgemäss derartige Veräusserungen in grossem Umfange noch nicht stattgefunden. (Vgl. unten bei den „Domänen-Amortisationsrenten" § 22 a. E.)

§ 14. Beibehaltung oder Veräusserung der Domänen? In der Beantwortung dieser Frage sind die Ansichten seit jeher weit auseinander gegangen. Indess ist in neuerer Zeit eine Klärung wenigstens insofern eingetreten, als man ziemlich allgemein zu der Einsicht gelangt ist, dass sich die Frage nicht allgemein und in abstracto beantworten lässt, sondern dass es auf die konkreten Verhältnisse des einzelnen Falles ankommt. Um in dem einzelnen Falle zu einer richtigen Entscheidung zu gelangen, bedarf es der Erwägung der verschiedenartigsten Umstände. Es haben da insbesondere mitzusprechen die Grösse und Machtstellung des Staates, seine Verfassung und innerpolitischen Zustände, Zustand und Ordnung seiner Finanzen, die Grösse und der Ertrag des Domaniums, dessen Vertheilung auf die verschiedenen Landestheile, die Bodenvertheilung und die landwirthschaftlichen Verhältnisse u. a. m.

Was Preussen anlangt, so wird man den Befürwortern der Domänenveräusserung zugeben müssen, dass zur Sicherung des Ansehens der Dynastie und grösserer Unabhängigkeit der Regierung dem Parlamente und dem Volke gegenüber der Domänenbesitz, Gott Lob, nicht erforderlich ist, und dass die angeblich grössere Sicherheit der Domäneneinnahmen in unruhigen Zeiten höchst problematischer Natur ist. Die Domänen stehen ebenso wie alles andere Staatseigenthum ja nicht im Eigenthum der Dynastie, und die verfassungsmässige Radicirung der Kronfideikommissrente würde schliesslich ein hierzu entschlossenes Parlament, trotz der geringen Erschwerung von Verfassungs- gegenüber sonstigen Gesetzesänderungen, zu beseitigen vermögen, wenn eben nicht der Herrscher ein dem Parlament gleichwerthiger Faktor der Gesetzgebung wäre.

Man kann auch zugeben, dass gegenwärtig der Staatskredit Preussens auch ohne den Domänenbesitz ein ebenso grosser sein würde, und dass, bei einem vorsichtigen und successiven Vorgehen der durch die Veräusserung der Domänen entstehende Ausfall an den laufenden Einnahmen, ohne steuerliche Ueberbürdung des Volkes zu decken wäre. Immerhin bietet doch gerade der Domänenbesitz für Zeiten, die kommen können, die wir aber nicht vorauszusehen vermögen, eine Sicherheit, wie sie der Eisenbahnbesitz schon wegen der nicht vorauszusehenden Umwälzungen auf verkehrstechnischem Gebiete, in gleichem Maasse nicht zu gewährleisten vermag.

Dahingegen ist den Gegnern des Domänenbesitzes keineswegs zuzugeben, dass in Preussen der landwirthschaftliche Betrieb auf den Domänen hinter dem des Privatbesitzes zurückstände. Eher wird man das Gegentheil behaupten können. Ebensowenig hat man wahrnehmen können, dass die Staatsverwaltung als Domänenfiskus in nachtheilige Verwicklung in Privatinteressen gerathen wäre. Richtig ist ja allerdings, dass durch den Domänenbesitz die Staatsfinanzen bei rückläufigen landwirthschaftlichen Konjunkturen in Mitleidenschaft gezogen werden. Aber einmal spielt selbst in Preussen die Einnahme aus den Domänen keine so grosse Rolle im Staatshaushalt, dass dem letzteren aus einem Rückgang der Domänenpachtzinsen nicht zu überwindende Schwierigkeiten erwachsen könnten. Sodann theilen die Domäneneinnahmen das Schicksal, von den wirthschaftlichen Konjunkturen wesentlich beeinflusst zu werden, mit so ziemlich allen Staatseinnahmen; ja, sie besitzen in dieser Beziehung sogar eine immerhin noch grössere Stabilität und Widerstandsfähigkeit, als viele andere, z. B. die Ueberschüsse der Eisenbahnen und der Berg- und Hüttenverwaltung. Schliesslich kann es auch sein Gutes haben, wenn der Regierung und der Volksvertretung durch den Rückgang der Domänenpachteinnahmen sozusagen am eigenen Leibe eine Bedrängniss der Landwirthschaft fühlbar wird.

Die nicht durch die Verstaatlichung der Eisenbahnen entstandene Staatsschuld Preussens aber ist nicht so bedeutend, dass zu ihrer Tilgung eine Domänenveräusserung grösseren Stiles noch geboten wäre. Und durch die Veräusserung der Domänen Eisenbahnschulden zu tilgen, würde der inneren Berechtigung entbehren. Wenn daher in Preussen nichts Erhebliches für, dagegen sehr vieles gegen die Entäusserung des Domänenbesitzes spricht, so ist damit noch keineswegs gesagt, dass es geboten oder auch nur richtig wäre, die Domänen gerade in ihrem augenblicklichen Bestande und ihrer augenblicklichen Vertheilung auf die verschiedenen Landestheile beizubehalten. Es kann vielmehr sehr wohl angezeigt sein, in einzelnen Provinzen, in denen sich ein besonders grosser Domänenbesitz befindet oder eine Vermehrung des bäuerlichen Besitzes sozial- und wirthschaftspolitisch erwünscht ist oder endlich die Landwirthschaft sich auf einer solchen Entwicklungsstufe befindet, dass sie der Domänen als Musterwirthschaften wohl entbehren kann, einen Theil der Domänen zu veräussern und dafür in anderen domänenarmen, übermässig zersplitterten Grundbesitz oder niedrigere Entwicklungsstufen der Landwirthschaft aufweisenden Landestheilen neue Domänen zu erwerben.

II. Abschnitt.

Staatsrechtlicher Charakter der Domänen.

§ 15. Wie schon erwähnt, dachte man in den früheren Zeiten des Patrimonialstaates nicht an eine Klarstellung der Frage, wem das Eigenthum an den Domänen zustehe, ob dem Staate oder dem Landesherrn, und man hätte damals diese Frage bei der noch unentwickelten Scheidung von Staats- und Privatrecht auch nicht entscheiden können, selbst zu einer Zeit, wo der Erwerbstitel jeder einzelnen Domäne noch klar lag. Gerade auch in manchen dieser Erwerbstitel trat die Verquickung von Staats- und Privatrecht besonders zu Tage. Typische Beispiele hierfür sind die Erbrezesse, wie sie z. B. von Brandenburg mit Hessen 1614, mit Pfalz-Neuburg 1666, mit Hohenzollern 1695 abgeschlossen worden sind, wie überhaupt die Vermengung des privatrechtlichen Erbrechts mit dem staatsrechtlichen Successionsrecht.

Wenn man selbst von den späteren entwickelteren Anschauungen über die getrennten Rechtspersönlichkeiten und Rechtssphären des Staates und des Landesherrn ausgeht, wird man deshalb zu einer bestimmten Antwort, ob das Eigenthum an einer Domäne jenem oder diesem gebührt habe, nicht gelangen können. Wohl mag man behaupten können, dass das Eigenthum derjenigen Domänen, welche zum Hausgut des Regenten gehörten, diesem, das solcher Güter, welche mit der Landeshoheit eines neuen Landestheiles durch einen völkerrechtlichen Akt, wie Friedensschluss, erworben sind, dem Staate zugekommen sei. Aber Zweifel erheben sich schon bezüglich der Domänen in Landestheilen, über die die Souveränität durch Erbgang von einem andern Herrscherhause erworben ist. Und bei den ursprünglichen Hausgütern verschiebt sich die Rechtslage infolge der häufigen Verpfändungen durch den Regenten und der Wiedereinlösung durch die Stände bezw. mit von diesen bewilligten Landesmitteln. Es entsteht hier die Frage, ob nicht das Eigenthum solcher Güter, wenn es auch bisher dem Landesherrn gebührt habe, durch eine solche Wiedereinlösung auf die Stände, d. i. den Staat übergegangen sei, eine Frage, die nur dort zu verneinen sein dürfte, wo, wie in den oben (§ 7) erwähnten Fällen, bei der Wiedereinlösung zwischen Fürst und Ständen besondere Abmachungen, sog. Reversalien, getroffen und in diesen entweder das Eigenthumsrecht ausdrücklich oder doch insofern indirekt zu Gunsten des Erstern geregelt ist, als den Ständen nur versprochen ist, der Landesherr werde die Domänen nicht oder doch nur mit ihrer Zustimmung veräussern, oder ihnen in sonstiger Weise nur eine gewisse beschränkte Mitbestimmung eingeräumt ist.

Zu einer bündigen Entscheidung über das Eigenthum an dem Dominium ist es denn auch in vielen deutschen Staaten erst nach dem Uebergang von der absoluten zur konstitutionellen Monarchie gekommen. In Preussen hat man hiermit nicht so lange gesäumt. Seine Herrscher haben nicht erst auf das Drängen einer Volksvertretung, sondern schon zu Zeiten, wo an eine solche noch nicht zu denken war, vielmehr der Absolutismus noch in seiner höchsten Blüthe stand, die Eigenschaft der Domänen, einschliesslich ihres Hausgutes, als Staatsgüter anerkannt.

Der Grosse Kurfürst führte schon 1673 eine Trennung des Staats- und des Hofhaushalts herbei, zunächst in der Weise, dass der für Letztern errichteten „Hofstaatsrenthey“ neben andern Einnahmen auch diejenigen aus bestimmten Domänenämtern, die auch ihrer Verwaltung unterstellt waren, überwiesen wurden. Im Jahre 1681 wurde diese Einrichtung beseitigt, die gesammten Domänen den Amtskammern unterstellt, die zur Hofstaatsrentei jährlich bestimmte Beiträge aus den Domäneneinkünften zu leisten hatten, ohne dass hierfür einzelne Domänen individuell bestimmt wurden. Etatsmässig beliefen sich diese Beiträge auf jährlich 231 200 Thaler,[1]) unter Friedrich I., nach einer Kabinetsordre vom 17. März 1698, auf 590 000 Thaler.

Einen prägnanteren und gesetzlichen Ausdruck fand der in dieser Einrichtung enthaltene Gedanke einer Trennung des Haushalts des Regenten von dem des Staates und der Ueberweisung der gesammten Domänen an Letztern gegen die Verpflichtung, bestimmte Beiträge für den Herrscher und dessen Haushalt zu leisten, unter König

---

[1]) Vgl. Riedel, Brandenburg.-Preuss. Staatshaushalt S. 18 ff.

Friedrich Wilhelm I. in dessen oben (§ 7) abgedrucktem Edikt vom 13. August 1713. Im Anschluss hieran wurde der jährliche Beitrag der Domänen für die Königliche Schatulle auf 270 000 Thaler, für den Hofstaat auf 230 000 Thaler festgestellt.

§ 16. Eine Anerkennung der Domänen als Staatsgut war jedoch in dem Edikt vom 13. August 1713 noch ebensowenig wie früher ausgesprochen. Dies geschah in gesetzlicher Form erst durch das Allgemeine Landrecht, das in den §§ 11—15 Theil II Tit. 14 bestimmt:

„§ 11. Einzelne Grundstücke, Gefälle und Rechte, deren besonderes Eigenthum dem Staate, und die ausschliessende Benutzung dem Oberhaupte desselben zukommt, werden Domainen- oder Kammergüter genannt.

§ 12. Auch diejenigen Güter, deren Einkünfte zum Unterhalte der Familie des Landesherrn gewidmet worden, sind als Domainengüter anzusehen.

§ 13. Was Persouen aus der Familie des Landesherrn durch eigene Ersparniss, oder auf andere Art, gültig erworben haben, wird, so lange von dem Erwerber oder seinen Erben keine ausdrückliche Einverleibung erfolgt, und soweit darüber durch Familienverträge und Hausverfassungen nicht ein Anderes bestimmt ist, als Privateigenthum betrachtet.

§ 14. Eben das gilt von Gütern und Sachen, welche der Landesherr selbst aus eignen Ersparnissen, oder durch irgend eine andere auch bei Privatpersonen statt findende Erwerbungsart, an sich gebracht hat.

§ 15. Hat jedoch derjenige Landesherr, welcher ein solcher erster Erwerber war, über unbewegliche von ihm auf dergleichen Art erworbene Sachen, weder unter Lebendigen, noch von Todeswegen, verfügt: so sind dieselben für einverleibt in die Domainen des Staats anzusehen."

Diese Bestimmungen des A.L.R. bilden, nachdem sie durch die oben (§ 8 bezw. § 9) erwähnten Verordnungen vom 9. März 1819 und 5. Juli 1867 auch auf diejenigen Landestheile, in denen das A.L.R. nicht gilt, ausgedehnt sind, das noch heute geltende Recht. Indem sie die dem Unterhalte der landesherrlichen Familie gewidmeten Güter ebenfalls zu Domänen erklären, stellen sie sich auf denselben, den Unterschied von Schatull- und Kammergütern aufhebenden Standpunkt, wie das Edikt Friedrich Wilhelms I. vom 13. August 1713. Wenn sie sodann aber diejenigen Güter, welche der Landesherr oder Mitglieder seiner Familie aus eigenen Ersparnissen oder durch andere, auch bei Privatpersonen stattfindende Art erwerben, mit der Beschränkung des § 15 von dem Domanium ausschliessen und zum Privateigenthum des Landesherrn, seiner Familienmitglieder oder seiner Familie als solcher erklären, so bestätigen sie damit nur die bis dahin schon bestehende Rechtsübung, auf der insbesondere die Stiftung des Königlichen Hausfideikommisses durch Friedrich Wilhelm I. beruhte.

Den Stamm des Königlichen Hausfideikommisses bilden mehrere Güter, die Friedrich Wilhelm I., wie er versicherte, „mit vielem sauren Schweiss" käuflich erworben hatte, und über die er 1733 letztwillig verfügte. Später, namentlich unter Friedrich Wilhelm III. und Wilhelm I. sind zahlreiche andere Güter hinzugekommen, unter Wilhelm I. ausser durch neue Erwerbungen durch Erstreitung des Eigenthumsrechts an der Herrschaft Schwedt im Prozesswege gegen den Domänenfiskus (vgl. Aktenstücke des Hauses der Abgeordneten 1876 Nr. 349, Anl. Bd. III S. 1837). Das Hausfideikommiss ist zunächt zum Vortheil des Königs, demnächst aber auch zu jenem der nachgeborenen Prinzen bestimmt, mit eventuellem Heimfall an den Erstern. Der Heimfall hat 1843 durch den Tod des Prinzen August stattgefunden.[1]) Durch Friedrich Wilhelm III. ist auch das Königlich-Prinzliche Familienfideikommiss für seine jüngern Söhne gegründet worden. Ausser diesen Fideikommissbesitzungen und einigen Allodialgütern befindet sich gegenwärtig im Eigenthum des Königlichen Hauses, und zwar des Kronprinzen, das Thronlehn Oels in Schlesien.

Auch die von dem A.L.R. dem Landsherrn vorbehaltene „ausschliessliche Benutzung" der Domänen, die ihn in den Stand setzte, seine und seines Hauses Bedürfnisse ohne Beschränkung auf bestimmte Beträge aus den Domäneneinkünften zu bestreiten, ist in Preussen schon vor Einführung des Konstitutionalismus durch den § III der oben (§ 8) erwähnten Verordnung über das Staatsschuldenwesen vom 17. Januar 1820 in Wegfall gekommen und das Königliche Haus nur noch in Ansehung der jährlichen Kronfideikommissrente von 2½ Millionen Thalern bevorzugter Realgläubiger der Domänen, dergestalt, dass das Recht auf diese Rente allen andern Rechten auf die Domänen und ihre Revenüen, insbesondere also dem Pfandrecht für die Staatsschulden vorgeht. Bestimmte Domänen sind für die Kronfideikommissrente nicht verpfändet, sondern die durch § III a. a. O. statuirte Garantie für die Staatsschulden erleidet hinsichtlich aller ihr unterliegenden Theile des Domaniums die Beschränkung, dass von den Revenüen zur Verzinsung und Tilgung der Staatsschulden nur verwendet werden darf, was nach Abzug der Kronfideikommissrente übrig bleibt, und dass von dem Domanium soviel erhalten bleiben muss und nicht zur Tilgung der Staatsschulden veräussert werden darf, wie zur Erzielung einer Jahreseinnahme in Höhe der Kronfideikommissrente erforderlich ist. Mit Rücksicht auf dieses Rechtsverhältniss erscheint denn auch die Kronfideikommissrente im Staatshaushaltsetat nicht als besondere Ausgabeposition, sondern sie wird vorab von der Einnahme aus den Domänen und Forsten — Kap. 1 und 2 der Einnahme — in Abzug gebracht. Von diesem Verfahren ist nur in den Etats für 1849, 1850 und 1851 abgewichen und die Rente unter den Dotationen in Ausgabe gestellt worden. Die spätern Erhöhungen der Krondotation dagegen erscheinen unter den Staatsausgaben als „Dotationen", da sie — wie die Motive zu dem Gesetz betr. die Erhöhung der Krondotation vom 30. April 1859 (Aktenstück Nr. 42 des Hauses der Abgeordneten Session 1858/59 Anl. Bd. III S. 249) besagen, weil die rechtliche Zulässigkeit wegen der anderweitigen auf den Domänen und Forsten haftenden Verpflichtungen, d. i. des durch § III der Verordnung vom 17. Januar 1820 geschaffenen Pfandnexus für die Staatsschulden, in Zweifel gezogen werden könnte — nicht auf die Domänen und Forsten radizirt sind. Nach dem Jahre 1866 hätte allerdings der Radizirung auf die Domänen und Forsten in den neu erworbenen Landestheilen ein rechtliches Hinderniss nicht entgegengestanden.

[1]) Vgl. Rauer, Protokolle der Verfassungskommission S. 28.

Durch Art. 59 der Verfassungs-Urkunde vom 31. Januar 1850 („Dem Kronfideikommissfonds verbleibt die durch das Gesetz vom 17. Januar 1820 auf die Einkünfte der Domainen und Forsten angewiesene Rente“) ist die Radizirung der Kronfideikommissrente auf die Domänen und Forsten ausdrücklich aufrecht erhalten, sodass sie nur auf dem Wege der Verfassungsänderung beseitigt werden kann.

Von der Kronfideikommissrente waren von jeher 548250 Thaler in Gold zu zahlen. Infolgedessen trat dem Betrage von $2^1/_2$ Millionen Thalern das Agio für den in Gold zahlbaren Theil mit 73098 Thalern 20 Sgr. hinzu. Die Rente beläuft sich daher thatsächlich nicht auf 2500000, sondern auf $2573098^2/_3$ Thaler = 7719296 Mk.

§ 17. Die Regelung des Eigenthumsrechts an dem Domanium ist in den andern Deutschen Staaten erheblich später als in Preussen und in verschiedener, in den wenigsten Staaten aber so günstiger Weise für den Staat erfolgt. Am meisten ähnelt dem Preussischen Verhältniss dasjenige in Bayern: auch hier sind die Domänen als Staatsgut anerkannt und ist die Civilliste auf sie radizirt. Dasselbe gilt auch von Württemberg, nur dass dort schon seit Mitte des 16. Jahrhunderts ein Güterkomplex als „Kammerschreibereigut“ von den Domänen ausgesondert und auch als „Hofdomänenkammergut“ Eigenthum des Königlichen Hauses geblieben ist. Im Königreich Sachsen ist zwar auch das Domanium als Staatsgut anerkannt; aber dem Staate steht seine Nutzung nur als Aequivalent für die Civilliste, und nur so lange eine solche bewilligt wird, zu. Dagegen sind in Baden die Domänen als Eigenthum der grossherzoglichen Familie anerkannt, freilich mit der Beschränkung, dass die Revenüen nach Abzug der Civilliste und anderer Lasten zur Bestreitung der Staatsausgaben zu verwenden sind und erhebliche Veräusserungen der Zustimmung des Landtags bedürfen. Aehnlich wie in Baden ist die Rechtslage in Sachsen-Coburg, in Sachsen-Gotha, in Sachsen-Meiningen, in den beiden Schwarzburg, den beiden Reuss und den beiden Lippe. In einzelnen dieser Staaten sind aus den Domänenrevenüen bestimmte Beträge für das Herrscherhaus als Civilliste ausgesondert, so dass nur der Rest für Staatsausgaben verbleibt, in andern findet eine Theilung der Erträge zwischen Staat und Herrscher in bestimmtem Verhältniss statt; in den beiden Lippe und den beiden Reuss endlich fliessen die gesammten Erträge dem Fürsten zu, der dafür vom Lande keine andern Einkünfte bezieht, und ist demgemäss der Staat auch an der Verwaltung der Domänen betheiligt. Doch schweben in Lippe-Detmold z. Z. Verhandlungen über eine anderweitige Regelung. Auch in den beiden Mecklenburg, die bekanntlich eine konstitutionelle Verfassung noch nicht haben, ist das Domanium Eigenthum des Grossherzogs. Im Grossherzogthum Hessen, in Oldenburg, Anhalt und Sachsen-Altenburg hat eine Theilung der Domänen zwischen Staat und Landesherrn stattgefunden. Dasselbe ist in Waldeck der Fall; doch bezieht dort der Fürst nach dem Accessionsvertrage mit Preussen gleichwohl den Ertrag des gesammten Domaniums gegen Bestreitung der Kosten des Konsistoriums. Offen gelassen ist die Eigenthumsfrage noch in Braunschweig und Sachsen-Weimar. Die Einkünfte fliessen in beiden Ländern nach Abzug einer fixirten Civilliste zur Staatskasse.

Als unbeschränktes Patrimonialvermögen des Fürstenhauses sind die Domänen in den im Anfang dieses Jahrhunderts mediatisirten standesherrlichen Gebieten anerkannt und daher den Standesherrn verblieben.

II. Hauptabschnitt.

Die Einnahmen der Domänen-Verwaltung.

(Staatshaushaltsetat Kap. 1.)

Vorbemerkung.

§ 18. Die hauptsächlichsten Einnahmen der Domänenverwaltung sind nach den Zusammenstellungen in der Anlage IV

	Staatshaushaltsetat Kapitel	Titel
1. Grundherrliche Hebungen und Hebungen von veräusserten Domänenobjekten	1	1
2. Domänen-Amortisationsrenten	1	2
3. Ertrag von Domänenvorwerken	1	3
4. Ertrag von andern Domänengrundstücken, Mühlen und Fischereien	1	4
5. Ertrag von Mineralbrunnen und Badeanstalten	1	5
denen als von finanziell untergeordneterer Bedeutung hinzutreten		
7. Zinsen von Aktivkapitalien	1	7
8. Renten des Deutschen Reiches	1	8
9. Vermischte Einnahmen	1	9

Die Einnahmen aus der Nutzung des Bernsteinregals, welche bisher unter Kap. 1 Tit. 6 bei der Domänenverwaltung erschienen, kommen künftig in Folge Ueberganges des Bernsteinregals auf die Verwaltung für Handel und Gewerbe bei dieser in Ansatz und sollen mit der Berg-, Hütten- und Salinenverwaltung behandelt werden. Für 1899 sind sie, da der Uebergang erst am 1. Juli 1899 stattfinden soll, noch für ein Vierteljahr bei der Domänenverwaltung in Ansatz gebracht.

Ihrer finanziellen Bedeutung nach rangiren an erster Stelle die Erträge von Domänenvorwerken, denen nach dem Etat für 1899 in nachstehender Reihenfolge die Domänen-Amortisationsrenten, die Erträge von andern Domänengrundstücken u. s. w., der Ertrag der Mineralbrunnen und Badeanstalten und die grundherrlichen Hebungen u. s. w. folgen.

I. Kapitel.

Die grundherrlichen Hebungen und Hebungen von veräusserten Domänenobjekten, sowie die Domänen-Amortisationsrenten.

(Staatshaushaltsetat Kap. I Tit. 1 u. 2.)

§ 19. Die **grundherrlichen Hebungen** und die **Hebungen von veräusserten Domänenobjekten** bildeten bis zur Mitte dieses Jahrhunderts den einträglichsten Theil der Domäneneinkünfte: noch im Etat für 1849 machen sie mit rund 11 883 000 Mark ungefähr zwei Drittel der gesammten Einnahme der Domänenverwaltung aus. Ihre Entstehung liegt theils in den allgemeinen gutsherrlich-bäuerlichen Verhältnissen, theils in den Austhuungen von Domänengrundstücken zu Erbzins oder Erbpacht.

Bekanntlich herrschte bis weit über das Mittelalter hinaus, zumeist bis zum Anfang des 19. Jahrhunderts, im grössten Theile Deutschlands, wenn auch in den verschiedenen Gegenden in im Einzelnen sehr verschiedener Gestalt, die Gutsunterthänigkeit der bäuerlichen Bevölkerung, vermöge deren diese den Gutsherren zu den verschiedensten Diensten, Natural- und Geldabgaben, über deren bunte Mannigfaltigkeit die Aufzählungen in den Ablösungsgesetzen ein Bild geben, verpflichtet war. Da die Gutsunterthänigkeit auch dort bestand, wo der Staat bezw. der Landesherr der Gutsherr war, so erhellt bei dem grossen Umfang des Domänenbesitzes in Brandenburg-Preussen ohne weiteres, von welch' erheblicher Bedeutung hier für den Staatshaushalt die Natural- und Geldleistungen und Dienste der Domänenbauern sein mussten. Allerdings kamen sie ja, soweit sie den Pächtern zu leisten waren, dem Fiskus nur indirekt in der Gestalt der mit Rücksicht auf sie bemessenen Pachteinnahmen zu Gute.

Dazu traten die Abgaben für die Ausübung von Gewerben, namentlich aber die bei der Verleihung von Domänengrundstücken zu Erbzins oder Erbpacht bedungenen fortlaufenden periodischen und nichtperiodischen Hebungen. Bei diesen Ueberlassungen zu Erbzins oder Erbpacht erhielt der Staat eine einmalige Zahlung, dort das Kauf-, hier das Erb- oder Einstandsgeld, und fortlaufende Abgaben, den Kanon oder Erb- oder Domänenzins bezw. Erbpachtzins. Ausserdem waren ihm bei Veränderungen im Besitze der Erbzins-, auf Grund besonderer Bestimmung auch der Erbpachtgüter Laudemien oder andere Besitzveränderungsabgaben zu leisten. Andrerseits war er dem Erbzinsmann und Erbpächter zu gewissen Leistungen verpflichtet.[1])

Allerdings wurde an dem Gutsunterthänigkeitsverhältniss der Domänenbauern in Preussen schon früh, weit früher als an dem der Privatbauern gerüttelt. Bereits die Flecken-, Dorf- und Ackerordnung vom 16. Dezember 1702 stellte den Domänenbauern die Enthebung von der Leibeigenschaft gegen Verzicht auf die Freijahre und Remissionen und gegen Erstattung der Kosten für Aufbau der Höfe, Hofwehr und Aussaat anheim. Indess verstanden sich bei der damaligen Lage der Unterthanen nur wenige dazu, hierauf einzugehen, und auch spätere, sich in derselben Richtung bewegende Erlasse Friedrich Wilhelms I. und Friedrichs des Grossen scheinen, theils infolge der wirthschaftlichen Lage der Bauern, theils infolge der Abneigung der Domänenbeamten, wie überhaupt der höheren Klassen gegen derartige Fortschritte, nur geringen Erfolg gehabt zu haben. Erst unter Friedrich Wilhelm III. kam die Aufhebung der „Leibeigenschaft, Erbunterthänigkeit und Gutspflichtigkeit" der Domäneneinsassen allgemein und im ganzen Staate zur Ausführung. Die Kabinetsordre vom 28. Oktober 1807, der bereits eine ähnliche für Ostpreussen und Litthauen unter'm 29. Dezember 1804 vorangegangen war, erklärte, dass vom 1. Juni 1808 ab auf sämmtlichen Domänen aller Landestheile „keine Eigenbehörigkeit, Leibeigenschaft, Erbunterthänigkeit (gabellae adsiriptio) oder Gutspflicht" mehr stattfinden solle. „Die aus dem Besitze eines Grundstücks oder aus einem Vertrage entstandenen Verpflichtungen, sie bestehen in Geld- oder Natural-Dienstleistungen", wurden jedoch hierdurch, wie „sich von selbst verstehe", keineswegs erlassen oder aufgehoben. Infolge dieses Vorbehalts war daher für die fiskalischen Domänengefälle bedeutsamer die Verordnung über die Ablösung der Domanialabgaben jeder Art vom 16. März 1811 (G.S. S. 157) nebst den zu ihrer Ausführung und Ergänzung ergangenen Bestimmungen, insbesondere die Ablösungsordnung vom 7. Juni 1821 (G.S. S. 72). Die Verordnung vom 16. März 1811 erklärte für ablösbar alle Servituten, Zwangs- und Bannrechte, Monopolien, Geld- und Naturalprästationen, und zwar gleichviel, ob die Domäne empfangsberechtigt oder leistungsverpflichtet war. Ausgeschlossen blieben „jetzt", also vorläufig, nur unbeständige Gefälle, welche nicht auf bestimmten Grundstücken hafteten, Gerichtsbarkeit, Patronatsrechte, Sozietäts- und Kommunallasten sowie Naturaldeputate an Geistliche, Lehrer und Kirchendiener. Die Ablösung, gegen den 25fachen Jahreswerth, wurde jedoch nur gegen Kapital, baar oder in Staatspapieren, noch nicht durch allmäh-

[1]) Ueber das Erbzins- und Erbpachtverhältniss vgl. A.L.R. Th. I Tit. 18 §§ 680 ff. und Th. I Tit. 21 §§ 187 ff.

liche Amortisation gestattet. Gleichwohl wurden in den folgenden Jahrzehnten ein grosser Theil der Domänenabgaben zur Ablösung gebracht und die nicht abgelösten unbestimmten Gefälle, Naturalabgaben und Dienste wenigstens in bestimmte Geldrenten umgewandelt, wie denn auch die Regierungsinstruktion vom 23. Oktober 1817 den Regierungen die möglichste Verwandlung der verschiedenartigen Gefälle in eine Art von Domänenzins zur Pflicht macht. In der Zeit von 1825 bis 1850, also 26 Jahren, sind für 45 144 448 Mark Domänen- und Forstgefälle zur Ablösung gelangt. In dem Etat für 1849 erscheinen noch an Gefällen:

	Thlr.	Sgr.	Pf.
1. baare Domänenzinsen, Erbzinsen etc.	2 993 204	4	4
2. Erbpachtsgefälle	637 447	17	1
3. Scharfrichtereigefälle Erbpacht . . . 1 591 Thlr. 11 Sgr. 8 Pf. Zeitpacht . . . 312 „ 16 „ 6 „	1 903	28	2
4. Kanon und Kompetenzsteuern von den eingezogenen Geistlichen- und Stiftsgütern im Grossherzogthum Posen	21 025	20	—
5. Naturalprästationen, welche von den Lieferungspflichtigen entweder nach bestimmten Preisen bezahlt oder in natura geliefert und durch Verpachtung oder Selbstadministration genutzt werden	179 789	20	1
6. unbeständige Gefälle, Laudemien und andere dergleichen Besitzveränderungs-Gefälle, Polizei-Strafgelder, Schaarwerksgelder, Haff- und Fischereizinsen etc.	123 828	19	3

Hierunter befinden sich:

bei Nr. 1 veränderliche, alljährlich nach Durchschnittspreisen zu regulirende Renten für ehemalige Natural-Getreidezinsen 156 141 Thlr. 4 Sgr. 5 Pf.;

bei Nr. 6 Laudemien und andere Besitzveränderungs-Gefälle 103 096 Thlr. 12 Sgr. 6 Pf.; Polizei-Strafgelder 6 261 Thlr. 5 Sgr.; sonstige Zinsen, Schaarwerksgelder, Haff- und Fischereizinsen 13 885 Thlr. 1 Sgr. 9 Pf.

Der Etat für 1850 enthielt hiermit ziemlich übereinstimmende Zahlen; nur die Naturalprästationen unter Nr. 5 wiesen einen Abgang von 42 535 Thalern infolge Verwandlung in Geldrenten und Ablösung auf, während bei den Domänenzinsen unter Nr. 1 einem hierdurch herbeigeführten Mehr von 32 638 Thalern infolge von Ablösungen ein Weniger von 30 000 Thalern gegenüberstand. Die Erbpachtsgefälle hatten sich, hauptsächlich durch Ablösungen, um 2 246 Thaler, die unbeständigen Gefälle infolge Aufhebung der Patrimonial-Gerichtsbarkeit, womit die Einnahmen aus Polizeistrafgeldern für die Domänenverwaltung wegfielen, um 6261 Thlr. 5 Sgr., durch Ablösungen und Kompensationen um 63 Thlr. 9 Sgr. 3 Pf. vermindert,

§ 20. Ihren Abschluss hat die Ablösungsgesetzgebung für die alten Provinzen im wesentlichen durch das die frühern Bestimmungen aufhebende Gesetz vom 2. März 1850 betr. die Ablösung der Reallasten und die Regulirung der gutsherrlichen und bäuerlichen Verhältnisse (G.S. S. 77) gefunden, dem dann nur noch das Gesetz vom 11. März 1850 wegen Ablösung der auf Mühlengrundstücken haftenden Reallasten (G.S. S. 146), das an die Stelle eines frühern vom 15. April 1857 tretende Gesetz vom 27. April 1872 wegen Ablösung der den geistlichen und Schul-Instituten, frommen und milden Stiftungen zustehenden Reallasten (G.S. S. 417) und das Gesetz vom 12. Juni 1892 wegen Regulirung der gutsherrlichen und bäuerlichen Verhältnisse in Neuvorpommern und auf Rügen (G.S. S. 127) gefolgt sind. Das Gesetz vom 2. März 1850 hob eine grosse Reihe von Berechtigungen ohne Entschädigung auf, und zwar sowohl solche des Erbzinsherrn und Erbverpächters, wie namentlich das Obereigenthum bezw. Eigenthumsrecht derselben, ihr Recht, den Zins oder Kanon willkürlich zu erhöhen, die Vorkaufs-, Näher- und Retraktsrechte mit Ausnahme der vertragsmässig oder letztwillig begründeten sowie der Vorkaufsrechte der Miteigenthümer, Miterben und Expropriaten, als auch solche Berechtigungen, die auf dem eigentlich gutsherrlichen Verhältniss beruhten, wie die Mortuarien, die auf guts-, grund- oder gerichtsherrlichem Verhältnisse beruhenden Abgaben und Leistungen der Nichtangesessenen, die Beiträge und Leistungen zur Uebertragung der Lasten der Privatgerichtsbarkeit und gutsherrlichen Polizeiverwaltung, Dienste und Leistungen in Bezug auf die Jagd und die Bewachung der gutsherrlichen Gebäude und Grundstücke, die Dienste zu persönlichen Bedürfnissen der Gutsherrschaft und ihrer Beamten, die Abgaben zur Ausstattung oder bei Taufen von Familiengliedern des Guts- oder Grundherrn, die aus den früheren guts-, schutz- oder grundherrlichen Rechten abgeleiteten steuerartigen, aber nicht zum öffentlichen Steuereinkommen gehörenden Abgaben, Abgaben für die Erlaubniss zur Haltung gewisser Vieharten auf dem eigenen Grund und Boden. Andererseits wurden alle Gegenleistungen für die aufgehobenen Berechtigungen ebenfalls ohne Entschädigung aufgehoben.

Ausgenommen von der unentgeltlichen Aufhebung blieben diejenigen Leistungen und Abgaben, welche für die Verleihung oder Veräusserung eines Grundstücks ausdrücklich übernommen sind.

Alle nicht ohne Entschädigung aufgehobenen „beständigen Abgaben und Leistungen, welche auf eigenthümlich oder bisher erbpachts- oder erbzinsweise besessenen Grundstücken oder Gerechtigkeiten haften (Reallasten)“, erklärte das Gesetz vom 2. März 1850 für ablösbar; ausgenommen hiervon wurden nur die öffentlichen Lasten, einschliesslich der Gemeinde-, Deich- und ähnlichen Sozietätslasten, und Abgaben und Leistungen zur Erbauung oder Unterhaltung von Kirchen, Pfarr- und Schulgebäuden, wenn sie nicht die Gegenleistung einer ablösbaren Reallast sind.

Zur Feststellung der dem Berechtigten gebührenden Abfindung hat eine Ermittlung des Jahreswerths der Reallast zu erfolgen, wofür das Gesetz eingehende, hier nicht darzustellende Grundsätze enthält. Ein Dritttheil des Reinertrages der belasteten Stelle muss jedoch freibleiben und der Jahreswerth der Reallasten nöthigenfalls dementsprechend herabgesetzt werden, ausser wenn es sich um Grundstücke handelt, die ausserhalb einer gutsherrlich-bäuerlichen Regulirung oder Ablösung oder ohne Begründung eines gutsherrlich-bäuerlichen Verhältnisses mittels eines vor Verkündung des Gesetzes vom 2. März 1850 errichteten schriftlichen Vertrages gegen Kanon, Zins oder andre Leistungen zu Erbpacht, Erbzins oder Eigenthum überlassen sind.

Bei ihren Besitzern nicht zu Eigenthum, Erbzins oder Erbpachtrecht überlassenen Stellen, welche zu lassitischen Rechten nach § 626 ff. A.L.R. Th. I Tit. 21 ausgethan oder mit Abgaben oder Diensten an die Gutsherrschaft belastet sind, findet, insofern sie zu erblichen oder dergestalt zu einem zeitweisen Nutzungsrecht verliehen sind, dass bei Besitzerledigung nach Gesetz oder Herkommen ihre Wiederbesetzung mit einem Wirthe erfolgt, eine Regulirung behufs Eigenthumsverleihung an den Wirth statt, bei der einerseits dieser Eigenthumsrecht und Hofwehr, anderseits die Gutsherrschaft die Befreiung von der Verpflichtung zur Unterstützung in Unglücksfällen und zur Vertretung bei öffentlichen Abgaben und Leistungen, ohne Entschädigung dafür leisten zu müssen, erhält, während die übrigen beiderseitigen nach dem Gesetz ablösbaren Berechtigungen und Verpflichtungen nach den Vorschriften des Gesetzes nach ihrem Jahreswerth berechnet und abgelöst werden. Doch hat der Gutsherr, wenn der Jahreswerth seiner Verpflichtungen den seiner Berechtigungen übersteigt, gleichwohl nichts herauszuzahlen.

Die Ablösung und Regulirung kann sowohl der Berechtigte wie der Verpflichtete verlangen. Künftig dürfen einem Grundstück an nach dem Gesetz ablösbaren Lasten nur noch feste Geldrenten auferlegt werden.

Die Ablösung erfolgt in der Weise, dass zunächst durch Gegenüberstellung des Jahreswerths der Leistungen und Gegenleistungen eine an den Berechtigten zu zahlende Jahresrente ermittelt wird, die der Verpflichtete direkt durch Kapital oder durch Vermittlung der Rentenbanken im Wege allmäliger Amortisation tilgen kann (Gesetz vom 2. März 1850 über die Errichtung der Rentenbanken G.S. S. 112). Das Abblösungskapital beträgt bei eigentlich gutsherrlich-bäuerlichem Verhältniss die 18fache Jahresrente in baar oder die 20fache in Rentenbriefen, für welche der Verpflichtete an die Rentenbank ebenfalls den 18fachen Jahreswerth zu leisten hat. Bei andern, insbesondere Erbzins- und Erbpachtverhältnissen beträgt das Ablösungskapital stets den 20fachen Jahreswerth; geht in Fällen der letztern Art der Antrag vom Berechtigten aus, so erfolgt die Ablösung nur durch Vermittlung der Rentenbanken, bei Antrag des Verpflichteten nur durch Baarzahlung in höchstens 4 einjährigen Terminen.

In denjenigen Fällen, in denen der Domänenfiskus der Berechtigte ist, erleiden diese Bestimmungen indess Modifikationen. Hier findet nach §§ 7, 64 des Rentenbankgesetzes die Vermittlung der Rentenbanken nicht statt. Der Pflichtige hat die Wahl der Tilgung der abzulösenden Lasten durch Fortentrichtung entweder der vollen Rente während $41^1/_{12}$ Jahren oder von $^9/_{10}$ des vollen Betrages der Rente während $56^1/_{12}$ Jahren, indem im erstern Fall $^1/_5$ und im letztern $^1/_9$ des zu zahlenden Jahresbetrages als Tilgungsquote gerechnet wird; der Pflichtige kann jedoch auch während dieser Zeiträume die Rente durch Kapitalzahlung ganz oder theilweise nach Massgabe des § 23 des Rentenbankgesetzes tilgen.

Ueber die Ablösungen sind zweiseitige Rezesse abgeschlossen. Soweit diese sich auf Domänen beziehen und von der Regierung durch eigene Verhandlungen im Wege des Vergleiches zu Stande gebracht werden, sind sie auch nur von ihr, nicht, wie sonst, von der Generalkommission zu bestätigen, und zwar selbst dann, wenn die Angelegenheit zwar bei der ordentlichen Auseinandersetzungsbehörde anhängig geworden, der Vergleich aber ohne Dazwischenkunft von Entscheidungen der Letztern erfolgt ist (V. v. 30. Juni 1834, G.S. S. 96, § 39 und G. v. 21. April 1852, G.S. S. 258).

§ 21. Die Gesetze vom 2. März 1850 gelten für den ganzen damaligen Umfang der Monarchie mit alleiniger Ausnahme des linken Rheinufers. Hier sind schon in der französischen Zeit die Lehns-, Guts- und Gerichtsherrlichkeit mit allen daraus entspringenden Abgaben und Lasten ohne Entschädigung aufgehoben. Die bestehen gebliebenen, für die Uebertragung von Grundeigenthum übernommenen reinen Geldrenten, Zehnten und sonstigen Lasten haben ihre Immobiliarnatur verloren und gelten als bewegliche Sachen. Sie sind ablösbar, aber nur gegen Kapital, und zwar Laudemien gegen $^5/_{16}$—$1^1/_2$ der einmaligen Abgabe, andere feste Geldrenten zum 20fachen, die übrigen Prästationen zum 25fachen Geldwerth.

In den 1866 neu erworbenen Landestheilen fand Preussen schon eine Ablösungsgesetzgebung vor, die sodann durch eine Reihe von Preussischen Gesetzen ergänzt und mehr oder minder in Uebereinstimmung mit der altländischen Gesetzgebung gebracht worden ist. Es sind dies namentlich die Gesetze für die vormals Kurhessischen und Bayerischen Landestheile vom 23. Juli 1876 und 2. Februar 1879 (G.S. S. 357 und 16), für den Regierungsbezirk Wiesbaden und die vormals Grossherzoglich Hessischen Gebietstheile vom 5. April 1869, 15. Februar 1872, 8. Juni 1874 und 16. Juni 1876 (G.S. S. 317, 165, 248 und 369), für Schleswig-Holstein vom 3. Januar 1873 (G.S. S. 3), für Lauenburg vom 14. August 1872 (Offiz. Wochenbl. f. Lauenburg S. 247) und für Hannover die Verordnung vom 28. September 1867 und die Gesetze vom 3. April 1869 und 2. Juli 1876 (G.S. S. 1670, 544 und 261). Für die Hohenzollernschen Lande endlich ist das Gesetz vom 20. Mai 1860 (G.S. S. 261) erlassen; doch ist hier die Ablösung völlig beendet.

Von den Abweichungen der vorgedachten Gesetze von denen für die altländischen Provinzen ist für die Zwecke dieses Werkes nur hervorzuheben, dass in den neuen Landestheilen nur im Regierungsbezirk Kassel und den Moorkolonien der Provinz Hannover eine Ablösung der Domänengefälle durch Amortisationsrente in Gestalt der $56^1/_{12}$jährigen Entrichtung von $^9/_{10}$ der vollen Rente, im übrigen nur durch Zahlung der vollen Rente während $41^1/_{12}$ Jahre stattfindet.

§ 22. Infolge der durch diese Gesetze erleichterten Ablösung haben sich die grundherrlichen Hebungen und Hebungen für veräusserte Domänenobjekte rasch vermindert. Von nahezu 12 Millionen Mark im Jahre 1849 waren sie 1859 schon bis auf 2,65 Millionen, 1866 bis auf 1,8 Millionen Mark, also ca. 15 Prozent des Betrages von 1849 gesunken. Durch die Erwerbung der neuen Provinzen im Jahre 1866 erfuhren sie wieder eine Erhöhung, infolge deren sie noch im Etat für 1869 mit 6 368 000 Mark erscheinen, von denen nach Anlage VI nahezu 4 740 000 Mark auf die neuen Provinzen entfallen. Indess schon 1874 waren sie infolge der Ablösungen wieder auf weniger als 4 Millionen Mark, 1879/80 auf 2 713 000 Mark und im Etatsjahr 1883/84 weiter auf ungefähr dieselbe Höhe gesunken, in der sie im letzten Rechnungsjahr vor den Neuerwerbungen erschienen. Nach dem Etat für 1899 ist nur noch der verhältnissmässig geringe Rest von 965 976 Mark übrig, von dem auf die alten Provinzen rund 900 000 Mark und auf die neuen rund 60 000 Mark entfallen. Die Ablösung ist somit in den neuen Provinzen ausserordentlich schnell durchgeführt und der Hauptsache nach abgeschlossen, und auch in den alten Provinzen ist nur noch ein nicht abgelöster Rest von noch nicht acht Prozent des Betrages vom Jahre 1849 vorhanden.

Der grösste Theil der im Etat für 1899 noch erscheinenden 965 976 Mark entfällt auf Kanons, Zinsen und andere Gefälle von Grundstücken, welche ausserhalb einer gutsherrlich-bäuerlichen Regulirung oder Ablösung oder ohne Begründung eines gutsherrlich-bäuerlichen Verhältnisses mittels eines vor Verkündung des Gesetzes vom 2. März 1850 errichteten schriftlichen Vertrages zu Erbpacht, Erbzins oder Eigenthum überlassen worden sind. Diese Gefälle sind, wie oben erwähnt, auf Antrag des Berechtigten nur gegen Baarzahlung des 20 fachen Jahreswerths ablösbar; in dieser weniger günstigen, aber durch die Art des Rechtsverhältnisses begründeten Ablösungsmodalität liegt der Grund, dass gerade sie sich am meisten erhalten haben.

An die Stelle der Ausfälle an den im Titel 1 Kapitel I der Einnahme erscheinenden Hebungen sind für den Staat die Einnahmen für Ablösungskapitalien und insbesondere als eine seit den Gesetzen vom 2. März 1850 neue Einnahmekategorie die **Domänen-Amortisationsrenten** getreten, welche nach den oben skizzirten gesetzlichen Bestimmungen behufs allmäliger Tilgung jener Hebungen $41^1/_{12}$ bezw. $56^1/_{12}$ Jahre lang zu entrichten sind. Von dem Gesammtbetrage, der an solchen dem Staate zusteht, erscheint, dem gemischten Charakter der Renten als Zins- und Tilgungsquoten des Kapitalwerths der Hebung entsprechend, in dem Titel 2 der Einnahme nur derjenige

Theil, welcher als Zins anzusehen ist, d. i. von den $41\frac{1}{12}$ Jahre im vollen Betrage des Jahreswerths der Hebung zu entrichtenden Renten $\frac{4}{5}$, von den $56\frac{1}{12}$ Jahre zu $\frac{9}{10}$ des Jahreswerths zu zahlenden $\frac{8}{9}$. Das die Tilgungsquote darstellende Fünftel bezw. Neuntel fliesst infolge der sich ja auch auf die Domänengefälle erstreckenden oben dargestellten Bestimmungen über die Verwendung der Erlöse aus Domänenveräusserungen zur Staatsschuldentilgungskasse und erscheint mit den Erlösen aus den in Kapital erfolgenden Ablösungen und den Verkaufserlösen, wie oben § 12 dargelegt ist, für die alten Provinzen als selbständiges Kapitel 3 neben der Einnahme aus den Domänen unter dem Hauptabschnitt „Einzelne Einnahmezweige", für die neuen Landestheile unter No. 3 des die „Einnahmen des vormaligen Staatsschatzes" enthaltenden 4. Titels des Kap. 24, welches zu dem Hauptabschnitt B „Dotationen und allgemeine Finanzverwaltung" gehört und die Einnahmen der letztern enthält. Die von den Einnahmen dieser Etatsstellen auf die Ablösungen entfallenden Beträge, in denen die Amortisationsquoten der Renten mit enthalten sind, sind aus Sp. 3 und 6 der Anlage I ersichtlich.

Wie es in der Natur der Sache liegt, müssen die Einnahmen an Amortisationsrenten in den ersten Jahrzehnten nach Einführung der Ablösungsgesetzgebung eine steigende Tendenz aufweisen, um dann, nachdem die Umwandlungen in Amortisationsrenten zum grössten Theil erfolgt sind und nach und nach der Zeitpunkt des Ablaufes der $41\frac{1}{12}$ bezw. $56\frac{1}{12}$jährigen Frist eintritt, in immer steigendem Masse abzunehmen. Einigermassen beeinträchtigt kann das klare Bild dieser Erscheinung allerdings dadurch werden, dass die Verpflichteten in den verschiedenen Zeiträumen in wechselndem, wesentlich durch die wirthschaftlichen Verhältnisse bedingtem Masse von der Tilgung der Rente durch Kapital Gebrauch machen. Jenem in der Natur der Ablösungsgesetzgebung begründeten Charakter der Domänen-Amortisationsrenten entsprechend zeigen denn auch die in der Anlage IV gegebenen Zahlen einzelner Staatshaushaltsetats von 1859 zu 1866 und dann wieder von 1869 bis 1888/89 steigende Einnahmen an Amortisationsrenten. Von da an sinken die Einnahmen in den 5 Jahren von 1888/89 bis 1893/94 um 522 476 Mark oder durchschnittlich jährlich 1,6 Prozent der Einnahme von 1888/89, von 1893/94 bis 1898/99 um 530 000 Mark oder im Jahresdurchschnitt nahezu 1,8 Prozent der Einnahme von 1893/94; dass die Abnahme eine nicht noch stärkere ist, hat seinen Grund wesentlich in dem Hinzukommen der 1866 erworbenen Landestheile, in denen erst nach der Annexion mit der Ablösung nach den Preussischen Grundsätzen begonnen wurde: wie die Anlage V ergiebt, ist in den alten Landestheilen die Einnahme an Domänenrenten von 1889/90 bis 1898/99 um nahezu 14,5, in den neuen nur um ca. 9,1 Prozent gesunken. Wenn die letztere Anlage eine für die einzelnen Regierungsbezirke sehr verschieden starke Abnahme der Renten nachweist, so hat dies seinen natürlichen Grund in dem verschiedenen Zeitpunkt des Ablaufs der Tilgungsfrist, je nach dem Datum des Ablösungsrezesses, und in dem Masse, in dem Kapitalablösungen erfolgen.

Betrachtet man in der Anlage V die vollen und die $^9/_{10}$ Renten besonders, so ersieht man, dass in denjenigen Landestheilen, wo das Gesetz die Wahl zwischen beiden lässt, von der erstern sehr viel weniger Gebrauch gemacht ist, als von der letztern, was seine Erklärung wohl in erster Linie in der eine günstigere wirthschaftliche Position des Pflichtigen verlangenden grössern Höhe der erstern und in der Verschiedenheit der Höhe der Rente im einzelnen Fall findet. Am höchsten ist denn auch der Antheil der vollen Renten an der Gesammtsumme in den landwirthschaftlich bevorzugten Regierungsbezirken Magdeburg, Erfurt, Münster, Koblenz, Düsseldorf, Köln und dem wenigstens theilweise besonders günstige Verhältnisse aufweisenden Bezirke Potsdam, am niedrigsten in Gumbinnen, Danzig, Marienwerder, Frankfurt, Bromberg und in Schlesien, wo allerdings die wirthschaftlichen Verhältnisse allein zur Erklärung der auffallend geringen Beträge an voller Rente nicht ausreichen. Infolge der kürzeren Tilgungsfrist der vollen Renten sind dieselben bis 1899, wie die Zahlen der Anlagen für 1898/99 ergeben, in den östlichen Provinzen mit Ausnahme der Regierungsbezirke Magdeburg und Erfurt bis auf den geringen Rest von ca. 40 000 Mk. getilgt.

Einen vorläufig und gegenüber dem Abgang durch Ablauf der Amortisationsfrist und Kapitaltilgung nur geringfügigen Zuwachs hat allerdings die Einnahme an Amortisationsrenten in den letzten Jahren infolge der Rentengutsgesetze vom 27. Juni 1890 (G.S. S. 209) und 7. Juli 1891 (G.S. S. 279) erfahren, welche die eigenthümliche Uebertragung eines Grundstücks gegen Uebernahme einer festen, gegen den 20 fachen Betrag in Kapital oder durch Zahlung eines erhöhten Jahresbetrages während $60^1/_2$ oder $56^1/_{12}$ Jahren amortisabeln Rente gestatten. Die infolge Veräusserung von Domänenländereien als Rentengut dem Staate zustehenden Renten betrugen:

im Regierungsbezirk	für das Rechnungsjahr 1896/97	1897/98	1898/99
Potsdam	2 116,4 Mk.	2 116,4 Mk.	2 076,0 Mk.
Posen	1 624,0 „	1 624,0 „	1 624,0 „
Aurich	— „	39,69 „	39,69 „
Wiesbaden	3 408,9 „	3 393,8 „	3 393,8 „
Summe für den Staat .	7 149,3 Mk.	7 173,89 Mk.	7 133,49 Mk.

In andern als diesen vier Regierungsbezirken ist der Staat bisher mit der Errichtung von Rentengütern aus Domänenländereien nicht vorgegangen.

Von den Rentengutsrenten, welche in den Zahlen der Anlage V nicht enthalten sind, erscheinen in dem Titel 2 des Kap. 1 der Einnahme $^8/_9$, während $^1/_9$ als die Amortisationsquote wie die Amortisationsquote der übrigen Domänen-Amortisationsrenten Verwendung findet. Die Isteinnahme aus diesen Amortisationsquoten ist in den in Spalte 3 und 6 der Anlage I angegebenen Beträgen enthalten; für 1898/99 bezifferte sich die Solleinnahme nur auf $^1/_9$ von 7133,49 Mark = 891,68 Mark.

II. Kapitel.

Die Domänenvorwerke sowie die anderen Domänengrundstücke, Mühlen und Fischereien.

(Staatshaushaltsetat Kap. 1 Tit. 3 und 4.)

A. Allgemeines. Formen der Benutzung.

§ 23. Der weitaus grösste Theil der Einnahmen der Domänenverwaltung wird jetzt durch die Nutzung der Vorwerke, einzelnen Grundstücke, Mühlen und Fischereigerechtigkeiten erzielt. Für die Nutzung bildet die Zeitpacht die nur in seltenen Ausnahmefällen und dann zumeist gegen den Wunsch der Domänenverwaltung verlassene Regel.

Die älteste Benutzungsart der Domänen war die Selbstbewirthschaftung (Regie, Administration) durch landesherrliche Beamte. Dieselbe war durch den Charakter der Naturalwirthschaft, wie sie in Deutschland noch bis nach dem dreissigjährigen Kriege in weitem Umfang bestand, gegeben. Speziell in der Brandenburgischen Domänenverwaltung prägte sich der naturalwirthschaftliche Charakter bis über die Mitte des 17. Jahrhunderts hinaus in den umfangreichen Naturallieferungen — selbst an solchen Gegenständen, die auf den Domänen gar nicht produzirt wurden — aus, die die Domänenämter an den Hof und „in partem salarii“ an die Kammer-, Hof- und Landesbeamten zu machen hatten.

Die Selbstbewirthschaftung bestand in Brandenburg — von dem damals nicht zur Ausführung gekommenen Arnim'schen Zergliederungsprojekt unter Joachim I. abgesehen — ziemlich unangefochten bis zum Jahre 1651. Wesentlich unter der Einwirkung der Niederländischen Kolonisation wurde in diesem Jahre ein anderes System angebahnt und im nächsten Jahre grundsätzlich beschlossen, das den Uebergang zu der Zeitpacht darstellt. Dasselbe trug zwar schon den Namen Pacht oder „Arrende“, hatte aber vermöge seiner Bedingungen mehr noch den Charakter einer Gewährsadministration.

Insbesondere prägte sich dieser Charakter einmal in der Uebertragung auch der obrigkeitlichen Funktionen an den Arrendator aus, sodann in der Ueberlassung auch des gesammten lebenden und todten Inventars an denselben und in einer umfassenden Haftung des Verpächters für alle zufällig entstandenen Schädigungen, also namentlich nicht nur für Brand, Krieg, Blitzschlag, sondern auch für Raub, Sturmwind, allgemeines Viehsterben, grossen Misswachs, ungewöhnlich grossen Hagelschaden, endlich aber darin, dass diese sogenannte Verpachtung möglichst an die bisherigen Domänenbeamten, die Amtsschreiber, erfolgen sollte.[1])

---

[1]) Vgl. die ausführliche Darstellung bei Breysig, Geschichte der Brandenburgischen Finanzen 1640—1697 Bd. I, II. Buch, 2. Kap., 3.—5. Abschnitt. Ausserdem Hüllmann, Geschichte der Domänenbenutzung S. 43 ff., 81 ff. und Riedel, Brandenb.-Preuss. Staatshaushalt.

Zu allgemeiner Durchführung gelangte indess dieses System nicht. Nachdem man es unter Canstein's Leitung einige Zeit mit beiden Systemen, Regie und Arrende nebeneinander, versucht hatte, kehrte man schon seit 1676 auf Veranlassung des Hofkammerpräsidenten v. Gladebeck grundsätzlich wieder zur Regie zurück.

Bestand hatte diese Reaktion aber auch nicht, und nunmehr gelangte das Arrendesystem in einer veränderten, ihm die Natur wirklicher Zeitpacht verleihenden Gestalt definitiv zum Siege. Dieser Umschwung vollzog sich seit 1684 und ist vorzüglich der Thätigkeit des Geheimen Raths Freiherrn v. In- und zu Knyphausen und des Geheimen Kammerraths v. Kraut zuzuschreiben.

In den neuen von Knyphausen eingeführten Pachtverträgen wurden insbesondere die Fälle der Gewährleistung des Verpächters für Schäden sehr eingeschränkt; namentlich wurden dem Abzug für Misswachs und Viehsterben, der der früheren Arrende den Charakter der Gewährsverwaltung verliehen hatte, weit engere Grenzen gezogen. Die Stellung des Arrendators als Pächter wurde von derjenigen als Beamter der Domänenverwaltung getrennt, indem ihm zwar die Einziehung der Pachten und Abgaben der Gutsunterthanen auch weiterhin belassen wurde, aber als ein Amt, das ihn zur Abführung der erhobenen Beträge verpflichtete; nicht mehr bildeten diese Intraden einen Theil des Pachtobjekts.

Seitdem hat sich die Arrende immer mehr unter Abstossung der ihr noch anhaftenden gewährsverwaltungsähnlichen Eigenschaften zur reinen Zeitpacht entwickelt, und sie ist als solche, von dem kurzen Intermezzo der oben erwähnten Luben'schen Versuche mit der Erbpacht unter Friedrich I. abgesehen, vorherrschend geblieben; die Selbstadministration ist je länger je mehr zu der nach Möglichkeit zu vermeidenden Ausnahme zusammengeschrumpft. Die Domänen-Veräusserungsinstruktion vom 25. Oktober 1810 schrieb ausdrücklich vor, dass die Administration auf jede Weise zu vermeiden und nur im äussersten Nothfall zu ihr zu schreiten sei. Ebenso bestimmt die Geschäftsanweisung für die Regierungen vom 31. Dezember 1825 (Kamptz, Ann. IX 321) übereinstimmend mit § 11 der Instruktion für die Oberrechnungskammer vom 18. Dezember 1824 (Kamptz, Ann. IX 2) unter D „Verpachtungen" lit. a:

„Die Benutzung ganzer Güterkomplexe und Vorwerke sowohl, als einzelner Etablissements, Betriebsanstalten, Grundstücke, Nutzungen, Gerechtsamen, Fruchtzehnten, Gewässer, und des Bernsteinregals, ist nach den näheren Bestimmungen des Finanzministers,[1]) in der Regel, im Wege der Verpachtung oder Vermiethung zu bewirken, und darf eine Benutzung dieser Gegenstände durch Selbstbewirthschaftung ohne besondere Genehmigung des Finanzministers niemals eingeleitet werden."

Die Zeitpacht erfolgte früher in der Regel als „Generalpacht" auf ganze Domänenämter mit der Befugniss der Afterverpachtung einzelner Vorwerke. Mit der zunehmenden Intensität des landwirthschaftlichen Betriebes musste es aber natürlich immer schwerer werden, Persönlichkeiten mit dem für die Uebernahme solch' grosser

---

[1]) Jetzt „Ministers für Landwirthschaft, Domänen und Forsten".

Pachtkomplexe erforderlichen Kapital und der nöthigen persönlichen Qualifikation zu finden. Nachdem daher schon Friedrich der Grosse einerseits die wirthschaftlich nicht wünschenswerthe Afterverpachtung untersagt, andrerseits die direkte Verpachtung einzelner Vorwerke zugelassen hatte, ist letztere je länger je mehr die Regel geworden.

Nicht minder erforderte die intensivere Landwirthschaft längere Pachtperioden, und zwar namentlich auch im Interesse der Domänen selbst. Unter dem Grossen Kurfürsten erfolgte die Verpachtung nur auf je 6 Jahre. Dabei blieb es auch unter seinen nächsten Nachfolgern. Erst Friedrich II. liess in seinen spätern Lebensjahren Verpachtungen auf 9, in einzelnen Fällen auch auf 12 Jahre zu. Friedrich Wilhelm II. benutzte die Verlängerung der Pachtperioden zu einer Erhöhung der Pachteinnahmen, indem alten, bewährten Domänenpächtern auf ihren Wunsch gegen eine sog. „Pachtprolongationsgebühr", d. i. einen Zuschlag von 4 bezw. 12 Prozent des Pachtgeldes, neunjährige und zwölfjährige Pachtperioden bewilligt wurden. Aehnlich verfuhr Friedrich Wilhelm III.: nach einem Kabinetsbefehle von 1798 wurde den bewährten Pächtern eine Erstreckung der bewilligten Pachtperiode auf 12 Jahre angeboten gegen die Verpflichtung, von 1798 ab eine um 10 Prozent des anschlagmässigen Ertrages ihrer Pachtstücke erhöhte Pacht zu entrichten. Im Laufe dieses Jahrhunderts ist die Erkenntniss von dem Vortheil längerer Pachtperioden für den Fiskus selbst allgemein durchgedrungen und ist man daher allgemein zur Verpachtung der Domänenvorwerke auf Perioden von 12, 18, ausnahmsweise auch 24 Jahre, zeitweise auch auf noch längere Zeit, übergegangen, ohne für die Gewährung so langer Pachtzeiten noch besondere finanzielle Entgelte zu fordern. Gegenwärtig bildet die Verpachtung auf 18 Jahre die Regel. Längere Perioden kommen nur vereinzelt vor, kürzere, von in der Regel 12 Jahren, in grösserer Zahl nur bei den kleinen, „Domanialplätze" genannten Domänenvorwerken im Regierungsbezirk Aurich. Bei Mühlen und einzelnen Domänengrundstücken pflegt ebenfalls die Pachtzeit eine kürzere als 18 Jahre zu sein, bei Objekten von nicht mehr als 600 Mark Jahresertrag in der Regel 6 Jahre. Die Pachtzeit läuft bei Domänenvorwerken in der Regel von Johannis bis Johannis.

§ 24. Die Verpachtungen der Domänenvorwerke erfolgen auf Grund „allgemeiner" und, besonderer Bedingungen, von denen die Ersteren allen Verpachtungen zu Grunde zu legen sind, während die Letzteren die Abänderungen und Zusätze, welche der Einzelfall erheischt, enthalten. Bis 1862 galten für Schlesien andere allgemeine Bedingungen als für die andern östlichen Provinzen, später gleiche für sämmtliche östlichen Provinzen mit Ausnahme des Regierungsbezirks Stralsund. Die jetzt gültigen vom 16. März 1890 finden auf die ganze Monarchie Anwendung. Gegenüber den bisherigen vom 22. März 1882, die ihrerseits wieder im Wesentlichen nur eine Neuredaktion der unter dem 8. Juli 1872 erlassenen waren, enthalten sie verschiedene Erleichterungen für den Pächter.

Gegenstand der Pacht ist nach diesen allgemeinen Bedingungen „die gemeingewöhnliche Benutzung nur der im besondern Vertrage ausdrücklich benannten Domänenstücke und ihrer Gerechtigkeiten auf nicht fiskalischen Grundstücken mit Ausschluss aller andern Berechtigungen". Ausgeschlossen sind also insbesondere Domänengefälle; doch muss sich der Pächter auf Verlangen der Regierung ihrer Einziehung aus den Ortschaften im Umkreise von 20 Kilometern gegen eine Remuneration von 2% dieser Gefälle unterziehen; ebenso hat er in dem gleichen Umkreis auf Verlangen die öffentlich- und privatrechtliche Vertretung des Fiskus als Eigenthümers der Pachtstücke unentgeltlich zu übernehmen. Ausgeschlossen ist auch die Jagd; doch soll sie in der Regel dem Pächter gegen einen besondern Pachtzins überlassen werden. Das erforderliche Inventar muss Pächter in einem in den besondern Bedingungen festzusetzenden Mindestwerth beschaffen und erhalten, ohne dass er bei Abgabe der Pacht auf Abnahme desselben, abgesehen von der Aussaat, Anspruch hat (§§ 1, 24, 9, 35). Einzelne Grundstücke, die im Enteignungsverfahren in Anspruch genommen oder nach Ermessen der Regierung zu andern öffentlichen Zwecken einschliesslich der Beschaffung von Dienstgrundstücken für Forstbeamte, zur Erfüllung von privatrechtlichen Verpflichtungen des Fiskus, zur Gewinnung von Ziegelerde, Thon, Kalk, Mineralien und Kohlen sowie zu deren Verarbeitung und Abfuhr erforderlich und geeignet sind, muss Pächter gegen Entschädigung aus der Pacht zurückgeben; ebenso hat er sich Separationen und Ablösungen nach Ermessen der Regierung ohne andre Entschädigung als den Genuss des für den Fiskus festgesetzten Aequivalents bezw. dessen Zinsen gefallen zu lassen (§§ 7, 6). Andererseits leistet Fiskus für Mass, Ertrag, Güte und sonstige Beschaffenheit, mögen auch darauf bezügliche Angaben im besondern Vertrage enthalten sein, keinerlei Gewähr, sondern tritt dem neuen Pächter nur seine Ansprüche an den abziehenden Pächter auf Ersetzung von Schäden und Wiederherstellung des ordnungsmässigen Zustandes ab (§§ 3, 4). In dem gemeingewöhnlichen Gebrauch des Pachtobjekts ist Pächter im allgemeinen dahin beschränkt, dass die Benutzung „den rechtlichen und ökonomischen Grundsätzen gemäss in der Art" zu erfolgen hat, „dass der Ertrag nicht erschöpft, sondern nach Möglichkeit erhöht wird"; alle der Substanz drohende Schäden ist Pächter auf eigene Kosten nach Kräften abzuwenden verpflichtet. Besondern Beschränkungen unterliegt das Nutzungsrecht des Pächters hinsichtlich des Anbaues von Zuckerrüben, wozu dasselbe Grundstück ohne besondere Genehmigung nicht öfter als zweimal in je sechs Pachtjahren und nicht zwei Jahre hintereinander verwendet werden darf, hinsichtlich der Benutzung der unter den Pachtstücken befindlichen Fossilien und Mineralien, die nur zu Düngungszwecken erfolgen darf, und durch das Verbot, Gras, Heu und andere Futterkräuter, Futterrüben, Kartoffeln, Schlempe, Pülpe, Schilf, Stroh und Dünger zu verkaufen oder sonst von den Pachtstücken zu entfernen und Zuckerrüben anders als unter von der Regierung genehmigten Bedingungen zu verkaufen. Auch bei der Rückgewähr muss Pächter die Vorräthe an Stroh und Dünger ohne jede Vergütung, Heu gegen Ersatz der erweislichen Werbungskosten zurücklassen (§§ 8, 9, 35). Alle Baulichkeiten muss er auf seine Kosten in guten Stand setzen und erhalten, wobei Wiederherstellungen ohne Entschädigung, allerdings nur in demselben Material, zu erfolgen brauchen; nach den früheren Pachtbedingungen musste er einen gewissen Theil aller Dächer alljährlich neu decken, während er jetzt hinsichtlich dieser jährlich dasjenige zu leisten hat, was nach dem Gutachten des Baubeamten zu deren Unterhaltung und Erneuerung nöthig ist. Nur die Wiederherstellung vom Pächter und seinem Personal nicht verschuldeter Brandschäden übernimmt die Regierung. Der Pächter hat jedoch die Fuhren unentgeltlich zu leisten, von den durch die Brandentschädigung nicht gedeckten Kosten ein Fünfzehntel zu tragen und, wenn ihm eine Ziegelei mitverpachtet ist, die Ziegeln zu 20 Prozent unter dem in der nächsten Umgegend üblichen Preise zu liefern; erfolgte der Brandschaden innerhalb der letzten sechs Pachtjahre, so entfällt die Verpflichtung des Pächters zu einem Baarzuschuss und hat er, wenn mehrere Gebäude abgebrannt sind, die Fuhren nur zur Wiederherstellung eines derselben zu leisten. Weitere Ausnahmen von der Baulast des Pächters treten ein bei von ihm nicht verschuldeten Zerstörungen durch Wasser oder Sturm und Unbrauchbarwerden infolge von Viehseuchen, in welchen Fällen Pächter — mit den vorerwähnten Ausnahmen, wenn die Pacht nur noch weniger als sechs Jahre läuft — ausser den Fuhren und eventuell den Ziegeln zu dem ermässigten Preise, ein Fünfzehntel der Kosten zu tragen hat. Bei Neubauten durch Hauptreparaturen nicht mehr zu erhaltender Gebäude trägt Pächter ein Fünftel, in den letzten sechs Pachtjahren ein Zehntel der Kosten und die gedachten Naturalleistungen. Drainsanlagen hat er so lange zu erhalten, als dies nach Ermessen der Regierung durch Reparaturen möglich ist, während er zu Chaussee- und Wegebauten die auf das Pachtobjekt treffenden Naturalleistungen sämmtlich zu tragen, die Geldbeiträge aber jetzt nur noch zu verzinsen hat (§§ 12—14). Die Versicherung der Gebäude gegen Feuer erfolgt bei dem seit dem Erlasse vom 16. Mai 1885 für die ganze Monarchie bestehenden „Domänen-Feuerschäden-Fonds für die Königlich Preussischen Domänen". Derselbe ist eine Gegenseitigkeitsversicherung mit Beitrittszwang für alle Domänenpächter; seine Verwaltung erfolgt durch die Staatsbehörden unter beschränkter Betheiligung von Abgeordneten der Domänenpächter (Regulativ vom 16. April 1885. Auch zur angemessenen Versicherung der Halm, Oel- und Hülsenfrüchte gegen Hagelschäden ist Pächter kontraktlich verpflichtet; doch bleibt ihm die Wahl der Versicherungsgesellschaft überlassen (§ 21). Auf Remissionen wegen irgend welcher Unglücksfälle hat er, abgesehen von dem Falle des § 307 A.L.R. Th. I Tit. 21 (durch höhere Gewalt oder einen nicht in der Person des Pächters sich ereignenden Zufall herbeigeführte Unmöglichkeit, das Pachtrecht ein oder mehrere Jahre auszuüben) keinerlei Anspruch; nur durch feindliche Behörden den Pachtstücken auferlegte Kriegsleistungen werden ihm zur Hälfte vergütet, und die gesetzliche Entschädigung für die von den Behörden den eigenen Staates beanspruchten Kriegsleistungen fliesst ihm zu (§ 19). Ausser dem vierteljährlich (am 1. Juni, 1. September, 1. Dezember und 1. März) im Voraus zu entrichtenden Pachtzins hat der Pächter auch alle Lasten und bis zur Gesammtjahreshöhe von 10 Prozent der Jahrespacht alle Abgaben, welche auf den Pachtstücken ruhen, zu leisten mit Ausnahme der Kirchen-, Pfarr-, Küsterei- und Schulbaulasten, der Reallasten an festen Geld- und Körnerrenten, der Renten an Rentenbank und frühere Servitutberechtigte, ferner der Beiträge an bei Abschluss des Pachtvertrages bereits konstituirte Deich- und andere Meliorationsverbände, von denen er aber die ausserordentlichen für neue Anlagen verzinsen muss, endlich auch nach den Bedingungen vom 16. März 1890 mit Ausnahme der nach § 14 der Kreisordnung zulässigen Mehrbelastung des Fiskus mit Kreisabgaben und der dem Domänenfiskus auferlegten Gemeindeeinkommensteuer Auf Anweisung der Regierung hat er auch die dem Fiskus obliegenden Abgaben gegen demnächstige Anrechnung auf den Pachtzins auszulegen. Endlich hat er gewisse Verpflichtungen zur Aufnahme der Kommissarien des Ministeriums und der Regierung und von Transporten Königlicher Gestütspferde. Für Erfüllung aller seiner Verbindlichkeiten ist binnen drei Wochen nach Vollziehung des Pachtvertrages eine Kaution in depositalmässig sicheren Inhaberpapieren zu leisten (§ 28). Cessionen und Afterverpachtungen sind, soweit es sich nicht um einzelne Parzellen handelt, welche zusammengenommen den zehnten Theil der Vorwerksfläche nicht übersteigen, nur mit Genehmigung der Regierung zulässig; den Afterpachtzins kann Fiskus unter Anrechnung auf die Hauptpacht unmittelbar einziehen (§ 30). Schliesslich sind im § 31 noch eine Reihe besonderer Verpflichtungen des Pächters bedungen, so namentlich Wohnsitz auf den Pachtstücken, Selbstbewirthschaftung derselben, das Verbot, innerhalb 20 Kilometern von der Pachtung für sich oder für seine nahen Verwandten Landeigenthum zu kaufen, zu pachten oder zu bewirthschaften, und selbstschuldnerische Bürgschaft der Ehefrau. Beim Tode des Pächters ist eine Kündigungsbefugniss seiner Erben gänzlich, des Fiskus unter bestimmten im § 33 normirten Bedingungen, ausgeschlossen. Aus einer Reihe im § 34 unter 16 Nummern angeführter Gründe kann Letzterer den Pachtvertrag jederzeit aufheben. Alle Kosten des Vertrages und der Lizitation trägt der Pächter ganz, die der Uebergabe und Rückgewähr zur Hälfte (§ 39).

Behufs Kontrolle der Erfüllung der dem Pächter obliegenden Verpflichtungen finden Revisionen statt, und zwar nach einer Anordnung der Oberrechnungskammer vom 17. Januar 1848 hinsichtlich der Bauverpflichtungen und der Versicherung gegen Hagelschaden alljährlich, im übrigen alle drei Jahre; das Bauinventar ist alle sechs Jahre zu revidiren. Die Revision erfolgt durch den Domänen-Departementsrath der Regierung, soweit es sich um die Revision der Bauverpflichtungen handelt, unter Zuziehung eines Baubeamten. Auch die Abtheilungsdirigenten und die Regierungspräsidenten sollen sich gelegentlich von dem Zustande der Domänen überzeugen. Natürlich finden auch zeitweise Revisionen Seitens der Centralinstanz statt. Bei den Revisionen hat der Pächter gemäss § 27 der allgemeinen Pachtbedingungen auch alle seine Wirthschaftsbücher und Rechnungen vorzulegen. Ueber die Revisionen werden Protokolle aufgenommen, und die Oberrechnungskammer verlangt zu jeder Rechnung eine Bescheinigung darüber, wann und durch wen die Revision stattgefunden hat.

Für die Verpachtung der einzelnen Domänengrundstücke etc. sind die Bedingungen nach den Verhältnissen des Einzelfalles zu normiren. Gewisse allgemein zu beobachtende Regeln hierfür sind in dem Erlasse des Finanzministers vom 3. Juni 1877 aufgestellt (bei Oelrichs a. a. O. S. 220 ff.).

Die Verpachtung sowohl ganzer Vorwerke als auch einzelner Grundstücke u. s. w. erfolgt seit 1850 allgemein im Wege der öffentlichen Lizitation. Bis dahin hatte man in der Regel an die alten Pächter, wenn nicht besondere Bedenken vorlagen, auf Grund eines neuen Pachtanschlages gegen eine meistens nicht bedeutende Mehrpacht freihändig, sonst im Wege des Submissionsverfahrens verpachtet.[1])

Vor der Verpachtung ganzer Vorwerke oder andrer bedeutender Domänen- und Forstnutzungen, deren jährlicher Ertrag 4 500 Mk. erreicht oder übersteigt, hat die Regierung nach der Geschäftsanweisung für die Regierung vom 31. Dezember 1825 lit. D unter Einreichung von Ertragsanschlägen nebst Vorschlägen über die fernere Benutzungsart, die Pachtperiode und die sonstigen speziellen Bedingungen und die Art des Ausgebots an den Minister zu berichten. Für Objekte mit weniger als 4 500, aber mehr als 600 Mk. Jahresertrag bedarf es nach Erlass vom 3. Juni 1877 zur Verpachtung oder Vermiethung der ministeriellen Genehmigung nur dann nicht, wenn die Verpachtung oder Vermiethung licitando, auf längstens 18 Jahre und gegen ein 90 Prozent des bisherigen Pachtgeldes bezw. Ertragsanschlages erreichendes Pachtgeld erfolgt. Bei Objekten bis zu incl. 600 Mk. Jahresertrag ist die Genehmigung des Ministers nur erforderlich, wenn die Verpachtung auf länger als 18 Jahre oder freihändig erfolgen soll, aber auch in letzterem Fall nicht, wenn nach erfolgloser Lizitation freihändig ein das bei dieser erzielte Meistgebot übersteigendes Pacht- oder Miethsgeld erlangt wird oder es sich um Objekte handelt, die, weil für bestimmte Personen besondern Nutzungs- oder Gebrauchswerth besitzend, zur Lizitation nicht geeignet sind. In jedem Fall ist nach dem gedachten Erlass nach wie vor die Genehmigung des Ministers einzuholen, wenn von Administration zur Verpachtung oder Vermiethung übergegangen werden soll oder umgekehrt oder eine freihändige Verpachtung an Beamte oder Domänenpächter erfolgen soll.

B. Die Domänenvorwerke insbesondere.

(Staatshaushaltsetat Kap. 1 Tit. 3).

§ 25. Der Besitz des Preussischen Staates an geschlossenen Domänengütern umfasst (vgl. Anlage VIIa) trotz der oben besprochenen Veräusserungen noch immer — nach dem Etat für 1899 — 1054 Vorwerke mit einer nutzbaren Fläche von 336 542 ha, woraus dem Staate eine Pachteinnahme, einschliesslich der von den Pächtern zu zahlenden Zins- und Amortisationsquoten für Melio-

---

[1]) Näheres über das Verfahren bei der Verpachtung bei Oelrichs a. a. O. S. 69 ff.

rations- und Baukapitalien, von 13 378 484 Mark zufliessen soll. Nach dem Etat von 1849 waren 879 Vorwerke mit einer nutzbaren Fläche von rund 328 116 ha vorhanden, im Jahre 1866 noch 822 mit 298 114 ha, 1869 infolge der Annexionen des Jahres 1866 dagegen 348 167 ha, die sich auf 1 148 Vorwerke vertheilten. Die Pachteinnahmen bezifferten sich in diesen Jahren auf beziehungsweise 4 581 147, 7 199 871 und 9 811 110 Mark.

Was den Antheil der einzelnen Provinzen an diesem Domänenbesitz anlangt (vgl. Anlage VIIb), so rangiren dieselben 1899 in folgender Reihenfolge: Pommern (61 990 ha), Sachsen (54 342 ha), Brandenburg (52 948 ha), Ostpreussen (46 292 ha), Hannover (33 207 ha), Posen (28 434 ha), Schlesien (24 327 ha), Westpreussen (18 855 ha), Hessen-Nassau (14 060 ha), Westfalen (1 072 ha), Schleswig-Holstein (800 ha), Rheinprovinz (215 ha). Auf die östlichen Provinzen entfallen somit rund 287 000 ha oder mehr als 85 Prozent der Gesammtfläche. Fünf Regierungsbezirke, Münster, Düsseldorf, Köln, Trier und Sigmaringen, haben überhaupt keine Domänenvorwerke; dasselbe galt bis zum Etatsjahr 1899 auch von Osnabrück, Arnsberg, Koblenz und Aachen, wo erst jetzt je ein kleines Vorwerk von 50—165 ha Grösse erworben ist. Weitaus am dichtesten mit Domänenvorwerken besetzt ist der Regierungsbezirk Stralsund: während derselbe nächst Erfurt, Aurich, Köln und Sigmaringen der kleinste Regierungsbezirk ist, wird das Areal seiner Domänenvorwerke nur noch von dem in den Bezirken Magdeburg, Frankfurt a. O. und Gumbinnen übertroffen, und dasselbe erreicht nahezu 7 Prozent der Fläche des ganzen Regierungsbezirks, während im Durchschnitt der östlichen Provinzen nur 1,25 ha Domänenvorwerksareal auf 100 ha Gesammtfläche entfallen.

Diese und die weitern in der Anlage VIIb gegebenen Zahlen zeigen, wie ungleichmässig die Domänenvorwerke auf die einzelnen Landestheile vertheilt sind, und wie sich eine Anhäufung derselben gerade in Bezirken findet, in denen ohnehin der Grossgrundbesitz besonders stark vertreten ist. Nachdem daher mit dem Jahr 1899 die Tilgung derjenigen Staatsschulden, für die die Domänen der alten Provinzen verpfändet sind, vollendet und damit die Möglichkeit freier Verfügung über die Erlöse aus dem Verkauf von Domänen und der Ablösung von Domänengefällen gegeben sein wird, wird sich die Staatsregierung die Frage vorzulegen haben, ob nicht eine bessere Vertheilung der Domänen auf die verschiedenen Landestheile durch allmälige Veräusserungen in den domänenreichen und dünnbevölkerten Gegenden und Verwendung der Erlöse zum Erwerb neuer in domänen- und grossgrundbesitzarmen, dichtbevölkerten Landestheilen anzustreben sei, eine Massnahme, die neben wirthschafts- und sozialpolitischen auch den rein finanziellen Vortheil haben würde, den aus den Pachtungen dem Fiskus zufliessenden Ertrag im Ganzen weniger von nur einzelne Gegenden treffenden Krisen abhängig und dadurch gleichmässiger zu machen.

Die durchschnittliche Grösse eines Vorwerks an nutzbarer Fläche stellte sich für den Staat 1849 auf 373 ha, 1866 auf 362 ha. Infolge des Hinzutretens der vielen kleinen Vorwerke in den neuen Provinzen war sie 1869 auf 303 ha gesunken. Gegenwärtig ist sie auf 319 ha gestiegen, nachdem sie 1898/99 sogar schon 320 ha betragen hatte. Kommt es künftig zu einer Verschiebung eines Theiles des Domänenbesitzes nach dem Westen, so dürfte, da dort im Allgemeinen die Güter kleiner sind und sein müssen als im Osten, diese wieder eine Verringerung der Durchschnittsgrösse bewirken.

In den einzelnen Regierungsbezirken stellt sich die Dnrchschnittsgrösse jetzt auf mehr als 300 ha in den Bezirken Marienwerder (471 ha), Potsdam (448 ha), Stettin (443 ha), Magdeburg (429 ha), Gumbinnen (419 ha), Frankfurt a./O. (375 ha), Königsberg (340 ha) und Danzig (314 ha), während sie anderseits weniger als 200 ha beträgt — abgesehen von den Bezirken, in denen nur je eine Domäne vorhanden ist — in Stade (141 ha), Kassel (140 ha), Wiesbaden (96 ha) und Aurich (77 ha). Es dürften das den verschiedenen wirthschaftlichen Verhältnissen, insbesondre auch der verschiedenen Bodenqualität der einzelnen Landestheile im Grossen und Ganzen angemessene Durchschnittsgrössen sein, die namentlich in keiner Weise eine Bemängelung in der Richtung rechtfertigen können, die Domänen seien für einen gesunden, intensiven Landwirthschaftsbetrieb zu gross. Ebenso liefert die Thatsache, dass die vorhandenen 1 054 Vorwerke auf 804 Pachtungen entfallen, also eine Pachtung durchschnittlich nur 1,3 Vorwerke umfasst, den Beweis, dass die Verpachtung nicht mehr, wie in früheren Zeiten in latifundienähnlichem Umfang erfolgt, sondern das System der Spezialpacht völlig zur Durchführung gelangt ist. Noch im Jahre 1849 entfielen auf eine Pachtung 1,7 Vorwerke, also 30 Prozent mehr als jetzt.

§ 26. Eine erfreuliche Entwicklung weisen, wenn man längere Zeiträume in Vergleich stellt, und mit den noch zu besprechenden Einschränkungen für das letzte Jahrzehnt, die Pachteinnahmen (Anlage VIIa Spalte 5 und 6, VIIb Spalte 15—28) auf, sowohl was die absolute Höhe als auch was den Durchschnittspachtzins anlangt. Von 1849 bis 1866 ist die Einnahme von 4 581 000 auf 7 200 000 Mark, von 1869 bis 1899 von 9 811 000, trotz der rückläufigen Bewegung seit 1888/89, auf 13 378 000 Mark gestiegen. Die auf ein Hektar entfallende Durchschnittspacht aber hat sich von 1849 bis 1866 von 13,96 auf 24,07 Mark, d. i. um 72,5 Prozent, von 1869 bis 1887/88, wo sie ihren Höhepunkt erreichte, von 28,18 auf 42 Mark oder um nahezu 50 Prozent gehoben, und noch 1899 beträgt die Steigerung gegen 1869 41, gegen 1849 aber 185 Prozent.

Allerdings ist ja seit dem Jahre 1888/89 ein in den ersten Jahren noch durch Steigungen unterbrochener, seit 1894/95 aber konstanter Rückgang in den Pachteinnahmen eingetreten, dessen Bedeutung nicht unterschätzt werden darf. Wohl scheint derselbe nach den blossen Zahlen in Spalte 5 und 6 der Anlage VIIa noch nicht so bedenklich, da die Verminderung der Einnahmen gegen 1887/88 nur 843 879 Mark betragen hat und die Durchschnittspacht nur von 42 auf 39,75 Mark, also nur um 5,36 Prozent gesunken ist. Da aber die Domänen auf eine längere Reihe von Jahren, zumeist 18 Jahre, verpachtet sind und in jedem Jahre nur eine verhältnissmässig geringe Zahl zur Neuverpachtung gelangt, so kann eine rückläufige Bewegung der Pachteinnahmen, selbst wenn sie, wie die gegenwärtige, ihren Grund in einer allgemein bedrängten Lage der Landwirthschaft hat, nur sehr allmählich in die Erscheinung treten und eine solche Krisis der Landwirthschaft ihre volle Wirkung auf die Domänenpächte erst dann äussern, wenn seit ihrem Eintritt alle Domänen zur Neuverpachtung gekommen sind. Man darf daher die Bedeutung einer solchen Krise für die domänenfiskalischen Einnahmen nicht lediglich nach dem thatsächlichen Rückgang während 5 oder auch 11 Jahren bemessen, sondern man muss, um einigermassen ein Urtheil sich bilden zu können, vor allem die Ergebnisse der innerhalb des kritischen Zeitraums erfolgten Neuverpachtungen in Betracht ziehen, da sich nur hierin die Grösse des Einflusses der ungünstigen landwirthschaftlichen Lage auf denjenigen Theil der Pachtsolleinnahmen offenbart, auf den er sich vermöge der langen Pachtperioden in dem kürzeren Zeitraum überhaupt geltend machen konnte. Und diese — in der Anlage VIII zusammengestellten — Ergebnisse der in den 10 Jahren 1889 bis 1898 vorgenommenen Neuverpachtungen bieten in der That das wenig erfreuliche Bild, dass seit 1891 alljährlich — mit alleiniger Ausnahme des Jahres 1892, wo aber das Plus auch nur durch die eine Provinz Hannover herbeigeführt ist, während alle übrigen Provinzen Mindererträge aufwiesen — die bei den Neuverpachtungen erzielten Meistgebote hinter den bisherigen Pachtzinsen in zunehmendem Masse zurückblieben. 1891 betrug die Minderpacht 10,5 Prozent der früheren Pachteinnahme, um, nachdem sie 1892 einer Mehrpacht von fünf Prozent Platz gemacht und 1893 auf sieben Prozent zurückgegangen war, 1894 auf 9, 1895 auf 10,7, 1896 auf 15,3, 1897 auf 19 und 1898 auf 23,5 Prozent zu steigen. Und während bis zum Jahre 1895 immerhin noch einzelne Provinzen, 1896 wenigstens noch Posen, Mehrerlöse, wenn auch von geringem Betrage aufwiesen, tritt in den beiden letzten Jahren 1897 und 1898 in sämmtlichen Provinzen, in denen Neuverpachtungen stattfanden, ein Rückgang auf. Am längsten haben im Grossen und Ganzen die wirthschaftlich begünstigteren Provinzen Hannover und Sachsen der rückläufigen Bewegung Widerstand geleistet, am wenigsten Ost- und Westpreussen, Brandenburg und Pommern: während in Hannover nur in drei von zehn Jahren, in denen Neuverpachtungen vorkamen, und in Sachsen immerhin nur in sieben von zehn Jahren Mindererlöse erzielt sind, ist dies in Brandenburg in acht, in Pommern in neun von zehn und in Ost- und Westpreussen in jedem der zehn Jahre der Fall gewesen.

Ein weiteres Moment, an dem man die Schwere der landwirthschaftlichen Bedrängniss klarer als an dem blossen Rückgang der Gesammtsumme der Pachteinnahme ermessen kann, ist die Höhe der am Schluss des Rechnungsjahres verbliebenen Pachtrückstände, und diese hat allerdings nach der Uebersicht über die Staatseinnahmen und Ausgaben pro 1897/98 in diesem Rechnungsjahr 1 648 991 Mark oder mehr als 12,1 Prozent des Etatssolls betragen.

Indess, so wenig man die ernste Bedeutung aller dieser Zahlen unterschätzen darf, so reden sie doch andererseits eine beredte Sprache zu gunsten der Erhaltung und gegebenenfalls Vermehrung des Domänenbesitzes. Denn es ist nicht zu leugnen, dass sich die gesammte deutsche Landwirthschaft und am meisten diejenige in den östlichen Provinzen Preussens, in denen dessen Hauptdomänenbesitz belegen ist, seit länger als einem Jahrzehnt in einer Krisis, um nicht zu sagen Nothlage von selten dagewesener Schwere befindet. Trotzdem sind die Pachteinnahmen um noch nicht sechs Prozent und nur ganz allmählich gesunken. Es kann keinem Zweifel unterliegen, dass eine gleich schwere, gleich langdauernde und allgemeine Krise in Handel und Industrie die Einnahmen aus den andern wirthschaftlichen Unternehmungen des Staats, der Berg- und Hüttenverwaltung und namentlich den Eisenbahnen, ja wohl auch die steuerlichen Einnahmen in weit stärkere und, was insbesondere die Eisenbahnen anlangt, weit plötzlichere Mitleidenschaft ziehen würde. Es zeigt sich daher hierin die besondere Sicherheit und Stetigkeit der Einnahmen aus den Domänen. Vermöge ihrer Verpachtung auf längere Perioden, die so eingerichtet sind, dass in jedem Jahre nur eine verhältnissmässig geringe Zahl abläuft, gehen kürzere landwirthschaftliche Krisen an den Pachteinnahmen ziemlich spurlos vorüber; länger dauernde beeinflussen sie nur nach und nach und nicht schon vom ersten Eintritt der Krise an in bedeutendem Masse. Andererseits wirkt der nachtheilige Einfluss, wenn die Krisis einmal überstanden ist, infolge des dann alsbald eintretenden Steigens der Pachten kaum so lange nach, als die Krisis nach ihrem Eintritt Zeit gebraucht hat, um jenen Einfluss auf die Pachteinnahmen zu erlangen.

Unter diesen Umständen würde es daher für die Staatsfinanzen einen Vortheil bedeuten, wenn dieselben in noch höherem Masse als dies schon der Fall ist, auf dem Domänenbesitz beruhten. Bei der ganzen enormen Ausgabesteigerung in den modernen Staaten ist es ja natürlich nicht zu vermeiden gewesen, dass der Antheil der Domänen an den zur Erhaltung des Gleichgewichts zu beschaffenden Einnahmen trotz aller Steigerung der Pachten auch in Preussen erheblich zurückgegangen ist. Während der Ertrag der Domänenvorwerke 1849 beinahe 1,6 und 1869 fast 2 Prozent der Staatseinnahmen betrug, macht er 1899 nicht mehr 0,6 Prozent aus, obwohl er von 4,58 Millionen im Jahre 1849 auf 9,81 Millionen 1869 und 13,38 Millionen 1899 gestiegen ist. Immerhin stellen die Domänenvorwerke bei einer Kapitalisirung der Pacht mit drei Prozent ein Staatsvermögen von ca. 446 Millionen Mark dar.

Was die durchschnittliche Höhe der Pacht per ha in den einzelnen Regierungsbezirken anlangt, so schwankt diese 1899 zwischen 90,63 (Magdeburg) und 9,09 (Osnabrück) oder, wenn man die Bezirke, in denen überhaupt nur ein Domänenvorwerk vorhanden ist, ausser Betracht lässt, 17,12 Mk. (Gumbinnen). Zwischen 80 und 90 Mk. beträgt sie im Regierungsbezirk Schleswig, zwischen 70 und 80 Mk. in den Bezirken Hannover, Merseburg, Hildesheim und Aurich, um dann gleich auf 55,21 Mk. im Bezirk Wiesbaden, 47,54 in Kassel und 41,78 Mk. in Breslau herabzugehen. Zwischen 30 und 40 Mk. weisen auf Stade, Aachen (nur eine Domäne vorhanden), Erfurt, Arnsberg (ebenfalls nur eine Domäne), Oppeln, Frankfurt, Lüneburg und Liegnitz, während nur auf 20—30 Mk. der Durchschnitt sich beläuft für Danzig, Stralsund, Potsdam, Stettin, Marienwerder, Königsberg, Köslin, Bromberg und Koblenz (nur eine Domäne) und endlich 20 Mk. nicht erreicht werden in Posen, Minden (nur 2 Domänen), Gumbinnen und Osnabrück. Die für den ganzen Staat eingetretene Steigerung der Durchschnittspacht ist auch im Einzelnen in sämmtlichen Regierungsbezirken zu verfolgen. Die in der Anlage VIIb durch fettern Druck gekennzeichneten Kulminationspunkte dieser Steigerung liegen in einzelnen Bezirken bis zu mehr als 200 Prozent über dem Durchschnitzsatz von 1849, für Breslau und Marienwerder sogar um nahezu, in Liegnitz noch etwas über 300 Prozent, also auf dem Vierfachen des Satzes von 1849. Im Allgemeinen ist die Steigerung gerade in den Bezirken mit weniger günstigen Boden- und Absatzverhältnissen stärker als in den bevorzugteren, andrerseits aber auch in jenen der Kulminationspunkt in der Pachtzunahme in früheren Jahren erreicht, als in diesen. Der erstere Umstand ist ein Beweis dafür, mit welchem Eifer und Erfolge sich die Regierung wie die Pächter gerade in den weniger begünstigten Landestheilen die Verbesserung des Zustandes der Domänen haben angelegen sein lassen, aber auch, da die Pachtsteigerung keineswegs nur auf Verbesserungen gerade der Domänen zurückzuführen ist, dafür, wie sich in jenen sich gern über Zurücksetzung beklagenden Landestheilen die wirthschaftlichen Verhältnisse gehoben haben. Dass in ihnen früher als z. B. in den Provinzen Sachsen und Hannover, in den Regierungsbezirken Breslau und Oppeln ein Stillstand in der Zunahme bezw. eine Abnahme der Domänenpachten eingetreten ist, wird man besonders zwei Dingen zuschreiben dürfen. Der Rückgang der Landwirthschaft hat zuerst die Güter mit geringeren Bodenklassen ergriffen, die im Wesentlichen auf Roggen- und Kartoffelbau angewiesen sind; Güter mit Rübenboden, wie er in den gedachten Provinzen und Bezirken besonders reichlich vertreten ist, sind erst später in empfindlichere Mitleidenschaft gezogen worden. Sodann ist der Rückgang der Einnahmen früher den Pächtern grösserer Güter, die höheren sozialen Schichten angehören, höhere Ansprüche an die Lebenshaltung machen und nicht selbst mit ihren Angehörigen in der Wirthschaft Hand anlegen, fühlbar geworden als den aus dem Bauernstande hervorgegangenen Pächtern kleiner Vorwerke. Dazu treten noch besondere Umstände, wie die Fortschritte in der Kultivirung der Moorflächen, andererseits der im Osten empfindlichere Leutemangel u. a. m.

§ 27. Besonderer Erwähnung bedarf noch der Vortheil, den der Besitz des Preussischen Staates an Domänenvorwerken insofern bietet, als er es ermöglicht, geeignete Vorwerke zur Unterbringung der Gestüte und der Remonten zur Verfügung zu stellen. Namentlich für letzteren Zweck dient eine nicht unerhebliche Anzahl von Vorwerken, nach dem Etat für 1899 51 Vorwerke mit einer nutzbaren Fläche von 21 341 ha. Ungefähr die Hälfte hiervon entfallen auf die Provinz Ostpreussen. Diese Vorwerke sind auf unbestimmte Zeit an die Militärverwaltung verpachtet. Der von ihr zu zahlende Pachtzins beläuft sich auf 373 798 Mark, also durchschnittlich für das Hektar auf etwa 17,5 Mark, wobei zu berücksichtigen ist, dass das Areal dieser Vorwerke, wie es der Zweck der Remontedepots erfordert, zum sehr grossen Theil aus Weiden besteht. Der Gestütsverwaltung sind für die Zwecke der Hauptgestüte Trakehnen, Graditz und Beberbeck 5 Vorwerke mit 1 287 ha nutzbarer Grundstücke überwiesen, wofür bei der Domänenverwaltung eine Einnahme von 28 939 Mark oder pro ha ca. 22,5 Mark in Ansatz gebracht wird. Auch hier handelt es sich natürlich um Güter mit grossen Weiden. Sowohl die an die Gestütsverwaltung überwiesenen als auch die an die Militärverwaltung verpachteten Vorwerke sind in den obigen Angaben über die Zahl, Grösse und Pachteinnahme der Vorwerke mit enthalten.[1])

C. Die ausser den Vorwerken vorhandenen Domänengrundstücke, Mühlen und Fischereien.

(Staatshaushaltsetat Kap. 1 Tit. 4).

§ 28. Ausser den Domänenvorwerken und dem zu denselben gehörigen Areal, sowie den weiter unten speziell zu erwähnenden Badeanstalten und Mineralbrunnen, besitzt der Domänenfiskus noch zahlreiche andere Grundstücke, welche meistens in kleineren Abschnitten verpachtet werden, und ausserdem eine grössere Anzahl von Schlössern, sonstigen Gebäuden und Mühlen, die Domanialmoore in der Provinz Hannover, die fiskalischen Fischereien in den Haffen, in den grossen masurischen Seen und in andern Gewässern, die fiskalischen Austernbänke an der Schleswigschen Westküste und endlich die werthvollen Weinberge im Regierungsbezirk Wiesbaden. Die Einnahmen aus allen diesen Objekten und einigen andern Gerechtsamen sind, die Pachteinnahmen wieder wie in Tit. 3 einschliesslich der mit der Pacht abzuführenden Zins- und Amortisationsraten für Meliorationsgelder, in dem Tit. 4 des Kapitels 1 der Einnahme zusammengefasst und sollen sich nach dem Etat für 1899 auf 4 471 293 Mark belaufen.

§ 29. Die Zahl der zuerst genannten **Parzellen** beläuft sich nach der den Bestand in den einzelnen Regierungsbezirken gegen Anfang des Jahres 1899 angebenden Anlage IX auf ca. 49 330 Ackerparzellen mit einer Fläche von 34 274 ha und ca. 23 570 Wiesenparzellen mit einer solchen von 19 022 ha, zusammen ein Acker- und Wiesenareal von 53 296 ha.

Da die Beibehaltung dieses Parzellenbesitzes aus wirthschaftlichen Gründen grösstentheils nicht angezeigt, andrerseits derselbe geeignet ist, zur Vergrösserung allzu kleiner Wirthschaften und zur Sesshaftmachung der Bevölkerung zu dienen, so haben sich, wie oben schon ausgeführt ist, die Domänenverkäufe der letzten Jahrzehnte vorwiegend auf ihn erstreckt; andere Abgänge sind behufs Ablösung von Servituten und durch Aufforstungen eingetreten, wogegen freilich auch Zugänge durch Parzellirung von Vorwerken und Ueberweisung bisher unter den Vorwerken geführter Grundstücke sowie durch Ueberweisung von Forstgrundstücken stattgefunden haben. Infolge dieser Veränderungen hat sich der Parzellenbesitz von 80 511 ha im Jahre 1872 auf 68 411 ha im Jahre 1875, 58 952 ha im Jahre 1880/81, 54 873 ha im Jahre 1884/85

---

[1]) Eine namentliche Nachweisung sämmtlicher Domänenvorwerke mit Angabe der Grösse, des Namens der Pächter, der Pachtperioden und der Pachtzinse befindet sich bei Oelrichs a. a. O. S. 262 ff.

vermindert. Hauptsächlich durch Auflösung von Vorwerken, Uebertragung dreier bisher unter diesen aufgeführten Etablissements und durch Nutzbarmachung bisher unnutzbarer Flächen stieg das Areal sodann bis zum Rechnungsjahre 1888/89 auf 57 764 ha. Seitdem hat es somit um 4468 ha, seit 1872 um 27 217 ha oder reichlich ein Drittel abgenommen. Im Gegensatz zu den Vorwerken befinden sich die Parzellen überwiegend in den neuen Provinzen: auf die Provinz Schleswig-Holstein entfallen 10 153, auf Hannover 14 310 und auf Hessen-Nassau 10 175, zusammen auf diese drei Provinzen 34 638 ha oder nahezu zwei Drittel der Gesammtfläche. Hervorzuheben sind hier die zur Zeit ca. 4500 ha umfassenden, rund 207 000 Mark Pacht bringenden domänenfiskalischen „Kooge" in Schleswig-Holstein, über die das Nähere unten im § 75 bei Besprechung der „Einmaligen und ausserordentlichen Ausgaben" zu vergleichen ist.

§ 30. Die fiskalischen **Moore** in Hannover umfassten 1872 ein Areal von 46 656 ha, wovon auf Ostfriesland 34 831 ha entfielen. Von dieser gewaltigen unkultivirten Fläche floss dem Staate damals nur eine Einnahme von etwa 60 000 Mark zu. Deshalb, namentlich aber im volkswirthschaftlichen Interesse, um die Moore nutzbar zu machen und die äusserst kümmerlichen wirthschaftlichen Verhältnisse der spärlichen Bewohner jener Moordistrikte zu heben, ist der Staat nach Kräften bemüht gewesen, die Moore, insbesondere durch Anlage von Kanälen, zu erschliessen und zu entwässern und sodann unter den für die Erwerber günstigsten Bedingungen an Kolonisten zu veräussern. Infolge dieser Massnahmen hat sich auch die Fläche der fiskalischen Moore, wenn auch, da es schwer hält, Käufer für die Moorkolonieen zu finden, nicht in dem gewünschten Masse, verringert.

§ 31. Auch die fiskalischen **Mühlen,** deren im Jahre 1875 noch 49 vorhanden waren, haben sich seitdem vermindert. Da auch sie sich aus wirthschaftlichen Gründen und wegen besonderer, mit ihrem Besitz verbundener Unzuträglichkeiten nicht zur Beibehaltung eignen, so wird, so weit nicht die Interessen der Wasserbauverwaltung oder sonstige besondere Umstände diese erfordern, auf ihre thunlichste Veräusserung Bedacht genommen. So sind namentlich die Mühlen am Mühlendamm in Berlin im Jahre 1873 verkauft worden. Bei einzelnen, deren Veräusserung nicht möglich war, ist auch der Betrieb eingestellt. Von erheblichstem finanziellen Einfluss war in dieser Beziehung die im Landeskultur- und Schifffahrtsinteresse behufs Verbesserung der Stromverhältnisse des oberen Pregel im November 1886 erfolgte Beseitigung der Mühle in Bubainen, die einen Rohertragsausfall von jährlich 120 000 Mark bedeutete, und die im Interesse des Nordostseekanals erfolgte Einstellung des Betriebes der Mühle in Rendsburg, deren Rohertrag zuletzt in dem Etat für 1893/94 mit 64 200 Mark angesetzt gewesen war.

An Schlössern kommen hier in Betracht die dem Domänenfiskus gehörigen, soweit sie nicht, wie z. B. ein Theil der landesherrlichen Schlösser in den neuen Provinzen nach dem Gesetz vom 27. Januar 1868, betr. Erhöhung der Krondotation, der Benutzung des Königs gegen gleichzeitige Uebernahme der Unterhaltungslast auf den Kronfideikommissfonds vorbehalten sind. Ihre Benutzung erfolgt grösstentheils für Dienstzwecke der Behörden verschiedener Ressorts, als Dienstwohnungen sowie auch durch Vermiethung an Selbstverwaltungsbehörden und Privatpersonen. Dasselbe gilt von den sonstigen verschiedenartigen dem Domänenfiskus gehörigen Gebäuden. Die ganze aus den Schlössern und sonstigen Gebäuden erzielte Einnahme spielt aber unter den Einnahmen des Kap. 1 Tit. 4 des Etats nur eine untergeordnete Rolle.

Seit dem Rechnungsjahr 1888/89 wird hier auch die bis dahin unter Tit. 5 geführte Pachteinnahme für die kleine Badeanstalt in Hofgeismar nachgewiesen, da ein eigentlicher Badebetrieb dort nicht mehr stattfindet.

§ 32. Eine nicht unerhebliche Bedeutung haben in den letzten Jahrzehnten die fiskalischen **Fischereien** erlangt. Dieselben gehören zum Theil dem Gebiete der Flussfischerei, hauptsächlich aber dem der Binnensee- und der Küstenfischerei an. Von den Flussfischereien sind die wichtigsten diejenigen im Unterlaufe der Weichsel, im Memel- oder Russstrom, im Rhein und in den Odermündungen, von den Binnenseefischereien diejenigen in den masurischen Gewässern des Regierungsbezirks Gumbinnen. Die Küstenfischerei umfasst die Einbuchtungen der Meeresküsten, insbesondere die Haffgewässer in den Provinzen Ostpreussen und Pommern, den Bodden um Rügen, bei Stralsund und Greifswald, soweit auf denselben das Fischereirecht nicht Gemeinden, Instituten und Privaten, wie dem Fürsten zu Putbus, zusteht.

Die Fischereigerechtsame des Fiskus bilden theils einen Ausfluss seines Eigenthums an den Wasserstücken, deren er nach der Anlage IX ungefähr 885 mit einer Fläche von 441 727 ha besitzt, wovon 175 707 ha auf den Regierungsbezirk Königsberg, 92 193 ha auf Gumbinnen, 28 312 ha auf Danzig und 102 728 ha auf Stettin entfallen, theils beruht sein Fischereirecht auf Regalität, indem sowohl das A.L.R. (Th. II Tit. 15 § 73) als auch der Code Napoléon (Art. 538) und das Gemeine Recht die Fischerei in öffentlichen Flüssen zu den Regalien zählen. Nicht Regal ist dieselbe in Ost- und Westpreussen (Preuss. A.L.R. von 1721 Buch III Tit. 3 Art. 3, Provinzialrecht für Westpreussen vom 19. April 1844 § 72), einem Theile von Pommern und in Schleswig-Holstein.

Die fiskalischen Fischereien werden durch Verpachtung genutzt, die theils meistbietend auf eine bestimmte Dauer, und zwar entweder als Spezialpacht oder als Generalpacht ganzer Gewässerkomplexe, theils nach tarifmässigen Sätzen von Jahr zu Jahr erfolgt; daneben fischt eine Anzahl von Privatberechtigten zinsfrei oder gegen Erlegung einer mässigen Abgabe. Die Tarifsätze werden in der Regel in Zwischenräumen von einigen Jahren oder nach eintretendem Bedürfniss revidirt. Für diese Revisionen der Tarifsätze, denen im allgemeinen auch die aus der meistbietenden Verpachtung sich ergebenden Pachtzinse zu folgen pflegen, sind massgebend neben den Absatzverhältnissen und Fischpreisen namentlich die Schwankungen in den Erträgen der Fischerei selbst. Die Einheitssätze werden nach der Art, theilweise auch nach der Grösse der Fischereigeräthe bemessen.

Als von äusserst günstigem Erfolge auch für die Erträge der fiskalischen Fischereien hat sich die eine pflegliche Ausübung sichernde Fischereigesetzgebung der letzten Jahrzehnte, nämlich die Fischereigesetze vom 30. Mai 1874 (G.S. S. 197) und vom 30. März 1880 (G.S. S. 228) und die zu ihrer Ausführung für die einzelnen Provinzen ergangenen Verordnungen, erwiesen. Daneben ist die Domänenverwaltung mit Erfolg bemüht gewesen, durch Beaufsichtigung der Fischerei seitens der Pächter und Privatberechtigten seitens der gleichzeitig hierzu bestellten fiskalischen Beamten, durch Abfindung von Fischereiberechtigten und andere zweckentsprechende Massnahmen, wie auch durch Verbesserung der Absatzverhältnisse den Ertrag der fiskalischen Fischereien und des Fischereigewerbes im Allgemeinen ohne Schädigung der Nachhaltigkeit des Ertrages zu fördern. Infolge aller dieser Massnahmen und auch des zunehmenden Fischkonsums hatten sich — nach einem von dem Landwirthschaftsminister an den König erstatteten Immediatbericht — die Einnahmen, allerdings einschliesslich der indess nicht bedeutenden Nebennutzungen der Gewässer an Rohr u. s. w., schon im Jahre 1886/87 gegen 1877/78 in den Hauptfischereigebieten in folgendem Masse gehoben:

	Einnahme 1877/78	Einnahme 1886/87	Mehreinnahme des Jahres 1886/87 gegen 1877/87
	Mark	Mark	Prozent
Kurisches Haff (1 613 qkm) .	11 128	17 947	61,28
Frisches Haff (844 qm) . .	11 246	21 171	88,25
Litthauische Gewässer . . .	12 447	23 177	87,01
Masurische Gewässer . . .	72 229	125 939	74,36
Haff- und Odergewässer im Reg.-Bez. Stettin (800 qm)	80 325	81 314	1,23
Küstengewässer im Reg.-Bez. Stralsund	32 232	45 325	40,62
Summe . .	219 617	314 973	43,43

Diese Fischereireviere brachten somit im Jahre 1886/87 allein 314 973 Mark, während im Jahre 1872 die gesammten fiskalischen

Fischereien nur eine Einnahme von 253 902 Mark lieferten. Für die gesammten fiskalischen Fischereien — einschliesslich Rohr- und Nebennutzungen — waren für 1888/89 586 925 Mark, also erheblich mehr als das Doppelte des Jahres 1872, ausgeworfen. Im Ganzen sind von den vorgenannten sechs Fischereigebieten in den 10 Jahren 1877/78—1886/87 2 954 009 Mark oder durchschnittlich pro Jahr 295 400 Mark vereinnahmt worden.

Im Einzelnen bestehen von den oben genannten Fischereigebieten die litthauischen Gewässer aus dem Memel- oder Russstrom von der Stadt Tilsit abwärts bis zu seiner vielverzweigten Mündung in das Kurische Haff und den diese Mündung umgebenden Hafftheilen; sie sind in den Kreisen Tilsit und Heydekrug belegen und umfassen eine Wasserfläche von etwa 2145 ha. Die masurischen Gewässer bilden einen Komplex meist mit einander verbundener Seeen von ca. 45 870 ha; die für die fiskalische Fischerei wichtigsten dieser Seeen sind der Spirding- und der Löwentinsee. Von den Haffgewässern ist, wie die angegebenen Zahlen erweisen, das im Verhältniss zu seiner Grösse weitaus ertragreichste das Stettiner Haff.

Die Erträge aus der Rohr- und Schilf- und sonstigen Nebennutzung der domänenfiskalischen Gewässer sind, wie schon erwähnt, gegenüber der Fischerei von durchaus untergeordneter Bedeutung.

§ 33. Die fiskalischen **Austernbänke** befinden sich in dem Wattenmeer der Schleswig'schen Westküste zwischen den Inseln Nordstrand, Pellworm, Amrum, Föhr, Sylt, Romö und dem Festlande. Ihre Nutzung war durch einen noch unter dänischer Herrschaft geschlossenen Vertrag vom 1. September 1859 ab auf einen 30jährigen Zeitraum gegen eine Jahrespacht von 69 690 Mark an ein Flensburger Konsortium verpachtet. Infolge der mangelhaften Bestimmungen dieses Vertrages hatte eine starke Ueberfischung der Bänke stattgefunden, die ein stetiges Herabgehen des Austernertrages herbeigeführt hatte. Bei der Neuverpachtung, die vom 1. September 1879 ab auf einen zehnjährigen Zeitraum erfolgte, wurden daher Pachtbedingungen getroffen, die eine pflegliche Benutzung sicherten. Insbesondere hat sich der Fiskus auch das Recht vorbehalten, das zu entnehmende Quantum alljährlich zwischen 1 500 und 4 000 To. festzusetzen, ja auch die Fischerei völlig zu sistiren. Die Jahrespacht wurde bei Entnahme von 3 000 To. auf 163 000 Mark festgesetzt und erhöht oder ermässigt sich, je nachdem eine höhere oder geringere Jahresentnahme festgesetzt wird. Schon im Jahre 1882 hat sich jedoch die Domänenverwaltung veranlasst gesehen, zur völligen Heilung der Bänke von der unter dem früheren Pachtvertrage eingetretenen Verwüstung im Einvernehmen mit den Pächtern die Fischerei völlig zu sistiren. Infolgedessen fiel die Pachteinnahme weg. Den Pächtern aber wurde eine Prolongation des Pachtverhältnisses um so viele Jahre zugesichert, als die Fischerei ganz sistirt war oder in denen nicht mindestens ein Quantum von 1 500 To. abgefischt ist. Durch eine Reihe von Massnahmen, insbesondere in neuester Zeit nach vergeblichen Versuchen mit französischen Austern durch Ansiedlung der Helgoländer Auster, ist das Möglichste gethan, um die Bänke allmählich wieder in einen nachhaltigen Ertrag versprechenden Zustand zu versetzen. Der Zustand der Austernbänke hat sich denn auch soweit wieder gebessert, dass vom 1. September 1891 ab die Befischung wieder aufgenommen werden konnte, freilich nur in äusserst geringem Umfange. Denn, während das Einnahmesoll aus den Austernbänken 81 500 Mark beträgt, ist bis ausschliesslich 1892/93 überhaupt keine Einnahme erzielt, seitdem 1893/94 1 868 Mark, 1894/95 und 1895/96 wiederum nichts, 1896/97 15 672 Mark, 1897/98 15 613 Mark und 1898/99 15 570 Mark. Das jährliche Abfischungsquantum beträgt jetzt 350 000 Stück.

§ 34. Den im Verhältniss zum Areal weitaus werthvollsten Besitz, über den die Domänenverwaltung überhaupt verfügt, bilden die **Weingüter.** Diese, durch die Annexion von Nassau an Preussen gekommen, liegen zum weitaus grössten Theile im eigentlichen Rheingau, d. i. dem schmalen Landstrich auf dem rechten Ufer des Rheines von der Mündung der Walluf bis zur Mündung der Wisper. Sie umfassen, nachdem im Rechnungsjahre 1893/94 ein Areal von 2,35 ha in Eibingen der Lehranstalt für Obst- und Weinbau in Geisenheim überwiesen ist und die Einnahmen und Ausgaben desselben daher seitdem in dem Etat der landwirthschaftlichen Verwaltung (Einnahme Kap. 32 Tit. 3, Ausgabe Kap. 102 Tit. 12) erscheinen,

a) im oberen Rheingau:	
in der Gemarkung Hattenheim (grosser und kleiner Steinberg)	34,21 ha
„ „ „ Kiedrich (Gräfenberg)	1,05 „
„ „ „ Erbach (Markobrunnen und Siegelberg) .	3,39 „
b) im unteren Rheingau:	
in den Gemarkungen Rüdesheim und Eibingen	9,12 „
„ der Gemarkung Assmannshausen	13,74 „
zusammen im Rheingau	61,51 ha
und	
c) ausserhalb des Rheingaues:	
in der Gemarkung Hochheim	6,72 „
„ „ „ Wiesbaden (Neroberg)	5,85 „
insgesammt also	74,08 ha
wovon	65,84 „

zu den drei ersten Bonitätsklassen eingeschätzt sind, also zu den ausgezeichnetsten Weingütern des Rheingaues und der Umgegend gehören. Der Werth dieses Domanialbesitzes einschliesslich der erwähnten jetzt abgezweigten 2,35 Hektar in Eibingen wurde im Jahre 1883 auf $2\frac{1}{2}$ Millionen Mark geschätzt; heut ist er wohl weit höher zu veranschlagen.

Neuerdings ist auch an der Saar mit der Anlegung fiskalischer Weinberge der Anfang gemacht worden, und soll dies auch an der Mosel geschehen, jedoch zunächst nicht zum Zwecke der Erzielung von Einnahmen. Hierüber ist daher Näheres unten bei den Ausgaben der Domänenverwaltung zu vergleichen.

Bestanden sind die oben genannten Domanialweingüter zum grössten Theil mit weissen Rebgattungen; nur in Assmannshausen wird überwiegend rother Wein gebaut.

Die Benutzung erfolgt durch Selbstbewirthschaftung unter Aufsicht der Regierung in Wiesbaden und Leitung eines Weinbau- und Kellerinspektors. Zur Aufbewahrung und Behandlung des Gewächses bestehen fiskalische Kellereien in Eberbach, Hochheim und Wiesbaden.

Bekanntermassen unterliegt Quantität und Qualität der Weinernten und daher auch der Ertrag von Weingütern ungemeinen, durch keine künstlichen Mittel abzuwendenden Schwankungen. Derartige Schwankungen weisen natürlich auch Kreszenz und Einnahmen der fiskalischen Weinberge auf. In dem Zeitraum von 1866 bis 1887 hat der Weingewinn zwischen 203,99 (Jahrgang 1872) und 2 171,34 hl (Jahrgang 1868) geschwankt, der Erlös und der Werth der verbliebenen Bestände zwischen 22 620 (Jahrgang 1882) und 640 992 Mark (Jahrgang 1869). Im Durchschnitt belief sich der Weingewinn 1866—1887 auf 1 143,19 hl, der Erlös bezw. Werth des Gewächses auf 192 211 Mark.

In den letzten 10 Jahren wurden durch die Domanial-Weinversteigerungen gelöst:

im Jahre	in Eberbach ℳ	in Rüdesheim ℳ	insgesammt ℳ
1889	262 610	118 600	381 210
1890	161 750	81 840	243 590
1891	199 900	127 040	326 940
1892	196 060	90 670	286 730
1893	176 950	92 960	269 910
1894	94 800	69 350	164 150
1895	231 200	73 420	304 620
1896	170 940	54 370	225 310
1897	163 510	104 990	268 500
1898	192 140	104 460	296 600
1889—1898	**1 849 860**	**917 700**	**2 767 560**
durchschnittlich also	184 986	91 770	276 756

Die erzielten Preise haben sich in dem 22jährigen Zeitraum von 1866—1887 für das Hektoliter gestellt auf

	durchschnittlich ℳ	höchster Preis ℳ	niedrigster Preis ℳ
in Hochheim	134,25	900,—	33,05
„ Neroberg	99,—	456,—	**20,—**
„ Hallenheim	178,09	1 583,33	28,66
„ Markobrunnen	**291,92**	2 060,13	38,05
„ Gräfenberg	238,97	2 000,—	40,25
„ Steinberg	193,72	**2 500,—**	20,71
„ Rüdesheim	188,02	2 190,—	36,—
„ Assmannshauser Weisswein	112,48	218,33	37,67
„ „ Rothwein .	188,89	613,—	40,—

Im Ganzen weisen trotz der naturgemässen Schwankungen auch die (Brutto-) Erträge der Weingüter — zu dem Erlöse für Wein kommen noch unbedeutende Einnahmen für Setzanken, Trester, abgängige Pfähle, Fässer u. s. w. — eine erfreuliche Entwicklung auf. Denn während dieselben im Durchschnitt der 20 Jahre 1867 bis 1886/87 nur 164 792 Mark betragen haben, beliefen sie sich im Durchschnitt der beiden Rechnungsjahre 1885/86 und 1886/87 auf 255 684 Mark

1886/87	„	1887/88	„	303 243	„
1887/88	„	1888/89	„	273 060	„
1888/89	„	1889/90	„	308 896	„
1889/90	„	1890/91	„	326 990	„
1890/91	„	1891/92	„	309 247	„
1891/92	„	1892/93	„	322 144	„
1892/93	„	1893/94	„	289 237	„
1893/94	„	1894/95	„	225 584	„
1894/95	„	1895/96	„	262 924	„
1895/96	„	1896/97	„	304 136	„
1896/97	„	1897/98	„	292 176	„

und im Durchschnitt dieser ganzen 13 Jahre auf 267 178 Mark, also ca. 60 Prozent mehr.

§ 35. Insgesammt beziffert sich die Einnahme aus den in dem Titel 4 zusammengefassten Objekten nach dem Etat für 1899 auf 4 471 293 Mark. Sie ist daher nach Ausweis der Anlage IV seit dem Jahre 1879/80, wo sie 5 285 461 Mark betrug, allmählich um rund 814 000 Mark oder 15,4 Prozent gesunken. Dieses Herabgehen erklärt sich einfach aus der oben besprochenen Verminderung der einzelnen Acker- und Wiesenparzellen, deren Erträge den Hauptbestandtheil der Einnahmen dieses Titels bilden. Eine so starke Herabminderung dieses Areals konnte durch das Steigen der Pachtzinse, der Erträge der Fischereien, der Weingüter u. s. w. nicht ausgeglichen werden. Dazu kamen so schwer auszugleichende Ertragsverminderungen des Titels wie durch die oben erwähnte Einstellung des Betriebs der Mühle in Bubainen. Aus den Parzellenverkäufen ist indes dem Fiskus nichts weniger als ein Schaden erwachsen, da aus den Nachweisungen über die Erlöse der verkauften Domänengrundstücke und ihr Verhältniss zu deren bisherigen Erträgen in der Anlage II zu entnehmen ist, dass die Zinsen der Kaufgelder den Ertragsausfall weitaus übersteigen.

Darüber, wie gegenwärtig an der Gesammteinnahme des Titel 4 die einzelnen Ertragsquellen betheiligt sind, fehlt z. Z. eine Nachweisung, und lässt sie sich auch aus den Akten der Centralinstanz nicht zusammenstellen. Nach einer ungefähren Berechnung entfallen von den im Etat für 1899 ausgeworfenen 4 471 293 Mk. auf den Parzellenbesitz rund 3 570 000 Mk., auf die übrigen Objekte rund 900 000 Mk., also auf jenen drei Viertel, auf diesen ein Viertel. Nach dem letzten im Jahre 1888 an den König erstatteten Bericht über die landwirthschaftliche Verwaltung entfielen von der etatsmässigen Einnahme des Rechnungsjahres 1888/89 in Höhe von . . . . 4 609 341 Mk.

auf

a) die kleinen Domänengrundstücke ausschliesslich der Moore in Hannover und der Weingüter	3 283 257 Mk.
b) Mühlen und sonstige Fabrikationsanstalten	180 494 „
c) die nicht zu a) und b) gehörigen Schlösser und Gebäude	105 046 „
d) Fischerei-, Rohr- und andere Nutzungen der Gewässer	586 925 „
e) die Weingüter	255 684 „
f) auf sonstige Nutzungen und Gerechtsame einschliesslich der Hannoverschen Moore, deren Ertrag in dem auf den Regierungsbezirk Aurich mit 46 418 Mk. entfallenden Antheil dieser Position enthalten ist, . .	197 935 „
Summa . . .	**4 609 341 Mk.**

Das Verhältniss, in dem der Parzellenbesitz an der Einnahme partizipirt, hat sich also nur wenig geändert.

In welchem Masse gerade die Einnahme dieses Titels durch die Annexionen der neuen Provinzen, in denen sich, wie erwähnt, die Mehrzahl der den Hauptertrag abwerfenden einzelnen Domänengrundstücke befindet, gesteigert worden ist, ergiebt sich daraus, dass die Einnahme betrug 1866 nur 1 315 962 Mk., 1869 einschliesslich der Mineralbrunnen und Badeanstalten 6 628 482 Mk., 1874 ohne diese 4 741 638 Mk., also erheblich mehr als das Dreifache des erstgenannten Betrages, sowie auch aus der für die Jahre 1879/80, 1889/90 und 1899 den Antheil der einzelnen Regierungsbezirke nachweisenden Anlage X, nach der von dem Etatssoll für 1899 rund 2 730 000 Mk., also mehr als 60 Prozent auf Schleswig-Holstein, Hannover und Hessen-Nassau entfallen. Von den alten Provinzen sind nach dieser Nachweisung besonders betheiligt Ost- und Westpreussen, Brandenburg, Pommern und Sachsen, wozu in den Regierungsbezirken Königsberg, Gumbinnen, Danzig, Stettin und Stralsund schon die hohen Einnahmen aus den Fischereien, die sie vor andern Bezirken voraus haben, stark beitragen.

D. Die domänenfiskalischen Mineralbrunnen und Badeanstalten.

(Staatshaushaltsetat Kap. 1 Tit. 5.)

§ 36. Die der Domänenverwaltung unterstehenden Mineralbrunnen und Badeanstalten — die Soolbäder unterstehen der Salinenverwaltung — gehören, nachdem das Seebad Cranz bei Königsberg, dessen Ertrag für das Jahr 1895/96 auf 53 750 Mark, dessen Kosten auf 54 165 Mark veranschlagt waren, im Jahre 1896/97 an die Gemeinde Cranz veräussert worden ist, sämmtlich den neuen Provinzen an. Es sind die im Regierungsbezirk Wiesbaden gelegenen, früher zum Herzoglich Nassauischen Domanialvermögen gehörigen Mineralbrunnen zu Niederselters, Fachingen, Geilnau, Ems, Schlangenbad, Langenschwalbach und Weilbach und die Bäder Ems, Langenschwalbach, Weilbach, ferner Nenndorf im Regierungsbezirk Kassel, Rehburg im Regierungsbezirk Hannover und das zum Regierungsbezirk Aurich gehörige Seebad Norderney. Die ehemals fiskalischen Kuretablissements in Homburg und Wiesbaden sind nach der gegen Ende des Jahres 1872 erfolgten Schliessung der Spielbanken in Homburg unentgeltlich, in Wiesbaden gegen einen Kaufpreis von 300 000 Mark den betreffenden Gemeinden überlassen worden, weil sie nach Aufhebung der Spielbanken, welche bisher mit grossen Kosten für das Publikum anziehende Einrichtungen gesorgt hatten, für den Staat nur ein lästiges, Kosten verursachendes Besitzthum gebildet haben würden. Die Badeanstalten in Salzschlirf und Limmer sind ebenfalls, und zwar im Jahre 1873 verkauft worden. Hofgeismar ist, wie schon erwähnt, als eigentliches Bad eingegangen; seine Pachteinnahme wird daher unter Titel 4 nachgewiesen.

Das Wasser von Niederselters, Fachingen und Geilnau wird lediglich zum demnächstigen Verkaufe in Krüge und Flaschen gefüllt, ohne dass dies Wasser gleichzeitig an Ort und Stelle von Kurgästen zum Trinken oder Baden benutzt wird. Die Brunnen zu Ems, Langenschwalbach und Weilbach werden dagegen sowohl in der einen wie in der andern Weise benutzt.

Der Betrieb der sämmtlichen Brunnenanstalten erfolgte bis zum Jahre 1895/96 auf eigene Rechnung des Fiskus unter Leitung eines Brunnenkomptoirs in Niederselters, während an den einzelnen Anstalten besondere Inspektoren oder Brunnenmeister angestellt waren. Seit dem genannten Rechnungsjahre sind die Brunnen in Niederselters, Fachingen und Geilnau verpachtet. Der jährliche Pachtzins beträgt bei einem Umsatz bis zu 2¾ Millionen Litern 310 000 Mark; wird dieses Quantum überschritten, so tritt ein mit der Höhe des Mehrumsatzes staffelförmig steigender Zuschlag ein, der in dem Jahre 1897/98 46 000 Mark betragen hat. Auch die übrigen Mineralbrunnen in die Verpachtung einzuschliessen, verbot sich, weil ihr Wasser auch an Ort und Stelle zum Trinken und Baden benutzt wird. Infolge der Beibehaltung der Administration dieser Brunnen konnte deshalb auch die bisherige Verwaltungsstelle, das Brunnenkomptoir, nicht aufgelöst werden; doch ist dasselbe von Niederselters nach Ehrenbreitstein verlegt. Das finanzielle Resultat der Verpachtung von Niederselters, Fachingen und Geilnau ergab zwar nach dem Etat für 1895/96 einen Einnahmeausfall von 573 983 Mark, aber andererseits eine Ausgabeersparniss von 627 860 Mark, also eine Mehrersparniss von 53 877 Mark. Die Verpachtung empfahl sich daher umsomehr, als die Entwicklung der Erträge gerade dieser drei Brunnen, hauptsächlich infolge der ihnen durch andere Mineralwässer bereiteten Konkurrenz, seit einer Reihe von Jahren keine günstige gewesen war.

Auch für die fiskalischen Brunnen- und Badeanstalten zusammengenommen ergiebt sich in den letzten Jahren, trotz des fortgesetzten Aufschwungs des die erste Stelle unter den deutschen Seebädern einnehmenden Norderney, keine sonderlich günstige finanzielle Entwicklung. Nachdem ihre Einnahmen von 1874 bis 1892/93 von 1 674 648 Mark auf 2 396 326 Mark, also um ca. 43 Prozent, gestiegen waren, sanken sie 1893/94 und 1894/95 auf 2 341 675 Mark. Seit der Verpachtung von Niederselters, Fachingen und Geilnau haben sie etatsmässig betragen:

1895/96	1 767 692 Mark,	1898/99	1 760 000 Mark,
1896/97	1 713 942 „	1899	1 775 477 „ .
1897/98	1 760 000 „		

Rechnet man hinzu die oben angegebene Ausgabeersparniss von 627 860 Mark, so ergiebt sich für die letzten fünf Rechnungsjahre eine zwischen rund 2 341 800 und 2 403 300 Mark schwankende, also im Maximum diejenige von 1893/94 nur um 4000 Mark oder 0,17 Prozent übersteigende Einnahme. Noch weniger günstig stellt sich, wie die Anlage XI ergiebt, das Nettoerträgniss der Brunnen- und Badeanstalten. Ungünstige Schlüsse sind hieraus nach keiner andern Richtung hin zu ziehen, als dass der Betrieb solcher Anstalten ein für den Staat finanziell gutes Geschäft nicht ist. Damit würde aber eine Veräusserung derselben noch nicht gerechtfertigt sein, da der Staat ein bei der verhältnissmässigen finanziellen Geringfügigkeit der Mehr- oder Mindereinnahme überwiegendes hygienisches Interesse an der Erhaltung wirksamer Brunnen und Bäder in einem weiteren Bevölkerungsschichten die Benutzung ermöglichenden Zustande hat. Von diesem Gesichtspunkte aus würde es nicht zu billigen sein, wenn er entweder selbst behufs Erzielung höherer Einnahmen die Benutzung vertheuerte oder durch Veräusserung der Anstalten zu ihrer kapitalistischen Ausnutzung die Hand böte. Gegen die Verpachtung von Niederselters, Fachingen und Geilnau lassen sich diese Bedenken nicht geltend machen, weil ihre Wässer weit mehr wie zu Heilzwecken als Tafelgetränk wohlhabender Klassen, und noch dazu in besonderem Masse des Auslandes, dienen.

Einen Ueberschuss haben nach der Anlage XI in den 6 Jahren 1892/93—1897/98 die administrirten Brunnen sämmtlich, von den Badeanstalten dagegen nur Ems, Schlangenbad und Norderney erzielt. Wenigstens in einzelnen der in der Anlage XI in Betracht gezogenen 6 Jahre haben ausser den Mineralbrunnen und den erwähnten drei Bädern Langenschwalbach und Nenndorf, letzteres allerdings nur einmal, mit einem Nettoertrag abgeschlossen, während Weilbach und Rehburg alljährlich Defizits aufwiesen. Wie dies bei administrirten Kuranstalten natürlich ist, haben die Ueberschüsse wie die Defizits zwischen den einzelnen Jahren sehr erheblich geschwankt. Das günstigste Jahr waren für die noch jetzt administrirten Mineralbrunnen sowie für Schlangenbad, Langenschwalbach, Weilbach und Norderney 1892/93, für Ems 1894/95, für Nenndorf und Rehburg 1893/94, das ungünstigste für die Mineralbrunnen sowie für Schlangenbad und Norderney 1894/95, für Ems 1892/93, für Langenschwalbach 1896/97, für Weilbach und Rehburg 1897/98.

E. § 37. Die sonstigen Einnahmen der Domänenverwaltung

(Staatshaushaltsetat Kap. 1 Tit. 7—9)

bestehen, nachdem die Verwaltung des Bernsteinregals am 1. Juli 1899 auf die Verwaltung für Handel und Gewerbe übergegangen ist, nur noch in

1. den Zinsen von Aktivkapitalien, in Titel 7 a. a. O. des Staatshaushaltsetats für 1899 angesetzt mit . 15 521 Mark,
2. Renten, welche das Deutsche Reich gemäss § 3 des Reichsgesetzes vom 25. Mai 1873 an Preussen zu zahlen hat, daselbst Titel 8 in Ansatz gebracht mit 97 491 „

3. vermischten Einnahmen und zur Abrundung der Einnahmen in den Kassenetats, nach dem gedachten Etat Titel 9 . . . . 147 715 Mark.

Die zuerst erwähnten Zinsen von Aktivkapitalien rühren vorwiegend von Darlehen her, welche in den neuen Landestheilen von den vorpreussischen Regierungen gewährt sind. Dazu treten neuerdings die Zinsen, Dividenden u. s. w. für die aus dem Ausgabe-Extraordinarium der Domänenverwaltung Kap. 10 Tit. 3 des Etats erworbenen Aktien, Geschäftsantheile etc. von Kleinbahnunternehmungen.

Soweit die Aktivkapitalien nicht in solchen neuerlich gemachten Kapitalanlagen bestehen, ist die Domänenverwaltung bemüht, sie nach Möglichkeit einzuziehen. Doch steht der vollen Durchführung dieser Absicht namentlich der Umstand hindernd im Wege, dass die Kapitalien in den neuen Provinzen theilweise den Schuldnern unter Verzicht des Staates auf das Kündigungsrecht gegeben sind. Immerhin hatte sich, Dank dieses Bestrebens der Domänenverwaltung, die Einnahme dieses Titels, welche nach dem Etat für 1869 nicht weniger als 219 462 Mark betrug, schon bis zum Jahre 1874 auf 25 347 Mark verringert, und seitdem ist sie ziemlich konstant bis auf den oben erwähnten Rest von 15 521 Mark gesunken.

Nicht unter diesem Titel zu vereinnahmen sind die Zinsen, welche von Domänenpächtern für Meliorations-, Bau- und dergleichen Kapitalien oder für rückständige Pachtgelder, soweit für diese, was nur ausnahmsweise geschieht, Zinsen gefordert werden, zu zahlen sind, ferner die Zinsen für Kaufgelder für veräusserte Domänenländereien. Jene werden in demselben Titel wie die Pachtzinsen nachgewiesen, diese entweder unter Titel 9 oder unter Kapitel 3 (vgl. weiter unten).

Die oben an zweiter Stelle genannten, vom Deutschen Reiche zu zahlenden Renten, beruhen auf den Bestimmungen des Reichsgesetzes vom 25. Mai 1873 über die Rechtsverhältnisse der zum dienstlichen Gebrauche einer Reichsverwaltung bestimmten Gegenstände (R.G.Bl. S. 113). Nach diesen stehen an allen Gegenständen, welche dem dienstlichen Gebrauche einer verfassungsmässig aus Reichsmitteln zu unterhaltenden Verwaltung gewidmet sind, das Eigenthum und die sonstigen dinglichen Rechte, welche vorher den einzelnen Bundesstaaten zugestanden haben, fortan dem Reiche zu (§ 1). Sind aber aus einem hiernach in das Eigenthum des Reiches übergegangenen Grundstücke neben der Benutzung zum Dienstgebrauche oder zu Dienstwohnungen noch sonst Erträgnisse gezogen worden, so hat das Reich eine feste, nach dem nachhaltigen Werthe dieser Erträgnisse zu ermittelnde Geldrente an denjenigen Bundesstaat abzuführen, von welchem das betreffende Grundstück an das Reich übergegangen ist (§ 3).

An den Preussischen Domänenfiskus sind auf Grund dieser Bestimmung nach dem Etat für 1899 folgende Renten zu entrichten:

a)	an Stelle der Revenüen-Ueberschüsse für Gras- und andere Nutzungen von Festungsgrundstücken der in Preussen belegenen Festungen, soweit diese nicht als solche aufgegeben sind, ...	72 572,00 Mark,
b)	für die Erträgnisse anderer ehemals Preussischer Militärgrundstücke	16 684,20 „
c)	für die Erträgnisse von ehemals Preussischen Marinegrundstücken in Wilhelmshaven	6 735,00 „
d)	für die Erträgnisse von ehemals Preussischen Postgrundstücken	1 500,00 „
	zusammen . .	97 491,20 Mark.

Nachdem einmal die Regulirung dieser Renten völlig durchgeführt ist, d. i. seit dem Etatsjahr 1887/88, haben die unter a, c und d genannten überhaupt nicht, die zu b nur in ganz minimalem Umfange geschwankt.

Eine der lit. a entsprechende Einnahme erschien schon vor der Regulierung dieser Renten unter dem Titel 8 der Domäneneinnahmen unter der Bezeichnung „Festungsrevenüen“. Sie umfasste die schon vor dem Uebergang der Festungen auf das Reich an die Domänenverwaltung abzuführenden Revenüenüberschüsse für Gras- und andere Nutzungen der Festungsgrundstücke. An ihre Stelle sind eben jetzt die unter a genannten Renten getreten.

Die unter Titel 9 endlich nachgewiesenen Einnahmen der Domänenverwaltung umfassen, der Titelbezeichnung „vermischte Einnahmen“ entsprechend, solche sehr verschiedener Art. Hervorhebung verdienen darunter die Erlöse für auf Abbruch verkaufte Baulichkeiten und dergleichen und die von den Pächtern zu leistenden Beiträge zu den Verpachtungskosten. Ferner sind hier zu vereinnahmen, jedoch nur aus den neuen Provinzen, die Zinsen für noch nicht fällige Kaufgelderraten für verkaufte Domänengrundstücke, indem der Verkauf häufig in der Weise stattfindet, dass die Entrichtung des Kaufpreises in einzelnen zu bestimmten Terminen fällig werdenden Raten stipulirt wird. Die gleichen Einnahmen aus den alten Provinzen müssen dagegen als Theil der Verkaufserlöse infolge der oben erörterten Bestimmung der altländischen Domänen zur Tilgung der Staatsschulden an die Staatsschuldentilgungskasse abgeführt werden. Wenn aber demnächst die Schulden, für die die altländischen Domänen haften, getilgt sein werden, entfällt der Grund für eine verschiedene Behandlung der gedachten Kaufgelderzinsen je nach ihrer Provenienz aus den alten oder den neuen Provinzen, und würden alsdann mangels anderer Bestimmung die einen wie die andern unter Titel 9 zu vereinnahmen sein.

F. **§ 38.** Die Gesammteinnahme der Domänenverwaltung, welche sich aus den vorstehend im Einzelnen erörterten Positionen zusammensetzt, beträgt nach dem Etat für 1899 26 400 000 Mark und macht hiermit 1,3 Prozent der gesammten Staatseinnahmen aus. Vor der Einverleibung der neuen Provinzen hat sie nach Anlage IV betragen:

im Jahre	1849	17 617 029 Mk.	= 6,63	Proz. der gesammten Staatseinnahme,
„ „	1866	16 539 000 „	= 3,51	„ „ „ „

Sie hatte also, hauptsächlich infolge der Ablösungen, aber auch durch die namentlich im Jahre 1849 erfolgten Domänenverkäufe, nicht nur nicht zu-, sondern sogar noch etwas abgenommen, obwohl die Einnahmen der Titel 3 und 4 trotz der Verkäufe von rund 5,6 auf 8,5 Millionen Mark gestiegen waren; die Einnahme aus den Gefällen aber, einschliesslich der Amortisationsrenten, hatte sich von rund 11,9 auf 7,8 Millionen verringert.

Nach dem Hinzutritt des bedeutenden Domänenbesitzes in den neuen Provinzen wiesen die Einnahmen folgende Entwicklung auf:

1869	29 302 620 Mk.	= 5,85	Prozent der gesammten Staatseinnahme,
1879/80	29 850 700 „	= 4,16	„ „ „ „
1889/90	29 146 750 „	= 1,93	„ „ „ „
1894/95	28 706 770 „	= 1,48	„ „ „ „
1899	26 400 000 „	= 1,13	„ „ „ „

Ihr ziffermässiger Betrag ist somit 1899 um 3 450 700 Mark geringer, als im Etatsjahr 1879/80. Den höchsten Punkt hatte er im Etatsjahr 1887/88 mit 29 982 760 Mark erreicht. Von da an trat bis 1892/93 zunächst noch eine Periode ein, während der die sinkende Tendenz zwar vorherrschte, immerhin aber noch durch vorübergehende Steigerungen in einzelnen Jahren gemildert wurde. Seit 1892/93 indess ist die Einnahme langsam, aber stetig zurückgegangen, wobei allerdings zu beachten ist, dass für 1899 die Einnahmen aus dem Bernsteinregal nur noch für ein Vierteljahr bei der Domänenverwaltung erscheinen; würde man sie für weitere drei Vierteljahre hinzusetzen, so ergäbe sich eine Einnahme von 26 796 870 Mark. Den Hauptantheil an dem Rückgange tragen die Einnahmen aus den Gefällen und Amortisationsrenten, die sich von 1869 bis 1899 infolge der Ablösungen von 12,394 auf 6,381 Millionen verringert haben. Insoweit ist der Rückgang eine durchaus naturgemässe und gewollte Erscheinung. Auch die geringe Verminderung des Ertrages aus einzelnen Domänengrundstücken, Mühlen und Fischereien und der Brunnen und Bäder von 6 628 482 Mark im Jahre 1869 auf 6 246 770 Mark im Jahre 1899, hat nach dem oben in den entsprechenden Abschnitten Ausgeführten absolut nichts Bedenkliches. Anders liegt die Sache mit dem in den landwirthschaftlichen Verhältnissen begründeten, seit Ende der 80er Jahre datirenden Rückgange der Vorwerkspachten, die jetzt zwar noch rund 4½ Millionen höher sind als 1869, aber diejenigen von 1879/80 nur noch um rund 0,55 Millionen übersteigen. Indess überschätzt darf, wie oben näher ausgeführt ist, auch diese Erscheinung nicht werden.

Bei einer derartigen Entwicklung der einzelnen Einnahmepositionen der Domänenverwaltung einerseits und dem rapiden Steigen der Deckung heischenden Staatsausgaben andrerseits musste natürlich der Prozentsatz der gesammten Staatseinnahmen, der auf die Domänen entfällt, schnell sinken, zumal eine nennenswerthe Vermehrung des Domänenbesitzes schon wegen der starken Anspannung des Staatskredits zum Erwerbe anderen werbenden Staatseigenthums, der Eisenbahnen, nicht möglich war. Wenn nun auch vielleicht künftig eine Vermehrung des Domänenbesitzes im Bereiche der Möglichkeit liegt, so wird man es doch als ausgeschlossen bezeichnen dürfen, dass, wenn nicht fundamentale Umwälzungen unseres Wirthschafts- und Staatslebens eintreten, künftig noch einmal ein Prozentsatz der Staatsausgaben, wie etwa vor 30 Jahren, in den Domäneneinkünften Deckung finden könnte. Wenn übrigens das Sinken des Prozentsatzes in der Zeit von 1879/80 bis 1889/90 ein so ausserordentlich starkes ist, von 4,16 auf 1,95 Prozent, so rührt das grösstentheils von der abnormen Steigerung des Einnahme- und Ausgabebudgets durch die Eisenbahnverstaatlichung her.

III. Hauptabschnitt.

Die Ausgaben der Domänen-Verwaltung.

Vorbemerkung.

§ 39. Wie bei jeder Verwaltung, unterscheiden sich die Ausgaben der Domänenverwaltung, je nachdem sie den Charakter regelmässiger Wiederkehr oder den des einmaligen oder doch nur in unregelmässigen Zwischenräumen auftretenden Bedürfnisses tragen, in dauernde und in einmalige und ausserordentliche. Nach ihrem Verwendungszweck sind sie entweder solche zur Befriedigung des Personalbedarfs oder solche für den Sachgüterbedarf. In dem Staatshaushaltsetat ist die erstere Unterscheidung durchgeführt, indem im Kapitel 1 des Ordinariums die „dauernden Ausgaben", im Kapitel 10 des Extraordinariums die „einmaligen und ausserordentlichen Ausgaben" der Domänenverwaltung erscheinen. Dagegen sind die Personal- und die sächlichen Ausgaben nicht streng von einander geschieden. Der Etat theilt nämlich die dauernden Ausgaben in

„Besoldungen".	Titel	1—4
„Andere persönliche Ausgaben"	„	5—8
„Dienstaufwandsentschädigungen"	„	9—11
„Sonstige Kosten und Lasten der Verwaltung" . .	„	12—23.

Während von diesen die „Besoldungen", „andern persönlichen Ausgaben" und „Dienstaufwandsentschädigungen" dem Personalbedarf angehören, finden sich unter den „sonstigen Kosten und Lasten der Verwaltung" neben den überwiegenden sächlichen auch persönliche, so für Unterstützungen, Stellvertretungskosten u. a. m. Thatsächlich würde auch eine Unterscheidung in persönliche und sächliche Ausgaben sich konsequent kaum durchführen lassen, schon weil sie zu einer Zerreissung der Betriebskosten für selbstbewirthschaftete Domänenobjekte nöthigen und in vielen Fällen zu Zweifeln Anlass geben würde, welcher Kategorie eine Ausgabe zuzurechnen sei. Die Eintheilung des Etats, nach der in den drei erstgenannten Abschnitten die an Beamte zu leistenden Ausgaben, in dem letzten neben allen sächlichen Ausgaben auch die Zahlungen an Nichtbeamte untergebracht sind, verdient daher den Vorzug. Freilich erscheinen, worauf sogleich noch einzugehen sein wird, infolge der Organisation der Domänenverwaltung unter den persönlichen Ausgaben überhaupt nicht die sämmtlichen für diese Verwaltung aufzuwendenden.

I. Abschnitt.

Die dauernden Ausgaben.

(Staatshaushaltsetat Kap. 1.)

I. Kapitel.

Besoldungen.

(Staatshaushaltsetat Kap. 1 Tit. 1—4)

§ 40. Der Anfang einer den ganzen Staat umfassenden hierarchischen Ordnung der Domänenverwaltungsbehörden wurde von dem Grossen Kurfürsten gemacht. Bis dahin bestanden für die Brandenburgischen Domänen die Amtskammer, für diejenigen der andern Landestheile besondere Behörden unter verschiedenen Namen, denen eine andere anerkannte gemeinsame Spitze als der Kurfürst selbst fehlte. In dem „Geheimen Rath" wurden, abgesehen davon, dass ihm die Eigenschaft einer anerkannten Centralbehörde auch für die nichtmärkischen Landestheile fehlte, die Finanzangelegenheiten je nach der Disposition des Kurfürsten bald von diesem, bald von jenem Mitgliede bearbeitet.

Der Grosse Kurfürst begann nun 1651 damit, aus dem Geheimen Rath eine Spezialkommission für die Staatseinnahmen und -Ausgaben auszusondern, das Kollegium der Staatskammerräthe. Die Thätigkeit dieser Kommission befriedigte indessen wenig, hauptsächlich weil die Staatskammerräthe zu sehr mit andern Geschäften belastet waren. Es wurde daher eine Trennung der Verwaltung der auf das Kriegswesen bezüglichen Einnahmen und Ausgaben von der Domänen- und sonstigen Kammerverwaltung vorgenommen, und beide Zweige wurden nicht mehr kollegialisch, sondern bureaukratisch organisirt: die erstere Verwaltung wurde 1675 einem „General-Kriegs-Kommissarius", die letztere 1678 einem „Hofkammer-Präsidenten" übertragen. Die Stellung des Hofkammer-Präsidenten war indess zunächst ein Zwitter zwischen Mitglied des Geheimen Rathes und Ressortchef. Es ist das Verdienst des schon genannten Knyphausen, diesem unbefriedigenden Zustand ein Ende gemacht zu haben. Auf seine Anregung erfolgte 1689 die Einsetzung einer kollegialisch organisirten Centralbehörde für die Kammerverwaltung, der „Geheimen Hofkammer", deren Befugnisse zum ersten Male unter straffer Unterordnung der Provinzialbehörden genau abgegrenzt wurden. In den Provinzen wurden in analoger Weise wie in der Centralinstanz die Kammerverwaltung von der allgemeinen Verwaltung abgetrennt und in die Hand von Amtskammern gelegt.

Dem Geldbedürfniss Friedrich I. genügte die Thätigkeit auch der Hofkammer nicht, und er setzte ihr daher eine Oberaufsichtsbehörde, das „General-Ober-Domainen-Directorium“ vor, dem jedoch nur ein kurzes, für den Staat durch die oben erwähnte Lubensche Domänenzergliederung wenig erspriessliches Dasein beschieden war: mit der Aufgabe der Erbverpachtung der Domänen ging auch das Generaldirektorium wieder ein und erhielt die Hofkammer ihre frühere Immediatstellung zurück.

Das Streben Friedrich Wilhelm I. nach straffster Centralisirung und sparsamster Einrichtung der Staatsverwaltung führte 1713 zur Aufhebung der Geheimen Hofkammer und Vereinigung ihrer Funktionen mit denen anderer Finanzbehörden, wie des General-Ober-Chatull-Directoriums, der General-Postverwaltung u. a. m. in der Hand des „General-Finanz-Directoriums“. Als sich diese Einrichtung bewährte, ging der König in der Centralisirung 1722 noch weiter, indem er das General-Finanz-Directorium und das neben demselben bestehende General-Kriegs-Kommissariat, dem die Verwaltung der gesammten für Militärzwecke bestimmten Steuern oblag, aufhob und an ihre Stelle eine einzige Aufsichtsbehörde, das „General-Ober-Finanz-, Kriegs- und Domainen-Directorium“ setzte. Zum Präsidenten dieser Behörde erklärte der König sich selbst. Das Kollegium theilte er in 5 Departements, deren jedes einen Minister als Vicepräsidenten an der Spitze hatte. Dementsprechend wurden in der Provinzialinstanz die bis dahin getrennten Amtskammern und Kriegskommissariate zu einer Behörde, der „Kriegs- und Domänenkammer“ vereinigt (Patent vom 24. Januar 1723). Die Lokalverwaltung der Domänen erfolgte durch die Domänen-Amtmänner.

Aus dem General-Ober-Finanz-Kriegs- und Domänen-Directorium gingen durch das Publikandum betr. die veränderte Verfassung der obersten Staatsbehörden in Beziehung auf innere Landes- und Finanzverwaltung vom 16. Dezember 1808 (G.S. 1806—1810 S. 361) und die Verordnung über die veränderte Verfassung aller obersten Staatsbehörden vom 27. Oktober 1810 (G.S. S. 3) die Ressortministerien, aus den Kriegs- und Domainenkammern durch die Verordnung wegen verbesserter Einrichtung der Provinzial- und Finanzbehörden vom 26. Dezember 1808 (G.S. 1806—1810 S. 164) die Regierungen hervor. Die Domänenverwaltung gehörte danach zum Geschäftskreise des Finanzministeriums in der Central-, in der Provinzialinstanz der vierten der 5 Abtheilungen oder Deputationen der Regierung. Nach der Verordnung wegen verbesserter Einrichtung der Provinzialbehörden vom 30. April 1815 (G.S. S. 85) traten an die Stelle der 5 Regierungsdepartements zwei Abtheilungen, deren zweite die sämmtlichen vom Finanzminister ressortirenden Angelegenheiten, u. a. also auch die Domänen und Forsten zu bearbeiten hatte. Dabei blieb es, was die Domänen und Forsten anlangt, auch nach der Regierungsinstruktion vom 23. Oktober 1817 (G.S. S. 248). Zu einer Aenderung führte dagegen die Kabinetsordre vom 31. Dezember 1825 betr. eine Abänderung in der bisherigen Organisation der Provinzial-Verwaltungsbehörden (G. S. 1826 S. 6). Diese gestattete, „zumal bei Regierungen von grösserem Umfange“ die Bildung von 4 Abtheilungen, deren dritter als Geschäftskreis die direkten Steuern, Domänen und Forsten zugewiesen wurden. Diese Eintheilung besteht noch heut, mit der Massgabe, dass die Geschäfte der ersten Abtheilung auf den Regierungspräsidenten, die der vierten auf die Provinzialsteuerdirektionen übergegangen sind, und sie ist, nachdem durch das Landesverwaltungsgesetz vom 30. Juli 1883 auch in Hannover die bis dahin bestehenden Landdrosteien in Regierungen umgewandelt sind und die Finanzdirektion, der bis dahin u. a. die Domänen- und Forstverwaltung für die ganze Provinz oblag, aufgehoben ist, auf die ganze Monarchie ausgedehnt.

Die Verschiedenheit in der Organisation der Regierungen, die darin lag, dass bei denjenigen in Stralsund, Osnabrück, Aurich und Sigmaringen eine Eintheilung in Abtheilungen nicht bestand, sondern die Geschäfte der II. und III. Abtheilung von dem ganzen Kollegium zu erledigen waren, ist, was die Domänen und Forsten betrifft, für Stralsund, Osnabrück und Aurich durch die Verordnung vom 22. April 1892 (G.S. S. 96) beseitigt, welche für Stralsund und Osnabrück die Einrichtung je einer Abtheilung für direkte Steuern, Domänen und Forsten, für Aurich einer solchen für direkte Steuern und Domänen — die unbedeutende Forstverwaltung dieses Bezirks verblieb bei der Regierung in Osnabrück — anordnete. Die Domänen- und Forstsachen ressortiren also jetzt nur noch in Sigmaringen, wo z. Z. Staatsdomänen und -Forsten nicht vorhanden sind, nicht von einer besondern Abtheilung, sondern von der Regierung als solcher. Neuerdings hat dann wegen der Zunahme der Geschäfte der Verwaltung der direkten Steuern infolge der Steuerreform bei den Regierungen in Königsberg, Potsdam, Frankfurt a. O., Stettin, Breslau, Oppeln, Magdeburg, Merseburg, Kassel und Wiesbaden eine Modifikation der bisherigen Eintheilung insofern stattgefunden, als die Verwaltung der direkten Steuern einerseits und die der Domänen und Forsten andererseits unter die Leitung je eines besondern und für seinen Geschäftskreis verantwortlichen Dirigenten gestellt ist (Verordnung vom 4. Juni 1895, G.S. S. 187). Doch ist damit eine Theilung der bisherigen Abtheilungen für direkte Steuern, Domänen und Forsten in zwei Abtheilungen nicht eingetreten.

Die Zentralinstanz hat seit 1808 noch wiederholt gewechselt. Durch Kabinetsordre vom 26. Januar 1835 wurde die Domänenverwaltung auf das Ministerium des Königlichen Hauses übertragen. In den Zeiten der Anfänge des konstitutionellen Systems, mit welchem die Verwaltung des Staatsgutes durch einen Hofbeamten statt durch einen verantwortlichen Staatsminister nicht vereinbar ist, wurde die Domänen- und Forstverwaltung (durch Erlass vom 17. April 1848) dem Finanzministerium zurückgegeben. Bei diesem verblieb sie, bis sie zufolge Erlasses vom 7. August 1878 (G.S. 1879 S. 25) auf das Ministerium für Landwirthschaft, das nunmehr die Bezeichnung „Ministerium für Landwirthschaft, Domänen und Forsten“ erhielt, überging. In der Hand dieses Ministeriums befindet sich die Zentralverwaltung gegenwärtig.

§ 41. Eine Folge dieser Organisation, nach der die Domänenverwaltung in der Zentralinstanz und in der Provinzialinstanz nur einen Theil des Geschäftsbereichs von Behörden bildet, deren Zuständigkeit sich auch auf andere Verwaltungszweige erstreckt, ist es, dass die Ausgaben der Zentralverwaltung wie der Provinzialverwaltung der Domänen im Staatshaushaltsetat nicht unter den Ausgaben der Domänenverwaltung erscheinen. Die Kosten der Zentralverwaltung bilden einen Theil der Ausgaben der Landwirthschaftlichen Verwaltung, und zwar der dauernden Ausgaben des Ministeriums für Landwirthschaft, Domänen und Forsten, Kap. 99 des Staatshaushaltsetats. Von den nach diesem Etatskapitel etatsmässigen Beamten sind in der Ministerialabtheilung für Domänen beschäftigt zur Zeit einer der zwei Ministerialdirektoren, von 24 vortragenden Räthen 5 ausschliesslich und 3, die daneben auch den beiden andern Abtheilungen des Ministeriums angehören, ferner einer der beiden ständigen bau- bezw. meliorationstechnischen Hülfsarbeiter. Von den etatsmässigen Bureaubamten entfallen 11 von insgesammt 56 Kalkulatoren, Expedienten und Registratoren und der bautechnische Revisor auf die Domänenverwaltung, während ausser dem Minister und dem Unterstaatssekretär auch die Beamten des Zentralbureaus, der Kanzlei und die Unterbeamten allen drei Abtheilungen gemeinsam sind.

Die Ausgaben für die durch die Abtheilungen für direkte Steuern, Domänen und Forsten der Regierungen bezw. die Regierung in Sigmaringen repräsentirte Provinzialinstanz sind mit denen der übrigen Geschäftszweige der Regierungen in dem Kap. 28 des Etats „Oberpräsidenten, Regierungspräsidenten und Regierungen, einschliesslich der Ministerial-, Militär- und Baukommission in Berlin, sowie Bezirksausschüsse“ bei den Ausgaben des Finanzministeriums ausgeworfen. Wieviel von den hier aufgeführten Beamten der verschiedenen Kategorien auf die Domänenverwaltung entfallen, lässt sich im Einzelnen schon deshalb nicht feststellen, weil die Beamten grösstentheils nicht ausschliesslich mit Domänen-, sondern daneben auch noch mit andern Sachen beschäftigt werden.

Uebrigens kann natürlich, da der Etat die Beamten der Domänenverwaltung aus der Gesammtheit der nach Kap. 28 bezw. 99 etatsmässigen Beamten nicht aussondert, die Zahl der in der Domänenverwaltung beschäftigten innerhalb der etatsmässigen Gesammtzahlen der Kap. 28 und 99 jederzeit geändert werden, ohne dass es hierzu einer Mitwirkung des Landtags bedarf.

§ 42. In den bei den Ausgaben der Domänenverwaltung ausgeworfenen „Besoldungen“ sind somit nur diejenigen der Lokalbeamten enthalten.

So lange die Domänen sich überwiegend in Selbstadministration befanden, musste natürlich die Zahl der Lokalbeamten, der Domänenamtmänner und ihrer verschiedene Bezeichnungen führenden Unterbeamten eine sehr grosse sein, zumal zu den Aufgaben der Lokalbehörden ausser der Bewirthschaftung der Domänen auch die Rechtspflege, die Polizei, die Verwaltung der Patronatssachen und die Einziehung der verschiedenartigen Abgaben der Gutsunterthanen gehörte. Mit der Einführung des Pachtsystems gingen die Aufgaben der Amtmänner zunächst im Wesentlichen auf die Generalpächter über. Später, insbesondere seit Friedrich dem Grossen, wurden jedoch die Generalpächter wieder mehr auf das eigentliche Pachtverhältniss beschränkt, für die Wahrnehmung der landesherrlichen, polizeilichen und Steuerinteressen aber besondere Lokalbehörden unter den Bezeichnungen Domänenintendanturen, Domänenämter und Domänenrentämter gebildet, während einem Theil der Pächter allerdings wenigstens die Einziehung und Abführung der Gefälle u. s. w. theils gegen, theils ohne Vergütung belassen wurde. Wieder andere Beamte wurden mit der erst durch die Verordnung vom 2. Januar 1849 aufgehobenen Patrimonialgerichtsbarkeit über die Domänendörfer betraut. Dazu kamen dann mit den Fortschritten in der Technik der Landeskultur, der Fischzucht u. s. w. mehr und mehr technische Unterbeamte.

So erscheinen denn nach Anlage XIIa an Beamten der Domänenverwaltung im Etat für 1849 7 Intendanten, 267 Rentbeamte, 16 die Geschäfte solcher versehende Kreiskassen-Kontroleure, 6 Aktuarien, 3 Untereinnehmer, 68 gegen Entgelt und 12 ohne Entgelt die Rendanturgeschäfte versehende „Domänen-Pachtbeamte", d. h. Pächter, ferner 368 Amtsdiener, Exekutoren und ähnliche Unterbeamte und endlich 51 Fischerei-, Mühlen- und sonstige Beamte, insgesammt 718 besoldete und 80 unbesoldete Beamte, deren Besoldung u. s. w. einen Kostenaufwand von 567 529 Mark verursachte, wozu noch an weiteren Hebungs- und Aufsichtskosten nach Anlage IV 21 943 Mark traten. Ausserdem beanspruchte die Ortspolizeiverwaltung hauptsächlich zu Remunerationen an die Dorfschulzen in den Domänendörfern 92 423, die Justizverwaltung, soweit deren Kosten bei der Domänenverwaltung zur Verrechnung gelangten, noch 4 130 Mark.

Schon damals wurde eine tiefgreifende, heute zwar im Wesentlichen, aber doch noch nicht völlig durchgeführte Vereinfachung der Lokalverwaltung der Domänen beabsichtigt. Schon die oktroyirte Verfassung vom 5. Dezember 1848 hatte im Art. 40 die Aufhebung der gutsherrlichen Polizei verfügt. Die revidirte Verfassungsurkunde hat dies im Art. 42 zwar wiederholt, aber im Art. 114 bestimmt, dass es bis zur Emanirung der neuen Gemeindeordnung bei den bisherigen Bestimmungen hinsichtlich der Polizeiverwaltung verbleibe. Unterm 11. März 1850 wurde nun die verheissene Gemeindeordnung gleichzeitig mit einem Gesetz über die Polizeiverwaltung erlassen und erfolgte damit thatsächlich die in der Verfassung ausgesprochene Aufhebung der gutsherrlichen Polizei. Damit fiel diese natürlich auch für die Domänendörfer fort und mit ihr eine Hauptaufgabe der Domänenintendanturen und -Rentämter, deren Funktionen sich nun im Wesentlichen auf die Einziehung der Einnahmen der Domänenverwaltung, Beaufsichtigung der kleinen Domänenobjekte u. s. w. beschränkten. Schon vor Erlass der oktroyirten Verfassung hatte daher der Finanzminister die Absicht bekundet, nach Aufhebung der gutsherrlichen Polizei die Domänenrentämter eingehen zu lassen und die Erhebung der Domänengefälle den Kreiskassen zu übertragen. Eine weitere Erleichterung dieses Vorhabens gewährte das Ablösungsgesetz vom 2. März 1850 in der Ablösung jener Gefälle. Ehe indess der Plan zur Durchführung gelangen konnte, entfiel schon wieder die Voraussetzung, von der er ausging, die Beseitigung der gutsherrlichen Polizei. Nachdem schon durch Erlass vom 19. Juni 1852 die bis dahin nur in einem ziemlich beschränkten Theile des Staatsgebiets erfolgte Einführung der Gemeindeordnung sistirt war, hob das Gesetz vom 24. Mai 1853 (G.S. S. 238) die Gemeindeordnung gänzlich auf und bestimmte, dass in den sechs östlichen Provinzen die früheren Gesetze und Verordnungen über die Landgemeindeverfassungen, soweit sie mit den Bestimmungen der Verfassungsurkunde nicht in Widerspruch stehen, wieder in Kraft treten sollten. Dadurch waren also auch diejenigen Bestimmungen beseitigt, welche die Gemeindeordnung über die Polizeiverwaltung getroffen hatte, und die Staatsregierung zog hieraus die Schlussfolgerung, dass die frühere gutsherrliche Polizei und obrigkeitliche Gewalt in den ländlichen Gemeinden der östlichen Provinzen niemals aufgehoben, bezw. wieder aufgelebt sei. Gesetzlich zum Ausdruck gelangte diese Auffassung in der Folgezeit durch die ausdrückliche Aufhebung der Art. 42 und 114 der Verfassungsurkunde, welche das Gesetz vom 14. April 1856 (G.S. S. 353) verfügte, und durch das die gutsherrliche Polizeiobrigkeit erneut sanktionirende Gesetz von demselben Tage, betr. die ländlichen Ortsobrigkeiten in den östlichen Provinzen (G.S. S. 354).

Verblieb es nun auch damit in den Domänendörfern der östlichen Provinzen bei der Ausübung der Polizei durch Organe der Domänenverwaltung und verbot sich dadurch die völlige Beseitigung der Domänen-Lokalbehörden, so wurde doch der Plan der Vereinigung der Rentämter mit den Kreiskassen nicht aufgegeben. Man ging jetzt dazu über, in grösserem Umfange die gutsobrigkeitlichen Geschäfte von den Kassengeschäften zu trennen und besonderen gegen Gehalt oder Remuneration angestellten Polizeiverwaltern zu übertragen, die Rentämter aber allmählich zu verringern und ihre Geschäfte auf die Kreiskassen zu übertragen. Ebenso wurde auch die Einrichtung, die Domänenpächter mit den Rendanturgeschäften zu beauftragen, nach und nach eingeschränkt und beseitigt. Diese Massnahmen spiegeln sich denn auch in den in den Anlagen IV und XII angegebenen Zahlen aus den Etats von 1859 und 1866 im Vergleich zu denen des Jahres 1849 wieder. Die Zahl der Rentmeister und sonstigen Rezepturbeamten vermindert sich von 1849 bis 1859 von 292 auf 220 und bis zum Jahre 1866 auf 55, die ihrer Hülfsbeamten von 368 auf 217 und 52, und die Zahl der mit den Rendanturgeschäften beauftragten Pächter geht von 1849 bis 1859 von 80 auf 56 zurück, um bis 1866 völlig zu verschwinden. Andererseits erscheinen im Etat für 1859 die Besoldungen und Remunerationen für 105 Polizeiverwalter und 78 Polizeidiener und Gefangenenwärter, im Etat für 1866 diejenigen für 185 bezw. 146 solche Beamte, wogegen wiederum die hauptsächlich in Remunerationen an die Dorfschulzen in den Domänendörfern bestehenden sonstigen „Kosten der Polizeiverwaltung“ infolge der Anstellung besonderer Beamter vermindert werden konnten. Naturgemäss konnte aber die Uebertragung der Funktionen aufgehobener Domänen-Rentämter an andere Behörden nur gegen entsprechende Vergütungen an diese erfolgen, so dass die Erhebungs- und Aufsichtskosten (Tit. 5 und 6) erheblich steigen mussten.

Eine sehr bedeutende Vermehrung erfuhr in der Zeit von 1849 bis 1866 das technische Personal der Domänenverwaltung: statt 51 Oberfischmeistern, Fischmeistern, Fischereischulzen, Mühlen- und sonstigen Beamten im Jahre 1849 erscheinen an solchen, Administratoren, Wiesen-, Schleusen- und Rehnenwärtern, im Etat für 1859 nicht weniger als 147 und 1866 139.

Das übrigens auch durch Besoldungsaufbesserungen einerseits, die Verringerung des Domänenbesitzes und die Ablösung von Gefällen durch Kapital andrerseits beeinflusste finanzielle Gesammtergebniss dieser Umgestaltungen in dem Zeitraum von 1849 bis 1866 war folgendes: die Besoldungen haben sich von 567 529 auf 500 541, also um 66 988 Mark, die Dienstaufwandsentschädigungen von 215 629 auf 188 244, also 32 585 Mark, die Kosten der Ortspolizei- und Justizverwaltung von 96 553 auf 45 024, also um 41 529 Mark verringert; dagegen sind die sonstigen Erhebungs- und Aufsichtskosten von 21 943 auf 123 003 Mark, somit um 101 060 Mark gestiegen; es steht somit einer Ausgabeverminderung von 144 597 Mark eine Vermehrung von 101 060 Mark gegenüber. Mithin überwiegt erstere trotz der aus den in Anlage XII a angegebenen Gehaltssätzen in den Jahren 1849 einer-, 1866 andrerseits ersichtlichen Aufbesserungen der Gehälter und Remunerationen um 43 537 Mark, wenn man aber die einen wirthschaftlichen Fortschritt bedeutende Vermehrung und Besserstellung der technischen Beamten ausscheidet, um 86 002 Mark. Das besoldete Beamtenpersonal aber ist von 718 auf 578 Köpfe, unter Ausschluss der technischen Beamten von 667 auf 438 Köpfe zurückgegangen. An Gehalt bezw. Remuneration entfallen auf den Beamten durchschnittlich im Jahre 1849 775 Mark, im Jahre 1866 aber 866 Mark, also nahezu 12 Prozent mehr.

Es tritt hierin der richtige Grundsatz zu Tage, die Zahl der Beamten möglichst zu beschränken, diese aber pekuniär möglichst gut zu stellen.

§ 43. Die Vermehrung des Domanialbesitzes infolge der Gebietserwerbungen des Jahres 1866 nöthigte natürlich zu einer Vermehrung des Beamtenpersonals, die um so erheblicher sein musste, als, wie oben erwähnt, der Domänenbesitz in den neuen Landestheilen besonders zahlreiche Einzelparzellen, ferner die in Administration stehenden Mineralbrunnen, Badeanstalten und Weingüter umfasste, die Ablösung der Gefälle noch im Rückstande und neu zu regeln war, endlich auch die vorgefundene Behördenorganisation eine sofortige Umgestaltung nach derjenigen in den alten Provinzen schon mit Rücksicht auf die Versorgung der übernommenen Beamten hinderte. In dem Etat für 1869 ist daher die Zahl der Rentmeister, Rezeptur- und Pachtbeamten auf 311 gegen 55 im Jahre 1866, die der Amtsdiener, Exekutoren und sonstigen Unterbeamten von 52 auf 166 und die der technischen Beamten, einschliesslich der Beamten der Weinbergs-, Bade- und Brunnenbeamten von 139 auf 285 gestiegen. Die Vermehrung der Beamten würde eine noch grössere gewesen sein, wenn nicht in Hannover die eigentliche örtliche Domänenverwaltung, abgesehen von den Kassengeschäften, in den Händen der von dem Ministerium des Innern ressortirenden Amtshauptmänner verblieben wäre.

Zu einer Vermehrung der Polizeiverwalter und ihrer Unterbeamten nöthigten dagegen die Neuerwerbungen die Domänenverwaltung nicht, da in den neuen Landestheilen die gutsherrliche Polizei nicht bestand.

Die tiefgreifendsten Umgestaltungen in der Organisation der örtlichen Domänenverwaltung brachten, wie schon ein Vergleich der Zahlen für die Jahre 1869 und 1879/80 in den Anlagen IV und XII a ersehen lässt, die 70er Jahre. Das weitere Fortschreiten der Ablösung der Domänengefälle in den alten Provinzen ermöglichte es schon im Anfang der 70er Jahre, namentlich in Landestheilen, in welchen dem Domänenfiskus die gutsherrliche Polizeiverwaltung nicht oblag, einen erheblichen Theil der Rentämter aufzulösen und die noch verbliebenen Gefälle durch die Regierungshauptkassen, Kreiskassen und Steuerempfänger erheben zu lassen. In ähnlicher Weise wurde in den neuen Landestheilen auf allmälige Vereinfachung der vorgefundenen Verwaltungsorganisation hingewirkt. Im Regierungsbezirk Wiesbaden treten infolgedessen an die Stelle der unter Nassauischer Verwaltung bestandenen 27 Domänen-Rezepturen 13 Rentämter, im Regierungsbezirk Kassel an die Stelle von 60 Rentereien 7 Rentämter und in der Provinz Hannover an die Stelle von 82 Rentämtern deren 64. Im Jahre 1872 waren daher an vollbeschäftigten Beamten, d. h. ausschliesslich der nur theilweise für den Dienst der Domänen-Polizei- und Kassenverwaltung in Anspruch genommenen Beamten anderer Verwaltungen, Gemeindebeamten, Gutsbesitzern u. s. w. nur noch vorhanden 239 Rent- und Polizeibeamte, 161 Rent- und Polizeiamtsdiener und 169 sonstige Beamte.

Eine völlige Umgestaltung der Lokal-Domänenverwaltung erforderte die Aufhebung der gutsherrlichen Polizei durch die Kreisordnung vom 13. Dezember 1872. Infolge dieser konnten in den Provinzen Preussen, Brandenburg, Pommern, Schlesien und Sachsen[1]) ausser den Polizeiverwalterstellen die Domänen-Rentämter, deren Geschäfte überwiegend in der Verwaltung der gutsherrlichen Polizei bestanden, aufgehoben, die Domänengefälle, die sie bis dahin erhoben hatten, den Kreiskassen und Forstkassen zur Einziehung überwiesen und die sonstigen Geschäfte dieser Lokalverwaltung geeigneten Persönlichkeiten als Nebenämter übertragen werden. In den Jahren 1873 bis 1876 wurden daher 146 Domänenrent- und Polizeiverwalterstellen und ebensoviel Amtsdienerstellen eingezogen, so dass von nach dem Etat für 1873 noch vorhandenen 239 Domänenrent- und Polizeiverwalterstellen nach dem Etat für 1876 nur noch 21 Domänenrentbeamtenstellen und von 161 Amtsdienerstellen noch 15 bestanden. Die Ersparnisse, welche hierdurch wie durch den Wegfall der sonstigen Polizeiverwaltungskosten erwuchsen, waren solche freilich nur für die Domänenverwaltung nicht für den Staatshaushalt im ganzen. Denn durch § 70 der Kreisordnung sind diejenigen Summen, welche der Staat infolge der Kreisordnung „durch das Eingehen der Königlichen Polizeiverwaltungen, durch den Wegfall der Schulzenremunerationen und anderen Polizeiverwaltungskosten an den im Staatshaushaltsetat für das Jahr 1873 für ebengenannte Zwecke veranschlagten Ausgaben fernerhin ersparen wird", vom Staate den Kreisen als Beitrag zu den Kosten der Amtsverwaltung überwiesen. Jene bei der Domänenverwaltung ersparten Kosten erscheinen daher nach wie vor unter den Ausgaben des Staatshaushalts, nur nicht mehr bei der Domänenverwaltung, sondern unter denen der allgemeinen Finanzverwaltung im Kap. 43 Tit. 7.

Die durch die Ausführung der Kreisordnung disponibel gewordenen Beamten der Domänenverwaltung wurden auf anderen Stellen des Staatsdienstes untergebracht bezw. in den Ruhestand versetzt; soweit sie aber nur auf Kündigung angenommen waren und keinen Anspruch auf Pension und Wartegeld hatten, wurde auch für sie bis zu ihrer Wiederanstellung oder anderweitigen Sicherung ihrer Existenz vom Staate gesorgt; zu diesem Zwecke war in die Etats für 1874 und 1875 ein Fonds von zusammen 48000 Mk. zur Verfügung gestellt, der aber nicht völlig absorbirt wurde, da es gelang, auch diese Beamten grösstentheils anderweit unterzubringen.

---

[1]) In der Provinz Posen lag die Ortspolizei schon vorher nicht in den Händen der Gutsherren, sondern in der besonderer staatlicher Beamten, der Distriktskommissarien.

Auch in den folgenden Jahren wurde fortgesetzt, Schritt haltend mit der Durchführung der Ablösungen und der Veräusserung der kleinen Grundstücke, eine weitere Verminderung des Beamtenpersonals wie der Verwaltungskosten überhaupt angestrebt. In dem Etat für 1879/80 erscheint das Beamtenpersonal auf weniger als den vierten Theil des Bestandes von 1869, nämlich von 1074 auf 244 Personen, die Ausgabe für dasselbe von 958848 auf 408861 Mk. reduzirt. Die Rentbeamtenstellen sind von 267 auf 75, die Rentamtsdiener von 166 auf 11 vermindert. Nur wo die Verwaltung eines bedeutenden Besitzes einzeln benutzter Grundstücke oder eine grössere Kassenverwaltung es nothwendig machte, wurden die Domänenrentämter beibehalten. Infolgedessen entfiel denn auch die ganz überwiegende Mehrzahl der beibehaltenen auf die neuen Landestheile, auf die Provinz Hannover allein 48.

Die Einführung der Kreisordnung vom 6. Mai 1884 in der Provinz Hannover führte dort eine weitere Umgestaltung der örtlichen Domänenverwaltung herbei, durch welche diese in Uebereinstimmung mit derjenigen in den übrigen Landestheilen gesetzt wurde. Es war nicht angängig, den an die Stelle der Amtshauptmänner tretenden Landräthen die von jenen geführte örtliche Domänenverwaltung zu belassen. Sie wurde daher 12 Beamten übertragen, welche den Titel „Domänen-Rentmeister“ erhielten und hinsichtlich ihrer Besoldung den übrigen Domänen-Rentbeamten der Monarchie gleichgestellt wurden. Die Obliegenheiten der 47 „Amts-Rentmeister“, welche die bei den einzelnen Aemtern vorhandenen Domänenamtskassen in Hannover verwalteten, wurden vom 1. April 1885 ab den Steuerempfängern übertragen. Die hierdurch disponibel gewordenen Amts-Rentmeister fanden theils als Lokal-Domänenverwalter (Domänen-Rentmeister), Steuerempfänger u. s. w. Verwendung, theils wurden sie in den Ruhestand versetzt, theils endlich erhielten sie noch einige Jahre bis zu ihrer anderweiten Anstellung oder ihrer Pensionirung ihr früheres Diensteinkommen aus Fonds der Domänenverwaltung fortgezahlt. Solcher disponibler, von der Domänenverwaltung weiter zu besoldender Amts-Rentmeister waren vorhanden 1885/86 20, 1886/87—1889/90 11, 1890/91 10, 1891/92 infolge Pensionirung von 8 derselben noch 2, 1892/93 noch einer, der mit Ablauf dieses Etatsjahres pensionirt wurde. Die für dieselben der Domänenverwaltung erwachsenen Ausgaben beliefen sich nach den Etats für 1885/86 auf 55 650 Mk., 1886/87—1889/90 auf je 34 500, 1890/91 auf 31 500, 1891/92 auf 5 500 und 1892/93 auf 2 850, insgesammt also auf 233 500 Mk.

Mit dieser zuerst in dem Etat pro 1885/86 in Erscheinung tretenden Umgestaltung in Hannover war der Grundsatz, nur wo die Verwaltung eines bedeutenden Parzellenbesitzes oder eine grössere Kassenverwaltung es nöthig macht, besondere Rentämter beizubehalten, im Uebrigen aber die Erhebung der Gefälle den Steuer- und Forstkassen oder geeigneten Persönlichkeiten als Nebenamt zu übertragen, zur vollständigen Durchführung gelangt. Nach dem Etat für das gedachte Jahr bleiben nur noch 39 im Dienst befindliche Domänenrentbeamte übrig, und diese Zahl hat sich seitdem nur noch um einen, der infolge Verkaufes des Seebades Cranz entbehrlich wurde, verringert. Auch die Zahl der Rentamtsdiener, welche 1885/86 8 betrug, hat sich seitdem nur um einen vermindert, und zwar dadurch, dass dem betreffenden Rentmeister die Beschaffung der Dienstleistungen desselben gegen Erhöhung der Dienstaufwandsentschädigung um 432 Mark überlassen wurde.

An sonstigen Beamten der Domänenverwaltung waren nach der Anlage XIIa 1879/80 vorhanden 158, 1891/92 noch 133. Die Verringerung wurde insbesondere erzielt durch Einziehung der Stellen der 2 Kammerkonsulenten in Hannover, des Kommissars für die Regulirung der ostfriesischen Moore und einer Anzahl Stellen von Unterbeamten bei den domänenfiskalischen Schloss- und Gartenverwaltungen und einzelner anderer Unterbeamtenstellen.

Auch in der jüngsten Zeit hat die Domänenverwaltung mit Erfolg an der Vereinfachung der Verwaltung fortgearbeitet, sodass bis zum Jahre 1899 die Zahl der Lokalbeamten weiter, und zwar auf 161, nach Abrechnung der Rentbeamten und Rentamtsdiener auf 116 zurückgegangen ist, von denen zudem 2 Moorvögte gleichzeitig als Förster fungiren, 1 Moorvogt gemeinschaftlich mit der Klosterkammer in Hannover und 1 Wiesenwärter gemeinschaftlich mit der Militärverwaltung angestellt ist. Hauptsächlich ist die Verminderung der Beamtenzahl der oben besprochenen Verpachtung der Mineralbrunnen in Niederselters, Fachingen und Geilnau zuzuschreiben, durch die 13 Beamte mit einer Besoldung von 18 924 Mark entbehrlich geworden sind. Ausserdem sind insbesondere Stellen bei den Schloss- und Gartenverwaltungen eingezogen worden. Andererseits sind neu errichtet die etatsmässigen Stellen eines Administrators der mit einem Kostenaufwande von rund 251 000 Mark entwässerten und in 481,5 ha Wiesen umgewandelten fiskalischen Seefläche des Dimmern-Flussgebiets im Regierungsbezirk Königsberg, eines Kellerkontroleurs für die Weinkellerei in Eberbach, eines Fischereiaufsehers für den Maduesee und eines Maschinenmeisters bei der Schlammbadeanlage in Nenndorf.

Von den hiernach zur Zeit vorhandenen Lokalbeamtenstellen entfallen

a) auf die wesentlich mit Kassengeschäften und Verwaltung des Parzellenbesitzes, der Gefälle und Renten befasste Rentverwaltung

38 Rentbeamte und
7 Rentamtsdiener

zusammen . . . . 45 Beamte

b) auf die Verwaltung von Grundstückskomplexen und einzelnen Parzellen

4 Administratoren von Grundstückskomplexen
1 Administrator der Dimmerwiesen,
1 Unterverwalter
1 Dammmeister

8 Wiesenmeister
3 Rehnenmeister
1 Grabenmeister
5 Wiesenaufseher und -Wärter
1 Weideverwalter
7 Weideaufseher
5 Kanal- und Schleusenwärter
1 Buschwärter
1 Spreewehrwärter
5 Stackmeister

zusammen . . . . 44 Beamte

c) auf die Moorverwaltung insbesondere

1 Geometer
1 Fehnmeister
7 Moorvögte

zusammen . . . . 9 „

d) auf die Schloss- und Gartenverwaltungen

2 Obergärtner
1 Garteninspektor
1 Schlossgärtner
1 Hegeförster
3 Kastellane
1 Gärtner
2 Gartengehülfen
1 Gartenvogt
1 Schlossgartenaufseher
4 Parkaufseher

zusammen . . . . 17 „

e) auf die Fischereiverwaltung

5 Fischereioberaufseher
1 Fischereiaufseher
3 Pritzstabel

zusammen . . . . 9 Beamte

f) auf die Weinguts- und Kellereiverwaltung

1 Weinbau- u. Kellerinspektor
6 Weinbergsaufseher
1 Kellerkontroleur

zusammen . . . . 8 „

g) auf die Bäder- und Brunnenverwaltung

5 Badeinspektoren
1 Brunneninspektor
1 Brunnenkommissar
1 Magazinverwalter
7 Brunnenmeister
8 Bademeister
1 Maschinenmeister
2 Maschinisten
1 Packhofsaufseher
1 Gartenmeister
1 Röhrleitungsaufseher

zusammen . . . . 29 „

insgesammt 161 Beamte

Die Gesammtsumme der Besoldungen dieser 161 Beamten beträgt einschliesslich der Wohnungsgeldzuschüsse, jedoch ohne Einrechnung des Miethswerths der an 85 von ihnen gewährten Dienstwohnungen, der an einen gezahlten Miethsentschädigung und der an 15 gewährten Grundstücksnutzung und sonstigen Emolumente sowie der in Tit. 5, 6, 7, 7a, 7b und 9 der Ausgabe enthaltenen Tantièmen, Tagegelder, Remunerationen und Unterstützungen, nach dem Etat für 1899 321 608 Mark, unter Hinzurechnung der mit diesem Jahre eingetretenen Besoldungsaufbesserungen aber 324 458 Mark oder durchschnittlich 2 015 Mark. 1879/80 beliefen sich die entsprechenden Ausgaben für 244 Beamte auf 434 189 Mark, also durchschnittlich für den Beamten auf rund 1 780 Mark, nach dem Etat für 1891/92, da inzwischen namentlich die höchstbesoldeten Stellen, wie die der Rentmeister, Kammerkonsulenten, Moorkommissare, Schlossverwalter zum grössten Theil eingegangen waren, für 181 Beamte nur auf 320 458 Mark oder auf den Kopf des Beamten auf 1 220,23 Mark.

§ 44. Schon die am Schluss des vorigen Paragraphen gegebenen Gesammtzahlen zeigen, namentlich wenn man die Jahre 1891/92 und

1899, in denen die Zusammensetzung der Beamtenschaft eine, abgesehen von der Bäder- und Brunnenverwaltung, einigermassen übereinstimmende war, in Vergleich stellt, mit welchem Erfolg die Domänenverwaltung in der letzten Zeit für die pekuniäre Besserstellung ihrer Beamten bemüht gewesen ist, ohne dabei die Gesammtausgabe wesentlich zu steigern.

An den Aufbesserungen haben, wie die Anlage XII erkennen lässt, alle Beamtenkategorien Antheil, sei es in Gestalt der Erhöhung der Mindestgehälter, sei es in der der Erhöhung der Höchstgehälter und Gehaltsstufen, sei es in der Form einer Verkürzung der Aufrückungsfristen. Schon die dort für die Jahre 1849, 1859, 1866 und 1869 angegebenen Zahlen beweisen in dieser Beziehung ein stetiges Fortschreiten. So ist das Maximalgehalt der Rentbeamten und Polizeiverwalter in diesem Zeitraum von 2700 auf 3000, bei den Unterbeamten der Rent- und Pachtämter das Maximalgehalt von in der Regel nicht mehr als 360 auf 900, das Durchschnittsgehalt aber von 261 auf 421 Mark im Jahre 1866 und 503 Mark im Jahre 1869 gestiegen. Ebenso weisen die Einkünfte der dort an letzter Stelle aufgeführten Beamtenkategorien, wenn auch hier ein Vergleich bei der Zusammenfassung der verschiedenartigen Beamten und der in den einzelnen Zeiträumen verschiedenen Zusammensetzung dieser Gruppe nur in beschränktem Masse möglich ist bezw. Schlussfolgerungen zulässt, wesentliche Verbesserungen auf: das Durchschnittseinkommen dieser Beamtenkategorien betrug 1849 413,53 Mark, 1859 infolge des Hinzukommens zahlreicher naturgemäss nur in den untersten Gehaltssätzen befindlicher Aufseher und Wärter allerdings nur rund 312 Mark, 1866 aber schon wieder 413 Mark.

Systematischere und einzeln sich auf mehr oder minder breite, insgesammt aber auf alle Schichten der Beamten sich erstreckende Aufbesserungen der Diensteinkünfte haben in verschiedenen Etappen innerhalb der letzten 30 Jahre stattgefunden. Zunächst erfolgte in weitem Umfange, für die Domänenverwaltung mit einem jährlichen Aufwande von 98892 Mark, die Gewährung von Gehaltszulagen im Jahre 1872. Es wurden im Einzelnen aufgebessert:

a) die Domänen-Rent- und Polizeibeamten von bisher		600—3 000	auf	1 500—3 300 Mk.
	im Durchschnitt			2 400 Mk.
b) die Oberfischmeister, deren Stellen als solche der Domänenverwaltung inzwischen eingegangen sind,	von	2 400—3 000	auf	2 700—3 300 Mk.
	im Durchschnitt	2 700		3 000 Mk.;
c) die Administratoren	von	2 100 und 2 400	auf	2 400 und 2 700 Mk.
d) der Unterverwalter	„	1 050	„	1 200 Mk.
e) die Badeinspektoren in Nenndorf und Norderney	von	1 800 und 2 400	auf	2 100 und 2 700 Mk.
f) der Badeinspektionsgehülfe in Norderney	„	900	„	1 050 Mk.
g) der Gartenmeister daselbst	„	1 020	„	1 125 „

h) die Domänen-Rent- und Polizeidiener. .	von	höchstens 900, durchschnittlich 675 Mk. auf Höchstgehälter von 1 050 Mk. und durchschnittlich 780 Mk.
i) Fischmeister (im Reg.-Bez. Königsberg) . .		von Gehältern bis zu 900, durchschnittlich 600 Mk. auf solche bis zu 1 050, durchschnittlich 720 Mk.
k) Fischkieper (im Reg.-Bez. Stettin) . . .	von	540—900 auf 600—1 050 Mk.
	im Durchschnitt	720 825 Mk.
l) Hülfskieper (daselbst).	von	450—600 auf 540—720 Mk.
	im Durchschnitt	525 630 Mk.
m) Wiesenmeister bei der Rosabruch-Melioration und Rehnenmeister bei der Wartebruch-Administration	von	540—900 auf 600—1 050 Mk.
	im Durchschnitt	720 825 Mk.
n) Wiesenmeister bei der Schwarzwasser-Melioration	von	1 569 auf 1 800 Mk. incl. Tantième
o) Wiesenmeister bei der Brahe-Melioration	„	600—720 auf 675—825 Mk.
	im Durchschnitt	750 Mk.
p) Wiesenmeister bei den Meliorationen im Wyciongs- und Birkenbruche	von	375 auf 450 Mk.
q) Dammmeister im Reg.-Bez. Frankfurt . .	„	720 „ 825 „
r) Pritzstabel im Reg.-Bez. Potsdam . . .	„	675 „ 780 „
s) Wiesen-, Fischerei-, Kanal-, Schleusenaufseher und Wärter	von	450—600 auf 540—720 Mk.
	im Durchschnitt	630 Mk.
t) Mooraufseher und Schleusenwärter in der Provinz Hannover	von	843 auf 1 200 Mk.
u) Schlosswart	„	540—675 auf 660—780 Mk.
	im Durchschnitt	720 Mk.
v) Gartenaufseher	von	252 auf 360 Mk.

Schon im folgenden Jahre, durch Gesetz vom 12. Mai 1873 (G.S. S. 209), erfuhren mit den übrigen unmittelbaren Staatsbeamten die etatsmässige Stellen bekleidenden Domänenbeamten, soweit sie nicht Dienstwohnungen innehaben oder statt derselben Miethsentschädigungen beziehen, eine weitere sehr erhebliche Besoldungsaufbesserung durch die, rückwirkend vom 1. Januar 1873, eintretende Gewährung von Wohnungsgeldzuschüssen. Für die Kap. 1 Tit. 1 der Ausgabe aufgeführten Beamten betragen dieselben je nach der Servisklasse, welcher der Ort ihres dienstlichen Wohnsitzes angehört, jährlich 540, 432, 360, 300, 216 oder 180 Mark, für die Unterbeamten 240, 180, 144, 108, 72 oder 60 Mark. Die hierfür der Domänenverwaltung erwachsende, im Tit. 4 erscheinende Gesammtausgabe beläuft sich für 1899 auf 16 068 Mark. Sie würde ganz erheblich höher sein, wenn nicht gerade bei der Domänenverwaltung eine besonders grosse Zahl von Beamten Dienstwohnungen hätte, von den 57 mittleren Beamten 24, von den 104 Unterbeamten 61.

Eine fernere, durchgängig 3 Prozent des pensionsfähigen Diensteinkommens betragende Gehaltsaufbesserung bedeutete der durch Gesetz vom 28. März 1888 (G.S. S. 48) ausgesprochene Erlass der

Wittwen- und Waisengeldbeiträge, welche die unmittelbaren Staatsbeamten nach dem Gesetz vom 20. Mai 1882 (G.S. S. 298) zu entrichten hatten und sich bei der Domänenverwaltung nach dem Etat für 1887/88 (Einnahme Kap. 1 Tit. 8a) auf 10 371 Mark belaufen hatten. Hierneben erfuhren in den 80er Jahren einzelne Beamte der Domänenverwaltung besondere Aufbesserungen, so 1 Badeinspektor eine Gehaltszulage von 300 Mark, 1 Bademeister gegen Wegfall der ihm bisher zugeflossenen Trinkgelder eine solche von 1110 Mark. 4 Brunnenmeistern wurde die Pensionsberechtigung verliehen, womit ihre Bezüge von zusammen 6 876 Mark aus Tit. 22 nach Tit. 3 übergegangen sind. Ebenso wurde den 5 Fischerei-Oberaufsehern die Eigenschaft pensionsberechtigter Beamten beigelegt. Endlich wurden 2 bisher lediglich auf den Bezug von Trinkgeldern angewiesene Brunnenmeister in Ems gegen zusammen 3888 Mark Besoldung und Wohnungsgeldzuschuss fest angestellt.

Ein Nachtragsetat für 1890/91 brachte auf allen Gebieten der Staatsverwaltung weitere Gehaltsaufbesserungen, die sich indess mit Rücksicht auf die Finanzlage des Staates auf die Unterbeamten und einige wenige Kategorien mittlerer Beamter beschränken mussten, immerhin aber eine Mehrausgabe von 18 Millionen Mark bedeuteten. Die Domänenverwaltung partizipirte hieran für 1890/91 mit 27 694 Mark, und zwar wurden aufgebessert folgende Unterbeamte:

a) auf 900—1 500, im Durchschnitt 1 200 Mk.:					
1	Unterverwalter	von bisher	1 200	Mk.	Höchstgehalt
25	Unterbeamte der Weinbergs-, Bäder- und Brunnenverwaltung	„ „	1 150	„	„
24	Wiesen-, Damm-, Graben- und Fehnmeister, Pritzstabel, Moorvögte u. s. w.	„ „	1 200	„	„
5	Fischereioberaufseher	von bisher	900—1 200	„	
1	Saalwärter bei der Schlossverwaltung in Kassel	von bisher	1 000	„	Höchstgehalt
7	Gartengehülfen, Garten- und Parkaufseher daselbst	„ „	1 350	„	„
b) auf 800—1 200, im Durchschnitt 1 000 Mk.:					
8	Domänen-Rentamtsdiener	„ „	1 050 780	„ „	Höchst- und Durchschnittsgehalt
25	Garten, Wiesen-, Weide-, Fischerei-, Kanal-, Schleusen, Röhrleitungs-, Mooraufseher und -Wärter u. s. w.	„ „	900	„	Höchstgehalt
2	Schlosswarte	„ „	720	„	„

insgesammt 98 Beamte im Höchstgehalt um 25, 30, 30, 30, 50, 11, 14, $33^1/_3$ und $66^2/_3$ Prozent.

Schon das Etatsjahr 1892/93 brachte den Unterbeamten wie der übrigen Verwaltungszweige so auch der Domänenverwaltung eine hochbedeutsame Förderung in der Einführung der Dienstaltersstufen. Nunmehr war ihr Aufsteigen im Gehalt nicht mehr, wie seither, von dem Eintritt von Vakanzen oder der Schaffung neuer etatsmässiger Stellen abhängig, sondern jeder Beamte darf, wenn ihm auch kein diesbezüglicher Rechtsanspruch beigelegt ist, doch bei befriedigendem dienstlichen und ausserdienstlichen Verhalten die Erhöhung seines Gehaltes um bestimmte Beträge in bestimmten Zeiträumen mit Sicherheit erwarten. Von den hierbei unterschiedenen 14 Gehaltsklassen gehörten die Unterbeamten der Domänenverwaltung an

a) der IV. Klasse: Gehaltsstufen 1 500, 1 580, 1 660, 1 740 und 1 800 Mk., Aufrückungszeit je 3 Jahre, Höchstgehalt also in 12 Jahren:

7 Brunnenmeister
1 Bademeister
1 Maschinist
2 Kastellane

11 Beamte;

b) der VII. Klasse: Gehaltsstufen 1 100, 1 200, 1 250, 1 300, 1 350, 1 400, 1 450 und 1500 Mk., Aufrückungszeit je 3 Jahre, Höchstgehalt also in 21 Jahren:

1 Unterverwalter
1 Obergartengehülfe
6 Weinbauer
8 Wiesenmeister
1 Fehnmeister

17 Beamte;

c) der IX. Klasse: Gehaltsstufen 900, 1 000, 1 100, 1 180, 1 260, 1 340, 1 420 und 1 500 Mk., Aufrückungszeit je 3 Jahre, Höchstgehalt also in 21 Jahren:

die übrigen nach der Gehaltsregelung von 1890/91 900—1 500 Mk. Gehalt beziehenden — nach dem Etat für 1892/93 insgesammt 34 — Beamten;

d) der X. Klasse: Gehaltsstufen 800, 900, 950, 1 000, 1 050, 1 100, 1 150 und 1 200 Mk. Aufrückungszeit je 3 Jahre, Höchstgehalt in 21 Jahren:

die nach der Gehaltsregelung von 1890/91 800—1 200 Mk. beziehenden — nach dem Etat für 1892/93 43 — Beamten;

e) der XIV. Klasse: Gehaltsstufen 144, 180 und 216 Mk., Aufrückungszeit je 8 Jahre, Höchstgehalt also in 16 Jahren:

die — neben diesem Gehalt übrigens zu zwei Dritteln ihres Durchschnittsbetrages pensionsfähige Tagegelder beziehenden — Stackmeister.

Diese Gehaltsregelung brachte somit nicht nur allen Unterbeamten die Vortheile des Systems des Aufrückens nach Altersstufen, sondern auch den in die VII. Klasse versetzten ausserdem eine Erhöhung des Mindestgehalts um 200 Mark.

Auf die mittleren Beamten wurde das gleiche System der Dienstaltersstufen mit dem nächsten Etatsjahr ausgedehnt. Dabei wurden 54 Gehaltsklassen unterschieden, von denen bei der Domänenverwaltung vertreten waren:

a) die XX. Klasse: Gehaltsstufen 2 400, 2 600, 2 800, 3 000, 3 150 und 3 300 Mk., Aufrückungszeit je 3 Jahre, Höchstgehalt somit nach 15 Jahren:

durch die — damals 5 — Administratoren von fiskalischen Grundstückskomplexen und Mühlen;

b) die XXIV. Klasse: Gehaltsstufen 1 800, 2 100, 2 400, 2 600, 2 800, 3 000, 3 200, 3 400 und 3 600 Mk., Aufrückungsfrist je 3 Jahre, Höchstgehalt somit nach 24 Jahren:

durch die — damals 39 — Domänen-Rentbeamten.

Im übrigen behielten die mittleren Beamten der Lokal-Domänenverwaltung Einzelgehälter.

Eine Erhöhung der Anfangs- oder Höchstgehälter, wie im Vorjahr für einzelne Kategorien der Unterbeamten, war für die mittleren Beamten mit der Einführung der Dienstaltersstufen im Etatsjahr 1893/94 nicht verbunden. Diese erfolgte erst bei der allgemeinen Besoldungsaufbesserung der höheren und mittleren Beamten im Etatsjahr 1897/98. Dabei wurden, wie aus der Anlage XIIb ersichtlich ist, die Administratoren und Rentbeamten im Gehalte gleichgestellt. Das Anfangsgehalt Beider blieb das bisherige der Rentbeamten, wie denn mit wenigen Ausnahmen die Anfangsgehälter keine Erhöhungen erfuhren. Dagegen wurden das Höchstgehalt für die Rentbeamten um 600, für die Administratoren um 900 Mark, die Beträge der einzelnen Dienstalterszulagen von 300 auf 400 und von 200 und 150 Mark auf 300 Mark erhöht. Die Aufrückungszeit von einer Gehaltsstufe zur andern ist wie bisher 3 Jahre. Doch erreichen nunmehr die Rentbeamten das Höchstgehalt schon in 21 statt bisher in 24 Jahren. Für die Administratoren ist allerdings infolge der Gleichstellung mit den Rentbeamten eine Verlängerung dieser Frist von 15 auf 21 Jahre eingetreten; doch beziehen sie schon nach 9 Jahren dasselbe, nach 12 Jahren ein höheres Gehalt wie bisher bei einem gleichen Dienstalter.

Von den bisher mit nicht aufsteigenden Einzelgehältern angestellten Beamten sind der Weinbau- und Kellerinspektor und der Geometer für das Ostfriesische Moorwesen unter die Beamten mit aufsteigenden Gehältern versetzt worden: statt bisher 3000 Mark Einheitsgehalt erhalten jener von 3000, dieser von 2100 bis auf 4200 Mark steigende Gehälter. Dasjenige des Ersteren steigt vier Mal um je 300, das des Letzteren drei Mal um je 400 und drei Mal um je 300 Mark, so dass, da die Aufrückungszeit je drei Jahre beträgt, jener das Höchstgehalt in 12, dieser in 18 Jahren erreicht.

Die übrigen mittleren Beamten der Lokal-Domänenverwaltung behielten Einheitsgehälter, die aber zumeist mehr oder weniger erhöht wurden. Keine Gehaltsaufbesserung haben, abgesehen von dem Administrator der Dimmerwiesen, dessen Stelle erst durch den Etat für 1893/94 eingerichtet und damals gleich auskömmlich dotirt ist, lediglich diejenigen erfahren, die neben dem Gehalt noch Tantiémen beziehen.

Ihren nach der übereinstimmenden Auffassung der gesetzgebenden Faktoren auf absehbare Zeit endgültigen Abschluss haben die allgemeinen Besoldungsaufbesserungen mit denjenigen für die Unterbeamten und vereinzelte Kategorien mittlerer Beamter durch den Etat für 1899 gefunden. Von den Unterbeamten der Domänenverwaltung sind hieran betheiligt die bisher 1100—1500, 800—1200, 144—216 und von den 900—1500 Mark beziehenden Beamten die Fischereioberaufseher, Dammmeister, Moorvögte und drei Beamte der Gartenverwaltungen. Die Unterbeamten mit 1 500—1 800 Mark beziehen ein dem der mittleren Beamten so nahe kommendes Gehalt und sind, wie oben erwähnt, erst 1892 so stark aufgebessert worden, dass sie füglich eine nochmalige Aufbesserung nicht beanspruchen konnten. Eine allgemeine Aufbesserung der mit 900—1 500 Mark besoldeten Beamten aber verbot sich schon mit Rücksicht auf die Besoldungsverhältnisse der entsprechenden Kategorien der Reichsbeamten. Die hierher gehörigen Beamten der Domänenverwaltung gehören ausserdem auch zu den bei den Aufbesserungen von 1890/91 bezw. 1892/93 besonders bedachten. Die Heraushebung der Fischereioberaufseher, Dammmeister u. s. w. aus dieser Klasse in eine höhere wird nach der Art und dem Umfang der schon ein höheres Mass technischer Kenntnisse voraussetzenden Dienstobliegenheiten dieser Beamten als durchaus gerechtfertigt anerkannt werden müssen. Die Aufbesserung besteht bei den bisher mit 1 100—1 500, jetzt 1 200—1 600 Mark Gehalt beziehenden Beamten in einer Erhöhung sämmtlicher Gehaltsstufen um je 100 Mark, bei den früher 900—1 500, jetzt 1 000—1 500 Mark beziehenden in einer solchen der ersten drei Gehaltsstufen um je 100, der nächsten vier um je 80, 60, 40 und 20 Mark, bei den von 800—1 200 auf 900—1 200 Mark aufgebesserten in einer Erhöhung des Mindestgehaltes um 100, der beiden nächsten um je 50 und der vier folgenden um bezw. 40, 30, 20 und 10 Mark, die der Stackmeister endlich in Erhöhungen der drei Gehaltsstufen um 36, 60 und 84 Mark.

Die durch diese Gehaltserhöhungen für 1899 entstehende Mehrausgabe beträgt

für die künftig	1 200—1 500	Mark	erhaltenden Beamten	1 800 Mark,
„ „ „	1 000—1 500	„	„ „	800 „
„ „ „	900—1 200	„	„ „	1 750 „
„ „ „	180—300	„	„ „	300 „
			zusammen	3 650 Mark,

welche somit, wenn sie auch für 1899 noch unter den Ausgaben des Finanzministeriums Kap. 63 Tit. 5 erscheinen, den in Anlage IV angegebenen Etatsansätzen der Domänenverwaltung, und zwar dem Tit. 3 hinzuzurechnen sind.

Zu den nicht von ihr allein zu zahlenden Besoldungen der beiden als Moorvögte fungirenden Förster trägt die Domänenverwaltung 840 und 900 Mark, zu derjenigen des von ihr und der Klosterkammer gemeinschaftlich angestellten Moorvogts $^2/_5$ mit rund 560 Mark bei. Auch diese Ausgaben sind in dem Tit. 3 enthalten.

§ 45. Ausser ihren Besoldungen, welche in den Tit. 1 und 3 ausgeworfen sind, beziehen eine Anzahl von Domänenbeamten, und zwar nach dem Etat für 1899 10 mittlere und 2 Unterbeamte, aus Nebenämtern feste Vergütungen und Tantièmen, von denen namentlich die Tantièmen einzelner Beamter der Bäder- und Brunnenverwaltung, die in der Anlage XIIb Spalte „Bemerkungen“ angegeben sind, eine erhebliche Höhe erreichen, insgesammt für die 10 mittleren Beamten etwa 8 150, für die beiden Unterbeamten 500 Mark, sowie, wie oben schon erwähnt, mehrere Beamte, nämlich zur Zeit 6 mittlere und 9 Unterbeamte, freie Nutzung von Grundstücken und sonstige Emolumente, deren Jahreswerth für die mittlern Beamten 8390, für die Unterbeamten — ausschliesslich der Exekutionsgebühren der Rentamtsdiener und der Tagegelder der Stackmeister — 2514 Mark beträgt. Ein Theil dieser Bezüge ist auch bei der Pensionirung anrechnungsfähig, und zwar von den Grundstücksnutzungen u. dergl. bei 5 mittleren Beamten insgesammt 4200 Mark, von den Tantièmen u. dergl. bei dem derzeitigen Brunnenkommissar bei dem Brunnenkontor in Ehrenbreitstein derjenige Betrag, um welchen Gehalt und Wohnungsgeldzuschuss hinter 3000 Mark, bei dem jetzigen Magazinverwalter bei demselben Kontor derjenige, um den diese festen Bezüge hinter 2100 Mark zurückbleiben, ferner die Tantièmebezüge des Brunneninspektors in Ems bis zum Höchstbetrage von 900 Mark.

Die Zahlung der Vergütungen und Tantièmen erfolgt theils aus dem Fonds Kap. 1 Tit. 6 der Ausgabe „Aufsichtskosten", theils aus Tit. 5, theils endlich aus Tit. 22 a. a. O. Unter den aus Tit. 6 zu leistenden Vergütungen ist die weitaus höchste eine solche von 1200 Mark an einen Rentmeister für die Beaufsichtigung verpachteter Mineralbrunnen, welche aus diesem und nicht aus Tit. 22 zu zahlen ist, weil letzterer nur für die nichtverpachteten Mineralbrunnen bestimmt ist.

§ 46. Für die Pensionsverhältnisse und die Wittwen- und Waisenversorgung der Lokalbeamten der Domänenverwaltung sind die für alle direkten Staatsbeamten erlassenen Bestimmungen massgebend, also die Gesetze vom 27. März 1872 (G.S. S. 268), 31. März 1882 (G.S. S. 133) und 30. April 1884 (G.S. S. 126) über die Pensionirung, vom 20. Mai 1882 (G.S. S. 298), 28. März 1888 (G.S. S. 48) und 1. Juni 1897 (G.S. S. 169) über die Wittwen- und Waisenversorgung.

Bei der Pensionirung und demgemäss auch bei der Festsetzung des Wittwen- und Waisengeldes der Domänenbeamten sind ausser den schon als pensionsfähig erwähnten Nebenbezügen auch zwei Dritttheile des Durchschnittsbetrages der Exekutionsgebühren der Rentamtsdiener in Anrechnung zu bringen mit der Massgabe, dass das gesammte, bei der Pensionirung zur Berechnung zu ziehende Diensteinkommen, ausschliesslich des Durchschnittsbetrages des Wohnungsgeldzuschusses, sofern die Anstellung der betreffenden Beamten nicht schon vor dem 1. April 1883 erfolgt ist, in keinem Falle 1 300 Mk. übersteigen darf. Ebenso sind zwei Drittel des Jahresbetrages der den Stackmeistern gewährten Tagegelder nach dreijährigem Durchschnitt pensionsberechtigt.

An die Stelle oder zu der in den Pensionen, den Wittwen- und Waisengeldern gebotenen regelmässigen Fürsorge für in den Ruhestand tretende Beamte und für die Hinterbliebenen der Beamten tritt, wenn die Beamten in reichsgesetzlich der Unfallversicherung unterliegenden Betrieben beschäftigt werden und dort einen Betriebsunfall erleiden, die Fürsorge nach dem Gesetz betr. die Fürsorge für Beamte in Folge von Betriebsunfällen, vom 18. Juni 1887 (G.S. S. 282).

Von den Betrieben, für welche hiernach dieses Gesetz Platz greift, kommen bei der Domänenverwaltung insbesondere in Betracht die Land- und Forstwirthschaft mit ihren Nebenbetrieben, und zwar nach dem Ministerialerlass vom 29. September 1887 (M.Bl. S. 234) einschliesslich der Gartenverwaltungen, nach dem Reichsgesetz vom 5. Mai 1886 (R.G.Bl. S. 132), ferner der bei der Weinbau- und Brunnenverwaltung stattfindende Kellerei- und Speditionsbetrieb nach dem Reichsgesetz vom 28. Mai 1885 (R.G.Bl. S. 159), domänenfiskalische Hoch- und Tiefbauten, soweit sie nicht schon unter die landwirthschaftliche Unfallversicherung fallen, nach dem Reichsgesetz vom 11. Juli 1887 (R.G.Bl. S. 287), nach dem allgemeinen Unfallversicherungsgesetz vom 6. Juni 1884 (R.G.Bl. S. 69) mit Rücksicht auf die Verwendung von Dampfkesseln und Motoren die Badeverwaltungen und etwa vom Domänenfiskus betriebene Sand-, Kies- und andere Gruben oder Steinbrüche.

Die bei Betriebsunfällen, welche unter das Fürsorgegesetz vom 18. Juni 1887 fallen den Beamten gewährten Leistungen bestehen

a) wenn der Beamte in Folge des Betriebsunfalles dauernd dienstunfähig geworden ist, in einer Pension von 66 ²/₃ Prozent des Diensteinkommens, soweit dem Beamten nicht nach anderweiter gesetzlicher Vorschrift, also den allgemeinen Pensionsgesetzen, ein höherer Betrag zusteht;

b) wenn der Beamte nicht dauernd dienstunfähig geworden, aber in der Erwerbsfähigkeit beeinträchtigt worden ist, bei der Entlassung aus dem Dienst als Pension, sofern ihm nicht nach anderweiter gesetzlicher Vorschrift ein höherer Betrag zusteht,

   1. im Falle völliger Erwerbsunfähigkeit für die Dauer derselben in dem unter a angegebenen Betrag,

   2. bei nur theilweiser Erwerbsunfähigkeit für die Dauer derselben in einem nach dem Masse der verbliebenen Erwerbsfähigkeit zu bemessenden Bruchtheil des zu Nr. 1 bezeichneten Betrages,

ausserdem in allen diesen unter a und b bezeichneten Fällen von dem Zeitpunkt des Wegfalls des Diensteinkommens ab Ersatz der noch erwachsenden Kosten des Heilverfahrens.

Ist ein Beamter in Folge eines Betriebsunfalles gestorben, so erhalten die Hinterbliebenen

c) als Sterbegeld, sofern ihnen nicht ein Gnadenquartal oder Gnadenmonat zusteht, den Betrag des einmonatlichen Diensteinkommens bezw. der einmonatlichen Pension des Verstorbenen, mindestens aber 30 Mk.;

d) eine Rente, welche beträgt

   1. für die Wittwe, sofern die Ehe nicht erst nach dem Unfall geschlossen ist, bis zu ihrem Tode oder ihrer Wiederverheirathung 20 Prozent des Diensteinkommens, mindestens jedoch 160 und höchstens 1 600 Mk.,

   2. für jedes Kind bis zur Vollendung des 18. Lebensjahres oder bis zur etwaigen früheren Verheirathung, sofern die Mutter lebt, 75 Prozent der Wittwenrente, sofern die Mutter aber verstorben ist, die volle Wittwenrente;

   3. für Aszendenten des Verstorbenen, wenn dieser ihr einziger Ernährer war, für die Zeit bis zu ihrem Tode oder bis zum Wegfall der Bedürftigkeit 20 Prozent seines Diensteinkommens, mindestens aber 160 und höchstens 1 600 Mk.

Die Renten dürfen jedoch zusammen 60 Prozent des Diensteinkommens nicht übersteigen. Ergiebt sich ein höherer Betrag, so wird der Mehrbetrag an der Aszendentenrente gekürzt bezw. fällt diese ganz weg; sofern aber schon die Renten der Wittwe und der Kinder den Höchstbetrag übersteigen, werden diese in gleichem Verhältniss gekürzt. In allen Fällen, wo den Hinterbliebenen auf Grund anderweiter gesetzlicher Vorschriften höhere

Beträge als die Renten zustehen, sind ihnen jene zu gewähren. Ist der Tod eines pensionirten Beamten, dessen Pension nach dem Fürsorgegesetz bemessen ist, nicht eine Folge des Betriebsunfalles, so werden die Wittwen- und Waisengelder nach dieser Pension berechnet. Der Berechnung der Pensionen, des Sterbegeldes und der Renten nach dem Fürsorgegesetz ist nicht das Diensteinkommen, sondern der in Gemässheit des Krankenversicherungsgesetzes festgesetzte ortsübliche Tagelohn gewöhnlicher Tagearbeiter zu Grunde zu legen, sofern dieser höher ist als jenes, ein Fall, der z. B. bei den Stackmeistern vorkommen kann.

In wesentlich beschränkterem Masse greift für die Beamten die reichsgesetzliche Krankenversicherung Platz (Reichsgesetz vom $\frac{\text{15. Juni 1883}}{\text{10. April 1892}}$ — R.G.Bl. für 1892 S. 417). Da die Beamten in der Regel während der Dauer des Dienstverhältnisses in Erkrankungsfällen Anspruch auf Fortgewährung des Diensteinkommens haben, so beschränkt sich die Anwendung des Krankenversicherungsgesetzes auf diejenigen Fälle, in denen ihnen innerhalb 13 Wochen nach der Erkrankung das Diensteinkommen in Folge von Amtssuspension oder ähnlichen Gründen ganz oder theilweise entzogen wird, in welchen Fällen der fortgewährte Theil des Diensteinkommens auf das dem Beamten reichsgesetzlich zustehende Krankengeld anzurechnen ist. Ueberdies ist die Anwendbarkeit des Krankenversicherungsgesetzes auf die Beamten mit einem 2000 Mark nicht übersteigenden Diensteinkommen beschränkt, und was insbesondere die Domänenverwaltung anlangt, so ist der Kreis der in Frage kommenden Beamten auch dadurch ein weit engerer als bei der Unfallfürsorge, dass bisher die Ausdehnung der Krankenversicherung auf die Land- und Forstwirthschaft gesetzlich noch nicht durchgeführt und statutarisch nur von der Minderzahl der Kreise eingeführt ist. Die Invaliditäts- und Altersversicherung greift für mit Pensionsberechtigung angestellte Beamte überhaupt nicht Platz.

Die Zahlung der auf Grund aller dieser gesetzlichen Vorschriften an ausgeschiedene oder erkrankte Beamte der Domänenverwaltung und an die Hinterbliebenen verstorbener Beamter zu gewährenden Pensionen, Krankengeldern, Wittwen- und Waisengeldern und Renten erfolgt nur zum kleinsten Theile aus Fonds der Domänenverwaltung. Es werden nämlich, soweit es sich um Beamte handelt, nur die auf Grund des Unfallfürsorgegesetzes zu leistenden Aszendentenrenten, Heilungskosten und Sterbegelder unter den Ausgaben der Domänenverwaltung, und zwar in Tit. 16 verrechnet. Ebendort würden vorkommendenfalls wohl auch Krankengelder, soweit sie im Falle der Amtssuspension oder dergleichen den fortgewährten Theil des Diensteinkommens überstiegen, zu verausgaben sein. Die natürlich weit höheren Beträge an Pensionen, Wittwen- und Waisengeldern bezw. Renten, mögen dieselben nach den allgemeinen gesetzlichen Bestimmungen oder nach dem Unfallfürsorgegesetz zu leisten sein, werden dagegen, wie für die übrigen Staatsbeamten so auch für die der

Domänenverwaltung, aus Fonds des Finanzministeriums, und zwar aus Kap. 62 des Etats gezahlt. Auch insofern giebt daher, wie in Folge der Ausscheidung der Kosten der Zentral- und Provinzialverwaltung, der Ausgabeetat der Domänenverwaltung kein vollständiges Bild von den Gesammtausgaben derselben.

§ 47. Was die Anstellung der Beamten der örtlichen Domänenverwaltung anlangt, so gelten die allgemeinen Grundsätze über die Vorbildung und Anstellung der Subalternbeamten der Provinzialbehörden und der Unterbeamten mit den aus dem Erforderniss besonderer technischer Kenntnisse und Fertigkeiten, wie sie z. B. für den Geometer bei der Moorverwaltung, für den Weinbau- und Kellereiinspektor u. a. m. nothwendig sind, sich ergebenden Modifikationen. Insbesondere finden auch auf die Domänenverwaltung die allgemeinen Vorschriften über die Anstellung von Militäranwärtern Anwendung. Auf Grund dieser Bestimmungen sind zu besetzen

A. vorzugsweise mit verabschiedeten Offizieren, denen Allerhöchsten Orts die Aussicht auf Anstellung im Civildienst verliehen ist,

a) die gesammten Stellen der Bade- und Brunneninspektoren, Brunnen-, Lager- und Magazinverwalter, Buchhalter und Sekretäre;

b) ein Sechstel der vorhandenen Domänen-Rentbeamtenstellen;

B. mit Militäranwärtern, d. h. Militärpersonen niederer Grade, welche sich im Besitz des Civilversorgungsscheins befinden, in ihrer Gesammtheit und ausschliesslich, sofern sich zur Uebernahme befähigte und bereite Militäranwärter finden, die Stellen der Rentamtsdiener, der Gärtner, soweit nicht erhöhte Anforderungen gestellt werden, der Kastellane, Hausinspektoren und Wächter, der Bademeister, Brunnenmeister, Packhofsaufseher und Krugzähler, der Schlossverwalter, Saalwärter und Schlossdiener bei der Schlossverwaltung in Kassel, der Garten- und Parkaufseher bei der dortigen Gartenverwaltung, der Schlosswarte, Damm-, Graben-, Rehnen-, Fehn- und Stackmeister, Moorvögte, Gartenaufseher, Weideaufseher, Buschwärter, Wiesenaufseher, Kanal- und Schleusenaufseher und -Wärter, Röhrleitungsaufseher, Fischereiaufseher und Pritzstabel, sowie sonstiger Aufseher, Diener, Wärter und Wächter.

Die Offiziere haben sich vor ihrer Zulassung zu den ihnen vorbehaltenen Stellen die nöthigen Kenntnisse im Verwaltungs- und Rechnungswesen durch informatorische Beschäftigung in den bezüglichen Bureaus der Regierung, einer Bade- und Brunnenverwaltung bezw. bei einem Domänenrentamt zu erwerben und bei der Bewerbung eine Bescheinigung der Regierung darüber vorzulegen, dass sie sich diese Kenntnisse erworben haben. Ihrer Anstellung hat sodann eine mindestens sechsmonatliche Probedienstleistung voranzugehen. Die von den Militäranwärtern beizubringenden Nachweise ihrer Befähigung sind je nach der Art der Stellen verschieden. Theilweise wird auch hier eine vorgängige informatorische Beschäftigung gefordert, die in der Regel nicht über drei Monate auszudehnen ist. Ebenso können die einberufenen Stellenanwärter, d. h. die qualifizirt befundenen Militäranwärter, zunächst auf Probe angestellt oder ihre definitive Anstellung von einer Probedienstleistung abhängig gemacht werden; ersternfalls erhalten sie sogleich das volle Stelleneinkommen, letzernfalls eine fortlaufende Remuneration von mindestens drei Viertheilen desselben. Die Probezeit soll bei den Stellungen in der Domänenverwaltung in der Regel nicht mehr als 6 Monate betragen.

Die Verpflichtung zur Stellung von Amtskautionen, welche wie in den übrigen Verwaltungszweigen so auch in der Domänenverwaltung für Beamte, welche mit einer staatlichen Kassen- oder Magazinverwaltung oder der Annahme, der Aufbewahrung oder dem Transport von dem Staate gehörigen Geld oder geldwerthen Gegenständen betraut sind, insbesondere also die Domänen-Rentbeamten, Rentamtsdiener und einen Theil der Beamten der Brunnen-, Bade- und Weinbergsverwaltungen bestand, ist allgemein durch Gesetz vom 7. März 1898 (G.S. S. 19) aufgehoben.

II. Kapitel.

Andere persönliche Ausgaben.

(Staatshaushaltsetat Kap. 1 Tit. 5—8).

§ 48. Die unter obiger Bezeichnung geführten Ausgaben umfassen:

1. Die Kosten der Erhebung der Domänengefälle . . . . Etatstitel 5,
2. Aufsichtskosten . . . . „ 6,
3. Remunerationen und Unterstützungen an aktive und ausgeschiedene Beamte, deren Wittwen und Waisen . . . . „ 7, 7a, 7b u. 8.

Sie belaufen sich, wie Anlage IV ersehen lässt, nach dem Etat für 1899 auf insgesammt 214 000 Mark, während sie bis zum Etatsjahre 1895/96 für den Staat im heutigen Umfange die Summe von 300000 Mark entweder nahezu erreichten oder überstiegen. Die sonach in den letzten Jahren eingetretene wesentliche Ersparniss um nahezu 30 Prozent des Betrages der Jahre vor 1895/96 ist ganz überwiegend bei dem Titel „Kosten der Erhebung der Domänengefälle“ gemacht. Die Ausgaben dieses Titels, welcher früher nur die Kosten für Erhebung der Amortisationsrenten umfasste, während diejenigen der Erhebung anderer Gefälle mit den Aufsichtskosten, die jetzt im Tit. 6 erscheinen, und mit den Vergütungen für Wahrnehmung von Polizeiverwaltungsgeschäften vereinigt waren, bestanden bis 1895/96 im Wesentlichen in Tantièmen an Beamte der Steuerverwaltung und der Gemeinden wie auch einzelne andere Personen für Erhebung und Abführung der Domänengefälle und Domänen-Amortisationsrenten, in Tantièmen an Beamte der Brunnen- und Badeverwaltungen und in den geringfügigen Kosten einiger noch aus der vorpreussischen Zeit herrührenden, der Verwerthung der Getreidegefälle dienenden Kornbodenverwaltungen in Hannover. Mit der fortschreitenden Ablösung der Gefälle und Tilgung der Amortisationsrenten mussten diese Ausgaben naturgemäss fortgesetzt sinken. Sie hatten sich daher wesentlich aus diesem Grunde, daneben infolge Beschränkung des Tantièmenwesens bei den Steuerkassenbeamten, wie auch in Folge anderer Umstände, vom Etatsjahre 1874 bis 1894/95 von 216 756 auf 81 657 Mark vermindert.

Im Interesse der Neugestaltung des Steuerhebewesens, daneben auch aus staatsfinanziellen Gründen ist es nun bei der Steuerreformgesetzgebung vom 14. Juli 1893, und zwar durch § 16 Abs. 2 des Gesetzes wegen Aufhebung direkter Staatssteuern (G.S. S. 119) für zulässig erklärt, durch Königliche Verordnung den Gemeinden und selbständigen Gutsbezirken die Verpflichtung zur unentgeltlichen Elementarerhebung und Abführung wie der direkten Staatssteuern, Rentenbank- und Grundsteuerentschädigungsrenten so auch der Domänenrenten aufzuerlegen. Von dieser Befugniss hat die Königliche Verordnung vom 22. Januar 1894 (G.S. S. 5) mit der Massgabe allgemein Gebrauch gemacht, dass für Gemeinden mit weniger als 5000 Einwohnern der allgemein auf den 1. April 1895 normirte Zeitpunkt von den Ressortministern bis längstens auf den 1. April 1900 hinausgeschoben werden konnte. Doch ist von dieser Ermächtigung nirgends Gebrauch gemacht. Damit kam der Hauptposten des Titels 5, die Kosten der Erhebung der Amortisationsrenten in Wegfall und konnte mit Rücksicht hierauf der Etatsansatz für 1895/96 schon um 39 080, für das folgende Jahr um weitere 18 565 Mark herabgesetzt werden. Dazu trat eine weitere Ausgabeverminderung um 5 600 Mark infolge des Wegfalls der Tantièmen an die durch Verpachtung eines Theiles der Mineralbrunnen disponibel gewordenen Beamten, der freilich im Titel 6 eine neue Ausgabe von 1 200 Mark für die Kontrole des Betriebes der verpachteten Brunnen gegenübersteht. Weitere geringere Ausgabeverringerungen sind durch die fortschreitende Ablösung der Gefälle u. a. m. eingetreten. Dagegen hat der Titel 5 in den Jahren 1896/97 und 1897/98 neu übernehmen müssen an bis dahin bei Titel 1 verrechneten Tantièmen eines Brunnen- und zweier Badeinspektoren 900 und 1 530 Mark. Infolge dieser Umgestaltungen ist die ganze Ausgabe des Titels 5 nunmehr auf den geringen Betrag von 15 000 Mark zurückgegangen. Bei weitem der Hauptantheil der nach dem Etat für 1899 insgesammt 214 000 Mark betragenden „anderen persönlichen Ausgaben", 154 886 Mark, entfällt infolgedessen jetzt auf die Aufsichtskosten des Titels 6. Derselbe umfasst im wesentlichen fortlaufende Remunerationen für Wahrnehmung von Aufsichtsfunktionen, welche theils an etatsmässig angestellte Beamte der Domänen-, Forst- und anderer Verwaltungen für nebenamtliche Funktionen, theils an nicht etatsmässig angestellte Bedienstete verschiedenen Grades in den verschiedenen Zweigen der Domänenverwaltung gezahlt werden, während blosse Arbeitslöhne und als solche behandelte Remunerationen aus den in den Titeln 21 und 22 ausgeworfenen „Betriebskosten", die Kosten blosser Stellvertretungen aus Titel 23 zu bestreiten sind. Indess findet eine so grundsätzliche strenge Scheidung, dass nicht einzelne Ausgabeposten mit mindestens demselben Recht einem andern dieser Titel, als aus dem sie thatsächlich verausgabt werden, zur Last gelegt werden könnten, — wie dies auch bei einer so flüssigen Unterscheidung nicht Wunder nehmen kann — nicht durchweg statt, wenn auch gerade neuerdings in dieser Beziehung auf eine richtigere Scheidung geachtet wird.

Zu den Ausgaben des Titels 6 gehören insbesondere die Vergütungen für Besorgung der Guts- und Amtsvorstehergeschäfte in fiskalischen Guts- und Amtsbezirken, die Remunerationen an die Badekommissarien bei den fiskalischen Bädern und die an diese zu zahlenden Vergütungen für in Wegfall gebrachte Naturalbezüge, die Remunerationen für die Versehung der Geschäfte des Küfermeisters bei der Weinbau- und Kellereiverwaltung und anderer nicht etatsmässiger Stellen in der Fischerei-, Garten-, Schloss- und Moor-, Bäder- und Brunnenverwaltung.

Der Titel 6 steht somit in engen Wechselbeziehungen zu den die Besoldungen der etatsmässigen Beamten enthaltenden Titeln 1 und 3, indem im Laufe der Zeit sich bald bezüglich dieser bald bezüglich jener Stelle das Bedürfniss herausgestellt hat, sie aus einer blos gegen Remuneration versehenen in eine etatsmässige umzuwandeln und umgekehrt, und infolgedessen mehrfach ein Uebergang von Kosten solcher Stellen aus Titel 6 nach Titel 1 oder 3 und von hier nach dort stattgefunden hat.

Im Laufe der 15 Jahre 1885/86 bis 1899 sind in dieser Weise durch Errichtung etatsmässiger Stellen dem Tit. 6 folgende Ausgaben abgenommen worden:

durch den Etat für	1885/86	die Kompetenzen von 5 Fischereioberaufsehern und einem Fischmeister mit	5 960 Mk.
„ „ „ „	1894/95	die Remuneration für den Administrator der Dimmerwiesen mit	1 800 „
„ „ „ „	1899	die Remuneration für Wahrnehmung der Geschäfte eines Kellerkontroleurs und eines Fischereiaufaufsehers, von denen erstere täglich 3 Mk. neben freier Wohnung, letztere jährlich 1 000 Mk. betrug, zusammen also rund	2 000 „
		insgesammt rund . .	**9 760 Mk.**

Andererseits sind dem Tit. 6 in Folge Eingehens etatsmässiger Stellen an Remunerationen u. dergl. in dem gleichen Zeitraum aufgebürdet worden:

durch den Etat für	1889/90	für die Funktionen eines Küfermeisters und eines Buschwärters	810 Mk.
„ „ „ „	1891/93	bisher unter Tit. 3 verrechnete Remuneration eines Badekommissars	3 600 „
		und für die Dienstleistungen eines Schlossgärtners	400 „
„ „ „ „	1894/95	für diejenigen eines Buschwärters	400 „
„ „ „ „	1895/96	für Kontrole der verpachteten Mineralbrunnen und für Wahrnehmung der Geschäfte eines Park-Aufsichtsbeamten	1 500 „
„ „ „ „	1896/97	für die Geschäfte eines Schlosswarts	200 „
„ „ „ „	1897/98	„ „ „ „ Buschwärters	150 „
		zusammen . .	**7 060 Mk.**

Ein ähnlicher Austausch von Ausgaben hat zwischen dem Titel 6 und andern Titeln des Domänen- wie auch anderer Etats stattgefunden, so durch Uebernahme von bisher unter den Betriebskosten der Bäder- und Brunnenverwaltung verrechneten Vergütungen, dort und bei den Baukosten (Titel 18), den Betriebskosten administrirter Grundstücke (Titel 21) und den vermischten Ausgaben (Titel 23) verrechneter Aufsichtskosten, andrerseits durch Ueberweisung von Kosten auf den Etat der Bauverwaltung und dadurch, dass dem Badeinspektor auf Norderney die Beschaffung der Dienstleistungen eines aus Titel 6 remunerirten Inspektionsgehülfen gegen Erhöhung der aus Titel 10, jetzt 9 zu gewährenden Dienstaufwandsentschädigung übertragen wurde. Endlich sind durch den Etat für 1886/87 die bisher in dem nun in Wegfall gebrachten Titel 23 „Ausgaben der Festungs-Revenüenkasse“ enthaltenen Aufsichtskosten mit 426 Mark dem Titel 6 überwiesen.

Auch von den aus Titel 6 remunerirten Bediensteten hat eine grössere Anzahl, nach dem Etat für 1899 zwanzig, freie Dienstwohnung, darunter zwei möblirte. Zwölf Remuneration beziehende und zwei ohne baare Vergütnng beschäftigte Bedienstete haben Grundstücks- und sonstige Nutzungen, letztere im Jahreswerth von etwa 559 Mark.

§ 49. Während der Titel 6 zur Gewährung der den Charakter der Besoldung tragenden fortlaufenden Remunerationen für die Verwaltung eines Amtes dient, sind die ausserordentlichen, einmalige aussergewöhnliche Zuwendungen darstellenden sowie Unterstützungen aus den Titeln 7, 7a und 7b zu bestreiten.

Bis zum Etatsjahr 1898/99 waren diese drei Titel in einem unter der Bezeichnung „Zu ausserordentlichen Remunerationen und Unterstützungen für Administratoren, Domänen-Rentbeamte und sonstige Beamte der Domänenverwaltung“ vereinigt, also die Verwaltung in der Disposition darüber nicht beschränkt, wieviel sie von dem Gesammtbetrag des Titels für mittlere und für Unterbeamte, wieviel sie auf Remunerationen und wieviel auf Unterstützungen verwenden wollte. Auch war der ausgebrachte Betrag früher ein erheblich höherer: 1869 40 947 Mark, 1874 46 650, dann bis 1896/97 erst 27 000, später immerhin noch 25 000 Mark und 1897/98 noch 22 000 Mark, während in den beiden Etatsjahren 1898/99 und 1899 die drei Titel 7, 7a und 7b nur noch einen Gesammtansatz von 10 000 + 3 000 + 5 000 = 18 000 Mark aufweisen. Diese fortgesetzt geringere Dotirung des Fonds hat ihren Grund nicht nur in der Verminderung der Zahl der Domänenbeamten, sondern in erster Linie in dem von dem Landtage unterstützten Streben, unter auskömmlicher Bemessung der Gehälter das Bedürfniss zu Remunerationen und Unterstützungen wegen der Unzuträglichkeiten, welche mit einer weiten Anwendung solcher unvermeidlich verbunden sind, auf ein möglichst geringes Mass zu beschränken. Auch die Dreitheilung des bisherigen Titels 7 entspringt dem Bestreben, die Unzukömmlichkeiten des Remunerations- und Unterstützungswesens möglichst zu vermindern, insbesondere jede missbräuchliche Verwendung der Fonds, z. B. zu allgemeinen, ohne Rücksicht auf besondere Leistungen oder Bedürfnisse erfolgenden, den Charakter von Gratifikationen annehmenden Zuwendungen, wie sie sich insbesondere zu Weihnachten bei manchen Behörden eingebürgert hatten, sowie auch Bevorzugungen höher gestellter Beamten zu Gunsten der unteren, oder auch nur den Verdacht solcher Missbräuche hintanzuhalten. Von diesen Erwägungen ausgehend, hat das Staatsministerium unterm 13. März 1897 für alle Verwaltungszweige vom 1. April 1898 ab bindende Normen über die Verwaltung der Fonds zu Remunerationen und Unterstützungen aufgestellt, auf denen auch die Dreitheilung des in Rede stehenden früheren Titels 7 und die Bestimmung des grösseren Theiles des Gesammtbetrages von 18000 Mark für die Unterbeamten beruht. In diesem Staatsministerialbeschluss wird Folgendes bestimmt:

I. Sämmtliche Remunerations- und Unterstützungsfonds werden in Zukunft für Unterbeamte und Kanzleibeamte einerseits und für mittlere und höhere Beamte andrerseits getrennt etatisirt, sofern nicht wegen ihrer Geringfügigkeit in den Spezialetats etwas anderes bestimmt ist.

II. Aus den für die Unterbeamten und Kanzleibeamten bestimmten Fonds zu Remunerationen und Unterstützungen werden vorbehaltlich anderweiter Festsetzung in den Spezialetats Unterstützungen nur im Falle eines besonderen Bedürfnisses, Remunerationen nur nach Massgabe der Tüchtigkeit und der dienstlichen Leistungen gewährt.

III. Die Fonds für die mittleren und höheren Beamten werden in solche für Unterstützungen und in solche für Remunerationen zerlegt, sofern nicht wegen ihrer Geringfügigkeit in den Spezialetats etwas anderes bestimmt ist.

IV. Unterstützungen werden mittleren und höheren Beamten nur im Falle eines ausserordentlichen Bedürfnisses gewährt.

V. Remunerationen werden an mittlere und höhere Beamte nur für aussergewöhnliche Dienstleistungen und an höhere Beamte auch dann nur in besonderen Ausnahmefällen gewährt.

IX. Nichtverbrauchte Bestände bei den Remunerationsfonds sind am Jahresschluss als erspart nachzuweisen; nichtverbrauchte Bestände bei den Unterstützungsfonds, sowie bei den ungetrennt etatisirten Remunerations- und Unterstützungsfonds sind in die folgenden Jahre zu übertragen. —

Dem zuletzt erwähnten Grundsatz entspricht es, dass im Etat Tit. 7 und 7b, nicht dagegen 7a den Zusatz enthalten: „die am Jahresschlusse verbleibenden Bestände können zur Verwendung in die folgenden Jahre übertragen werden".

Wenn eine Trennung der Remunerations- von den Unterstützungsfonds bisher nur für die mittleren, nicht auch für die Unterbeamten vom Staatsministerium beschlossen und durchgeführt ist, so dürfte hierfür die Erwägung massgebend gewesen sein, dass z. Z. der Beschlussfassung des Staatsministeriums wie auch noch bei Aufstellung des Etats für 1899 die Besoldungsaufbesserung für die Unterbeamten noch nicht durchgeführt war und es vorher bedenklich erscheine, durch Trennung der beiden Fonds zur Kürzung bisher üblich gewesener Remunerationen zu nöthigen.

Beseitigt ist durch den erwähnten Staatsministerialbeschluss der bis dahin bestehende Grundsatz, Beamte mit mehr als 4500 Mark Diensteinkommen in der Regel von der Gewährung von Remunerationen und Unterstützungen auszuschliessen, da man mit Recht sich sagen mochte, dass solche sehr wohl auch höher besoldeten Beamten unter Umständen ohne Härte nicht zu versagen sind.

Ausser aus den ausdrücklich als zu Remunerationen bestimmten Fonds können, aber nur unter ganz bestimmten Voraussetzungen, Remunerationen aus Ersparnissen bei den Fonds zu Besoldungen und sonstigen Diensteinkünften etatsmässiger Beamter, also bei der Domänenverwaltung aus Tit. 1 und 3 gewährt werden. Das Gesetz betr. den Staatshaushalt vom 11. Mai 1898 (G.S. S. 77), das sog. „Komptabilitätsgesetz", bestimmt hierüber in Uebereinstimmung mit der bisherigen Verwaltungspraxis im § 23:

„Ersparnisse, welche bei den Fonds zu Besoldungen und zu sonstigen Diensteinkünften etatsmässiger Beamten dadurch entstehen, dass Stellen zeitweise nicht besetzt sind oder von ihren Inhabern nicht versehen werden, können bis auf Höhe der für die einzelne Stelle verfügbaren Beträge, wenn und soweit sie nicht zur Bestreitung der Kosten einer kommissarischen Verwaltung der Stelle erforderlich sind, zur Gewährung von ausserordentlichen Remunerationen für die unmittelbare oder mittelbare Betheiligung an der Wahrnehmung der Geschäfte der betreffenden Stelle verwendet werden.

Bleibt eine neu errichtete Stelle länger als ein Jahr unbesetzt, so ist hierüber in der dem Landtage gemäss § 47 dieses Gesetzes vorzulegenden Uebersicht bei dem betreffenden Etatstitel Mittheilung zu machen.

Aus Ersparnissen, welche dadurch entstehen, dass die Besoldungsfonds nicht vollständig unter die Stelleninhaber vertheilt worden sind, sowie aus Ersparnissen bei den Fonds zu Wohnungsgeldzuschüssen dürfen Remunerationen nicht gewährt werden.

Die vorstehenden Bestimmungen kommen auch bei Ersparnissen an den Fonds zur Remunerirung von Hülfsarbeitern entsprechend zur Anwendung."

Die Gewährung von Remunerationen und Unterstützungen noch aus andern Fonds wird durch § 24 dieses Gesetzes ausdrücklich untersagt, wodurch aber gnadenweise Zuwendungen an Beamte aus dem vermöge seiner etatsmässigen Bestimmung „zu Gnadenbewilligungen aller Art" auch hierzu verwendbaren Allerhöchsten Dispositionsfonds Kap. 63 Tit. 1 des Etats des Finanzministeriums nicht ausgeschlossen sind. Gratifikationen sollen schon nach einem Ministerialerlass vom 30. April 1850 (M.Bl. f. d. i. V. S. 151) an Beamte überhaupt nicht mehr gewährt werden.

An pensionirte Beamte dürfen aus den Fonds Tit. 7—7 b, wie überhaupt aus den für Beamte bestimmten Remunerations- und Unterstützungsfonds, Unterstützungen nicht gezahlt werden, da pensionirte Beamte die Eigenschaft der Beamten verloren haben (Min.-Erl. vom 26. Mai 1841 — Just.-Min.-Bl. S. 187). Zu Unterstützungen für diese oder für aus andern Gründen ausgeschiedene Beamte sowie für Wittwen und Waisen von Beamten aus dem Bereiche der Domänenverwaltung ist im Tit. 8 ein besonderer, als Unterstützungsfonds auf die folgenden Jahre übertragbarer Fonds ausgebracht. Derselbe beläuft sich seit 1897/98 auf jährlich 27 000 Mark, während er bis dahin 32 000 Mark betrug; die Herabsetzung hat ihren Grund in der Verringerung der Zahl der Domänenbeamten.[1])

III. Kapitel.

Dienstaufwandsentschädigungen.

(Staatshaushaltsetat Kap. 1 Tit. 9—11.)

§ 49. Die Dienstaufwandsentschädigungen, welche an aus den Fonds der Domänenverwaltung besoldete Beamte gezahlt werden, sind seit dem Etatsjahr 1892/93 in dem Tit. 9 zusammengefasst, so dass

[1]) Ueber die Detailbestimmungen, betr. die Gewährung von Remunerationen und Unterstützungen vgl. u. a. Herrfurth, „Das gesammte Preussische Etats-, Kassen- und Rechnungswesen", 3. Auflage II. Theil S. 471 ff. und 631 ff., derselbe „Das Preussische Gesetz, betr. den Staatshaushalt" S. 73—80.

die Tit. 10 und 11 ausfallen. Bis dahin waren in dem Tit. 9 nur die Dienstaufwandsentschädigungen der Domänenrentbeamten ausgebracht, in dem Tit. 10 diejenigen der Rentamtsdiener und sonstigen Domänenbeamten und im Tit. 11 solche, welche an Domänenpächter für Besorgung der Amts- und Kassenverwaltung auf Grund kontraktlicher Verpflichtung zu zahlen waren. Die Theilung dieser Ausgaben in Tit. 9 und 10 entsprach der damaligen Vertheilung der Besoldungen der Beamten auf die Tit. 1—3, wurde aber unzweckmässig, als im Etat für 1981/92 die Eintheilung der Beamten nicht mehr nach ihren Funktionen, sondern nach ihrem Charakter als mittlere oder untere Beamte erfolgte. Denn nunmehr erschienen diejenigen Beamten, deren Dienstaufwandsentschädigungen bisher aus Tit. 10 zu leisten waren, theilweise im Tit. 1, theilweise im Tit. 3. Daher wurden die bisherigen Ausgaben des Tit. 10, welche für 1891/92 21460 Mark betrugen, nach Tit. 9 übernommen.

Den Inhalt des Tit. 11 bildete schon seit 1888/89 nur noch eine Johannis 1899 wegfallende Ausgabe von 108 Mark, da man schon seit längeren Jahren damit gebrochen hatte, mit den Pächtern ein Kontraktsverhältniss der unter diesen Titel fallenden Art neu einzugehen, und sich die Ausgabe infolgedessen fortgesetzt, von 16 923 Mark im Etatsjahr 1874 auf 1 563 Mark 1879/80, 708 Mark 1887/88 vermindert hatte. Es wurde daher bei der Etatsaufstellung für 1892/93 nicht mehr für angemessen erachtet, für diesen geringfügigen Betrag einen besonderen Titel des Staatshaushaltsetats in Anspruch zu nehmen; da er eine Vergütung theilweise zwar für die Wahrnehmung gutsherrlicher Interessen, überwiegend aber für die Erhebung und Abführung von Domänengefällen bildete, wurde er nach Tit. 5 der Ausgabe übertragen.

Die somit nur noch verbliebenden Dienstaufwandsentschädigungen im Tit. 9 umfassen solche der verschiedensten Art, insbesondere die den Rentbeamten und sonstigen mittleren Beamten für Bestreitung der Kosten von Hülfskräften und der Bureaukosten zu gewährenden Vergütungen, ferner Reisekosten, Tagegelder u. s. w. Ihr Gesammtbetrag hat sich von 295 797 + 36 828 = 332 625 Mark im Jahre 1874 schon im Jahre 1879 80 auf nur noch 105 233 + 17 943 = 123 176 Mark vermindert, und zwar überwiegend durch die oben besprochene Vereinfachung der Domänenverwaltung in den neuen Provinzen. Seitdem ist trotz der Verminderung der Zahl der Beamten eine Verringerung der Ausgaben für die Dienstaufwandsentschädigungen infolge auskömmlicherer Bemessung dieser Vergütungen nicht weiter eingetreten.

Natürlich enthält der in Tit. 9 ausgeworfene Betrag nur die aus Domänenfonds zu zahlenden Dienstaufwandsentschädigungen. Ausser ihnen beziehen verschiedene Beamte der Domänenverwaltung solche noch aus Nebenämtern, nach dem Etat für 1899 insgesammt 6 711 Mk.

IV. Kapitel.

Sonstige Kosten und Lasten der Verwaltung.

(Staatshaushaltsetat Kap 1 Tit. 12—23.)

§ 50. Die unter dieser Gesammtbezeichnung im Staatshaushaltsetat erscheinenden Titel umfassen ca. $^{9}/_{10}$ der gesammten dauernden Ausgaben der Domänenverwaltung, nach dem Etat für 1899 5 679 121 Mark von insgesammt 6 340 000 Mark, und ihrer Art nach äusserst verschiedene Ausgaben. Die systematische Anordnung im Etat ist hier nicht einwandsfrei. Denn wie die folgende Darstellung ergeben wird, befinden sich darunter Ausgaben, die gar nicht zur Bestreitung laufender Kosten und Lasten der Verwaltung dienen; ferner sind, auch abgesehen von dem Sammeltitel 23, bei dem dies natürlich ist, in einzelnen Titeln Ausgaben, die nach Charakter und Rechtsgrund ganz verschieden sind, zusammengefasst, andererseits zusammengehörige auf mehrere nicht einmal auf einander folgende Titel verstreut, endlich zwischen nach dem Charakter der Ausgaben mit einander nahe verwandte Titel mit ihnen in gleich engem Zusammenhange nicht stehende eingeschoben. Diese Mängel erklären sich aus der historischen Entwicklung des Etats; ihre Beseitigung wird dadurch erschwert, dass umfangreiche Umstellungen ganzer Etatstitel wie einzelner grösserer Ausgabeposten der wünschenswerthen Vergleichbarkeit der Etats verschiedener Jahre sehr hinderlich sind.

§ 51. Eine Sonderstellung nimmt, was seinen Zweck anlangt, in diesem Abschnitt gleich der erste Titel desselben ein:

A. Zur Entlastung der Domänen und zum Ankaufe von Grundstücken.

(Staatshaushaltsetat Kap. 1 Tit. 12.)

Dieser Titel, dessen Ausgabe bis zum Jahre 1874 in einer Summe mit der entsprechenden Ausgabeposition der Forstverwaltung, seit 1867 unter den einmaligen und ausserordentlichen Ausgaben der letztern, vorher in dem besonderen Etat der Zentralverwaltung der Domänen und Forsten, erschien, ist seit seiner damaligen ersten gesonderten Einstellung in den Etat der Domänenverwaltung alljährlich in derselben Höhe von 75 000 Mark, und zwar unter Uebertragbarkeit der Ersparnisse eines Jahres in die folgenden Jahre, ausgebracht. Er dient dazu, in geeigneten Fällen für den Domänenfiskus lästige fremde Fischerei- und Hütungsberechtigungen auf Domänengrundstücken, domänenfiskalische Verpflichtungen zur Unterhaltung von Brücken, Wegen u. s. w. sowie Passivrenten abzulösen und bei günstiger Gelegenheit kleinere Enklaven in dem Domänenbesitze oder andere für die Domänen zu besonderen Zwecken, z. B. zu Baustellen nothwendige kleinere Grundstücke zu erwerben. Ausserdem werden aus ihm die Grundstücke angekauft, welche der Domänenfiskus nach § 45 der „Schulordnung für die Elementarschulen in der Provinz Preussen“ vom 11. Dezember 1845 (G.S. S. 1846 S. 1) behufs Ausstattung der Volksschulen in den Domänendörfern der Provinzen Ost- und Westpreussen zu überweisen hat, nämlich die Bauplätze für die Schulgebäude und einen kulmischen Morgen Ackerland als Dienstland für den Lehrer. Für grössere Grundstückserwerbungen ist in den letzten Jahren, wie weiterhin zu erwähnen sein wird, ein besonderer Fonds unter den einmaligen Ausgaben ausgebracht.

Da der Fonds somit streng genommen höchstens theilweise zur Bestreitung dauernder Kosten und Lasten, im Uebrigen aber zum Ankauf neuer Grundstücke und zur Beseitigung dauernder Lasten dient, könnte er mit derselben Berechtigung, wie alljährlich neu bewilligte Fonds zur Erwerbung neuer Domänen, zu Meliorationen, zum Bau von Arbeiterwohnungen u. s. w. unter den einmaligen und ausserordentlichen Ausgaben erscheinen; soweit er aber zur Erfüllung rechtlicher Verbindlichkeiten gegenüber Schulstellen bestimmt ist, würde er mit Tit. 13 vereinigt werden können. Jedenfalls erwartet man kaum in dem die dauernden Kosten und Lasten der Verwaltung enthaltenden Abschnitt an erster Stelle Ausgaben zu finden, die im Grunde genommen gar nicht solche Kosten und Lasten sind, und war mindestens die frühere Stellung als letzter Titel der dauernden Ausgaben der Domänenverwaltung angemessener als die jetzige.

B. Kosten der geistlichen und Schulverwaltung.

(Staatshaushaltsetat Kap. 1 Tit. 13.)

§ 32. Aus den Fonds der Domänenverwaltung sind nur diejenigen Ausgaben für kirchliche und Unterrichtszwecke zu bestreiten, zu deren Tragung der Staat als Besitzer des Domaniums, sei es der alten Domänen, sei es als Rechtsnachfolger säkularisirter Klöster, Stifter etc., verpflichtet ist. Auch diese fallen dem Titel 13 nur mit Ausschluss derjenigen Kosten zur Last, welche aus dem sog. „Patronatsbaufonds“ Kap. 124 Tit. 1 des Etats des Ministeriums der geistlichen, Unterrichts- und Medizinalangelegenheiten zu bestreiten sind, d. i. der auf rechtlicher Verpflichtung beruhenden Ausgaben für Neubau und Unterhaltung der Kirchen-, Pfarr-, Küsterei- und Schulgebäude sowie zur Erfüllung solcher Bauverpflichtungen im Vergleichswege durch Ammiethungen. Diejenigen Kosten der geistlichen und Unterrichtsverwaltung, welche der Staat als solcher zu tragen hat, werden naturgemäss aus den Fonds dieser Verwaltung gezahlt. Doch ist die Grenze zwischen den Ausgaben der einen und denen der andern Kategorie vielfach flüssig und unklar, namentlich weil oft der Rechtsgrund, auf dem die Ausgabe beruht, im Laufe der Zeit verwischt ist. Daher haben denn auch vielfach

Uebertragungen von Ausgaben für kirchliche und Schulzwecke von dem Etat der Domänen- auf den der geistlichen und Unterrichtsverwaltung und umgekehrt stattgefunden. Bestimmend für dieselben war das Bestreben, immer mehr nach dem Charakter der Ausgaben eine reinliche Scheidung zwischen den beiderseitigen Fonds herbeizuführen. Doch dürfen diese Verschiebungen bei Vergleichungen der Höhe der Fonds in den verschiedenen Etatsjahren nicht ausser Betracht bleiben, und sind daher solche Vergleichungen, wenn man nicht allen diesen einzelnen Uebertragungen nachgehen will, nur in beschränktem Masse möglich bezw. ihre Ergebnisse nur beschränkt verwerthbar.

Ausgeschlossen von dem Tit. 13 sind ferner diejenigen Beiträge, welche der Domänenfiskus für Kirchen- und Schulzwecke an politische Gemeinden, die die Kirchen- und Schullasten auf ihren Etat übernommen haben, zu leisten hat, nicht aber diejenigen, welche er in Gebieten, wo für die Schulunterhaltung das Kommunalprinzip gilt, als Besitzer eines Gutsbezirks zu der Unterhaltung der diesem eigenthümlichen oder der mehreren Kommunalverbänden gemeinsam gehörigen Schule zu leisten hat. Jene Lasten sind keine Kirchen- und Schullasten mehr, sondern Kommunallasten und daher aus Tit. 16 zu bestreiten, diese bleiben Schullasten des Gutsbezirks. Ebensowenig dient der Tit. 13 zu freiwilligen Zuwendungen ohne rechtliche Verpflichtung. Solche werden jetzt in der Regel der geistlichen und Unterrichtsverwaltung zuzuweisen sein. Die Domänenverwaltung kann dergleichen höchstens in ganz geringem Masse und aus dem kleinen Fonds des Tit. 15a leisten.

Als juristische Person kann der Fiskus die durch ein bestimmtes Religionsbekenntniss und den Wohnsitz bedingte Zugehörigkeit zu Kirchen- und Schulsozietäten nicht besitzen. Er unterliegt daher auch nicht den lediglich auf einer solchen Zugehörigkeit beruhenden rein persönlichen Abgaben, mögen dieselben auch nach dem Massstabe der Realsteuern oder andern Grundsteuermassstäben umgelegt sein. Eine Ausnahme hiervon wird nur in Gesalt einer subsidiären Verpflichtung zur Entrichtung rein persönlicher Abgaben durch den § 33 A.L.R. Th. II Tit. 12, welcher nach der Rechtsprechung trotz der Aufhebung der Gutsunterthänigkeit fortbesteht, gemacht. Nach diesem sind Gutsherrschaften auf dem Lande, also auch der Domänenfiskus, sofern er dieses ist, verpflichtet, ihre „Unterthanen" bei völligem oder theilweisem Unvermögen zur Aufbringung ihres schuldigen Beitrages „nach Nothdurft zu unterstützen". „Unterthanen" sind nach Aufhebung der Gutsunterthänigkeit die sämmtlichen Einsassen des Gutsbezirks, gleichviel, ob sie zu dem Besitzer des Gutsbezirks in einem Dienst- oder Arbeitsverhältnisse stehen oder nicht, nicht aber die Einwohner des Gemeindebezirks.

Allen denjenigen Leistungen an Kirchen- und Schulsozietäten dagegen, welche mit dem Grundbesitz, dem Kirchenpatronat und der patronatsähnlichen, gemeinhin daher auch als Schulpatronat bezeichneten

Stellung der Gutsherrschaft des Schulortes sowie der Rittergutsqualität verknüpft sind, unterliegt der Domänenfiskus soweit bei ihm diese Voraussetzungen zutreffen, wie jeder in gleicher Lage befindliche Private. Vielfach geht seine Beitragspflicht in solchen Fällen noch über die des in gleicher Rechtslage befindlichen Privatmannes hinaus, sei es, dass ihm das Gesetz, wie z. B. die Preussische Schulordnung, besondere Leistungen auferlegt hat, sei es, dass er solche aus Billigkeitsgründen oder auch im öffentlichen Interesse freiwillig, aber rechtsverbindlich übernommen hat. Solchen weitergehenden Verpflichtungen kann sich der Staat weniger als der Privatmann entziehen, und in den früheren Zeiten, wo eine klare Scheidung zwischen der staatsrechtlichen Stellung des Staates als solchen und der privatrechtlichen als Grundbesitzer bezw. zwischen der Rechtspersönlichkeit des Staates und der des Landesherrn noch nicht stattfand, wurden sie, mochten sie auch nur Förderung des Kirchen- oder Schulwesens im allgemeinen staatlichen Interesse bezwecken, unterschiedslos dem Domänenbesitz auferlegt.

Inwieweit die Bedürfnisse der Kirchen- und Schulsozietäten und sonstiger geistlichen und Schulinstitute durch rein persönliche Leistungen ihrer Parochianen und Hausväter, durch auf dem Grundbesitz haftende oder den Patronen und Gutsherren als solchen obliegende Leistungen zu decken sind, ist innerhalb des Staates äusserst mannigfaltig, so mannigfaltig, aber auch so unbefriedigend, wie wohl keine andere Rechtsmaterie geordnet. Nicht nur weichen hierin die einzelnen in Preussen geltenden Landesrechte weit von einander ab, sondern sie überlassen die Regelung grösstentheils sogar theils geschriebenen, theils gewohnheitsrechtlichen Provinzialrechten und örtlichen Urbarien und Herkommen. Infolgedessen bestehen nicht nur zwischen den einzelnen Landestheilen, sondern zwischen den einzelnen Konfessionen und theilweise von Gemeinde zu Gemeinde grosse Verschiedenheiten, denen im Rahmen dieses Buches nicht nachgegangen werden kann. Hier ist nur die kurze Angabe der allgemeinen Rechtsnormen, nach denen der Domänenfiskus zu den Kirchen- und Schulbedürfnissen beizutragen hat, angängig.

§ 53. Die Leistungen, welche dem Domänenfiskus an Kirchen- und Schulsozietäten und -Institute obliegen, sind theils, gegenüber den höheren Unterrichtsanstalten sogar ausschliesslich, Reallasten, theils tragen sie den Charakter der Steuern oder doch einen steuerartigen.

Was die Reallasten anlangt, so ordnete das Ablösungsgesetz vom 2. März 1850 im § 65 an, dass die den Kirchen, Pfarren, Küstereien und Schulen zustehenden von der Kapitalablösung ausgeschlossen und die Bestimmung über deren künftige definitive Ablösung einem besondern Gesetze vorbehalten bleibe, und dass bis zu diesem Zeitpunkte die nach dem Gesetze vom 2. März 1850 ermittelten Geldrenten an die berechtigten Institute zu entrichten seien. Die von der Landesvertretung nachträglich genehmigte Verordnung vom 13. Juni 1853

(G.S. S. 324) sistirte auch alle noch nicht durch Abschluss des Rezesses rechtsverbindlich erfolgten Rentenumwandlungen von Reallasten, welche Kirchen, Pfarren, Küstereien und Schulen zustehen, bis zum Erlass des im § 65 des Gesetzes vom 2. März 1850 vorbehaltenen Gesetzes. Dieses Gesetz wurde unterm 15. April 1857 (G.S. S. 363) erlassen. Durch dasselbe wurde das Gesetz vom 2. März 1850 in Ansehung derjenigen Realberechtigungen, welche Kirchen, Pfarren, Küstereien, sonstigen geistlichen Instituten, kirchlichen Beamten, öffentlichen Schulen und deren Lehrern, höheren Unterrichts- und Erziehungsanstalten, frommen und milden Stiftungen oder Wohlthätigkeitsanstalten, sowie den zur Unterhaltung aller vorgedachten Anstalten bestimmten Fonds zustehen, wesentlich abgeändert. Abgaben in Körnern und feste Leistungen an Holz und Brennmaterial blieben von der Umwandlung in Rente ausgeschlossen, andere Reallasten sollten in Roggenrente umgewandelt werden, welche in Geld nach dem jährlichen Marktpreise abzuführen war. Eine Kapitalablösung der Roggenrenten und eine Rentenumwandlung der Körner-, Holz- und Brennmaterialabgaben konnte nur im Wege freier Vereinbarung erfolgen. Nur feste Geldabgaben waren auf einseitigen Antrag des Verpflichteten durch Baarzahlung des 25 fachen Betrages ablösbar, nach den Bestimmungen des Gesetzes vom 2. März 1850 festgesetzte Geldabgaben auf Antrag des Berechtigten oder Verpflichteten zum $33^1/_3$ fachen Betrage, sofern sich der Verpflichtete nicht der Umwandlung der Geldrente in Roggenrente unterwarf.

Das Gesetz vom 15. April 1857 erwies sich alsbald als unzureichend. Der deshalb von der Staatsregierung im Jahre 1861 unternommene Versuch seiner Verbesserung scheiterte indess an Meinungsverschiedenheiten der beiden Häuser des Landtages. Die Regierung beschritt daher nunmehr, um den dringendsten Bedürfnissen abzuhelfen, den Weg der Spezialgesetzgebung. Durch Gesetz vom 10. März 1864 (G.S. S. 149) wurden die zur „kleinen Kalende", einer Art von Zehnten in Ostpreussen, gehörenden festen Körnerabgaben und festen Leistungen an Holz und Brennmaterial für ablösbar erklärt, und das Gesetz vom 10. April 1865 (G.S. S. 172) unterwarf die Schlesischen Zehnten der Ablösung ohne Antrag der Betheiligten von Amtswegen unter Vermittlung der Rentenbanken.

Eine allgemeine Regelung für das ganze Geltungsgebiet des Gesetzes vom 2. März 1850 und für alle Arten der Realberechtigungen, welche den in dem Gesetz vom 15. April 1857 bezeichneten Instituten, Beamten und Fonds zustanden, brachte erst das Gesetz vom 27. April 1872. Durch dasselbe wurde das Gesetz vom 2. März 1850 auch auf diese Reallasten ausgedehnt, jedoch mit folgenden Massgaben:

Die Berechtigungen sind nach dem Gesetz vom 2. März 1850 auf ihren Geldwerth zu berechnen und nach bestimmten Preisen in Roggenrenten zu verwandeln. Die Roggenrenten sowie die auf Grund der früheren Gesetzgebung festgestellten Geldrenten können auf Antrag des Berechtigten oder des Verpflichteten abgelöst werden. Die Roggenrenten sind zu diesem

Zwecke nach bestimmten aus dem Durchschnitt der letzten 24 Jahre — unter Weglassung der zwei theuersten und der zwei billigten — in Geld umzurechnen. Der Jahreswerth wird, wenn der Antrag vom Verpflichteten ausgeht, zum 25fachen, wenn vom Berechtigten, zum $22\frac{2}{9}$fachen Betrag durch Kapital abgelöst, und zwar, sofern der Verpflichtete nicht Baarzahlung vorzieht, durch Vermittlung der Rentenbanken. Der Berechtigte erhält den Kapitalwerth in Rentenbriefen, der Verpflichtete zahlt an die Rentenbank $56\frac{1}{12}$ Jahre lang $4\frac{1}{2}$ Prozent des Kapitalwerths als Rente, wodurch das Kapital mit 4 Prozent verzinst und mit jährlich $\frac{1}{2}$ Prozent und den ersparten Zinsen getilgt wird; eine Tilgung in $41\frac{1}{12}$ Jahren gegen erhöhte 5prozentige Rente findet nicht statt.

Im wesentlichen gleiche Bestimmungen sind demnächst für die neuen Provinzen getroffen worden, und zwar für Schleswig-Holstein durch G. vom 3. Januar 1873 (G.S. S. 3), für Hannover durch G. vom 15. Februar 1874 (G.S. S. 21), für den Regierungsbezirk Kassel durch G. vom 23. Juli 1876 (G.S. S. 357) und für den Regierungsbezirk Wiesbaden durch G. vom 16. Juni 1876 (G.S. S. 369).

Unter den durch diese Gesetzgebung für ablösbar erklärten Abgaben beanspruchen wegen ihrer weiten Verbreitung besondere Bedeutung die Zehnten und zehntartigen Abgaben, welche ursprünglich nur Pfarren zustanden, aber im Laufe der Zeiten auch an Kirchen, Küstereien und andere kirchliche Institute sowie auch an Schulen gelangt waren. So weit die Verbreitung dieser Abgaben war, so verschieden war ihre Gestaltung im einzelnen. Das A.L.R. gab bezüglich ihrer nur subsidiäre Vorschriften, denen die Provinzialrechte, Ortsrechte und Gewohnheiten vorgingen. Für den Fiskus als Zehntpflichtigen kamen nur die übrigens die Regel bildenden Realzehnten oder -dezem in Betracht, welche auf den Grundstücken ruhten, entweder dergestalt, dass sie von jedem Besitzer ohne Rücksicht auf seine Konfession zu entrichten waren, oder dergestalt, dass die Zehntpflicht ruhte, solange das Grundstück im Besitz eines Andersgläubigen stand. Da der Fiskus überhaupt keiner Konfession angehört, so ruhte auch in Fällen der letztern Art für ihn die Zehntpflicht nicht. Wie hinsichtlich der Pflichtigen, so waren auch hinsichtlich der Zehntobjekte die Verhältnisse sehr verschieden. Nach dem A.L.R. stritt die Vermuthung für die Beschränkung auf den „Grosszehnten", d. i. den von den Erzeugnissen des Halms zu entrichtenden. Daneben kam der von Garten- und Baumfrüchten zu entrichtende „Kleinzehnt" und der von dem Vieh zu gebende „Blut- oder Fleischzehnt" vor. Je nach der Art der Entrichtung, ob dem Berechtigten zustand, den Zehnten in Natur zu ziehen oder in gedroschenem Getreide oder gewonnenen Früchten zu fordern, unterschied man bei den Gross- und Kleinzehnten Zugzehnten und Sackzehnten. War aber überhaupt an die Stelle eines Naturzehnten eine Geldabgabe getreten, so wurde auch diese als Zehnte, „Geldzehnte" bezeichnet. Zu den zehntartigen Abgaben gehörten u. a. in Ostpreussen die „Kalenden" und der „Vitaltag", in Westpreussen die „Strena", in Schlesien die an den Glöckner zu entrichtenden „Läutebrote" und „Wettergarben", die „Offertorien", „Pröven", „Ostereier" u. a. m.

§ 54. Soweit der Domänenfiskus zu ablösbaren Abgaben an Kirchen, Pfarren, Schulen und andere kirchliche und Schulinstitute und Stiftungen verpflichtet war, hatte er sich schon vor dem G. vom 27. April 1872 bemüht, im Wege des Vergleiches die Ablösung herbeizuführen. Als dann das gedachte Gesetz und die entsprechenden in den neuen Provinzen ergangen waren, wurde die Ablösung sämmtlicher derartiger Reallasten eingeleitet, wobei die Berechtigten zumeist die Abfindung zum 25fachen Betrage in Rentenbriefen erhielten und der Domänenfiskus die Renten an die Rentenbanken entrichtet. Zunächst wurde eine gütliche Einigung mit den Berechtigten versucht, und nur wenn eine solche nicht gelang, wurde bei den Auseinandersetzungsbehörden auf Ablösung provozirt.

Den Pächtern sind die meisten der erwähnten Reallasten ebenso wie auch die an ihre Stelle tretenden Rentenbankrenten nicht auferlegt. Denn nach § 17 der oben im § 24 besprochenen allgemeinen Verpachtungsbedingungen trägt Fiskus von den auf den Pachtvorwerken ruhenden Lasten und Abgaben ausser den Kirchen-, Pfarr-, Küster- und Schulbauverpflichtungen u. a. „die Reallasten an festen Geld- und Körnerrenten, sowie die beim Pachtabschluss bestehenden, in Gelde abzuführenden Roggenrenten an Berechtigte, auf welche das Ablösungsgesetz vom 15. April 1857 Anwendung findet", ferner „die beim Abschluss des Pachtvertrages regulirten Geld- und resp. Naturalrenten an die Rentenbank und an früher Servitutberechtigte".

Die zur Amortisation der abgelösten Lasten zu entrichtenden Rentenbankrenten werden aus Titel 16 bestritten, so dass also diesem Titel mit der fortschreitenden Ablösung neue Ausgaben zugewachsen sind.

§ 55. Ausgeschlossen von der Ablösbarkeit sind nach § 6 Abs. 2 G. vom 2. März 1850 einmal die — wie oben erwähnt, vom Fiskus aus dem Patronatsbaufonds zu bestreitenden — Abgaben und Leistungen zur Erbauung oder Unterhaltung der Kirchen-, Pfarr- und Schulgebäude, wenn sie nicht die Gegenleistung einer abgelösten Reallast sind, in welchem Falle sie zugleich mit dieser abgelöst werden. Dabei macht es keinen Unterschied, ob diese Leistungen auf dem Patronat bezw. gutsherrlichen Verhältniss oder auf der Zugehörigkeit des Pflichtigen zum Parochial- oder Schulverbande beruhen. Für den Domänenfiskus werden allerdings i. d. R. nur die Patronats- bezw. gutsherrschaftlichen Lasten in Betracht kommen, da er nicht zu den Eingepfarrten und Eingeschulten gehört, die diesen obliegenden Baulasten aber nach den allgemeinen Rechten persönliche Lasten derselben bilden. Soweit aber etwa durch Observanz, Urbar und dergl. ein Anderes bestimmt ist, gehören solche nicht aus dem Patronat entspringende Baulasten nach den allgemeinen Bedingungen vom 16. März 1890 zu denen, welche für verpachtete Domänenvorwerke vom Fiskus zu tragen sind, während sie nach den früheren Bedingungen dem Pächter zur Last fielen.

Die Patronatslasten, welche dem Fiskus infolge des durch die K.O. vom 9. Januar 1812 (G.S. S. 3) ausgesprochenen Verbotes der Mitveräusserung des Patronates für verkaufte Domänen verblieben sind, werden ebenfalls aus dem Patronatsbaufonds bestritten; indess waren sie, nach ihrem jährlichen Durchschnitte veranschlagt, als Kanon auf die veräusserten Güter zu legen und dieser Kanon von den Erwerbern alljährlich zu dem gedachten Fonds abzuführen. Dieser an den Fiskus zu zahlende Kanon unterliegt wie jeder andere der Ablösung nach den allgemeinen Ablösungsgesetzen.

Ausgeschlossen von der Ablösung sind ferner die Abgaben und Leistungen an Kirchen und Schulen, welche den Charakter öffentlicher Abgaben tragen, also insbesondere die Kirchen- und Schulsteuern. Der Domänenfiskus ist an diesen unmittelbar weniger interessirt.

Was zunächst die Kirchensteuern anlangt, so bilden diese nach den gemeinen Rechten persönliche Abgaben der Eingepfarrten, und unterliegt ihnen daher der Fiskus nicht. Soweit aber etwa durch besondere Rechtstitel ein hiervon abweichendes Verhältniss begründet ist, gehören sie, soweit es sich um Domänenvorwerke bezw. mit diesen verpachtete Objekte handelt, zu den Abgaben, welche nach den allgemeinen Verpachtungsbedingungen der Pächter zu tragen hat.

Die Schullasten ruhen nach dem Allgemeinen Landrecht, abgesehen von der Verpflichtung des Gutsherrn des Schulorts, bei Bauten und Reparaturen die auf dem Gute gewachsenen oder gewonnenen und hinreichend vorhandenen Rohmaterialien unentgeltlich herzugeben, nur auf den Hausvätern, und zu diesen gehört der Fiskus nicht. Er ist also, abgesehen von jener Baulast und der oben erwähnten subsidiären Verpflichtung für leistungsunfähige Gutseinsassen, von jeder Beitragspflicht befreit.

Die landrechtlichen Bestimmungen finden indess keineswegs in dem ganzen Geltungsgebiet des A.L.R. Anwendung.

1. In den Provinzen Ost- und Westpreussen sind nach der Schulordnung vom 11. Dezember 1845 (G.S. 1846 S. 1) die Schulen von den Ortsgemeinden und sonst zur Schule gehörigen Ortschaften zu unterhalten und die Mittel hierzu in derselben Weise wie die übrigen Kommunalbedürfnisse aufzubringen. Gehören mehrere Gemeinden zur Schule, so wird der Antheil jeder derselben, wenn nicht Verträge oder besondere Rechtstitel ein Anderes bestimmen, nach der Zahl der Haushaltungen bestimmt. Der Gemeinde des Schulorts liegt ausserdem, vorbehaltlich der oben schon erwähnten Verpflichtung des Domänenfiskus in Domänendörfern, die Beschaffung des Bauplatzes ob. Fiskus hat hiernach, mag er Gutsherr sein oder nicht, von seinen im Gemeindeverbande gelegenen Grundstücken zu den nach dem Grundbesitz vertheilten Schullasten beizutragen. Ausserdem haben sämmtliche Gutsherren des Schulbezirks, nicht nur derjenige des Schulorts, das Bauholz zu liefern oder dessen Taxwerth zu erstatten und zur Feuerversicherung der Gebäude, wenn sie den Werth des Bauholzes mit umfassen soll, verhältnissmässig beizutragen. Ausser diesen Leistungen als Gutsherr hat der Domänenfiskus in Domänendörfern noch die oben erwähnte Verpflichtung zur Hergabe des Bauplatzes und des „Schulmorgens"; ferner hat er bei Massivbauten ausser dem Bauholz und dem Taxwerth desjenigen Holzes, welches gegen einen Fachwerkbau gespart wird, eine Bauprämie von 120 Mk. zu gewähren und das Brennmaterial, in maximo 15 Klafter weiches Klobenholz für jede Schulklasse, zu liefern. Andererseits liegt ihm in Domänendörfern zum Wiederaufbau zerstörter Schulgebäude die Lieferung des Bauholzes nur insoweit ob, als die Gemeinde nicht selbst eine Waldung besitzt und dasselbe aus dieser bei forstwirthschaftlicher Benutzung entnehmen kann, sowie auch nur unter Ausschluss des zu Thüren und Fenstern erforderlichen Holzes. Des Fernern hat jeder Gutsherr die zur Befriedigung des Schulbedürfnisses der „ausserhalb eines Kommunalbezirks auf gutsherrlichem Vorwerkslande", d. i. innerhalb des Gutsbezirks „wohnenden Dienstboten, Tagelöhner, Ansiedler und herrschaftlicher Beamten" erforderlichen Kosten insoweit zu bestreiten, als diese Personen nach Entscheidung der Bezirksregierung hierzu ausser Stande sind. Dieselben Pflichten hat der Gutsherr, auf dessen Grund und Boden eine neue Kolonie errichtet ist.

2. In Schlesien war für die ganz oder grösstentheils katholischen Ortschaften sowie für Orte gemischter Konfession bereits durch die Schulreglements vom 3. November 1765

und 18. Mai 1801 Bestimmung getroffen. Danach lag die Unterhaltung der Schulen den bürgerlichen Gemeinden und Dominien ob. Es tragen zu dem Brennmaterial und dem baaren Gelde die Herrschaft ein Drittel und die Stellenbesitzer, d. i. die Gemeinde zwei Drittel bei; das Deputat an Getreide tragen die wirklichen Ackerbesitzer einschliesslich der Herrschaft nach der katastrirten Grösse der Aussaat. Den Dominien stehen die Gutsbezirke des neueren Rechts gleich. Für die bloss auf den Gutsbezirk beschränkten Schulen zahlt der Gutsherr die ganze Besoldung. Besondere und sehr verwickelte Vorschriften bestehen über die Rechtsverhältnisse in Dörfern gemischter Konfession, je nachdem damals 50 Besitzer einer Konfession oder weniger, und je nachdem eine katholische und evangelische Schule oder nur eine von beiden vorhanden waren. Die Gutsherrschaft ist in solchen Fällen für beide Schulen beitragspflichtig nur dann, wenn schon bei Erlass des Reglements von 1803 beide Schulen vorhanden waren.

Für die evangelischen Schulen Schlesiens traten im Uebrigen die Vorschriften des A.L.R. in Kraft. Die Bestimmungen desselben über die Baulast, insbesondere über die Hergabe des Rohmaterials Seitens der Gussherrschaft des Schulorts wurden Jahrzehnte hindurch auch bei den katholischen Schulen angewendet, da die katholischen Schulreglements eine nähere Bestimmung hierüber nicht enthalten. Nach der neueren Rechtssprechung der Verwaltungsgerichte sind indess für die katholischen Schulen die Herrschaften und Gemeinden gleichmässig zu den Baulasten, denen die Kosten der Anmiethung von Schulräumen gleichstehen, heranzuziehen und steht in Mangel gütlicher Verträge oder rechtsbeständiger Gewohnheiten der Bezirksregierung die resolutorische Entscheidung zu. Was aber die Lehrerbesoldung bei den evangelischen Schulen betrifft, so machte sich, soweit nicht durch die erwähnten katholischen Schulreglements auch hierüber Bestimmung getroffen ist, schon früh das Bestreben geltend, sie analog den Vorschriften derselben zu gestalten. Insbesondere wurde dies durch die Kabinetsordre vom 5. Dezember 1816, wie schon früher öfters für die säkularisirten Güter, so damals für die alten Domänen angeordnet. Der Landtagsabschied vom 22. Februar 1829 bestimmte sodann, dass die Lieferung des Brenndeputats und die Gewährung der baaren Besoldung bei den evangelischen Landschulen Schlesiens überall ebenso mit der Massgabe erfolgen solle, dass die Herrschaften dabei nur mit einem Viertel konkurrirten. Diesem Landtagsabschied hat jedoch im Jahre 1876 das Oberverwaltungsgericht die verpflichtende Kraft abgesprochen. Thatsächlich sind nun die evangelischen Schulen in Schlesien theils noch nach den Vorschriften des Landtagsabschieds dotirt, theils nach Verträgen, Urbarien oder lokalen Observanzen. Für die alten Pfarrschulen in Schlesien kommt schliesslich noch der § 11 des Reglements de gravaminibus vom 8. August 1850 in Betracht, welches, obgleich auch dies nicht unbestritten ist, die Baulast den Kirchenpatronen und Parochianen auferlegt.

3. In den ehemals Königlich Sächsischen Landestheilen der Provinz Sachsen trägt der Fiskus nach der V.O. vom 11. November 1844 (G.S. S. 698), welche nach der Rechtssprechung des Oberverwaltungsgerichts auf die Volksschullasten anzuwenden ist, zu der nach dem Massstabe des Grundbesitzes anzulegenden einen Hälfte der Kirchen- und Schullasten nach diesem Masstabe, und zwar von seinem gutsherrlichen wie bäuerlichen Besitze bei, nicht aber zu der andern nach der Kopfzahl anzulegenden.

4. In Westfalen sind die Schullasten zumeist von den politischen Gemeinden übernommen. Auch in den landrechtlichen Theilen der Rheinprovinz ist dieses vielfach, in den nicht landrechtlichen Theilen derselben durchgängig der Fall.

5. Was die neuen Provinzen anlangt, so ruht in Schleswig-Holstein die Baulast, die Beschaffung des Dienstlandes und des Getreide- und Brenndeputats auf den Landbesitzern, das baare Lehrergehalt auf der Gesammtheit der Schulinteressenten. Zu den den Landbesitzern obliegenden Leistungen ist auch der Fiskus als solcher beitragspflichtig. In einzelnen Gutsschuldistrikten hat der Gutsherr als Schulpatron herkömmlich für alle Schulunterhaltungspflichten aufzukommen.

6. Das Volksschulgesetz für Hannover vom 26. Mai 1845 (Hannov. G.S. S. 465) legt die Verpflichtung, die Bedürfnisse der Schule zu bestreiten, den Mitgliedern des Schulverbandes d. i. nur physischen Personen, auf. Doch können auch Nichtmitglieder, die in der Schul-

gemeinde Grundbesitz haben, insoweit also auch der Fiskus, herangezogen werden, wenn eine besondere dahingehende Rechtsbildung nachgewiesen ist. Solche Observanzen bestehen vielfach. Ein allgemeiner Beitragsfuss ist gesetzlich nicht vorgeschrieben.

7. In Hessen-Nassau herrscht wiederum das Kommunalprinzip; allgemeine gesetzliche Vertheilungsmasstäbe fehlen auch hier.

§ 36. Nach dieser Skizze des geltenden Rechts in Ansehung der Schulunterhaltungslast hat der Domänenfiskus umfangreichere Lasten namentlich in solchen Landestheilen zu tragen, in denen das A.L.R. entweder überhaupt nicht oder doch in Betreff der Schullasten nicht gilt, und das sind zumeist gerade solche mit grossem Domänenbesitz.

Freilich trägt für die verpachteten Vorwerke und mit diesen verpachteten Rustikalgrundstücke nach den allgemeinen Verpachtungsbedingungen der Pächter die gesammten Kirchen- und Schullasten, mit Ausnahme der oben erwähnten Baulasten, Geld-, Körner-, Roggen- und Rentenbankrenten sowie der nach der Preussischen Schulordnung dem Gutsherrn allgemein und dem Domänenfiskus in den Domänendörfern insbesondere obliegenden Verpflichtungen zur Lieferung von Bau- und Brennholz, zur Gewährung des Bauplatzes und des Schulmorgens, der Massivbauprämie und des Beitrages zur Feuerversicherung und endlich der durch das Schlesische Schulreglement begründeten Verpflichtung zur Ueberweisung des Brennmaterials. Nichtsdestoweniger sind die dem Domänenfiskus verbleibenden, aus dem Titel 13 zu bestreitenden Kirchen- und Volksschullasten, schon infolge seines überhaupt nicht oder doch nicht auf Grund von Bedingungen, welche den mehr erwähnten allgemeinen Verpachtungsbedingungen entsprechen, verpachteten Grundbesitzes, recht erhebliche, und die gesetzlichen und administrativen Anordnungen, welche in neuerer Zeit behufs pekuniärer Besserstellung der Geistlichen und Lehrer und ihrer Relikten, zur Verbesserung des Unterrichts durch Beschränkung der Maximalzahl der von einem Lehrer zu unterrichtenden Schüler, zur Verbesserung des Bauzustandes der Schulgebäude u. a. m. ergangen sind, haben diese Lasten auch für den Domänenfiskus bedeutend gesteigert. So sind seit 1870 hierdurch folgende Mehrforderungen an Kosten der Schulverwaltung nöthig geworden:

in dem Zeitraum von 1870—72 infolge Regulirung der Lehrerbesoldungen in Schlesien, für die in Geld zu vergütenden Naturaldeputate etc.	81 864 Mark
in dem Zeitraum von 1873—1876 infolge Erhöhung der Lehrerbesoldungen in Schlesien	37 278 „
in dem Zeitraum von 1881/82—1884/85 für denselben Zweck, für Leistungen an neu gegründete Schulen etc.	14 148 „
im Etat für 1885/86 infolge Regulirung von Lehrerbesoldungen, Uebernahme von Leistungen	

für neue Schulen, an Renten für kulmische Schulmorgen etc. . . . . 4 565 Mark
im Etat für 1887/88 an Renten für kulmische Schulmorgen . . . . 320 „
im Etat für 1888/89 infolge Regulirung von Lehrerbesoldungen und Uebernahme von Leistungen für neue Schulen etc. in Schlesien . . . . 4 471 „
im Etat für 1899 infolge Erhöhung der Lehrerbesoldungen in Schlesien . . . . 45 046 „

zusammen rund 187 600 Mark.

Andererseits haben freilich die Gesetze vom 14. Juni 1888 und 31. März 1889, betr. Erleichterung der Volksschullasten auch dem Domänenfiskus Erleichterungen der aus Tit. 13 zu bestreitenden Lasten gebracht. Der wesentlich hierdurch bewirkte Minderbedarf ist in dem Etat für 1890/91 auf 12 000 und in dem für 1891/92 auf 19 200 Mark berechnet. Immerhin verbleibt hiernach noch eine nennenswerthe Mehrbelastung.

Wenn das sich aus Anlage IV ergebende Gesammtergebniss des Tit. 13 eine Verminderung von 446 712 Mark im Etat für 1869 auf 166 582 Mark in demjenigen für 1899 ist, so hat dies seinen Grund ausser in der Umwandlung von Leistungen in Rentenbankrenten namentlich darin, dass erhebliche Ausgabeposten auf die Etats anderer Verwaltungen, denen sie von Rechtswegen zur Last fallen, übertragen sind. Insbesondere sind, von geringeren Posten abgesehen, übertragen

vom Jahre 1871 ab an Kompetenzen für Kirchen, Pfarren und Schulen in Hannover, welche nach älterer Hannoverscher Einrichtung aus den Domänenrevenüen bestritten wurden, ohne wirklich auf den Domänenbesitz radizirt zu sein, 103 020 Mark,
vom Jahre 1884/85 ab auf die Forstverwaltung . . 49 500 „ .

Die andererseits in den drei letzten Jahrzehnten von andern Etats auf Tit. 13 der Domänenverwaltung übernommenen Zahlungen sind diesen Beträgen gegenüber unbedeutend und werden durch die noch ausser letzteren auf andere Etats übertragenen Posten aufgewogen.

Die von 1898/99 auf 1899 erfolgte Erhöhung des Fonds um rund 45 000 Mark rührt aus der, wie oben erwähnt, in gleicher Höhe eingetretenen Steigerung der Ausgaben für die Lehrergehälter in Schlesien her.

Den Hauptantheil an dem gesammten Fonds beansprucht, was schon nach dem oben über die Rechtsverhältnisse hinsichtlich der Schulunterhaltungspflicht Ausgeführten und nach den erwähnten wiederholten Mehrausgaben für Lehrerbesoldungen in Schlesien nicht Wunder nehmen kann, diese Provinz, nach dem Etat für 1899 92 456 Mk oder nahezu 56 Prozent der Gesammtsumme. Auf den Regierungsbezirk Oppeln entfallen von jenen 92 456 Mk. 57 955 Mk., auf Breslau 18 976 und auf Liegnitz 15 525 Mk. Einen ähnlich hohen Betrag weist von den übrigen Bezirken nur noch Wiesbaden mit 21 311 Mk. auf. Die in diesem Regierungsbezirk zu leistenden Zahlungen sind hauptsächlich solche an Stelle von Naturalleistungen, die der Domänenfiskus als Rechtsnachfolger säkularisirter Stifter, Klöster u. s. w. an evangelische und katholische Pfarren und Schulen zu leisten hat, deren Natur als Reallasten aber nicht nachzuweisen ist. Die Umwandlung dieser Leistungen in Geldvergütungen ist auf Grund besonderer Verträge erfolgt. Der Berechnung des Geldwerths werden meistens die jährlichen Durchschnittsmarktpreise der nächstgelegenen Städte zu Grunde gelegt. Ueber Ursprung und rechtliche Natur dieser Abgaben, die schon zu Nassauischer Zeit aus der Domänenkasse entrichtet sind, ist in vielen Fällen nichts bekannt.

Auf den Regierungsbezirk Wiesbaden folgt, was die Höhe der Ausgaben anlangt, sogleich Königsberg mit nur 9 144 Mk., woran sich anschliessen Danzig mit 6 957 Mk., Lüneburg, Marienwerder, Merseburg, Hannover und Magdeburg mit Beträgen zwischen 4 800 und 4 054 Mk.; eine Ausgabe von mehr als 1 000 Mk. weisen noch auf Schleswig-Holstein (3 413 Mk.), Aurich (2 957 Mk.), Hildesheim (1 931 Mk.), Arnsberg (1 800 Mk.) und Stade (1 558 Mk.) Gar keine Ausgaben sind zu leisten für Berlin, Frankfurt a./O., Köslin, Stralsund, Bromberg, Erfurt, Münster, Minden und die Regierungsbezirke der Rheinprovinz mit Ausnahme von Düsseldorf.

C. Zahlungen an Armenanstalten und milde Stiftungen.

(Staatshaushaltsetat Kap. 1 Tit. 14.)

§ 57. Mehr noch als mit den alten Domänen waren mit den säkularisirten geistlichen Gütern Verpflichtungen zu baaren oder Naturalleistungen verbunden, sei es, dass sie schon vor der Säkularisation als solche bestanden, sei es, dass sie infolge der Säkularisation übernommen werden mussten, um die Erhaltung bisheriger wohlthätiger Einrichtungen durch diese nicht zu gefährden. In besonders erheblichem Umfange gingen solche Lasten mit der Einverleibung von Hannover auf den Preussischen Domänenfiskus über: nach dem Etat für 1868 entfielen von insgesammt 118 954 Mark auf diese eine Provinz 63 273 Mark.

Soweit die bei den Kosten der geistlichen und Schulverwaltung erwähnten Ablösungsgesetze es zulassen, d. h. soweit es sich nachweisbar um Reallasten handelt, sind diese Lasten jetzt der Ablösung durch Vermittlung der Rentenbanken zugeführt. Der Titel 14 ist dadurch bis 1899 um insgesammt mehr als 53 000 Mark erleichtert worden.

Von den nicht abzulösenden früher zu Lasten dieses Fonds stehenden Ausgaben sind in den letzten Jahrzehnten in nicht unerheblicher Höhe solche, bezüglich deren dies nach dem Charakter der Ausgabe gerechtfertigt erschien, auf Fonds der Ministerien des Innern und der geistlichen Angelegenheiten übertragen worden, so u. a. durch den Etat für 1882/83 auf das erstgenannte Ministerium ein Betrag von 7 882 Mark.

Die gegenüber dem Bestreben nach Entlastung dieses Fonds vielleicht auffallende Mehrbelastung von 1889/90 zu 1890/91 ist nur eine scheinbare. Sie ist dadurch entstanden, dass die Aussgaben eines Klosters in Hannover, die bis dahin nur mit dem seine Einnahmen übersteigenden Betrage im Tit. 14 erschienen, nunmehr hier mit ihrem vollen Betrage, dagegen die ihnen entgegenstehenden Einnahmen in den Tit. 1, 4 und 7 der Einnahme der Domänenverwaltung in Ansatz gebracht wurden.

Von dem jetzt noch zum Soll stehenden Betrage des Tit. 14 von rund 48 500 Mk. entfallen nicht weniger als 33 000 Mk. auf den Regierungsbezirk Lüneburg, neben dem mit einigermassen erheblichen Beträgen — zwischen 5439 und 1560 Mk. — nur noch Merseburg, Wiesbaden, Köslin und Liegnitz betheiligt sind; insgesammt vertheilt sich der Fonds auf 14 Regierungsbezirke.

Die im Regierungsbezirk Lüneburg zu leistenden Ausgaben bestehen aus Geld- und in Geld zu gewährendeu Naturalrenten für fünf Klöster, nämlich

1. Naturalrente für das Kloster Wienhausen	rund	4 252 Mk.
2. Präbende der Konventualinnen des Klosters Walsrode	„	11 104 „
3. Kornspende an dasselbe Kloster zur Weitervertheilung an Arme .	„	134 „
4. Kompetenz an das Damenkloster Lüne in Geld und Naturalien . .	„	11 602 „
5. für Besorgung der Klosterfuhren für dasselbe Kloster	„	240 „
6. Kanon an das Kloster Medingen für die dem Kloster abgekaufte Röbbeler- und Roggenmühle	„	555 „
7. Vergütung für Löhne der Klosterbediensteten und verschiedene Kompetenzen desselben Klosters	„	314 „
8. feste Geldrente an dasselbe Kloster	„	2 092 „
9. Geld- und Naturaldeputate des Klosters Ebtorf	„	6 445 „
Wenn die hieraus sich ergebende Gesammtsumme von	**rund**	**36 738 Mk.**

den Etatsbetrag von 33 000 Mk. überschreitet, so liegt das an dem Fallen der Kornpreise und an anderweitigen Abrundungen einzelner Summen.

D. Kosten der dem Domänenfiskus auf Grund rechtlicher Verpflichtung obliegenden Armenpflege.

(Staatshaushaltsetat Kap. 1 Tit. 15.)

§ 58. Im Gegensatz zu den aus besonderen Rechtsverhältnissen entspringenden Verpflichtungen, welche aus Titel 14 zu erfüllen sind, handelt es sich in dem Titel 15 um die allgemeine gesetzliche Armenpflege.

Diese beruht auf dem Unterstützungswohnsitzgesetz vom 6. Juni 1870 (R.G.Bl. S. 360), dem Preussischen Ausführungsgesetz zu demselben vom 8. Juni 1871 (G.S. S. 130) und dem die Anstaltspflege der Geisteskranken, Idioten, Epileptischen, Taubstummen und Blinden betreffenden Gesetz vom 11. Juli 1891 (G.S. S. 300). Nach dieser Gesetzgebung hat der Domänenfiskus, soweit er Besitzer eines Gutsbezirks ist, die auf diesen, sei es, dass er einen Ortsarmenverband für sich bildet, sei es, dass er mit andern Guts- oder Gemeindebezirken zu einem Gesammtarmenverbande vereinigt ist, treffenden Kosten der Ortsarmenpflege grundsätzlich allein zu tragen. Sofern aber der Gutsbezirk nicht ausschliesslich in seinem Eigenthum steht, kann der Gutsbesitzer nach § 8 Abs. 2 des Gesetzes vom 8. Juni 1871 den Erlass eines Statutes herbeiführen, welches die Aufbringung der Kosten der öffentlichen Armenpflege in dem Gutsbezirk anderweitig regelt und den mit heranzuziehenden Grundbesitzern und Einwohnern eine entsprechende Betheiligung bei der Verwaltung der Armenpflege einräumt. Das Statut muss hinsichtlich der Regelung der Beitragspflicht den gesetzlichen Bestimmungen über die Vertheilung der Kommunallasten in den ländlichen Gemeinden folgen. Der Domänenfiskus ist daher in solchem Falle nach Massgabe nicht nur der auf ihn veranlagten

Real-, sondern auch der nach den Vorschriften des Kommunalabgabengesetzes vom 14. Juli 1893 — vgl. unten § 62 — zu berechnenden fingirten Einkommensteuer heranzuziehen.

Für Gesammtarmenverbände schreibt § 10 Abs. 2 Gesetz vom 8. März 1871 die Vertheilung der Lasten auf die Gemeinden und Gutsbezirke nach dem Massstabe der ganzen Einkommen- und halben Grund-, Gebäude- und Gewerbesteuer vor. Doch ist diese Bestimmung für die östlichen Provinzen, Schleswig-Holstein und Hessen-Nassau jetzt durch die Landgemeindeordnungen vom 3. Juli 1891, 4. Juli 1892 und 4. August 1897 beseitigt, welche den Vertheilungsmassstab der freien Vereinbarung durch Statut überlassen und nur für den Fall, wo eine solche nicht zu stande kommt, den Massstab des § 59 des Kommunalabgabengesetzes vom 14. Juli 1893, nämlich Heranziehung der Realsteuern mit einem um die Hälfte höheren Prozentsatze als der Einkommensteuer, anordnen. Innerhalb der einzelnen Gemeinde sind die Armenlasten in jedem Falle, mag sie für sich allein oder mit andern Kommunalverbänden einen Armenverband bilden, nach den Vorschriften des Kommunalabgabengesetzes aufzubringen, und hat daher dort der gemeindesteuerpflichtige Fiskus zu ihnen wie zu den übrigen Gemeindelasten beizutragen.

Zu einer Erhöhung der Ortsarmenlasten dürfte vielfach das Gesetz vom 11. Juli 1891 geführt haben. Denn wenn dasselbe auch den Ortsarmenverbänden nur ein Drittel der dem Landarmenverband zu erstattenden Kosten für die Unterbringung der hülfsbedürftigen, der Anstaltspflege bedürfenden Geisteskranken u. s. w. auferlegt, so ist doch eben der Zweck dieses ganzen Gesetzes, eine Anstaltspflege in weiterem Umfange, als sie bisher infolge der Scheu der Ortsarmenverbände vor den Kosten eintrat, zu sichern, und die Verwirklichung dieses Zweckes wird die Erleichterung durch die anderweite Vertheilung der Kosten in nicht wenigen Fällen mehr wie aufwiegen. Allerdings wird dies dort, wo der Domänenfiskus der ausschlaggebende Faktor im Armenverbande ist, wohl weniger der Fall sein, weil bei ihm auch früher schon eine engherzige Scheu vor den Kosten der Anstaltspflege, wie bei in ihrer Leistungsfähigkeit beschränkten Gemeinden und Gutsbezirken, nicht obgewaltet hat. Immerhin dürfte die auf Grund dreijähriger Fraktionsberechnung im Etat für 1895/96 vorgenommene Erhöhung des Tit. 15 von 48 270 auf 54 060 Mark wenigstens zum Theil auf die Wirkungen des Gesetzes vom 11. Juli 1891 zurückzuführen sein.

Dass der ganze Titel mit dem in Anbetracht des Umfanges des Domänenbesitzes verhältnissmässig geringen Betrage von jetzt rund 56 400 Mark abschliesst, erklärt sich daraus, dass die allgemeinen Verpachtungsbedingungen den Vorwerkspächtern die gesetzlichen Armenlasten auferlegen, aus Tit. 15 daher im Wesentlichen nur diejenigen für den administrirten oder doch nicht in Vorwerken bestehenden

Domänenbesitz zu bestreiten sind. Daher entfällt denn auch bei weitem der grösste Theil der Kosten auf Bezirke, in denen sich bei im Allgemeinen ärmlicheren Verhältnissen fiskalische, mit Kolonisten besetzte Gutsbezirke befinden. Allein der Regierungsbezirk Danzig beansprucht von dem ganzen Fonds mehr als 40 000 Mark, und er hat z. B. allein, insbesondere wegen des fiskalischen Gutsbezirks „Elbinger Territorium", die im Etat für 1886/87 vorgenommene Erhöhung des Fonds um 16 000 Mark nöthig gemacht.

E. Ausgaben zu Unterstützungen „aus sonstiger Veranlassung".

(Staatshaushaltsetat Kap. 1 Tit. 15a.)

§ 59. Der kleine, seit seiner besondern Ausbringung gleichmässig 5 470 Mark betragende Fonds Tit. 15a dient im Gegensatz zu Tit. 14 und 15 zu Leistungen der Armenpflege, zu denen der Domänenfiskus weder durch Gesetz noch durch spezielle Rechtstitel verpflichtet ist. Ausser eigentlichen Almosen sind aus ihm auch einmalige Unterstützungen an Personen, welche zwar im Dienst der Domänenverwaltung beschäftigt werden oder beschäftigt gewesen sind, aber nicht die Eigenschaft von Beamten haben und deshalb aus Tit. 8 nicht unterstützt werden können, sowie an die Hinterbliebenen solcher Personen zu gewähren.

Da es sich um einen Unterstützungsfonds handelt, sind die in einem Jahre verbliebenen Bestände auf die folgenden Jahre übertragbar.

F. Zinsen von Passivkapitalien, Passivrenten, sonstige Abgaben und Lasten u. s. w.

(Staatshaushaltsetat Kap. 1 Tit. 16.)

§ 60. Es ist ein nach ihrem Entstehungsgrund und rechtlichen Charakter buntes Gemisch von Ausgaben, das in dem Tit. 16 zusammengefasst ist. Es finden sich hier bei einander Zinsen und Amortisationsquoten lediglich privatrechtlicher Schulden, privatrechtliche Renten, Feuerversicherungsbeiträge mit den durch ausdrückliche Gesetzesbestimmung den öffentlichen Abgaben gleichgestellten Rentenbankrenten und mit den Steuern an die Kommunalverbände, den Abgaben an andere öffentlich-rechtliche Verbände, wie die Deichverbände, Sielachten u. s. w., endlich den Leistungen auf Grund der sozialpolitischen Gesetzgebung.

§ 61. Unter den Zinsen und Amortisationsquoten für privatrechtliche Schulden spielen und spielten früher noch mehr eine bedeutende Rolle diejenigen, welche an die Seehandlung für von dieser zur Drainage von Domänen vorgeschossene Kapitalien zu zahlen sind.

Nach einem Ministerialerlass vom 5. Mai 1868 hatte sich die Seehandlung bereit erklärt, die zu Drainagen auf Domänen erforderlichen Kapitalien gegen 5 Prozent Verzinsung und 3 Prozent Amortisation herzugeben, wobei der Pächter die Kosten der Vorarbeiten einschliesslich der Aufstellung des Drainirungsplanes selbst zu tragen hatte. Nach einem Erlasse vom 14. Januar 1875 wurde die Verzinsung und Amortisation auf 6 Prozent herabgesetzt, wovon 1 Prozent auf die letztere entfällt. Indess musste im Jahre 1882 (M.E. vom 8. April 1882) von diesem Verfahren, die Drainirungskapitalien aus den Fonds der Seehandlung zu entnehmen, abgegangen werden, weil eine noch weitere Inanspruchnahme derselben für diesen Zweck unthunlich war. Nunmehr wurde daher ein besonderer Fonds bei den einmaligen Ausgaben der Domänenverwaltung (vgl. dort) zur Bewilligung von Meliorations-, insbesondere Drainirungsdarlehen an Domänenpächter ausgebracht.

Aus den Fonds der Seehandlung sind insgesammt für den gedachten Zweck gewährt worden 4 921 400 Mark, wovon Ende März 1898 noch ungetilgt waren 2 018 728,05 Mark. Die Ausgabe des Tit. 16 an Zins- und Amortisationsquoten solcher Drainagevorschüsse der Seehandlung hat sich infolge Ablaufs der Amortisationsperiode seit 1889/90 um 155 951 Mark verringert und beläuft sich 1899 noch auf rund 182 000 Mark. Indess haben die gesammten Ausgaben für Verzinsung und Amortisation der Drainagekapitalien die Domänenpächter zu tragen, von denen die bezüglichen Beträge mit der Pacht abzuführen sind. Diese ganze Ausgabe des Tit. 16 hat daher nur den Charakter einer durchlaufenden, der, soweit nicht etwa ein Vorwerk vorübergehend pachtlos ist, eine entsprechende in Tit. 3 der Einnahmen mit enthaltene Einnahme gegenübersteht.

Die sonstigen privatrechtlichen Passivzinsen und -Renten sind nur noch von verhältnissmässig geringer Bedeutung, da die Domänenverwaltung seit langem bestrebt ist, dieselben nach Möglichkeit abzustossen, es sich theilweise auch nur um Zahlungen ad dies vitae des Berechtigten handelt.

Feuerversicherungsbeiträge sind aus dem Tit. 16 überhaupt nur für nicht verpachtete Objekte zu leisten, da sie für die verpachteten von den Pächtern zu tragen sind.

Die gewissermassen den Uebergang von den rein privatrechtlichen zu den rein öffentlich-rechtlichen Ausgaben bildenden Rentenbankrenten sind überwiegend solche für die Ablösung von Leistungen an Kirchen, Schulen, milde Stiftungen u. s. w., welche vor der Umwandlung in Rentenbankrenten aus Tit. 13 oder 14 zu bestreiten waren (vgl. das Nähere oben in §§ 52—54 und 58). An solchen Rentenbankrenten sind nach den Etats seit 1875 rund 364 000 Mark, und zwar zum weitaus grössten Theil in der Zeit bis 1882/83 auf den Tit. 16 übernommen worden. Doch ist in den letzten Jahren in dem Gesammtbetrage der Rentenbankrenten, d. i. einschliesslich der nicht erst auf Grund der Ablösungsgesetze der 70er Jahre zu zahlenden, eine wenn auch noch geringe Abnahme eingetreten, theils infolge von Kapitalablösungen, theils infolge Ablaufs der Amortisationsfrist älterer Renten, und es steht ihr völliges Verschwinden in verhältnissmässig naher Zeit bevor.

§ 62. Obwohl auch sie, soweit es sich um Realsteuern, nach den noch auf Grund der allgemeinen Bedingungen vom 22. März 1882 geschlossenen Pachtverträgen auch sofern es sich um Einkommensteuern handelt, wenigstens für Domänenvorwerke, im allgemeinen von den Pächtern zu tragen sind, beanspruchen doch die an die Kommunalverbände zu entrichtenden Steuern die grösste Bedeutung unter den Ausgaben des Tit. 16, und zwar sowohl wegen ihrer gegenwärtigen Höhe, als auch weil bei ihnen nicht nur mit keiner Verminderung, sondern sogar mit einer fortgesetzten Steigerung gerechnet werden muss.

Was die **Gemeindesteuerpflicht** des Domänenfiskus anlangt, die also nur bezüglich der nicht zu selbständigen Gutsbezirken gehörigen Objekte, mithin nicht für den grössten Theil der zu den Domänenvorwerken gehörigen Grundstücke und gewerblichen Anlagen in Frage kommt, so hatte über die Realsteuerpflicht der Liegenschaften und Gebäude schon das Gesetz vom 24. Februar 1850 (G.S. S. 62), auf das die Gemeindeverfassungsgesetze Bezug nahmen, für den damaligen Umfang der Monarchie einheitliches Recht geschaffen. Nach demselben unterlagen der Steuerpflicht von den Grundstücken nicht die ertragsunfähigen und die dem Staate, den Provinzen etc. gehörigen, zu einem öffentlichen Dienst oder Gebrauch bestimmten; von den als solche aufgeführten konnten für den Domänenfiskus nur in Betracht kommen „Lust- und botanische Gärten“, zur Uferbefestigung des Meeres, öffentlicher Ströme oder Flüsse dienende Anpflanzungen, Königliche Schlösser und zum Gebrauch öffentlicher Behörden oder zu Dienstwohnungen für Beamte bestimmte Gebäude einschliesslich der dazu gehörigen, in derselben Befriedigung belegenen Hofräume und Gärten.

Von den 1866 neuerworbenen Landestheilen erhielten Schleswig-Holstein und die Stadt Frankfurt am Main durch die alsbald in den ersten Jahren nach der Einverleibung erlassenen Gemeindeverfassungsgesetze hiermit übereinstimmende Vorschriften. Mit einigen Modifikationen, deren wichtigste die Nichterstreckung der Realsteuerfreiheit auf Dienstwohnungen war, gleiche Bestimmungen trafen die Hannoverschen Gemeindeverfassungsgesetze, während die übrigen Gemeindeverfassungsgesetze der neuen Landestheile nur mehr oder weniger unbestimmte Vorschriften enthielten, die aber ebenfalls im Grossen und Ganzen die Heranziehung des Domanialbesitzes zuliessen.

Die Heranziehung des Fiskus zu den von den Gemeinden erhobenen Zuschlägen zur staatlichen Gewerbesteuer oder besondern Gemeindegewerbesteuern war theils infolge ausdrücklicher Bestimmungen der Gemeindeverfassungsgesetze, theils, einen diesbezüglichen Gemeindebeschluss vorausgesetzt, infolge der Autonomie der Gemeinden zulässig.

Das nunmehr für die ganze Monarchie mit Ausnahme der Hohenzollernschen Lande und der Insel Helgoland einheitliches Recht schaffende Kommunalabgabengesetz vom 14. Juli 1893 (G.S.S. 152) hat an diesem Rechtszustande weniger materiell, als dadurch geändert, dass eine klare einheitliche Rechtsbasis geschaffen ist. Bebaute wie unbebaute Grundstücke des Staates unterliegen wie die jedes Privatmannes den Gemeindesteuern vom Grundbesitz; ausgenommen sind nur die Königlichen Schlösser — gleichviel, ob sie im Eigenthum des Fiskus oder des Landherrn stehen — einschliesslich der zugehörigen Nebengebäude, Hofräume und Gärten, und die zu einem öffentlichen Dienst oder Gebrauch bestimmten Grundstücke, nicht mehr aber die Dienstwohnungen und Dienstgrundstücke der Beamten; ist ein Grundstück oder Gebäude nur theilweise zu einem öffentlichen Dienst oder Gebrauch bestimmt, so bezieht sich die Befreiung nur auf diesen Theil (Kommunalabgabengesetz § 24). Die Heranziehung erfolgt entweder in Gestalt besonderer Gemeindesteuern vom Grundbesitz oder in Prozenten der staatlich veranlagten Grund- und Gebäudesteuer (§§ 25 bis 27 a. a. O.) Auch zu der nach § 27 Abs. 2 a. a. O. zugelassenen besondern Bauplatzsteuer können unter den gegebenen Voraussetzungen Domänengrundstücke wie alle andern herangezogen werden. Die Gemeindegewerbesteuerpflicht ist durch § 28 Nr. 6 a. a. O. nunmehr für alle Gewerbetriebe des Staates gesetzlich vorgeschrieben.

Die gesammten Gewerbebetriebe des Staates, gleichviel welchem Ressort sie angehören, werden nach den Bestimmungen des § 17 des Gewerbesteuergesetzes vom 24. Juni 1891 (G.S. S. 205) als ein steuerpflichtiges Gewerbe zur Steuer veranlagt, und zwar durch den Steuerausschuss der Gewerbesteuerklasse I in Berlin, dem gegenüber die Vertretung des Staates lediglich durch den Finanzminister erfolgt (M.E. vom 21. Dezember 1894 — Mittheilungen aus der Verwaltung der direkten Steuern Heft XXX. S. 52). Derselbe Steuerausschuss bewirkt im Anschluss an die Veranlagung die durch § 36 des Gewerbesteuergesetzes und § 32 des Kommunalabgabengesetzes vorgeschriebene Zerlegung des veranlagten Steuersatzes in die auf die einzelnen Gemeinde- und Gutsbezirke, auf die sich die Staatsbetriebe erstrecken, entfallenden Theilbeträge. Erheben die Gemeinden Prozente der staatlich veranlagten Gewerbesteuer, so sind diesen jene Theilbeträge zu Grunde zu legen; erfolgt dagegen die Erhebung einer besondern Gemeindegewerbesteuer (Kommunalabgabengesetz § 29), so ist der Fiskus hierzu nach Massgabe des in der Gemeinde gelegenen Theiles seines Gewerbebetriebes heranzuziehen (§ 32 Abs. 2 a. a. O).

Von dem ganzen auf die Gewerbebetriebe des Staates veranlagten Steuersatze von für 1899 249 548 Mark entfällt auf die Domänenverwaltung nur der sehr geringe Bruchtheil von 2 689 Mark, der sich mit 61 Mark auf die Gemeinde Norderney und mit 2 628 Mark auf Ems vertheilt, da ein Gewerbebetrieb der Domänenverwaltung in Gemeinden überhaupt zur Zeit nur durch den Betrieb der nicht verpachteten Mineralbrunnen und Bäder stattfindet, von diesen Betrieben aber alle ausser den Bädern Ems und Norderney einen Reinertrag bei Anrechnung verhältnissmässiger Antheile an den Kosten der Zentral- und Provinzialverwaltung für 1898 nicht ergeben haben. Wegen der verpachteten Gewerbebetriebe, also insbesondere des Betriebes der Mineralbrunnen in Niederselters, Fachingen und Geilnau sind die Pächter und nicht der Staat zur Gewerbesteuer zu veranlagen, weil Gewerbetreibender nicht der Eigenthümer einer von ihm verpachteten gewerblichen Anlage, sondern der diese betreibende Pächter ist.

Die Gemeindeeinkommensteuerpflicht des Fiskus war in früherer Zeit in den einzelnen Landestheilen sehr verschieden geregelt. Ausdrückliche Bestimmungen hierüber enthielten die Gemeindeverfassungsgesetze sammt und sonders nicht. Die Steuerpflicht oder Steuerfreiheit des Fiskus folgte lediglich aus den allgemein für die juristischen Personen bestehenden Rechtsnormen. Seine Besteuerung war daher zulässig auf Grund spezieller gesetzlicher Bestimmungen in den Stadt- und Landgemeinden Westfalens und der Rheinprovinz, in den Stadtgemeinden der Provinzen Ost- und Westpreussen, Brandenburg, Posen, Schlesien, Sachsen, Schleswig-Holstein und Hannover, der Regierungsbezirke Stettin und Köslin und des Gebiets der ehemaligen freien Stadt Frankfurt am Main, endlich auf Grund der allgemein den Gemeinden eingeräumten Autonomie in den Städten des Regierungsbezirks Stralsund und in den Stadt- und Landgemeinden des ehemaligen Kurfürstenthums Hessen. Unzulässig war sie dagegen in den Landgemeinden der sieben östlichen Provinzen und Hannovers sowie in den Stadt- und Landgemeinden der früher Nassauischen, Hessen-Homburgischen, Grossherzoglich Hessischen und Bayerischen Landestheile.

Soweit hiernach eine Besteuerung des Fiskus stattfand, kam sie mangels ausdrücklicher gesetzlicher Vorschriften unter analoger Anwendung der diesbezüglichen Vorschriften für die juristischen Personen zur Ausführung, was aber, da diese Vorschriften in vieler Beziehung auf den Fiskus absolut nicht passten, zu erheblichen Streitigkeiten und zahlreichen Kontroversen Veranlassung gab. Infolgedessen wurde bei den verschiedenen Anläufen zu einer Ordnung des Kommunalabgabenwesens in der zweiten Hälfte der 70er und der ersten Hälfte der 80er Jahre die Frage der Zulässigkeit einer kommunalen Einkommensbesteuerung des Fiskus in eingehende Erwägung gezogen. Man machte gegen dieselbe insbesondere geltend, dass für den Fiskus ein eigentliches steuerbares Gesammteinkommen in demselben Sinne wie für Privatpersonen wegen der Unmöglichkeit der Feststellung der auf demselben haftenden Lasten und rechtlichen Verpflichtungen überhaupt nicht zu ermitteln sei. Denn von dem Bruttoeinkommen seien behufs Ermittlung des steuerpflichtigen Reineinkommens nicht nur die auf dem Grundbesitz haftenden Lasten und Steuern, die zur Fortführung des Betriebes erforderlichen Ausgaben und die üblichen Absetzungen für Abnutzung, sondern auch die Zinsen von Schulden des Steuerpflichtigen und die ihm auf Grund rechtlicher Verpflichtung obliegenden Leistungen in Abzug zu bringen; eine solche Berechnung sei bei dem Fiskus unthunlich, eventuell könne sie nur zu dem Ergebniss führen, dass derselbe ein steuerpflichtiges Einkommen überhaupt nicht, sondern nur ein Defizit habe. Diese von der Staatsregierung in dem Entwurf von 1877 vertretene Auffassung fand indess nicht die Billigung des Landtags und wurde daher auch von jener aus Zweckmässigkeitsgründen in den spätern Entwürfen insoweit fallen gelassen, als man unter Wahrung des prinzipiellen Standpunkts bezüglich der Unthunlichkeit einer eigentlichen Einkommensbesteuerung des Fiskus ihn doch im wesentlichen den juristischen Personen gleichstellte. Das den bisherigen verschiedenartigen durch einen einheitlichen Rechtszustand für das ganze damalige Staatsgebiet — mit Ausschluss der Hohenzollernschen Lande — ersetzende sogenannte „Kommunalsteuernothgesetz“ vom 27. Juli 1885 (G.S. S. 327) bestimmte im § 1 Abs. 2:

„Bis zur anderweiten Regelung der Heranziehung des Staatsfiskus zu den auf das Einkommen gelegten Gemeindeabgaben in Verbindung mit der Ueberweisung von Grund- und Gebäudesteuer an die Kommunalverbände unterliegt der Staatsfiskus diesen Abgaben bezüglich des Einkommens aus den von ihm betriebenen Gewerbe-, Eisenbahn- und Bergbauunternehmungen, sowie aus den Domänen und Forsten.“

Ausgeschlossen von der Steuerpflicht wurde also das Einkommen des Fiskus aus ihm zwar gehörigen, aber nicht von ihm, sondern von Pächtern etc. betriebenen Gewerbe-, Eisenbahn- und Bergbauunternehmungen und aus weder zu solchen Unternehmungen noch zu den Domänen oder Forsten gehörigen Grundstücken und Gebäuden. Dagegen erstreckte sich die Steuerpflicht nicht nur auf Domänenvorwerke, sondern auf jedes einzelne Domänengrundstück.

Zur Ausführung dieser die Steuerpflicht im allgemeinen regelnden Vorschrift bestimmte dasselbe Gesetz, was die Domänen anlangt, im § 6:

„Das Reineinkommen aus fiskalischen Domänen und Forsten ist für die einzelnen Liegenschaften aus dem Grundsteuerreinertrage nach dem Verhältniss zu berechnen, in welchem der in der betreffenden Provinz aus den Domänen- und Forstgrundstücken erzielte etatsmässige Ueberschuss der Einnahmen über die Ausgaben unter Berücksichtigung der auf denselben ruhenden Verbindlichkeiten und Verwaltungskosten zum Grundsteuerreinertrage steht.

Das Verhältniss ist durch Resolut des Ressortministers alljährlich endgültig festzustellen und öffentlich bekannt zu machen.“ —

Durch diese Berechnungsart wird faktisch eine Steuerfreiheit aller zu den Domänen und Forsten gehörigen Objekte, welche einen Grundsteuerreinertrag nicht haben, insbesondere also der Gebäude begründet. Die Berechnung erfolgt in folgender Weise: Es verhält sich die Summe des Grundsteuerreinertrages von dem fiskalischen Domänen- und Forstbesitz in der Provinz N. zu dem Grundsteuerreinertrage von dem fiskalischen Domänen- und Forstbesitz in der Gemeinde O. wie der gesammte effektive Nettoertrag des fiskalischen Domänen- und Forstbesitzes in der Provinz N. zu dem abgabepflichtigen Einkommen des Fiskus in der Gemeinde O. Ergiebt sich z. B. in der betreffenden Provinz ein Verhältniss des Nettoertrages zum Grundsteuerreinertrage von 1,6, so beträgt hiernach für ein Domänengrundstück mit einem Grundsteuerreinertrage von 1 000 Mk. das zur Gemeindeeinkommensteuer heranzuziehende Einkommen des Fiskus aus demselben 1 600 Mk. Nicht in dieser Weise, sondern gemäss § 2 Abs. 2 des gedachten Gesetzes nach den für die Einschätzung zur Staatseinkommensteuer geltenden Grundsätzen zu ermitteln ist das Einkommen aus den administrirten Brunnen und Bädern, da diese zu den Gewerbebetrieben des Staates gehören. Dementsprechend müssen auch bei obiger Berechnung die auf diese bezüglichen Ausgaben ausser Ansatz bleiben. Dagegen sind im Uebrigen sowohl die dauernden wie die einmaligen Ausgaben in Ansatz zu bringen und ausser den im Etat der Domänen- und Forstverwaltung ausgeworfenen Ausgaben auch die Rente an den Kronfideikommissfonds von 7 719 296 Mk. und bis zur völligen Tilgung der auf die Domänen und Forsten radizirten Staatsschulden die Zinsen für diese, ferner als Verwaltungskosten auch diejenigen der Central- und Provinzialinstanz. Nicht zu den Einnahmen gehören die an die Staatsschuldenverwaltung bezw. an den Fonds des ehemaligen Staatsschatzes abzuführenden Erlöse aus verkauften Domänen- und Forstgrundstücken und Ablösungen.

Auf Grund dieser Berechnungsart haben sich für das Rechnungsjahr 1898/99 als steuerpflichtiges Einkommen der Domänen und Forsten folgende Prozentsätze des Grundsteuerreinertrages ergeben:

für die Provinz			für die Provinz		
Ostpreussen	155,9	Prozent	Sachsen	113,2	Prozent
Westpreussen	166,1	„	Schleswig-Holstein	125,7	„
Brandenburg	153,1	„	Hannover	100,4	„
Pommern	107,7	„	Westfalen	88,4	„
Posen	121,2	„	Hessen-Nassau	90,2	„
Schlesien	160,8	„	Rheinprovinz	84,3	„

Das finanzielle Ergebniss des Kommunalsteuergesetzes musste trotz dieser, was die Berechnung des Einkommens anlangt, für den Domänenfiskus ziemlich günstigen Vorschriften schon infolge der Ausdehnung des Besteuerungsrechts auf die bisher desselben nicht theilhaftigen Gemeinden eine erhebliche Mehrbelastung sein: in dem Etat für 1886/87 erforderte es einen Mehrbetrag von 72 280 Mark. Noch ungünstiger stellte sich die Sache für den Fiskus, als durch die allgemeinen Verpachtungsbedingungen vom 10. März 1890 seine Gemeindeeinkommensteuer von den den Vorwerkspächtern auferlegten Lasten ausgenommen wurde.

Das Kommunalabgabengesetz vom 14. Juli 1893 hat hinsichtlich der Gemeindeeinkommensteuerpflicht des Domänen- und Forstfiskus die Vorschriften des Kommunalsteuer-Nothgesetzes, abgesehen von dem in diesem enthaltenen Vorbehalt „Bis zur anderweiten Regelung der Heranziehung des Staatsfiskus zu den auf das Einkommen gelegten Gemeindeabgaben in Verbindung mit der Ueberweisung von Grund- und Gebäudesteuer an die Kommunalverbände“ wörtlich übernommen (§ 33 Nr. 4 und § 44).

Wenn das gedachte Gesetz im Uebrigen über die Vertheilung des Gemeindesteuerbedarfs auf die Einkommensteuer einer-, die Realsteuern andererseits Regeln aufstellt, welche eine Schonung jener und eine Mehrbelastung dieser bezwecken, so dürfte vor der Hand die finanzielle Wirkung hiervon auf den Domänenfiskus keine grosse sein, weil auf dem platten Lande, wo sich sein Besitz doch überwiegend befindet, bisher schon zumeist eine im Verhältniss zu der der Einkommensteuer stärkere Gemeindebelastung der Grund- und Gebäudesteuer als in den Städten stattfand und daher keine grossen Umwälzungen in den Belastungsverhältnissen erfolgt sind. Jedenfalls wird das Kommunalabgabengesetz gerade für den Domänenfiskus, der von der Ausserhebungsetzung der staatlichen Realsteuern, denen er ja nicht unterlag, keinen direkten Vortheil hat, eher eine Mehr- als eine Minderbelastung bedeuten, umsomehr, wo infolge des gedachten Gesetzes eine stärkere Anwendung von Gebühren und Beiträgen, denen er wie jeder private Grundbesitzer und Gewerbetreibende unterliegt, stattfindet. Dagegen dürfte im Grossen und Ganzen die seit dem Inkrafttreten des Kommunalabgabengesetzes im Fortschreiten begriffene Uebernahme der Kreisabgaben auf den Etat der Gemeinden zwar eine Erhöhung der dem Domänenfiskus obliegenden Gemeinde-, aber anderseits eine dieser die Waage haltende Verminderung der Kreisabgaben bedeuten.

Bezüglich der **Kreissteuerpflicht** des Fiskus stehen die Kreisordnungen auf dem Standpunkt, dessen Anerkennung, wie oben erwähnt, die Staatsregierung früher auch für die Gemeindebesteuerung wünschte, nämlich dass Fiskus ein steuerpflichtiges Reineinkommen nicht beziehe. Sie enthalten daher (im § 14) die Bestimmung, dass Fiskus zu den Kreisabgaben wegen seines aus Grundbesitz, Gewerbe- oder Bergbaubetrieb fliessenden Einkommens nicht herangezogen werden darf, dagegen auf Grund eines diesbezüglichen Beschlusses des Kreistages mit der Grund- und Gebäudesteuer um die Hälfte desjenigen Prozentsatzes stärker belastet werden kann, mit welchem die Einkommensteuer dazu herangezogen wird; ist also beispielsweise die Grund- und Gebäudesteuer im Allgemeinen mit 40, die Einkommensteuer mit 50 Prozent belastet, so kann Fiskus mit $40 + 25 = 65$ Prozent seiner Grund- und Gebäudesteuer herangezogen werden. Hinsichtlich seiner Heranziehung als Gewerbetreibender nach der Gewerbesteuer unterliegt er denselben Grundsätzen, wie sonstige in der Gewerbesteuerklasse I veranlagte Gewerbetreibende.

Befreit von der Kreisabgabenpflicht sind von den dem Staate gehörigen Liegenschaften und Gebäuden die zu einem öffentlichen Dienste oder Gebrauche bestimmten und die Königlichen Schlösser. Zu den hiernach befreiten Gebäuden gehören auch diejenigen, welche als Dienstwohnungen für Beamte benutzt werden, da nach der Rechtsprechung des Oberverwaltungsgerichts das Kommunalabgabengesetz, welches die Steuerfreiheit der Dienstwohnungen der Beamten für die Gemeindebesteuerung aufgehoben hat, an dem Umfang der Kreissteuerpflicht nichts geändert hat.

Die Provinzial- und — in Hessen-Nassau — Bezirkssteuerpflicht des Fiskus richtet sich nach denselben Bestimmungen, wie die Kreissteuerpflicht, da nach den Provinzialordnungen die Provinzen bezw. Bezirksverbände ihre Steuern auf die Kreise repartiren, die sie nach denselben Grundsätzen wie die Kreissteuern unterzuvertheilen haben.

Die durch das Kommunalabgabengesetz den Kreisen nahegelegte stärkere als bisherige Heranziehung der Realsteuern im Verhältniss zur Einkommensteuer muss in der Regel zu einer Mehrbelastung des Fiskus führen, da nach den oben angeführten Bestimmungen über seine Beitragspflicht jede Mehrbelastung der Grund- und Gebäudesteuer ihn voll trifft, eine Erleichterung der Einkommensteuer ihm aber höchstens zur Hälfte zu Theil wird. Freilich kann sich diese Wirkung bei Vorwerken dadurch abschwächen, dass nach den mehrerwähnten Verpachtungsbedingungen vom 16. März 1890 die Mehrbelastungen nach § 14 der Kreisordnung vom Fiskus, die allgemeinen Kreisabgaben vom Pächter zu tragen sind.

Mit den Kommunallasten nahe verwandt sind die ebenfalls aus Tit. 16 zahlbaren Renten, welche an Gemeinden, die aus domänenfiskalischen Kolonien hervorgegangen sind, als Entschädigung für die Uebernahme der bis dahin dem Fiskus als Besitzer des fiskalischen Gutsbezirks obliegenden Armen- und sonstigen Kommunallasten gewährt werden müssen.

§ 63. Von den aus Tit. 16 zu bestreitenden Sozietätslasten sind hervorzuheben die Deichlasten und die Beiträge an sonstige Meliorationsverbände. Die Heranziehung des Domänenfiskus zu denselben richtet sich nach den verschiedenen gesetzlichen Bestimmungen bezw. den Statuten der einzelnen Sozietäten. Grundsätzlich wird nach diesen der Fiskus nicht anders behandelt wie andere Betheiligte. Für die Höhe der Ausgaben, welche der Domänenfiskus selbst unmittelbar an diese Verbände zu leisten hat, ist es aber von grosser Bedeutung, dass die gewöhnlichen wie ausserordentlichen baaren Jahresbeiträge an alle beim Abschluss des Pachtvertrages bereits konstituirten Deich- und andere Meliorationsverbände nach den oft erwähnten allgemeinen Verpachtungsbedingungen nicht, wie die meisten sonstigen Kommunal-, Sozietäts- u. s. w. Lasten und -Abgaben, vom Pächter, sondern vom verpachtenden Fiskus zu tragen sind; nur wenn die ausserordentlichen Beiträge zur Herstellung neuer Anlagen verwendet werden, hat der Pächter dieselben mit jährlich höchstens 4 Prozent dem Domänenfiskus zu verzinsen, und zwar vom 1. Dezember nach Vollendung der Anlage an.

§ 64. Erst in jüngster Zeit dem Titel zugewachsen sind die Ausgaben, welche der Domänenfiskus auf Grund der Gesetze über die Kranken-, Unfall-, Invaliditäts- und Altersversicherung der Arbeiter zu leisten hat, ferner die Aszendentenrenten, Heilungskosten und Sterbegelder an Beamte bezw. deren Hinterbliebene auf Grund des Unfallfürsorgegesetzes vom 18. Juni 1887. Da indess, wie oben § 46 näher ausgeführt ist, die Kranken-, Unfall-, Invaliditäts- und Altersversicherung im allgemeinen nur auf die Arbeiter, nicht auf die etatsmässig angestellten Beamten Anwendung findet, die Leistungen auf Grund des Unfallfürsorgegesetzes für die ohnehin nicht zahlreichen Domänenbeamten nur zum kleinern Theil aus Fonds der Domänenverwaltung zu bestreiten sind, und da endlich auch die Zahl der in Eigenbetrieben der Domänenverwaltung beschäftigten versicherungspflichtigen Personen nur eine immerhin verhältnissmässig beschränkte ist, so wird die Domänenverwaltung weniger als andere Betriebsverwaltungen durch die sozialpolitische Gesetzgebung in finanzielle Mitleidenschaft gezogen. Es sind daher ausdrücklich zur Deckung dieser Ausgaben in den Etat neu eingestellt worden nur 1892/93 3 000 und 1893/94 weitere 2 800 Mark.

§ 65. Der Gesammtbetrag des in dem Tit. 16 ausgebrachten Fonds ist, wie ein Vergleich der Zahlen in der Anlage IV zeigt, in den letzten 30 Jahren stärker als irgend ein anderer Ausgabetitel der Domänenverwaltung gestiegen, von 546 219 Mark im Jahre 1869 auf 923 305 Mark 1879/80, 1 251 568 Mark 1889/90 und 1 255 247 Mark 1899, nachdem er 1886/87 sogar den Betrag von 1 292 111 Mark erreicht hatte. Da, wie oben ausgeführt, die Umwandlung der für geistliche, Schul- und Wohlthätigkeitsinstitute und dergl. auf den Domänen haftenden Reallasten in Rentenbankrenten sich erst in diesem Zeitraum vollzogen hat und dem Fonds dadurch ganz neue hohe Ausgaben zugewiesen sind, andere Ausgaben, wie insbesondere die Kommunalabgaben durch die allgemeine Entwicklung der Dinge wie durch Aenderungen der Gesetzgebung, endlich auch durch die mehrerwähnten zu Gunsten der Pächter vorgenommenen Aenderungen in den Verpachtungsbedingungen ungewöhnlich starke Steigerungen erfahren haben, wogegen eine ins Gewicht fallende Verminderung eigentlich nur bei den an die Seehandlung zu zahlenden Zins- und Amortisationsquoten eingetreten ist, erklärt sich das Anwachsen des Titels vollkommen. Die Ausgabesteigerung rührt denn auch zur reichlichen Hälfte her aus der Uebernahme von Renten für abgelöste Leistungen der Domänenverwaltung, insbesondere solcher auf Grund der Ablösungsgesetze der 70er Jahre; demnächst sind an derselben die Kommunalabgaben am meisten betheiligt, während die Zahlungen an die Seehandlung einen Ausgabezugang von etwa 270 000 Mark bewirkt haben, von dem inzwischen infolge Ablaufs der Amortisationsfrist nur rund 156 000 Mark wieder in Abzug gekommen sind. Weitere erheblichere Mehrausgaben sind dem Tit. 16 erwachsen aus der Uebernahme von in den ersten Jahren nach der Annexion bei dem Domänenbaufonds verrechneten Beiträgen an Deich- und Sielverbände in Hannover und von auf dem Kurhessischen Hausfideikommiss ruhenden Renten. Wenn die Gesammtausgabe sich in den letzten Jahren trotz Steigens einzelner Ausgabeposten, insbesondere der Kommunallasten doch wieder etwas verringert hat, so ist dies hauptsächlich der fortschreitenden Tilgung der Seehandlungsvorschüsse zuzuschreiben. Eine einigermassen erhebliche Ueberweisung von Ausgaben an andere Etats hat 1885/86 stattgefunden, indem 19 527 Mark Armenpflegerenten und Renten für Uebernahme der Kommunallasten von Forstkolonien auf den Etat der Forstverwaltung übernommen wurden.

Von dem für 1899 ausgeworfenen Betrage von insgesammt 1 255 247 Mark entfallen auf

1. Zins- und Amortisationsquoten für die von der Seehandlung hergegebenen Drainirungskapitalien rund	182 000	Mark
2. eine im Regierungsbezirk Stralsund zahlbare lebenslängliche Abfindungsrente	30 000	„
3. Rentenbankrenten	447 000	„
4. Kommunallasten, Renten an Gemeinden und sonstige nicht unter Nr. 3 fallende Ablösungsrenten, Ausgaben zufolge der Arbeiterversicherungsgesetzgebung etc.	596 000	„
zusammen	1 255 000	Mark.

G. Domänen-Baufonds.

(Staatshaushaltsetat Kap. 1 Tit. 18.) [1]

§ 66. Durch die Pachtverträge sind zwar, wie oben (§ 24) näher dargestellt ist, den Pächtern der Domänenvorwerke in Ansehung der Reparatur, der Wiederherstellung und des Neubaues von Gebäuden ziemlich weitgehende, wenn auch hinter denen der früheren allgemeinen Verpachtungsbedingungen weit zurückbleibende Verpflichtungen auferlegt. Immerhin hat auch auf den Vorwerken der Fiskus den Hauptheil wenigstens der Neubaukosten zu tragen, zumal er sich trotz der Bestimmung der Pachtverträge, dass Pächter in keinem Falle einen Anspruch auf Errichtung bisher nicht vorhandener oder auf irgend eine Aenderung, Erweiterung oder Verbesserung schon vorhandener Gebäude oder baulichen Anlagen hat, sehr häufig solchen Anforderungen des Pächters nicht entziehen kann. Insbesondere muss bei Neuverpachtungen jene Bestimmung der allgemeinen Pachtbedingungen häufig modifizirt werden, indem Fiskus sich zu bestimmten

[1]) Der jetzt ausfallende Tit. 17 „Zu Remissionen" war, da grundsätzlich Verpflichtungen zu Remissionen gegenüber den Pächtern nicht mehr übernommen wurden, seit 1890/91 bis auf 300 Mark zusammengeschmolzen, Ausgaben dieser Art kamen nur noch in Ostpreussen und im Regierungsbezirk Kassel vor. Bei dieser Geringfügigkeit des Betrages und da es sich um Ausgaben handelte, zu denen Fiskus rechtlich verpflichtet war, wurde die Ausgabe durch den Etat für 1892/93 auf Tit. 16 übertragen.

Bauten verpflichtet. Auch während der Pachtperioden verbieten es oft Billigkeitsgründe oder wirthschaftliche Erwägungen, den Anforderungen des Pächters gegenüber sich auf den Buchstaben des Pachtkontrakts zu berufen. Sind daher bei dem umfangreichen Vorwerksbesitz die vom Fiskus zu bestreitenden Hochbaukosten schon sehr bedeutende, so treten dazu nun noch diejenigen für Unterhaltung und Neubauten an den dem Domänenfiskus gehörigen Schlössern und sonstigen Gebäuden, bei der Weinbergs- und Kellerei-, der Mineralbrunnen- und Bäderverwaltung.

Zu den Hochbauten kommen sodann die Tiefbauten, hinsichtlich deren der Domänenfiskus sogar weit über sein gegenwärtiges Territorium hinausgehende Verpflichtungen hat. Soweit Wege und Brücken innerhalb der Grenzen der Vorwerke gelegen sind, folgt die Unterhaltungspflicht des Domänenfiskus aus seinem Eigenthum, und wird dieselbe dann in der Regel dem Pächter auferlegt. Dagegen hat er sie selbst zu tragen, soweit sie mit den nicht verpachteten Objekten verknüpft ist, oder soweit sie bei Parzellenpachtungen dem Pächter nicht auferlegt ist. Vielfach liegen ihm sodann selbst in Kommunalbezirken, in denen er Grundbesitz nicht mehr hat, sei es auf Grund des früheren gutsherrlichen Verhältnisses, sei es auf Grund von Urbarien, Observanzen oder andern Rechtstiteln, Wege- und Brückenbaulasten ob. Oefters hat Fiskus solche Verpflichtungen bei Veräusserungen sich ausdrücklich vorbehalten, weil die Uebertragung auf den Erwerber mit Rücksicht auf die Leistungsfähigkeit des veräusserten Objektes nicht angängig erschien.

Andere umfangreiche Bauverpflichtungen hat der Domänenfiskus auf dem Gebiete des Wasserbaues, und zwar sowohl zur Unterhaltung von Stauwerken, hier insbesondere auch bei veräusserten Mühlen, als auch von Uferschutzbauten, wenn auch gerade die letztern jetzt mehr als früher auf die Fonds der Bauverwaltung übernommen sind. Ueber alle derartigen Wege-, Brücken- und Wasserbauverpflichtungen des Domänenfiskus wird bei den Regierungen ein Kataster geführt.

Ueber die Ausführung der domänenfiskalischen Bauten sind seitens der Centralinstanz eingehende, die zweckmässigste und dabei sparsamste Ausführung sichernde Anordnungen ergangen. In denselben ist insbesondere als Grundsatz aufgestellt, auf den Domänenvorwerken nicht theuerer zu bauen, als dies die Erträge des Gutes, auf welchem gebaut werden soll, zulassen. Daher soll sich namentlich die Bauart danach richten, ob die Güter einen mehr oder minder intensiven Wirthschaftsbetrieb beanspruchen, und deshalb der Massivbau nicht mehr, wie dies in einem Erlasse vom 21. Dezember 1868 vorgeschrieben war, die nur aus besonderen Gründen zu verlassende Regel bilden, sondern in geeigneten Fällen auch zum Fachwerkbau oder Bau mit Lehmpatzen oder Kalksandziegeln gegriffen werden. Gewölbte Decken in den Stallgebäuden sollen wegen der hohen, mit den Vortheilen meist nicht im Verhältniss stehenden Kosten nur in Ausnahmefällen hergestellt werden. Alle Bestimmungen über Umfang und Art der Bauausführungen auf verpachteten Domänen hat sich der Fiskus vorbehalten; dem Pächter steht ein Mitbestimmungsrecht nicht zu. In der Regel werden die Bauten im Wege der Submission vergeben; doch können sie auf Vorwerken, sofern die Pächter Beiträge an Fuhren, Dachdeckungen oder baarem Gelde zu leisten haben, diesen aus freier Hand überlassen werden. Das Bauholz wird nur dann aus den Staatsforsten gegen die Forsttaxe hergegeben, wenn dies im Interesse der Forstverwaltung selbst liegt; sonst wird seine Beschaffung dem Unternehmer überlassen.

Um die im Laufe des Jahres vorzunehmenden Bauten ihrem disponiblen Baufonds anpassen zu können, haben die Regierungen alljährlich genaue Baupläne für das nächste Jahr aufzustellen. Zu den meisten grössern Bauten, ausser zum Wiederaufbau bisher schon vorhanden gewesener nothwendiger Wirthschaftsgebäude, ferner ohne Rücksicht auf den Umfang zur Herstellung neubaubedürftiger Gebäude in erweitertem Umfang, zu Neubauten von Gebäuden, Brücken und sonstigen Bauwerken in einem kostspieligeren Material, zur Umwandlung von Rohr-, Stroh- und Schindeldächern in Ziegeldächer oder eine andere kostspieligere Bedachung ist die ministerielle Genehmigung einzuholen, es sei denn, dass eine gesetzliche Bestimmung die Umänderung erheischt. Bauanschläge über 30 000 Mk. und solche zu besonders wichtigen Wasserbauten oder besonders schwierigen Hoch- und Wasserbauten unterliegen auch einer Superrevision im Ministerium. Brauchbare Materialien von den alten Gebäuden können zum Wiederaufbau verwendet werden. Die nicht wieder zur Verwendung kommenden alten Baumaterialien sind entweder dem Bauunternehmer unter Anrechnung auf seine Forderungen zu überlassen oder zu verkaufen; letzternfalls fliessen die Einnahmen zu Tit. 9 der Einnahmen der Domänenverwaltung.

§ 67. Aus dem sog. „Domänen-Baufond“, Tit. 18 „Zur Unterhaltung und zum Neubau der Domänengebäude, sowie zu Wege-, Brücken- und Uferbauten, welche dem Domänenfiskus obliegen“, sind die gesammten Bauverpflichtungen des Domänenfiskus zu bestreiten mit alleiniger Ausnahme der Kirchen- und Schulbauten, welche dem Patronatsbaufonds zur Last fallen, und der aus besondern Fonds des Extraordinariums zu bestreitenden oder vorzuschiessenden Kosten besonderer Bauausführungen, wie gegenwärtig der Vermehrung und Verbesserung von Arbeiterwohnungen, gewisser Eindeichungen und Landgewinnungsarbeiten, elektrischer Anlagen und von Meliorationen auf Domänen (vgl. den nächsten Abschnitt „Einmalige und ausserordentliche Ausgaben“). Trotz aller Sparsamkeit bei der Bewilligung und Ausführung der Bauten hat der Domänen-Baufonds daher stets unter allen Ausgabefonds der Domänenverwaltung die höchste Dotirung beansprucht. Wiederholt ist es trotzdem nöthig geworden, ihm durch das Extraordinarium ausserordentliche Zuschüsse zuzuführen. Gerade er hat auch in weit stärkerem Verhältniss als die meisten andern mit Rücksicht auf den Zutritt der neuen Provinzen gesteigert werden müssen. Von den im Etat für 1867 ausgeworfenen 2 154 649 Mark entfielen 1 516 569 Mark auf die neuen und nur 538 080 Mark auf die alten Provinzen, während zu der Gesammteinnahme der Domänenverwaltung jene nur etwa 40, diese 60 Prozent beisteuerten.

Bei der Entwicklung der wirthschaftlichen Verhältnisse in den letzten Jahrzehnten hat sich seitdem auch gerade bei diesem Fonds trotz der Abgabe mancher Leistungen an andere Fonds wiederholt das Bedürfniss zu namhaften Erhöhungen herausgestellt. Einmal sind die Arbeitslöhne und die Preise der wichtigsten Baumaterialien beträchtlich gestiegen. Dann aber hat sich auch ein vermehrtes Baubedürfniss geltend gemacht. Namentlich hat sich eine Vermehrung der Scheunen- und Stallräume auf Domänenvorwerken in steigendem Masse als unabweisbar erwiesen, weil die Ernteerträge sich durch intensivere Bewirthschaftung und Meliorationen erhöht haben, und weil der zunehmende Zuckerrübenbau wie auch sonstige Aenderungen in den Wirthschaftsmethoden eine bedeutende Vermehrung der Viehstände zur Folge gehabt haben. Durch Ueberweisung von bisher aus ihm bestrittenen Betriebskosten administrirter Grundstücke auf den hierfür bestimmten Etatstitel war es zwar möglich gewesen, den Baufonds für 1869 um mehr als 100 000 Mark herabzudrücken, und auch in den beiden nächsten Jahren erfuhr er noch geringe Herabminderungen, sodass er sich für 1872 nur noch auf 1 904 640 Mark belief. Aber von da ab stieg er infolge der gedachten Umstände fortgesetzt, obwohl die ihm neu zugewiesenen Ausgaben, insbesondere für die bisher zum Kurhessischen Hausfideikommiss gehörigen Baulichkeiten durch Abgabe anderer Ausgaben an andere Etats und durch Ueberweisung von Baulichkeiten an die Hessen-Philippsthal'schen Agnaten weit überstiegen wurden. Selbst die höheren Etatsansätze wurden in den 3 Jahren 1873—1875 durch die wirklichen Ausgaben noch um ca. 130 000 Mark überschritten. Die Lage des Staatshaushalts gab jedoch, nachdem der Baufonds im Jahre 1878/79 bis auf 2 499 100 Mark gestiegen war, Veranlassung, ihn im folgenden Etat, abgesehen von kleineren Ueberweisungen und Ersparnissen von 1875 Mark, um 167 225 Mark zu kürzen. Davon mussten aber schon vom 1. April 1885 ab als ferner nicht entbehrlich 104 570 Mark wieder zugesetzt werden, wogegen freilich die Ueberweisung von bisher aus dem Domänenbaufonds unterhaltenen Brücken, Durchlässen und Wegen in der Provinz Hannover an das Ressort der Bauverwaltung einen Minderansatz von 48 000 und anderweite kleine Ueberweisungen eine solche von 960 Mark ermöglichten. Im Etat für 1894/95 wurden sodann, weil der Fonds sich seit Jahren als unzureichend erwiesen hatte, nicht nur der Rest jener 167 225 Mark mit 62 655 Mark, sondern noch weitere 52 039 Mark zugesetzt und der Fonds damit auf 2 600 000 Mark gebracht. Seitdem ist er zwar infolge kleinerer Ueberweisungen um ein Paar Hundert Mark herabgegangen; aber in dem Etat für 1899 hat sich, nachdem in den Jahren zuvor zur Vermeidung von Etatsüberschreitungen ein grosser Theil nothwendiger Bauten zurückgestellt worden war, während einzelne besonders umfangreiche, namentlich Wasserbauten aus dem Extraordinarium bestritten werden mussten, die Einstellung eines ausserordentlichen Zuschusses zum Baufonds in Höhe von 500 000 Mark — neben besonderen Fonds für besondere bauliche Anlagen — in die ausserordentlichen und einmaligen Ausgaben (Kap. 10 Tit. 8) nicht umgehen lassen. Es ist wohl anzunehmen, dass künftig, soll nicht in Zwischenräumen von einigen Jahren das gleiche Verfahren wiederholt werden, eine Erhöhung des Tit. 18 der dauernden Ausgaben nicht zu vermeiden sein wird.

H. Kosten von Vermessungen und Bonitirungen sowie in Auseinandersetzungs-Angelegenheiten und Prozessen.

(Staatshaushaltsetat Kap. 1 Tit. 19 und 20.)

§ 68. Die beiden Fonds Tit. 19 und Tit. 20, von denen derjenige für Vermessungen und Bonitirungen (Grundstückstaxen) im Tit. 19 mit 16 525, derjenige für Auseinandersetzungs-Angelegenheiten und Prozesse — vor ordentlichen wie Verwaltungsgerichten — im Tit. 20 mit 26 146 Mark in dem Etat für 1899 ausgebracht sind, haben mit dem Fortschreiten der Vermessungen, Ablösungen, Gemeinheitstheilungen und Zusammenlegungen mit geringen Unterbrechungen fortgesetzte Verminderungen erfahren, sodass der Erstere auf 39, der Letztere auf 28 Prozent seines Betrages vom Jahre 1869 zurückgegangen ist.

Von Zahlung der eigentlichen Gerichtskosten ist Fiskus vor ordentlichen wie Verwaltungsgerichten befreit; es kommen also für ihn nur sonstige Prozesskosten, wie baare Auslagen des Gerichts, Anwaltskosten, der Gegenpartei zu erstattende Kosten u. s. w. in Betracht.

J. Betriebskosten für administrirte Grundstücke.

(Staatshaushaltsetat Kap. 1 Tit. 21.)

§ 69. Da die Betriebskosten der Mineralbrunnen und Bäder seit 1873 gesondert nachgewiesen werden und die Thiergartenverwaltung, bezüglich deren dies übrigens seit 1874 auch der Fall war, nicht mit der Domänenverwaltung auf das Landwirthschaftsministerium übergegangen, sondern bei dem Finanzministerium verblieben ist, enthält der Tit. 21 jetzt nur noch die Betriebskosten für sonstige administrirte Grundstücke. Es sind dies namentlich zahlreiche nicht verpachtete, insbesondere durch Meliorationen gewonnene Wiesenkomplexe, wie im Oderbruch bei Sonnenburg, die oben (§ 43) schon erwähnten Dimmerwiesen, der Rosochabruch, die Szonstagwiesen und andere grosse Wiesenanlagen in den Bezirken Gumbinnen und Marienwerder[1]) sowie die Anlandungen an der Schleswig-Holstein'schen Westküste.[2]) Dazu kommen die Kosten der fiskalischen Weinbergs- und Kellereiverwaltung, der vorübergehenden Administrationen und Sequestrationen von Domänenvorwerken und neuerdings der Verwaltung in Rentengüter zerschlagener Domänen bis zur vollendeten Austhuung der Rentengüter. Mit besonders hohen Beträgen waren endlich an dem Tit. 18, so lange sie sich im fiskalischen Betriebe befanden, die, wie oben erwähnt, jetzt eingegangenen Mühlen in Rendsburg und Bubainen betheiligt. Die Ermässigung des Fonds um 48 292 Mark im Etat für 1894/95 war in erster Linie eine Folge der Einstellung des Betriebes der Ersteren; andererseits veranlasste die Uebernahme des Be-

[1]) Vgl. hierüber unten § 74.

[2]) Vgl. über diese Anlandungen unten § 75.

triebes der Mühle in Bubainen sogar Zugänge von 107 960 Mark im Etat für 1884/85 und 95 000 Mark für 1885/86, welche Beträge von zusammen 202 960 Mark nach Einstellung des Betriebes 1888/89 wieder abgesetzt wurden.

Abgesehen von diesen durch besondere Umstände bedingten Ausgabeverminderungen ist bei dem Fonds eine langsam steigende Tendenz zu beobachten, die vollauf erklärt wird durch die in den letzten Jahrzehnten eingetretenen Preis- und Lohnsteigerungen. Gegenüber diesen ist sein Anwachsen sogar ein ausserordentlich mässiges. Wenn es in den Jahren von 1874 bis 1879/80 ein stärkeres gewesen ist, so trug hierzu die nach dem Tode des Kurfürsten von Hessen erfolgte Auflösung der besondern Verwaltung des ehemaligen Kurhessischen Hausfideikommisses, an dem Jenem nach der Einverleibung von Kurhessen der lebenslängliche Niessbrauch zugestanden hatte, das Meiste bei; denn die Ueberweisung der zu demselben gehörigen Objekte brachte für den Tit. 21 im Etat für 1876 allein eine Neubelastung mit 138 080 Mark. Unter Abzug dieser Summe ist der Titel in dem gedachten Zeitraum nur um 61 918 Mark gestiegen.

K. Betriebskosten für die Mineralbrunnen und Bäder.

(Staatshaushaltsetat Kap. 1 Tit. 22.)

§ 70. Die Betriebskosten der Brunnen- und Bäderverwaltung haben, überwiegend infolge des Ausscheidens derjenigen für die seit dem Rechnungsjahr 1894/95 verpachteten Brunnen in Niederselters, Fachingen und Geilnau, von 1895/96 ab eine Verminderung um rund 600 000 Mark oder ca. 41½ Prozent erfahren. Im Uebrigen weisen aber auch sie, wie die unter Tit. 21 verrechneten, aus denselben allgemeinen Gründen wie diese, ein langsames Ansteigen auf. Nur ist dasselbe bei ihnen öfter einmal durch geringe Verminderungen unterbrochen, die ihren Grund dann zumeist in einem minder starken Besuch der Bäder bezw. geringeren Absatz der Brunnenwässer in den für den bezüglichen Etatsansatz in Betracht kommenden Jahren hatten.

Wodurch sich aber der Tit. 22 wesentlich von Tit. 21 unterscheidet, das ist sein erheblich ungünstigeres Verhältniss zu den gegenüberstehenden Einnahmen. Obwohl die Ausgaben für die Beamten und die Baukosten nicht aus ihm bestritten werden, haben sich, wie die Anlage IV ergiebt, die Ausgaben des Tit. 22 vor der Verpachtung der Brunnen in Niederselters, Fachingen und Geilnau zwischen ca. 55 und beinahe 63, nach der Verpachtung um 45—47 Prozent der Einnahme des Tit. 5 bewegt, während Tit. 21 niemals 15 Prozent erreicht und in der Regel 10 Prozent der in Tit. 4 nachgewiesenen Einnahmen nicht sehr erheblich überstiegen hat. Die Gründe dafür, dass bei der Bäder- und Brunnenverwaltung das Verhältniss zwischen Einnahmen und Ausgaben ein relativ wenig günstiges ist, wie auch dafür, dass sich dasselbe gerade in den letzten Jahren vor der Verpachtung der drei mehrgenannten Brunnen noch etwas verschlechtert hatte, sind oben bei Besprechung der Einnahmen angedeutet. Was nun aber den Vergleich mit dem Verhältniss des Tit. 21 der Ausgabe zu Tit. 4 der Einnahme anlangt, so ist nicht zu übersehen, dass dieser die Einnahmen aus administrirten und verpachteten Objekten, jener die Ausgaben nur für die administrirten enthält. Insofern lassen sich also daraus, dass der Ueberschuss des Tit. 4 der Einnahme über Tit. 21 der Ausgabe prozentual höher ist als derjenige des Einnahmetitels 5 über den Ausgabetitel 22, keine Schlussfolgerungen ziehen.

L. Vermischte Ausgaben.

(Staatshaushaltsetat Kap. 1 Tit. 23.)[1]

§ 71. Unter den aus dem Titel „Vermischte Ausgaben" zu bestreitenden Kosten werden ausdrücklich hervorgehoben „Stellvertretungskosten" und seit 1883/84 „Beihülfen zu Chausseen und Eisenbahngüterhaltestellen, deren Anlage von wesentlichem Interesse für die Domänenverwaltung ist". Es handelt sich, wie diese Fassung ersehen lässt, bei diesen Beihülfen lediglich um solche, welche der Domänenfiskus freiwillig im Interesse der Domänen übernimmt; nicht sind hieraus zu bestreiten die von den Kreisen vermöge ihres Besteuerungsrechts, sei es gleichmässig für den ganzen Kreis, sei es unter Mehrbelastung einzelner Kreistheile, ausgeschriebenen Beiträge zur Bestreitung der Kosten solcher Verkehrsanlagen; diese Beiträge sind, soweit sie nicht von Pächtern zu tragen sind, als Kommunallasten aus Tit. 16 zu decken. Bis zum Jahre 1896/97 waren im Text des Titels noch die Worte hinzugefügt „aber ohne Hinzutritt der letztern durch Bewilligung von Beihülfen nicht zur Ausführung kommen würde". Die Streichung derselben beruht auf einer Anregung der Budgetkommission des Abgeordnetenhauses.

Der Gesammtbetrag des Tit. 23 ist seit dem Etat für 1887/88 ziemlich stabil auf ca. 137 000 bis 138 000 Mark geblieben. Vorher hatte er mehrere Jahre ca. 148 000 und in den 70er und ersten 80er Jahren 157 000 bis 163 000 Mark betragen. Das früher höhere Erforderniss hatte seinen Grund darin, dass bis 1887/88 aus diesem Titel auch Unterstützungen für hülfsbedürftige Domänenpächter und deren Angehörige, welche in dem Etat für jenes Jahr mit 11 120 Mark

[1]) Der früher die Ziffer 23 tragende Titel „Ausgaben der Festungsrevenüenkasse" ist 1886/87 weggefallen, da solche Ausgaben nicht mehr zu leisten waren, nachdem die ihnen gegenüberstehenden Einnahmen, bestehend in den alljährlich an die Preussische Staatskasse abzuführen gewesenen wirklichen Erträgnissen von dem im Besitze der Reichs-Militärverwaltung verbliebenen Grundstücken eingegangener vormals Preussischer Festungen gegen Zahlung einer festen Geldrente in Wegfall gekommen waren.

auf den Gnaden-Pensionsfonds (Kap. 62 Tit. 7 des Etats des Finanzministeriums) übertragen wurden, früher auch Bewirthschaftungskosten für administrirte Wiesen, die 1884/85 auf Tit. 21 übergingen, hieraus bestritten wurden. Uebrigens musste in der zweiten Hälfte der 70er und ersten Hälfte der 80er Jahre der Etatsansatz sehr erheblich überschritten werden, um in früheren Jahren trotz ihrer Aufhebung indebite gezahlte Gefälle, wie gewerbliche Abgaben und namentlich durch die Verordnung vom 28. April 1867 (G.S. S. 543) unentgeltlich aufgehobene sog. „stehende Gefälle“ in Schleswig-Holstein erstatten zu können.

II. Abschnitt.

Die einmaligen und ausserordentlichen Ausgaben der Domänenverwaltung.

(Staatshaushaltsetat Kap. 10.)

§ 72. Das je nach den wechselnden Bedürfnissen, aber auch nach Rücksichten auf die günstigere oder ungünstigere Lage des Staatshaushalts in den einzelnen Etats sehr verschieden hochdotirte Extraordinarium der Domänenverwaltung hat vorzugsweise zur Bestreitung der Kosten grösserer Meliorationen, insbesondere von Drainagen, Entwässerungen und Wiesenanlagen, Uferschutzbauten an den Meeresküsten, sodann aber auch zu ausserordentlichen Hochbauten, wie insbesondere Arbeiterwohnungen, in den letzten Jahren auch zu Erwerbungen neuer Domänen und zur Unterstützung des Ausbaues von Kleinbahnen gedient. In einer grössern Anzahl von Etats sind endlich Gelder zu Remunerationen für Beamte ausgeworfen, welche mit der Durchführung der Ablösung und Gemeinheitstheilung im Interesse des Domänenfiskus befasst waren.

§ 73. Die Domänenverwaltung ist, schon seitdem Anfang der 50er Jahre die Verbesserung landwirthschaftlicher Güter durch Ausführung von Drainirungen Gegenstand allgemeiner Aufmerksamkeit geworden war, unausgesetzt bestrebt gewesen, dergleichen Meliorationen auch auf den Domänen Eingang zu verschaffen und sie nach Möglichkeit zu fördern. Anfänglich standen zu Drainirungen auf fiskalische Rechnung Mittel nicht zu Gebote und musste sich die Domänenverwaltung aus diesem Grunde im Wesentlichen darauf beschränken, die Domänenpächter auf die anderwärts erzielten günstigen Erfolge der Drainirungen aufmerksam zu machen und zu entsprechenden Versuchen auf ihren Pachtungen anzuregen. Wenn dies auch nicht ganz resultatlos blieb, so scheiterte es doch bei der Mehrzahl der Pächter an der Unmöglichkeit, sich die erforderlichen erheblichen Anlagekapitalien zu beschaffen. Als durch die Staatshaushaltsetats für 1867 und 1868 im Extraordinarium der Domänenverwaltung je 75000 Mark zur Ausführung von Meliorationen auf Domänengrundstücken bewilligt waren, war es zuerst möglich, intelligenten und betriebsamen Domänenpächtern gegen angemessene Verzinsung Mittel zur Herstellung von Drainagen vorzustrecken. Indess genügten diese geringen Summen den Anforderungen, welche infolge der sich immer mehr verbreitenden Erkenntniss von dem Werthe solcher Anlagen zunahmen, nicht. Es entsprach daher einem lange gefühlten Bedürfniss, als im Jahre 1868 sich die Seehandlung bereit erklärte, aus ihren Fonds Kapitalien gegen 5 Prozent Zinsen und 3 Prozent Amortisation herzugeben. Hatte dies auch zahlreiche Anträge auf Bewilligung von Darlehen zur Folge, so hielt doch der hohe Satz der zu dem Pachtzinse hinzutretenden Zins- und Amortisationsquoten noch viele Pächter von Inangriffnahme nothwendiger Drainirungen ab. Erst als die Seehandlung 1875 die Amortisationsquote von 3 auf 1 Prozent herabsetzte, trat die Neigung der Domänenpächter zur Ausführung von Drainagen in dem vollen wünschenswerthen Masse hervor. Bereits im Jahre 1882 musste jedoch, wie oben schon erwähnt ist, die Seehandlung, nachdem sie insgesammt 4 921 400 Mark, davon 2 127 680 Mark gegen drei- und 2 793 720 Mark gegen einprozentige Amortisation, zu Drainagen hergegeben hatte, die Gewährung weiterer Darlehen ablehnen. Da jedoch nach den angestellten Ermittlungen noch auf 333 Vorwerken 31 151 ha drainagebedürftig waren, wurde dazu übergegangen, die zur Drainirung dieser Flächen anschlagsmässig erforderlichen Kosten von 5 400 000 Mark ratenweise unter Uebertragbarkeit der Ersparnisse auf die folgenden Jahre in das Extraordinarium einzustellen. Dieselben wurden ausser zu Drainirungen auch zu sonstigen Meliorationen auf den Vorwerken und Bauerhöfen, wie Berieselungsanlagen, Entwässerungen durch offene Gräben u. s. w. bestimmt. Die in die Etats eingestellten Jahresraten haben betragen in den 5 Jahren 1. April 1882/87 jährlich 600 000, 1887/88 400 000, 1888/89, da von den in den Vorjahren bewilligten Beträgen noch 1 030 776 Mark nicht definitiv verwandt, auch nach dem vorangegangenen trockenen Sommer erfahrungsmässig nur weniger Anträge zu erwarten waren, nur 100 000 Mark, in den folgenden 6 Jahren bis 1. April 1895 aber je 300 000 Mark, insgesammt 5 300 000 Mark. Waren somit auch die im Jahre 1883 veranschlagten 5 400 000 Mark bis auf einen Rest von 100 000 Mark bewilligt, so hatten doch unausgesetzt hervortretende zahlreiche Anträge auf Bewilligung von Kapitalien zur Ausführung von Drainirungen, den in den letzten Jahren mehr und mehr in Aufnahme gekommenen kostspieligen Moordammkulturen und von sonstigen Meliorationen die Nothwendigkeit bewiesen, auch weiterhin Mittel für diese Zwecke in nicht nur nicht geringerem, sondern sogar in höherem Betrage flüssig zu machen.

Es sind daher in den letzten 5 Jahren bis 1899 je 400 000 Mark durch den Etat bewilligt worden. Bis einschliesslich 1899 sind somit in dem Extraordinarium 7 300 000 Mark ausgeworfen, und zuzüglich der von der Seehandlung hergegebenen Beträge sind 12 221 400 Mark bereit gestellt worden. Die Bewilligung an die Pächter erfolgt, wie s. Z. seitens der Seehandlung, als Darlehen gegen Verzinsung und Amortisation. Doch ist mit Rücksicht auf das Sinken des allgemeinen Zinsfusses und die ungünstigen landwirthschaftlichen Konjunkturen seit März 1885 der Zinssatz von 5 auf 4 Prozent neben wie bisher 1 Prozent Amortisation herabgesetzt.

§ 74. Die umfangreichsten in Entwässerungen und Kultivirungen bestehenden Meliorationen im Bereiche der Domänenverwaltung liegen in der Zeit vor Einführung des konstitutionellen Systems. Hauptsächlich um der wiesenarmen Gegend ausgedehnte Wiesenkomplexe zu schaffen und hierdurch der Bevölkerung die Haltung grössern Viehstandes und vermittels des gewonnenen Düngers die Verbesserung des dürftigen Bodens zu ermöglichen, wurden in den 40er Jahren grossartige Meliorationen in der „Tucheler Haide“ in Westpreussen vorgenommen. Dieselben zerfallen in die Meliorationsanlagen am Schwarzwasser, an der Brahe und im Mockrauer Walde und in den Iserauer Brüchen. Am Schwarzwasser sind auf einem Areal von ca. 1 275 ha durch Ableitung dieses Flusses, Kanalisationen, Beseitigung von Mühlen u. s. w. mit einem Kostenaufwande von 1 200 000 Mark Rieselwiesen hergestellt. An der Brahe und ihrem Nebenfluss, der Bielskastruga, wurden in ähnlicher Weise bis zum Jahre 1850 mit einem Aufwande von 1 524 000 Mark, die hauptsächlich auf den auch für Schifffahrt und Flössereizwecke bestimmten Brahekanal entfallen, ca. 150 ha Rieselwiesen gewonnen und weitere 175 ha gerodet aber noch nicht ausgebaut. Später erlaubte die Finanzlage nur noch geringere Mittel zur Verfügung zu stellen, mit denen allmälig die Wiesenfläche vergrössert wurde. Weniger kostspielig waren die auf Flächen der vom Fiskus angekauften Herrschaften Mockrau und Czersk durch Bruchentwässerungen u. s. w. vorgenommenen Meliorationen im Mockrauer Walde und in den Iseruuer Brüchen, welche ebenfalls zur Gewinnung guter Riesel- und Stauwiesen führten. Unabhängig von diesen Meliorationen in der Tucheler Haide, aber ziemlich gleichzeitig wurde diejenige des ca. 150 ha grossen Rosochabruchs im Kreise Schlochau ins Werk gesetzt, zu welchem Zweck die zu meliorirenden, im Eigenthum kleiner Besitzer befindlichen Flächen erst durch Tausch erworben wurden. Auch hier wurden Wiesen und zwar zunächst Stau-, später allmählich Rieselwiesen hergestellt. Der Kostenaufwand betrug bis 1850 33 662 Mark.

Alle diese Meliorationen waren in der Hauptsache, wie erwähnt, bis 1849 bereits ausgeführt. Immerhin erscheinen in den Extraordinarien der Etats der nächsten Jahre noch Beträge für dieselben, so in dem Etat pro 1849 für Schwarzwasser- und Brahemeliorationen 150 000 Mark, 1850 30 000 Mark und in den folgenden Jahren für die Brahemelioration kleinere Beträge, zumeist 15 000 Mark. Andere weniger umfangreiche Meliorationen wurden von der Domänenverwaltung in den 40er Jahren bei Stasswinnen, Kruglinnen und Skallischen im Regierungsbezirk Gumbinnen, im Masurenbruch im Regierungsbezirk Marienwerder und im Strzelnoer Bruch im Regierungsbezirk Bromberg ausgeführt. In neuester Zeit haben von den damaligen Meliorationen nochmals die an der Brahe eine sehr erhebliche Ausgabe für den Domänenfiskus verursacht durch den infolge Baufälligkeit nothwendig gewordenen Neubau der Flöss- und Fluthschleusse bei Mühlhof, durch den das Extraordinarium pro 1897/98 und 1898/99 mit je 125 000 Mark belastet werden musste.

Jüngeren Datums als diese Meliorationen sind die Senkung des Szonstag- und Gaylo-Sees im Regierungsbezirk Gumbinnen, die im Anfang der 70er Jahre mit einem Kostenaufwand von ca. 48 000 Mark ausgeführt wurde und zum Gewinne von ca. 250 ha nutzbaren Bodens führte, und die unter einer Belastung des Extraordinariums der Jahre 1873, 1874 und 1876 mit zusammen 154 380 Mark von dem Staat gemeinschaftlich mit Privatinteressenten im Wege der Genossenschaft ausgeführte Entwässerung von Seen und Brüchen am Dimmernfluss im Regierungsbezirk Königsberg, die zum Gewinn der schon früher erwähnten Dimmerwiesen führte.

§ 75. Umfangreiche und kostspielige Meliorationsaufgaben ganz anderer Art überkam die Domänenverwaltung in den neuen Provinzen Schleswig-Holstein und Hannover. Die Nordsee hat die Eigenschaft, an den schlickreichen Mündungen der Ems, Weser, Elbe und Eider bezw. an den Küsten Hannovers und Schleswig-Holsteins vermöge des Wechsels von Fluth und Ebbe fortdauernd mit der Fluth Schlick anzuspülen, der sich dann bei der Ebbe absetzt. Dadurch entstehen allmählich Alluvionen, welche, wenn sie eine gewisse Ausdehnung und Höhe über der gewöhnlichen Meeresfluth erreicht haben, mit einem Deiche umgeben werden können und dann das werthvolle Marschland bilden. Der Anspruch auf diese Anwüchse steht in Hannover und an den Küsten der Schleswig-Holstein'schen Kreise Husum, Eiderstedt und Süderdithmarschen dem Fiskus als Regal zu, während in den Kreisen Norderdithmarschen, Tondern und Hadersleben sich der Fiskus dieses Regals schon unter dänischer Herrschaft entäussert hat. Andererseits finden an denjenigen Theilen der Nordseeküste, welche nicht durch vorliegende Inseln und vorspringende Landzungen geschützt sind, im natürlichen Zustande nicht nur keine Anlandungen, sondern durchweg Abbrüche statt. Dem Staate im Allgemeinen und, soweit es sich um dem Fiskus zufallende Anlandungen oder Verhinderung ihn treffender Abbrüche handelt, dem Domänenfiskus insbesondere lag daher und liegt die

Aufgabe ob, in Fortsetzung der gleichen Bestrebungen der früheren Landesherrschaften für die Beförderung und Sicherung jener Anlandungen und den Schutz vor Abspülungen Sorge zu tragen. Das in dieser Hinsicht von dem Domänenfiskus unter starker Inanspruchnahme extraordinärer Mittel, aber auch eines erheblichen Theiles der in dem Ordinarium ausgeworfenen Betriebskosten für administrirte Grundstücke Geleistete ist sehr bedeutend.

Von kleineren Arbeiten abgesehen, wurde in den Jahren 1872 und 1873 mit einem Kostenaufwand von 1 530 000 Mark die grossartige Eindeichung der sog. „Maxqueller" an der Süderdithmarschen Küste ausgeführt, wodurch ein neuer „Koog", der „Kaiser Wilhelms-Koog", von 1 060 ha reichsten Marschlandes gewonnen wurde, das für einen Kaufpreis von ca. 2 885 000 Mark in bäuerlichen Stellen veräussert worden ist.

Eine nicht minder wichtige Melioration wurde in den Jahren 1874 und 1875 in Angriff genommen. Um die nach weiteren Aufschlickungen mögliche Eindeichung einer zwischen der Küste des Kreises Husum und der Insel „Hamburger Hallig" im Wattenmeer befindlichen Alluvion vorzubereiten bezw. die Aufschlickungen zu befördern, wurde die gedachte Insel mit dem Festlande durch einen Damm verbunden, der, ursprünglich aus Faschinen aufgeführt, Anfang der 80er Jahre eine Steindecke erhielt.

Ziemlich gleichzeitig erfolgte die Sicherung eines 108 ha grossen Vorlandes von „König Frederik VII.-Koog" an der Elbmündung durch einen Sommerdeich.

Von den in der Folgezeit ausgeführten grossen Arbeiten an der Schleswig-Holstein'schen Küste sind hervorzuheben die Deichbauten am Süderheverkoog, die Sommerbedeichung der 590 ha umfassenden Osterhever und Tetenbüller Vorlande und namentlich die gegenwärtig in der Ausführung begriffenen am Trennenwurther Vorland und an dem Vorland südlich vom Frederik VII.-Koog und nördlich vom Kaiser Wilhelm-Koog: durch Winterbedeichung des Trennenwurther Vorlandes, alten und neuen Steert und des Rathjendorfer Sommerkoogs, deren Kosten auf 600 000 Mark veranschlagt sind, soll eine werthvolle Fläche von 549 ha gesichert werden, welche nach Abzug der zu den Deich-, Wege- und Grabenanlagen erforderlichen ca. 68 ha zum Verkauf und zur Gründung neuer Landstellen bestimmt ist, während die letzgenannten 486 ha umfassenden Vorlandsflächen durch eine auf 234 500 Mark veranschlagte Sommerbedeichung einer ergiebigeren Weidebenutzung zugänglich gemacht werden sollen. Soweit es sich bei diesen Ausführungen nur um die nur gegen mittlere Hochfluthen sichernde und daher die Benutzung des Hinterlandes nur als Weide ermöglichenden Sommerbedeichungen handelte, besitzen dieselben gleichwohl noch eine besondere Bedeutung als Vorbereitungen für eine spätere auf die grössten Fluthhöhen berechnete und daher den Ackerbau im Hinterlande gestattende Winterbedeichung.

Für alle diese Meliorationsarbeiten an der Schleswig-Holstein'schen Küste sind in den 30 Jahren seit 1870 im Extraordinarium der Domänenverwaltung ausgeworfen gewesen:

Zur Eindeichung der Maxqueller (Kaiser Wilhelms-Koog) 1872 und 1873 zusammen	1 530 000 Mk.
für den Damm zur Landfestmachung der Hamburger Hallig 1874 und 1875 zusammen	159 000 „
zur Herstellung eines Sommerkoogs am König Frederik VII.- und Kaiser Wilhelms-Koog 1875, 1898/99 und 1899 zusammen	310 400 „
zur Verstärkung des Seedeichs und Erhöhung der Deichkrone am Süderheverkoog 1876, 1877/78 und 1878/79 zusammen . . . . . . , ...	210 000 „
zu Sommerbedeichungen von Theilen des Osterhever und Tetenbüller Vorlandes 1895/96	268 500 „
zur Wintereindeichung des Trennenwurther Vorlandes, des alten und neuen Steert- und des Rathjendorfer Sommerkoogs	600 000 „
zu Wege- und Entwässerungsanlagen auf dem König Christian-Koog sowie zur Absteckung, Vermessung und Kartirung der dort zu veräussernden Parzellen 1879/80	33 500 „
zusammen . . .	3 411 400 Mk.

Zur Zeit besitzt der Domänenfiskus an dergestalt in früherer oder neuerer Zeit entstandener Kooge in Schleswig-Holstein

A. Winterkooge:

Simonsberger Neuekoog . . .	mit rund	45 ha,	verpachtet für	1 088 Mk.
Süderheverkoog	„ „	246 „	„ „	18 000 „
Gotteskoog	„ „	2 000 „	„ „	44 000 „
Maasbüller Herrenkoog . . .	„ „	766 „	„ „	15 700 „
Friedrichenkoog	„ „	77 „	„ „	5 800 „

B. Sommerkooge:

Wöhrdener Sommerkoog . . .	mit rund	65 ha,	verpachtet für	7 300 Mk.
Ketelsbüttler „ . . .	„ „	28 „	„ „	3 000 „
Alter Meldorfer „ . . .	„ „	200 „	„ „	20 000 „
Neuer „ „ . . .	„ „	68 „	„ „	5 300 „
Barlter „ . . .	„ „	216 „	„ „	24 300 „
Rathjensdorfer „ . . .	„ „	84 „	„ „	9 400 „
Alter Steert- „ . . .	„ „	125 „	„ „	14 000 „
Neuer „ „ . . .	„ „	78 „	„ „	8 300 „
Altfelder „ . . .	„ „	105 „	„ „	11 300 „
Kleindieksander „ . . .	„ „	102 „	„ „	12 500 „
Plattenrönner „ . . .	„ „	100 „	„ „	7 800 „

Hiervon ist der zuerst genannte Simonsberger Neuekoog schon seit dem vorigen Jahrhundert an die Landschaft Eiderstedt und an die Södermarsch-Kommune gemeinschaftlich so lange verpachtet, bis der alte Simonsberger Koog in der Gestalt, in welcher er sich vor der Sturmfluth von 1717 befand, wiedergewonnen sein wird.

Verkauft hat der Domänenfiskus bis auf einige Hektar, die im Wesentlichen aus Tränken, Aufschüttungsflächen, Dienstgrundstücken und Hofräumen bestehen, den Kaiser Wilhelms-, Frederik VII-, König Christian- und Kronprinzen-Koog.

In der Provinz Hannover sind durch Eindeichungen zwei neue „Polder“, an denen der Domänenfiskus der Hauptinteressent war, gewonnen, nämlich der Kaiser Wilhelms-Polder bei Emden und der Kanal-Polder bei Weener. In dem Extraordinarium der Domänenverwaltung waren hierzu in dem gedachten Zeitraum ausgeworfen

1874—1877/78 insgesammt	1 907 780 Mark.
Neuerdings sind zu weiteren Landgewinnungsarbeiten an der Ostfriesischen Küste 1898/99 und 1899 zusammen	1 000 000 „
ausgebracht, insgesammt also seit 1870	2 907 780 Mark.

§ 76. Gering im Vergleich zu solchen Summen sind diejenigen, welche im Extraordinarium der Domänenverwaltung für die Nutzbarmachung der Domanialmoore in Ostfriesland erscheinen, nämlich zur Herstellung von Schifffahrts- (Fehn-) kanälen im Jahre 1872 102 500, 1875 42 000, 1877/78 47 800, zusammen 150 300 Mark. Dabei ist indess nicht zu übersehen, dass die eigentliche Kultur des Moores zumeist den mit Rücksicht hierauf unter den günstigsten Bedingungen angesetzten Moorkolonisten überlassen wird, dass, soweit dies nicht geschieht, die Kulturkosten einschliesslich der Herstellung von Gräben u. s. w. aus dem Ordinarium bestritten werden, und dass für die gleichen Zwecke auch im Forstetat Mittel ausgeworfen sind, endlich dass grössere Meliorationen dem Fiskus keine entsprechende Verzinsung versprechen und daher eine haushälterische Vorsicht in der Verwendung grosser Summen von Staatsgeldern geboten ist. Die Herstellung der Schifffahrtskanäle beruht auf der namentlich in Holland, aber auch in Hannover selbst, wo namentlich die Stadt Papenburg auf diese Weise entstanden ist, gemachten Erfahrung, dass eine lebenskräftige Moorkolonisation nur durch die unmittelbare Berührung der Kolonate mit einem schiffbaren Kanal zu erzielen ist, d. i. durch die Fehnkolonisation im Gegensatz zur Moorkolonisation im engeren Sinne, bei der die Kolonate für Abfuhr des Torfs auf Landwege angewiesen sind.

Das System besteht darin, dass von einem schiffbaren Flusse aus ein für kleine Schiffe fahrbarer Fehnkanal allmälig in das Torfmoor hineingeführt wird. Der Kanal wird der Regel nach beiderseits von Wegen begrenzt, und den Kanal entlang reihen sich die einzelnen Kolonate, der Regel nach mit der schmaleren Seite an den Kanal oder Weg stossend, aneinander. Meist rechtwinklig werden von dem Hauptkanal schmalere, wenigstens für kleinere Kähne fahrbare Kanäle, die sog. Invieken abgezweigt, die ihrerseits wieder die Basis für eine weitere seitwärts sich ausdehnende Kolonisation bilden. Hat der neu eintretende Kolonist eine „Moorkavel“, d. i. ein bestimmtes Stück Moorland erworben, so wird zunächst auf dem unabgetorften Hochmoore eine vorläufige, natürlich sehr primitive Wohnung errichtet. Neben der Wohnung ist das Haupterforderniss der Besitz eines Kahnes. Mit den dem Kanal oder der Invieke zunächst gelegenen Theilen der Kavel beginnend, wird die obere meist aus losem Moostorf bestehende Schicht (Bunkererde) zunächst zurückgeworfen der tiefer stehende Brenntorf abgestochen, getrocknet und sodann auf dem Kanal zum Verkehr nach den geeigneten Absatzorten in den holz- und moorarmen Marschgegenden verschifft. Die Rückfracht des Kolonisten bildet Meerschlick, der mit der auf die aus abgetorften Flächen gebrachten Bunkererde den Humus zur Erzielung von Kulturgewächsen bildet.

§ 77. Zu Gunsten der Domänenvorwerke bedeutet es eine bei den sich immer ungünstiger gestaltenden Arbeiterverhältnissen auf dem platten Lande zunehmende Wichtigkeit beanspruchende Melioration, dass in den letzten Jahrzehnten, in der Absicht, den Domänen einen genügenden und zuverlässigen Stamm von Arbeitern zu sichern, aber auch um die soziale Lage und Lebenshaltung der Landarbeiter auf den Domänen zu heben und hierin vorbildlich für die übrigen Grossgrundbesitzer zu wirken, durch das Extraordinarium, da der ordentliche Baufonds nicht ausreicht, als Zuschuss zu diesem sehr erhebliche Mittel zur Vermehrung und Verbesserung der Arbeiterwohnungen und ihrer Zubehörungen an Stallgebäuden, Brunnen u. s. w. auf den Domänen zur Verfügung gestellt worden sind. Zu diesem Zwecke sind in den Jahren von 1875 bis 1878/79 insgesammt 630 000 Mark und sodann in den 4 Jahren 1894/95 bis 1897/98 je 200 000, 1898/99 400 000 und 1899 sogar 500 000 Mark in den Etat eingestellt, so dass die Gesammtbewilligungen seit 1875 die stattliche Höhe von 2 330 000 Mark erreichen. Bemerkt sei, dass in gleicher Weise der Staat auch für seine in anderen Betrieben beschäftigten Arbeiter gesorgt hat, worauf weiterhin in den entsprechenden Theilen des Werkes zu kommen sein wird.

Die Domänenpächter haben entweder die zu dem gedachten Zwecke hingegebenen Baugelder zu verzinsen — nicht auch zu amortisiren — oder es wird von ihnen die Uebernahme eines Theiles der Baukosten, höchstens ein Fünftel, verlangt.

§ 78. Erst der neuesten Zeit gehört die Aussetzung von Fonds zur Herstellung elektrischer Anlagen für landwirthschaftliche Betriebszwecke auf Domänen an. Nachdem in dieser Beziehung unter Gewährung wenn auch nur beschränkter Mittel theils aus dem Domänenbaufonds, theils aus dem Fonds zu vermischten Ausgaben Versuche angestellt worden waren, deren Ergebnisse darauf hinwiesen, auf dem eingeschlagenen Wege weiter vorzugehen, ist in Aussicht genommen, mit für die 3 Etatsjahre 1898/99 bis 1900 in das Extraordinarium einzustellenden Mitteln weitere Versuche zu machen, und es sind in jeden der beiden Etats für 1898/99 und 1899 Raten von je 50 000 Mark eingestellt worden. Die für die einzelnen Domänen bewilligten Gelder sind von den Pächtern zu verzinsen, während von einer Amortisation durch sie in der Regel abgesehen wird.

§ 79. Gleich hohe Jahresraten wie in den beiden letzten Jahren für elektrische Anlagen sind schon seit 1894/95 zu dem Zwecke ausgebracht, den Bau von Kleinbahnen im Interesse der Domänen zu fördern. Nachdem das Kleinbahngesetz vom 28. Juli 1892 erlassen war, hatte das Abgeordnetenhaus schon bei der Etatsberathung für 1893/94 am 26. Januar 1893 beschlossen, die Staatsregierung zu ersuchen, „in den nächsten Etat zur Anlage und zur Betheiligung an Anlagen von Kleinbahnen, sowie zur Beihülfe für dieselben, sofern diese Bahnen von wesentlichem Interesse für die Forstverwaltung sind, ohne Hinzutritt der letzteren aber nicht zur Ausführung kommen würden, die erforderlichen Mittel einzustellen". Die Staatsregierung entsprach im nächstjährigen Etat nicht nur diesem Wunsche durch Einstellung von 200000 Mark in das Extraordinarium des Forstetats, sondern brachte auch, in der richtigen Erkenntniss, dass die Anlage von Kleinbahnen in zahlreichen Fällen auch für die Domänenverwaltung von wesentlichem Interesse ist, zu dem gleichen Zwecke einen Betrag von 50000 Mark unter den ausserordentlichen Ausgaben des Domänenetats aus, der seitdem alljährlich wiedergekehrt ist. Die in einem Jahr nicht verwendeten Beträge können auf die folgenden Jahre übertragen werden. In den beiden ersten Jahren war die Verwendung insofern mehr als jetzt beschränkt, als sie nur erfolgen durfte für Kleinbahnen, welche „ohne Hinzutritt der Domänenverwaltung nicht zur Ausführung kommen würden". Seit dem Jahr 1896/97 ist diese Beschränkung, einem Wunsche des Abgeordnetenhauses entsprechend, hier ebenso wie bei Tit. 23 des Ordinariums und bei den entsprechenden Titeln des Forstetats in Wegfall gebracht. Zu bemerken ist, dass der Fonds lediglich für Kleinbahnen, nicht auch für Bahnen untergeordneter Bedeutung (Sekundärbahnen) verwendet werden darf. Für eine solche war übrigens, wie die Anlage XIII ergiebt, einmal im Jahre 1890/91 — wie schon früher 1883/84 in erheblich höherem Betrage für die Bahn Fischhausen-Palmnicken — eine grössere Ausgabe im Extraordinarium ausgebracht, und auch im Landtag fehlte es nicht an Stimmen, welche die Verwendbarkeit des neuen Fonds auch für Sekundärbahnen wünschten. Die Staatsregierung hielt sich aber diesen Wünschen gegenüber ablehnend. Einnahmen an Dividenden, Zinsen u. s. w. für die aus diesem Fonds gewährten Kapitalien sind als „Zinsen von Aktivkapitalien" bei dem Tit. 7 der Einnahme der Domänenverwaltung zu vereinnahmen.

§ 80. Recht erhebliche Summen haben aus dem Extraordinarium auch für Neubauten bei den Bade- und Mineralbrunnenanstalten aufgewendet werden müssen, insbesondere zum Neubau des abgebrannten Logirhauses in Nenndorf 1875 und 1876 zusammen 231000 Mk., für die Trinkhalle in Schlangenbad 1875 98400 Mk. und 1888/89 zur Herstellung einer im Interesse der Badegäste, aber auch aus allgemeinen sanitären Gründen erforderlichen Schwemmkanalisation und Wasserversorgungsanlage mit Rieselfeldern auf Norderney 420000 Mk.

§ 81. Zu Neuerwerbungen von Domänenobjekten pflegten bis in die neueste Zeit, abweichend von der Forstverwaltung, Mittel — abgesehen von dem Tit. 12 der dauernden Ausgaben — nicht ausgegeworfen zu werden. Seine Erklärung fand diesen Umstand zum Theil darin, dass das Nächstliegende, die Verwendung eines Theiles der Erlöse aus Domänenverkäufen und -Ablösungen hierzu, durch die Festlegung dieser für andere Zwecke ausgeschlossen war, und dass die Ansicht über die Zweckmässigkeit einer Besitzerweiterung bezüglich der Domänen von jeher getheilter als bezüglich der Staatsforsten gewesen sind. Nur wenn aus eigenartigen Gründen der Erwerb eines bestimmten Objektes geboten erschien, erfolgte ausnahmsweise ein solcher, dann aber mit speziell für diesen einzelnen Erwerb im Etat festgelegten Mitteln. Und derartiger Erwerbungen haben in der Zeit bis 1896/97 auch nur drei, oder wenn man die Uebernahme des Terrains der Werke der vom Reiche aufgegebenen Festungen gegen Erstattung der Einebungskosten hinzurechnen will, vier von Erheblichkeit stattgefunden. Von diesen betraf die eine, die der bei Abtretung von Orb und Gersfeld nach dem Kriege von 1866 Bayern verbliebenen Handlohnsfixen und Bodenzinsen in den gedachten Gebietstheilen, nicht Grundstücke, sondern Gefälle.

Die Bodenzinsen betrugen jährlich 19 346,72 Mk., während die Handlohnsfixen nur einmal beim Besitzwechsel der betreffenden Grundstücke fällig wurden und sich durchschnittlich auf 26 223,6 Mk. beliefen. Seit der Abtretung von Orb und Gersfeld wurden diese Gefälle von Preussen erhoben und an Bayern abgeführt. Es war aber schon von vornherein der Kauf derselben durch Preussen in Aussicht genommen. Derselbe erfolgte gegen ein durch den Etat für 1876 zur Verfügung gestelltes Kaufgeld von 408 000 Mk. Da nach den geltenden Bestimmungen die Bodenzinsen nur zum 25fachen Jahreswerth ablösbar waren, so bedeutete der Kauf ein für den Domänenfiskus durchaus vortheilhaftes Geschäft.

Eine zweite der oben erwähnten Neuerwerbungen betraf ebenfalls keine Grundstücke, sondern nur auf Domanialgrundstücken von den Pächtern errichtete Gebäude. Die Pächter der Bestandtheile der Domäne Carrin im Regierungsbezirk Stralsund hatten durch auf 100 Jahre von Ostern 1786 bis dahin 1886 abgeschlossene Pachtverträge einen Anspruch darauf, dass ihnen bei Ablauf der Pacht die auf der Pachtung und in ihrem Eigenthum befindlichen Gebäude, soweit sie wirthschaftlich nothwendig und zweckmässig seien, vom Verpächter gegen den Taxwerth abgenommen würden. Diese Verpflichtung musste der Domänenfiskus im Etatsjahr 1886/87 mit einem Kostenbetrage von 111 679 Mark einlösen.

Die einzige grössere Landerwerbung fällt in das Rechnungsjahr 1883/84 und umfasst rund 371 ha, welche mit den Domänenvorwerken Calbe und Gritzehna im Regierungsbezirk Magdeburg im Zusammenhange stehen und bis dahin dem Pächter dieser Vorwerke gehörten.

Diese Grundstücke waren seit länger als 25 Jahren, allerdings gegen die Bestimmungen der allgemeinen Verpachtungsbedingungen, von dem Domänenpächter mit den erwähnten Vorwerken zusammen bewirthschaftet worden. Ihre Trennung von letzteren würde daher für den Betrieb der Vorwerkswirthschaft und der auf der Domäne befindlichen Zuckerfabrik sehr störend gewesen sein. Ausserdem war die Gelegenheit für den Ankauf besonders günstig, weil der frühere Pächter der Domäne die Verpflichtung übernommen hatte, die betreffenden Grundstücke dem Fiskus lediglich gegen Erstattung des vor mehr als 25 Jahren dafür gezahlten Kaufpreises und der baaren Auslagen zu überlassen, während der wirkliche Werth inzwischen bedeutend gestiegen war. Durch ihren Ankauf für den in dem Extraordinarium pro 1883/84 ausgebrachten Betrag von 857 991 Mk., also ca. 2 308 Mk. pro ha besten Rübenbodens, hat der Domänenfiskus ein für ihn nichts weniger als unvortheilhaftes Geschäft gemacht.

Die in dem Etat für 1875 mit 900000 Mk. unter den ausserordentlichen und einmaligen Ausgaben ausgebrachten Einebungskosten für geschleifte Festungswerke endlich beruhten auf den Bestimmungen des Reichsgesetzes vom 25. Mai 1873 über die Rechtsverhältnisse der zum dienstlichen Gebrauche einer Reichsverwaltung bestimmten Gegenstände (R.G.Bl. S. 113). Nach demselben sind Grundstücke, welche für die Zwecke der Militärverwaltung entbehrlich oder unbrauchbar geworden sind, ohne dass ein Ersatz für sie nothwendig, oder ihre Verwendung für Zwecke der Marine erforderlich ist, an den betreffenden Bundesstaat zurückzugeben. Handelt es sich aber um Einziehung einer Befestigung, so erfolgt die Rückgabe nur nach Vollendung der im Interesse der Landesvertheidigung — zum Beispiel um eine Verwendung Seitens eines eindringenden Feindes zu verhüten — nothwendigen Einebungsarbeiten, deren Kosten der betreffende Bundesstaat zu erstatten hat. Die auf dieser Vorschrift beruhenden Kosten betrafen die aufgegebenen Festungen Minden, Erfurt, Wittenberg, Cosel, Graudenz, Kolberg und Stralsund. Wenn auch der an die Reichsmilitärverwaltung zu erstattende Betrag der Einebungskosten ein an sich hoher war, so sind doch dadurch äusserst werthvolle, zum grossen Theil als Baustellen in den bisher durch die Festungswerke eingeengten Städten sehr vortheilhaft verwerthete Grundstücke in den Besitz der Domänenverwaltung gelangt.

Ohne Bezeichnung eines bestimmten Erwerbsobjektes sind Mittel zur Erweiterung des Domänenbesitzes erst seit dem Etatsjahr 1896/97 in dem Extraordinarium der Domänenverwaltung zur Verfügung gestellt. Bis dahin waren die Isteinnahmen aus dem Verkaufe von Domänen und Forstgrundstücken in den neuen Provinzen, wo sie ja nicht, wie in den alten, zur Tilgung von Staatsschulden von vornherein festgelegt sind, soweit sie den Betrag von 800 000 Mark übersteigen, zum Ankaufe von Grundstücken zu den Forsten bestimmt. Nach dem Vorschlage der Regierung wurde von 1896/97 ab ein Theil jener Isteinnahme versuchsweise zur Erwerbung und etwa nöthigen baulichen Einrichtung von kleineren Domänen in denjenigen Landestheilen bestimmt, in denen Domänen gar nicht oder nur vereinzelt vorhanden sind. Namentlich hatte man hierbei die Rheinprovinz, Westfalen und den Regierungsbezirk Osnabrück im Auge, da hier ausgedehnte Distrikte in der landwirthschaftlichen Entwicklung mit deshalb zurückgeblieben sind, weil es an Wirthschaften fehlt, welche geeignet wären, den kleineren Grundbesitzern den Nutzen einer rationellen Viehzucht, der Anwendung zweckmässigerer Ackergeräthe und neuerer Kulturmethoden, einer sorgfältigen Auswahl der anzubauenden Fruchtarten sowie der Einführung landwirthschaftlicher Nebenbetriebe durch praktische Vorbilder vor Augen zu führen. Diesem Mangel sollte durch Gründung kleinerer Domänen als Musterwirthschaften abgeholfen werden. Es wurde zunächst ein bestimmter Betrag im Extraordinarium der Domänenverwaltung ebensowenig ausgeworfen wie zur Verstärkung des Kap. 11 Tit. 2 der ausserordentlichen Ausgaben der Forstverwaltung, noch auch im Etat festgelegt, in welchem Verhältniss der 800000 Mark übersteigende Betrag der oben erwähnten Verkaufserlöse für die Domänen- und für die Forstverwaltung Verwendung finden sollte. In Kap. 24 Tit. 4 der Einnahme des ehemaligen Staatsschatzes wurde als Erlös aus den Veräusserungen in den neuen Provinzen nur der Betrag von 800000 Mark, der darüber hinausgehende Betrag aber als Sollausgabezugang unter den ausserordentlichen Ausgaben der Domänen- und der Forstverwaltung nachgewiesen. Thatsächlich sind in den beiden Jahren 1896/97 und 1897/98 für die Domänenverwaltung ausgegeben 117792 Mark und, da die Ersparnisse auf die folgenden Jahre übertragen werden können, verfügbar geblieben 300000 Mark.

Eine Aenderung dieses Verfahrens ist mit dem Etatsjahr 1899 eingetreten. Nunmehr ist in Kap. 10 Tit. 4 der ausserordentlichen Domänen- und Kap. 11 Tit. 2 der ausserordentlichen Forstausgaben ein bestimmter Betrag, bei dem Domänenetat 300000 Mark, ausgeworfen, dafür in Kap. 24 Tit. 4 der Einnahmen des ehemaligen Staatsschatzes der volle Verkaufserlös in Einnahme gestellt. Bedingt ist dieses andere Verfahren durch § 15 des Gesetzes über den Staatshaushaltsetat vom 11. Mai 1898 (G.S. S. 77), nach welchem alle Einnahmen und Ausgaben mit ihrem vollen Betrage in der Rechnung nachzuweisen sind und vorweg Ausgaben von den Einnahmen nicht in Abzug gebracht werden dürfen.

Angekauft sind bisher je ein Vorwerk in den Regierungsbezirken Schleswig, Osnabrück, Arnsberg, Koblenz und Aachen.

Ausser den durch die Verkaufserlöse gebotenen Mitteln zur Erweiterung des Domänenbesitzes sind endlich in dem Etat für 1899 als „erste Rate“ 140000 Mark ausgebracht zu fiskalischen Weinbergsanlagen in der Saar- und Moselgegend und zwar in der ausgesprochenen Absicht, damit nicht eine günstige Kapitalanlage für die Domänenverwaltung, sondern Musteranlagen und geeignete Anlagen zu Versuchen mit Mitteln zur Bekämpfung der Feinde des Weinstockes und zur Erprobung des Einflusses amerikanischer reblaussicherer Unterlagen auf die Qualität der Produkte zu schaffen. Bereits vor Ausbringung dieses Fonds ist hiermit unter Verwendung ordentlicher Ausgabefonds bei Ockfen an der Saar ein günstige Aussichten eröffnender Anfang gemacht.

§ 82. Der Gesammtbetrag der etatsmässigen ausserordentlichen und einmaligen Ausgaben der Domänenverwaltung (vgl. Anlage XIV Spalte 4) hat in den drei letzten Jahrzehnten durchschnittlich betragen 1870—1879/80 758 934, 1880/81—1889/90 588 939, 1890/91—1899 811 550 Mark.

Die Dotation des Extraordinariums ist somit in dem letzten Jahrzehnt sowohl am reichlichsten, als auch, wie Anlage XIII und XIV ergeben, am stetigsten gewesen: ihr Durchschnitt hat denjenigen des vorangegangenen Dezenniums um beinahe 38 Prozent und selbst denjenigen des Zeitraums 1870—1879/80, in den die Jahre des Ueberflusses nach dem Französischen Kriege fallen, noch um etwa 7 Prozent überstiegen, und ein so hoch dotirtes Extraordinarium wie 1899 hat die Domänenverwaltung überhaupt noch nicht besessen. Vollständig versagt, wie in einzelnen Jahren der frühern Jahrzehnte, ist ihr ein solches innerhalb der letzten zehn Jahre nie gewesen.

Es ist von Interesse, diese Erscheinungen, denen wir auch bei den Extraordinarien anderer Betriebsverwaltungen begegnen werden, gegenüber dem heut landläufigen Geschrei über eine Uebertreibung der Fiskalität, über eine Thesaurirungspolitik im Preussischen Staatshaushalt der letzten Jahre festzustellen.

Ergebniss.

Die Nettoerträgnisse der Domänenverwaltung.

§ 83. Es ist bereits bei Besprechung der einzelnen Kategorien der Ausgaben hervorgehoben, dass die in den Etats der Domänenverwaltung erscheinenden Zahlen keinen vollständigen Ueberblick über die finanziellen Ergebnisse dieser Verwaltung geben, weil wichtige Ausgabeposten, wie für die Zentral- und Provinzialverwaltung und für die Bauverpflichtungen des Domänenfiskus gegenüber Kirchen und Schulen u. s. w. nicht aus ihren Fonds bestritten werden. Andererseits bieten auch die in dem Kap. 1 des Staatshaushaltsetats etatisirten Einnahmen ein unvollständiges Bild wegen der Veräusserungen und Ablösungen. Durch diese werden die Einnahmen der Domänenverwaltung beeinträchtigt, während thatsächlich an die Stelle der ausscheidenden Vermögensobjekte in den Verkaufserlösen, Kapital- und Amortisationsbeträgen für abgelöste Domänengefälle andere getreten sind, welche, wie oben an entsprechender Stelle ausgeführt ist, unter Zugrundelegung einer landesüblichen Verzinsung höhere Erträge ergaben, als aus den ausgeschiedenen Objekten erzielt worden waren. Diese Momente sind bei einer Betrachtung der Gesammteinnahmen und -Ausgaben und der sich hieraus ergebenden Nettoerträge, für welche in der Anlage XIV das erforderliche Zahlenmaterial gegeben ist, nicht unberücksichtigt zu lassen. Insbesondere spielt für eine Vergleichung der Einnahmen und Nettoerträge verschiedener Jahre das zuletzt erwähnte Moment eine wesentliche Rolle: die Einnahmen aus Gefällen, Amortisationsrenten und einzelnen Grundstücken haben sich infolge der Ablösungen und Veräusserungen fortgesetzt verringert, ohne dass dem Etat der Domänenverwaltung die Zinsen der hieraus erzielten Kauf- und Ablösungsgelder zu Gute geschrieben sind.

Als aktuellste Erscheinung fällt bei Betrachtung der absoluten Höhe der Brutto- und Nettoerträge ins Auge, dass Beide, die letztern sowohl ohne als auch nach Abzug der extraordinären Ausgaben für 1899 den tiefsten Punkt seit dem Hinzutritt der Domänen in den neuen Provinzen (1868) erreicht haben. Es liegt nahe, hierfür ohne Einschränkung die ungünstige Lage der Landwirthschaft verantwortlich zu machen. Das wäre aber verkehrt. Gewiss hat, wie oben ausgeführt ist, in den letzten Jahren ein durch sie zu erklärender ständiger Rückgang der Pachteinnahmen von den Domänenvorwerken stattgefunden und ist ferner auch ausser der absoluten Verringerung dieser Einnahmen in Betracht zu ziehen, dass, wenn die Landwirthschaft mit der allgemeinen wirthschaftlichen Entwicklung Schritt gehalten hätte, sich nicht nur keine Ab-, sondern eine Zunahme jener Einnahmen hätte ergeben müssen. Aber die hauptsächlichsten Gründe für den Rückgang der Roh- und Reinerträge der Domänenverwaltung liegen doch in andern Umständen.

Es waren angesetzt die Gesammteinnahmen für 1868 mit	28 772 550 Mk.
und sie sind angesetzt für 1899 mit	26 400 000 „
also weniger	2 372 550 Mk.

Hierbei ist nun zunächst zu berücksichtigen, dass infolge des Ueberganges der Verwaltung des Bernsteinregals die Einnahme hieraus, welche durch Verpachtung erzielt wurde, der daher keine erheblichen Ausgaben gegenüberstanden, 1899 nur noch für ein Vierteljahr oder gegen 1898/99 um 396 568 Mark niedriger angesetzt ist. Allerdings sind andrerseits infolge der andern Nutzung des Bernsteinregals dem Domänenbesitz drei Vorwerke hinzugetreten. Dies kann aber für eine Vergleichung der Erträge von 1868 und 1899 umsomehr ausser Betracht bleiben, als der Vorwerksbesitz auch nach dieser Vermehrung 1899 noch geringer ist, als 1868.

Zieht man von obiger Mindereinnahme von	2 372 550 Mk.
diese	396 568 „
ab, so verbleibt noch eine Mindereinnahme von . . .	1 975 982 Mk.

Nun betragen die Etatsansätze für die Einnahmen aus

den Vorwerken 1868	9 652 407 Mk.
1899	13 378 484 „
mithin 1899 mehr	3 725 977 Mk.

Sie haben also unmittelbar zur Verminderung der Einnahmen überhaupt nicht beigetragen, sondern nur mittelbar, indem sie nicht in dem Masse zugenommen haben, wie das bei günstigeren landwirthschaftlichen Konjunkturen der Fall gewesen sein würde. Ihren Höhepunkt hatten, wie oben erwähnt ist, die Einnahmen aus den Vorwerken 1887/88 erreicht, wo sie um 843 879 Mark höher als für 1899 angesetzt waren. Selbst wenn sie jetzt noch diese Höhe besässen, würden sie damit die obige Mindereinnahme nur auf 1 132 103 Mark vermindern.

Der wesentlichste Grund liegt also bei andern Einnahmepositionen. Es haben nämlich betragen die Etatsansätze für die Einnahmen aus

	Gefällen	Amortisationsrenten	einzelnen Grundstücken Brunnen und Bädern	Aktivkapitalien
	Mk.	Mk.	Mk.	Mk.
1868	6 253 410	6 039 873	6 320 646	307 608
1899	965 976	5 415 753	6 246 770	15 521
mithin 1899	— 5 287 444	— 624 120	— 173 876	— 292 187

Diese vier Einnahmeposten ergeben also für 1899 gegen 1868 eine Abnahme von 6 377 627 Mark, und allein die Verminderung der Gefälle beträgt weit mehr als das Doppelte derjenigen der Gesammteinnahme. Von diesen Einnahmerückgängen aber haben die an Gefällen, Amortisationsrenten und Zinsen von Aktivkapitalien mit der ungünstigen Lage der Landwirthschaft gar nichts zu thun, und auch der Rückgang der Einnahmen aus einzelnen Grundstücken rührt in weit höherem Grade als hiervon von der Veräusserung eines grossen Theiles des Parzellenbesitzes her.

Die ganze Mindereinnahme von 1899 gegen 1868 verwandelt sich in eine Mehreinnahme, wenn man die Zinsen der seit 1868 aus dem Verkauf von Domänengrundstücken und aus Ablösungen erzielten Einnahmen in Rechnung stellt. In dem Zeitraum vom 1. April 1868 bis dahin 1898 sind der Staatsschuldentilgungskasse und dem Staatsschatze bezw. dem Fonds des ehemaligen Staatsschatzes ungefähr 200 Millionen Mark aus Domänen- und Forstveräusserungen und -Ablösungen zugeflossen. Weitaus der grösste Theil hiervon rührte von Domänenobjekten her. Rechnet man nur $^4/_5$ von 200 Millionen Mark auf diese — thatsächlich waren es mehr — und legt nur eine $3^1/_2$ prozentige Verzinsung zu Grunde, so erhält man einen Betrag von 5 600 000 Mark. Wird dieser den Domäneneinnahmen von 1899 zu Gute gerechnet, so ergiebt sich statt der Mindereinnahme von 1 975 982 Mark eine Mehreinnahme gegen 1868 von 3 624 018 Mark.

Berücksichtigt man nun ausserdem noch, dass das Vorwerksareal seit 1868 um mehr als 6 000 ha abgenommen hat, so kann von einem Minderertrage in dem Sinne, dass dasselbe Staatsvermögen 1899 einen geringeren Rohertrag als 1868 abwerfe, nicht die Rede sein.

Dass, wenn die Lage der Landwirthschaft eine bessere wäre, auch der Ertrag der Domänenverwaltung ein nicht unerheblich höherer sein könnte, soll natürlich in keiner Weise in Abrede gestellt werden.

Die dauernden Ausgaben des Jahres 1899 sind um 97 310 Mark, der nach Abzug derselben verbleibende Ueberschuss ist daher um 2 275 240 Mark geringer als 1868. Die Verminderung der dauernden Ausgaben ist somit nur eine sehr geringe und hat mit derjenigen der Einnahmen keineswegs Schritt gehalten. Vergleicht man die einzelnen Ausgabeposten beider Jahre miteinander, so ergiebt sich als Hauptgrund hierfür die starke Steigerung des Baufonds, der, von den extraordinären Zuschüssen abgesehen, 1899 um ca. 560 000 Mark höher dotirt ist als 1868, obwohl der Umfang der aus demselben zu unterhaltenden Objekte kleiner geworden ist. Ausserdem haben sich wesentlich gesteigert die Kommunallasten und in geringerem Masse auch die Betriebskosten administrirter Grundstücke. Die Ausgaben für Besoldungen (einschliesslich Wohnungsgeldzuschüssen) sind zwar auf wenig mehr als den dritten Theil ihres Betrages im Jahre 1868 zurückgegangen, immerhin aber infolge der wiederholten Besoldungsaufbesserungen weitaus nicht im Verhältniss zur Verringerung des Beamtenpersonals. Denn während im Jahre 1868 auf den Kopf — von den mit Erhebung der Gefälle etc. beauftragten Domänenpächtern abgesehen — ein Betrag von 1 133 Mark entfiel, beläuft sich dieser für 1899 auf nahezu 2 000 Mark. Dass die Ausgaben nicht mehr abgenommen haben, hat daher, soweit es von den Massnahmen der Verwaltung abhängt, seinen Grund vorwiegend in dem in der Erhöhung des Baufonds sich dokumentirenden Streben nach Verbesserung des Domänenbesitzes und in der erhöhten Fürsorge für die Beamten.

Was nun schliesslich den nach Abzug auch der extraordinären Ausgaben verbleibenden Reinertrag anlangt, so bleibt dieser ja 1899 besonders weit, um 4 350 720 Mark, hinter demjenigen von 1868 zurück. Es ist aber eben, wie schon oben erwähnt, das Extraordinarium 1899 so reichlich wie in keinem früheren Jahre dotirt, und gegenüber 1868, wo hier nur 165 000 Mark ausgebracht waren, beläuft sich sein Mehrbetrag auf nicht weniger als 2 075 500 Mark. In dem ganzen Zeitraum von 1868 bis 1897/98 hat das Extraordinarium mit Ausnahme der Jahre 1872, 1874, 1876 und 1883/84 und von überschiessenden Bruchtheilen abgesehen, nie mehr als 2 Prozent, meist höchstens 1 Prozent der Bruttoeinnahme betragen; selbst in jenen Jahren, 1872—1876 und 1883/84, hob es sich nur bis auf 6 Prozent. 1898/99 und 1899 dagegen hat es die noch nie dagewesene Höhe von 8 Prozent der Bruttoeinnahme erreicht. Man wird in dieser steigenden Dotirung des Extraordinariums trotz sinkender Einnahmen das Gegentheil einer einseitig fiskalischen

Verwaltung und gewiss eher für alles Andere als dafür einen Grund erblicken müssen, seitens der Landesvertretung auf Erhöhung der Ausgaben zu drängen. Wenn man insbesondere die ausserordentlichen Domänenausgaben der letzten Jahre sich ansieht, so muss man sich sagen, dass eine knauserige Verwaltung einen grossen Theil derselben ohne Gefährdung der Einnahmen hätte zurückstellen können: es sei nur an diejenigen für Arbeiterwohnungen, für Kleinbahnen, Erwerb von Domänen, elektrische Anlagen und neue Weinbergsanlagen erinnert.

Die neben der Verminderung der Ueberschüsse bei einer Betrachtung der Etatsabschlüsse der Domänenverwaltung am meisten ins Auge springende Erscheinung ist die ruckweise prozentuale Verschlechterung des Nettoertrages im Verhältniss zum Bruttoertrag von 1867 zu 1868, d. i. infolge des Hinzukommens des Domaniums in den neuen Landestheilen. Im Jahre 1887 hatte der Nettoüberschuss (Sp. 6 der Anlage XIV) den bis dahin höchsten Satz von 86 Prozent der Bruttoeinnahme betragen; 1868 betrug er nur 78 Prozent, über die er seitdem, wieder von Bruchtheilen abgesehen, nur in einem Jahr (1872) hinausgekommen ist. Der Grund hierfür ist unschwer aus der obigen Darstellung der Domäneneinnahmen zu entnehmen: unter dem Domänenbesitz der neuen Landestheile befanden sich unverhältnissmässig viel in Administration stehende Objekte, wie Schlösser, Parzellen und vor allem die Mineralbrunnen und Bäder und die Weingärten.

Es liegt nun auf der Hand, dass, wenn man Einnahmen und Ausgaben lediglich des Eigenthümers vergleicht, der ihm verbleibende Ueberschuss im Verhältniss zur Roheinnahme immer von verpachteten Objekten, deren Betriebskosten ja der Pächter trägt, prozentual viel höher ist als von selbstbewirthschafteten. Unter den Domänenobjekten in den neuen Provinzen befinden sich nun zudem sehr viele, welche entweder, wie Schlösser, Parks u. s. w., einzelne der Bäder, überhaupt sehr geringe Revenüen abwerfen, oder, wie die Anlandungen an den Meeresküsten, die Moore u. a. m., ungewöhnlich hohe Kosten verursachen. Daher natürlich durch das Hinzukommen solcher Objekte ein prozentual starker Rückschlag in den Nettoerträgen!

Von jener Umwälzung von 1867 auf 1868 abgesehen ist das Verhältniss der Netto- zu den Bruttoerträgen ziemlich stabil geblieben: nur einmal, 1872, ist es über 78, auf 79 Prozent gestiegen und nur zweimal, 1883/84 und 1894/95 unter 76, auf 74 bezw. 75 Prozent, gesunken. Es zeigt sich hierin die sie für den Staat besonders werthvoll machende Zuverlässigkeit der Domäneneinnahmen.

Von letzterem Gesichtspunkt aus wäre es für den Staat von Vortheil, wenn seine Nettoeinnahmen zu einem grössern Theil aus den

Domänen flössen, da die Domänenüberschüsse jedenfalls geringeren Schwankungen unterliegen, als die Eisenbahnüberschüsse, welche nach dem Netto-Voranschlag für 1899 von den gesammten 467,1 Millionen Nettoausgaben nicht weniger als 177,3 Millionen zu decken haben gegenüber einem Beitrage der Domänenverwaltung von nur 17,8 Millionen. Setzt man der Nettoausgabe von 467,1 Millionen die von den Einnahmen vorweg abgezogene Kronfideikommissrente mit 7,7 Millionen zu, so decken die Domänen somit hiervon nur 3,75 Prozent, während sie deckten 1889/90 ca. 4,4 Prozent, 1879/80 ca. 5,1 Prozent, 1869 ca. 8,2 Prozent, 1859 ca. 5,4 Prozent.

Zweites Buch.

Die Forst-Verwaltung.

I. Hauptabschnitt.

Entstehung und rechtliche Natur, Umfang und Bestandsverhältnisse der Staatsforsten.

§ 1. In dem weiteren Sinne des gesammten werbenden Grundvermögens des Staates umfassen die Domänen auch die Staatsforsten, d. i. im Gegensatz zu den im ersten Buche behandelten Domänen im engeren Sinne als den landwirthschaftlich nutzbaren Grundbesitz den forstwirthschaftlich nutzbaren, also vorwiegend zur Holzzucht bestimmten Grundbesitz. Wie aber unter den im ersten Buche besprochenen Domänen sich nicht nur landwirthschaftlich benutzte Realitäten befinden, sondern dort über alle diejenigen gehandelt ist, welche von der Preussischen Domänenverwaltung verwaltet werden, deren Einnahmen und Ausgaben im Etat dieser Verwaltung erscheinen, so finden auch hier nicht nur die zur Holzzucht oder zu forstlichen Nebennutzungen bestimmten Staatsgüter Berücksichtigung, sondern alle diejenigen, welche von der Forstverwaltung ressortiren, deren Einnahmen und Ausgaben bei dem Etat dieser verrechnet werden.

Als Theil des Domanialbesitzes haben die Staatsforsten dessen allgemeinen Schicksale getheilt. Es kann daher, was ihre Entstehung, ihren rechtlichen Charakter als Staatsgut oder Eigenthum des Landesherrn, ihre Veräusserlichkeit und ihre Verpfändung anlangt, auf das in diesen Beziehungen über die Domänen im I. Hauptabschnitt des I. Buches Ausgeführte Bezug genommen werden; es genügt, hier auf einzelne bei den Forsten zu beobachtende abweichende Erscheinungen hinzuweisen.

Für die Entstehung eines noch umfangreicheren Staatsforst- als Domänenbesitzes im engeren Sinne waren eine Reihe von besondern

Umständen günstig. Der Begriff des Privateigenthums des Unterthanen am Walde hat sich später entwickelt als der am Acker, wie ja bekanntlich in bäuerlichen Gemeinden noch jetzt hin und wieder der Wald im Gesammteigenthum der Gemeinde steht. Das Eigenthum, sei es des Landesherrn, sei es des privaten Gutsherrn an dem gesammten Walde der Gemarkung blieb daher länger als das an der Feldmark unberührt und konnte dies auch bleiben, weil für die bäuerlichen Besitzer ein Bedürfniss an Waldbesitz nicht bestand. Denn einmal hatte man bis in spätere Zeit keine Kenntniss von einer einigermassen rationellen Holzzucht; dann lässt sich eine solche in kleinen Parzellen nicht durchführen und beansprucht grössere Mittel, als sie den bäuerlichen Besitzern zur Verfügung zu stehen pflegten, und endlich standen diesen in den herrschaftlichen Waldungen Berechtigungen zu, welche die Bedürfnisse ihrer Wirthschaften an Waldprodukten mehr oder minder vollständig befriedigten. Auch das Jagdregal des Landesherrn und das Jagdrecht des Gutsherrn gab diesen vielfach die Handhabe, dasselbe zu einem Eigenthum an den Waldungen, auch solchen, welche ursprünglich den Markgenossenschaften gehört hatten, auszudehnen. Was endlich speziell den Landesherrn und den Staat anlangt, so diente ihm sein Recht an herrenlosen Sachen insbesondere zur Aneignung von umfangreichem Waldbesitz in den noch nicht kultivirten Gegenden und den in Folge langer Kriege, insbesondere des dreissigjährigen Krieges, verödeten Gemarkungen.

Andererseits blieben die Staatsforsten von den umfangreichen Veräusserungen weit mehr als die Domänen im engeren Sinne verschont, wenn sich auch die Veräusserungsedikte etc. ebenso auf sie wie auf die Letzteren bezogen. Die Nachfrage nach kleinem Forstbesitz war und ist eine weit geringere als die nach Aeckern und Wiesen. Man hat denn auch, wo man Versuche mit grösseren Forstverkäufen gemacht hat, hiermit fast stets sehr schlecht abgeschnitten. Sodann konnten sich die gegen die Beibehaltung der Domänen erhobenen Einwände nie in gleicher Weise gegen die Staatsforsten zur Geltung bringen. Die Vortheile des Grossbetriebes bei der Forstwirthschaft lagen dazu zu offen und liessen sich immer weniger ableugnen, je mehr eine rationelle Bewirthschaftung aufkam. Ihren Erfordernissen an geistiger Arbeit, an sich erst nach langen Zeiträumen verzinsenden Kapitalien kann der kleine Besitzer in der Regel nicht oder nur unvollkommen genügen. Kleinere Forstbesitzungen lassen sich nur schwer rationell bewirthschaften, sie werden leicht von der Bewirthschaftung der Nachbarforsten in Mitleidenschaft gezogen, Unglücksfälle wie Raupenfrass, Waldbrände können den kleinen Besitzer ruiniren, ohne dass er sich hiergegen wie gegen Hagel etc. durch Versicherung schützen könnte. Dazu kommen die immateriellen Vortheile einer angemessenen Bewaldung: ihr zwar vielfach übertriebener, aber doch in gewissen Grenzen nicht abzuleugnender Einfluss auf die

Temperatur, die Luftbewegung und namentlich die Vertheilung der Niederschläge, die Absorbtion der Letztern, die Regelung und Verlangsamung des Abflusses überreichlicher Regenmengen und der Schneeschmelze, den Wasserstand der Flüsse, ferner die Nothwendigkeit der Wälder zur Bindung des Bodens im Gebirge, der Flugsandflächen und Wanderdünen u. a. m. Endlich sind mit der Anbaufähigkeit von Rodeländereien für Feldfrüchte nur zu oft üble Erfahrungen gemacht worden, die dazu nöthigten, solche Flächen demnächst wiederanzuschonen, und zwar mit besonders grossen Kosten, weil als Feld benutztes ehemaliges Waldland sich sehr vielfach gegen die neue Anpflanzung besonders spröde zeigt.

Vielleicht mehr noch als, wenigstens heutzutage, Domänen für die Landwirthschaft sind Staatsforsten für die Forstwirthschaft als Muster- und Versuchswirthschaften von Bedeutung, nicht nur im Interesse der Privatforstbesitzer, sondern namentlich auch der forstbesitzenden Kommunen und damit der Steuerzahler in denselben. Für den Staatshaushalt bilden sie eine mindestens ebenso sichere Einnahmequelle wie jene, in mancher Beziehung, z. B. gegenüber einer mit Verwüstungen verbundenen feindlichen Invasion, sogar eine sicherere, indem sie weniger nachhaltiger Vernichtung ihrer Ertragsfähigkeit unterliegen. Ihre andrerseits freilich nicht zu bestreitende grössere, nachhaltigere Gefährdung durch Naturereignisse, Raupenfrass u. dgl. kann der Staat in ihrer finanziellen Wirkung für seinen Staatshaushalt einigermassen durch Vertheilung seines Forstbesitzes auf verschiedene Theile seines Gebiets einschränken. Jedenfalls wird man behaupten dürfen, dass die hierdurch wie durch andere Umstände bedingten Ertragsschwankungen mindestens nicht grösser sind als diejenigen bei den andern wesentlichen Einnahmequellen des Preussischen Staates.

§ 2. Die mehr oder minder klare Einsicht in die einer starken Verminderung der Staatswaldungen entgegenstehenden Bedenken haben denn auch, wo nicht, wie im vorigen Jahrhundert, überwiegende Gründe der Landeskultur und der inneren Kolonisation vorlagen, in Preussen grosse Forstveräusserungen zumeist hintanzuhalten vermocht und in neuerer Zeit sogar zur Verwendung erheblicher Mittel zur Ergänzung und Vermehrung des Staatsforstbesitzes Veranlassung gegeben.

Freilich unberührt sind die zu dem alten Domanium und zu den säkularisirten Kirchengütern gehörigen Forsten von den in den ersten Jahrzehnten dieses Jahrhunderts durch die Lage des Staatshaushalts diktirten Veräusserungen von Staatsgütern auch nicht geblieben; insbesondere in den infolgedessen auch jetzt noch staatsforstenarmen alten Provinzen des Westens sind sie in Mitleidenschaft gezogen worden. Immerhin aber sind schon damals sowohl die vor 1820 erzielten, als auch die in der Anlage II angegebenen grossen Summen aus Kaufgeldern aus den 20er, 30er und 40er Jahren ganz überwiegend aus Domänengrundstücken erzielt worden. In der Zeit seit dem Jahre 1866 aber, für die in der gedachten Anlage die Zahlen für Domänen- und für Forstgrundstücke getrennt angegeben sind, machen die auf letztere entfallenden Kaufgelder in den meisten Jahren einen ziemlich geringen Bruchtheil der für die Ersteren stipulirten aus.

Insgesammt beträgt der Abgang an Staatsforstfläche in der Zeit von 1867 bis 1897/98 70 593 ha. Hierunter befinden sich aber an verkauften Flächen nur 15 412 ha, während 31 742 ha behufs Separationen und Ablösung von Forstservituten und 23 438 ha im Wege des Tausches abgetreten worden sind. Diesen Abgängen stehen an Zugängen gegenüber: durch Kauf 164 085 ha, durch Tausch 53 771 ha, zusammen 217 856 ha.

Ebenso günstig stellt sich für die Erhaltung des Staatsforstbesitzes das Ergebniss dieser Veränderungen, was die Qualität der Ab- und Zugänge anlangt. Denn es betrug der Grundsteuerreinertrag der

	Abgänge	Zugänge	mithin derjenige der Letztern mehr
1867—1897/98	478 091 Mark	581 240 Mark	103 151 Mark.

Ermöglicht wurden diese für den Forstbesitz äusserst günstigen Gesammtergebnisse nur dadurch, dass seit langem zum Ankauf von Grundstücken der Forstverwaltung weit höhere Mittel als der Domänenverwaltung durch den Staatshaushaltsetat zur Verfügung gestellt wurden.

Eine Verwendung der Erlöse aus dem Verkaufe von Forstgrundstücken und aus Forstablösungen war und ist bis 1900 zwar in den alten Provinzen ebenso wie bei den Domänen durch die bei Letzteren besprochene Verpfändung für die Staatsschulden ausgeschlossen — die in der Bulle De salute aminarum vom 16. Juli 1821 (G.S. S. 114) in Aussicht genommene Radizirung der Ausgaben für die katholischen Bisthümer auf bestimmte Staatsforsten[1]) ist nicht zur Ausführung gekommen —.

[1]) Absatz XLII a. a. O.: „Super publicis Regni Sylvis nominatim designandis tot Census auctoritate Regia imponentur, quot erunt Dioeceses dotandae, et in respectiva quantitate, ut ex iis annui fructus ab omnibus cujuscunque generis, oneribus prorsus libere percipi possint qui satis sint, vel ad integram ipsarum Dioecesium dotationem si nullam actu habeant, vel ad Supplementum ejusdem dotationis si partem aliquam suorum Bonorum adhuc possideant, ... Et quoniam enunciatae Sylvae, prout et publica Bona omnia Regni Borussiae, ob aes alienum, a Gubernio, bellorum causa contractum, hypotheca gravata sunt, atque ob id super nulla earum parte census imponi eorumque fructus percipi, salva fide, possunt, antequam imminuta, per solutiones a Gubernio Creditoribus hypothecariis factas, aeris alieni summa, sufficiens sylvarum quantitas hypothecae vinculo liberata fuerit; cumque secundum legem, qua Serenissimus Rex Creditoribus publicis cavit, anno millesimo octingentesimo trigesimo tertio a Magistratibus definiendum sit, qui agri ab eo vinculo soluti, quique adhuc nexi remanebunt, hinc decernimus praedictos census, super sylvis supramemoratis, dicto Anno millesimo octingentesimo trigesimo tertio, et citius etiam si prius antedictae sylvae ab hypotheca saltem pro rata Censuum imponendorum liberatae fuerint, esse imponendos . . . . . .“

Es sind indess, bis 1874 in einer Summe für Domänen und Forsten, seitdem für Beide gesondert, aus allgemeinen Staatsfonds Mittel zum Ankauf von Grundstücken zur Verfügung gestellt. Als die Scheidung dieser Mittel, die 1873 525 000 Mark betragen hatten, in die Antheile der beiden Verwaltungen im Jahre 1874 erfolgte, erhielt die Forstverwaltung, für die auch bisher schon der weitaus grösste Theil des gemeinschaftlichen Fonds gedient hatte, statt bisher 450 000 Mark 1 050 000 Mark, die Domänenverwaltung nur ihren bisherigen Antheil von 75 000 Mark. Gleichzeitig wurde der Fonds von dem Extraordinarium in das Ordinarium versetzt. In dieser Höhe blieb derselbe in der Folgezeit nicht nur bestehen, sondern er erfuhr auch noch wiederholte Verstärkungen. Zunächst wurde vom Rechnungsjahre 1882/83 ab alljährlich im Extraordinarium ein ausserordentlicher Zuschuss von 950 000 Mark — 1890/91 sogar 1 950 000 Mark — zu demselben ausgebracht und sodann von 1893/94 ab die 800 000 Mark übersteigende Isteinnahme aus der Veräusserung von Domänen- und Forstgrundstücken in den neuen Provinzen zu dem gleichen Zweck bestimmt. Allerdings hat neuerdings, wie im ersten Buch § 81 ausgeführt ist, hierin eine Beschränkung stattgefunden, indem die letztere Einnahme seit 1896/97 auch zu Domänenankäufen Verwendung findet. Immerhin beläuft sich der auf die Forstverwaltung entfallende Antheil an derselben nach dem Etat für 1899 ebenso wie derjenige der Domänenverwaltung noch auf 300 000 Mark. Zu alledem aber hat der Ankaufsfonds Kap. 11 Tit. 2 der ausserordentlichen Ausgaben 1898/99 eine Erhöhung von 950 000 auf 1 100 000 Mark und 1899 eine weitere von 1 000 000 Mark erfahren. Nach dem Etat für 1899 stehen somit zum Ankaufe von Grundstücken zu den Forsten 1 050 000 + 2 100 000 + 300 000 = 3 450 000 Mark zur Verfügung, abgesehen von etwaigen Ersparnissen früherer Jahre, die nach den Vermerken zu Kap. 4 Tit. 6 der ordentlichen und Kap. 11 Tit. 2 der ausserordentlichen Ausgaben des Etats zur Verwendung auf die folgenden Jahre übertragen werden können. Allerdings sind aus diesen Mitteln nicht nur die Ankaufskosten, sondern auch die zur Aufforstung der Ankaufsflächen erforderlichen Kulturkosten zu bestreiten, und aus den im Ordinarium ausgeworfenen 1 050 000 Mark sind auch zur Verstärkung des Kulturfonds (Kap. 2 Tit. 21 a. a. O.) etwa erforderliche Beträge zu entnehmen. Das Letztere ist sogar seit 1890/91 in solchem Masse geschehen, dass der ganze Fonds hierfür in Anspruch genommen ist, die Vermehrung des Forstbesitzes also ausschliesslich aus den oben erwähnten Mitteln des Extraordinariums erfolgen konnte.

Wenn aus den ausgeworfenen z. Z. 3 450 000 Mark auch die Kulturkosten der Ankaufsflächen zu bestreiten sind, so fällt dieser Umstand durch das bei den Ankäufen beobachtete Prinzip ganz besonders schwer ins Gewicht. Denn grundsätzlich erstrecken sich die Ankäufe, abgesehen von kleineren Flächen, die behufs Arrondirung grösserer Waldkörper und namentlich behufs Beseitigung kulturschädlicher

Waldenklaven zu erwerben sind, auf solche Flächen, welche bei dem Anbau mit Holz einen höheren Ertrag als bei der bisherigen anderen Benutzung versprechen, oder die zwar bisher schon als Wald, aber in unwirthschaftlicher Weise genutzt sind, also insbesondere auf bisherige geringwerthige Acker-, Wiesen- und Weideflächen, Oedländereien und verwirthschaftete Privatforsten. Es liegt auf der Hand, dass solche Ankaufsflächen besonders hohe Kulturkosten erfordern. Freilich sind in Anbetracht solcher Qualität der Kaufsobjekte die Kaufpreise im allgemeinen auch verhältnissmässig niedrige; für die 1867 bis 1892/93 für einen Preis von 22 419 409 Mark angekauften 134 633 ha stellten sie sich, obwohl in dem Kaufpreis nicht nur die vorhandenen, meist jüngeren Holzbestände, sondern auch einzelne Gebäude und verhältnissmässig theuer bezahlte Enklaven enthalten waren, im Durchschnitt nur auf 167 Mark pro ha, und Donner,[1]) dem wir diese Angaben entnehmen, erachtet für die Mehrzahl der Ankäufe, wenn nur der Grund und Boden in Betracht kommt, mit Einschluss der Aufforstungskosten einen Preis von 200 Mark für das Hektar als ausreichend. Seit dem Erscheinen des Hagen-Donner'schen Werkes, d. i. seit 1894, haben sich wohl die Aufforstungskosten etwas gesteigert; dagegen ist der Werth des Grund und Bodens, namentlich von den hier in Frage kommenden Qualitäten, eher gesunken als gestiegen.

Bei solchen für die Erwerbungen massgebenden Prinzipien ist es natürlich, dass jene hauptsächlich auf die wirthschaftlich zurückgebliebenen Landestheile entfallen, in denen sich Oedländereien, geringwerthige Acker-, Wiesen- und Weideflächen und verwahrloste Waldstücke besonders vorfinden. Daher gehörten denn auch an von den in den Jahren 1886/87 bis 1890/91 angekauften 38 635 ha den Regierungsbezirken Marienwerder 14 289, Danzig 4932, Stettin 4750 und Bromberg 4191 ha, von den 1891/92 bis 1897/98 erworbenen 52 783 ha den Bezirken Marienwerder 19 150, Königsberg 10 830, Danzig 5 835, Bromberg 2 617 und Köslin 2 899 ha. Die westlichen Provinzen waren bis in die jüngste Zeit bei den Ankäufen nur in sehr geringem Masse betheiligt, 1886/87 bis 1890/91 nur mit ca. 1560 ha oder noch nicht 5 Prozent. Neuerdings, nachdem die Fonds wesentlich mit Rücksicht auf sie reichlicher dotirt sind, hat sich auch ihr Antheil an den Erwerbungen gesteigert: 1891/92 bis 1897/98 entfallen auf sie ca. 7 375 ha oder nahezu 14 Prozent, davon auf die Bezirke Lüneburg 1 730, Koblenz 1593, Aachen 1 510 und Trier 1 245 ha.

Bei den im Wege des Tausches vorgenommenen Flächenveränderungen ist es leitendes Prinzip, einzelne isolirte Waldparzellen mit zu Acker oder Wiese geeignetem Boden, deren Erhaltung als Wald schwierig oder volkswirthschaftlich nicht rathsam ist, gegen Grundstücke zu verwerthen, welche im Anschlusse an grössere Staatsforsten oder als Enklaven in solchen gelegen sind, deren Erwerbung daher zur Abrundung wünschenswerth ist, insbesondere gegen solche Enklaven, die durch Berechtigungen, welche ihnen im Staatswalde zustehen, besonders lästig sind, oder solche Flächen, welche, nachdem sie vom Holzbestande entblösst und verödet sind, im Staatsbesitze durch Aufforstung zu einer grösseren Ertragsfähigkeit gebracht werden

---

[1]) Hagen, Die forstlichen Verhältnisse Preussens 3. Aufl. von Donner, Bd. I S. 145.

können, als im Besitze eines zur Aufwendung von Kulturkosten weniger befähigten oder geneigten Privatmannes. Es war daher möglich, auch im Wege des Tausches dem Forstareal erheblich grössere Flächen zuzuführen als von ihm abzugeben.

Ausser durch Kauf und Verkauf, Tausch mit Dritten, Separation und Ablösungen haben nicht unerhebliche Arealveränderungen dadurch stattgefunden, dass seitens anderer Staatsverwaltungen, insbesondere der Domänenverwaltung, der Forstverwaltung Grundstücke überwiesen wurden, welche sich besser zur Holzzucht als zur landwirthschaftlichen Benutzung eignen. Wenn nun auch andererseits Grundstücke, bei denen ein umgekehrtes Verhältniss vorlag, von der Forst- an andere Verwaltungen, namentlich die Domänenverwaltung, abgetreten worden sind, so haben doch die Erwerbungen aus dieser Veranlassung die Abtretungen weit überstiegen: in der Zeit von 1856 bis 1892/93 standen nach Hagen-Donner 83 993 ha Zugang nur 22 393 ha Abgang gegenüber.

Einen erheblichen Verlust bedeutete dagegen die infolge gerichtlichen Erkenntnisses nothwendige Ueberweisung der Herrschaft Schwedt mit einer Waldfläche von ca. 14 666 ha an das Kronfideikommiss (vgl. oben § 16 des I. Buches).

§ 3. Das Endergebniss aller dieser Arealveränderungen ist aus der Anlage XV zu ersehen. Hiernach hatte sich in der Zeit von 1830 bis zu den Annexionen von 1866 die Staatsforstenfläche allerdings vermindert, indessen doch nur in verhältnissmässig geringem Masse, um 87 467 ha oder ca. 4 Prozent. Seit 1868 aber weist sie eine Zunahme auf, die insbesondere in den letzten 10 Jahren den Charakter der Stetigkeit trägt. Denn während in den 21 Jahren von 1869 bis 1889/90 noch Zu- und Abnahme mit einander wechselten und das Gesammtergebniss ein Mehrzugang von 94 778 ha war, zeigt seitdem jedes Jahr eine nicht unerhebliche Flächenvermehrung, und das Endergebniss dieses Zeitraums ist eine solche von 99 010 ha oder reichlich ebensoviel, wie diejenige der vorangegangenen doppelt so langen Periode. Allerdings trägt an diesem für den Zeitraum 1869 bis 1889/90 ungünstigeren Ergebniss einen wesentlichen Theil der Schuld die eben erwähnte Abtretung der Herrschaft Schwedt, welche den Rückgang des Areals von 1874 zu 1875 verursacht hat. Sodann ist zu berücksichtigen, dass sich in dieser Zeit die in dem Gesammtareal enthaltenen Waldungen, welche dem Staate nicht allein, sondern auf Grund verschiedenartiger Rechtsverhältnisse gemeinsam mit anderen zu ideellen Antheilen gehören, von 34 029 auf 1 682 ha verringert hat. Scheidet man diese gemeinschaftlichen Waldungen und aus dem Areal von 1868 die 14 666 ha der Herrschaft Schwedt aus, so ergiebt sich ein Gesammtareal von 2 558 417 ha im Jahr 1869 und von 2 698 524 ha 1889/90, mithin eine Zunahme von 140 107 ha, die also mit einem Jahresdurchschnitt von fast 7000 ha immerhin demjenigen der letzten 11 Jahre, 9 000 ha, einigermassen nahekommt.

Der jetzt noch vorhandene Rest an gemeinschaftlichen Waldungen, deren Beseitigung durch Ueberführung in das Alleineigenthum des Staates im Interesse klarer Rechtsverhältnisse erwünscht ist, befindet sich nur in den Regierungsbezirken Kassel und Arnsberg. In ersterem besteht er in dem 406 ha grossen „Pfünnerschaftswald", welchen der Staat auf Grund einer „ewigen Lokation" aus dem Jahre 1586 von der Pfünnerschaft in Soden auf ewige Zeiten erpachtet hat. Im Regierungsbezirk Arnsberg sind es im Sauerlande gelegene, zur Oberförsterei Glindfeld gehörige sog. Markenforsten, Reste der alten Markgenossenschaftswaldungen, mit einem Areal von 1 123 ha.

Von der Gesammtfläche der Staatsforsten mit 2 799 216 ha entfallen auf den zur Holzzucht bestimmten Boden 2 511 545 ha oder 89,7 Prozent, während derselbe 1869 90, 1879/80 und 1889/90 89,8 Prozent ausmachte. Er hat sich also prozentual um ein Geringes vermindert, was seine Erklärung insbesondere in den stärkeren Ankäufen von Oedländereien und der unten erwähnten Ausscheidung gewisser Flächen aus den zur Holzzucht bestimmten findet.

Die nicht zur Holzzucht bestimmten Flächen sind theils nutzbare, theils unnutzbare. Die erstern bilden die als Garten, Acker, Wiese, Weide, zur Torfnutzung, als Steinbruch, Kiesgruben u. s. w. benutzten Flächen, die letztern die Baustellen, Hofräume der Gebäude, Fenne, d. h. stehende Gewässer, auf deren Oberfläche eine Decke von Torfmoor, Moosen oder anderen Gewächsen schwimmt, welche noch nicht dick genug ist, um einen festen Grund zu bilden, unbenutzbaren Moore und Brüche, Seen, Teiche, Pfühle, Flüsse sowie die mindestens 8 m breiten Bäche, Schneissen, Gestelle, Wege und Strassen — die schmälern in den Holzbeständen befindlichen sind von diesen nicht ausgesondert, weil durch den stärkeren Zuwachs der Randbäume ein genügender Ausgleich erfolgt —. Diese ertragslosen Flächen haben sich trotz der Vergrösserung des Gesammtareals nicht nur prozentual, sonder sogar absolut verringert: von 118 610 ha im Jahre 1869 sind sie zurückgegangen auf 117 038 ha 1879/80, 112 633 ha 1889/90 und 110 892 ha 1898/99, um freilich 1899 wieder, und zwar auf 115 750 ha zu steigen. Diese letzte Steigerung rührt im wesentlichen davon her, dass vornehmlich bei den Betriebsrevisionen Flächen, deren Aufforstung bezw. anderweitige Nutzbarmachung unverhältnissmässig hohe Kosten verursachen würde, vom Holzboden bezw. nutzbaren Nichtholzboden ab- und dem nicht nutzbaren Nichtholzboden zugesetzt worden sind. Von der Gesammtfläche haben die ertragslosen Flächen ausgemacht 1869 4,5, 1879/80 4,23, 1889/90 4,17 und 1899 trotz jenes Zuwachses nur 4,14 Prozent. Man hat auch hierin ein Zeichen für das erfreuliche Fortschreiten der Landeskultur zu erblicken.

Die Staatswaldfläche in engerem Sinne, d. h. die zur Holzzucht bestimmte, machte einschliesslich der ca. 19 000 ha Forsten der Hannoverschen Klosterkammer und 14 000 ha sonstiger Stiftsforsten nach einer Aufnahme über die landwirthschaftliche Bodenbenutzung aus dem Jahre 1893 von der Waldfläche des ganzen Staates aus 30,1 Prozent, während entfielen auf die Kronforsten 0,8, die Gemeindeforsten 12,5, die Stiftungsforsten 1,0, die Genossenschaftsforsten 2,7 und die Privatforsten 52,9 Prozent. Dieses Verhältniss dürfte sich seitdem, wenigstens was den Antheil der Staatsforsten anlangt, nicht wesentlich geändert haben, da der Flächenzunahme der Letztern auch eine Zunahme der Bewaldung überhaupt gegenüberstehen dürfte. Mit diesem Antheil an der gesammten Waldfläche steht Preussen trotzdem noch hinter den meisten Deutschen Bundesstaaten zurück. Denn nach derselben Aufnahme machten 1893 die Staatsforsten von den gesammten Forsten aus, abgesehen von den kleinsten Bundesstaaten, in

Braunschweig	73,3	Prozent	Anhalt	39,4	Prozent
Sachsen-Coburg-Gotha	59,0	„	Bayern	34,8	„
Sachsen-Weimar	46,7	„	Oldenburg	34,6	„
Schwarzburg-Rudolstadt	46,6	„	Elsass-Lothringen	34,2	„
Königreich Sachsen	43,6	„	Württemberg	31,2	„
Sachsen-Meiningen	41,2	„			

Prozentual geringere Staatsforstflächen wiesen Sachsen-Altenburg (20,3), Baden (17,2) und Hessen (2,1 Prozent) auf. Dabei kommt aber in Betracht, dass in Altenburg 27,6, in Hessen 27,1 Prozent der Waldfläche Kronforsten sind. Ebenso besass Lippe zwar nur 3,5 Prozent Staats-, aber 50 Prozent Kronforsten, und in Anhalt treten zu 39,4 Prozent Staats- noch 35,4 Prozent Kronforsten. In den beiden Mecklenburg, wo das Domanium noch Eigenthum des Landesherrn ist, enthielt dasselbe an Waldungen in Mecklenburg-Schwerin 46,4, in Mecklenburg-Strelitz 68,9 Prozent der Gesammtwaldfläche. Für das ganze Deutsche Reich betrug der Durchschnitt der Staatsforsten — ausschliesslich der Kronforsten auch solcher Staaten, wo das Domanium noch Eigenthum des Landesherrn ist — 30,5 Prozent, sodass Preussen auch hinter dem Durchschnitt noch zurückbleibt. Günstiger steht es den ausserdeutschen Staaten gegenüber da. Denn deren Staatswaldungen erreichen nur in

Oesterreich	ca. 6,5	Prozent	Grossbritannien	3,5	Prozent
Ungarn	16,0	„	Dänemark	24,0	„
Schweiz	4,0	„	Norwegen	13,0	„
Frankreich	11,0	„	Italien	1,5	„

der gesammten Waldfläche. Nur Russland, Finnland, Schweden, Luxemburg, Spanien, Bosnien mit der Herzegowina, Rumänien und Griechenland wiesen nach Statistiken aus dem Anfang der 90er Jahre mit 57, 70,5, 31, 71, 85, 52 und 80 Prozent höhere Zahlen auf.

Im Verhältniss zu der Fläche der Staatsforsten tritt diejenige der Domänen allerdings noch weit mehr in den Hintergrund; beträgt sie doch nur ca. 1/7 jener.

Die Vertheilung der Staatsforsten auf die einzelnen Theile des Preussischen Staatsgebiets ist, wie die Anlage XVI ersehen lässt, nahezu ebenso verschieden wie diejenige des Domänenbesitzes.

Hinsichtlich des Antheils der Staatsforsten an der Gesammtfläche rangirten nach Zahlen, die aus dem Jahre 1893 herrühren, die Regierungsbezirke in folgender Reihenfolge:

	Prozent der ganzen Waldfläche		Prozent der ganzen Waldfläche
Gumbinnen	72,0	Bromberg	43,2
Danzig	69,2	Erfurt	42,5
Aurich	63,0	Stade	40,0
Kassel (mit Schaumburg)	54,3	Merseburg	36,7
Hildesheim	53,1	Lüneburg	33,8
Marienwerder	50,5	Hannover	35,7
Stralsund	47,0	Potsdam	33,1
Königsberg	46,9	Schleswig	27,9
Stettin	43,7	Frankfurt a./O.	26,1
		Aachen	26,6

	Prozent der ganzen Waldfläche		Prozent der ganzen Waldfläche
Magdeburg	25,3	Köslin	18,3
Minden (ohne Schaumburg)	24,9	Düsseldorf	15,5
Trier	24,0	Köln	12,1
Posen	21,6	Osnabrück	12,0
Wiesbaden	21,3	Koblenz	9,3
Breslau	21,0	Arnsberg	6,0
Oppeln	19,2	Liegnitz	4,2
		Münster	1,9

Wesentliche Verschiebungen sind in diesen Verhältnisszahlen seitdem nicht eingetreten, die bedeutendsten noch in Marienwerder, wo die Staatswaldungen um ca. 20 000 ha oder 10 Prozent ihres Bestandes von 1893 sich vergrössert haben.

Die Staatsforsten befinden sich also, ebenso wie die Domänen, überwiegend in den östlichen Provinzen, und die domänenärmsten Landestheile sind im Allgemeinen auch am geringsten mit Staatsforsten besetzt.

Grosse Verschiedenheiten walten zwischen den Regierungsbezirken auch hinsichtlich des Verhältnisses der nicht zur Holzzucht bestimmten Flächen zu den Holzungen ob. Am geringsten sind jene in den Bezirken Erfurt, Trier, Koblenz, Aachen, Arnsberg, Kassel, Wiesbaden und Minden, weil hier in den Gebirgsforsten die Strassen und Wege schmaler sind, Seeen und breitere Wasserläufe fehlen und nur äusserst wenig mit Vortheil als Acker oder Wiese nutzbare Forstflächen vorhanden sind. Andererseits bewirken die zahlreichen, zur Forstfläche gehörigen Moore, Seeen und Wasserläufe in den Bezirken Königsberg, Gumbinnen und Stade, dass hier eine im Verhältniss zum Holzboden besonders grosse Fläche Nichtholzbodens und unter diesem wieder unnutzbaren Bodens vorhanden ist. Wenn diesen Bezirken am nächsten Düsseldorf kommt, so verursachen das die umfangreichen als Fettweiden oder zur Heuwerbung verpachteten Flächen in der Oberförsterei der Rheinwarden, die neben 243 ha Holz- nicht weniger als 1 239 ha nutzbaren Nichtholzbodens enthält, und die zumeist ebenfalls in dieser Oberförsterei gelegenen, noch nicht völlig verlandeten alten Rheinbetten.

§ 4. Fast die gesammte Holzfläche der Preussischen Staatsforsten ist mit Hochwald bestanden, d. i. mit Beständen, die aus Samen entstanden und Kernwüchse sind und in längern Zeiträumen abgetrieben werden, im Gegensatz zu den „Ausschlagswaldungen", nämlich dem Niederwald, bei dem die ganze oberirdische Holzmasse gewonnen wird und der neue Bestand durch Ausschlag der stehenbleibenden Stöcke oder durch die Wurzelbrut entsteht und der Abtrieb in kürzern, 10 bis 30jährigen Zwischenräumen erfolgt, und dem Mittelwald, der aus dem Niederwald dadurch entsteht, dass beim Abtriebe immer einzelne Stämme zum Weiterwachsen stehen bleiben. Nach den aus dem Jahre 1893 stammenden Angaben bei Hagen-Donner waren 97,1 Prozent der Staatswälder Hochwald und nur 0,6 Prozent Mittel-, 1,7 Prozent Niederwald und 0,5 Prozent Plänterwald, d. i. Wald, der auf derselben Fläche Bäume jeden Alters enthält, und dessen Nutzung stammweise unter Heraussuchung der jeweilig hiebsbedürftigen oder haubaren Stämme, dessen Reproduktion durch die Samenproduktion der ältern Bäume (Selbstverjüngung) erfolgt. 0,1 Prozent gehörten keiner dieser Betriebsarten an. Von dem Niederwald waren reichlich ein Drittel, nämlich 0,6 Prozent der Gesammtholzungsfläche, Eichenschälwald und Weidenheger. Seit dem Jahre 1881 hatte der Hochwald um 1 Prozent der Gesammtfläche zu-, der Mittelwald um 0,5 und der Niederwald um 0,6 Prozent abgenommen, während der Plänterwald stabil geblieben war. Seitdem dürfte sich die Hochwaldfläche auch prozentual eher noch etwas vermehrt haben.

Die dominirenden Holzarten anlangend, so waren von dem Hochwald 75 Prozent Nadel- und 25 Prozent Laubwald, und zwar von Ersterem 62,6 Prozent Kiefern und 12,4 Prozent Fichten, von Letzterem 15,9 Prozent Buchen, 5,6 Prozent Eichen und 3,5 Prozent Erlen und Birken. Mittel- und Niederwald gehören nur dem Laubwald an, da nur die Laubhölzer die Fähigkeit besitzen, vom Stocke wiederholt auszuschlagen. Rechnet man schliesslich von dem Plänterwald je die Hälfte auf beide Holzarten, so entfallen von der gesammten Holzfläche auf das Nadelholz 73 und auf das Laubholz 26,9 Prozent. Gegen das Jahr 1881 hatten bei dem Hochwald die Kiefer um 0,9, die Fichte um 0,4, die Eiche um 0,1 Prozent zu-, die Buche um 1,1, Erle und Birke um 0,3 Prozent abgenommen. Der Grund für die Zunahme der Nadelhölzer lag hauptsächlich in der Aufforstung von Oedländereien, die in der Ebene in der Regel mit Kiefern, im Gebirge mit Fichten erfolgt. Die Abnahme der Erlen und Birken erklärt sich besonders daraus, dass deren Standorte vielfach zu Wiesen qualifizirt und zu solchen umgewandelt sind. Uebrigens ist man seit einer Reihe von Jahren mehr als früher zur Einsprengung von Laubholz, namentlich Eichen, in die Kiefernbestände übergegangen, sodass die Letztern jetzt mehr als früher eingesprengtes Laubholz enthalten, was den Rückgang der Laubholzbestände aufwiegt.

Das Alter der Hochwaldbestände betrug 1893

über 100 Jahre	bei	13 Prozent	gegen	12 Prozent	im Jahre	1881
81—100 „	„	13 „	„	13 „	„ „	„
61—80 „	„	14 „	„	15 „	„ „	„
41—60 „	„	18 „	„	18 „	„ „	„
21—40 „	„	19 „	„	20 „	„ „	„
1—20 „	„	19 „	„	20 „	„ „	„

während 4 Prozent (gegen 2 Prozent im Jahre 1881) kahle Schlagflächen, Blössen und Räumden waren. Dieses Altersklassenverhältniss entspricht nahezu einem 100jährigen Umtriebe. Doch wird für den überwiegenden Theil des Hochwaldes die Schlagfläche unter Zugrundelegung eines Betriebsalters von 120, bei Eichenhochwald in der Regel sogar von 160 Jahren bemessen.

Natürlich ist je nach Klima und Bodenverhältnissen der Antheil der einen und andern Holzart in den einzelnen Landestheilen sehr verschieden. Das Laubholz überwiegt in den Provinzen Hessen-Nassau, Westfalen und der Rheinprovinz mit Ausnahme des Regierungsbezirks

Düsseldorf. Mehr als 25 bis 50 Prozent der Hochwaldfläche nimmt es ein in Stralsund, Hildesheim, Schleswig, Düsseldorf, Hannover, Erfurt und Magdeburg. Am meisten zurück tritt es in den Provinzen Ost- und Westpreussen, Brandenburg, Posen, Schlesien und dem Regierungsbezirk Aurich. Der Mittelwald befindet sich hauptsächlich in Sachsen und Schlesien, der Plänterwald in den Bezirken Erfurt, Stettin, Hildesheim und Breslau, der Eichenschälwald in der Rheinprovinz, Hessen-Nassau, Schlesien und den Bezirken Arnsberg und Hannover, Weidenheger in den Bezirken Breslau und Düsseldorf, der sonstige Niederwald in Gumbinnen, Königsberg, Stettin und Breslau.

II. Hauptabschnitt.

Die Einnahmen der Forst-Verwaltung.

(Staatshaushaltsetat Kap. 2.)

I. Kapitel.

Die Einnahmen für Holz.

(Staatshaushaltsetat Kap. 2 Tit. 1.)

§ 5. Mehr als 90 Prozent der Gesammteinnahme aus den Forsten (vgl. Anlage XVII) entfällt auf die Einnahme für Holz, und auch in früherer Zeit ist diese selten und nur unbedeutend unter diesen Prozentsatz herabgegangen.

Wie es die Natur der Holzzucht mit sich bringt, wird diese Einnahme — anders wie die Hauptbestandtheile der Domäneneinnahmen — durch Selbstbewirthschaftung erzielt.

Die Bewirthschaftung der Staatswaldungen soll unbestritten in der Weise erfolgen, dass der Gesammtheit die grösstmöglichen Vortheile aus ihr erwachsen. Bezüglich der Wege, auf denen dieses Ziel zu erreichen ist, stehen sich wesentlich zwei Richtungen gegenüber, die man als die Waldreinertrags- und die Bodenreinertragslehre bezeichnet. Die Erstere erstrebt jene Wirthschaft, welche den grössten „Werthdurchschnittszuwachs" ergiebt; als Werth gilt hierbei die Höhe des für die gesammten Erzeugnisse zu erzielenden Erlöses. Der Abtrieb soll nach dieser Lehre also in demjenigen Zeitpunkt erfolgen, zu dem der Werthdurchschnittszuwachs, der dargestellt wird durch den Werth der Hauptnutzung plus der Summe der Vor- und Nebennutzungen der Umtriebszeit, beides dividirt durch die Zahl der Jahre der Umtriebszeit, seinen Höhepunkt erreicht hat und zu fallen beginnt. Die Bodenreinertragslehre will die Wirthschaft so eingerichtet wissen, dass unter Anrechnung der Zinsen für sämmtliche im Betriebe thätigen Kapitalien, insbesondere auch des Holzkapitals,

d. i. des Werthes der Holzbestände, die grösste Bodenrente erreicht wird. Sie führt zu wesentlich kürzeren Umtriebszeiten als die Waldreinertragswirthschaft, ja zu so kurzen Umtriebszeiten, dass es Zweifel erregen muss, ob der Waldboden sie auf die Dauer ertragen kann. Bei der Länge der Umtriebszeiten, um die es sich immerhin auch bei ihr noch handelt, steht hier auch die Schwierigkeit entgegen, welchen Zinsfuss man bei ihr zu Grunde legen soll. Sie hat ferner gerade bei Staatswaldungen das gegen sich, dass bei diesen auch andere als finanzielle Rücksichten mitsprechen, die eine Verminderung des Waldbestandes wegen zu geringer Bodenrente durch Umwandlung in Acker u. s. w. verbieten.

In der Praxis stehen sich indessen die beiden Schulmeinungen weit weniger unvermittelt und feindselig als in der Literatur gegenüber. Für die Preussischen Staatsforsten charakterisiren Hagen-Donner[1]) die allgemeinen Wirthschaftsgrundsätze folgendermassen:

„Für die Bewirthschaftung der Staatsforsten gelten als Hauptregeln: strenge Einhaltung der Grenze des nachhaltigen Fruchtgenusses und Erzielung einer nachhaltig möglichst grossen Menge möglichst werthvoller Waldprodukte in möglichst kurzer Zeit. Man wird beide Regeln in dem Grundsatze zusammenfassen können: die Wirthschaft erstrebt die Erlangung eines nachhaltig möglichst hohen Reinertrags aus der Verwerthung der Waldprodukte für Volkswirthschaft.

Die Preussische Staatsforstverwaltung bekennt sich nicht zu den Grundsätzen des nachhaltig höchsten Bodenreinertrags unter Anlehnung an eine Zinseszinsrechnung, sondern sie glaubt, im Gegensatz zur Privatforstwirthschaft, sich der Verpflichtung nicht entheben zu dürfen, bei der Bewirthschaftung der Staatsforsten das Gesammtwohl der Einwohner des Staats ins Auge zu fassen, und dabei sowohl die dauernde Bedürfnissbefriedigung in Beziehung auf Holz und andere Waldprodukte, als auch die Zwecke berücksichtigen zu müssen, denen der Wald nach den verschiedensten anderen Richtungen hin dienstbar ist. Sie hält sich nicht für befugt, eine einseitige Finanzwirthschaft, am wenigsten eine auf Kapital- und Zinsengewinn berechnete reine Geldwirthschaft mit den Forsten zu treiben, sondern für verpflichtet, die Staatsforsten als ein der Gesammtheit der Nation gehörendes Fideikommiss so zu behandeln, dass der Gegenwart ein möglichst hoher Fruchtgenuss zur Befriedigung ihres Bedürfnisses an Waldprodukten und an Schutz durch den Wald zu Gute kommt, der Zukunft aber ein mindestens gleich hoher, möglichst aber ein gesteigerter Fruchtgenuss von gleicher Art gesichert wird.

Nur insofern das Geld den Werthmesser aller materiellen, also auch der aus der Waldproduktion hervorgehenden Güter darstellt, ist der in Geld ausgedrückte, möglichst hohe nachhaltige Reinertrag an Waldprodukten als das Hauptziel der Preussischen Staatsforstwirthschaft zu bezeichnen.

Der Grundsatz einer streng nachhaltigen Abnutzung wird nicht so starr festgehalten, dass er die rechtzeitige Verjüngung hiebsreifer Bestände bei übermässigem Vorrathe haubaren Holzes hindert oder die zur Erhöhung der Bodenproduktion und namentlich der Nutzholzerzeugung erforderlichen Massregeln aufhält, wo unvollkommene Bestockung, unpassende Holz- und Betriebsart oder sonstige Verhältnisse dazu auffordern. Es wird aber dahin gestrebt, die für einzelne Reviere ausnahmsweise gestattete, oder etwa durch Wind, Feuer, Insekten etc. wider Wunsch und Willen herbeigeführte Ueberschreitung der Nachhaltigkeitsgrenze in anderen womöglich benachbarten Revieren durch geringere Abnutzung insoweit auszugleichen, als es ohne überwiegende wirthschaftliche Unzuträglichkeiten thunlich ist.

[1]) S. 177 f. a. a. O.

Zur Sicherstellung einer sowohl nachhaltigen als auch den sonstigen Forderungen eines guten Betriebs genügenden Wirthschaft dienen die Forst-Vermessungs- und Einrichtungsarbeiten mit überwiegender Rücksicht auf Begründung der Nachhaltigkeit durch die Flächentheilung, ferner die Massregeln zu dauernder Kontrole der Ist-Abnutzung im Vergleich zu der Soll-Abnutzung des Betriebsplans und zu steter Berichtigung und Ergänzung des letzteren im Wege der Taxationsrevision. Es gilt dabei der Grundsatz, der Form nicht die Sache zu opfern, d. h. Abweichungen vom Betriebsplane, die sich als unzweifelhaft zweckmässig ergeben und besser sofort ausgeführt, als bis zur Taxationsrevision verschoben werden, zu gestatten, überhaupt aber dem Wirthschaftsbetriebe einen möglichst freien Spielraum einzuräumen, um das nach Zeit, Art und sonstigen Umständen Zweckmässigste wählen, und insbesondere auch die Abnutzung für die einzelnen Jahre in den verschiedenen Holzarten so betreiben zu können, wie es dem jeweiligen Bedürfnisse der Verjüngung und des Holzmarktes entspricht, wenn dabei nur für alle Holzarten zusammengenommen die nach dem Betriebsplane zulässige Abnutzung der Oberförsterei im Ganzen nicht überschritten, oder eine vorübergehende Ueberschreitung in einzelnen Revieren durch Einsparung in anderen ausgeglichen wird. Die Ueberschreitung des für ein Jahr zulässigen Gesammtabnutzungs-Solls einer Oberförsterei um mehr als 10 Prozent bei der Hauptnutzung bedarf jedoch der Genehmigung des Ministeriums. Für die Wahl der Holzart, der Betriebsart und des Umtriebes wird im Allgemeinen die Erzielung eines möglichst hohen Werthsdurchschnittszuwachses als massgebend erachtet, wobei jedoch die Rücksichten auf besondere örtliche Bedürfnisse und auf die Sicherheit der Verjüngung und sonstige Nebenumstände nicht ausser Betracht bleiben."

Im Allgemeinen sind hier also die Grundsätze der Waldreinertragswirthschaft ausgesprochen.

Bei dem Wettbewerb billiger herzustellender Brennmaterialien muss das Augenmerk der Forstverwaltung immer überwiegender auf die Nutzholzerzeugung gerichtet sein, zumal mit dem Fortschreiten der Verkehrsverhältnisse die Gegenden, in denen sich durch den Transport andere Brennmaterialien theuerer als Brennholz stellen, immer mehr verschwinden.

Unter den Laubhölzern ist es daher auch die das vorzüglichste Nutzholz liefernde Eiche, deren Nachzucht und Anbau begünstigt wird. Andererseits hat sich ihr Anbau zur Herstellung von Schälwald wegen des Sinkens der Preise für Lohrinde infolge des zunehmenden Imports von Quebrachoholz in neuerer Zeit weniger lohnend gestaltet, und kann daher mit Schälwaldanlagen nur sehr vorsichtig vorgegangen werden.

Für die Wahl der Umtriebszeiten ist der Grundsatz massgebend, dass dieselben nicht höher bemessen werden, als es nach den jedesmal speziell untersuchten örtlichen Verhältnissen zur Erzielung des höchsten Werthdurchschnittszuwachses erforderlich ist, andererseits aber auch nicht niedriger, als im Interesse der Verjüngung und der Erhaltung der Nachhaltigkeit zulässig erscheint. Mannigfache, in neuerer Zeit sich mehr geltend machende Schäden für die Kulturen, namentlich der Kiefernbestände, sowie die verstärkte Nothwendigkeit der vorzugsweisen Erzielung werthvoller Nutzhölzer haben in neuerer Zeit mehr auf eine Erhöhung als auf eine Herabsetzung der Umtriebszeit hingewiesen. Gegenwärtig sind die am häufigsten gewählten Umtriebszeiten im Hochwalde für Kiefer 60—140, in der Regel 120 Jahre, Fichte 80—120, in den östlichen Provinzen meist 100 Jahre, Buche 120,

Eiche 140—160 Jahre, Erle und Birke 60 Jahre. Bei der Kiefer finden die kürzeren, unter 100 Jahren bleibenden Umtriebe namentlich in Gegenden mit gutem Absatz für Grubenholz und Telegraphenstangen, also insbesondere in der Nähe der industriereichen Distrikte des Westens statt. Auch bei der Fichte finden sich die kürzesten Umtriebe in den westlichen Provinzen, während der Umtrieb am längsten in den Gebirgswaldungen des Thüringer Waldes, des Harzes und des Schlesischen Gebirges ist.

Ungemein verschieden sind die Umtriebszeiten beim Niederwald, am längsten, bis zu 50 Jahren, in den Erlen-, Birken- etc. Niederwaldungen der östlichen Provinzen. Im Uebrigen werden die Niederwaldumtriebe so kurz bemessen, wie es nach den Standorts- und Absatzverhältnissen möglich ist. Die zum Korbruthenschnitt bewirthschafteten Weidenheger haben einjährigen Umtrieb mit der Massgabe, dass von Zeit zu Zeit behufs Erholung der Stöcke und längerer Bodenbedeckung die Ausschläge 4—5 Jahre geschont werden.

§ 6. Zur Sicherung eines den leitenden Grundsätzen entsprechenden Betriebes sind die eingehendsten, in ihren Anfängen bis auf Friedrich den Grossen zurückgehenden Bestimmungen getroffen, und ist für deren genaueste Innehaltung durch die verschiedensten Kontrolen gesorgt. Nicht nur für jedes Revier im Ganzen wird die Abnutzung nachhaltig gestaltet, sondern jedes Revier wird, sofern es seine Grösse oder die Verschiedenheit seiner Theile hinsichtlich der Betriebsart, Bestandes-, Boden-, Absatz- und Servitutsverhältnisse rathsam erscheinen lassen, in Hauptwirthschaftskörper, „Blöcke“, getheilt, innerhalb deren ein nachhaltiger Betrieb sofort geführt oder angebahnt wird. Wo die Umstände eine Blockeintheilung nach solchen Gesichtspunkten nicht erforderlich machen, schliesst man die Eintheilung an die des Reviers in die Unterverwaltungs-, die „Forstschutzbezirke“, an. Die Blöcke wiederum werden behufs zweckmässiger Bestandesordnung in „Wirthschaftsfiguren“, d. h. „festbegrenzte Flächen, deren vorhandene oder noch zu erziehende Bestände dazu bestimmt sind, die einheitlichen, in sich möglichst gleichartigen, soweit thunlich daher auch gleichaltrigen Glieder der Bestandesgruppirung zu bilden“, eingetheilt, welche, soweit sie mehr durch künstliche, gerade verlaufende Linien (Gestelle) gebildet werden, „Jagen“, soweit sie vorwiegend durch natürliche Unterschiede des Geländes, Wasserläufe, Wege etc. begrenzt und daher von unregelmässiger Form sind, „Distrikte“ heissen und im Allgemeinen etwa 25—30 ha umfassen. Im Mittel- und Niederwald findet meist nur eine geometrische Schlageintheilung, nicht nach dem Gesichtspunkt gleichmässiger Jahreserträge statt. Die einzelnen Wirthschaftsfiguren bezw. Schläge werden bei wesentlichen Verschiedenheiten noch in „Bestandsabtheilungen“ zerlegt.

Diese Eintheilungen des Reviers bilden die Grundlagen der durch Hieb und Kultur herzustellenden Bestandesordnung und Gruppirung, deren hauptsächlichste Ziele in der Regel sind: Herstellung von „Bestandeseinheit“ in der einzelnen Wirthschaftsfigur durch Beseitigung der Altersverschiedenheiten innerhalb derselben, Bildung angemessener „Schlagtouren“, um es zu vermeiden, dass zu grosse aneinander liegende Flächen derselben Altersperiode angehören, da namentlich im Nadelwald die Gefahren durch Feuer, Insektenfrass, Windbruch etc. um so grösser sind, je grössere Flächen einer Altersklasse zusammenliegen, ferner Herstellung einer sachgemässen „Hiebsfolge“, d. h. eine Aneinanderreihung der Altersklassen womöglich mit zwanzigjährigen Zwischenräumen nach der Wind- und Wetterseite hin, endlich Herstellung eines normalen Altersklassenverhältnisses. Andererseits dürfen die Ziele nicht mit unverhältnissmässigen Opfern in Gestalt von Zuwachsverlusten, Verschlechterung des Bodens durch zu lange Hinausschiebung des Abtriebes mangelhaft deckender Bestände u. a. m. erkauft werden.

Nach diesen, je nach den örtlichen Verhältnissen eventuell zu modifizirenden, leitenden Gesichtspunkten werden unter Betheiligung aller Instanzen bis hinauf zum Minister für Landwirthschaft, Domänen und Forsten für jedes Revier genaue, in der Regel von 20 zu 20 Jahren zu revidirende Betriebspläne und Ertragsberechnungen aufgestellt. Ein vorzugsweises Augenmerk wird hierbei darauf gerichtet, dass der Betriebsplan die Nachhaltigkeit und Gleichmässigkeit des periodischen Holzertrages in Menge und Beschaffenheit sicher stellt; die einzelnen zwanzigjährigen Perioden der Berechnungszeit sollen daher mit Bestandsflächen bezw. Holzmassen annähernd gleich und womöglich so ausgestaltet werden, dass die späteren Perioden in Flächen und Erträgen zur Herstellung einer Reserve etwas ansteigen. Ausnahmen bedürfen ministerieller Genehmigung. Auf Grund von Messungen und Schätzungen wird hierbei der Materialertrag der zwanzigjährigen Periode und danach der jährliche Abnutzungssatz ermittelt, für Mittel- und Niederwald auch die Reihenfolge der Schläge genau vorgeschrieben; für den Hochwald werden nur die Abtheilungen des Hiebes innerhalb der nächsten zwanzig Jahre ohne Anordnung einer bestimmten Reihenfolge der Schläge festgestellt und Letztere innerhalb dieses generellen Hauungsplanes der Bezirksverwaltung (Regierung) überlassen. Zur Kontrole des Wirthschaftsbetriebes und zur Fortbildung des Betriebsplanes dienen die vom Revierverwalter zu führenden Kontrolbücher, Taxationsnotizbücher und Flächenregister, das Kontrolbuch zur Vergleichung der geschätzten mit den wirklichen Holzerträgen, um die vorgeschriebenen Hauungen so einzurichten, dass sie nicht schon vor Ablauf der Periode beendigt werden oder nicht bei Ablauf derselben noch zum Theil rückständig bleiben, das Taxationsnotizenbuch als fortlaufende Revierchronik und das Flächenregister zur Flächenkontrole.

Als Rahmen für die formelle Geschäftsverwaltung in Beziehung auf Gewinnung und Verwerthung der Forsterzeugnisse und den sonstigen Forsthaushalt wird für jede Oberförsterei wie für jedes sonstige selbständige Forstverwaltungsobjekt ein Natural- und ein Geldetat, Ersterer vom Oberförster, Letzterer vom Rendanten entworfen und von der Regierung festgestellt, und zwar immer für einen sechsjährigen Zeitraum dergestalt, dass allmählich sämmtliche Regierungsbezirke an die Reihe kommen. Aus den Schlusssummen der einzelnen Geldetats setzt sich der Forstverwaltungsetat des Regierungsbezirks zusammen, der, wie in andern Verwaltungen, in gewissem Turnus von drei zu drei Jahren entworfen und von den Ministern für Landwirthschaft und der Finanzen festgestellt wird.

Für die Holzfällungen jedes einzelnen Jahres stellt der Revierverwalter den jährlichen Hauungsplan auf und reicht ihn der Bezirksinstanz (Oberforstmeister) zur Bestätigung ein; in demselben werden Einschlagssoll und die einzelnen Hauungen, aber auch die Maximalsätze des Hauer- und Rückerlohns festgesetzt. Dem Oberförster sind ohne höhere Genehmigung nur unerhebliche Abweichungen von dem Hauungsplan gestattet.

Bei dem Abtriebe beschränkt sich die Forstverwaltung in der Regel darauf, das Holz zu schlagen, aus den gefällten Stämmen die Nutzstücke in der für die Verwerthung vortheilhaftesten Form und Länge ausschneiden und das Holz aufsetzen bezw. das Reiserholz binden zu lassen. Eine weitere Bearbeitung findet ihrerseits nicht statt. Das aufbereitete Holz wird von dem Förster nummerirt, aufgemessen und in ein Verzeichniss eingetragen; der Oberförster prüft diese Arbeiten des Försters (Holzabnahme).

Die Verwerthung des geschlagenen Holzes liegt dem Oberförster ob, welcher dafür verantwortlich ist, dass sie rechtzeitig, den bestehenden allgemeinen Bestimmungen gemäss und in der den Interessen der Staatskasse wie der Konsumenten angemessensten Weise erfolgt. Regel ist der lizitationsweise Verkauf, wobei der Oberförster ermächtigt ist, auch auf unter der Taxe bleibende Gebote, wenn er sie für angemessen erachtet, den Zuschlag zu ertheilen, andererseits aber verpflichtet ist, ihn auch die Taxe erreichenden Geboten zu versagen, wenn er diese für nicht annehmbar erachtet. Gelegentlich werden auch Verkäufe im Wege der Submission zugelassen, theils um Verabredungen der Käufer entgegenzutreten, theils um einem Käufer Gelegenheit zu grösseren Ankäufen in demselben Schlage zu geben.

Ausser den Lizitations- und Submissionsverkäufen erfolgen Holzabgaben nach Massgabe des Bedürfnisses frei oder gegen geringere als taxmässige Bezahlung nur auf Grund bestehender Verpflichtungen oder als besondere Vergünstigung (Armenholz); theils hat hierbei der Revierverwalter selbständig zu verfügen, theils bedarf er höherer Genehmigung bezw. Anweisung. Freiholzabgabe an Beamte oder Behörden findet nur noch an die Forstbeamten und gewisse Beamte des Oberharzes statt, ferner auf Grund rechtlicher Verpflichtung an Schulen etc. Auch zu Staatsbauten und sonstigen Staatszwecken wird Holz unter der Taxe nicht abgegeben.

Endlich ist in gewissen, durch besondere Umstände (Feuer-, Wasser-, Windschaden, Brennholzbedarf von unbemittelten Personen, vergebliche Versuche lizitationsweisen Verkaufes u. s. w.) oder im Interesse besserer Verwerthung gerechtfertigten Fällen ein freihändiger Verkauf zu den üblichen Preisen zugelassen. Doch ist durch verschiedene Bestimmungen über Beschränkung auf bestimmte Maximalabgaben an dieselbe Person und Erforderniss höherer, zu Verkäufen auf dem Stamme sogar ministerieller Genehmigung Vorkehrung getroffen, dass Schädigungen der Staatskasse oder in den Verhältnissen nicht begründete Begünstigungen einzelner Personen vermieden werden.

Die den meistbietenden Verkäufen und sonstigen entgeltlichen Holzabgaben als Minimalpreise zu Grunde gelegten „Taxen" sind Preisverzeichnisse für die einzelnen Holzsortimente und Holzarten, die für jedes Revier in der Regel alle sechs Jahre von neuem nach den durchschnittlichen Versteigerungspreisen der letzten drei Jahre aufzustellen sind und der ministeriellen Genehmigung bedürfen.

§ 7. Der gesammte Holzmassenertrag wird unterschieden nach den Baumtheilen in Derbholz, d. h. alles oberirdische Holz von mehr als 7 cm Stärke mit Ausschluss des bei der Fällung am Stocke bleibenden Schaftholzes, und Nichtderbholz, nämlich das Reisigholz, d. h. alles oberirdische Holz bis zu 7 cm Stärke und das Stockholz, d. i. die unterirdische und die beim Fällen an den Wurzeln bleibende oberirdische Holzmasse, nach der Gebrauchsart in Bau- und Nutzholz (Langnutzholz, Schichtnutzholz und Nutzrinde) und in Brennholz (Scheitholz über 14 cm am oberen Ende stark, Knüppel- [Prügel-] Holz, über 7 und bis 14 cm am oberen Ende stark, Reisig, bis 7 cm am unteren Ende stark, Brennrinde und Stockholz). In den Beilagen zum Forstetat wurde früher unterschieden „Derbholz" und „Stock- und Reiserholz"; jetzt wird unterschieden „kontrolfähiges" und „nicht kontrolfähiges Material". Der Unterschied zwischen beiden Eintheilungen besteht darin, dass zu dem nicht kontrolfähigen Material auch das Derbholz vom Niederwalde und Unterholze des Mittelwaldes, für welches die jährliche Hauung nicht nach dem festgestellten Abnutzungssatz, sondern nur nach der Fläche bestimmt und kontrolirt wird, gehört. Doch ist die Menge desselben im Verhältniss zu der Gesammtmenge des nicht kontrolfähigen Materials im ganzen Staate nicht bedeutend, nach den von Hagen-Donner für 1894/95 ca. 2½ Prozent des Letztern und nicht ganz 0,9 Prozent des kontrolfähigen Materials.

Alle Holzerträge werden in „Festmetern" angegeben. Diese Berechnung geht von dem Langnutzholz aus, dessen Inhalt vermessen und kubisch berechnet den Festmetergehalt darstellt. Bei andern Holzarten sind gewisse Verhältnisszahlen eines Raummeters bezw. bei Rinde eines Doppelzentners zum Festmeter festgesetzt, nach denen die Umrechnung in Festmeter erfolgt.

Bezüglich der in den Beilagen zum Etat angegebenen Massen an nicht kontrolfähigem Material ist noch zu beachten, dass hierin nur der nach durchschnittlicher Berechnung zur Verwerthung durch die Forstkasse gelangende, also namentlich nicht der von Servitutberechtigten und zur Raff- und Leseholz- und Stockholz-Nutzung zugelassenen Personen entnommene Theil des Stock- und Reisigholzes enthalten ist.

Die Verhältnisse der Forstwirthschaft bringen es endlich mit sich, dass in den Etat der Natural- und Geldertrag aus der Holznutzung nicht für das Etatsjahr eingestellt werden kann, da dessen Anfangs- und Endpunkt mitten in das von natürlichen Verhältnissen bedingte Forstwirthschaftsjahr, welches vom 1. Oktober zum 30. September laufen muss, fällt. Es wird daher in den Etat eingestellt das Soll desjenigen Forstwirthschaftsjahres, welches am 1. Oktober des vorangegangenen Etatsjahres begonnen hat und demgemäss am 30. September desjenigen Etatsjahres, für das die Etatsaufstellung erfolgt, endet.

§ 8. Das nach diesen Grundsätzen eingestellte Abnutzungssoll der gesammten Staatsforsten betrug nach den Etats für

	Derbholz Kubikfuss[1])	Stock- u Reiserholz Kubikfuss	zusammen Kubikfuss
1849	88 428 218	17 429 495	105 857 713
1859	90 120 493	20 158 572	110 279 065
1866	97 905 043	21 037 803	118 941 846

Auf das Hektar zur Holzzucht bestimmter Fläche entfielen somit an Holzabtrieb insgesammt 1849 54,5, 1859 60 und 1866 65,5 Kubikfuss, d. h. derselbe hatte sich von 1849 bis 1866 um mehr als 20 Prozent gesteigert. Allerdings war die Zunahme bei dem werthvolleren Derbholz wesentlich geringer als bei dem Stock- und Reiserholz.

---

[1]) 1 Kubikfuss = 0,30916 cbm oder Festmeter.

Nach dem Hinzutritt der neuen Provinzen betrug der Abnutzungssatz

Etatsjahr	Derbholz	Stock- u. Reiserholz	zusammen	im Durchschnitt pro ha
1869	139 731 492 Kubikf.	42 163 510 Kubikf.	181 895 002 Kubikf.	68,2 Kubikf.
	= 4 319 939 fm	= 1 303 527 fm	= 5 623 466 fm	= 2,1 fm
1874	4 614 764 „	1 707 462 „	6 322 226 „	2,5 „

Er war also schon 1869 gegen 1866 wiederum im Durchschnitt pro Hektar gestiegen, und zwar um 4,1 Prozent. Bis 1874 trat eine weitere Steigung um 19 Prozent ein, an der wiederum das Stock- und Reiserholz einen stärkern Antheil als das Derbholz hatte.

Für die Zeit seit 1879/80 sind die Abnutzungssätze aller einzelnen Jahre in der Anlage XIX ersichtlich gemacht. Nach derselben hat die Steigerung der Durchschnitts-Abnutzungssätze betragen

1879/80	gegen	1874 . .	12,0 Prozent
1884/85	„	1879/80 .	13,3 „
1889/90	„	1884/85 .	6,4 „
1894/95	„	1889/90 .	1,0 „
1899	„	1894/95 .	1,1 „
1899	„	1889/90 .	2,1 „
1899	„	1879/80 .	21,8 „
1899	„	1874 . .	36,5 „

Die Abnutzungssätze sind also in einer ununterbrochenen Zunahme begriffen gewesen, was um so höher anzuschlagen ist, als die Staatsforsten keineswegs von erheblichen Schädigungen durch Insektenfrass, Windbruch etc. verschont geblieben sind.

Als die umfangreichsten solcher Schädigungen der Staatsforsten in der Zeit nach 1866 seien hervorgehoben die Windbrüche des Dezember 1868, welche in den Staatsforsten der Provinzen Schlesien, Sachsen, Hannover, Hessen-Nassau und Pommern ca. 880 000 Klaftern oder 1 800 000 fm Derbholz warfen, die in den oberharzischen Staatsforsten ca. 40 000 fm und in Ostpreussen, Pommern, Posen, Brandenburg und Schleswig-Holstein ca. 36 000 fm Derbholz fordernden Stürme vom 20. November 1879 und 21. Oktober 1880, die Sturmschäden vom Februar 1894 sowie die Wind- und Eisbrüche von 1879 und 1883; jenen fielen in Hessen-Nassau und Hannover 38 000 fm Buchenderbholz, diesen im Harz sogar ca. 510 000 fm Derb- und 153 000 fm Reisig- und Stockholz in den Staatswaldungen zum Opfer. Andre noch bedeutendere Schädigungen sind den Staatsforsten durch Insekten, insbesondre Borkenkäfer, Nonne und Kieferspinner, und durch eine Krankheit der jüngern Kieferbestände, die „Schütte", zugefügt worden; der Kieferspinner allein hat in den Jahren 1867—1872 in den Regierungsbezirken Marienwerder, Bromberg, Stettin, Frankfurt a./O. und Potsdam fast 9 000 ha Kiefern mit mehr als 1 100 000 fm Bestand vernichtet.

Es liegt auf der Hand, wie sehr solche in nicht vorherzusehendem Masse — auf einen gewissen Umfang wird ja von vornherein Rücksicht genommen — eintretende Elementar-, Insekten- und sonstige Schäden, welche entweder die Bestände vernichten oder zu übermässigen, in spätern Jahren einzusparenden Hauungen noch nicht haureifer Bestände nöthigen, ein oft minderwerthiges Holz ergaben und zu Absatzstockungen führen können, einem regelmässigen Fortschritt in den Natural- und Gelderträgen der Forsten hinderlich sind.

Wenn es trotzdem möglich gewesen ist, in den letzten Jahrzehnten fast alljährlich einen höheren Abnutzungssatz und Naturalertrag in den Etat einzustellen, so ist dies der ausserordentlich konservativen Wirthschaft in früherer Zeit und den vorsichtigen Veranschlagungen des zulässigen Abtriebes zu danken, vermöge deren es bei Taxationsrevisionen in der Regel möglich war und ist, ohne die Nachhaltigkeit irgendwie zu gefährden, den Abnutzungssatz zu erhöhen. Dadurch konnten die infolge unfreiwilliger Ueberhauungen der Vorjahre nöthigen Einschränkungen immer reichlich ausgeglichen werden. Und die erhöhten Abtriebe blieben nicht nur auf dem Papier, sondern sie wurden in der Wirklichkeit fast stets übertroffen, weil infolge der vorsichtigen Schätzungen die Endhiebe in der Regel erhebliche Mehrerträge gegen die Schätzung liefern.

Allerdings weisen ja die letzten Jahre eine verhältnissmässig erheblich geringere Zunahme der Abnutzungssätze auf wie die früheren. Hieran trägt aber, wie ein Blick auf die bezüglichen Zahlen der Anlage XIX ergiebt, die Schuld nur das geringerwerthige nicht kontrolfähige Material. Das Abnutzungssoll an diesem hat seit 1891/92 mit alleiniger Ausnahme des Jahres 1895/96 alljährlich abgenommen, während das kontrolfähige Material ausnahmslos von Jahr zu Jahr zugenommen hat; seine Zunahme hat von 1889/90 bis 1894/95 nahezu 4, von da bis 1899 reichlich 5 Prozent betragen. Wenn diese Zunahme immerhin noch hinter der früherer Perioden zurückbleibt, so erklärt sich das schon durch den Ankauf bedeutender schlechtbestandener Forstflächen, und dann lassen sich natürlich völlig die Rückschläge der oben erwähnten Schädigungen nicht sofort gut machen. Die so sehr verschiedene Entwicklung der Abnutzung an nicht kontrolfähigem Material aber, etwa bis Mitte der 80er Jahre eine stärkere, wenn auch schon abnehmende Steigerung als beim kontrolfähigen, dann eine geringere Zunahme als bei diesem und endlich eine absolute Abnahme, hat ihren Grund vornehmlich darin, dass nach Einleitung der Ablösung der Waldservituten sich die Menge des den Servitutberechtigten zustehenden Materials fortgesetzt verringerte und infolgedessen das durch die Forstkasse verwerthete und, wie oben erwähnt, allein in den Etats in Ansatz gebrachte, eine entsprechende Zunahme erfuhr, dass andererseits aber in der neueren Zeit die Verwerthbarkeit des Stock- und Reiserholzes infolge der Konkurrenz der Kohle, der höheren Werbungskosten und des Rückganges der Theerschwälerei zurückgegangen ist, die Forstverwaltung deshalb auch immer mehr ihr Streben auf Erhöhung der Derbholzproduktion richten musste und der Mittel- und Niederwald immer mehr gegenüber dem Hochwald zurückgetreten ist.

Selbstredend weisen die Abnutzungssätze pro ha Holzbodenfläche grosse Verschiedenheiten zwischen den einzelnen Landestheilen auf. In der Anlage XX sind für die einzelnen Bezirke unter Gegenüberstellung der Flächen die Abnutzungssolls für 1899 angegeben. Eine

Vergleichung derselben mit den Holzbodenflächen zeigt, dass, was den Derbholzabnutzungssatz anlangt, an der Spitze stehen Schlesien und die Regierungsbezirke Stettin, Erfurt, Hannover, Hildesheim und Münster, während die untersten Stellen einnehmen in den östlichen Provinzen die Bezirke Danzig, Posen, Magdeburg, in den westlichen Lüneburg, Stade, Osnabrück, Aurich, Kassel, Koblenz, Köln und Aachen. Bezüglich des Stock- und Reisigholzes stehen in erster Reihe von den östlichen Provinzen der Bezirk Stralsund sowie die Provinzen Schlesien und Sachsen, allgemein aber die westlichen Landestheile, wo in Folge des stärker vertretenen Laubholzes und Mittel- und Niederwaldes die Abnutzungssätze für nicht kontrolfähiges Material fast durchgängig höher sind als im Osten. Innerhalb der einzelnen Regierungsbezirke zeigen natürlich die einzelnen Forstreviere wieder sehr verschiedene Abnutzungssätze.

§ 9. Für das für den Staatshaushalt massgebende finanzielle Ergebniss der Holzwerbung ist neben der Holzmenge entscheidend der erzielte bezw. voraussichtlich zu erzielende Preis. Die Bewegung der Holzpreise ist nun eine in hohem Masse schwankende gewesen. Nach den Tabellen bei Hagen-Donner haben die Durchschnittspreise, welche für das Festmeter der in den Staatsforsten eingeschlagenen Gesammtholzmasse erlangt sind, betragen im Durchschnitt des ganzen Staates

1850 . .	4,39 Mk.	1875 . .	7,11 Mk.	1884/85 . .	6,32 Mk.
1855 . .	4,89 „	1876 . .	6,38 „	1885/86 . .	6,28 „
1860 . .	4,94 „	1877/78 . .	5,89 „	1886/87 . .	6,28 „
1865 . .	6,31 „	1878/79 . .	5,96 „	1887/88 . .	5,92 „
1870 . .	5,81 „	1879/80 . .	5,79 „	1888/89 . .	6,23 „
1871 . .	5,55 „	1880/81 . .	5,99 „	1889/90 . .	6,60 „
1872 . .	5,55 „	1881/82 . .	5,81 „	1890/91 . .	6,87 „
1873 . .	6,70 „	1882/83 . .	5,76 „	1891/92 . .	7,02 „
1874 . .	7,08 „	1883/84 . .	6,27 „	1892/93 . .	6,79 „

Diese Zahlen erweisen von 1850 bis 1865 eine steigende, dann bis 1872 eine sinkende, dann wieder bis 1875 steigende Tendenz. Die Preishöhe dieses Jahres ist seitdem nicht wieder erreicht worden. Die Preise haben in der Zeit seit 1875 zwischen 5,76 Mark (1882/83) und 7,02 Mark (1891/92) geschwankt. Im Allgemeinen kann man bis 1882/83 eine sinkende, von da an eine allerdings unsicher steigende Neigung derselben unterscheiden.

Für die letzten 7 Rechnungsjahre stellt sich die Solleinnahme für den Festmeter Holzmasse auf

1893/94 . .	7,25 Mark	1897/98 . .	6,85 Mark
1894/95 . .	6,9 „	1898/99 . .	7,26 „
1895/96 . .	6,8 „	1899 . . .	7,7 „
1896/97 . .	6,7 „		

Bis 1896/97 ist somit bei den Etatsansätzen weiter mit einer schwankenden, eher zum Sinken geneigten, sodann aber mit einer steigenden Tendenz der Preise gerechnet. Freilich darf bei Beurtheilung dieser Zahlen nicht übersehen werden, dass, wie oben erwähnt, in den letzten Jahren die Ausbeute an Derbholz gestiegen, diejenige an Reisig und Stockholz gesunken ist. Wenn eine höhere Durchschnittsverwerthung der Gesammtholzmasse angenommen wird, so darf diese deshalb nicht nur auf Besserung der Preise zurückgeführt werden, und es darf überhaupt aus den Durchschnittspreisen, zu denen der Gesammteinschlag der Staatsforsten verwerthet ist, nicht ohne weiteres auf eine entsprechende Bewegung der Holzpreise geschlossen werden.

Noch grösser sind die Verschiedenheiten hinsichtlich der Durchschnittspreise desselben Jahres zwischen den einzelnen Regierungsbezirken. Die von Hagen-Donner mitgetheilten Tabellen ergeben u. a. folgende höchste und niedrigste Durchschnittspreise für die Gesammtholzmasse:

1850	2,29—9,89 Mk.
1860	2,08—12,36 „
1865	3,12—10,65 „
1870	2,08—10,61 „
1879/80	3,68—11,44 „
1884/85	4,44—9,2 „
1889/90	4,4—9,9 „
1891/92	4,78—10,43 „
1892/93	4,65—10,26 „

Die niedrigsten Durchschnittspreise weisen im Allgemeinen — zwischen den einzelnen Jahren bestehen indess nicht unerhebliche Verschiedenheiten — die östlichsten Landestheile und ein Theil von Hannover auf, die höchsten Theile der Rheinprovinz, Pommerns, Schlesiens, Sachsens und Westfalens; für 1892/93 war die Reihenfolge der Regierungsbezirke folgende: 4,65—5,84 Mk. Danzig, Gumbinnen, Königsberg, Köslin, Osnabrück, Kassel Bromberg, Stade, Marienwerder, Minden; 6,02—7,86 Mk. Stralsund, Posen, Lüneburg, Magdeburg, Aachen, Hannover, Arnsberg, Wiesbaden, Oppeln, Frankfurt a./O., Schleswig Trier; 8,06—10,26 Mk. Potsdam, Breslau, Hildesheim, Düsseldorf, Köln, Erfurt, Stettin Koblenz, Merseburg, Liegnitz und Münster. Etwas anders stellt sich die Reihenfolge, wenn man die Durchschnittspreise für Bau- und Nutzholz einerseits, für Brennholz andererseits für sich betrachtet; es ergiebt sich dann für 1892/93 folgende Rangordnung

Bau- und Nutzholz (Durchschnitt für den Staat 11,44 Mk.)

unter dem Durchschnitt für den Staat	über dem Durchschnitt für den Staat
7,76—9,89 Mk.	10,01—13,84 Mk.
Danzig	Breslau
Stade	Erfurt
Gumbinnen	Liegnitz
Bromberg	Kassel
Posen	Düsseldorf
Marienwerder	Magdeburg
Lüneburg	Stettin
Königsberg	Arnsberg
	Potsdam
	Schleswig
10,01—13,84 Mk.	14,16—20,71 Mk.
Köslin	Wiesbaden
Osnabrück	Köln
Minden	Koblenz
Oppeln	Hildesheim
Hannover	Trier
Aachen	Merseburg
Stralsund	Münster
Frankfurt a./O.	

Brennholz (Durchschnitt für den Staat 4,19 Mk.)

unter dem Durchschnitt für den Staat	über dem Durchschnitt für den Staat
2,36—3,45 Mk.	**3,61—4,99 Mk.**
Osnabrück	Stralsund
Gumbinnen	Hildesheim
Königsberg	Frankfurt a./O.
Danzig	Merseburg
Stade	
Köslin	**5,03—6,05 Mk.**
Minden	Breslau
Aachen	Potsdam
Marienwerder	Trier
	Liegnitz
3,61—4,99 Mk.	Stettin
Arnsberg	Wiesbaden
Köln	Erfurt
Bromberg	Schleswig
Düsseldorf	Koblenz
Oppeln	
Lüneburg	
Kassel	
Magdeburg	
Hannover	
Münster	
Posen	

Soweit es sich um die Gesammtholzmasse handelt, rühren die Verschiedenheiten der Durchschnittspreise natürlich wesentlich mit aus dem verschiedenen Verhältniss her, in dem in den einzelnen Bezirken die Holzsortimente und Holzarten an der Gesammtmasse betheiligt sind, und deshalb sind auch hier die Preisunterschiede am grössten. Aber auch bei Bau- und Nutzholz einer-, Brennholz andererseits sprechen die Verschiedenheiten der Holzarten in den einzelnen Bezirken entscheidend mit. Immerhin bestehen auch für Holz gleicher Art und Beschaffenheit grosse Verschiedenheiten zwischen den Landestheilen, z. B. 1892/93 bei Bau- und Nutzholz von 0,5—1 fm Inhalt für Eichen 10,22—29,62 Mk., Buchen 8,13—19,88 Mk., Fichten 6,86—17,03 Mk., Kiefern 7,32—14,26 Mk., bei Brennholz pro Raummeter Scheitholz für Buchen 2,97—7,19 Mk., Fichten 1,83—8,4 Mk, Kiefern 1—4,89 Mk., für den Doppelcentner Eichen-Spiegelrinde 1,77—7,77 Mk. Bedingt werden diese grossen Preisverschiedenheiten für dieselbe Waare durch die verschiedensten Umstände. Stärke des Angebots in Folge des Umfanges und der Bestandsverhältnisse der Wälder, Entwicklung der Transportwege, die Gewohnheiten der Bauart und der Verwendung von Brennmaterialien, die industriellen Verhältnisse, die Konkurrenz anderer Brennmaterialien und ausländischer Hölzer und manche andere Umstände üben örtlich einen um so bedeutenderen Einfluss aus, als das Holz, vor allem das Brennholz, zu den im Verhältniss zu seinem Volumen geringwerthigeren Waaren gehört, die einen weiten Transport der Kosten wegen weniger als werthvollere vertragen, und hierdurch die Ausgleichung von Angebot und Nachfrage beeinträchtigt wird. Infolgedessen sind denn auch die provinziellen Preisverschiedenheiten bei den werthvolleren Hölzern geringer als bei den minder werthvollen, daher kleiner beim Nutzholz als beim Brennholz, und im Allgemeinen die Preise in den östlichen, in der allgemeinen Entwicklung mehr zurückgebliebeneren Landestheilen niedriger als in den industriellen, waldärmeren und besser aufgeschlossenen westlichen Landestheilen und Schlesien. Insbesondere ist Letzteres bei den Nutzholzpreisen zu beobachten, während bei dem Brennholz die Kohlendistrikte besitzenden oder solchen nahegelegenen Bezirke auch des Westens nur niedrige Preise aufweisen; 1892/93 befanden sich unter den 16 Bezirken mit unter dem Staatsdurchschnitt bleibenden Nutzholzpreisen nur 6 der westlichen Provinzen, davon nur je einer Westfalens und der Rheinprovinz, dagegen unter 20 mit unterdurchschnittlichen

Brennholzpreisen 11 westliche, darunter drei rheinische (Aachen, Köln, Düsseldorf) und alle drei westfälischen.

Die angedeuteten Gründe der örtlichen Preisverschiedenheiten erklären es auch, dass die Letztern im Laufe der Zeit abgenommen haben und eine fortgesetzte Tendenz zu weiterer Abnahme zeigen. Denn die Entwicklung der Verkehrsverhältnisse muss auch für das Holz eine immerhin bessere Ausgleichung von Angebot und Nachfrage ermöglichen. Dazu kommt bei den Staatsforsten eine erhöhte Fürsorge für die Reviere mit schlechten Bestandsverhältnissen, die auch, wenigstens was die Gesammtholzmasse anlangt, auf eine Annäherung der Durchschnittspreise der verschiedenen Landestheile hinwirkt. Während die Differenzen derselben in den 50er und 60er Jahren noch bis zu ca. 500 Prozent gingen, haben sie in den 70er Jahren 200 und in den 80er und 90er Jahren 100 Prozent nur selten und nicht erheblich überstiegen. Und während sich z. B. die Preise von 1883/84 gegen diejenigen von 1850 in 5 östlichen Bezirken um mehr als 100 Prozent gehoben hatten, betrug die höchste Steigerung in den westlichen Landestheilen 42 Prozent.

§ 10. Das finanzielle Gesammtergebniss, das sich als das Produkt der Holzmenge und der Holzpreise darstellt, hat sich trotz der erheblichen Schwankungen der Letztern und der immerhin auch nicht zu vermeidenden in den Einschlagsmengen doch verhältnissmässig stetig gestaltet und im Ganzen eine fortgesetzt steigende Tendenz bewahrt. In der Anlage XVII finden wir als Etatsansätze 1849 rund 13 000 000, zehn Jahre später 17 000 000 Mark und 1866 25 000 000 Mark, also innerhalb 17 Jahren eine Steigerung um mehr als 90 Prozent bei nicht nur keiner Zu-, sondern sogar einer geringen Abnahme der Holzbodenfläche. Von 1869 bis 1879/80 beträgt die Steigerung rund 8,6 Millionen Mark oder ca. 23 Prozent bei einer Vermehrung der Holzbodenfläche um etwa $1^1/_2$ Prozent, 1879/80 bis 1889/90 7 000 000 Mark = 15,4 Prozent und 1889/90 bis 1899 sogar 13,8 Millionen Mark oder 26,4 Prozent, während die zur Holzzucht bestimmte Fläche in diesen beiden Dekaden um 1,05 bezw. 3,6 Prozent gewonnen hat. In dem dreissigjährigen Zeitraum von 1869 bis 1899 hat die Einnahme um rund 29,4 Millionen Mark oder 80 Prozent, die Fläche nur um 6,1 Prozent zugenommen. Unterbrechungen in der Stetigkeit der Zunahme durch Mindererträge gegen das Vorjahr haben nur selten und nur in geringem Umfange stattgefunden: innerhalb der letzten 20 Jahre enthielten nur folgende vier Etats Minderansätze gegen das Vorjahr: 1880/81 1 200 000 Mark, 1884/85 158 000 Mark, 1894/95 2 000 000 Mark, 1895/96 2 000 000 Mark.

Die Etatsansätze beruhen seit 1882/83 auf den Isteinnahmen der beiden, früher der drei letzten bei Aufstellung des Etats abgeschlossenen Rechnungsjahre. Jedoch werden diese nicht mechanisch verwendet, indem ohne Weiteres ihr Durchschnitt eingestellt wird, sondern es wird sorgfältig erwogen, ob Gründe für einen abweichenden Ansatz vorliegen. In der Regel, namentlich im letzten Jahrzehnt, hat die in Preussen hergebrachte vorsichtige Finanzgebahrung dahin geführt, nur mehr oder weniger hinter dem Durchschnitt der 2 bezw. 3 Vorjahre zurückbleibende Beträge einzustellen. So blieben die Ansätze hinter dem Durchschnitt zurück 1890/91 um 82 529 Mark, 1891/92 um 1 043 452 Mark, 1892/93 um 2 909 480 Mark, 1893/94 um 1 844 552 Mark, 1894/95 um 3 456 632 Mark, 1895/96 um 4 550 379 Mark, 1896/97 um 9 511 307 Mark, 1897/98 um 7 371 883 Mark, 1899 um 474 631 Mark, während in dem letzten Jahrzehnt nur 1898/99 ein den Durchschnitt um ein Geringes, 43 027 Mark, übersteigender Betrag eingestellt ist. Wenn nun auch von jenen Minderansätzen diejenigen für 1895/96, 1896/97 und 1897/98 Folgen der grossen Windbrüche im Februar 1894 waren, indem einmal der durch sie herbeigeführte übermässige Abtrieb in den nächsten Jahren eingespart werden musste, andererseits die Isteinnahme infolge derselben 1894/95 eine einer Durchschnittsrechnung nicht zu Grunde zu legende abnorme Höhe erreicht hatte, so zeigt sich doch auch, abgesehen von solchen aussergewöhnlichen Verhältnissen, gerade in jüngster Zeit eine besonders vorsichtige Bemessung des Etatssolls. Ihr ist es zu danken, dass, wie die Anlage XVIII zeigt, seit 1880/81 bis 1897/98 nur zwei Mal, 1882/83 und 1893/94, die Isteinnahme hinter dem Soll zurückgeblieben ist, alle übrigen Jahre aber mehr oder weniger erhebliche Mehreinnahmen gegen dasselbe ergeben haben. In besonderem Masse ist Letzteres, auch wenn man von dem, wie erwähnt, abnormen Ergebnisse von 1894/95 absieht, in der Zeit seit 1888/89 der Fall gewesen. Auch in denjenigen vier Jahren, in denen, wie oben erwähnt, der Ansatz ein niedrigerer als im Vorjahr war, überstieg die Isteinnahme doch immer sowohl die Soll- als auch, mit Ausnahme von 1895/96, dessen Vorjahr in dieser Beziehung nach dem eben Ausgeführten nicht zum Vergleich herangezogen werden kann, die Isteinnahme des Vorjahrs.

So sind empfindlichere Nackenschläge durch grosse, unerwartete Einnahmeausfälle gegen den Etat und durch starken Rückgang der Einnahmeansätze für den Staatshaushalt ziemlich vollständig vermieden worden: wo sie nicht völlig zu umgehen waren, bot sich entweder in starken Mehrüberschüssen der unmittelbaren Vorjahre ein Ausgleich oder das Ergebniss des betreffenden Rechnungsjahres selbst stellte sich gegen den Etat besonders günstig.

Man hat gegen die Staatsforsten ins Gefecht geführt, ihre Einnahmen seien je nach den Konjunkturen und infolge der Schädigungen, denen sie ausgesetzt sind, so schwankende, dass eine starke Basirung des Staatshaushalts auf sie Bedenken errege. Man hat daher um diese zu beseitigen, vorgeschlagen, in die jährlichen Etats nur eine gewisse Durchschnittseinnahme aus den Forsten einzustellen, die Mehrerträge aber zu einem Reservefonds fliessen zu lassen, aus dem in Jahren, in denen jene Durchschnittseinnahme nicht erreicht werde, das Defizit gedeckt werden könnte. Die besprochenen Schwankungen der ausschlaggebenden Holzeinnahmen haben den Beweis geliefert, dass für Preussen derartige Massnahmen nicht nöthig sind, solange Forst- und Finanzverwaltung an den bisherigen soliden Grundsätzen festhalten. Vergleicht man die — bei Hagen-Donner angegebenen — Holzerlöse bis zum Jahre 1830 zurück, so findet man, dass in der Zeit von da bis 1868 der ziffermässig und zugleich prozentual höchste Einnahmerückgang von einem Jahre zum andern (1847 zu 1848) ca. 1 900 000 Mark = 13 Prozent, seit 1868 einmal 7,4 Millionen = 15 Prozent betragen und in dem ganzen 70jährigen Zeitraum nur zwei Mal, 1858 bis 1860 und 1877/78 bis 1879/80, eine länger als zwei Jahre anhaltende rückläufige Bewegung von einiger Erheblichkeit — 1858 bis 1860 von 20,159 auf 17,966 und 1877/78 bis 1879/80 von 52,654 auf 41,865 Millionen Mark — stattgefunden hat. So wenig angenehm derartige Rückgänge sind, so sind sie doch nicht grösser oder anhaltender als sie selbst bei nicht kontingentirten Steuern vorkommen, und jedenfalls kleiner und weniger anhaltend als diejenigen, mit denen der Staat bei seinen Eisenbahnen, Bergwerken, Hütten und Salinen rechnen muss und sich in den letzten Jahrzehnten abzufinden hatte.

Ausserordentlich verschieden hat sich, wie die in der Anlage XVIII für die Jahre seit 1884/85 angegebenen Zahlen erweisen, in dieser Zeit die Entwicklung der Einnahmen für Bau- und Nutzholz einerseits und für Brennholz andererseits vollzogen. Während jene von 1884/85 bis 1897/98 von rund 29,2 auf 47,6 Millionen Mark gestiegen sind, sanken diese von 22,5 auf 20,8 Millionen. Der Grund liegt in der oben an mehreren Stellen berührten Beeinträchtigung der Verwerthbarkeit des Brennholzes und der hierdurch bedingten immer stärkeren Konzentrirung der Forstverwaltung auf die Produktion von Bau- und Nutzholz. Eine weitere Scheidung der Einnahmen für Brennholz in solche für Scheitholz und für Stockholz und Reisig würde jedenfalls für diese beiden Holzsortimente eine noch entschiedener sinkende Tendenz ergeben, da gerade sie am meisten unter der Konkurrenz anderer Brennmaterialien zu leiden haben und infolge ihres im Verhältniss zum Volumen geringen Werthes am Wenigsten weiterer Versendung fähig sind.

Unter dem Nutzholz weist in neuerer Zeit aus den ebenfalls schon berührten Gründen ein sehr starkes Herabgehen der Einnahmen die Eichen-Gerberrinde auf. Während von den Solleinnahmen für 1884/85 bis 1887/88 auf diese rund 335 000, 316 000, 276 000 und 366 000 Mark entfielen, sanken diese Ansätze in den nächsten 8 Jahren auf 285 000, 264 000, 253 000, 217 000, 222 000, 209 000, 183 000 und 197 000 Mark, also fast von Jahr zu Jahr und in sehr hohem Masse. In den letzten Jahren sind zwar die Preise theilweise etwas gestiegen; aber infolge Einschränkung der Produktion betrugen die Isteinnahmen sogar nur 1893/94: 150 000 Mark; 1894/95: 139 000 Mark; 1895/96: 162 000 Mark; 1896/97: 118 000 Mark und 1897/98, wo nur 216 fm Grob- und 12 400 Doppelzentner Spiegelrinde gegen 501 fm und 21 995 Doppelzentner im Vorjahre und 868 fm und 25 030 Doppelzentner 1893/94 verwerthet wurden, nur 61 000 Mark.

§ 11. Wie sich die Einnahmen für Holz gegenwärtig auf die einzelnen Regierungsbezirke vertheilen, ist aus Spalte 10 der Anlage XXI zu entnehmen, welche die Zahlen für das Etatsjahr 1898/99[1]) enthält. Einen bessern Einblick in die wirthschaftlichen Verhältnisse der einzelnen Bezirke und ihre Entwicklung gewähren die Zahlen der Anlage XXII, welche[2]) für einzelne der Jahre 1850—1892/93 die Ist-, für 1892/93 und 1897/98 auch die Solleinnahme für das Hektar ertragsfähigen Waldbodens — nicht nur der Holzbodenfläche — enthalten. Wir machen auch hier die Wahrnehmung, dass die Bezirke, wie wir dies bei Naturalertrag und Preis beobachten konnten, das Bestreben zeigen, auch im Geldertrage sich einander zu nähern, was ja eine nothwendige Folge der Annäherung der den Geldertrag bildenden Faktoren, Naturalertrag und Preis, ist. Während sich im Jahre 1850 eine Spannung von 2,04 bis 27,06 Mk., also von ca. 1 : 13 findet, beträgt sie 1865 nur 1 : 5, 1875 1 : 7, 1884/85 1 : 4, 1892/93 (Isteinnahme) und 1897/98 (Solleinnahme) etwas mehr als 1 : 4. Die Gründe dieser grössern Ausgleichung sind die schon besprochenen für die gleichmässigere Gestaltung der Naturalerträge und Preise. Wenn der Durchschnittsertrag für den ganzen Staat 1897/98 etwas geringer ist als 1892/93, so war dies, wie die Zahl für 1899 ergiebt, nur eine ganz vorübergehende Erscheinung. Setzt man, um für 1897/98 und 1899 mit den Jahren vor 1892/93 vergleichbare Zahlen zu erhalten, für jene Jahre als Isteinnahme einschliesslich Taxverlust für Freiholzabgaben denjenigen Prozentsatz der Solleinnahme, den jene 1892/93 von dieser bildete, also $\frac{26,18}{22,53} = 116$, so ergiebt sich als Isteinnahme im Sinne der Spalten 2—6 für 1897/98 25,79 und für 1899 28,55 Mk. gegen 26,18 Mk. im Jahre 1892/93, 22,62 in 1885/86, 22,53 in 1875, 15,72 in 1865 und 8,09 Mk. in 1850.

Die höchsten Erträge weist von jeher der Regierungsbezirk Münster, die niedrigsten weisen Osnabrück-Aurich und Danzig auf. Dort bewirken dies in erster Linie die werthvollen Eichenhochwaldungen der Westfälischen Ebene, hier in Osnabrück - Aurich die überaus dürftigen Boden- und Bestandsverhältnisse der Emsgegend, in Danzig die infolge des sterilen Bodens und des rauhen Klimas zum Theil dürftig bestandenen Kiefernwälder, insbesondere der sog. Kassubei. Am nächsten kommen Münster die Bezirke Erfurt mit den werthvollen Fichtenbeständen des Thüringer Waldes, die in Folge industrieller Thätigkeit, Wasserstrassen u. s. w. in den Absatzverhältnissen besonders begünstigten Provinzen Schlesien, Rheinland und die Bezirke Merseburg und Stettin, ferner Hildesheim mit den schönen Harzwaldungen und das besonders gute Laubholzbestände aufweisende Minden. Dem Ertrage von Osnabrück-Aurich und Danzig nähern sich am meisten die übrigen Bezirke des äussersten Ostens, die ähnliche Boden- und klimatische Verhältnisse wie Danzig und dabei noch schlechtere Absatzwege haben, und Lüneburg mit seinen zum Theil Aurich ähnlichen Verhältnissen. Gerade in solchen Gegenden, wo die Natur sich spröde zeigt, muss die Kunst am meisten nachhelfen, und wenn es einer Wirthschaft gelingt, gerade dort die höchsten Ertragssteigerungen zu erzielen, so ist dies der beste Beweis für ihre Intensität. Diesen Beweis hat die Staatsforstverwaltung in vollem Masse erbracht. Denn die höchsten Ertragssteigerungen sind in Ost- und Westpreussen, Köslin und Bromberg zu verzeichnen. Wenn andrerseits Stralsund, Magdeburg und Schleswig gegen 1875 einen starken Ertragsrückgang aufweisen, so ist hieran Schuld in Stralsund die zunehmende Verwendung von Eisen statt Holz beim Schiffsbau und die geringere Nachfrage nach Brennholz und den Nutzholzsortimenten aus den früheren Mittelwäldern, die dort stark vertreten sind, in Magdeburg die Konkurrenz der Kohle und des auf dem Einfallsthor der Elbe eindringenden Böhmischen Holzes, in Schleswig-Holstein ähnliche Gründe wie in Stralsund, verstärkt durch bedeutende Nutzholzeinfuhr, abgeschwächt durch die steigende Nachfrage nach Buchennutzholz für die Behältnisse zum Butter- und Räucherfischversandt und nach Erlenbrennholz für die Fischräucherei.

Alles in Allem weisen 1892/93 gegen 1850 sämmtliche, gegen 1865 alle mit zwei Ausnahmen, gegen 1875 — abgesehen von der Provinz Hannover — 23, gegen 1885/86 — wieder von der Provinz Hannover abgesehen — 27 von 28 Regierungsbezirken und 1897/98 gegen 1892/93 29 von 34 Regierungsbezirken Ertragserhöhungen auf.

---

[1]) Dem Etat für 1899 ist leider eine gleiche Zusammenstellung nicht beigefügt.

[2]) Nach den Angaben bei Hagen-Donner und im Jahrbuch für die Amtliche Statistik.

II. Kapitel.

Die Einnahmen aus Nebennutzungen.

(Staatshaushaltsetat Kap. 2 Tit. 2.)

§ 12. Neben der Holznutzung liefern die Waldungen eine grosse Reihe verschiedenartiger Nebennutzungen, welche zwar auch finanziell für den Waldbesitzer von mehr oder minder grosser Bedeutung sind, aber theilweise noch mehr im allgemeinen volkswirthschaftlichen Interesse ins Gewicht fallen, sei es, indem sie der Landwirthschaft, insbesondere in Jahren, in denen Futtergewächse missrathen sind oder der Strohertrag ein geringer ist, verhältnissmässig wohlfeile Mittel zur Viehfütterung und zum Einstreuen und damit zur Düngerproduktion liefern, sei es durch Gewährung billigen Feuerungsmaterials an die unbemittelten Klassen, sei es endlich durch die Darbietung von Gelegenheit zu einem Verdienst für nur beschränkt erwerbsfähige Personen.

Diese volkswirthschaftlichen Interessen an einer ausgiebigen Verwerthung der Waldnebennutzungen gerathen sogar nicht selten in Zwiespalt mit denen der Forstwirthschaft, da ein allzureichlicher Gebrauch einzelner dieser Nebennutzungen geeignet ist, die Hauptnutzung zu gefährden.

Insbesondere die Staatsforstverwaltung, welche sich nicht, wie der Privatforstbesitzer, ausschliesslich auf den Standpunkt bestmöglicher finanzieller Nutzbarmachung des Waldes stellen darf, muss die Interessen der Gesammtheit an einem möglichst vortheilhaften und nachhaltigen Reinertrage der Forsten gegen jene volkswirthschaftlichen Gesichtspunkte sorgfältig abwägen. Sie muss sich daher auch in der Entscheidung darüber, in welchem Umfange sie solche Nebennutzungen zuzulassen, und in welchem Masse sie hierbei auf Erzielung eines finanziellen Gewinnes auszugehen oder auf einen solchen zu verzichten habe, nach den gegendenweise verschiedenen und je nach den Jahren wechselnden wirthschaftlichen, insbesondere landwirthschaftlichen Verhältnissen der Bevölkerung richten. Nie wird sie aber soweit gehen dürfen, durch übermässige Anspannung der Nebennutzungen die Hauptnutzung und Ertragsfähigkeit der Staatsforsten nachhaltig schädigen zu lassen. Sie muss daher übermässigen Anforderungen, zu denen man auf agrarischer Seite in landwirthschaftlich ungünstigen Jahren geneigt zu sein pflegt, Widerstand leisten.

Insbesondere sind diese Grundsätze zu befolgen bei den wichtigsten der eigentlichen Waldnebennutzungen, der allerdings mit Zunahme der Stallfütterung in den meisten Gegenden in normalen Futterjahren an Bedeutung zurückgegangenen Waldweide, der Gräserei in den Holzbeständen und auf den kleinen in dieselben eingesprengten Wiesen, der Entnahme von Waldstreu, Raff- und Leseholz, da diese, etwa abgesehen von der Gräserei auf Waldwiesen, im Uebermass gezogen, nachhaltige, den augenblicklichen Vortheil weit überwiegende Nachtheile für die Holzbestände zu zeitigen geeignet sind.

Andere derartige Nebennutzungen sind die Rohrnutzung an den Rändern von Forst begrenzter Haffe, Seen und Brüche, der in neuerer Zeit in den Staatsforsten erhöhte Aufmerksamkeit zugewendet ist, die Fischerei in den zu den Forsten gehörigen Gewässern, das Sammeln von Waldbeeren, insbesondere der Preissel- oder Krons- und der Heidel- oder Blaubeeren, von Pilzen und in vereinzelten Gegenden die Bienenweide während der Haideblüthe (in Hannover und der Eifel), die Nutzung von Baumsäften zur Herstellung von Theer und Harz (in den ostelbischen Landestheilen) und moussirendem Birkenwasser (am Harz), die Benutzung des Grassamens (namentlich in Nassau), der grünen Kiefernadeln in Schlesien zur Bereitung von Holzwolle, die Verwendung der Trunkel- oder Sumpfheidelbeersträucher zu Besen, der Kieferwurzel in der Mark zu Flechtkörben und Stricken, der Wurzel der Krähen- oder schwarzen Rauschbeere zu Bürsten, des Schwefelmooses in der Rheinprovinz zu Sammetbürsten und des Laubes von Eichen, Ilex, Epheu u. s. w. zur Herstellung von Ausschmückungs-Gegenständen, endlich auf den Kalkbergen im Regierungskezirk Hildesheim die Trüffeljagd. Abgesehen von der Rohr-, Fischerei- und Beerennutzung sind diese Nutzungen nur von sehr geringer Bedeutung und zum Theil, insbesondere infolge der Konkurrenz auf anderem Wege hergestellter Produkte, in beständigem Rückgang begriffen; das Harzscharren ist in den Staatswäldern ganz eingestellt. Finanziell ohne Bedeutung ist für den Forstfiskus auch die Beerennutzung, weil ein Entgelt hierfür nur in Gestalt einer geringfügigen, vielfach auch noch erlassenen Gebühr für die Ausstellung eines Erlaubnissscheins erhoben wird.

An Erheblichkeit abgenommen hat endlich auch die früher nicht unwichtige vorübergehende Ackernutzung auf den Schlagflächen des Hochwaldes, da von einer solchen Zwischennutzung mehr und mehr Abstand genommen wird.

§ 13. Zu den Nebennutzungen im Sinne des Titels 2 des Forstetats gehören aber ausser diesen eigentlichen Waldnebennutzungen noch eine Reihe anderer, die nicht aus dem Walde als solchem erwachsen, nämlich diejenigen aus der Landwirthschaft dauernd dienenden Grundstücke des Forstareals, aus der Verwerthung von Erden und Steinen, ferner von Torf aus kleineren nicht einer besonderen Torfverwaltung unterstellten Brüchen, und, seitdem im Etatsjahre 1899 bezw. 1898/99 die Einnahmen auch der grössern der Forstverwaltung unterstellten Kunstwiesenanlagen, der Ablagen und der grössern Baumschulen von Tit. 6 bezw. 7 bezw. 9 im Interesse einer Vereinfachung des Rechnungswesens auf Tit. 2 übertragen sind, die Erträge auch dieser Anlagen.

Hervorzuheben sind von den Nutzungen von Steinen, Erden und dergleichen die in den Pommerschen Forsten enthaltenen Kreide- und Mergellager, Sandsteinbrüche in den Hannoverschen, Hessen-Nassauischen und Westfälischen Forsten, Schieferbrüche in der Rheinprovinz, Trachytbrüche im Siebengebirge, Basaltsteinbrüche in Schlesien, Hannover, Hessen-Nassau, Westfalen und der Rheinprovinz, Granitbrüche in Schlesien und Braunkohlenlager in den Bezirken Liegnitz, Frankfurt a. O. und Merseburg. Die grössern der Forstverwaltung unterstehenden Wiesenanlagen, deren Erträge früher einen besonderen Einnahmetitel bildeten, sind, nach der Zeitfolge ihrer Anlage geordnet, die Riesel- und Stauwiesen in der Oberförsterei Skallischen im Regierungsbezirk Gumbinnen, in der Zeit von 1844—1850 angelegt, und mit einigen Weide- und Ackerflächen ca. 888 ha gross, die Stauwiesen in der Oberförsterei Mirau, Regierungsbezirk Bromberg, 210 ha gross, die Masuriwiesen, ohne eigentlichen Kunstwiesenbau, und die Wiesenanlage Thielengut im Regierungsbezirk Marienwerder, je ca. 150 ha gross, die ca. 92 ha grossen Schlosskämper Wiesen im Bezirk Köslin, Oberförsterei Oberfier, das zur Oberförsterei Schöneiche im Breslauer Bezirk gehörige Zauchebruch, 222 ha Stauwiesen, die ca. 450 ha grossen Stauwiesen in der Oberförsterei Hartigsheide im Bezirk Posen, die Wiesenanlagen bei Schönlanke und Selgenau im Bezirk Bromberg und bei Winsen an der Luhe im Bezirk Lüneburg. Kleinere Anlagen befinden sich in andern Theilen Ostpreussens, Schlesiens und Hannovers und in Hessen-Nassau. Unter Tit. 6 vereinnahmt wurden vor dessen völliger Auflassung zuletzt jedoch nur noch die Erträge der grossen Anlagen in den Bezirken Marienwerder, Köslin, Posen, Bromberg, Breslau und Lüneburg.

Die „grössern" Baumschulen, welche bis zum Jahre 1899 als besondere Nebenbetriebsanstalten verwaltet wurden, und deren Einnahmen daher den besonderen Tit. 9 bildeten, befinden sich zu Glien im Regierungsbezirk Stettin, Chorin im Potsdamer Bezirk und Hannover. Andere grössere Pflanzgärten, welche wie jene dem Zwecke dienen, Lehrmittel für den forstlichen Unterricht zu bilden, Pflanzlinge für den eigenen Bedarf der Forstverwaltung und Pflanzen, Bäume und Sträucher zum Verkauf zu ziehen, befinden sich auch bei den beiden Forstakademien Eberswalde und Münden und in vielen Oberförstereien, kleinere Saat- und Pflanz-Kämpe zur Erziehung von Holzpflanzen für den eigenen Bedarf, zum Theil auch für den Verkauf, in fast allen Oberförstereien. Nach Auflassung des Tit. 9 bilden die Einnahmen aus sämmtlichen grösseren wie kleineren Baumschulen, Pflanz- und Saat-Kämpen, mit alleiniger Ausnahme derjenigen bei den beiden Akademien, einen Bestandtheil des Tit. 2 der Forsteinnahmen.

Die in Verbindung mit der Flösserei früher vom Forstfiskus in grösserer Zahl unterhaltenen „Ablagen" und die bei der Annexion vorgefundenen Brennholzmagazine in Hannover und Kassel haben sich mit der Entwicklung des Handelsverkehrs und der Transportmittel mehr und mehr als entbehrlich erwiesen. Es sind daher die beiden Brennholzmagazine und bis auf einen geringen Rest auch die Ablagen aufgehoben; von einiger, wenn auch finanziell nur sehr geringer Bedeutung sind nur noch die Ablagen im Regierungsbezirk Stettin, von denen diejenigen in Ziegenort, Neumühl und Rieth von der Forstverwaltung administrirt werden, diejenige in Stepenitz verpachtet ist. Da infolgedessen die gesammte Einnahme hieraus bis auf einen Betrag von 3000 Mark zusammengeschmolzen war, schien 1897/98 die Beibehaltung eines besondern Etatstitels für dieselbe nicht mehr entsprechend und erfolgte die Vereinigung mit Tit. 2.

Schliesslich gehören zu den Nebennutzungen im Sinne dieses Etatstitels auch noch die Pacht- und Miethseinnahmen aus andern verpachteten oder vermietheten Forstobjekten, insbesondere auch von verpachteten Sägemühlen; in dem Tit. 8 erscheinen nur die Einnahmen aus den administrirten Sägemühlen. Die Zahl der Letzteren hat sich, wie weiter unten noch auszuführen sein wird, im Laufe der Zeit immer mehr verringert und daher die Zahl der verpachteten erhöht.

Die Verwerthung der im Tit. 2 des Etats zusammengefassten Nebennutzungen erfolgt in verschiedener Weise, bei den Acker- und Wiesengrundstücken, Steinbrüchen, Kohlengruben und Fischereien durch meistbietende oder freihändige Verpachtung, bei Torf, Waldstreu und dgl. durch meistbietenden oder freihändigen Verkauf der von der Forstverwaltung selbst geworbenen Produkte, bei Lesesteinen, Sand, Lehm, Mergel etc. durch gewöhnlich freihändigen Verkauf des vom Käufer zu werbenden Produktes, durch Erhebung eines gewissen Einkaufsgeldes für Gestattung der Nutzung beim Raff- und Leseholz, bei der Waldweide und dem Sammeln von Beeren und Früchten, soweit hier nicht die Nutzung unentgeltlich gestattet wird. Baumschulen und Saat- und Pflanz-Kämpe werden natürlich nur administrirt, während Sägemühlen, wie erwähnt, nur unter Tit. 2 fallen, wenn sie nicht von der Forstverwaltung selbst betrieben werden, und die Ablagen theils verpachtet sind, theils administrirt werden.

§ 14. Will man sich, wofür die Anlage XVII den Anhalt bietet, ein Urtheil über die Entwicklung der Einnahmen aus Nebennutzungen bilden, so darf man nicht übersehen, dass, wie schon die vorangegangenen Ausführungen erkennen lassen, die verschiedenen Etats den Kreis der „Nebennutzungen“ nicht übereinstimmend abgrenzen, und man kann daher nicht den diese Bezeichnung tragenden Etatstitel lediglich für sich betrachten. In der gedachten Anlage sind deshalb auch für das Jahr 1849, dessen Etat die spätern Tit. 4—11 nicht schied, sondern alle Einnahmen, ausser denen für Holz und Jagd, in dem Tit. 2 zusammenfasste, diejenigen aus Torfgräbereien, Flössereien, in denen die für

Ablagen mit enthalten sind, und die vermischten ausgesondert. Einnahmen für Kunstwiesenanlagen kommen 1849 noch nicht in Betracht, weil die älteste solche Anlage damals noch nicht vollendet war, und ein forstfiskalischer Sägemühlenbetrieb hat immer nur im Bezirk Hildesheim stattgefunden, kommt also erst für die Zeit nach 1866 in Frage. Später hat dann die Praxis in der Etatsbehandlung der Wiesenanlagen insofern geschwankt, als nicht immer dieselben unter den besondern Titel (6) verwiesen sind. Man wird daher das gleichmässigste Vergleichsobjekt erhalten, wenn man die Einnahmen aus Nebennutzungen einschliesslich der Wiesenanlagen und Baumschulen, aber ausschliesslich der mit den Flössereien zusammenhängenden Ablagen betrachtet und zu diesem Zweck für Letztere von den Etatssolls des Tit. 2 für 1897/98 bis 1899 den Betrag von 3000 Mark in Abzug bringt.

Alsdann ergeben sich folgende Etatsansätze, in Tausenden Mark,

1849:	894	1885/86:	4 323	1893/94:	4 087
1859:	1 411	1887/88:	4 222	1894/95:	4 087
1866:	2 195	1888/89:	4 246	1895/96:	4 209
1869:	3 045	1889/90:	4 254	1896/97:	4 389
1874:	3 429	1890/91:	4 303	1897/98:	4 480
1879/80:	4 613	1891/92:	4 354	1898/99:	4 327
1881/82:	4 281	1892/93:	4 405	1899:	4 320.
1883/84:	4 341				

Es hat somit in der Zeit von 1849 bis 1866 eine ausserordentlich starke Einnahmesteigerung, um fast 150 Prozent, stattgefunden. Dieselbe hatte ihren Grund in dem Steigen der Acker- und Wiesenpächte, einer Flächenzunahme der in dieser Weise benutzten Grundstücke und namentlich in höheren Erlösen für Gräserei, Raff- und Leseholz, Waldstreu, Waldweide und -Mast infolge der fortschreitenden Ablösung der Servituten, deren vorzüglichsten Gegenstand diese Nutzungen gebildet hatten. Auch nach dem Hinzukommen der neuen Provinzen setzt sich die Steigerung noch fort. Dieselbe beträgt von 1869 bis 1879/80 reichlich 50 Prozent; doch hatten 1879/80 die Isteinnahmen den Höhepunkt bereits überschritten, der für sie vielmehr in das Jahr 1876 fällt, wo sie 4 511 636 Mark betragen hatten. Das hohe Soll des Jahres 1879/80 rührte aus der Durchschnittsrechnung her, bei der jener hohe Betrag ins Gewicht fiel und Veranlassung wurde, dass die Isteinnahme das Soll 1879/80 bei weitem nicht erreichte. Der dann eingetretene, aber nur bis 1879/80 andauernde, in dem Etatsansatz für 1881/82 noch zum Ausdruck kommende Rückgang hatte seinen Grund in ungünstigen gewerblichen und landwirthschaftlichen Verhältnissen und schlechten Ernten, die insbesondere auf die Pachteinnahme für Steinbrüche, Aecker und Wiesen einwirkten. Den tiefsten Stand hatten in dieser

Zeit die Isteinnahmen im Jahre 1879/80 erreicht, wo sie allein im Tit. 2 mit 3768439 Mark um fast 700000 Mark gegen das Etatssoll von 4,5 Millionen zurückgeblieben waren. Leider hat die 1880/81 wieder eingetretene Besserung der Erträge nicht angehalten, sodass der Etatsansatz von 1879/80 nie wieder erreicht worden ist. Es liegt das vorwiegend an dem Preisrückgang der landwirthschaftlichen Produkte wie an der ganzen Lage der Landwirthschaft, daneben daran, dass gewisse Nutzungsarten infolge gewerblicher Umgestaltungen, Konkurrenz ausländischer Produkte u. s. w. mehr und mehr aufgehört haben. Am stärksten prägen sich denn auch die in der Lage der Landwirthschaft liegenden Momente des Ertragsrückganges in den lediglich landwirthschaftlichen Nutzungen aus Wiesenanlagen aus: hier sind die Einnahmen, die 1885/86 über 102000 Mark betrugen, mit einigen Schwankungen bis 1898/99 auf 71000 Mark zurückgegangen, wobei freilich zu berücksichtigen ist, dass es sich nicht immer um dieselben Objekte handelte.

Allerdings sind gerade in den letzten Jahren wiederholt besonders erhebliche Mehreinnahmen gegen den Etat zu verzeichnen gewesen, 1889/90 ca. 0,3, 1893/94 1,44, 1894/95 0,6 Millionen Mark, einigermassen bedeutende Mindereinnahmen nur 1890/91 ca. 0,05, 1891/92 ca. 0,3, 1892/93 0,18 und 1897/98 ca. 0,06 Millionen. Auch diese erfreuliche Erscheinung ist auf die vorsichtige Etatsaufstellung zurückzuführen. So sind insbesondere bei der Durchschnittsberechnung für die Etatsaufstellung die Jahre 1893/94 und 1894/95, welche infolge grosser Streu- und Futternoth ausnehmend hohe Einnahmen (5144000 und 4627000 Mark) aufwiesen, nicht voll in Ansatz gebracht, sondern für 1895/96 nur 4120000 und für 1896/97 nur 4300000 Mark eingestellt worden, während der Durchschnitt 1892/94 4600000 und 1893/95 4875000 Mark betrug. Ebenso sind als Einnahme aus den Wiesenanlagen für 1895/96 nur 85000 Mark statt des aus demselben Grunde ungewöhnlich hohen Durchschnitts 1892/94 von 97800 Mark ausgeworfen worden.

Wenn man somit in den Einnahmen aus den Forstnebennutzungen einen beinahe stärkeren Einfluss der ungünstigen Lage der Landwirthschaft wie bei den Domänenpachten erkennen kann, so hat dies seinen Grund vornehmlich in den kurzen Pachtperioden bei den Acker- und Wiesenparzellen der Forstverwaltung und dem grössern Umfang des Selbstbetriebes. Im ganzen gehören jedenfalls die Einnahmen aus Forstnebennutzungen zu denen, die eine verhältnissmässig ungünstige Entwicklung aufweisen.

Die Schwankungen in den geringfügigen Einnahmen aus grössern Baumschulen rühren theils von dem ungleichen, die zum Verkauf disponible Menge bedingenden eigenen Pflanzenbedarf der Forstverwaltung, theils von der Verschiedenheit in Zahl und Umfang dieser auf Grund eigenen Etats bewirthschafteten Anlagen her.

III. Kapitel.

Die Jagdeinnahmen.

(Staatshaushaltsetat Kap. 2 Tit. 3.)

§ 15. Die Trennung des Jagdrechts vom Grundeigenthum in Gestalt der Regalität der hohen Jagd und des gutsherrlichen Jagdrechts auf dem bäuerlichen Besitz bildete, wesentlich infolge vielfach unkluger, rücksichtsloser Ausübung des Jagdrechts, ohne Schonung der Früchte der bäuerlichen Grundstücke, und infolge der Ausbeutung solcher Missbräuche durch die Demagogie, eines der verhasstesten Institute der Feudalzeit, das denn auch, nachdem es von der Stein-Hardenbergischen Gesetzgebung verschont geblieben war, als eines der ersten Opfer der Umwälzungen der 40er Jahre fiel. In Preussen hob das Gesetz vom 31. Oktober 1848 (G.S. S. 343) jedes Jagdrecht auf fremdem Grund und Boden ohne Entschädigung auf, untersagte für die Zukunft die Entstehung eines solchen als dinglichen Rechtes und gestattete jedem Grundbesitzer ohne Rücksicht auf die Grösse seines Besitzes die Jagdausübung. Schon 1850 sah man sich freilich genöthigt, die Schrankenlosigkeit dieses Jagdrechts zu beseitigen, indem nunmehr die selbständige Ausübung der Jagd an einen Besitz von 300 Morgen = 76,6 ha geknüpft, für kleinere Besitzungen aber die Vereinigung zu gemeinschaftlichen Jagdbezirken, welche zu verpachten oder zu administriren sind, vorgeschrieben wurde. (Jagdpolizeigesetz vom 7. März 1850 — G.S. S. 165.)

Auch in den erst im Jahre 1866 dem Staate einverleibten Landestheilen hatten die Bewegungen Ende der 40er Jahre zwar mit den Jagdrechten auf fremdem Grund und Boden zunächst radikal, in Hannover und Kurhessen allerdings, gerechter als in Preussen, unter Zubilligung einer Entschädigung an die Berechtigten, aufgeräumt. Aber in den meisten dieser Gebiete trat schon sehr bald eine mehr oder minder gründliche Reaktion ein. In Kurhessen wurden im Jahre 1853, in Holstein 1853, in Schleswig 1854, in Lauenburg 1851, in Nassau durch eine Verordnung von 1855 und ein Gesetz von 1860 und im Grossherzogthum Hessen im Jahre 1858 die aufgehobenen Jagdgerechtsame wieder hergestellt und nur — ausser in Nassau — für ablösbar erklärt. Den bei der Einverleibung dieser Gebiete hiernach noch vorgefundenen Jagdrechten auf fremdem Grund und Boden haben dann die Preussische Verordnung vom 30. März 1867 (G.S. S. 426) für Nassau und die Gesetze vom 17. Juli 1872 für Lauenburg (Offiz. Wochenbl. Nr. 42 S. 215) und 1. März 1873 (G.S. S. 27) für Schleswig-Holstein und die ehemals Kur- und Grossherzoglich Hessischen Landestheile ein Ende gemacht. Die nach diesen Bestimmungen grundsätzlich für die Aufhebung des Jagdrechts zu leistende Entschädigung wurde durch dieselben seitens des Fiskus erlassen.

Im Interesse der Wildpflege wurden sodann die Schonzeiten durch Gesetz vom 26. Februar 1870 (G.S. S. 120) für die ganze Monarchie mit Ausschluss der Hohenzollernschen Lande einheitlich geregelt. Dagegen trägt wiederum das Wildschadensgesetz vom 11. Juli 1891 (G.S. S. 307), das seine Entstehung vereinzelten, durch demagogische Agitation masslos übertriebenen und ausgebeuteten Missbräuchen in der Haltung übermässiger Wildstände verdankt und sich als ein nach mehrjährigen vergeblichen Verhandlungen zu Stande gekommenes Kompromiss darstellt, in einer für die Erhaltung des Wildstandes bedenklichen Weise nur den Interessen der Bodenkultur Rechnung. Vgl. hierüber unten § 40.

Das Gesetz vom 31. Juli 1895 (G.S. S. 304), welches die Jagdscheingebühr, die bis dahin in dem grössten Theile Preussens 3 Mk. betrug, auf 15 Mk. erhöht, kann nur als ein sehr unglücklicher Versuch, der Hebung des Wildstandes durch Beschränkung der Jäger zu Hilfe zu kommen, betrachtet werden. Denn die gefährlichsten Jäger, die die Jagd des Erwerbes wegen oder sonst unwaidmännisch ausüben, lassen sich durch die höhere Gebühr am wenigsten abhalten. Wohl aber erschwert diese waidgerechten, aber wenig bemittelten Jägern, die nur eine kurze Zeit oder einige vereinzelte Male im Jahre Gelegenheit haben, die Jagdausübung. Der Sinn für pflegliche Jagdausübung ist eben nicht der Grösse des Geldbeutels adäquat.

Die Wirkung dieses Ganges der Gesetzgebung auf den Wildstand ist eine tiefe einschneidende gewesen. So kurz die Geltungsdauer der absoluten Jagdfreiheit gewesen ist, so hat sie doch genügt, um die Wildstände ganz bedeutend zu vermindern, theilweise zu dezimiren. Insbesondere das Hochwild war der allgemeinen Schiesserei in einem auch vom volkswirthschaftlichen Standpunkt tief beklagenswerthen Umfange zum Opfer gefallen. Die Freigabe der Jagd verbreitete ausserdem in den kleinbäuerlichen und arbeitenden Klassen die Jagdleidenschaft in einem Masse, dass hierunter nicht nur die Jagd durch Ausdehnung der Wilddieberei, sondern auch die wirthschaftliche Existenz zahlloser Familien jener Klassen noch heute zu leiden hat. Nach Beseitigung jener unter dem Drucke der Revolutionszeit erlassenen Gesetze hat sich der Wildstand Preussens allerdings wieder in erfreulicher Weise gehoben, wenn auch in neuester Zeit das Wildschadensgesetz die Veranlassung zum Abschuss gar mancher Roth-, Dam- und Rehwildbestände geworden sein und weiterhin werden dürfte. Dass die Erhöhung der Jagdscheingebühren umgekehrt einen merklich fördersamen Einfluss auf den Wildstand ausüben wird, kann nach dem oben über dasselbe Bemerkten keineswegs erwartet werden.

Auch die Staatsforsten sind natürlich von den verderblichen Wirkungen der Jagdgesetzgebung Ende der 40er Jahre nicht verschont geblieben. Zwar konnten sie sich, wo sie grosse Waldkomplexe bilden, vermöge dieser ihrer Grösse denselben mehr als kleinerer Waldbesitz entziehen. Andererseits aber muss die Staatsforstverwaltung mehr als der Private auch über die gesetzlichen Grenzen hinaus Beschädigungen fremder Gelände durch ihre Wildstände vermeiden und ist sie nicht in der Lage, wie ein reicher Privatmann, einen Wildbestand zu halten, dessen Schaden für die eigenen Forsten, Aecker und Wiesen grösser als ihr wirthschaftlicher Nutzen ist, oder im Interesse des Wildstandes grosse Wildschadensersatzsummen zu zahlen. Sie muss sich daher zum Grundsatz machen, nur einen solchen Wildstand zu erhalten, dass Beschädigungen von Wald und Feld möglichst abgewendet werden, und die Jagd zwar pfleglich behandeln und waidmännisch ausüben lassen, aber mit den Interessen der Wald- und Feldkultur in Einklang halten.

Infolge dieser Grundsätze kann in den Staatsforsten, abgesehen von den eingefriedigten Königlichen Jagdgehegen, ein Schwarzwildstand wegen des grossen Schadens, den diese Wildart anrichtet, nicht gehalten werden, und sind die Forstbeamten angewiesen, dieses Wild zu jeder Jahreszeit nach Möglichkeit zu verfolgen und abzuschiessen.

Von dieser somit im grössten Theil der Staatsforsten der freilich gerade ihr gegenüber nicht so leichten Ausrottung preisgegebenen Wildart, die sich insbesondere noch in den Gebirgswaldungen zu halten versteht, abgesehen, befinden sich, was die Staatsforsten anlangt, die stärksten Bestände an Rothwild in der Mark, Sachsen, Hannover und den Bezirken Trier, Koblenz, Kassel, Breslau, Stettin, Stralsund und der Rominter Haide im Gumbinner Bezirk, an Damwild grössere Bestände nur in Potsdam (Grunewald bei Berlin und Schorfhaide) und Magdeburg (Colbitzer und Letzlinger Haide). Rehwild ist am besten vertreten in Ost- und Westpreussen, wo das Reh auch eine besondere Stärke erreicht, Brandenburg, Sachsen, einem Theil von Hannover und im Bezirk Kassel, Hasen, die ja auf dem Felde reichlicher als im Walde sind, in Ost- und Westpreussen, Brandenburg, Posen, Schlesien und Sachsen. Von Federwild befinden sich einigermassen erhebliche Bestände an Auerwild in den Gebirgswaldungen Hessen-Nassaus, an Birkwild im Gumbinner Bezirke und in der Lüneburger Haide, an Fasanen in den Bezirken Breslau (Fürstenwald bei Ohlau) und Potsdam. Auch Haselwild findet sich in einzelnen Bezirken in etwas grösserer Menge, so in Ostpreussen, Danzig und Westfalen. Rebhühner kommen, da sie ganz vorwiegend der Feldjagd angehören, für die Staatsforsten wenig in Betracht, etwas mehr in Brandenburg, Ost- und Westpreussen Enten. Das im übrigen Deutschland ausgestorbene Elchwild wird noch als Standwild in einigen ostpreussischen Oberförstereien, insbesondere Ibenhorst und Tawellningken gehegt. Neuerdings sind aber die ohnehin geringen Bestände dieses seltenen Wildes durch Krankheiten aufs Aeusserste gefährdet.

Der Gesammtabschuss von den administrirten Jagden in den Staatsforsten hat im Jahre 1897/98 betragen an Nutzwild, und zwar

Haarwild:

Elchwild	1 Hirsch
Rothwild	1 948 Hirsche 2 881 Stück Kahlwild

Damwild	902	Hirsche
	1 641	Stück Kahlwild
Schwarzwild	1 878	„
Rehwild	9 067	Böcke
	1 708	Ricken
Hasen	462	Stück
Seehunde	1	„

Federwild:

Auerwild	134 Stück	Fasanen	636 Stück
Birkwild	276 „	Rebhühner	441 „
Haselwild	147 „	Schwäne	5 „

§ 16. Nur in den Staatsforsten und auf einigen andern im Besitze des Staates befindlichen Grundstücken, nicht mehr auf den Domänen, erfolgt die Nutzbarmachung der Jagd durch die Forstverwaltung. Früher gehörte sie auch auf den Domänen zum Geschäftsbereich jener und bildeten daher die Einnahmen hieraus einen Bestandtheil der Forsteinnahmen. Die Aenderung ist durch einen Ministerialerlass vom 22. Januar 1880 herbeigeführt, nach dem die Domänenverwaltung in der Regel mit den Domänengrundstücken auch die Jagd auf denselben verpachten und die Einnahmen hieraus beziehen soll. Die hohe Jagd wird jedoch auch auf Domänen vielfach der Administration der Forstverwaltung vorbehalten.

In einigen Revieren wird für Hofjagden ein stärkerer Wildstand, als sonst die Regel bildet, unterhalten und die Jagdverwaltung überwiegend mit Rücksicht auf die Zwecke jener geführt. Es sind dies insbesondere die Oberförstereien des Grunewalds bei Berlin, der Schorfhaide im Regierungsbezirk Potsdam, der Colbitz-Letzlinger Haide im Magdeburger, der Göhrde im Lüneburger Bezirk sowie der Saupark bei Springe in Hannover. In den vier Oberförstereien der Rominter Haide ist die Pürsche auf Rothwild dem König vorbehalten, ohne dass die Reviere zu den Hofjagdgehegen gehören. Mit Rücksicht auf den Zweck der Hofjagdreviere trägt der Kronfideikommissfonds die besondern Kosten der dortigen Jagdverwaltung, insbesondere der bei denselben zumeist durchgeführten Eingatterung, der Wildfütterung, Salzlecken und Suhlen, der Besoldung besonderer Jagdaufseher und selbstverständlich der Kosten der Hofjagden. Der Erlös aus dem Abschusse fliesst dagegen zur Forstkasse. Die Administration der Jagd liegt auch in den Hofjadrevieren in der Hand der Oberförster; das Hofjagdamt, dem die Oberforstmeister in Potsdam, Magdeburg, Hannover und Lüneburg sowie der Hofkammer angehören, hat nur die Hofjagden vorzubereiten und zu leiten. Das Forstpersonal ist für diese Jagden zur Verfügung zu stellen.

Von diesen Modifikationen abgesehen, erfolgt die Jagdnutzung in der Regel in der Weise, dass die hohe und mittlere Jagd, d. i. auf Roth-, Dam-, Schwarz-, Reh-, Auer-, Birk- und Haselwild, administrirt, die niedere Jagd, um Weiterungen in der Rechnungslegung zu vermeiden, an den Oberförster verpachtet wird. Doch besteht auch bei der Administration ein pachtähnliches Verhältniss. Der Oberförster hat nämlich nur eine bestimmte Taxe abzüglich ebenfalls bestimmter Schussgelder und Pauschbeträge an Jagdverwaltungskosten abzuführen, sodass ihm Mehrerlöse und Minderausgaben verbleiben. Andererseits hat er dafür alle Unkosten zu bestreiten; nur ausnahmsweise dürfen in schneereichen Wintern Fütterungskosten auf die Forstkasse übernommen werden; Ausgaben für Eingatterungen, Wildschaden und Anpachtung fremder Jagden bleiben ihr zur Last. Der Abschuss wird durch alljährlich vom Oberförster vorzulegenden und vom Oberforstmeister zu genehmigenden Beschussplan regulirt. Die Verpachtung der Niederjagd an den Oberförster erfolgt jeweilig auf 6 Jahre auf Grund eines von dem Regierungs- und Forstrath zu fertigenden, vom Oberforstmeister zu prüfenden Ertragsanschlages; doch werden den Forstschutzbeamten gewisse Befugnisse der Jagdausübung (bezüglich der Füchse, Dachse, Enten, Schnepfen, Bekassinen und Krammetsvögel) vorbehalten.

Anpachtungen benachbarter Jagdreviere nimmt die Forstverwaltung nur ausnahmsweise zur Erhaltung ihres Wildstandes vor. Die Nutzung solcher erfolgt analog derjenigen der eigenen. Wird dem Oberförster überlassen, seinerseits solche Reviere anzupachten, so hat er gleichwohl das auf diesen erlegte Wild, soweit es zur hohen und mittleren Jagd gehört, als Gegenstand des Administrationsabschusses zu behandeln, wogegen er in der Regel aus der Forstkasse einen Beitrag zu dem von ihm zu entrichtenden Pachtgeld erhält. Hierdurch ist Vorkehrung getroffen, dass er nicht absichtlich das Standwild der Staatsforsten zum Schaden der Forstkasse vorwiegend bei seinem Uebertreten auf die Pachtreviere abschiesst.

§ 17. Aus der vorstehenden Skizze der für die Jagdnutzung massgebenden Grundsätze erhellt, dass die Einnahmen aus derselben nur mässig sein und sich nur in beschränktem Masse steigern können. Wie aus der Anlage XVII ersichtlich, betragen sie nach dem Etat für 1899 364 000 Mark und haben sich in den letzten 20 Jahren immer um etwa 350 000 Mark herum bewegt. In der stärkeren Steigerung im Jahrzehnt vorher wie auch in den Jahren von 1859 bis 1866 kommt die erwähnte Hebung des Wildstandes nach seinen Schädigungen in den 40er und anfangs der 50er Jahre zum Ausdruck.

Am höchsten sind, wie die Anlage XXI in Spalte 11 ersehen lässt, die Einnahmen in den staatsforsten- und hochwildreichen Bezirken Potsdam, Kassel, Magdeburg, Frankfurt, Hildesheim, Wiesbaden, Merseburg, Lüneburg und Gumbinnen, endlich in Köln, wo die Staatsforsten für die dortigen Verhältnisse sehr gut mit Rehwild und Hasen besetzt sind, eine hohe Wildverwerthung stattfindet und Theile eines Reviers an Andere als Forstbeamte hoch verpachtet sind. Im Verhältniss zur Fläche stellt sich die Jagdeinnahme im Durchschnitt des Staates auf ca. 12,1 Pf. für das Hektar, am höchsten in Köln mit ca. 1,11 Mk. und Düsseldorf, wo ähnliche Gründe wie in Köln vorliegen, mit ca. 0,5 Mk. Mit Durch-

schnittserträgen von mehr als 30 Pf. pro ha folgen Magdeburg und Wiesbaden. Die geringsten Erträge weisen auf Danzig (ca. 3½ Pf. pro ha), Marienwerder (ca. 3⅓ Pf.) und Bromberg (2½ Pf.).

Die Jagdeinnahmen sind somit auch pro ha Fläche verhältnissmässig keine hohen, und man wird zugeben müssen, dass sie durch eine, namentlich meistbietende, Verpachtung an Dritte ohne Vermehrung des Wildstandes erheblich gesteigert werden könnten. Gleichwohl ist die Frage, ob sich eine solche Verpachtung empfehle, bisher mit Recht von der Staatsverwaltung, und zwar unter Zustimmung der Volksvertretung, verneint worden. Man würde durch Verpachtung der Jagd an Private das Interesse der Forstbeamten am Walde und ihre ganze Berufsfreudigkeit stark beeinträchtigen, die jagdliche Ausbildung der angehenden Forstbeamten ausserordentlich erschweren und verkümmern, wenn aber die Forstbeamten von den Jagdpächtern zur Jagdpflege und zum Beschusse herangezogen würden, ein ungesundes Verhältniss jener zu diesen herbeiführen, in manchen Beziehungen auch die Forstkultur schädigen oder stören und durch alles das um immerhin für den Staatsfiskus wenig ins Gewicht fallender Mehreinnahmen willen unverhältnissmässig grössere Nachtheile zeitigen.

IV. Kapitel.

Die Einnahmen aus Torfgräbereien, Flössereien und Sägemühlen.

(Staatshaushaltsetat Kap. 2 Tit. 4, 5 und 8.)

§ 18. An Nebenbetriebsanstalten gewerblichen Charakters, deren Einnahmen und Ausgaben gegenwärtig noch in besondern Etatstiteln erscheinen, besitzt die Forstverwaltung zur Zeit noch die Torfgräbereien in grösseren Torfmooren, ferner Flössereien und einige Sägemühlen.

Von den fiskalischen **Torfmooren** sind der Forstverwaltung auch ein Theil derjenigen unterstellt, die nicht innerhalb der Forsten gelegen sind, weil in den Forstbeamten das der Domänenverwaltung vielfach fehlende Aufsichtspersonal zur Verfügung steht. Die Nutzung erfolgt theils durch Verpachtung, wobei der Pachtzins nach dem ha der auszutorfenden Fläche unter Normirung einer jährlichen Mindeststichfläche bestimmt zu werden pflegt, theils durch Administration. In dem Tit. 4 des Etats erscheinen die Einnahmen sowohl der verpachteten als der administrirten Torfmoore, sofern ihre Verwaltung auf Grund besonderen Etats erfolgt; andernfalls werden sie bei Tit. 2 verrechnet. Die wichtigsten dieser besondere Nebenbetriebsanstalten bildenden Torfgräbereien befinden sich, wie die Anlage XXI ersehen lässt, in den Bezirken Königsberg, Gumbinnen, Stettin, Merseburg, Schleswig, Hannover, Lüneburg und Aurich, unbedeutendere in Danzig, Cöslin,

Breslau, Liegnitz, Stade und Cassel. In Selbstadministration der Forstverwaltung befinden sich zur Zeit die Torfstiche in den Oberförstereien Lyck, Skallischen, Brödlaucken, Dingken und Norkitten im Regierungsbezirk Gumbinnen, in der Oberförsterei Christianstadt und im Dachower Lug im Regierungsbezirk Frankfurt, in den Oberförstereien Hohenbucko, Elsterwerda und Falkenberg im Bezirk Merseburg und als bedeutendster unter den administrirten Torfstichen Carolinenhorst im Bezirk Stettin, der allein von allen unter einem zu den mittleren Beamten zählenden Verwalter im Hauptamt steht und zur Zeit einen weit höheren Reinertrag als alle übrigen administrirten Torfgräbereien zusammengenommen abwirft. Mit der Torfgräberei in der Oberförsterei Falkenberg ist auch eine im fiskalischen Betriebe befindliche Torfstreufabrik verbunden, die sich aber als lukrativ für den Fiskus bisher nicht erwiesen hat. Andere der fiskalischen Moore, wie Carolinenhorst und einige verpachtete, können den Torf an nahegelegene im Privatbesitz befindliche Torfstreufabriken liefern und dadurch einen günstigeren Absatz erreichen.

Die ganze Entwicklung der Einnahmen aus den Torfgräbereien ist eine entschieden ungünstige infolge der mit besserer Ausbildung der Transportwege immer übermächtiger werdenden Konkurrenz der Kohle und der Kohlenbrikets. Wir haben in dieser Beziehung hier dieselbe Erscheinung wie beim Absatz von Brennholz. Die Verwendung von Torfstreu scheint auch keine solchen Fortschritte zu machen, dass hieraus wesentlich günstigere Aussichten für die Torfverwerthung sich ergäben, und die vor Kurzem gehegte Hoffnung auf Herstellung den Braunkohlenbrikets gegenüber konkurrenzfähiger Torfbrikets hat sich bis jetzt als trügerisch erwiesen. So haben denn die fiskalischen Torfgräbereien im Durchschnitt der letzten 20 Jahre nicht nur keine Zunahme, sondern sogar einen mit geringen Unterbrechungen anhaltenden Rückgang der Einnahmen zu verzeichnen, der nach dem Etat für 1899 gegen 1879/80 mehr als 36 Prozent beträgt. Die nach dem Etat für 1879/80 402 274 Mark betragende Einnahme sank in den nächsten 10 Jahren auf 290 000 und im letzten Jahrzehnt um weitere 35 000 Mark. Bis 1879/80 hatte sie im Grossen und Ganzen recht erheblich zugenommen, 1849 bis 1866 um ca. 36, 1869 bis 1879/80 um ca. 65 Prozent, da damals namentlich in den torfmoorreichen östlichsten Provinzen die Transportwege noch so wenig entwickelt waren, dass sich gerade dort die Konkurrenz der Kohle am wenigsten fühlbar machen konnte. Uebrigens darf das Sinken der Einnahmen auch nicht ausschliesslich dem Vordringen der Letztern zugeschrieben werden; einen nicht unerheblichen Antheil hieran haben auch die Fortschritte in der Kultivirung der Moore und die vollständige Abtorfung solcher; die Ueberweisung des Moosbruchs bei Danzig an die Domänenverwaltung mit dem 1. April 1882 verursachte auch allein einen Ausfall von mehr als 10 000 Mark für die Forstverwaltung.

§ 19. Auf dem Aussterbeetat stehen die fiskalischen **Flössereien.** In früherer Zeit entstanden, um in Verbindung mit den Ablagen und Holzhöfen von andern Transportwegen entlegenen Forstrevieren den Absatz des Holzes zu ermöglichen, sind sie mit der modernen Verkehrsentwicklung und der Ausbildung eines die Produktionsorte aufsuchenden Holzhandels mehr und mehr entbehrlich und unlukrativ geworden und daher eine nach der andern entweder völlig eingestellt oder doch in ihrem Betriebe eingeschränkt worden. Gegenwärtig ist nur noch nennenswerth die Flösserei auf dem Stober und einigen Zuflüssen desselben im Regierungsbezirk Oppeln. Die Flösserei erfolgt hier aber nicht mehr auf Rechnung der Forstverwaltung, sondern auf die der Holzkäufer unter Vermittlung und Aufsicht des fiskalischen Flösserpersonals gegen Zahlung von Gebühren, deren Höhe sich nach der Länge der benutzten Flössstrasse und der Holzmenge bemisst. In ganz unerheblichem Umfange findet ausserdem ein Flössereibetrieb in den Bezirken Bromberg, Stettin und Marienwerder statt. Die ganze Einnahme aus der Flösserei beträgt jetzt noch 9 000 Mark, während sie, allerdings einschliesslich der Holzhöfe, in dem Etat für 1849 mit 278 000, 1859 noch mit 160 000 und 1866 mit 100 000 Mark erschien. Damals waren die bedeutendsten Flössereien ausser derjenigen auf dem Stober die auf der Malapane und vor Allem auf dem Baruther Flössbache und dem Smortawe im Breslauer Bezirk sowie in den 50er Jahren auf der Saale, Elster und dem Annaburger Flössgraben im Bezirk Merseburg.

Auch den Selbstbetrieb der mit den Harzforsten im Regierungsbezirk Hildesheim überkommenen fiskalischen **Sägemühlen** sucht die Forstverwaltung wegen der Schwierigkeit der Ueberwachung und Schwerfälligkeit der Verwaltung seit langem zu beseitigen und statt dessen die Sägemühlen zu verpachten oder anderweit zu benutzen. Von den früher vorhandenen 9 solchen Mühlen befindet sich infolgedessen nur noch eine, in der Oberförsterei Lonau, im Selbstbetrieb der Forstverwaltung. Dieselbe bezieht das Holz aus den Staatsforsten zu einem dem wirklichen Werthe möglichst entsprechenden Preise und verkauft die geschnittenen Bretter je nach Lage der Verhältnisse meistbietend oder freihändig. Gelegentlich werden auch Hölzer für Privatpersonen verschnitten.

Der Aufgabe, der die fiskalischen Sägemühlen am Harze zu dienen bestimmt waren, bei infolge von Windbruch oder andern Umständen verstärkten Abtrieben die Möglichkeit zu haben, das Holz so zuzurichten, dass es länger aufbewahrt werden kann und nicht verschleudert zu werden braucht, ist jetzt dadurch Rechnung getragen, dass bei der Verpachtung der Sägemühlen den Pächtern die Verpflichtung auferlegt ist, auf Verlangen des Fiskus jede beliebige Holzmasse für ihn zu bestimmten Preisen zu schneiden.

Wenn infolge dieser Massnahmen die Einnahmen des Tit. 8, zumal die Pächte für die Sägemühlen nicht hier, sondern in Tit. 2 verrechnet werden, von mehr als einer halben Million Mark, die sie in den 60er, 70er und 80er Jahren betrugen, auf 125 000 Mark zurückgegangen sind, so steht dem auch ein entsprechender Rückgang der Betriebsausgaben Kap. 2 Tit. 27 gegenüber, und die Höhe der Letztern, die die Einnahmen nahezu erreichen, zeigt, wie sehr es im Interesse des Forstfiskus lag und liegt, sich von der Administration dieser Betriebsanstalten zu befreien.

V. Kapitel.

Sonstige Einnahmen der Forstverwaltung.

(Staatshaushaltsetat Kap. 2 Tit. 10—13.)

§ 20. Wer die sonstigen Einnahmen der Forstverwaltung sich ansieht, wird es auffallend finden, dass die verhältnissmässig geringen Einnahmen aus dem **Thiergarten bei Cleve** und **dem Eichholz bei Arnsberg** in einen besondern Etatstitel (10) verwiesen und nicht bei Tit. 1 oder 2 verrechnet werden. Der Grund hierfür, aus dem auch wir sie hier und nicht in den Kapiteln I oder II behandeln, liegt darin, dass diese Besitzungen vermöge besonderer Bestimmungen nicht, wie die übrigen Staatsforsten, der Erzielung von Ueberschüssen dienen, mithin die Einnahmen etwas mehr Nebensächliches sind.

Der Clever Thiergarten ist eine aus der Mitte des 17. Jahrhunderts herrührende Anlage zur Verschönerung der Stadt Cleve und ihrer Umgegend, bestehend aus Waldpartien, Parks, Gärten, Alleen und Wasserkünsten; auch ein Mineralbrunnen befindet sich in demselben. Der Thiergarten umfasst 395 ha, von denen 289 ha als Wald bewirthschaftet, etwa 106 ha zu Park- und Gartenanlagen, Wegen etc. und zu einer Baumschule, die Obstbäume, Ziersträucher u. s. w. zum Verkauf bringt, verwendet werden. Durch eine Kabinetsordre vom 6. April 1822 ist bestimmt, dass diese Anlage im Interesse der Stadt Cleve dauernd bestehen bleiben und ihr Ertrag, soweit erforderlich, zu ihrer Unterhaltung verwendet werden soll.

Aehnlich liegen die Verhältnisse bezüglich des 29 ha grossen Eichholzes bei Arnsberg, für das bis zum Jahre 1877/78 aus Fonds des Handelsministeriums ein fester Zuschuss von 300 Mark geleistet wurde, während die Verwaltung durch eine „Parkdeputation" unter Vorsitz des Regierungspräsidenten in Arnsberg erfolgte.

Die Einnahmen dieser beiden Anlagen, nach dem Etat für 1899 19 500 Mark, sind naturgemäss ziemlich auf demselben Standpunkt geblieben. Wenn sie die im Kap. 2 Tit. 29 verrechneten Ausgaben, nach dem vorgedachten Etat 13 220 Mark, erheblich überschreiten, so ist dieser Ueberschuss doch nur ein scheinbarer, da in den Ausgaben die persönlichen noch nicht enthalten sind. Uebrigens darf nach einem Vermerk zu dem erwähnten Ausgabetitel die Ausgabe beider Anlagen zusammen deren Einnahme nicht überschreiten. Es ist also Vorkehrung getroffen, dass nicht den beiden Städten baare Zuwendungen auf Kosten der Allgemeinheit gemacht werden.

Noch mehr als Einnahmequelle treten zurück die beiden Forstakademien, deren geringe, in den Tit. 12 und 13 verzeichnete Einnahmen im Wesentlichen aus Kollegiengeldern und dem Erlös für verkaufte Pflanzen u. dgl. bestehen und deshalb in ihrer Höhe besonders von der schwankenden Frequenz der beiden Hochschulen abhängen. Mit Rücksicht auf die gegenüber der Ausgabe geringfügigen Einnahmen erfolgen die näheren Mittheilungen über die Forstakademien im nächsten Hauptabschnitt „Die Ausgaben der Forstverwaltung" (Kap. XIV).

Die Einnahmen des Titels 11a stellen sich nur als Rückzahlungen von an die Beamten gewährten Vorschüssen dar, und ist daher auch bezüglich ihrer auf den nächsten Hauptabschnitt (§ 36) zu verweisen.

§ 21. Unter den im Tit. 11 zusammengefassten **„verschiedenen anderen Einnahmen"** sind die am meisten ins Gewicht fallenden die der Forstverwaltung zu erstattenden Besoldungen oder Beiträge zu Besoldungen für lediglich im Interesse Dritter angestellte Forstbeamte. In einem grossen Theil der neuen Provinzen, nämlich in Hessen-Nassau, mit Ausnahme der vormals Bayerischen und Frankfurter Gebiete, und in den Hannoverschen Fürstenthümern Hildesheim, Calenberg, Göttingen, Grubenhagen, besteht auf Grund einer aus der vorpreussischen Zeit stammenden Gesetzgebung für die Verwaltung der Gemeinde- und Institutsforsten das sog. System der Beförsterung, d. h. die Verwaltung dieser Forsten erfolgt durch Staatsbeamte, während den Eigenthümern nur das Recht zusteht, über Verwaltungsmassnahmen gehört zu werden und ihre Wünsche, eventuell im Rekurswege, zu erkennen zu geben. Im Einzelnen weist das System mancherlei verschiedene Nüancen auf. Im Fürstenthum Hildesheim findet es herkömmlich, in den Fürstenthümern Calenberg, Göttingen und Grubenhagen kraft gesetzlicher Bestimmung auf die „unmittelbaren", d. h. früher keinem Amtshauptmann unterstellten Städte keine Anwendung, und auch in Hessen-Nassau erfolgt thatsächlich die Verwaltung einzelner Gemeindeforsten durch Gemeindeforstbeamte. In einzelnen andern Landestheilen, in denen gesetzlich das Beförsterungssystem nicht gilt, wie im übrigen Hannover und in den vormals Bayerischen Gebietstheilen, haben die Gemeinden und Institute gleichwohl ihre Waldungen der Staatsverwaltung unterstellt. In den Gebieten der gesetzlichen oder vertragsmässigen Beförsterung sind theils die beförsterten Waldungen mit den Staatsforsten zu gemeinsamen Oberförstereien vereinigt, theils sind aus ihnen besondere, von Königlichen Oberförstern verwaltete Oberförstereien gebildet. Der

Forstschutz erfolgt in der Regel durch von den Gemeinden mit Genehmigung der Kommunalaufsichtsbehörde angestellte Forstschutzbeamte; in den vormals Hessen-Nassauischen Landestheilen, in andern, sofern die Schutzbezirke neben Gemeinde- etc. überwiegend oder auch nur theilweise Staatsforsten enthalten, bestellt der Staat auch die Forstschutzbeamten.

Für die Verwaltung durch die Staatsbeamten und, soweit auch der Forstschutz durch solche erfolgt, auch hierfür zahlen die Gemeinden an die Staatsforstverwaltung theils gesetzlich fixirte, theils vereinbarte, theils im Aufsichtswege festgesetzte Besoldungsbeiträge, welche sich zumeist nach der Fläche, im Fürstenthum Hildesheim auch nach der Bonität richten; sie betragen in diesem Gebiet je nach der Bonität 4 Pf. bis 2 Mariengroschen (= 16,66 Pf.) für 120 Quadratruthen Calenberger Mass (= 0,262 ha), in Calenberg, Göttingen und Grubenhagen 1 Groschen (= 10 Pf.) pro Morgen (0,262 ha), in Kurhessen 6 Mark für je 100 Acker = 23,865 ha, in Nassau 48,57 Pf. pro Hektar für die Verwaltung neben verschieden normirten Beiträgen für den Forstschutz, wenn dieser durch Staatsbeamte erfolgt, im vormaligen Hessen-Homburg 1,5 Mark pro Hektar für Verwaltung und Forstschutz; in andern Gebieten sind die Beiträge von Fall zu Fall verschieden geregelt. Auch in Bezirken, wo nicht die Beförsterung, sondern nur die spezielle — im Gegensatz zu der in den alten Provinzen bestehenden allgemeinen — Staatsaufsicht besteht, haben die Gemeinden hierfür Besoldungsbeiträge zu leisten, nämlich in dem nicht Calenbergischen Theile des Regierungsbezirks Hannover und im Gebiet der vormaligen freien Stadt Frankfurt a. M. In denjenigen Landestheilen, in denen gesetzlich weder die Beförsterung noch die spezielle, sondern nur die allgemeine Staatsaufsicht besteht, werden gleichwohl herkömmlich oder auf Grund besonderer Vereinbarung einzelne, insbesondere Institutsforsten, vereinzelt auch wohl Forsten von Privatpersonen durch Beamte der Staatsforstverwaltung gegen Zahlung von Vergütungen an Letztere verwaltet, und in Westfalen, der Rheinprovinz und den Hohenzollernschen Landen ist die Verwaltung der Gemeinde- etc. Forsten vielfach nebenamtlich benachbarten Königlichen Oberförstern übertragen. Für die allgemeine und, von den oben erwähnten Distrikten abgesehen, auch für die spezielle Aufsicht erhebt der Staat Besoldungsbeiträge von den Gemeinden nicht.

In einem eigenartigen Verhältniss steht die Forstverwaltung zu dem Hannoverschen Klosterfonds. Die umfangreichen Forsten, welche diesem gehören oder der Klosterkammer in Hannover unterstellt sind, 27 367 ha Kloster- und Stiftsforsten und ca. 3 200 ha Gemeindeforsten, werden von 7 besondern Kloster-Oberförstern und zwei mit den Befugnissen verwaltender Beamten ausgestatteten Kloster-Revierförstern verwaltet. Diese Beamten stehen zwar in unmittelbarem Schriftwechsel mit der ihnen vorgesetzten Klosterkammer, sind aber wie die ihnen unterstellten Forstschutzbeamten Staatsforstbeamte und erhalten Besoldung u. s. w. aus den Fonds der Staatsforstverwaltung, der auch nach Benehmen mit dem Kultusminister bezüglich der höheren, nach Anhörung der Klosterkammer bezüglich der übrigen Beamten Anstellung, Versetzung u. s. w. derselben zusteht. Ressortminister der Klosterkammer ist zwar der Minister der geistlichen Angelegenheiten; doch hat in einer Anzahl von Geschäftssachen (Arealveränderungen, forsttechnische Sachen u. s. w.) der Landwirthschaftsminister mitzuwirken. Bei der Klosterkammer bearbeitet die Forstsachen einer der Regierungs- und Forsträthe der Regierung in Hannover unter Mitzeichnung bezw. Superrevision des dortigen Oberforstmeisters und Leitung des Präsidenten der Klosterkammer. Die örtlichen Revisionen erfolgen durch den Regierungs- und Forstrath und den Oberforstmeister wie in den Staatsforsten. Die Klosterkammer zahlt für die der Forstverwaltung durch Verwaltung und Forstschutz der Klosterforsten entstehenden Kosten an jene eine Vergütung, welche gegenwärtig 132 683 Mark beträgt.

Mehr als die Hälfte der Gesammteinnahme des Titels 11, nämlich rund 300 000 Mark, entfallen auf diese Beiträge der Gemeinden, Stiftungen, Privatpersonen und der Klosterkammer.

Ein anderer erheblicher Betrag, jährlich 43 000 Mark, fliesst ihm seit 1880/81 auf Grund des Gesetzes vom 16. März 1879, betr. Abänderung der Wegegesetzgebung im Regierungsbezirk Cassel (G.S. S. 225) als Entschädigung für die Bestreitung der Wegelasten in den Staatsforsten von dem Kommunalverbande dieses Regierungsbezirks zu.

Im übrigen setzt sich die Einnahme zusammen aus Ersatz-, Straf- und Pfandgeldern, welche von ausländischen Gerichten erkannt, eingezogen und abgeliefert werden — die von inländischen Gerichten erkannten werden beim Etat der Justizverwaltung verrechnet —, den von Pächtern zu zahlenden Pauschbeträgen an Verpachtungskosten (in der Regel 10 Pf. für je 3 Mark jährlichen Pachtzinses), dem Erlöse für überflüssig gewordene Inventarienstücke und auf Abbruch verkaufte Gebäude, Beiträgen der Berg- und Hüttenverwaltung zur Unterhaltung von Wegen in den Harzforsten, den Einnahmen der Forstlehrlingsschulen (vgl. unten §§ 58 und 60) und sonstigen zufälligen, unter keinen andern Titel gehörigen Einnahmen.

Der Titel hat, da die Besoldungsbeiträge fast ausschliesslich aus den neuen Provinzen stammen, durch den Hinzutritt dieser Landestheile eine ganz ausserordentliche Steigerung erfahren, nachdem er vorher in der Zeit von 1849 bis 1859 durch die Ueberweisung der früher bei ihm verrechneten, von inländischen Gerichten erkannten Straf-, Ersatz- und Pfandgelder an die Justizverwaltung sehr zurückgegangen war. Die Steigerungen seit dem Jahre 1868 rühren zum grossen Theil davon her, dass die Hannoverschen Klosterforsten erst nach und nach in die Verwaltung von Staatsforstbeamten übergegangen und daher sowie infolge von Gehaltsaufbesserungen u. s. w. die vom Klosterfonds an die Verwaltung zu zahlenden Vergütungen wiederholt erhöht werden mussten. Solche Erhöhungen haben in den letzten 20 Jahren insbesondere stattgefunden im Etat für 1880/81 um 21722 Mark, 1886/87 um 20400 Mark und 1899 um 37500 Mark. Hin und wieder sind dem Titel auch grössere einmalige Einnahmen zugeflossen, welche eine vorübergehende besonders starke Steigerung desselben bedingten.

Da die erwähnten Besoldungsbeiträge so gut wie ausschliesslich, zu fast 98 Prozent, in den neuen Provinzen aufkommen, so sind diese Landestheile und in ihnen wieder die Bezirke, in denen die höchsten Beitragssummen zu zahlen sind, nämlich Hannover, wo die Zahlung seitens der Klosterkammer geleistet wird, Kassel und Wiesbaden und demnächst mit einem allerdings weit niedrigeren Betrage, Hildesheim an der Einnahme des Titels 11 am stärksten betheiligt; in Kassel trägt hierzu neben den Besoldungsbeiträgen fast ebensoviel die oben erwähnte Rente des kommunalständischen Verbandes bei. Im Uebrigen schwanken bei dem mehr oder minder zufälligen Charakter eines grossen Theils der sonstigen Einnahmen dieses Titels die Antheile der einzelnen Bezirke von Jahr zu Jahr in hohem Grade.

VI. Kapitel.

Die Gesammteinnahme aus den Staatsforsten.

§ 22. Unter den Einnahmen der Forstverwaltung überwiegen, wie sich aus der Darstellung in den Kapiteln I bis V ergiebt, diejenigen für Holz derartig, dass die Entwicklung der Gesammteinnahme nothwendig derjenigen der Holzeinnahme entspricht. Denn während diese sich in den Jahren 1849—1866 zwischen 12,8 und 24,9, in den Jahren 1869—1879/80 zwischen 36,6 und 45,2 und in den letzten 20 Jahren zwischen 44,3 und 66 Millionen Mark bewegt hat, handelt es sich nur bei den Nebennutzungen noch um Beträge von wenigen, im Maximum 4½ Millionen, bei vier andern Einnahmetiteln (3, 4, 8, 11) nur um Beträge von einigen Hunderttausenden und bei den übrigen fünf Titeln nur um solche von weniger als 100000 Mark. Es ist klar, dass alle diese Titel erhebliche Schwankungen der Holzeinnahme, die von einem Jahre zum andern wiederholt 3 und mehr bis zu 4½ Millionen, mehr als eine Million in den letzten 20 Jahren sogar meist betragen haben, wohl abschwächen, aber nicht ausgleichen können. Thatsächlich haben in den letzten Jahrzehnten die übrigen Einnahmepositionen in der Regel eher eine Abschwächung des Einflusses des Steigens, als des Sinkens der Holzeinnahmen bewirkt, da die bedeutendsten Nebeneinnahmen, mit Ausnahme der Jagd- und der vermischten Einnahmen, aus den in den vorangegangenen Kapiteln erörterten Gründen eine sinkende Tendenz zeigen.

Die Entwicklung der Gesammteinnahme mögen folgende Zahlen skizziren.

	Gesammtbetrag der Forsteinnahme in Tausend Mark	= Prozent der gesammten Staatseinnahme
1849 . . .	15 423	5,8
1866 . . .	27 906	5,9
1869 . . .	41 306	8,2
1879/80 . .	51 669	7,0
1889/90 . .	57 980	3,4
1899 . . .	71 742	3,1

In der Zeit bis 1866 sind somit die Forsteinnahmen noch um ein Geringes stärker als die Summe aller Staatseinnahmen gestiegen. Der Hinzutritt der staatsforstenreichen neuen Provinzen bewirkte sodann eine ganz erhebliche Steigerung des Antheils, zu dem die Forsten zu den Staatseinnahmen beitrugen, und auch weiterhin hielten die Forsteinnahmen mit den Gesammteinnahmen noch ziemlich Schritt, bis die Verstaatlichung der Eisenbahnen zu den enormen Einnahme- und Ausgabesteigerungen im Staatshaushalt führte und das Verhältniss, in dem die einzelnen Verwaltungen an den Staatseinnahmen und -Ausgaben betheiligt waren, von Grund aus verschob.

Vergleicht man diese Entwicklung der Forsteinnahmen mit der oben im ersten Buch (§ 38) skizzirten der Domäneneinnahmen, so ergeben sich tiefgreifende Verschiedenheiten. Dort hatten wir seit 1849 ein fortschreitendes Sinken des Antheils, zu dem die Staatsbedürfnisse aus den Domänen Befriedigung finden, zu konstatiren gehabt, während bei den Forsten die gleiche Erscheinung erst infolge der Eisenbahnverstaatlichung einsetzt. Die Gründe sind vorwiegend darin zu suchen, dass bei dem Domänenareal starke Verminderungen, bei dem Forstareal Vermehrungen stattgefunden haben, dass die in Gefällen und Amortisationsrenten bestehenden Einnahmen der Domänenverwaltung sich naturgemäss fortgesetzt verringern — ohne dass hierin freilich ein Schaden für den Staatsfiskus liegt —, während eine gleiche Erscheinung bei ähnlich hohen Einnahmeposten der Forstverwaltung nicht zu beobachten ist, und dass die erheblichste Position der Domäneneinnahmen, die Pachten, seit Jahren unter ungünstigen landwirthschaftlichen Verhältnissen leidet.

Auf das Hektar des gesammten Staatsforstareals kommt nach dem Etat für 1899 im Durchschnitt eine Einnahme von 25,29 Mark. Nach den Etats für 1889/90, 1879/80, 1869, 1866, 1859 und 1849 betrug sie beziehungsweise 21,5, 19,35, 15,7, 13,6, 9,21 und 7,45 Mark. Auf das Hektar nutzbarer Fläche, also unter Ausscheidung des nutzbaren Areals, stellten sich die etatsmässigen Roherträge 1899, 1889/90, 1879/80 und 1869 auf beziehungsweise 26,75, 22,41, 20,23 und 16,42 Mark. Also auch die auf die Flächeneinheit entfallenden Bruttoeinnahmen weisen eine fortgesetzte Steigerung auf, die noch stärker sein würde, wenn nicht, wie oben schon erwähnt, die Ankäufe sich überwiegend auf Areal erstreckt hätten, das wenigstens in den ersten Jahren nur geringe Erträge zu liefern vermag.

Uebrigens ist bei Beurtheilung der Forsteinnahmen nicht ausser Acht zu lassen, dass die Forsten neben diesen Einnahmen auch noch erhebliche Erträge abwerfen, die in Gestalt von Holz- und Torfabgaben an Berechtigte und Deputanten gelangen. Allerdings werden diese Abgaben nach Möglichkeit eingeschränkt. Nach den Anlagen zu den Etats war ihr Jahreswerth berechnet auf 1859: 1 372 106 Mark, 1866: 1 192 102 Mark, 1869: 2 622 898 Mark, 1879/80: 2 545 235 Mark, 1889/90: 1 949 567 Mark, 1897/98:[1]) 1 812 827 Mark. Berücksichtigt man diesen, so erhöht sich einerseits der Ertrag nicht ganz unerheblich; andererseits verringern sich, da diese Naturalabgaben sich in fortdauernder Abnahme befinden, die Summen, welche als wirkliche Ertragssteigerung anzusehen sind, etwas.

Dass die in den einzelnen Bezirken auf die Flächeneinheit entfallende Einnahme von den obigen Durchschnitten des ganzen Staates ungemein stark nach oben oder unten abweicht, ergiebt sich aus dem im I. Kapitel über die Verschiedenheit der Holzerträge und Holzpreise Ausgeführten. Aus der Spalte 13 der Anlage XXI ist zu ersehen, wie sie sich nach den Zahlen des Etats für 1898/99 stellt. Natürlich entspricht die sich dort ergebende Reihenfolge, nach der Münster, Düsseldorf, Erfurt, Hildesheim, Breslau, Liegnitz und Merseburg an der Spitze stehen, Posen, Gumbinnen, Osnabrück-Aurich und Danzig die unterste Stelle einnehmen, so ziemlich derjenigen, in der die Bezirke mit ihrer auf das Hektar kommenden Holzeinnahme rangiren, und hier wie dort ist im Laufe der Zeit eine allmähliche Annäherung unter den Bezirken eingetreten. Während 1898/99 die äusserste Differenz in den Gesammteinnahmen durch die Zahlen 12,13 und 52,44 Mk. bezeichnet wird, war sie 1889/90 noch 9,73 bis 45,68 Mk. und ein Zurückgehen auf noch frühere Jahre würde noch grössere Differenzen ergeben.

---

[1]) Die Etats von 1898/99 und 1899 enthalten Angaben hierüber nicht mehr.

III. Hauptabschnitt.

Die Ausgaben der Forstverwaltung.

(Staatshaushaltsetat Kap. 2—4 und 11.)

Vorbemerkung.

§ 23. Da die Nutzung der Staatsforsten, von verhältnissmässig untergeordneten Ausnahmen bei den Nebennutzungen und Nebenbetriebsanstalten abgesehen, durch Administration erfolgt, muss der Ausgabeetat der Forstverwaltung ein von demjenigen der Domänenverwaltung, in deren Bereiche die bedeutendsten Objekte durch Verpachtung genutzt werden, völlig verschiedenes Bild gewähren. Die Selbstverwaltung erfordert ein ungleich zahlreicheres Beamtenpersonal, das noch reichlicher bemessen sein muss, als es lediglich die Verwaltung der Staatsforsten verlangen würde, wegen der den Staatsforstbeamten auf dem Gebiete der Verwaltung der Gemeinde- und Stiftungswaldungen obliegenden Aufgaben. Alle diejenigen Kosten, welche zur Erzielung und Verwerthung der Produkte nöthig sind, erscheinen ferner unter den Forstausgaben, während sie für verpachtete Domänenobjekte der Pächter zu leisten hat, und endlich hat die Forstverwaltung auch alle diejenigen Lasten zu tragen, welche die Domänenverwaltung ihren Pächtern auferlegt.

Infolgedessen ist der Ausgabeetat der Forstverwaltung ein weit umfangreicherer als der der Domänenverwaltung. Er umfasst zur Zeit im Ordinarium des Staatshaushaltsetats 3 Kapitel mit 51 Titeln. Hiervon enthält das eine (2.) Kapitel mit 36 Titeln die „Kosten der Verwaltung und des Betriebes“, das zweite (3.) mit 8 Titeln die Ausgaben „zu forstwissenschaftlichen und Lehrzwecken“ und das dritte (4.) mit 7 Titeln „allgemeine Ausgaben“. Diese „allgemeinen Ausgaben“ entsprechen den im Domänenetat als „sonstige Kosten und

Lasten der Verwaltung" aufgeführten und umfassen, wenn auch geringfügige Beträge einzelner Titel auch für die Forstlehranstalten zur Verwendung gelangen, von dem bereits im I. Hauptabschnitt besprochenen Fonds „zum Ankauf von Grundstücken zu den Forsten" (Kap. 4 Tit. 6) abgesehen, die auf den Forsten ruhenden Lasten, sei es, dass sie, wie die meisten, auf rechtlicher Verpflichtung beruhen, sei es, dass sie, wie die Unterstützungsfonds, Rücksichten der Billigkeit entspringen.

Mit Rücksicht auf diesen Charakter der Ausgaben des Kap. 4 empfiehlt es sich, sie im Anschluss an diejenigen des Kap. 2 vor denen des Kap. 3 zu behandeln. Man kann, wenn man sich im übrigen möglichst an die Eintheilung des Etats anschliesst, dann unter den dauernden Ausgaben unterscheiden

1. Verwaltungs- und Betriebskosten (Kap. 2 und 4), und zwar:
   a) persönliche Verwaltungs- und Betriebskosten: Kap. 2 Tit. 1—15 und 34;
   b) materielle Verwaltungs- und Betriebskosten: Kap. 2 Tit. 16—33 und 35;
   c) Lasten der Verwaltung und des Betriebes: Kap. 4 Tit. 1—5.
2. Ausgaben für wissenschaftliche und Lehrzwecke.

Indem wir diese Eintheilung wählen, verkennen wir nicht, dass, wenn man sich weiter von dem Etat entfernen wollte, sich wohl eine präzisere finden liesse. Der Vortheil einer solchen würde aber überwogen werden von dem Nachtheil der schwierigeren Orientirung über den Etat.

I. Abschnitt.

Die dauernden Ausgaben.

A. Die persönlichen Verwaltungs- und Betriebskosten.

(Staatshaushaltsetat Kap. 2 Tit. 1—15 und 34)

I. Kapitel.

Die Verwaltungsorganisation.

§ 24. Schon die damals eine unvergleichlich hervorragendere Rolle unter den Benutzungen des Waldes wie heutzutage spielende Jagd erklärt es hinreichend, dass in den Zeiten, als sich die Unterscheidung von Staats- und persönlichen Einnahmen und Ausgaben des Landesherrn herauszubilden begann, die Einnahmen aus den Forsten im

Gegensatz zu denen der Domänen zu den landesherrlichen gezählt wurden. So lange in Brandenburg-Preussen die Trennung zwischen Hofrenthei und Schatulle bestand, flossen die Domäneneinnahmen zu jener, die Forsteinnahmen zu dieser. Die Verwaltung der Forsten wurde aber, wie die der Domänen, bei der Reorganisation des Geheimen Raths unter dem Grossen Kurfürsten der Aufsicht der unter dem Namen „Staats-Kammer-Räthe" gebildeten Abtheilung dieser Behörde und der hieraus hervorgegangenen Hofkammer unterstellt. Die Verfügung über die Schatulleinkünfte behielt der Grosse Kurfürst sich jedoch vor. Als König Friedrich Wilhelm I. die Schatulle aufhob und die gesammten Staatsgüter vereinigte, verlor auch die Forstverwaltung ihre Sonderstellung und wurde mit der Domänenverwaltung vereinigt. Der bisherige Chef der Forstverwaltung, der Oberjägermeister, wurde Mitglied des General-Finanzdirectoriums, die Chefs der Forstverwaltung in den Provinzen, die Provinzial-Jägermeister und Oberforstmeister, traten in die Amtskammern ein. Auch nach Einrichtung des General-Ober-Finanz-Kriegs- und Domainen-Directoriums blieben die Forst- und Jagdsachen mit den Domänensachen in derselben Abtheilung dieser Behörde vereinigt. Erst im Jahre 1770 wurde ein eigenes Departement des Generaldirektoriums für die Verwaltung der Forsten hergestellt. Damit sollte indess die Verbindung des Forstwesens mit der Domänenverwaltung nicht rückgängig gemacht, sondern nur die Wirthschaft in den Forsten einer mehr sachverständigen Behörde übertragen und der bisherigen Benachtheiligung der Forsten zu Gunsten der Domänen abgeholfen werden. In der Lokalinstanz bestanden getrennte Domänen- und Forstämter.

Unter Friedrich des Grossen Nachfolger, Friedrich Wilhelm II., wurde zwar das besondere Forstdepartement des Generaldirektoriums im September 1786 aufgehoben und das Forstwesen den Provinzialdepartements unterstellt; aber schon im Dezember desselben Jahres erfolgte die Wiederherstellung des Forstdepartements. Behufs gründlicherer Beaufsichtigung der Forsten errichtete Friedrich Wilhelm II. zwischen den Domänenkammern und den lokalen Forstbehörden stehende Inspektionsbehörden in Gestalt der Forstmeister.

Als beim Regierungsantritt Friedrich Wilhelms III. der bisherige Chef des Forstdepartements ausschied, kam es zwischen den gegenüberstehenden Ansichten darüber, ob die Beibehaltung dieses Departements oder die Uebertragung der Forstangelegenheiten an die Provinzialdepartements den Vorzug verdiene, zunächst zu einem Kompromiss, indem das Forstdepartement zwar im Wesentlichen bestehen blieb, aber nicht mehr einen Minister, sondern den Oberlandforstmeister, der indess stimmberechtigtes Mitglied des Generaldirektoriums wurde, als Chef bekam. In der Provinzialinstanz wurde bei jeder Kriegs- und Domänenkammer unter dem Vorsitz des Kammerpräsidenten und des Oberforstmeisters der Provinz eine besondere Forst-

und Baukommission errichtet. Indess befriedigte diese Einrichtung so wenig, dass im Jahre 1803 nun doch das besondere Forstdepartement aufgehoben und die Forstangelegenheiten den Provinzialdepartements einverleibt, zur Wahrung einheitlicher Grundsätze aber aus sachverständigen Räthen der verschiedenen Provinzialdepartements eine „technische Forstdeputation“ als berathendes Kollegium gebildet wurde. Gleichzeitig wurden auch die besondern Forst- und Baudeputationen bei den Kriegs- und Domänenkammern wieder aufgehoben.

§ 25. Bei der Einrichtung der Ressortministerien durch die Verordnung vom 27. Oktober 1810 über die veränderte Verfassung aller obersten Staatsbehörden (G.S. S. 3) und die sich an diese anschliessenden Anordnungen gelangte das Forstwesen mit den Domänen an das Finanzministerium und bildete fortan mit diesen die eine der beiden Unterabtheilungen der Hauptabtheilung desselben für die Einkünfte des Staates. Fortan hat dann die Centralverwaltung der Forsten dieselben Wandlungen erlebt wie die Domänenverwaltung, indem sie mit dieser an das Ministerium des Königlichen Hauses, wieder an das Finanzministerium und endlich an das Ministerium für Landwirthschaft, Domänen und Forsten gelangte. Hier bildete die Verwaltung der Staatsforsten bis 1880 mit den Domänen den Geschäftsbereich der (II.) Abtheilung für Domänen und Forsten und bildet seitdem den einer besondern, der III. Abtheilung, welche unter der Leitung eines aus den Reihen der höheren Forstbeamten hervorgegangenen Ministerialdirektors mit dem Titel „Oberlandforstmeister“, vier forsttechnischen vortragenden Räthen, welche wie alle übrigen vortragenden Räthe der Ministerien den Rang der Räthe II. oder III. Klasse besitzen und ersternfalls den Titel Landforstmeister, letzternfalls den Titel Oberforstmeister führen, zwei juristischen und einem bautechnischen vortragenden Rathe und einem ständigen forsttechnischen Hülfsarbeiter sowie nach Bedarf kommissarischen Hülfsarbeitern besteht. Die juristischen und der bautechnische vortragende Rath gehören gleichzeitig andern Abtheilungen des Ministeriums an, und die forsttechnischen sind auch mit Bearbeitung von Forst- und Jagdangelegenheiten in der landwirthschaftlichen (I.) Abtheilung befasst. Die Geschäfte der forsttechnischen Räthe sind unter sie nach Provinzen vertheilt. Für die Leitung bezw. Ausführung der Forstvermessungs- und Kartirungsarbeiten, Sammlung, Aufbewahrung und Vervielfältigung der Urkarten und Vermessungsschriften besteht im Ministerium das Forst-Einrichtungs-Bureau unter Leitung eines auch die Qualifikation als Feldmesser besitzenden Regierungs- und Forstraths; das übrige Personal desselben bilden Forstassessoren, forsttechnisch vorgebildete Bureaubeamte und möglichst aus der Klasse A der Reservejäger (vgl. unten § 30) entnommene Zeichner.

In noch engerer Verbindung als in der Zentralinstanz steht die Forst- mit der Domänenverwaltung in der Provinzialinstanz, wo beide, wie im I. Buche (§ 40) ausgeführt, zum Geschäftskreise derselben Regierungsabtheilung gehören. Die Forstverwaltung ist in derselben durch den **Oberforstmeister**, welcher neben dem Dirigenten, einem Ober-Regierungsrath, Mitdirigent der Abtheilung ist, und die Regierungs- und Forsträthe vertreten. Nach Bedarf werden ausserdem forsttechnische Hülfsarbeiter aus der Zahl der Forstassessoren beschäftigt. Abweichungen von dieser Organisation bestehen bei den Regierungen in Aurich, Münster und Sigmaringen, indem die Forstverwaltung des ersten Bezirks unter Leitung der Regierung in Osnabrück steht, für Münster der Oberforstmeister in Minden mit fungirt, in Sigmaringen, wo Staatsforsten nicht vorhanden sind, als Referent ein Forstbeamter der Fürstlich Hohenzollernschen Verwaltung bestellt ist. Sodann sind bei denjenigen Regierungen, in deren Bezirken Staatsforsten nur in geringerem Umfange vorhanden sind, zur Zeit Stralsund, Liegnitz, Osnabrück (mit Aurich), Stade, Düsseldorf und Köln, neben dem Oberforstmeister Regierungs- und Forsträthe nicht angestellt, so dass hier der Oberforstmeister für den ganzen Bezirk deren Geschäfte mit wahrzunehmen hat. Andererseits haben die Regierungen in Cassel und Wiesbaden mit Rücksicht auf die Grösse der Staatsforsten und der zu beförsternden Gemeinde- und Stiftungswaldungen je zwei Oberforstmeister, deren Funktionen räumlich abgegrenzt sind. Die frühere Unterscheidung der Oberforstmeister in wirkliche und blosse Titularoberforstmeister, indem nur Erstere Mitdirigenten der Regierungsabtheilung waren und den Rang der Ober-Regierungsräthe (zwischen III. und IV. Rangklasse) besassen, Letztere bei den Regierungen mit geringerem Staatsforstbesitz, sich nur in der Stellung und dem Range der Regierungsräthe (IV. Rangklasse) befanden, ist seit 1890 beseitigt; seitdem giebt es nur noch wirkliche Oberforstmeister.

Wenn die Geschäfte der Forstverwaltung mit denen der Domänen- und direkten Steuerverwaltung auch in einer Regierungsabtheilung vereinigt sind, so ist doch Vorsorge getroffen, dass die technischen Angelegenheiten hierunter nicht durch die Mitwirkung der nicht forsttechnisch gebildeten Regierungsmitglieder leiden. Alle technischen Angelegenheiten der Forst- und Jagdwirthschaft, d. i. Alles, was die Forstvermessung und Abschätzung, die jährlichen Hauungen und Kulturen, den Wildabschuss und das forstliche Unterrichtswesen betrifft, ferner die Personalien der Forstbeamten bearbeitet der Oberforstmeister, unter Mitwirkung der Regierungs- und Forsträthe, ohne Betheiligung der Abtheilung selbständig unter der oberen Leitung des Regierungspräsidenten, und Letzterer ist befugt, die auf diese technischen Angelegenheiten bezüglichen Geschäftssachen ohne eigene Ueberprüfung dem Oberforstmeister zur Zeichnung in Ur- und Reinschrift zu überlassen. Die nichttechnischen Forst- und Jagdangelegenheiten gehören dagegen wie alle übrigen zum Ressort der Abtheilung bezw. des Plenums der Regierung.

Die eigentliche unmittelbare Aufsicht über die örtliche Forstverwaltung führen die **Regierungs- und Forsträthe**, deren jedem zu diesem Zweck ein besonderer Inspektionsbezirk zugewiesen ist; abgesehen von je einem, dem älteren, der beiden Oberforstmeister in Cassel und Wiesbaden und denen in Königsberg, Marienwerder und

Hildesheim, ist auch den Oberforstmeistern ein kleinerer Inspektionsbezirk zugetheilt, innerhalb dessen sie die Geschäfte des Regierungs- und Forstraths versehen.

Die gegenwärtige Einrichtung, nach der die Forstinspektionsbeamten sämmtlich Mitglieder der Regierungskollegien sind und am Sitze der Regierung ihren dienstlichen Wohnsitz haben, ist indess verhältnissmässig neuen Datums. Früher führten die Aufsicht über die Lokalverwaltung Forstinspektoren, welche ihren Sitz innerhalb ihres Inspektionsbezirks hatten, während dem Oberforstmeister in der Bearbeitung der Forstsachen bei der Regierung Forsträthe zur Seite standen, soweit der Geschäftsumfang solche erforderlich erscheinen liess. Eine kurze Zeit, von einem Publikandum vom 20. Januar 1829 (Kamptz Ann. XIII 35) bis zu einem Ministerialerlass vom 26. März 1834 (Kamptz Ann. XVIII 37), war die Funktion der Forstinspektoren auf die Besorgung kommissarischer Geschäfte und Vertretung der Oberforstbeamten beschränkt. Durch den letztgenannten Erlass erhielten sie aber ihre frühere Aufsichtsstellung, vermöge deren sie eine Zwischeninstanz zwischen dem Revierverwalter und der Regierung bezw. dem Oberforstmeister bildeten, wieder. Der Allerhöchste Erlass vom 18. September 1850 (G.S. S. 489) bestimmte sodann, dass zur Bearbeitung der Forstsachen bei den Regierungen nicht mehr besondere Forsträthe angestellt, sondern Forstinspektionsbeamte in die Regierungskollegien berufen werden sollten, und dass solche Forstinspektoren nach Qualifikation und Anciennetät zur Ernennung zum Forstmeister mit dem Range der Regierungsräthe vorgeschlagen werden sollten. In der Folgezeit sind nach und nach sämmtliche Inspektionsbeamte Mitglieder der Regierung geworden, und ist damit ihr Wohnsitz nach den Regierungshauptstädten verlegt worden. Seit 1868 hörte auch die Ernennung zum Forstinspektor auf: die Inspektionsbeamten wurden sämmtlich wirkliche oder charakterisirte, seit 1876 wirkliche Forstmeister. Durch K.O. vom 14. Oktober 1891 (Min.Bl. d. i. V. S. 216) endlich ist den bei dem Ministerium und den Regierungen angestellten Forstmeistern ohne Aenderung des Ranges die Amtsbezeichnung „Regierungs- und Forstrath“ beigelegt.

Die Zuständigkeit der Regierung bezw. des Oberforstmeisters und der Regierungs- und Forsträthe umfasst insbesondere die Genehmigung der jährlichen Wirthschaftspläne der Oberförstereien, die Fertigung der Natural- und Geldetats für diese, Feststellung der Hauerlohns- und sonstigen Werbungskostensätze, der Taxen für Waldnebennutzungen, Abschluss aller Verträge, unter Umständen nach Genehmigung des Ministers, Genehmigung grösserer freihändiger Verkäufe, Feststellung von Bauplänen für vorhandene Forstgebäude, Führung von Prozessen, Abnahme und Vorprüfung der Rechnungen, Handhabung der Disziplin über die Lokalforstbeamten und überhaupt alle Forstangelegenheiten, welche nicht der selbständigen Erledigung durch die Lokalbeamten überlassen oder der Entscheidung des Ministers vorbehalten sind. Dieser Entscheidung und Genehmigung unterliegen insbesondere die Betriebsregulirungs- und Taxationsrevisionsarbeiten, Abweichungen von den durch diese Arbeiten festgestellten Wirthschaftsanordnungen, Feststellung der Verwaltungsetats für den ganzen Bezirk, Feststellung der Holz- und Wildpretstaxen und der Baupläne für bisher nicht vorhanden gewesene Forstgebäude, gewisse Substanzveränderungen, Uebergänge von Administration zu Verpachtung und umgekehrt, gewisse Verpachtungen, gewisse freihändige Holzverkäufe und Abweichungen von den vorgeschriebenen allgemeinen Verwaltungsgrundsätzen.

Die Regierungs- und Forsträthe insbesondre sind die nächsten Vorgesetzten der Oberförster und haben deren und der Forstrendanten und Forstschutzbeamten Amtsführung nach allen Richtungen hin zu revidiren und den gesammten Betrieb in ihrem Inspektionsbezirk zu leiten und zu überwachen. Sie müssen jedes Revier ihres Bezirks mindestens dreimal im Jahre bereisen. Alle Berichte der Lokalbeamten an die Regierung gehen durch ihre Hand. Bei der Regierung sind sie verbunden auch bei forsttechnischen Angelegenheiten, welche bei dem Präsidium oder der Kirchen- und Schulabtheilung vorkommen, nach Bestimmung des Regierungspräsidenten mitzuwirken.

Dem Oberforstmeister endlich liegt die Leitung der gesammten Forstverwaltung des Bezirks ob; er ist der Vorgesetzte der Regierungs- und Forsträthe und bereist in der Regel alljährlich alle Reviere; unter Leitung des Regierungspräsidenten verfügt er über die Anstellung und Besoldung der Forstschutzbeamten u. s. w.

§ 26. Die Zahl der Regierungs- und Forsträthe beträgt nach dem Etat für 1899 wie die Anlage XXIII ergiebt, 91. Da von den 34 Oberforstmeistern 29 Forstinspektionen verwalten, der Oberforstmeister in Minden je eine in diesem und im Bezirke Münster, ergeben sich somit 121 Inspektionsbezirke. Auf einen Inspektionsbezirk entfallen also durchschnittlich von den vorhandenen 737 Oberförstereien etwas mehr als 6, von dem gesammten staatlichen Forstareal rund 23 000 ha und von der zur Holzzucht bestimmten Fläche desselben 21 000 ha. Im Einzelnen bestehen in diesen Beziehungen natürlich grosse Verschiedenheiten; so sind die von den Oberforstmeistern verwalteten Inspektionsbezirke wegen der Dirigentengeschäfte dieser Beamten erheblich kleiner als die der Forsträthe desselben Bezirks. Wo besonders umfangreiche Gemeinde- und Institutswaldungen zu beförstern oder auch nur zu beaufsichtigen sind, muss hierauf bei Bemessung der Inspektionsbezirke Rücksicht genommen werden. Dazu kommen Rücksichten auf andere örtliche Verhältnisse, wie die Betriebs- und Kulturverhältnisse, die Lage der Reviere u. s. w. Nach den auf das Jahr 1893/94 bezüglichen Angaben bei Hagen-Donner variirte die Gesammtstaatsforstfläche der Inspektionsbezirke, abgesehen von den von den Oberforstmeistern verwalteten, in den einzelnen Provinzen zwischen

Ostpreussen . . .	67 074	und	28 786	ha
Westpreussen . . .	58 862	„	34 248	„
Brandenburg . . .	52 448	„	30 090	„
Pommern	48 764	„	25 717	„
Posen	48 748	„	26 074	„
Schlesien	38 092	„	26 425	„
Sachsen	38 520	„	11 170	„
Schleswig-Holstein .	17 799	„	16 196	„
Hannover	30 696	„	10 404	„
Westfalen	20 627	„	4 094	„
Hessen-Nassau . .	23 086	„	4 328	„
Rheinprovinz . . .	22 458	„	4 205	„

Wie hieraus hervorgeht, sind die Bezirke am grössten in den beiden entlegensten Provinzen Ost- und Westpreussen, am kleinsten in den westelbischen und unter diesen wieder, abgesehen von Schleswig-Holstein mit seinen wenig geschlossenen Revieren, in den drei westlichsten, Westfalen, Hessen-Nassau und Rheinland, in denen am meisten zu beförsternde Gemeinde- und Stiftungswaldungen vorhanden sind. Wenn in diesen sich Bezirke von nur 4 000 ha finden, so sind das eben solche, die daneben besonders viel derartige Waldungen aufweisen; so umfasst deren der die wenigsten Staatsforsten enthaltende Inspektionsbezirk in Westfalen 35 537, in Hessen-Nassau 35 296 ha und in der Rheinprovinz 51 750 ha. Insgesammt enthielten die 39 Inspektionsbezirke dieser drei Provinzen neben 467 067 ha Staats- 721 542 ha Gemeinde- etc. Forsten. Wo in andern Provinzen noch, wie in Hannover und Sachsen, besonders kleine Inspektionsbezirke vorkommen, hat dies in Hannover theils ebenfalls in zu beförsternden Gemeinde- etc. Forsten, theils darin, dass es sich um Gebirgswaldungen handelt, in Sachsen in letzterem Umstand, seinen Grund. Die Zahl der Oberförstereien eines Inspektionsbezirks schwankte, wieder von den Bezirken der Oberforstmeister abgesehen, in den östlichen Provinzen nur zwischen 10 und 5, in den westlichen zwischen 10 und 2; nur die letztere und ähnlich geringe Zahlen hatten nur Bezirke, in denen sich ausserdem umfangreiche Gemeindeforsten befinden.

Seit 1893/94 sind die besonders grossen Inspektionsbezirke infolge Vermehrung der Forstrathsstellen von 88 auf 91 und durch andere Abgrenzung theilweise verkleinert.

Von dieser Stellenvermehrung in den letzten Jahren abgesehen, hat eine solche seit Einverleibung der neuen Provinzen nicht stattgefunden. Vielmehr ist in den ersten Jahren nach der Vergrösserung des Staatsgebiets eine erhebliche Zahl, 26, von Forstinspektionsbeamtenstellen, mit einer Ausnahme sämmtlich in den neuen Landestheilen, eingezogen worden, da sich, wie so häufig in kleinstaatlichen Verhältnissen, der Geschäftskreis dieser Beamten als zu klein und nicht dem der Beamten der alten Landestheile entsprechend erwies. Eine Veränderung ist in den letzten Jahrzehnten indess insofern eingetreten, als mehrere Forstraths- in Oberforstmeisterstellen umgewandelt sind und so die Zahl der letztern von 30 auf 34 erhöht worden ist.

§ 27. Wenn im Gegensatz zu dieser Entwicklung bei den Inspektionsstellen, wie wir weiterhin sehen werden, in der letzten Zeit eine bedeutende Vermehrung der Lokalbeamten stattgefunden hat, so darf man hierin wohl einen Ausdruck dafür erblicken, dass noch mehr als früher die Ansicht besteht, der Schwerpunkt einer wirthschaftlichen Verwaltung von der Art der Forstverwaltung sei in eine tüchtige, nicht durch zu grosse Geschäftsbereiche an der Fürsorge um die Details behinderte Lokalinstanz zu legen, und Mängel dieser könnten durch Vermehrung der trotz Allem den örtlichen Verhältnissen ferner bleibenden Aufsichtsbeamten nicht ausgeglichen werden.

Man wird dieser Ansicht die Berechtigung nicht absprechen können, wenn man den Geschäftsbereich des Preussischen Oberförsters überblickt. Der Oberförster ist der verantwortliche Verwalter des in der Oberförsterei bestehenden staatlichen Vermögensobjekts. Er hat nach Massgabe der allgemeinen gesetzlichen und administrativen Vorschriften und der Forstverwaltungsgrundsätze und nach den von ihm entworfenen, in den Aufsichtsinstanzen genehmigten Etats und Wirthschaftsplänen die Verwaltung und Bewirthschaftung des Reviers selbständig zu führen. Er ist für Erhaltung der Substanz und bestmögliche Nutzbarmachung seines Administrationsobjekts, insbesondere für die Ausführung der Hauungs- und Kulturpläne, die Verwerthung der Produkte und Nutzungen, für den Schutz der Forstobjekte u. s. w. verantwortlich. Als alleinstehender Beamter hat er für die erforderliche Bureauhülfe selbst zu sorgen und ist für die Handlungen seiner Gehülfen selbst verantwortlich. Nur für die Kassenverwaltung sind ihm besondere, vom Staat angestellte und besoldete Beamte, die Forstkassen-Rendanten, beigegeben, welche dieses Amt, sei es für eine, sei es für mehrere Oberförstereien, als Haupt- oder Nebenamt versehen.

Mit Gelderhebungen oder Geldzahlungen darf sich der Oberförster nicht befassen, sondern muss diese durch den Forstkassenrendanten auf Grund der von ihm ausgestellten Anweisungen leisten lassen. Dementsprechend hat der Oberförster die Naturalrechnung, d. i. die Rechnung über Einnahme und Ausgabe an Holz und über die Geldsolleinnahme für Holz, die Werbungskostenrechnung, d. h. die Rechnung über die ertheilten Anweisungen auf Ausgaben für Werbung und Transport von Holz und andern Waldprodukten, die Kulturrechnung, d. i. die Rechnung über die ertheilten Zahlungsanweisungen für Kulturarbeiten und die Rechnung über die von der Forstverwaltung zu unterhaltenden öffentlichen Wege, der Rendant aber die Geldrechnung zu legen.

Behufs Erhebung der Einnahmen und Leistung der Zahlungen werden den Rendanten, soweit die Bequemlichkeit des Publikums dies erfordert, Untererheber beigegeben, die aber nur im Nebenamt angestellt werden. Im Uebrigen haben auch die Forstkassen-Rendanten die Hülfskräfte selbst zu beschaffen und sind für diese verantwortlich.

Im Einzelnen sind die Obliegenheiten der Oberförster durch eine Geschäftsanweisung vom 4. Juni 1870, die der Forstkassen-Rendanten durch eine solche vom 2. Februar 1888 geregelt.

Die untergeordneten Organe des Oberförsters sind die Forstschutzbeamten, nämlich die zum Forstschutz und -Betriebe bestellten Förster und Waldwärter und die nur dem Forstschutze dienenden Forsthülfsaufseher.

Die Förster, deren Obliegenheiten eine Diensinstruktion vom 23. Oktober 1868 bestimmt, haben innerhalb eines dauernd abgegrenzten Theiles der Oberförsterei (Schutzbezirk, Begang, Belauf) den Forst- und Jagdschutz auszuüben, nach Anweisung des Oberförsters die Waldarbeiten ausführen zu lassen, das geschlagene Holz aufzumessen und zu nummeriren, die abzugebenden Waldprodukte zu verabfolgen u. s. w. Die Waldwärter haben dieselben Funktionen in kleineren Bezirken, welche nach Lage der Forsten einem Schutzbezirk nicht angeschlossen werden können.

In einigen Oberförstereien von besonders grossem Umfange oder mit entlegenen Reviertheilen wird ein Theil der Obliegenheiten des Oberförsters für einen oder mehrere Schutzbezirke einem hierzu qualifizirten Förster übertragen, der alsdann den Titel „Revierförster“ oder, wenn der Bezirk minder umfangreich oder wichtig ist, „Hegemeister“ erhalten. Der letztere Titel wird älteren verdienten Förstern übrigens auch lediglich als solcher ohne Erweiterung der Dienstfunktionen verliehen.

§ 28. Die Zahl der Oberförstereien beträgt nach dem Etat für 1899 ausschliesslich zweier nur mit der Verwaltung von Gemeindeforsten befasster Bezirksoberförster in den Hohenzollernschen Landen 735, sodass also, die Klosterforsten in Hannover eingerechnet, auf ein Revier im Durchschnitt rund 3 800 ha Staatsforst- und rund 3 400 ha zur Holzzucht bestimmte Fläche entfallen. In den ersten Jahren nach der Vergrösserung des Staatsgebiets im Jahre 1866 konnten in den neuen Landestheilen die Revierverwalterstellen wegen zu geringen Umfanges um etwa ein Drittel ihrer Zahl, d. i. ca. 120, verringert werden, während in den alten, namentlich den östlichsten Landestheilen, eine grössere Anzahl neu errichtet werden musste. Infolgedessen ergab sich eine Gesammtzahl von 756 im Jahre 1869, aber nur noch 670 im Jahre 1872. In den 70er und 80er Jahren hat sodann eine Stellenvermehrung nur in geringem Umfange und in nicht viel stärkerem Verhältniss, als in dem der Erweiterung des Staatsforstbesitzes stattgefunden. Dagegen weisen die 90er Jahre eine Erhöhung der Zahl der Oberförster von 681 auf 737 oder nach Abzug derjenigen in den Klosterforsten und den Hohenzollernschen Landen auf 727 auf; allein in den drei Jahren 1897/98 bis 1899 sind, einschliesslich einer für die Klosterforsten, 41 neue Stellen errichtet und ist hierdurch das durchschnittliche Staatsforstareal einer Oberförsterei um ca. 250 ha herabgesetzt. Von dem Areal, das in den 40er und 50er Jahren auf einen Oberförster kam, entfallen jetzt auf ihn nur ca. zwei Drittel. Allerdings ist dabei zu berücksichtigen, dass in jener Zeit die Landestheile mit den umfangreichsten ausser den Staatsforsten zu bewirthschaftenden Gemeinde- und Institutsforsten noch nicht zu dem Preussischen Staate gehörten.

Noch erheblicher hat die Zahl der Forstschutzbeamten zugenommen. Während 1869 deren, einschliesslich der nur im Nebenamt beschäftigten Waldwärter, vorhanden waren 3 640, 1888/89 3 741, sind es 1899, ausschliesslich der nur nebenamtlich beschäftigten Waldwärter, 3 999; seit 1888/89 hat sich die Zahl der vollbeschäftigten Forstschutzbeamten um 335 oder fast 10 Prozent vermehrt. Der Werth dieser Personalsvermehrung wird noch erhöht, wenn man berücksichtigt, dass sie nicht allein ausschliesslich auf die höchstqualifizirte Kategorie der Forstschutzbeamten, die Förster, entfällt, sondern dass deren Zahl sich sogar mehr als die Gesammtzahl der Schutzbeamten vermehrt hat, indem Waldwärter- in Försterstellen umgewandelt sind; denn es betrug bezw. beträgt die Zahl der

	1888/89	1899	mithin
Revierförster und Förster . . .	3 393	3 767	+ 374
vollbeschäftigten Waldwärter .	271	232	— 39

Die stärkste Vermehrung der Försterstellen, um 130, hat durch den Etat für 1899 stattgefunden.

Schon mit Rücksicht auf die verschiedenen Kategorien der Forstschutzbeamten, nach denen auch die Grösse der Schutzbezirke bemessen wird, lässt sich von einer Durchschnittsgrösse der letztern in dem Sinne, dass auf Grundlage derselben Vergleiche anzustellen wären, kaum sprechen. Was aber die Oberförstereien anlangt, so walten in Ansehung des Staatsforstareals ähnliche Verschiedenheiten und aus gleichen Gründen wie bei den Inspektionsbezirken ob. Im Grossen und Ganzen nimmt aus diesen Gründen auch bei den Oberförstereien das durchschnittliche Staatsforstareal von Osten nach Westen ab; nach einer Zusammenstellung bei Hagen-Donner ist die Reihenfolge der Provinzen, an der sich seitdem kaum etwas geändert hat: Ostpreussen, Westpreussen, Brandenburg, Pommern, Posen, Schlesien, Sachsen, Schleswig-Holstein, Hannover, Westfalen, Hessen-Nassau, Rheinprovinz.

Was die Zahl der vollbeschäftigten Forstkassen-Rendanten anlangt, so ist diese, wie die Anlage XXIV ergiebt, seit Fixirung der Gehälter derselben ziemlich stabil geblieben bezw. nur der Vermehrung der Oberförster gefolgt.

§ 29. Neben diesen verschiedenen Kategorien eigentlicher Forstbeamter ist in der Forstverwaltung noch eine Anzahl von Beamten für die Nebenbetriebsanstalten beschäftigt, nämlich zur Zeit als mittlere Beamte 1 Torfverwalter bei der Torfverwaltung in Karolinenhorst im Regierungsbezirk Stettin und 1 Thiergartenverwalter bei dem Thiergarten bei Cleve, ferner als Unterbeamte 20 Torf-, Wiesen-, Wege-, Flöss- u. s. w. Meister, 2 Thiergartenförster in Cleve und 11 vollbeschäftigte Torf-, Wiesen-, Holz- u. s. w. Aufseher. Das Bestreben der Forstverwaltung geht jedoch dahin, die Zahl der Nebenbetriebsbeamten zu verringern und ihre Obliegenheiten immer mehr den Oberförstern und Forstschutzbeamten zu übertragen. Der Erfolg dieses Bestrebens dokumentirt sich darin, dass innerhalb der letzten 20 Jahre eingezogen sind die Stellen eines Flössverwalters, 15 Meisterstellen und die Stellen von 5 vollbeschäftigten Aufsehern. Eine selbständige Stellung neben den Oberförstern direkt unter dem Inspektionsbeamten haben gegenwärtig nur noch der Torf- und der Thiergartenverwalter. Unterstellt sind Ersterem 2 Torfmeister und 1 Geschirrwärter, Letzterem die beiden Thiergartenförster und 1 Forstaufseher. Als Rendanten dieser Verwaltungen fungiren Forstkassen-Rendanten benachbarter Oberförstereien.

Wie sich im Uebrigen gegenwärtig die Forst-Inspektions-, Verwaltungs-, Schutz- und Nebenbetriebs-Beamten auf die einzelnen Regierungsbezirke vertheilen, ist aus der Anlage XXIII zu ersehen.

§ 30. Vorbedingung für die **Anstellung** im höheren Forstdienst, d. i. als Inspektionsbeamter oder Oberförster, ist das Bestehen der forstwissenschaftlichen Staatsprüfung, nach dem der Prüfling von dem Minister für Landwirthschaft zum „Forstassessor", früher „Oberförsterkandidat", ernannt wird. Die Zulassung zur Staatsprüfung setzt voraus das Reifezeugniss eines Gymnasiums, Realgymnasiums oder einer Oberrealschule, einjährige praktische Vorbereitung als „Forstbeflissener" bei einem Oberförster, zweijähriges Studium auf einer Forstakademie und einjähriges der Rechts- und Staatswissenschaften auf einer Universität und darauf Bestehen der ersten Prüfung, worauf der Forstbeflissene die Bezeichnung „Forstreferendar" erhält und als Staatsdiener vereidigt wird, endlich eine im Einzelnen geregelte zweijährige praktische Beschäftigung in Oberförstereien.

Die Anstellung als Oberförster erfolgt durch den Ressortminister nach dem Dienstalter als Forstassessor, jedoch mit der Massgabe, dass, nachdem vier Oberförstereien mit Assessoren, die nicht „Feldjäger" sind, besetzt sind, die fünfte ein solcher erhält. Die Ernennung eines Forstbeflissenen zum „Leutnant im reitenden Feldjägerkorps" setzt Ableistung des einjährigen Dienstes bei der Jägertruppe, Qualifikation zum Reserveoffizier bei dieser und Bestehen einer besondern Prüfung voraus. Die Feldjäger gelten als aktive Offiziere, geniessen vielfache Vergünstigungen beim Besuch der Forstakademien und werden nach Bestehen der Forstassessorprüfung theilweise als Kuriere beschäftigt. Nach ihrer Anstellung als Oberförster scheiden sie aus dem Feldjägerkorps aus und treten zu den Reserve- oder Landwehrjägern über.

Da die Zahl der Feldjäger nur eine begrenzte ist, die z. Z. weit weniger als den vierten Theil derjenigen der Civilassessoren beträgt — nach dem Forst- und Jagdkalender für 1899 sind 378 Forstassessoren des Civilstandes und 77 Feldjäger, darunter 38 Forstassessoren vorhanden —, so gelangen die Feldjäger weit früher zur Anstellung als Oberförster wie die Civilassessoren. Gegenwärtig sind in grösserer Zahl noch nicht angestellte Civilassessoren mit einem Dienstalter als Assessor von 1889 vorhanden, so dass die höhere Forstkarrière heutzutage eine der langwierigsten ist, obwohl sich der Andrang in Folge wiederholter offizieller Warnungen schon verringert hat; waren doch 1896 nicht weniger als 466 Civilassessoren vorhanden. Erklärlicherweise erregt die um mehrere Jahre frühere Anstellung der Feldjäger vielfachen Missmuth bei den Civilassessoren, und wiederholt sind auch schon Versuche gemacht worden, eine Aenderung in der Weise herbeizuführen, dass die Feldjäger entweder nur im Verhältniss der Zahl der Assessoren unter ihnen zu der der Civilassessoren zur Anstellung gelangen oder doch nur immer die siebente Oberförsterstelle erhalten. Erfolg haben sie aber bisher nicht gehabt, obwohl man, wenn man die Sache nüchtern und ohne einseitige Vorliebe für das Institut der Feldjäger beurtheilt, durchschlagende Gründe für die Ungleichheit der Behandlung der Assessoren kaum anführen kann, ja die Nothwendigkeit des Fortbestehens des Feldjägerkorps füglich in Zweifel zu ziehen ist.

Bis zu ihrer Anstellung werden die Forstassessoren theils unentgeltlich, theils gegen Diäten im Forstdienst beschäftigt; doch hält es bei ihrer grossen Zahl für sie theilweise schwer, selbst unentgeltliche Beschäftigung zu finden. In grösserer Anzahl sind sie auch unter Beurlaubung aus dem Staatsdienst im Kommunal- oder Privatdienst thätig. —

Mit der Stellung als Oberförster ist wie mit der als Forstassessor der Rang der Räthe V. Klasse der höhern Staatsbeamten verbunden. Aeltere Oberförster werden bei tadelloser Dienstführung ohne Aenderung ihrer amtlichen Stellung zu „Forstmeistern" ernannt und erhalten damit den Rang der Räthe IV. Klasse.

§ 31. Im Forstschutzdienst, als Förster, vollbeschäftigte Waldwärter, Forstaufseher und Hülfsjäger dürfen nur Personen angestellt werden, welche sich neben Erfüllung der in Beziehung auf körperliche, sittliche und fachliche Befähigung zu stellenden Anforderungen die Berechtigung zur Forstanstellung durch Militärdienst im Jägerkorps erworben haben. Vorbedingungen sind vollendete, durch Prüfung nachzuweisende Elementarschulbildung, mindestens zweijährige Lehrzeit bei einem Oberförster oder sonst qualifizirten Forstbeamten, sodann Eintritt bei einem Jägerbataillon, Theilnahme an dem dort stattfindenden forsttechnischen Unterricht und im dritten Dienstjahr Ablegung der Jägerprüfung. Auf Grund dieser erhalten sie einen „Lehrbrief" und dienen nun als Jäger der Klasse A, früher A I, noch neun weitere Jahre theils aktiv, theils in der Reserve; soweit sie nicht zum aktiven Dienst einberufen sind, werden sie zum Forstschutzdienst beurlaubt. Während dieser

Zeit haben sie die Försterprüfung abzulegen. Haben sie diese bestanden, so erhalten sie nach Ablauf der Dienstzeit den (unbeschränkten) Forstversorgungsschein durch die Inspektion der Jäger und Schützen. Mit diesem melden sie sich bei der Regierung, in deren Bezirk sie angestellt zu werden wünschen, und werden von dieser nach Massgabe der Vakanzen und des Dienstalters angestellt, bis dahin aber thunlichst als Forsthülfsaufseher beschäftigt. „Beschränkte Forstversorgungsscheine", die früher an Jäger der Klasse A II, d. i. solche, die die Jägerprüfung nur mit dem Prädikat „ziemlich genügend" bestanden hatten, werden nicht mehr ertheilt.

Bei der Natur des Forstschutzdienstes hat sich diese enge Verbindung mit dem Militärdienst durchaus bewährt, was man bei der Besetzung anderer Subaltern- und Unterbeamtenstellen mit Militäranwärtern nicht immer behaupten kann.

§ 32. Die Forstkassen-Rendanten wurden bis zum 1. Oktober 1888 nur unter Vorbehalt des jederzeitigen Widerrufs und jederzeitiger anderweiter Regulirung des Diensteinkommens angenommen, entbehrten somit auch der Pensionsberechtigung, soweit sie nicht die Forstkasse nur nebenamtlich mit pensionsberechtigten Aemtern verwalteten oder bereits vor ihrer Annahme als Forstkassen-Rendanten in andern Verwaltungen fest angestellt waren. Erst zu dem gedachten Zeitpunkt wurden die Forstkassen-Rendanten, welche die Forstkasse als voll beschäftigendes Hauptamt verwalten, definitiv auf Lebenszeit angestellt. Die Vorbedingungen ihrer Anstellung sind die gleichen, wie für andere Kassenbeamte; Militäranwärtern sind die Stellen bei gleicher Qualifikation unter denselben Bedingungen wie den Civilanwärtern zugänglich. Die nebenamtlich beschäftigten Forstkassen-Rendanten sind theils in andern Verwaltungszweigen angestellte Staatsbeamte, namentlich Rentmeister, theils Personen, die ein anderes Staatsamt nicht bekleiden, wie Bürgermeister und andre Gemeindebeamte, Lehrer, Kaufleute u. s. w. Dasselbe gilt von den Untererhebern, die sämmtlich nur nebenamtlich beschäftigt werden.

Die Anstellung der Untererheber erfolgt durch die Regierung nach Genehmigung des Ressortministers, die der Rendanten nach einer K.O. vom 14. Juli 1895 durch den Letztern, während sie früher wie die der Untererheber den Regierungen überlassen war. Ihre Verpflichtung zur Kautionsleistung ist wie für die übrigen Kassenbeamten durch das Gesetz vom 7. März 1898 (G.S. S. 19) beseitigt.

Die Stellen der beiden verwaltenden Beamten bei den Nebenbetriebsanstalten besetzt der Minister vorzugsweise mit Forstbeamten, sei es Assessoren, sei es aus der Forstschutzbeamtenlaufbahn hervorgegangenen. Die übrigen Beamten der Nebenbetriebsanstalten stellt die Regierung an. Dabei sind, die erforderliche Qualifikation vorausgesetzt, in erster Linie Inhaber des Forstversorgungsscheins, demnächst Militäranwärter zu berücksichtigen.

II. Kapitel.

Die Dienstbezüge der Beamten.

§ 33. In Ansehung der Diensteinkünfte sind diejenigen Beamten der Forstverwaltung, welche Mitglieder von auch andern als die Forstangelegenheiten versehenden Behörden sind, also die forsttechnischen Räthe des Ministeriums und der Regierungen, jene von jeher, diese wenigstens seit einer Reihe von Jahren den ihnen im Rang gleichstehenden nicht forsttechnischen Beamten derselben Behörde gleichgestellt, also der Oberlandforstmeister den Ministerialdirektoren, die forsttechnischen vortragenden Räthe des Ministeriums den übrigen vortragenden Räthen, die Oberforstmeister bei den Regierungen den Oberregierungsräthen, die Regierungs- und Forsträthe den Regierungsräthen. Wie bei der allgemeinen Verwaltung die Oberregierungsräthe kein höheres Gehalt als die Regierungsräthe, so beziehen daher auch die Oberforstmeister jetzt kein höheres als die Regierungs- und Forsträthe, sondern, wie die Oberregierungsräthe, nur neben dem Gehalt eine pensionsfähige Dirigentenzulage, welche früher verschieden abgestuft war mit dem Maximalsatz von 900 Mark, jetzt aber seit Ende der 60er Jahre durchgängig 900 Mark beträgt.

Die völlige Gleichstellung der Oberforstmeister und Oberregierungsräthe ist erheblich älteren Datums als die der Regierungs- und Forsträthe mit den Regierungsräthen: jene stammt schon aus den 50er Jahren, während die Regierungs- und Forsträthe oder, wie sie damals hiessen, Forstmeister, bis 1894/95 ein um 600 Mark geringeres Anfangsgehalt als die Regierungsräthe bezogen. Das Maximalgehalt war schon seit der Verleihung des Ranges der Regierungsräthe das gleiche. Solange freilich nicht sämmtliche Inspektionsbeamte diesen Rang besassen, bezogen die niedereren Ranges auch ein niedrigeres Gehalt.

Wie die Anlage XXIV des Näheren ersehen lässt, beträgt somit das Gehalt der Inspektionsbeamten z. Z. 4200 bis 7200 Mark. Seit 1859 ist, von den Beamten mit niedrigerem als Regierungsrathsrange abgesehen, bei den Oberforstmeistern das Minimalgehalt, das sie aber, da sie immer schon vorher Inspektionsbeamte waren, thatsächlich nie beziehen, um 300, das Maximalgehalt um 2400 Mark oder 50 Prozent, bei den Forstmeistern bezw. Regierungs- und Forsträthen jenes um 1500 Mark oder 55,5 Prozent, dieses wie bei den Oberforstmeistern gestiegen.

Wenn, und zwar nicht ganz vereinzelt, Stimmen laut geworden sind, die auch dieses Gehalt noch nicht für ausreichend halten, sondern für die technischen Räthe der Regierung ein höheres Anfangsgehalt als für die nichttechnischen verlangen, weil jene erst im späteren Lebensalter als diese in die Stellung eines Regierungsraths gelangten, so kann dies, was die Regierungs- und Forsträthe anlangt — die übrigen Kategorien technischer Räthe gehen uns hier nichts an —, als berechtigt nicht anerkannt werden. Denn der Vortheil der nichttechnischen Räthe wird reichlich aufgewogen durch die sowohl pekuniäre Vortheile in sich schliessende als auch geistig wie körperlich frischer erhaltende Thätigkeit des Regierungs- und Forstraths mit den vielen Bereisungen der Reviere, Theilnahme an den Jagden u. s. w., endlich auch dadurch, dass er vor dem Eintritt in das Regierungskollegium eine weit angenehmere Stellung hatte, als der im Kollegium vom Regierungsassessor aufgerückte Regierungsrath.

Die Gehälter der Oberförster und Forstschutzbeamten haben sich der ganz besonderen Fürsorge der gesetzgebenden Faktoren zu erfreuen gehabt, was freilich seine Rechtfertigung darin fand, dass sie im Laufe der Zeit theilweise gegenüber denen mancher anderer Beamtenkategorien in einer dem Umfang der Verantwortlichkeit und der wenigstens in einzelnen Landestheilen erheblichen Gefahr für Leben und Gesundheit, welche der Beruf des Forstmanns mit sich bringt, nicht entsprechenden Weise zurückgeblieben waren, zumal nachdem die Entwicklung der Landwirthschaft den Werth der Naturalbezüge verringert hatte. Allerdings durfte und darf ja auch nicht übersehen werden, dass die Stellung des Oberförsters und auch des Forstschutzbeamten auch bei Bemessung des Gehalts in Anschlag zu bringende Annehmlichkeiten bietet, wie kaum eine andere Stellung gleichen Ranges. Wenn man das berücksichtigt, muss man zugeben, dass für die Lokalforstbeamten das Erdenkliche geschehen ist.

Die Oberförstergehälter, welche bis 1871 1 500—2 700 Mark betrugen, haben seitdem nicht weniger als fünf Mal Aufbesserungen erfahren: 1872 auf 1 800—3 300 Mark, 1886/87 auf 2 000—3 400 Mark, schon das nächste Jahr 1887/88 auf 2 100—3 600 Mark, 1891/92 auf 2 400—4 500 Mark und 1897/98 auf 2 700—5 700 Mark. Die Oberförster haben also nicht nur an allen allgemeinen Besoldungsaufbesserungen der höheren Beamten Theil genommen, sondern sind auch in der Zwischenzeit wiederholt besonders bedacht worden, und bei der allgemeinen Aufbesserung von 1897/98 haben sie trotzdem zu den wenigen Beamtenkategorien gehört, die auch eine Erhöhung des Mindestgehalts erfuhren. Sie stehen jetzt im Minimalgehalt nur um 300, im Höchstgehalt um 900 Mark hinter den Richtern I. Instanz zurück, was in Anbetracht ihrer Naturalbezüge u. dergl. gewiss nicht unbillig ist. Seit 1871 hat sich ihr Mindestgehalt nahezu, ihr Höchstgehalt mehr als verdoppelt.

Noch mehr sind die Förster bedacht worden. Sie erhielten nach dem Etat für 1849 nur ausnahmsweise mehr als 660 Mark. Im Etat für 1859 finden wir sie schon mit 540—900 Mark, 1869 mit 660—960 Mark, 1872 mit Erhöhung des Maximalgehalts auf 1 080 Mark, 1886/87 mit 900—1 170 Mark; 1887/88 wird ihnen eine abermalige Erhöhung des Maximalgehalts um 130, des Durchschnittsgehalts um 65 Mark zu Theil; bei der Aufbesserung der Gehälter grosser Gruppen unterer Beamten im Jahre 1890/91 wird wieder ihr Mindestgehalt auf 1 100, ihr Höchstgehalt auf 1 500 Mark erhöht; 1898/99 erfährt Ersteres abermals eine Steigerung um ebenfalls 100, für Revierförster um 300 Mark, und 1899 werden die Förster im Höchstgehalt den Revierförstern gleichgestellt. Die Förstergehälter sind somit innerhalb 50 Jahren 9 Mal, in den letzten 10 Jahren allein 3 Mal aufgebessert, und es belaufen sich jetzt die Anfangsgehälter auf mehr als das, die Höchstgehälter auf das Doppelte dessen, was sie vor 40 Jahren betrugen. Die besonderen Zulagen der Revierförster und Hegemeister konnten solchen Gehaltsaufbesserungen gegenüber füglich unverändert bleiben: sie bewegen sich nach wie vor zwischen 60 und 450 Mark. Auch diese Zulagen sind pensionsberechtigt.

Die voll beschäftigten Waldwärter beziehen nicht aufsteigende sondern sich nach der Stelle richtende Einheitsgehälter. Auch diese haben in mehreren Etappen Erhöhungen bis auf das Ein- und Zweidrittelfache dessen erfahren, was diese Beamten noch vor 20 Jahren bezogen: von 360—660 auf 600—1 000 Mark. Dabei kommt bei ihnen noch die indirekte Besserung ihrer Lage in Betracht, die darin liegt, dass ihre Stellenzahl verringert, die der Förster aber erhöht ist, sie somit wesentlich bessere Chancen haben, in die Stellung eines Försters zu gelangen.

Die nebenamtlich beschäftigten Waldwärter erhielten bisher je nach dem Umfang ihrer Dienstobliegenheiten nicht pensionsberechtigte Gehälter in etatsmässig festgelegten Grenzen von 36—350 Mark. Seit 1899 ist ihre Zahl und Besoldung nicht mehr durch den Etat bestimmt und daher letztere aus den Besoldungstiteln ausgeschieden und in den bisher zur Remunerirung von Forsthülfsaufsehern bestimmten Etatstitel versetzt, der infolgedessen eine entsprechende Erweiterung erfahren hat.

Die nach Bedürfniss in unbestimmter Zahl verwendeten Forsthülfsaufseher erhalten von zwei zu zwei Jahren steigende monatliche Remunerationen von 78, 84, 90 und 100 Mark bezw. entsprechende Tagegelder.

Die Forstkassen-Rendanten waren früher, gleichviel, ob sie voll oder nebenamtlich beschäftigt waren, auf Tantièmen gestellt. Wegen der Nachtheile des Tantième-Systems wurde 1888/89 gleichzeitig mit der etatsmässigen Anstellung der vollbeschäftigten Rendanten mit demselben sowohl für diese wie für die nebenamtlichen gebrochen. Die vollbeschäftigten erhielten von 1 800 bis 3 400 Mark aufsteigende Gehälter, die bei der allgemeinen Besoldungsaufbesserung von 1897/98 auf 1 800—4 200 Mark erhöht worden sind, die nebenamtlich beschäftigten fixirte Remunerationen, welche, soweit die Beamten ein anderes pensionsberechtigtes Staatsamt bekleiden, in der Regel nur eine Entschädigung für den Dienstaufwand darstellen sollen und sich — nach den Angaben bei Hagen-Donner — 1893/94 zwischen 500 und 2000 Mark bewegten; die nebenamtlich beschäftigten Rendanten, welche nicht ein anderes Staatsamt bekleiden, erhielten nach derselben Quelle Remunerationen von 900 bis 2 700 Mark, die Untererheber solche von 20 bis 1 800 Mark. Eine wesentliche Erhöhung aller dieser Remunerationen ist seitdem nicht eingetreten.

Von den Beamten der Nebenbetriebsanstalten, welche als besondere etatsmässige Kategorie erst seit 1872 erscheinen, während bis dahin die Ausgaben der Nebenbetriebsanstalten in einer Summe etatisirt wurden, die Besoldung der Beamten derselben also in diesen Grenzen der Verwaltung überlassen blieb, erhielten Anfangs die verwaltenden ein im Mindest- und Höchstbetrage um je 300 Mark hinter dem der Oberförster zurückbleibendes Gehalt. Zeitweise in den 80er Jahren waren sie dann im Höchstgehalt den Oberförstern voraus, um seit den 90er Jahren hinter ihnen zurückzubleiben, wie dies auch der geringern Bedeutung der jetzt noch vorhandenen Stellungen entspricht. Gegenwärtig erhalten sie ein Anfangsgehalt von 1 500 und ein Höchstgehalt von 3 300 Mark. Die Meister erhielten Anfangs das gleiche Höchst-, aber ein etwas geringeres Anfangs- und demgemäss Durchschnittsgehalt wie die Förster; seit der Besoldungsaufbesserung von 1890/91 sind sie ihnen aber im Gehalt völlig gleichgestellt. Die vollbeschäftigten Wärter standen von Anfang an, wie jetzt, den vollbeschäftigten Waldwärtern gleich. Auch die nicht vollbeschäftigten Wärter der Nebenbetriebsanstalten wurden und werden in Beziehung auf ihre Gehälter wie die nicht vollbeschäftigten Waldwärter behandelt.

Bei sämmtlichen etatsmässigen Beamtenkategorien der Forstverwaltung kommt übrigens zu den im Vorstehenden besprochenen Erhöhungen ihres Gehalts noch hinzu die bedeutende Verbesserung durch die Einführung des Aufrückens nach Dienstaltersstufen, die für sie gleichzeitig wie für die entsprechenden Verwaltungen anderer Verwaltungen, also für die mittlern Beamten, nämlich die Förster, Forstkassen-Rendanten, verwaltenden Beamten und Meister bei den Nebenbetriebsanstalten 1893/94, für die höheren 1894/95 erfolgt ist.

§ 34. Neben den Gehältern beziehen, wie schon gelegentlich berührt ist, gerade die verschiedenen Kategorien der Forstbeamten in erheblicherem Umfange als andere Nebenbezüge theils in baarem Gelde, theils in Naturalien, die baaren entweder als wirkliche Besoldungstheile oder als Ersatz für baare Auslagen.

Keinerlei Besonderheiten und Abweichungen von den allgemeinen Grundsätzen bestehen in dieser Beziehung nur für die Beamten der Zentralinstanz und in Ansehung der Gewährung von Umzugskosten auch für die übrigen Forstbeamten.

Die Oberforstmeister und Regierungs- und Forsträthe werden zwar hinsichtlich der Gewährung von Wohnungsgeldzuschüssen nicht anders wie die gleichstehenden Beamten anderer Ressorts behandelt. Dagegen sind sie hinsichtlich der Reisekosten, letztere auch bezüglich der Tagegelder theilweise fixirt. Die Oberforstmeister beziehen nämlich für Dienstreisen ein Fuhrkostenfixum, das je nach der Grösse des Verwaltungsbezirks abgestuft ist und im Maximum 2 900 Mark beträgt, ausserdem aber bei Dienstreisen die gesetzlichen Tagegelder und für den Tag 3 Mark Fuhrkostenzulage, sofern ein Fuhrwerk wirklich benutzt worden ist, endlich 24 Mark jährlich an Schreibmaterialienvergütung, die Regierungs- und Forsträthe eine nach den Verhältnissen ihres Inspektionsbezirks bemessene Dienstaufwandsentschädigung bis zu ebenfalls 2 900 Mark, aus der sie aber alle Ausgaben für Dienstreisen innerhalb des Dienstbezirks und alle sonstigen Amtsunkosten zu bestreiten haben. Doch gelangen das Fuhrkostenfixum des Oberforstmeisters und die Dienstaufwandsentschädigung des Regierungs- und Forstraths, sofern der Beamte nicht Dienstfuhrwerk hält, nur insoweit zur Auszahlung, als durch die dem Minister jährlich vorzulegende Nachweisung die wirklich erfolgte Verwendung unter Zugrundelegung der gesetzlichen Reisekosten- und Tagegeldersätze dargethan ist. Für die Regierungs- und Forsträthe liegt hierin gleichwohl eine Nebeneinnahme, da sie sehr vielfach für Beköstigung und Nachtquartier ausser Trinkgeldern keine Ausgaben haben, während sie in dem Nachweis die gesetzlichen Diäten einstellen dürfen. Analog trifft dies auch für die von dem Oberforstmeister zu liquidirenden Tagegelder zu. Die Regierungs-Forstbeamten haben auf diese Weise und durch die grosse Zahl ihrer Dienstreisen einen Vortheil vor den meisten nichttechnischen Mitgliedern der Regierung, der jetzt noch grösser ist wie bisher, weil bei ihren sich auf weniger grosse Entfernungen erstreckenden, aber meist mehrere Tage währenden Reisen im Bezirk die neuerliche Erhöhung der Tagegelder durch das Gesetz vom 21. Juni 1897 mehr ins Gewicht fällt, als die Herabsetzung der Reisekosten.

Die frühere Verpflichtung der Forstinspektionsbeamten zur Haltung von Dienstfuhrwerk, in der die Gewährung einer Pauschalvergütung für Fuhrkosten ihren Ursprung hat, ist seit längerer Zeit allgemein in Wegfall gekommen. Schon deshalb mussten die Fuhrkostenaverse und Dienstaufwandsentschädigungen, die damit in engere Wechselbeziehung zu den gesetzlichen Reisekosten und Tagegeldern traten, erhöht werden, wenn die Sätze dieser eine Erhöhung erfuhren. Infolgedessen wurde 1874 der Maximalsatz von 1 950 auf 2 550 Mark erhöht; die gegenwärtige Höhe von 2 900 Mark besitzt er seit dem Etatsjahr 1876.

Die Oberförster, Revierförster, Hegemeister und Förster erhalten, und zwar sowohl aus dienstlichen Gründen als auch, weil Miethswohnungen an dem Ort, wo sie wohnen müssen, sehr vielfach nicht zu haben sind, keinen Wohnungsgeldzuschuss, sondern freie Dienstwohnung, wo aber solche nicht gewährt werden kann, eine Miethsentschädigung, deren Höchstbetrag für Oberförster 900, für die gedachten Forstschutzbeamten 225 Mark ist. Die Gewährung der Wohnung in natura bildet die Regel; die Ausnahmen werden nach nach Möglichkeit beseitigt.

Dieselben Beamten erhalten ferner für den eigenen Bedarf gegen Erstattung der Werbungskosten freies Feuerungsmaterial bis zu einem für jede Stelle festgesetzten Höchstquantum oder eine nach dem Taxwerth dieses Höchstbezuges berechnete Geldvergütung.

Sowohl der Werth der Dienstwohnung bezw. Miethsentschädigung als auch derjenige des Feuerungsmaterials kommen bei Berechnung der Pension als Theile des Diensteinkommens mit gewissen festen Beträgen, die Wohnung mit dem Durchschnitt des Wohnungsgeldzuschusses der betreffenden Rangklasse, also bei den Oberförstern mit 492 Mark, bei den Forstschutzbeamten der erwähnten Kategorien mit

297,6 Mark, das Brennmaterial bei jenen mit 150, bei diesen mit 75 Mark in Anrechnung.

An bei der Pensionirung nicht anrechnungsfähigen Bezügen erhalten die Oberförster zur Bestreitung aller Amtsunkosten einschliesslich Bureauhülfe, Dienstreisen u. s. w. eine Dienstaufwandsentschädigung je nach dem Umfange des Verwaltungsbezirks bis zum Höchstbetrage von 2 100 Mark, ferner, hauptsächlich auch um den Oberförstern die Gespannhaltung zu erleichtern, wo Gelegenheit vorhanden ist, gegen ein mässiges Nutzungsgeld Dienstländereien bis zur Grösse von ca. 46 ha, wo es mit der Forstwirthschaft verträglich ist, auch für eine gewisse Viehzahl der eigenen Wirthschaft Waldweide gegen ein Weidegeld und endlich auf besonders schwierigen oder ungünstigen Stellen, insbesondere solchen, wo Dienstwohnung oder Dienstland fehlen bezw. Letzteres unergiebig ist, Stellenzulagen bis zu 600 Mark. Wo sich Gelegenheit findet, einen Forsthülfsaufseher in einem der Oberförsterei nahen Reviertheile zu beschäftigen, kann dem Oberförster ein solcher als Schreibhülfe zugewiesen werden, wofür dann der Oberförster monatlich 24 Mark weniger Dienstaufwandsentschädigung erhält und ausserdem dem Forsthülfsaufseher freie Station oder monatlich 30 Mark zu gewähren hat.

Eine weitere Nebeneinnahme von freilich sehr verschiedener Ergiebigkeit besteht für die Oberförster in den das gering bemessene Pachtgeld übersteigenden Erträgen der von ihnen gepachteten Jagd und in dem Mehrwerth des auf der administrirten Jagd erlegten Wildes über die Taxe und die von dem Oberförster aufgewendeten Jagdkosten.

Auch die Förster (Revierförster, Hegemeister) erhalten unter gleichen Voraussetzungen und Bedingungen, jedoch in geringerem Umfange, Dienstland und Waldweide, Ersteres bis zu ca. 19 ha, sowie Stellenzulagen bis zu 300 Mark. Inhabern besonders umfangreicher oder parzellirter Schutzbezirke werden auch Pferdehaltungszulagen für ein Dienstpferd bis zur Höhe von 180 Mark gewährt, ferner solchen, die zur Ausübung des Dienstes eines Kahnes bedürfen, zur Unterhaltung eines solchen Zulagen bis zu 75 Mark und endlich solchen Förstern, die eine zeitweilige Unterstützung beim Forstschutz bedürfen, zur Annahme von Schutzhülfe Beträge bis zur Höhe von 180 Mark. Pensionsberechtigt sind alle diese Bezüge nicht.

Der Waldwärter erhält freie Wohnung, wenn solche disponibel ist, sonst, sofern er voll beschäftigt ist, Wohnungsgeldzuschuss, ferner freies Brennmaterial, Dienstland, Waldweide und Stellenzulage nach denselben Grundsätzen wie der Förster, jedoch mit der Massgabe, dass das Brennmaterial auch bei den voll beschäftigten Waldwärtern nicht zu den pensionsberechtigten Emolumenten gehört.

Auch die Forsthülfsaufseher erhalten freies Feuerungsmaterial und, wo angängig, Waldweidenutzung für eine geringe Viehzahl, auch, wo eine solche vorhanden ist, freie Dienstwohnung, nicht aber Wohnungsgeldzuschuss oder Miethsentschädigung. In besonders dazu angethanen Fällen kann ihnen auch eine Theuerungszulage von monatlich 3 Mark gewährt werden.

Die voll beschäftigten Forstkassen-Rendanten beziehen Wohnungsgeldzuschuss nach den allgemeinen Bestimmungen und Dienstaufwandsentschädigungen bis zu 2000 Mark; zwei, deren Geschäftsumfang ein besonders grosser ist, erhalten solche von 2450 und 2350 Mark.

Die verwaltenden Beamten und Meister bei den Nebenbetriebsanstalten erhalten als pensionsfähige Nebenbezüge freie Wohnung und Feuerungsmaterial, für welch' Letzteres bei der Pensionirung den verwaltenden Beamten 105, den Meistern 75 Mark angerechnet werden, ferner als nicht pensionsberechtigte Bezüge nach Bedürfniss Dienstaufwandsentschädigungen bis zu 1200 Mark, Stellenzulagen bis zu 300 Mark, Dienstland und Waldweide wie die Förster, während die Wärter hinsichtlich der Nebenbezüge den Waldwärtern gleich behandelt werden.

Ausser diesen Nebenbezügen, die ihnen vermöge ihres Hauptamts zustehen, haben die Forstbeamten in erheblicherem Umfange als die meisten andern Staatsbeamten Einnahmen aus Nebenämtern. Nach dem Etat für 1899 bezogen 2 Oberforstmeister und 17 Regierungs- und Forsträthe, also fast ein Sechstel der Gesammtzahl der Regierungsforstbeamten, für Leitung und Beaufsichtigung des Betriebes in Gemeinde-, Stifts-, Schul- und Gewerkschaftsforsten 30—1500, zusammen 6130 Mk. oder im Durchschnitt 323 Mk. Von den Oberförstern erhielten 86 für Geschäfte in Kommunal-, Instituts- und Genossenschaftswaldungen 18—834 Mk., zusammen 25342 Mk., 7 Oberförster als Dirigenten bezw. Lehrer und Dozenten an Forstlehrlingsschulen und landwirthschaftlichen Lehranstalten 150—1200, zusammen 8020 Mk., 30 als Amtsanwälte, Badekommissar, Postagent, Kurator einer Spezialbaukasse, für Beaufsichtigung militärfiskalischer Waldflächen, für Oberaufsicht über Ansiedlungsgüter bezw. Betriebsleitung auf Ansiedelungsgutsforsten, für Verwaltung einer domänenfiskalischen Gärtnerei, für Wahrnehmung der fiskalischen Interessen in einem ehemaligen Rentamtsbezirke, als Techniker eines Deichverbandes, bezw. Deichhauptmann, als Verwalter eines Hofjagdgeheges, als Landwehr-Kompagnieführer und Kontroloffiziere, für Ausfertigung der Karten für die Alters- und Invaliditätsversicherung Vergütungen von 20 bis zu 1000, zusammen 9043 Mk., im Ganzen somit 123 oder ein Sechstel der Gesammtzahl 32405 Mk., also durchschnittlich 263 Mk. Von den vollbeschäftigten Forstschutzbeamten sind 240 mit Geschäften in Gemeinde-, Instituts- und Genossenschaftswaldungen gegen Vergütungen von 3—722 Mk., zusammen 27614 Mk, betraut, und 91 beziehen Nebeneinnahmen von 13—890 Mk., zusammen 10592 Mk. aus Nebenämtern verschiedener Art, wie Beaufsichtigung von Dünen, domänenfiskalischen Grundstücken, Fischereien und Laichschonrevieren, als Amtsanwälte u. s. w., sodass auf reichlich den dritten Theil der Forstschutzbeamten Nebenämter mit im Durchschnitt 115 Mk. Einnahme entfallen. Ebenso beziehen 40 Forsthilfsaufseher aus ähnlichen Nebenämtern Einnahmen von 5—180 Mk., zusammen 1405 Mk., von den vollbeschäftigten Rendanten aus der Verwaltung verschiedenartiger Kassen, von Postagenturen u. s. w. 27 zwischen 12 und 2325, im Durchschnitt 404 Mk. Der Torfverwalter endlich erhält als Oberfischmeister 450, der Thiergartenverwalter in Cleve für Unterricht an einer Ackerbauschule 360, 1 Torfmeister als Postagent 200—300 Mk.

Ueber die Gewährung von Remunerationen, Gratifikationen und Unterstützungen an die Beamten der Forstverwaltung gelten die allgemeinen, schon im I. Buch erwähnten Grundsätze.

III. Kapitel.

Der Finanzbedarf für die Dienstbezüge der Beamten.

§ 35. Von den Ausgaben für die Beamten der Forstverwaltung erscheinen, wie bei der Domänenverwaltung, diejenigen der Zentralinstanz nicht im Etat der Verwaltung, sondern Gehälter, Wohnungsgeldzuschüsse, Tagegelder, Reise- und Versetzungskosten in dem des landwirthschaftlichen Ministeriums, während, wie schon im I. Buch erwähnt, Ruhe- und Wartegehälter, Wittwen- und Waisenpensionen für die Beamten aller Instanzen und Verwaltungen beim Etat des Finanzministeriums zusammengefasst sind.

Zieht man, soweit dies möglich ist, aus dem Etat des landwirthschaftlichen Ministeriums die persönlichen Ausgaben für die Forstverwaltung aus, so erhält man nach dem Etat für 1899 folgende Rechnung:

Gehalt des Oberlandforstmeisters	15 000	Mark
Gehalt für 4 forsttechnische Räthe im Mittel 9 250 . .	37 000	„
Wohnungsgeldzuschuss für 3 derselben — einer und der Oberlandforstmeister haben Dienstwohnung — . .	3 600	„
Gehalt und Wohnungsgeldzuschuss, Ersteres im Mittel, für einen ausschliesslich und zu $^1/_3$ für 3 auch in den beiden andern Abtheilungen des Ministeriums beschäftigte, nicht forsttechnische vortragende Räthe $9250 + \frac{3 \times 9250}{3} + 1200 + \frac{3}{3} \times 1200 =$	20 900	„
Gehalt und Wohnungsgeldzuschuss für 2 Regierungs- und Forsträthe, Ersteres im Mittel 5 700 Mark, und Zulage für den einen als Vorsteher des Einrichtungsbureaus	14 400	„
2 Forstassessoren als Hülfsarbeiter à (?) 2 400	4 800	„
16 Kalkulatoren und sonstige Bureaubeamte, im Mittel 4 500 Mark Gehalt und 900 Mark Wohnungsgeldzuschuss	86 400	„
Gehalt des Ministers, Gehälter und Wohnungsgeldzuschüsse der Beamten des Centralbureaus und der Kanzlei sowie der Unterbeamten im Verhältniss der Zahl der vortragenden Räthe der Abtheilungen vertheilt rund	42 400	„
zusammen . . .	224 500	Mark

die den im Etat der Forstverwaltung ausgebrachten persönlichen Ausgaben hinzuzusetzen sind, wenn man einigermassen ein Bild über die gesammten persönlichen Verwaltungskosten dieses Einnahmezweiges erhalten will.

Auch die Ausgaben für die bei der Provinzialinstanz in Forstsachen thätigen Beamten erscheinen im Forstetat nur zum Theil, nämlich nur diejenigen für die forsttechnischen Mitglieder und Hülfsarbeiter der Regierungen, nicht also diejenigen für die nichttechnischen höheren und für die Bureau-, Kanzlei- und Unterbeamten. Immerhin ist in dieser Beziehung der Forstetat vollständiger als der Domänenetat, in dem Kosten der Provinzialinstanz überhaupt nicht aufgenommen sind.

Vollständig enthält der Forstetat somit nur die Ausgaben für die in der Lokalinstanz thätigen Beamten.

§ 36. Die Anordnung der persönlichen Ausgaben im Etat der Forstverwaltung ist gegenwärtig (1899) folgende:

	Kapitel	Titel
1. Besoldungen	2	1—4
a) Beamte der Regierungen	2	1
b) Oberförster	2	2
c) vollbeschäftigte Forstkassen-Rendanten . . .	2	2a
d) vollbeschäftigte Forstschutzbeamte	2	3
e) vollbeschäftigte Beamte der Nebenbetriebsanstalten	2	4
2. Wohnungsgeldzuschüsse, nicht auch Miethsentschädigungen, für die zu 1a—e genannten Beamten	2	5
3. Andere persönliche Ausgaben	2	6—9c
a) Remunerationen, d.i. ordentliche, an Hülfsarbeiter bei den Regierungen und Oberförstern . . .	2	6
b) desgleichen der Forsthülfsaufseher und nicht vollbeschäftigten Forstschutz- und Nebenbetriebsbeamten einschliesslich der Theuerungszulagen für Forsthülfsaufseher	2	7
c) desgleichen (einschliesslich Dienstaufwandsentschädigung) an nicht vollbeschäftigte Forstkassenbeamte	2	8
d) ausserordentliche Remunerationen und Unterstützungen an Beamte . . . . und zwar	2	9—9b
α) ausserordentliche Remunerationen und Unterstützungen für Unterbeamte.	2	9
β) ausserordentliche Remunerationen an mittlere Beamte	2	9a
γ) ausserordentliche Remunerationen und Unterstützungen an mittlere und höhere Beamte	2	9b

Die Dreitheilung dieses Remunerationsfonds beruht auf denselben Gründen, wie die des gleichen bei der Domänenverwaltung (vgl. oben Buch I § 48).

Hierauf ist seit 1893/94 ein bis dahin bei der Generalstaatskasse geführter Fonds von 40 000 Mark eingeschoben, aus dem Oberförstern und Forstschutzbeamten Mittel zur Uebernahme des Dienstlandes, Anschaffung von Vieh u. s. w. vorgestreckt werden.

Diese Vorschüsse, welche durch Gehaltsabzüge zurückzuerstatten und dann bei Tit. 11a der Einnahme zu vereinnahmen sind, haben somit nur die Bedeutung einer durchlaufenden Post, zumal in jedem Jahre nur soviel verausgabt werden darf, als dort vereinnahmt wird oder etwa in früheren Jahren erspart ist. Dieser Fonds

e) „Vorschüsse an Forstbeamte" . . . . Kap. 2 Tit. 9c

trägt hiernach einen anderen Charakter als die übrigen persönlichen Ausgaben, und es wäre daher wohl richtiger, ihn als letzten Titel derselben zu führen. Bei der jetzigen Reihenfolge schliessen sich ihm sofort wieder Ausgaben an, welche definitiven Charakter tragen, nämlich unter der Gesammtüberschrift

„Stellenzulagen, Dienstaufwands- und Miethsentschädigungen"

in den Titeln 10—15 des Kapitels 2:

f) die Fuhrkostenaversa bezw. Dienstaufwandsentschädigungen
   α) für Oberforstmeister und Regierungs- und Forsträthe . . . . in Kap. 2 Tit. 10
   β) für Oberförster . . . . „ „ 2 „ 11
   γ) für vollbeschäftigte Forstkassen-Rendanten . . . . „ „ 2 „ 12a

während

g) die Stellenzulagen für Oberförster im . . „ „ 2 „ 12

zwischen die Dienstaufwandsentschädigungen der Oberförster und der Forstkassen-Rendanten eingeschoben sind und

h) die Dienstaufwandsentschädigungen und Stellenzulagen für die Forstschutz- und für die Beamten der Nebenbetriebsanstalten in je einem Titel,
   α) für die Forstschutzbeamten . . . . Kap. 2 Tit. 13
   β) für die Beamten der Nebenbetriebsanstalten „ 2 „ 14

vereinigt sind.

Zum Schluss der Ausgaben für die Beamten folgen dann

i) Miethsentschädigungen wegen fehlender Dienstwohnungen für Oberförster, Förster und Meister bei den Nebenbetriebsanstalten . . . . Kap. 2 Tit. 15,

während es nahe läge, diese Position auf den Titel für Wohnungsgeldzuschüsse folgen zu lassen.

Schliesslich sind hierher zu rechnen noch die im Tit. 34 untergebrachten Stellvertretungs- und Umzugskosten, Diäten und Reisekosten.

Die in allen diesen Etatstiteln nachgewiesenen, natürlich nur die Geld-, nicht auch den Werth der Naturalleistungen enthaltenden Ausgaben der Forstverwaltung für ihre Beamten mussten sich in ihrem Gesammtbetrage nach dem oben über die Stellenvermehrungen bezw. Umwandlungen geringerer in höhere Stellen und namentlich über die Aufbesserungen der Dienstbezüge Ausgeführten im Laufe der Zeit stark vermehren. In welchem Masse dies in den letzten 50 Jahren der Fall gewesen ist, lässt die Anlage XVII ersehen.

Eine Gegenüberstellung der dort angegebenen Gesammtbeträge der einzelnen Titel mit den in der Anlage XXIV enthaltenen Angaben über Zahl und Besoldung der Beamten und mit den vorstehenden Ausführungen zeigt zunächst bei den Inspektionsbeamten im ersten Jahrzehnt des konstitutionellen Regimes eine Verminderung der Gehaltsausgaben in Folge Verringerung der Beamtenzahl und auch einzelner in den Zeiten der absoluten Monarchie reichlich hoch bemessener Gehälter. Auch in den ersten anderthalb Jahrzehnten nach 1866, wo in den neuen Landestheilen unnöthig zahlreiche, aber zum grossen Theil geringer als in den alten Landestheilen besoldete Beamte vorgefunden waren, sinkt durch Verminderung der Beamtenzahl trotz Erhöhung der Gehälter die Gesammtausgabe des Tit. 1, um, nachdem sie die 80er Jahre hindurch ziemlich stabil geblieben ist, infolge der Gehaltserhöhungen und auch der Einrichtung einiger weniger neuen Stellen bis 1896/97 um ca. 10 Prozent, dann aber mit einem Sprunge durch die allgemeine Besoldungsaufbesserung von 1897 um 15 Prozent auf 785 000 Mark zu steigen.

Die Ausgaben für Oberförsterbesoldungen einschliesslich der Stellenzulagen weisen schon von 1849—1859 in Folge Vermehrung der Stellen eine Steigerung auf. Trotzdem in der Zeit nach 1866 die Stellenzahl in den neuen Provinzen wesentlich verringert wurde, führte die Nothwendigkeit der Gleichstellung der dortigen mit den altländischen Beamten und die allgemeine Gehaltsaufbesserung von 1872 doch zu einer Erhöhung der Ausgaben von 1 515 000 Mark im Jahre 1869 auf 1 726 000 Mark im Jahre 1874. Bis in die Mitte der 80er Jahre bleiben sie dann ziemlich auf diesem Stande. Dann aber wachsen sie infolge der wiederholten Stellen- und Gehaltsvermehrungen bis 1899 hauptsächlich in zwei durch die Jahre 1891/92 und 1898/99 bezeichneten Etappen auf 3 070 000 Mark oder nahezu das Doppelte des Betrages von 1869. Dazu treten noch die Stellenzulagen, welche seit 1885/86 besonders (Tit. 12) verrechnet werden und ebenfalls, wenn auch nur von 60 000 auf 68 200 Mark, gestiegen sind.

Zu einem Vergleich der in den verschiedenen Zeiten gemachten Aufwendungen für die Forstkassenbeamten bedarf es der zusammenfassenden Betrachtung der Etatstitel 2a u. 8 und, da in den bei Letzterem verrechneten Vergütungen der nebenamtlich beschäftigten Beamten auch die Dienstaufwandsentschädigungen enthalten sind, auch des Tit. 12a, der diese für die vollbeschäftigten nachweist. Der Gesammtbetrag dieser drei Titel beläuft sich nach dem Etat für 1899 auf rund 807 000 Mark, also nur 17 000—32 000 Mark mehr, als in den 70er und 80er Jahren vor Fixirung der Kassenbeamten bezw. etatsmässiger Anstellung eines Theiles derselben im Tit. 8 in der Regel ausgebracht waren. Dieser geringe Mehrbetrag beruht auf den Besoldungsaufbesserungen, der Vermehrung der etatsmässigen Stellen um vier und auf Erhöhungen von Dienstaufwandsentschädigungen, während in der Zeit vor 1888 die Ausgaben, da sie in Tantièmen bestanden, mit den Einnahmen schwankten.

Auch für die Beurtheilung der Ausgaben für die Forstschutzbeamten lassen sich die Tit. 3, 7 und 13 nicht trennen, da 1899 die Ausgaben für die nicht voll beschäftigten Waldwärter aus Tit. 3 nach Tit. 7 versetzt sind und die Vermehrungen der etatsmässigen Beamten theilweise zu Verminderungen der remuneratorisch beschäftigten geführt haben, im Tit. 13 endlich Stellenzulagen enthalten sind, die früher im Tit. 3 erschienen. Andererseits sind von der im Tit. 13 für 1899 ausgebrachten Summe 2 078 Mark für die von Tit. 4 übernommenen nicht vollbeschäftigten Beamten der Nebenbetriebsanstalten zu kürzen. Das Soll der drei Titel stellt sich dann für 1899 auf rund 7 740 000 Mark. Dazu treten aber in Folge der für dieses Jahr beim Etat des Finanzministeriums ausgebrachten Gehaltserhöhungen für Förster 359 300 und für vollbeschäftigte Waldwärter 37 350 Mark, sodass sich der Gesammtbetrag auf rund 8 137 000 Mark erhöht. Damit hat derselbe nahezu das Zweiundeinhalbfache der Ausgabe von 1869 (3 305 000 Mark) erreicht. Setzt man dem Tit. 3 für 1899 die nach Tit. 7 übertragenen rund 17 000 Mark und obige 359 300 und 37 350 = rund 397 000 Mark hinzu, so ergiebt sich für diesen Titel in den letzten 10 Jahren eine Mehrausgabe von 3 052 000 Mark, welche höchstens zu etwa einem Siebentel auf Vermehrung der Försterstellen, im Uebrigen aber auf die vielfachen Gehaltserhöhungen zurückzuführen ist. Dabei beruhten schon die vorher seit 1869 eingetretenen Verstärkungen dieser Etatsposition, wie ein Vergleich mit der Anlage XXIV ergiebt, wesentlich auf Gehaltsaufbesserungen, und dasselbe gilt für die zwischen 1849 und 1859 erfolgte Ausgabesteigerung, während diejenige zwischen 1859 und 1866 in Stellenvermehrungen ihren Grund hatte.

Wenn im Gegensatz hierzu die Ausgaben für die Beamten der Nebenbetriebsanstalten trotz der Gehaltsaufbesserungen nur von 48 966 + 9 075 = 58 041 Mark im Jahre 1874 auf (einschliesslich 6 050 Mark Gehaltsaufbesserungen beim Etat des Finanzministeriums und 2 078 Mark bei Tit. 7) 49 478 + 11 608 = 61 086 Mark gestiegen sind und sich bis zu der letzten Besoldungserhöhung sogar verringert hatten, so ist dies die Folge der oben besprochenen Verringerung des Beamtenpersonals.

Eine nur ganz geringfügige Veränderung weisen seit ihrem Bestehen die Ausgaben für Wohnungsgeldzuschüsse (Tit. 5) auf, 1879/80 103 000, 1899 104 000 Mark, während die Ausgaben für Miethsentschädigungen (Tit. 15) in Folge Beschaffung von Dienstwohnungen von 1874—1896/97 trotz Steigens der Miethspreise ständig, von 101 000 auf 64 000 Mark, gesunken sind. Ihre seitdem eingetretene Steigerung auf 69 000, 78 000 und 99 200 Mark beruht theils auf Steigen der Miethspreise, besonders aber auf der Errichtung neuer Oberförster- und Försterstellen in den letzten Jahren; naturgemäss sind für diese Dienstwohnungen zumeist nicht sofort vorhanden, sondern erst durch Neubau zu beschaffen. Es ist aus diesem Grunde aber auch zu erwarten, dass, wenn nicht neue Stellenvermehrungen kommen, die Ausgaben sehr bald wieder sinken werden.

Im Uebrigen weist von den Tit. 1—15 des Kap. 2 des Etats Auffallendes nur noch Tit. 6 auf, indem derselbe, nachdem er von 1870/80 bis 1898/99 gleichmässig auf 103 000—106 000 Mark geblieben war, 1899 plötzlich auf 274 000 Mark emporschnellt. Der Grund liegt darin, dass bis dahin die Remunerationen an die bei Oberförstern beschäftigten Forstassessoren aus Tit. 34, aus Tit. 6 nur diejenigen für die Hülfsarbeiter bei den Regierungen bestritten wurden. Es sind demgemäss bei dem, übrigens nach dem Charakter der aus ihm zu bestreitenden Ausgaben an ungeeigneter Stelle stehenden Tit. 34 für 1899 gegen das Vorjahr 174 000 Mark abgesetzt, von denen freilich im Etatssoll nur 114 000 Mark zur Erscheinung kommen, da die zu Grunde zu legende Durchschnittsausgabe der beiden Jahre 1896/97 und 1897/98 eine Erhöhung um 60 000 Mark bedingte. Im Uebrigen haben die Schwankungen in den Ansätzen dieses Titels in den Verschiedenheiten der zu Grunde gelegten Durchschnitte der Vorjahre ihren Grund. Dass hierbei eine ziemlich stark steigende Tendenz zu Tage tritt, erklärt sich aus Vermehrungen der Beamten, Erhöhung der Diäten und Umzugskosten sowie vermehrtem Bedürfniss zu aushülfsweisen Beschäftigungen. In dem hohen Betrage für 1874 sind noch die gesammten Kosten zeitweiliger Verstärkung des Forstschutzes enthalten.

Zu den persönlichen Ausgaben muss schliesslich dem Charakter nach der Hauptheil des im Kap. 2 Tit. 17 ausgebrachten Fonds zur Unterhaltung und zum Neubau der Gebäude im Bereiche der Forstverwaltung und zur Beschaffung fehlender Gebäude gerechnet werden, da dieser Fonds hauptsächlich zur Unterhaltung und Beschaffung von Dienstetablissements für Oberförster, Forstschutz- und Nebenbetriebsbeamte dient. Da sich indess der auf solche und der auf andere Gebäude entfallende Theil nicht aussondern lässt, sowie im Interesse möglichster Uebereinstimmung mit dem System des Etats soll dieser Fonds seine Würdigung unter den materiellen Ausgaben (vgl. unten § 42) finden.

§ 37. Unter Ausserbetrachtlassung dieses Postens und der Ausgaben der Centralinstanz betragen die gesammten im Vorstehenden zu den persönlichen gerechneten Ausgaben der Forstverwaltung nach den Etats für

				Gesammtausgabe der Forstverwaltung
1849 . . .	rund	3 198 000	Mk.	= 42,8 Prozent
1859 . . .	„	3 756 000	„	= 40,8 „
1866 . . .	„	4 400 000	„	= 37,6 „
1869 . . .	„	6 695 000	„	= 34,1 „
1879/80 . .	„	10 129 000	„	= 35,4 „
1889/90 . .	„	11 039 000	„	= 34,4 „
1894/95 . .	„	12 763 000	„	= 37,2 „
1899 . . .	„	15 434 000	„	= 39,5 „

In diesen Prozentsätzen prägen sich einerseits die geringere, immerhin doch schon steigende Intensität der eigentlichen Bewirthschaftung in den ersten Perioden, den 50er und der ersten Hälfte der 60er Jahre, andererseits die besondere Fürsorge für die Beamten in der neuesten Zeit aus.

Auf das Hektar der Gesammtfläche entfallen an persönlichen Ausgaben

1849 . .	1,54 Mk.	1879/80 . .	3,79 Mk.
1859 . .	1,80 „	1889/90 . .	4,09 „
1869 . .	2,54 „	1894/95 . .	4,65 „
	1899	5,51 Mk.	

Wenn somit in den 50er Jahren auf die Flächeneinheit ein verhältnissmässig geringer Betrag kommt, trotzdem die persönlichen Kosten einen höheren Prozentsatz der Gesammtausgabe als später erreichen, so liegt auch dies an der geringeren Intensität der damaligen Wirthschaft, während das spätere fortgesetzte Steigen sowohl der intensiveren Wirthschaft als auch den pekuniären Besserstellungen der Beamten zuzuschreiben ist.

Die einzelnen Provinzen und Bezirke weichen von diesem Durchschnitt des auf das Hektar Staatswaldfläche entfallenden Betrages an persönlichen Ausgaben nach oben und unten erheblich ab, wenn die Abweichungen auch infolge der Stellenvermehrungen in den östlichen Provinzen geringer geworden sind. Die Gründe dieser Verschiedenheiten wie dafür, dass der Betrag im Osten niedriger ist und unter dem Durchschnitt bleibt, im Westen höher ist und über den Durchschnitt mehr oder weniger hinausgeht, ergeben sich aus den oben erörterten Verschiedenheiten der in den einzelnen Landestheilen auf eine Oberförsterei durchschnittlich entfallenden Staatsforstenfläche.

Von der Bruttoeinnahme der Forstverwaltung absorbiren die persönlichen Ausgaben 1899 20 Prozent und absorbirten 1889/90 19, 1879/80 19, 1869 16, 1866 16, 1859 20 und 1849 20 Prozent. Auch hierin kommen dieselben Erscheinungen wie in der Bewegung des auf die Flächeneinheit entfallenden Betrages zum Ausdruck. Wenn es aber gelungen ist, trotz der vielfachen Gehaltserhöhungen der letzten Jahrzehnte und der Zunahme der persönlichen Ausgaben auch im Verhältniss zur Fläche doch diese Ausgaben ziemlich in denselben Prozentsätzen der Roheinnahme zu halten, so kann dies als ein ausserordentlich günstiges Ergebniss betrachtet werden.

B. Die materiellen Verwaltungs- und Betriebskosten.

(Staatshaushaltsetat Kap. 2 Tit. 16—33 und 35.)

IV. Kapitel.

Werbung und Transport der Forstprodukte und Forstkultur.

(Staatshaushaltsetat Kap. 2 Tit. 16 und 21.)

§ 38. Nach der Darstellung der Forsteinnahmen in dem II. Hauptabschnitte dieses Buches müssen, wie dies auch bei einer diesen Namen verdienenden „Forstverwaltung" natürlich ist, unter den sächlichen Ausgaben diejenigen für die Werbung der Forstprodukte bis zur Veräusserung und für die Erzeugung dieser Produkte die grösste Rolle spielen. In dem letzten Preussischen Staatshaushaltsetat (1899) betragen jene (Tit. 16) 9,5, diese (Tit. 21) 5,1 von insgesammt 20 Millionen Mark sächlichen Ausgaben.

Wenn nun auch im Preussischen Etat die in dem Tit. 16 ausgebrachten **Werbungs-** (einschliesslich Transport-) **Kosten** nicht nur diejenigen für das Holz enthalten, sondern auch die für die „Waldnebenprodukte" in dem Umfange, in dem diese Bezeichnung im Tit. 2 der Einnahme gebraucht ist, mit umfassen, so sind doch Letztere gegenüber denen für das Holz von durchaus untergeordneter Bedeutung. Denn nicht nur treten ja die Nebennutzungen gegenüber der Holznutzung weit zurück, sondern sie beanspruchen auch im Verhältniss zur Bruttoeinnahme weit weniger Werbungskosten von der Forstverwaltung, weil die Werbung, wie im II. Hauptabschnitt ausgeführt ist, grossentheils Pächtern und Käufern der Nutzung überlassen wird. Es ist daher wohl zulässig, die im Tit. 16 zusammengefassten Werbungs- und Transportkosten, die übrigens in dem Etat mit Rücksicht hierauf auch nicht für das Etatsjahr, sondern für dasselbe Forstwirthschaftsjahr wie die Holzeinnahmen eingestellt sind, wesentlich unter dem Gesichtswinkel der Holzwerbung zu betrachten.

Da die Holzwerbungskosten überwiegend in den Löhnen für die Arbeiter bestehen, so ist bestimmend für ihre Höhe einerseits die Stärke des Einschlages und der Antheil der einzelnen Holzarten und Holzsortimente an demselben, andererseits die Lohnverhältnisse und, da diese gegendenweise verschieden sind, auch die Vertheilung des

Gesammteinschlages auf die einzelnen Landestheile. Für die Transportkosten aber ist ebenfalls die Gegend des Einschlages bestimmend, sodann aber, ob und inwieweit Verkauf und Verabfolgung im Holzschlage stattfindet oder aber die Forstverwaltung sich damit befasst, ihrerseits das Holz bis an Ablagen zu bringen oder doch bis an die Wege zu rücken. Hieraus ergiebt sich, da die Holzpreise sich theilweise nach andern Gesichtspunkten als den Produktionskosten reguliren, dass das Verhältniss der Werbungs- und Transportkosten zum Bruttoerlös sich zeitlich und örtlich verschieden gestaltet.

Vergleicht man die Ausgabeansätze in der Anlage XVII mit den Holzeinnahmen in derselben Anlage, so erhält man als Ergebniss, dass die Sollausgabe für Werbung und Transport von der Solleinnahme für Holz betrug:

1849	13,5 Proz.,	1879/80	16,0 Proz.,	1891/92	15,3 Proz.
1859	13,5 „	1883/84	16,9 „	1893/94	14,8 „
1866	12,7 „	1884/85	16,3 „	1895/96	15,8 „
1869	14,0 „	1889/90	16,0 „	1899	14,4 „
1874	16,9 „				

Diese Zahlen lassen das oft in kurzem Zeitraum, bisweilen von einem Jahr bis zum nächsten, starke Schwanken des Verhältnisses zwischen Werbungskosten und Rohertrag, für welches die Gründe oben angedeutet sind, andererseits eine starke seit 1866 einsetzende Steigerung, die erst in dem letzten Jahrzehnt einer wieder etwas sinkenden Tendenz Platz gemacht hat, erkennen. Der Grund für die unmittelbar nach dem Jahre 1866 eingetretene Steigerung ist in den höheren Löhnen der neuen gegenüber dem grössten Theil der alten Provinzen zu suchen. Zu den späteren weiteren Steigerungen haben neben Lohnerhöhungen auch die dadurch, dass die Forstverwaltung mehr als bisher, theilweise unter Benutzung von Rollbahnen, das Holz an Ablagen oder doch an die Wege rückt, erhöhten Transportkosten beigetragen. Als Gründe für diese die Transportkosten steigernden Massnahmen führen Hagen-Donner an die Wünsche der Holzkäufer, die Rücksicht auf die Beschaffung von Arbeitsgelegenheit für die Waldarbeiter während des Winters und die Rechtsprechung des Reichsversicherungsamts, wonach für Unfälle bei der Abfuhr solcher Hölzer, welche praktikable Wege noch nicht erreicht haben, nicht der den Transport veranlassene Käufer bezw. dessen Berufsgenossenschaft, sondern der Waldbesitzer bezw. seine Berufsgenossenschaft aufzukommen hat. Die in jüngster Zeit wieder etwas zum Sinken neigende Tendenz ist in der Hauptsache auf das — aus der Anlage XIX zu entnehmende — Herabgehen des Antheils des Stock- und Reisigholzes an der Gesammtausbeute und unter dem Derbholz wieder auf den geringer gewordenen Antheil des Brennholzes gegenüber dem Bau- und Nutzholz zurückzuführen, da Stockholz und Reisig höhere

Werbungskosten als Derbholz, Brennholz höhere als Bau- und Nutzholz verursachen.

Uebrigens sind überwiegend den Werbungskosten zuzurechnen auch die sonstigen der Forstverwaltung zu Gunsten der Arbeiter entstehenden Ausgaben und Einnahmeausfälle. In ersterer Beziehung kommen insbesondere die unten im § 54 zu besprechenden Ausgaben für die Arbeiterversicherung und für Unterstützungen sowie diejenigen für Errichtung von Arbeiterhäusern in Betracht, als entgehende Einnahmen die Ueberlassung von Wohnungen zu ermässigtem Miethszins, Verpachtung von Acker- und Wiesengrundstücken gegen geringere als die sonst wohl erreichbare Pacht und die Einräumung von Waldnebennutzungen gegen geringeres Entgelt. Die Forstverwaltung verfolgt mit diesen über die gesetzliche Arbeiterfürsorge hinausgehenden Massnahmen die Absicht, sich einen ständigen, zuverlässigen und zufriedenen Arbeiterstamm zu erziehen bezw. zu erhalten.

Was insbesondere die Beschaffung von Arbeiterwohnungen, welche den Arbeitern gegen mässigen Miethszins überlassen werden, anlangt, so sind zu diesem Zwecke in dem Extraordinarium der Forstverwaltung zuerst für 1896/97 40 000 Mark für die Provinzen Ost- und Westpreussen ausgebracht. Im folgenden Jahre wurde der Fonds auf 50 000 Mark erhöht. Im nächsten Etat blieb er auf gleicher Höhe, wurde aber auch für die Provinz Pommern bestimmt. 1899 sind unter weiterer Ausdehnung auf Posen und Schlesien 80 000 Mark ausgeworfen, so dass im Ganzen für den gedachten Zweck in diesen vier Jahren schon 220 000 Mark flüssig gemacht sind. Man darf wohl annehmen, dass hierin auch in der Folge, so lange das Bedürfniss fortbesteht, fortgefahren werden wird.

§ 39. In ähnlichem, wenn auch nicht völlig gleichem Umfange wie bei den Werbungskosten herrschen die Lohnausgaben unter den **Kulturkosten** vor. Aus dem für die Forstkulturen im Tit. 21 ausgebrachten Fonds sind ausser den eigentlichen Forstkulturen zu bestreiten die Erziehung von Pflanzen zum eigenen Bedarf und zum Verkauf, Verbesserungen der Forstgrundstücke, Bau und Unterhaltung der Holzabfuhrwege, Forstvermessungen und Betriebsregulirungen und endlich auch die Anlage bezw. Beiträge behufs Anlage von Eisenbahngüter-Haltestellen, die im Interesse der Forstverwaltung angelegt werden müssen; für Bau und Unterhaltung öffentlicher Wege bezw. für Beiträge hierzu, für nicht nur in Abzugsgräben bestehende Wasserbauten, für Grenzberichtigungen und -Bezeichnungen, für Meliorationen von Moor- und Wiesenflächen und für Anlage und Betheiligung an der Anlage von Kleinbahnen sind dagegen im Ordinarium (Tit. 18, 19, 20) oder Extraordinarium besondere Fonds vorhanden. Bis zum Jahre 1888/89 diente der Fonds Tit. 31 zur Bestreitung der Kosten solcher Vermessungen, welche gelegentlich der Grenzrevisionen und -Berichtigungen nothwendig wurden; seitdem hat der Kulturfonds auch diese Kosten gegen eine Verstärkung von 4 920 Mark übernehmen müssen. Endlich fallen dem Kulturfonds auch die Betriebskosten aller derjenigen Nebenbetriebe zur Last, welche nicht als besondere Nebenbetriebsanstalten verwaltet werden, also seit 1897/98 auch die geringfügigen (1897/98: 1 600 Mark) Kosten der Ablagen und seit 1899 die nicht unerheblichen (16 400 und 7 100 Mark) sämmtlicher Kunstwiesenanlagen und grössern Baumschulen.

Nach einer von Hagen-Donner aufgemachten Berechnung entfielen im Durchschnitt der Jahre 1883/84—1891/92 von den thatsächlichen Ausgaben des Tit. 21 bezw. der zu seiner Verstärkung zur Verfügung gestellten Mittel auf

neue Kulturen	20,2	Prozent	Kulturen 36,5 Prozent
Nachbesserung von Kulturen	15,6	„	
Kulturgeräthe	0,7	„	
Kämpe	11,9	„	19,4 Prozent
Anschaffung von Pflanzen und Samen	7,5	„	
Herstellung neuer Holzabfuhrwege	16,6	„	29,6 Prozent
Unterhaltung vorhandener Holzabfuhrwege	13,0	„	
Abzugsgräben	3,3	„	
Bewährungen	4,8	„	
allgemeine Zwecke	6,3	„	

Nicht weniger als 35,9 Prozent wurden also für Holzabfuhrwege und allgemeine Zwecke verausgabt. Seitdem dürfte sich dies Verhältniss etwas zu gunsten der eigentlichen Kulturarbeiten verschoben haben, da wohl das Bedürfniss nach Anlage neuer Abfuhrwege infolge der umfassenden Befriedigung desselben sich verringert und auch neue Vermessungen vielleicht in etwas geringerem Masse nothwendig werden. Die nach obiger Berechnung noch verbleibenden 64 Prozent kommen aber auch nicht ausschliesslich den eigentlichen Kulturen zu Gute, da sie einmal die Kosten für Erziehung von Pflanzen zum Verkauf mit enthalten, namentlich aber die Ausgaben für Bewährungen im Grunde genommen, da sie hauptsächlich zur Verhütung von Wildschaden gemacht werden, der Jagdverwaltung zur Last zu legen sind.

Um mit den vorhandenen Mitteln auszukommen, bedarf es daher der grössten Sparsamkeit. Insbesondere gilt es als Grundsatz, sowohl im Interesse billiger als guter Befriedigung des Bedarfs die Waldsämereien, soweit irgend möglich durch Selbstgewinnung zu beschaffen und auch die Pflanzen möglichst in den eigenen Kämpen zu ziehen. Zur Erlangung des Nadelholzsamens, namentlich des in grossen Mengen erforderlichen Kiefernsamens sind daher an geeigneten Orten, möglichst in der Nähe von Oberförstereien eine grössere Anzahl von Samendarren eingerichtet, deren Betrieb von den Oberförstern besorgt und deren Samengewinn, soweit er den eigenen Bedarf der betreffenden Reviere übersteigt, nach Bestimmung des Ministers an die samenbedürftigen Reviere abgegeben wird. Zur Zeit bestehen 54 Kiefersamendarren, mit Ausnahme je einer in den Bezirken Osnabrück und Cassel sämmtlich in den östlichen Provinzen, nämlich in Ostpreussen 5, Westpreussen 8, Brandenburg 12, Pommern 8, Posen 4, Schlesien 6, Sachsen 9, und eine Fichtensamendarre im Regierungsbezirk Hildesheim.

Trotz aller Sparsamkeit und trotzdem der Kulturfonds, wie die Anlage XVII ersehen lässt, wiederholt, namentlich in der letzten Zeit, beträchtlich verstärkt worden ist, von 1866 bis 1874 von 2 077 000 auf 3 450 000 Mark, bis 1883/84 auf 4 300 000 Mark, von 1893/94 bis 1899 von 4 275 700 auf 5 125 000 Mark, ist es doch nicht möglich gewesen, mit ihm ohne Zuhilfenahme anderer Mittel auszukommen. In den 60er und 70er Jahren mussten daher oftmals solche durch das Extraordinarium zur Verfügung gestellt werden; doch bewegten sich diese in den einzelnen Jahren nur zwischen 180 000 und 225 000 Mark. Seitdem aber, wie im § 2 dieses Buches ausgeführt ist, in dem Ordinarium ein Fonds zum Ankauf von Grundstücken ausgebracht und die Verwendung desselben auch zur Verstärkung des Kulturfonds nachgelassen ist, sind Letzterem hieraus fortgesetzt sehr bedeutende Summen zugeflossen, ja es hat, wie oben a. a. O. ausgeführt ist, seit dem Jahre 1890/91 bis 1896/97 nicht nur der ganze Betrag des Kap. 4 Tit. 6 für Zwecke des Kulturfonds Verwendung gefunden, sondern es hat sogar noch der als Zuschuss zu dem ordentlichen Ankaufsfonds dienende Theil des Extraordinariums alljährlich für den Kulturfonds mit erheblichen Beträgen in Anspruch genommen werden müssen, 1890/91 mit rund 84 000, 1891/92 mit 96 000, 1892/93 mit 290 000, 1893/94 mit 541 000, 1894/95 mit 475 000, 1895/96 mit 549 000 und 1896/97 mit 443 000 Mark. Erst im Etatsjahr 1897/98 ist nicht nur der extraordinäre, sondern auch von dem ordentlichen Ankaufsfonds ein wenn auch sehr geringer Rest, ca. 22 000 Mark, seiner prinzipalen Bestimmung erhalten geblieben. Thatsächlich haben also die Kulturkosten im Sinne des Kap. 2 Tit. 21 in den letzten Jahren sich auf gegen 5 800 000 Mark gestellt. Etwas Befremdliches liegt in dieser Ausgabesteigerung durchaus nicht. Denn einmal sind bekanntlich die Löhne viel höher geworden, es haben sich die Kosten der Beschaffung der nöthigen Gespanne gesteigert und was dergleichen allgemeine Ursachen mehr sind. Sodann aber hat sich nicht nur das Forstareal vermehrt, sondern die Zugänge haben vorwiegend in nicht oder schlecht kultivirten Flächen bestanden; andere bisher schon im Eigenthum des Staates befindliche Flächen sind erst, insbesondere nach Befreiung von eine ordnungsmässige Kultur hindernden Servituten zur Holzzucht bestimmt oder doch erst kunstgerecht angeschont worden. Hagen-Donner berechnen, dass noch 1892/93 die Kulturkosten pro Hektar ertragsfähiger Gesammtfläche in Preussen mit 2 Mark hinter denen der sämmtlichen sechs nächstgrössten deutschen Bundesstaaten (Bayern 2,6, Sachsen 4,23, Württemberg 5,28, Baden 6,7, Hessen 4,84, Mecklenburg-Schwerin 2,44) zurückblieben. Da sie auch 1897/98 pro Hektar nur 2,2 Mark betrugen, so waren sie auch damals noch geringer als in den gedachten sechs Staaten zu einem fünf bis sechs Jahre zurückliegenden Zeitraum. In früheren Jahren hatten sie — nach Hagen-Donner — betragen

1849 . .	0,39 Mk.	für das Hektar der Gesammtfläche
1860 . .	0,46	„ „ „ „ „ „
1867 . .	0,56	„ „ „ „ „ „
	0,59	„ „ „ „ „ ertragsfähigen Fläche
1868 . .	0,96	„ „ „ „ „ „ „
1875 . .	1,34	„ „ „ „ „ „ „
1880/81 .	1,34	„ „ „ „ „ „ „

Bemerkenswerth ist bei diesen Angaben die durch die mehrerwähnten Verhältnisse in den neuen Provinzen bewirkte sprungweise Erhöhung von 0,59 Mark im Jahre 1867, wo diese Landestheile noch nicht berücksichtigt sind, auf 0,96 Mark im nächsten Jahre.

Die Verschiedenheit der Verhältnisse in den Landestheilen, insbesondere zwischen den östlichen und westlichen, prägt sich auch jetzt noch in den verschiedenen auf die Flächeneinheit fallenden Kulturkostensätzen aus. Nach Hagen-Donner entfielen 1892/93 — und seitdem haben sich die Verhältnisse nur unwesentlich geändert — auf das Hektar ertragsfähiger Fläche in

Ostpreussen . . .	1,48 Mk.	gegen im Jahre 1880/81	1,03 Mk.
Westpreussen . . .	1,52 „	„ „ „ „	1,01 „
Brandenburg . . .	1,56 „	„ „ „ „	0,97 „
Pommern	1,73 „	„ „ „ „	1,23 „
Posen	1,26 „	„ „ „ „	0,94 „
Schlesien	2,00 „	„ „ „ „	1,10 „
Sachsen	2,16 „	„ „ „ „	1,24 „
Schleswig-Holstein .	2,96 „	„ „ „ „	2,20 „
Hannover	2,70 „	„ „ „ „	2,93 „
Westfalen	2,78 „	„ „ „ „	1,75 „
Hessen-Nassau . .	3,05 „	„ „ „ „	1,92 „
Rheinprovinz . . .	3,06 „	„ „ „ „	1,91 „

Die Gegenüberstellung der Zahlen für 1880/81 lässt jedoch ersehen, dass auch in dieser Beziehung, wie wir dies schon in mannigfachen andern zu beobachten Gelgenheit hatten, die Verschiedenheiten die Neigung zu einer grösseren Annäherung zeigen.

Von der wirklichen Gesammtbruttoeinnahme betrugen die Kulturkosten

1849	5,2 Prozent	1868	5,5 Prozent
1855	5,0 „	1875	5,6 „
1860	4,4 „	1880/81 . . .	6,7 „
1867	4,0 „	1892/93 . . .	7,49 „

1897/98 . . . . 7,9 Prozent

Sie haben sich also, abgesehen von dem wieder durch den Zutritt der neuen Provinzen verschuldeten Sprunge von 1867 zu 1868 ziemlich stetig und in Anbetracht der mehrfach berührten Verhältnisse nicht auffallend gesteigert.

Natürlich weisen auch in dem Verhältniss der Kulturausgaben zur Bruttoeinnahme die verschiedenen Provinzen ähnliche Verschiedenheiten wie in dem Kostenbetrag für die Flächeneinheit auf: im Jahre 1892/93 ging der Prozentsatz über 11 hinaus in Hessen-Nassau (11,56), und Schleswig-Holstein (11,55) und überstieg den Durchschnitt von 7,49 Prozent ausserdem in den übrigen westlichen Provinzen und in Ost- und Westpreussen, während er in allen übrigen östlichen Provinzen hinter demselben zurückblieb.

V. Kapitel.

Jagdverwaltungskosten.

(Staatshaushaltsetat Kap. 2 Tit. 22.)

§ 40. Nachdem durch das Jagdpolizeigesetz vom 7. März 1850 die gesetzliche Wildschadensersatzpflicht, wo sie bis dahin bestanden hatte, in Wegfall gekommen war, bestanden die in den ersten Jahren des konstitutionellen Systems von dem Preussischen Forstfiskus aufzuwendenden Jagdverwaltungskosten im Wesentlichen in Pachtgeldern für angepachtete Jagden auf Waldenklaven oder auf Grundstücken, die an die Staatsforsten grenzen, und nur zum kleineren Theile aus Aufwendungen für die Erhaltung des Wildstandes durch Fütterung u. dgl., zumal die Fütterung schon damals, wie auch jetzt, in der Regel den Oberförstern zur Last fiel (vgl. oben § 16). Infolgedessen waren denn auch die Jagdausgaben, wie die Anlage XVII ergiebt, bis zum Jahre 1866 sehr geringe.

Dagegen finden wir infolge des Hinzutritts der neuen Provinzen von 1866 auf 1869 eine Erhöhung der Ausgaben auf das Vierundeinhalbfache, während die Jagdeinnahmen sich nur verdoppeln, und im Jahre 1867 hatte der Ansatz der Ausgaben sogar für die neuen Provinzen fast 116 000 gegen 12 000 Mark für die alten betragen. Die Ursache dieser unverhältnissmässigen Ausgabesteigerung lag einmal darin, dass in dem grössten Theil der neuen Landestheile den Forstschutzbeamten nicht, wie in den alten, unentgeltliche Jagdscheine zu verabfolgen waren und der Fiskus diese Jagdscheinkosten zu tragen hatte, vornehmlich aber darin, dass in Hannover gesetzlich die Wildschadensersatzpflicht, ja sogar eine Regresspflicht des Waldbesitzers gegenüber den benachbarten Feldmarken bestand. Dass es gelang, trotzdem die Ausgaben schon 1868 auf 56 000 Mark herabzudrücken, lag an der Aufhebung des Jagdrechts auf fremdem Grund und Boden durch die Verordnung vom 30. März 1867, die freilich, wie eine Ausgabeersparniss von ca. 97 000 Mark, auch einen Einnahmeausfall von 95 000 Mark bedeutete. Andererseits trat in Hannover, wo in der vorpreussischen

Zeit die Jagdnutzung zum persönlichen Niessbrauch des Regenten gehörte und daher nicht etatsmässig war, durch Uebernahme der Jagdbeamten auf den Etat vorübergehend, bis die besondern Jagdbeamten durch Pensionirung, Anstellung im Forstdienst u. s. w. ausgeschieden waren, eine Ausgabeerhöhung von 31 200 gegen einen Einnahmezuwachs von 34 200 Mark ein.

In der Folgezeit gelangte allgemein eine rationelle Fürsorge für das Wild wieder zu grösserer Anerkennung, als sie sie in den Zeiten nach den Bewegungen der 40er Jahre gefunden hatte, und es lag im Interesse der Forstverwaltung selbst, um Klagen über Wildschaden zu verhüten, dem Wilde innerhalb der Staatsforsten vermehrte Aesung zu bieten. Infolgedessen stiegen trotz der prinzipalen Verpflichtung der Oberförster doch auch die staatlichen Ausgaben für die Fütterung u. s. w., und auch Anpachtungen benachbarter Gemarkungen fanden in grösserem Umfange als früher statt. So waren die Jagdausgaben bis 1891/92 allmählich auf 84 000 Mark gestiegen, als das Wildschadensgesetz vom 11. Juli 1891 für 1892/93 einen erhöhten Ansatz erforderlich machte.

Nach diesem Gesetz ist der durch Schwarz-, Roth-, Elch-, Dam-, Rehwild und Fasanen auf und an Grundstücken angerichtete Schaden dem Nutzungsberechtigten zu ersetzen. Ersatzpflichtig ist zwar in gemeinschaftlichen Jagdbezirken die Gesammtheit der Grundbesitzer; doch kann nur unter Beobachtung bestimmter Förmlichkeiten davon Umgang genommen werden, vertragsmässig die Ersatzpflicht dem Jagdpächter aufzuerlegen. Bei Enklaven im Sinne des Jagdpolizeigesetzes, d. i. Grundstücken, welche mehr als zur Hälfte von einem über 3 000 Morgen grossen, eine einzige Besitzung bildenden Walde eingeschlossen sind, ist der Besitzer dieses Waldes ersatzpflichtig, wenn er die Jagd auf der Enklave angepachtet oder die angebotene Anpachtung abgelehnt hat Wer endlich Schwarzwild hegt, was nur in Einfriedigungen geschehen darf, haftet für den durch das ausgetretene verursachten Schaden.

Für den Fiskus haben sich allerdings erhebliche Kosten nur aus den die Enklaven betreffenden Bestimmungen des Wildschadensgesetzes ergeben und auch da nicht in dem befürchteten Umfange. Denn während der Etatsansatz mit Rücksicht auf das Wildschadensgesetz 1892/93 von 84 000 auf 100 000 Mark erhöht wurde, konnte er 1894/95 nach dem Durchschnitt der Jahre 1891/92 und 1892/93 sogar auf 70 000 Mark ermässigt werden, und die seither eingetretene Steigerung ist auch nur bis 87 000 Mark gegangen. Freilich muss man andererseits in Betracht ziehen, dass grössere Wildschadensersatzansprüche an den Fiskus vielfach nur durch stärkern Abschuss und durch Eingatterungen vermieden worden sind.

Von der Jagdeinnahme beträgt die Sollausgabe für 1899 etwas mehr als 25 Prozent. In den letzten Jahren zuvor war das Verhältniss um ein Geringes günstiger, 1892/93 und 1893/94 um etwa 5 Prozent ungünstiger, vorher, seit Mitte der 70er Jahre, zumeist ähnlich wie gegenwärtig. In den Jahren 1874 und 1869 war der Prozentsatz

18 bezw. 15, 1866: 8, 1859: 12 und 1849: 9. Die Verminderung desselben von 1849 bis 1866 scheint wesentlich mit darauf zurückzuführen zu sein, dass in diesen Jahren von Anpachtungen auf Staatskosten völlig oder nahezu völlig Abstand genommen worden ist.

VI. Kapitel.

Betriebskosten der Nebenbetriebsanstalten.

(Staatshaushaltsetat Kap. II Tit. 22—29.)

§ 41. Seitdem die Wiesenanlagen, Ablagen und Baumschulen nicht mehr als selbständige Nebenbetriebsanstalten mit besonderem Etat verwaltet werden (vgl. oben § 12), kommen im Etat zu besonderer Erscheinung nur noch die Betriebskosten für Torfgräbereien, Flössereien, Sägemühlen, den Thiergarten in Cleve und das Eichholz bei Arnsberg, und nach der Einschränkung des Flössereibetriebes sind von einiger Erheblichkeit nur noch die Betriebskosten der Torfgräbereien und Sägemühlen.

Die Betriebskosten der **Torfgräbereien** (Tit. 23) bestehen in sämmtlichen Ausgaben für Gewinnung und Verwerthung des Torfes einschliesslich der Torfstreufabrik in der Oberförsterei Falkenberg, dagegen ausschliesslich der Besoldungen und Remunerationen für die bei diesen Betrieben voll oder nebenamtlich beschäftigten Beamten.

Es ist in der II. Hauptabtheilung dieses Buches bereits erörtert, dass und aus welchen Gründen die Einnahmen aus den Torfgräbereien in den letzten 20 Jahren eine absteigende Bewegung zeigen; es ist natürlich, dass dieses auch bei den Betriebskosten der Fall ist. Wenn man aber die Verminderung der Einnahmen mit derjenigen der Ausgaben vergleicht, so ergiebt sich, dass sie bei Letzteren stärker ist als bei Ersteren. Die Ausgaben sind von 128 000 Mark auf 73 000 Mark, also um 43 Prozent gesunken, die Einnahmen nur um 36 Prozent. Und während im Jahre 1879/80 die Betriebskosten 32 Prozent der Einnahme ausmachten, übersteigen sie 1899 nur wenig 28 Prozent. Die Gestaltung der Reinerträge ist also keine ungünstige gewesen. Wenn insbesondere in dem Jahrfünft 1874 bis 1879/80 eine auffallende Steigerung der Ausgaben, von 103 500 auf 128 000 Mark eingetreten ist, so steht dem eine noch ganz erheblich stärkere Erhöhung der Einnahmen, von 284 500 auf 402 200 Mark gegenüber. Beides hat seinen Grund in der Uebertragung von Torfgräbereien von der Domänen- auf die Forstverwaltung.

Die Ausgaben der **Flössereiverwaltung** (Tit. 24) lassen sich für die einzelnen Jahre der früheren Zeit, als der Betrieb noch für Rechnung der Forstverwaltung erfolgte, mit den Einnahmen nicht wohl vergleichen, weil die Ausgaben öfter die Kaufgelder für einen auf mehrere Jahre ausreichenden Holzvorrath enthalten und ihnen daher erst die Einnahmen folgender Jahre gegenüberstehen. Immerhin ergeben die Zahlen der Anlage XVII, dass die Einnahmen seit geraumer Zeit hinter den Ausgaben zurückbleiben. Die Fortsetzung des fiskalischen Flössereibetriebes findet daher seine Rechtfertigung nur darin, dass er ein Mittel zur bessern Verwerthung des Holzes bildet, also zur Erhöhung der Holzeinnahmen beiträgt.

Nur wenig günstiger sind die Nettoergebnisse der **Sägemühlen.** Denn, wie die Zahlen der gedachten Anlage ergeben, haben die Ausgaben, in denen übrigens die Besoldung der Sägemühlenmeister enthalten ist, zumeist die Einnahmen nahezu oder völlig erreicht, ja nicht selten sogar überstiegen. Es ist daher nur von Vortheil, dass der Betrieb der Sägemühlen auf eigene Rechnung der Forstverwaltung mehr und mehr, gegenwärtig bis auf eine Mühle, beseitigt ist. Dadurch sind die Betriebskosten, die im Uebrigen je nach den wechselnden Einschlägen vielfachen Schwankungen unterworfen waren, bis auf 120 000 Mark gesunken, während sie sich noch 1894/95 auf 190 000, 1890/91 auf 297 000, 1889/90 auf 300 000, 1887/88 auf 389 000, 1885/86 auf 542 000, 1879/80 auf 610 000 Mark beliefen.

Die Ausgaben für den **Clever Thiergarten** und das **Eichholz bei Arnsberg** dürfen nach einer Bemerkung zu dem bezüglichen Etatstitel 29 die Einnahmen nicht übersteigen; ein etwaiger Ueberschuss darf aber in den beiden nächsten Jahren noch zu Ausgaben verwendet werden. Thatsächlich sind die Solleinnahmen in den letzten 25 Jahren immer erheblich, zumeist um ca. 50 Prozent, höher als die Sollausgaben gewesen und auch von den Ueberschüssen verhältnissmässig erhebliche Beträge der Staatskasse verblieben, die freilich auf die Ausgaben für den Verwalter und die beiden Förster des Clever Thiergartens durchschnittlich mehr wie daraufgegangen sind.

Wenn endlich die jetzt auf Tit. 21 übernommenen Betriebskosten der **Wiesenanlagen** (Tit. 25), **Ablagen** (Tit. 26) und **Baumschulen** (Tit. 28) sich ebenfalls, wie die der Torfgräbereien und Sägemühlen, in den letzten Jahrzehnten zumeist in absteigender Linie bewegt haben, so liegt das an den im II. Hauptabtschnitt für die gleiche Bewegung der gegenüberstehenden Einnahmen angeführten Gründen. Im letzten Jahre vor ihrer Uebernahme auf Tit. 21 waren sie angesetzt für die Wiesenanlagen auf 16 800, für die Ablagen auf 1 600 und für die Baumschulen auf 6 800 Mark. Ihr Verhältniss zu den Einnahmen war stets weitaus am günstigsten bei den Wiesenanlagen, wo sie in den beiden letzten Jahrzehnten zumeist weniger als 25 Prozent der Letztern betrugen. Immerhin blieben auch bei den Ablagen und grössern Baumschulen die Ausgabeansätze immer hinter den Solleinnahmen, wenn auch öfters nicht erheblich, zurück. Freilich kommt auch hier in Betracht, dass in den Betriebskosten die Besoldungen der Beamten nicht enthalten sind.

VII. Kapitel.

Hoch- und Tiefbaukosten.

(Staatshaushaltsetat Kap. 2 Tit. 17—20.)

§ 42. Wenn auch nicht in solcher Höhe wie die Domänenverwaltung, so bedarf doch auch die Forstverwaltung eines sehr erheblichen Fonds zum **Neubau** und zur **Unterhaltung von Gebäuden.** Ganz überwiegend wird derselbe in Anspruch genommen für die Dienstgebäude der Revierverwalter und Forstschutzbeamten. Es ist bereits früher erwähnt, dass sowohl dienstliche Interessen als auch die thatsächliche Unmöglichkeit, dort, wo diese Beamten ihren Wohnsitz haben müssen, angemessene Miethswohnungen zu beschaffen, dazu nöthigen, den Oberförstern, Förstern und einem Theil der untern Schutzbeamten Dienstwohnungen zu überweisen. Müssen doch diese Beamten zum grossen Theile ihren Wohnsitz ausserhalb geschlossener Ortschaften, abgelegen im Walde ihres Reviers bezw. Schutzbezirks haben. Es genügt auch, wenigstens dort, wo die Beamten ihren Sitz auf dem platten Lande haben und wo es möglich ist, ihnen die Vortheile von Dienstland und Waldweide zu gewähren, nicht, nur für ihr Wohnungsbedürfniss zu sorgen, sondern es müssen ihnen auch Wirthschaftsgebäude, insbesondere also Viehställe, Scheunen u. s. w., den Oberförstern, auch wo sie Dienstland nicht haben, mindestens Räume zur Unterbringung ihres Dienstfuhrwerks zur Verfügung gestellt werden.

Die Forstverwaltung ist daher unausgesetzt bestrebt gewesen, die Dienstetablissements der Oberförster und Förster zu vermehren, um so allmählich dahin zu gelangen, dass überall, wo es nicht besondere Verhältnisse überflüssig und unzweckmässig erscheinen lassen, diese Beamten solche erhalten. Der Erfolg dieses Strebens ergiebt sich aus folgenden Zahlen: es waren vorhanden an Dienstgehöften für

	Oberförster					Förster (und Revierförster)				
1874 . .	575					2 499				
1879/80 .	601	mithin gegen	1874	mehr	26	2 773	mithin gegen	1874	mehr	274
1889/90 .	623	„ „	1879/80	„	22	3 125	„ „	1879/80	„	352
1899 . .	665	„ „	1889/90	„	42	3 427	„ „	1889/90	„	296,

wobei allerdings zu bemerken ist, dass das Mehr an Dienstgehöften für Förster nicht nur durch Neubau bezw. Ankauf, sondern auch durch Umwandlung bisheriger Waldwärter- und Forstaufsehergehöfte entstanden ist, und dass einzelne Dienstgehöfte durch Ueberweisung von Domänengehöften und -Gebäuden gewonnen sind.

Wenn somit auch jetzt trotz der fortgesetzten Aufwendungen Dienstgehöfte in nicht unerheblicher Zahl fehlen, so findet das ausser in den vielfachen Vermehrungen der Beamtenzahl vorwiegend seinen Grund darin, dass nur ein verhältnissmässig geringer Theil des Fonds

Tit. 17 zu Neubauten Verwendung finden kann: seit einer Reihe von Jahren bezeichnet der Etat hierfür als „künftig wegfallend" 300000 Mark. Der weitaus grösste Theil muss zur Unterhaltung der vorhandenen Gebäude verwandt werden. Auch sind, soweit nicht etwa, wie dies seit 1896/97 für den Neubau von Arbeiterinsthäusern in den östlichen Provinzen geschieht, durch das Extraordinarium Mittel zur Verfügung gestellt werden, seit 1890/91 aus dem Tit. 17, der zu diesem Zweck damals eine Verstärkung um 70800 Mark erfuhr, die Unterhaltungs- und Neubaukosten nicht nur für die Dienstgehöfte, sondern auch für alle übrigen Gebäude der Forstverwaltung zu bestreiten. Hierzu gehören namentlich Dienstgehöfte und Dienstwohnungen für sonstige Beamte der Forstverwaltung, Waldarbeiterwohnungen und -Herbergen, Gasthäuser, Armenhäuser, einzelne vermiethete oder mit Pachtgrundstücken verbundene Wohnungen, Samendarren, ausserhalb der Forstgehöfte belegene Gebäude zur Unterbringung von Kulturgeräthen, Wildheu etc., Mühlen, Ruinen, Aussichtsthürme und einige Gebäude verschiedener Art. Bis 1890/91 waren die Bau- und Unterhaltungskosten dieser Gebäude in verschiedenen Titeln verstreut: diejenigen der Samendarren waren aus dem Forstkulturfonds, die der Nebenbetriebsanstalten aus den Betriebskostenfonds derselben, die der Waldarbeiterwohnungen, Waldarbeiterherbergen und sonstigen Gebäude aus dem Titel für vermischte Ausgaben zu bestreiten. Schliesslich ist der Titel 17 seit 1894/95 auch dazu bestimmt, einen etwaigen, über den Kap. 3 Tit. 7 ausgeworfenen Betrag hinausgehenden Bedarf an Bau- und Unterhaltungkosten für die Gebäude der Forstlehranstalten zu decken. Andererseits kommen ihm zwar auch Ersparnisse an diesem Titel zu gute; doch ist dies, da Letzterer nur 9000 Mark beträgt, kein gleichwerthiges Aequivalent.

Da die Zahl der Gebäude sich fortgesetzt vermehrt hat, so sind natürlich schon hierdurch auch die Unterhaltungskosten gestiegen, und es musste schon deshalb, weil die höheren Ausgaben für die Unterhaltung nicht durch Minderausgaben infolge Beschränkung der Neubauten ausgeglichen wurden, der Gesammtbetrag des Tit. 17 fortgesetzt wachsen. Dazu kommt, dass die Baukosten infolge Steigerung der Materialienpreise und Arbeitslöhne wesentlich höhere geworden sind. Wenn daher, wie die Anlage XVII zeigt, die Ausgaben seit 1869 auch auf mehr als das Doppelte, von 1144875 auf 2394800 Mark, gestiegen sind, so ist das in Anbetracht aller dieser Umstände als übermässig nicht zu erachten, namentlich wenn man berücksichtigt, dass die hauptsächlichste Steigerung, auf 1914000 Mark, in die Zeit bis 1874 entfällt und ihren vorzugsweisen Grund darin hat, dass es in den neuen Provinzen ganz besonders an den nöthigen Dienstgehöften fehlte, die in jener Zeit in dringendem Interesse des Dienstes wie der Beamten beschafft werden mussten. Zu diesem Zwecke war es damals nöthig, den Baufonds fortgesetzt durch extraordinäre Mittel zu verstärken: in den 70er Jahren bezifferten sich diese Zuschüsse auf nicht weniger als 3 850 000 Mark.

Seit dem Jahre 1890/91 hat der Fonds trotz der erheblichen Steigerung der Arbeitslöhne und trotz der erheblichen Vermehrung der Dienstgeschäfte keine Erhöhung erfahren, und diejenige im Etat für 1890/91 war nur eine scheinbare, durch die oben erwähnte Uebernahme der Baukosten von andern in ihren Ansätzen entsprechend verminderten Titeln bedingte, sodass thatsächlich der Forstverwaltung 1899 keine höheren Mittel zu Gebote stehen wie schon 1883/84.

§ 43. In erheblich stärkerem Verhältniss wie die Hochbaukosten haben in den letzten Jahrzehnten die Ausgaben für Tiefbauten zugenommen. Bei dem grossen Umfang der Staatsforsten, und da bei ihnen nicht, wie bei den Domänen, eine Uebertragung der Baulasten auf Pächter stattfindet, spielen unter diesen Ausgaben die weitaus grösste Rolle diejenigen für Unterhaltung und Neubau der öffentlichen Wege innerhalb der Forsten und für Beiträge zur Herstellung solcher Wege (Tit. 18). Das Etatssoll dieses Titels, das auch die Ausgaben für im Zuge solcher Wege gelegener Brücken u. dgl., nicht dagegen für Holzabfuhrwege, die aus Tit. 21 zu bestreiten sind, umfasst, beläuft sich für 1899 auf 1 614 340 Mark. Es treten denselben aber noch hinzu diejenigen Beträge, welche von Kreisen und Provinzen zum chausseemässigen Ausbau von Kommunikationswegen innerhalb der Staatsforsten gewährt werden. Diese werden bei Kap. 2 Tit. 11 der Einnahmen verrechnet, d. h. mit andern Worten, bis auf Höhe dieser Einnahmebeträge kann der Tit. 18 der Ausgabe ohne Weiteres überschritten werden. Bis zum Etatsjahr 1896/97 wurde insofern in dieser Beziehung anders verfahren, als diese Beträge von der Istausgabe des Tit. 18 abgesetzt und bei den Einnahmen nicht vereinnahmt wurden. In den beiden Rechnungsjahren 1896/97 und 1897/98 haben sie sich auf ca. 32 000 und 25 000 Mark belaufen. Nicht etwa gehört aber zu ihnen die von dem kommunalständischen Verband des Regierungsbezirks Cassel für Uebernahme der Wegelasten gezahlte und ebenfalls bei Kap. 2 Tit. 11 der Einnahme verrechnete Rente (vgl. oben § 21).

Im Etat für 1849 war der Tit. 18 mit 130 686 Mark ausgebracht (vgl. Anlage XVII); schon 1866 war er auf 300 000 Mark gestiegen, und nach dem Hinzutritt der neuen Provinzen erscheint er mit 582 000 Mark, um bis 1874 auf 1 020 000 und dann langsam bis auf $1^1/_2$ Millionen Mark zu steigen. Auf dieser bezw. einer von ihr nur wenig differirenden Höhe hat er sich dann konstant erhalten bis 1899, wo seine Verstärkung um ca. 100 000 Mark erforderlich wurde.

Die Gründe der somit recht starken Erhöhung dieser Ausgaben liegen, wenn man an die wirthschaftliche Entwicklung der letzten Jahrzehnte denkt, auf der Hand. Die Arbeitslöhne sind ausserordentlich gestiegen. Namentlich aber ist der Zustand der öffentlichen Wege ein geradezu unvergleichlich besserer geworden; der chausseemässige Ausbau hat in einer Weise an Umfang gewonnen, dass man sagen kann, nicht wenige Kreise sind in der Ausdehnung ihres Chausseenetzes über das Mass des Nothwendigen und die Grenzen hinausgegangen, die in Anbetracht der Steuerkraft der Kreiseinsassen und im Interesse des Kreishaushalts füglich hätten innegehalten werden sollen. Die Forstverwaltung hat sich dieser Entwicklung nicht entziehen können und namentlich auch nicht umhin gekonnt, die von den Kreisen und sonstigen Wegeverbänden verlangten Präzipualbeiträge von oft recht erheblicher Höhe in den meisten Fällen zu bewilligen.

Wenn die Erhöhung dieses Fonds sich manchmal in auffallend grossen Sprüngen vollzogen hat, wie insbesondere von 1873 auf 1874 von 917 000 auf 1 020 000 Mark, so liegt das daran, dass eben die Sparsamkeit gebot, solange mit den früheren Beträgen auszukommen, wie dies irgend möglich erschien, und daher, wenn dann eine Erhöhung unvermeidlich war, eine grosse Anzahl bisher zurückgestellter Baufälle zu erledigen waren.

§ 44. Wie schon die Bezeichnung des Tit. 18 im Etat erkennen lässt, dient er nicht auch für Wegebauten ausserhalb der Forsten. Um für solche — einschliesslich Brückenbauten — wenn sie im Interesse der Forstverwaltung liegen, Beihülfen gewähren zu können, waren bis zum Jahre 1882/83 im Ordinarium des Forstetats Mittel nicht vorhanden; die im Etat für 1849 ausgeworfenen 24 000 Mark betrafen eine vorübergehende Ausgabe für Chausseebauten in der Provinz Posen. Dagegen erschien unter den ausserordentlichen und einmaligen Ausgaben für den gedachten Zweck seit 1867 regelmässig ein Betrag, dessen Höhe mehrfachen Schwankungen unterworfen war und im Anfang der 70er Jahre sich auf 150 000 Mark belief, dann auf 50 000 Mark sank, seit 1880/81 aber auf 100 000 Mark normirt war. Im Etat für 1882/83 wurde der Fonds dann unter Erweiterung seiner Bestimmung auf Eisahnbahngüter-Haltestellen, jedoch ohne Erhöhung seines Betrages unter die dauernden Ausgaben (Tit. 19) aufgenommen. Eine Erhöhung, dann aber auch gleich auf das Doppelte, hat er erst 8 Jahre später durch den Etat für 1890/91[1]) erfahren, um 1899 nochmals, dieses Mal jedoch nur um 50 000 Mark, verstärkt zu werden. Die Gründe für das Anwachsen auch dieses Fonds sind im Wesentlichen gleiche, wie sie oben bezüglich des vorangehenden Etatstitels angedeutet sind. Seine frühere Beschränkung auf Fälle, wo der Bau ohne Beihülfe der Forstverwaltung nicht zur Ausführung kommen würde, ist seit dem Jahre 1896/97 auf Wunsch des Abgeordnetenhauses gestrichen. Auch die Verwendbarkeit seiner am Jahresschluss ver-

[1]) Die Angabe auf S. 45 der Anlagen, dass schon 1889/90 200 000 Mark ausgeworfen gewesen seien, beruht auf einen Druckfehler.

bleibenden Bestände in den folgenden Jahren ist erst neueren Datums: sie wurde zuerst für 1885/86 ausgesprochen.

§ 45. Im Vergleich zu den Ausgaben für Wege, denen übrigens als weitere Ausgaben für Verkehrsanlagen hinzutreten die in den letzten Jahren im Extraordinarium ausgebrachten Beihülfen für Kleinbahnen (vgl. unten § 61) sind die im Tit. 20 ausgeworfenen Wasserbaukosten von geringer Höhe, da sie seit 1892/93 jährlich 66500 Mark betragen und vorher mit noch geringeren Summen angesetzt waren. Bei dieser beschränkten Höhe des Fonds bedarf es denn auch zu einigermassen grossen Bauten der Bereitstellung extraordinärer Mittel, während aus ihm im Wesentlichen nur die wiederkehrenden Arbeiten zur Unterhaltung der Ufer an den grössern Bächen, an Flüssen und Strömen, soweit die Uferbaulast dem Forstfiskus als Grundbesitzer obliegt, u. dgl. bestritten werden können. Dass dieser Etatstitel im Gegensatz zu den bei Weitem meisten andern vor dem Hinzutritt der neuen Provinzen ungefähr ebenso hoch, ja in den 40er und der ersten Hälfte der 50er Jahre weit höher als Ende der 60er und in den 70er Jahren dotirt war, erklärt sich daraus, das damals eben der Kreis der aus ihm ohne Zuhülfenahme extraordinärer Mittel zu bestreitenden Bauten weiter als später gezogen wurde, und dass auch die Arbeiten in damaliger Zeit, wo die Wasserläufe sich in verwahrlosterem Zustand befanden und die Ablösungen vielerlei Verbesserungen in dem Zustande derselben erst ermöglichten und erheischten, zahlreicher und umfangreicher waren als später, nachdem mehr und mehr Ordnung geschaffen und die Wasserbautechnik vorgeschritten war.

VIII. Kapitel.

Sonstige Verwaltungs- und Betriebskosten.

(Staatshaushaltsetat Kap. 2 Tit. 30—33 und 35.)[1]

§ 46. Die letzten Titel des Kapitels 2 des Ausgabeetats enthalten in ziemlich buntem Gemisch Betriebs- und Verwaltungskosten der verschiedensten Art, aber von theilweise recht ansehnlicher Höhe.

Der seinem Betrage nach geringfügigste ist der Tit. 30 „Für Fischereizwecke“, der, erst seit 1885/86 als besonderer Titel in den Etat aufgenommen, während die Ausgabe bis dahin aus dem Titel für vermischte Ausgaben (Tit. 35) zu bestreiten war, gegenwärtig 8000, bis 1895/96 nur 6000 Mark, für Förderung der Fischerei zur Verfügung stellt und für einzelne kleine Brutanstalten, in denen namentlich Forellen gezüchtet werden, vorzugsweise aber für die Karpfenteiche der Oberförstereien Hochzeit, Regenthin und Hoyers-

[1]) Ueber Tit. 34 „Stellvertretungs- und Umzugskosten, Diäten und Reisekosten“ vgl. oben im II. Kapitel.

werda und für Forrellenteiche in den Harzforsten und im Regierungsbezirk Lüneburg Verwendung findet.

§ 47. Haben wir es hier somit mit eigentlichen Betriebskosten zu thun, so im nächsten Tit. 31 „Zur Bezeichnung und Berichtigung der Grenzen, zu Separationen, Regulirungen und Prozesskosten“ mit Verwaltungskosten. Dieselben haben infolge des Fortschreitens einer sicheren und dauerhaften Grenzvermarkung, der zumeist beendeten Ablösungen und der damit auch gewonnenen grösseren Klarheit der Rechtsverhältnisse, wie die Anlage XVII zeigt, eine sehr erfreuliche Verminderung erfahren, eine Erscheinung, die wir auch bei den entsprechenden Titeln des Domänenetats zu beobachten Gelegenheit hatten. Von 373 800 Mark im Etat für 1869 haben sie sich schon bis 1874 auf die Hälfte, 188 505 Mark, und in den nächsten anderthalb Jahrzehnten auf ca. 90—100 000 Mark, den Stand, den sie noch gegenwärtig einnehmen, verringert.

Was speziell die Bezeichnung der Grenzen anlangt, so erfolgt diese in der Regel durch Hügel oder Steine, nur ausnahmsweise durch Pfähle. Zwischen diesen Grenzmalen werden zur grössern Sicherstellung der Grenzlinie, soweit angängig, Gräben gezogen. Gräben und Wasserläufe ohne Grenzmale werden dann als genügend angesehen, wenn Erstere stets Wasser führen und feste Ränder haben, Letztere in festem Boden so tief eingeschnitten sind, dass eine Veränderung ihres Laufes nicht zu besorgen ist. In Schleswig-Holstein und Hannover ist stellenweise die Begrenzung durch Wälle mit Gräben bezw. durch „Knicke“ üblich. Die Grenzmale sind mit fortlaufenden Nummern versehen. Ueber die Grenzen sind in früherer Zeit genaue Grenzregister, welche von den Nachbarn anerkannt sind, aufgestellt, deren Urschriften sich bei der Regierung, beglaubigte Abschriften bei dem Oberförster und Forstschutzbeamten befinden. In neuerer Zeit hat man sich statt ihrer mit Grenzzeichen-Nachweisungen begnügt. Bei Grenzveränderungen werden in der Regel die neu gebildeten Grenzstrecken neu vermessen, kartirt und urkundlich als richtig anerkannt, und um den Grenzzustand dauernd in Ordnung zu erhalten, ist nicht nur den Lokalbeamten stete Aufmerksamkeit auf die Grenzen zur Pflicht gemacht, sondern es finden auch genaue periodische Grenzrevisionen statt, durch den Förster zweimal, durch den Oberförster einmal jährlich und durch den Regierungs- und Forstrath einmal in jedem Jahrzehnt.

§ 48. Im Gegensatz zum Tit. 31 ist der Tit. 32 „Holzverkaufs- und Verpachtungskosten, Botenlöhne und sonstige kleine Ausgaben der Lokalverwaltung“ in den beiden letzten Jahrzehnten nicht unwesentlich gestiegen, von 132 000 Mark im Jahre 1879/80 auf ca. 180 000 Mark in den letzten Jahren. Abgesehen davon, dass die Vermehrung der zum Verkauf gelangenden Holzmasse und namentlich des Bau- und Nutzholzes, das einen räumlich weiteren Kundenkreis hat, zu zahlreicheren Versteigerungen führt und deren Bekanntmachung in weiteren Kreisen erfordert, ist es infolge der Erweiterung des Absatzbereiches für Holz überhaupt nöthig geworden, die Versteigerungen in weiterem Umfang als früher bekannt zu machen. Uebrigens haben diese Ausgaben auch jetzt noch nicht wieder die Höhe erreicht, die sie im Jahre 1874 besassen.

Die Druckkosten (Tit. 33), welche für 1899 mit 60 800 Mark angesetzt sind, haben nur wenig, zwischen 55 000 und 64 900 Mark geschwankt.

§ 49. Unter den Ausgaben des letzten Titels (35) des Kapitels 2, „Kosten für Vertilgung der den Forsten schädlichen Thiere, Vorfluthkosten und andere vermischte Ausgaben“, nehmen die zuerst genannten, was ihre Höhe wie auch was ihre Bedeutung für die ganze Staatsforstwirthschaft anlangt, die erste Stelle ein. Denn es bedarf keiner näheren Begründung, dass übertriebene Sparsamkeit hier von den verhängnissvollsten Folgen für die Ergebnisse der gesammten Wirthschaft sein würde. Sie tragen aber auch naturgemäss den Charakter besonders starken Schwankens, da die schädlichen Waldinsekten, um die es sich im Wesentlichen handelt, in den einzelnen Jahren in ausserordentlich verschiedenem Masse auftreten. So sind ungewöhnlich hohe Ausgaben für diesen Zweck entstanden in den Jahren 1863 und 1864 (372 717 und 308 793 Mark) infolge der Vermehrung der grossen Kiefernraupe. Dagegen brauchten 1865 nur 47 541 Mark ausgegeben zu werden. Wieder wesentlich dasselbe Insekt verursachte dann ausserordentlich hohe Ausgaben (529 000, 884 000, 483 000 und 703 000 Mark) in den Jahren 1868, 1869, 1876 und 1877/78, während in der Zwischenzeit Jahre vorkamen, in denen nicht mehr als 100—150 000 Mark zur Vertilgung schädlicher Thiere aufzuwenden waren. Ende der 80er und Anfang der 90er Jahre trat in sehr bedrohlichem Masse die Nonne auf, und infolgedessen wuchsen die Ausgaben für Insektenvertilgung wieder erheblich. Da nun auch die Grabenräumungskosten behufs Beschaffung von Vorfluth je nach den Witterungsverhältnissen sehr starken, nicht vorherzusehenden Schwankungen unterliegen, so ist es erklärlich, dass gerade bei dem Tit. 35, obwohl die Ansätze keineswegs mechanisch nach dem Durchschnitt der Vorjahre gemacht sind, Etatsüberschreitungen in einem sonst nicht üblichen Masse vorgekommen sind. In den letzten Jahren, für welche die Rechnungen bezw. Uebersichten der Staatseinnahmen und Ausgaben vorliegen, betrugen dieselben: 1893/94 104 602 Mark, 1894/95 61 277 Mark, 1895/96 26 612 Mark, 1896/97 61 850 Mark, 1897/98 295 025 Mark.

So wenig nun daraus, dass diese Mehrausgaben gemacht sind, ein Vorwurf gemacht werden kann, da es sich eben um zur Verhütung ungleich grössern Schadens nicht nur unvermeidliche, sondern auch unaufschiebbare Ausgaben handelt, so legt doch die fortgesetzte Wiederkehr erheblicher Etatsüberschreitungen den Gedanken nahe, ob nicht eben der Etatsansatz seit Jahren ein zu niedriger ist und es sich nicht empfehlen möchte, ihn noch mehr, als dies seit 1898/99 geschehen ist, zu erhöhen und, eventuell wenigstens für die alsdann in einen besondern Titel zu verweisenden Kosten der Vertilgung schädlicher Thiere die Uebertragung von Ersparnissen auf die folgenden Jahre zuzulassen. Jedenfalls haben sich die zur Begründung von Etatsansätzen unter dem Durchschnitt der Vorjahre angeführten Hoffnungen, es würden Kosten für die Vertilgung von Schädlingen im nächsten Jahre in geringerem Masse nöthig werden, zumeist als mehr oder weniger trügerisch erwiesen.

Uebrigens ist bei Betrachtung der Etatsansätze dieses Titels in den verschiedenen Jahren zu beachten, dass ihm wiederholt Ausgaben abgenommen und auf andere Titel übertragen sind. Insbesondere ist er durch Ueberweisung von Unterstützungskosten auf Kap. 4 Tit. 4 und 5 des Etats im Jahre 1884/85 um 39 460 Mark, 1885/86 durch Abnahme der Fischereiausgaben um 6 000 Mark und 1890/91 durch die im vorigen Kapitel erwähnte Verweisung der ihm bis dahin obliegenden Baulasten nach Tit. 17 um 40 500 Mark erleichtert. Daher bedeutet z. B. der annähernd gleiche Etatsansatz für 1879/80 und 1897/98 keineswegs dasselbe, sondern es müssen bei einem Vergleich demjenigen für 1897/98 noch mindestens obige 39 460 + 6 000 + 40 500 = 85 960 Mark zu- bezw. von demjenigen für 1879/80 abgerechnet werden. Was die Art der Ausgaben zur Vertilgung von Schädlingen anlangt, so sind es hauptsächlich Arbeitslöhne für das Sammeln der Raupen, Larven und Käfer und das Versehen der Bäume mit Ringen von Theer oder Leim, ferner die Anschaffungskosten für Theer und Raupenleim, die Herstellungs- und Anbringungskosten von Nistkästen für insektenvertilgende Vögel u. s. w.

Nach einer Tabelle bei Hagen-Donner wurden 1892/93 ausgegeben zur Vertilgung der grossen Kiefernraupe 45 111 Mk., hiervon allein 27 907 Mk. im Regierungsbezirk Danzig, der Nonne 249 536 Mk., davon 171 828 Mk. im Bezirk Potsdam, der Floreule und des Kiefernspanners 1 479 Mk., der Kiefernblattwespe 268 Mk., des Maikäfers 29 689 Mk., davon 16 761 Mk. im Bezirk Frankfurt a./O., des grossen braunen Rüsselkäfers 115 006 Mk., hiervon rund 37 000 Mk. in den drei Bezirken Marienwerder, Frankfurt a./O. und Potsdam, des kleinen braunen Rüsselkäfers 31 636 Mk., des Borkenkäfers und Waldgärtners 59 591 Mk., wovon 48 212 Mk. auf Ostpreussen entfielen, und an sonstigen Vertilgungskosten 5 668 Mk., an denen der Bezirk Danzig mit 2 292 Mk. betheiligt war. Wie auch nach den Bezirken, die hiernach besonders hohe Vertilgungskosten beanspruchten, zu schliessen ist, sind in der Regel an diesen Ausgaben besonders die Landestheile mit überwiegenden Kiefernbeständen und Sandboden, also namentlich die ostelbischen betheiligt, da die meisten und schlimmsten Schädlinge dort am besten gedeihen bezw. nur der Kiefer gefährlich werden. Nur der Maikäfer ist eine allgemeine Plage aller Landestheile, die sich aber auch wenigstens 1892/93 weitaus am meisten in den Kieferwaldungen Ost- und Westpreussens fühlbar machte.

C. Lasten der Verwaltung und des Betriebes.[1])

(Staatshaushaltsetat Kap. 4 Tit. 1—5.)

IX. Kapitel.

Steuern, Realabgaben und Kosten der örtlichen Kommunal- und Polizeiverwaltung.

(Staatshaushaltsetat Kap. 4 Tit. 1.)

§ 50. Die Bezeichnung des Kap. 4 Tit. 1 des Etats „Real- und Kommunallasten und Kosten der örtlichen Kommunal- und Polizeiverwaltung in fiskalischen Guts- und Amtsbezirken“ ist insofern eine ungenaue, als aus dem hier ausgebrachten Fonds nicht nur die Geldabgaben an Kommunen, d. h. politische Gemeinden, Kreise, Provinzen und (in Hessen-Nassau) Bezirke, sondern auch an Kirchen- und Schulgemeinden, also Sozietäten zu bestreiten sind.

Die Gemeinde-, Kreis-, Provinzial-, Bezirks-, Kirchen- und Schulsteuerpflicht des Forstfiskus ist durch dieselben gesetzlichen Bestimmungen und übereinstimmend wie für den Domänenfiskus geregelt, und kann daher auf die Ausführungen in den §§ 52 bis 56 und 62—63 des ersten Buches verwiesen werden. Die Bestimmungen einzelner Gemeindeverfassungsgesetze, welche eine Freilassung oder geringere Heranziehung sei es der Waldungen überhaupt, sei es nur der Staatswaldungen zu den Gemeindeabgaben vorschrieben oder zuliessen, sind durch das Kommunalabgabengesetz vom 14. Juli 1893 beseitigt, und kann jetzt ein Befreiungsanspruch auch bezüglich der Staatsforstgrundstücke wie bezüglich eines Domänengrundstücks nur noch auf besondere Rechtstitel in Gemässheit des § 21 des Kommunalabgabengesetzes gestützt werden.

Finanziell sind die Gemeindesteuern für die Staatsforsten, wenn auch bei ihnen die Möglichkeit der Abwälzung auf Pächter, von Ausnahmen abgesehen, fehlt, von verhältnissmässig geringer Bedeutung, weil der weitaus grösste Theil des Staatsforstbesitzes selbständige Gutsbezirke bildet. Auch die von der Forstverwaltung ressortirenden, durch § 28 Nr. 4 und 6 des Kommunalabgabengesetzes seit dem 1. April 1895 gewerbesteuerpflichtigen Gewerbebetriebe, nämlich die vom Fiskus selbstbetriebenen Torfgräbereien, die Torfstreufabrik in der Oberförsterei Falkenberg, die Sägemühle in Lonau und die Gärtnerei im Thiergarten bei Cleve, liegen mit wenigen Ausnahmen — Theile der Torfgräberei Carolinenhorst und Thiergarten bei Cleve — in Gutsbezirken. Ueberdies ist der nach den Erträgen vertheilte Theilbetrag des auf den Staat veranlagten Gewerbesteuersatzes, der auf die forstfiskalischen Gewerbebetriebe entfällt, ein minimaler, für 1899 nur 249 von insgesammt 249 548 Mark.

---

[1]) Vergl. die Vorbemerkung zum III. Hauptabschnitt.

Unter diesen Umständen haben denn auch die in den §§ 62 und 63 des ersten Buches erörterten, die Gemeindeabgabenpflicht des Fiskus ausdehnenden neueren Gesetze nur geringe Mehrausgaben für den Forstfiskus nöthig gemacht: ausdrücklich unter Berufung auf die veränderte Gesetzgebung, nämlich das sog. Kommunalsteuernothgesetz vom 27. Juli 1885, hat eine Verstärkung des Kap. 4 Tit. 1 nur im Etat für 1887/88 und zwar um 50000 Mark, stattgefunden. Dagegen hat freilich das allgemein zu beobachtende Wachsen der Gemeindeabgaben dort, wo forstfiskalische Realitäten im Gemeindeverbande sich befinden, auch den Forstfiskus in Mitleidenschaft gezogen.

Wenn nun auch die Hauptmasse der Staatsforsten Gemeindebezirken nicht angehört und deshalb nicht zu Gemeindeabgaben herangezogen wird, so bedeutet das doch nur in beschränktem Masse eine Kostenersparniss; denn soweit der Staatsforstbesitz selbständige Gutsbezirke bildet, liegt eben dem Fiskus als dem Gutsherrn die Deckung der in Gemeinden von dieser zu bestreitenden kommunalen Aufwendungen allein ob. Aus dem Tit. 4 sind hiervon allerdings nur die eigentlichen Verwaltungsausgaben zu bestreiten, während die Ausgaben wirthschaftlicher Natur, wie Bau und Unterhaltung der öffentlichen Wege, ferner die Kosten der Armenpflege bei andern Etatstiteln zur Verrechnung gelangen.

Nicht nur eigene Gutsbezirke, sondern zum grossen Theil auch eigene Amtsbezirke bilden in denjenigen Landestheilen, in denen das Institut der Amtsvorsteher eingeführt ist, die Staatsforsten. Denn die Voraussetzung, unter der ein Gutsbezirk nach § 48 Nr. 2 der Kreisordnung für die östlichen Provinzen für sich allein einen Amtsbezirk bilden kann, nämlich „abgesonderte Lage“ und ein „räumlich zusammenhängendes Gebiet von erheblichem Flächeninhalte ohne wesentliche Unterbrechung“ treffen bei den Staatsforstkomplexen der östlichen Provinzen besonders häufig, insbesondere auch ungleich häufiger als bei den Domänen zu. Als „erheblich“ im Sinne dieser Bestimmung der Kreisordnung bezeichnet die Instruktion über die Bildung der Amtsbezirke vom 18. Juni 1873 (Min.Bl. d. i. V. S. 153) Art. 2 Nr. 4b einen Flächeninhalt von „mehreren Tausend“ Morgen. In dem diese Instruktion begleitenden Erlasse des Ministers des Innern ist gerade in Bezug auf fiskalische Forstbezirke jener Bestimmung der Kreisordnung noch eine über ihren Wortlaut hinausgehende erweiternde Auslegung gegeben, indem gesagt wird:

„Wie sich aus den Bestimmungen der Absätze 4 und 5 der Nr. 1 dieses Artikels [1]) ergiebt, würde die Bildung eines einzigen Amtsbezirks aus einem grösseren fiskalischen Forstbezirke, dessen einzelne Theile von einander getrennt liegen, dem Gesetze nicht entsprechen sofern es nicht ausführbar sein sollte, auch die zwischen den einzelnen Theilen des Forstbezirks belegenen anderen Gemeinde- und Gutsbezirke demselben Amtsbezirk anzuschliessen Da es jedoch in vielen Fällen aus Rücksichten des öffentlichen Interesses wünschenswerth sein wird. die sämmtlichen Theile eines Forstbezirkes unter der Verwaltung eines und des-

[1]) Art. 2 der oben erwähnten Instruktion.

selben Amtsvorstehers (des Oberförsters) zu vereinigen, so wird darauf Bedacht zu nehmen sein, aus den einzelnen getrennt liegenden Theilen eines Forstbezirkes event. unter Anschluss angrenzender fremder Gemeinden und Gutsbezirke zwei oder mehrere besondere Amtsbezirke zu bilden und die Verwaltung derselben nach Massgabe der Vorschriften der §§ 56 und 58 des Gesetzes einem und demselben Amtsvorsteher (dem Oberförster) zu übertragen. Für die von dem Hauptkomplexe entfernt liegenden Forsttheile werden in solchen Fällen in der Person eines dort wohnenden Försters oder anderen Forstbeamten nach § 32 letzter Absatz des Gesetzes besondere Gutsvorsteher zu bestellen sein."

Aus naheliegenden Gründen hat die Forstverwaltung ein erhebliches Interesse daran, dass von diesen gesetzlichen und adminisrativen Vorschriften möglichst weitgehender Gebrauch gemacht und damit die Polizeiverwaltung über ihren Besitz in die Hand ihrer Beamten gelegt wird, wenn auch hierdurch namentlich in solchen Amtsbezirken, zu denen ausser dem oder den fiskalischen Gutsbezirken auch noch Gemeindebezirke gehören, den Oberförstern nicht selten eine starke Belastung erwächst. Soweit die Amtsbezirke lediglich fiskalische Gutsbezirke umfassen, haben die Oberförster oder sonstigen Forstbeamten die Amtsvorstehergeschäfte in der Regel unentgeltlich zu führen, während sie in auch andre Gemeinden oder Gutsbezirke umfassenden von diesen eine vom Kreisausschuss festzusetzende Amtsunkostenentschädigung zu beanspruchen haben. Soweit die Kosten der Amtsverwaltung in forstfiskalischen Amtsbezirken nicht von den Oberförstern etc. sei es aus ihrer allgemeinen, sei es aus der besondern Entschädigung zu bestreiten sind, ist zu ihrer Deckung der in Rede stehende Etatstitel bestimmt.

Wieviel von der Gesammtsumme des Etatstitels auf die bisher erörterten Ausgaben entfällt, ist leider in der Centralinstanz nicht bekannt.

Weit erheblicher sind jedenfalls die Ausgaben für Kreis-, Provinzial- und — in Hessen-Nassau — Bezirksabgaben. Es fällt hier für die Forstverwaltung sehr ins Gewicht, dass sich ihr Besitz zum sehr erheblichen Theile gerade in denjenigen Landestheilen befindet, in denen die Kreissteuern zu ganz besonderer, nicht selten 100 Prozent der Staatssteuern erreichender oder übersteigender Höhe angewachsen sind, wie insbesondere in Ost- und Westpreussen, und sodann im Verhältniss zur Domänenverwaltung die ihr fehlende Möglichkeit der Uebertragung auf Pächter.

Der Betrag der Kirchen- und Schulabgaben, welche wie der Domänenverwaltung, so auch der Forstverwaltung nur insoweit zur Last bleiben, als sie nicht nach den im I. Buche erörterten Bestimmungen auf die Fonds der geistlichen und Unterrichtsverwaltung zu übernehmen sind, dürfte ein vergleichsweise nicht sehr hoher sein, da naturgemäss für die Forsten, an denen seltener die Qualität der Gutsherrschaft oder des Patronats haftet, die wenig bevölkert sind und geringe Grundsteuerreinerträge haben, seltener oder doch in geringerer Höhe als für die Domänen eine Abgabepflicht an Kirche und Schule begründet ist. Zu den im Etat allein erscheinenden baaren

Abgaben treten aber noch die Naturalleistungen, und diese sind namentlich gegenüber den Schulen gerade für die Forstverwaltung ausserordentlich bedeutend: allein in Ost- und Westpreussen waren von ihr 1892 zu leisten an Schulholz 191 367 und an Torf für Schulen 11 293 Raummeter; den Werth jenes Schulholzes in diesen beiden Provinzen schätzen Hagen-Donner auf 478 400 Mark. Aehnliche, wenn auch weit geringere Naturalabgaben an Schulen liegen dem Forstfiskus auch in andern Provinzen ob.

Neben den Abgaben an Kirchen- und Schulsozietäten kommen auch für den Forst-, wie für den Domänenfiskus, an Sozietätslasten insbesondere die Deichlasten in Betracht. Soweit dagegen die Ablösungsgesetze (vgl. oben im I. Buch §§ 52—54, 58, 61 in Verbindung mit §§ 19—22) die Ablösung anderer Realabgaben zulassen, hat die Forstverwaltung von dieser Möglichkeit nach Kräften Gebrauch gemacht und ihren Besitz von solchen ziemlich befreit (vgl. das nächste Kapitel).

Die Gesammtausgabe des Kap. 4 Tit. 1 des Etats hat sich, wie die Anlage XVII ergiebt, in einem Masse gesteigert, wie kaum ein anderer: gegen Anfang der 70er Jahre ist sie 1899 mit 1 370 000 Mark auf mehr als das Vierfache angeschwollen, und innerhalb der letzten 5 Jahre hat sie sich nahezu verdoppelt, ohne dass dem Fonds der Art nach neue Ausgaben zugewiesen worden wären. Die Steigerung rührt vielmehr im Wesentlichen von dem allgemeinen allmählichen Anschwellen der Kommunal- und Sozietätslasten her. Dazu gesellten sich Neuerwerbungen von nicht selten mit Abgaben stark belasteten Grundstücken.

X. Kapitel.

Ablösungsrenten und zeitweise Vergütungen an Stelle von Naturalabgaben.

(Staatshaushaltsetat Kap. 4 Tit. 2.)

§ 51. Eine entgegengesetzte Richtung wie der im vorigen Kapitel besprochene zeigt der im Kap. 4 Tit. 2 des Etats ausgeworfene Fonds für Ablösungsrenten und zeitweise Vergütungen an Stelle von Naturalabgaben; seit Anfang der 80er Jahre ist bei ihm eine allmähliche, fortgesetzte Bedarfsverminderung eingetreten, die ihren Grund in dem Ablauf der Rentenamortisationsfristen und der Gewährung von Kapitalabfindungen aus den zu diesem Zweck im Extraordinarium zur Verfügung gestellten Mitteln (vgl. unten § 61) hat.

Bekanntlich waren in früherer Zeit gerade die Forsten in Deutschland mit einer Fülle der mannigfaltigsten Grundgerechtigkeiten (Servituten) behaftet, zu denen noch zahlreiche Reallasten sich gesellten. Als die wichtigsten jener Gerechtigkeiten seien hervorgehoben: a) die verschiedenartigen Holzberechtigungen (Nutz-, Brenn-, Stock-, Wind-, Duft-, Schneebruch-, Weich-, Raff- und Lese-, Brückenholz-Berechtigungen u. s. w.); b) Mastberechtigungen und sonstige Berechtigungen auf Waldfrüchte; c) Harzberechtigungen; d) Waldstreuberechtigungen; e) Plaggenberechtigungen; f) Waldweideberechtigungen; g) Waldgräsereiberechtigungen. Nach Menge und Güte der zu entnehmenden Produkte, nach Zeit und Art der Ausübung waren sie entweder bestimmt oder unbestimmt. Sie stammten theils aus dem frühen Mittelalter, zum grössern Theil aber aus der Zeit vom 15. bis zum 17. Jahrhundert. Ihren, zumeist freilich nicht mehr festzustellenden Rechtsgrund hatten sie in der Verwandlung von genossenschaftlichem oder herrschaftlichem Eigenthumsrecht in blosse servitutarische Nutzungsrechte, in ausdrücklichen Verleihungen oder in Ersitzung, ihren wirthschaftlichen Grund aber darin, dass in der Zeit vorherrschender Naturalwirthschaft die in der Regel nur den Eigenbedarf produzirende landwirthschaftliche Bevölkerung für ihre Existenz auf die unentgeltliche Waldnutzung angewiesen war, während das Fehlen geordneter Waldwirthschaft die Nachtheile der Servituten für diese noch nicht hervortreten liess. Die zunehmende Erkenntniss von dem Werthe des Waldes und seiner rationellen Bewirthschaftung liess dann in der neueren Zeit die meisten Waldgrundgerechtigkeiten mehr und mehr als schädigende Hemmnisse für die Verwerthung der belasteten Wälder fühlbar werden, während sie andererseits infolge der Vervollkommnung der Landwirthschaft, der Erweiterung des Verkehrs und der Vermehrung der Arbeitsgelegenheit für die berechtigten Wirthe entbehrlicher wurden.

Die Preussische Gesetzgebung enthielt daher auch schon im Allgemeinen Landrecht die Anläufe zu einer, wenn auch nicht Beseitigung, so doch Einschränkung wie der Grundgerechtigkeiten überhaupt so der Forstberechtigungen insbesondere. Im 17. Titel des ersten Theils wurde im § 351 schon bestimmt, dass, wenn der Zweck der besseren Kultur mit unveränderter Beibehaltung der einem Dritten auf das Grundstück zustehenden Dienstbarkeitsrechte nicht erreicht werden könne, der Dritte sich deren Einschränkung oder Aufhebung gegen hinlängliche Vergütung gefallen lassen müsse, und im 19. Titel, dass Einschränkungen und Belastungen des Eigenthums niemals vermuthet werden, dass bei vorhandenen Einschränkungen die Vermuthung für die dem Grundeigenthümer am wenigsten lästige Art spreche, dass Grundgerechtigkeiten im zweifelhaften Falle, soweit es Natur und ausdrücklich erklärter Zweck derselben zulassen, zum Besten des Eigenthümers eingeschränkt und dass von mehreren mit gleicher Wirkung für den Berechtigten möglichen Ausübungsarten des Rechts allemal die dem Eigenthümer am wenigsten lästige oder nachtheilige gewählt werden solle. Besondere Bestimmungen in der Richtung einer die Kultur der belasteten Grundstücke und die Interessen der Eigenthümer schonenden Ausübung sind sodann vorzugsweise für einzelne Waldgerechtigkeiten (Waldhutung, Mastungs- und Holzungsgerechtigkeiten) im 22. Titel des I. Theils getroffen.

Weiter gehende Vorschriften enthält das Landeskultur-Edikt vom 14. September 1811 (G.S. S. 300).[1]) Hinsichtlich des Raff- und Leseholzes giebt es dem Waldeigenthümer das Recht, das Sammeln auf das Bedürfniss zu beschränken, und zu bestimmen, dass es nur an bestimmten Tagen unter der Aufsicht eines Forstbeamten nach dessen Vorschrift stattfinden dürfe. Die mit der Waldweide zu verschonende Fläche soll „hauptsächlich durch das Bedürfniss der Wiederkultur" bestimmt, wenn aber durch unbeschränkte Anwendung dieses Grundsatzes „eine wirklich unentbehrliche Weide zu sehr leiden" sollte, „eine billige Einschränkung" jenes Grundsatzes nach dem Urtheil von Schiedsrichtern stattfinden. Dass die Berechtigten grössere Flächen beweiden, als für ihre Heerden nöthig, braucht der Waldeigenthümer nicht zu dulden. Wo der Boden der Waldungen mit Nutzen zu Acker oder Wiese aptirt werden kann, soll diess durch Abfindung der Weideberechtigten mittels Abtretung eines Theiles des Waldes möglichst befördert werden.

Das Landeskultur-Edikt stellte gleichzeitig den Erlass von Gesetzen zur Ablösung der der Landeskultur schädlichen Servituten in Aussicht. In Erfüllung dieser Zusage ergingen für das landrechtliche Gebiet die Gemeinheitstheilungs- und die Ablösungsordnung vom 7. Juni 1821. Indess wurden gerade die Waldgrundgerechtigkeiten nur theilweise, nämlich nur die Weideberechtigungen, die Mastberechtigung, die Berechtigungen zum Mitgenusse des Holzes, zum Streuholen, zum Plaggen-, Haide- und Bültenhieb, nicht dagegen Gräsereinutzungen, Harzscharrberechtigung und Torfnutzungen für ablösbar erklärt. Die Entschädigung des Berechtigten sollte, zudem wenn der Eigenthümer des belasteten Grundstücks auf Ablösung provozirte, in der Regel in Land erfolgen, und die Vorschriften über die Bewerthung des Abfindungslandes waren theilweise für den Waldbesitzer sehr ungünstige. Andererseits hatte der Berechtigte, wenn der Ablösungsantrag von ihm ausging, den Nachtheil, dass er eine Landabfindung nicht verlangen konnte. Infolge dieser für beide Parteien ungünstigen gesetzlichen Bestimmungen entschlossen sich weder die Staatsforstverwaltung noch die Berechtigten in erheblichem Umfange zur Provokation auf Ablösung der auf den Staatsforsten lastenden Grundgerechtigkeiten, bis durch die Gesetzgebung vom 2. März 1850 für die Ablösung der Grundgerechtigkeiten günstigere Bedingungen geschaffen wurden.

Das Gesetz betr. Ergänzung und Abänderung der Gemeinheitstheilungsordnung vom 2. März 1850 (G.S. S. 139), dem bezw. der Gemeinheitstheilungsordnung sich die Gemeinheitstheilungsordnung für die Rheinprovinz, Neuvorpommern und Rügen vom 19. Mai 1851 (G.S. S. 371) im Wesentlichen anschliesst, erklärt auch die bisher nicht ab-

---

[1]) § 26—33.

lösbaren Berechtigungen zur Gräserei, zur Schilf-, Binsen- oder Rohrnutzung, zum Krauten (Pflücken des Grases und Unkrauts in bestellten Feldern), zum Harzscharren, zur Fischerei und zur Torfnutzung, sofern sie auf einer Dienstbarkeit beruhen, für ablösbar, schliesst, wie schon die Gemeinheitstheilungsordnung für die Mast-, so auch für Harzscharr- und Fischereiberechtigungen den Anspruch des Berechtigten auf Landabfindung aus und belässt es auch für die übrigen Forstberechtigungen bei diesem Anspruch nur insoweit, als Land gegeben werden kann, welches zur Benutzung als Acker oder Wiese geeignet ist und in dieser Eigenschaft nachhaltig einen höheren Ertrag als durch Benutzung zur Holzzucht zu gewähren vermag. Andererseits kann der Berechtigte, von den vorerwähnten Fällen abgesehen, eine derartige Landabfindung auch dann fordern, wenn der Ablösungsantrag von ihm ausgeht; nur bei Holz- und Streuberechtigungen muss er unter gewissen Voraussetzungen auch nur zur Holzzucht benutzbares Forstland oder, wenn solches nicht vorhanden, Abfindung in Rente annehmen. Beibehalten ist die schon in der Gemeinheitstheilungsordnung enthaltene Bestimmung, dass der Eigenthümer des belasteten Waldes als Provokat die Wahl hat, ob die Abfindung nach dem Nutzungsertrage der Dienstbarkeit oder nach dem Vortheil, der ihm aus der Aufhebung der Dienstbarkeit erwächst, sofern dieser jenen nicht übersteigt, erfolgen solle. Soweit die Abfindung nicht in Land zu gewähren ist, besteht sie seit dem Gesetz von 1850 in einer festen Geldrente, während die Gemeinheitstheilungsordnung eine Roggenrente, d. h. eine zunächst in einem Quantum Roggen bestimmte und nach den wechselnden Martinimarktpreisen des Roggens in Geld umzurechnende, also in ihrer Höhe schwankende Rente vorsah. Die Rente kann von beiden Theilen mit sechsmonatlicher Frist gekündigt werden; sie ist dann in Höhe des 20fachen, wenn sie aber schon vor Rechtskraft des Gesetzes von 1850 festgesetzt ist, des 25fachen Jahresbetrages abzulösen, wobei der Belastete die Zahlung in 4 Jahresraten unter Verzinsung des Restes mit 5 Prozent leisten kann. Ueber die Werthfeststellung u. s. w. bei den einzelnen Forstberechtigungen enthalten die Gemeinheitstheilungsordnung und das Ergänzungsgesetz Detailbestimmungen, auf die hier nicht näher eingegangen werden kann. Das Verfahren liegt in den Händen der Auseinandersetzungsbehörden; für die Kapitalabfindung der Berechtigten treten die Rentenbanken in derselben Weise ein, wie dies im I. Buch (§ 20) skizzirt ist.

§ 52. Durch jene veränderten Bestimmungen wurden sowohl die Forstverwaltung, bei der überdies die Erkenntniss von der Unvereinbarkeit der meisten Servituten mit einer intensiven Gestaltung der Forstwirthschaft mehr und mehr zur Geltung gelangte, als auch die Berechtigten der Ablösung geneigter gemacht. Bis zum Jahre 1866 war es daher gelungen, theils im Wege des ordentlichen Auseinandersetzungsverfahrens, mehr aber noch in dem des Vergleichs die Servitutbefreiung soweit zu fördern, dass die Vollendung dieses Werkes in nicht ferner Aussicht stand. Zur Erreichung dieses Zieles hatte es allerdings grosser Aufwendungen bedurft. Obwohl die Forstverwaltung im Landeskulturinteresse unerwünschte Landabtretungen nach Möglichkeit zu vermeiden suchte und zu diesem Zwecke auch über das gesetzlich vorgeschriebene Mass hinausgehende Geldabfindungen nicht scheute, und obwohl ihr Streben nach thunlichster Vermeidung der Abtretung forstwirthschaftlich werthvollen Areals dadurch unterstützt wurde, dass die Abfindungen für Forstberechtigungen vielfach in Domänengrundstücken gewährt wurden, waren immerhin[1]) allein in dem Zeitraum von 1857 bis 1866 an Forstland 24 916 ha als Abfindung für Servituten und Reallasten gegeben. Die für denselben Zweck geleisteten Kapitalzahlungen aber beliefen sich in dem Zeitraum von 1860 bis 1866 auf 7 846 644 Mark, denen für die Zeit von 1849 bis 1859 noch 3 150 613 Mark und für die Zeit vor 1849 2 091 023 Mark hinzuzurechnen sind. An Ablösungsrenten aber wurden von 1860 bis 1866 3 380 676 Mark gezahlt.

Der Hinzutritt der 1866 erworbenen Landestheile entfernte die Forstverwaltung wieder weit von ihrem schon nahe gerückten Ziele der Beendigung des Ablösungswerkes, da von den neu hinzukommenden Staatsforsten zwar diejenigen Schleswig-Holsteins wenig, die Nassau's mässig, dagegen die des südlichen Hannovers und noch mehr die Hessens mit Servituten reichlich belastet waren. Hier galt es erst, für die Ablösung mit denen der alten Provinzen grundsätzlich übereinstimmende gesetzliche Normen zu schaffen. Es geschah dies hinsichtlich der Forstservituten für Schleswig-Holstein durch Gesetz vom 17. August 1876 (G.S. S. 377), für Hannover durch Gesetze vom 13. Juni 1873 (G.S. S. 357) und 13. April 1885 (G.S. S. 109), für den Regierungsbezirk Kassel durch Verordnung vom 13. Mai 1867 (G.S. S. 716) und Gesetz vom 25. Juli 1876 (G.S. S. 366), für den Regierungsbezirk Wiesbaden durch die Gemeinheitstheilungsordnung vom 5. April 1869 (G.S. S. 526), hinsichtlich der Reallasten durch die im § 21 des I. Buches erörterten Gesetzbestimmungen.

In manchen Einzelheiten enthalten die für die neuen Landestheile erlassenen Gesetze über die Servitutenablösungen Abweichungen sowohl von der altländischen Gesetzgebung als auch untereinander, die ihren Grund in den örtlichen Verhältnissen der einzelnen Landestheile haben. Neben der Beschränkung des Wahlrechts des Waldbesitzers, ob er nach dem Nutzungsertrag der Berechtigung oder dem Vortheil der Aufhebung entschädigen will, auf Weide-, Raff- und Leseholzberechtigungen nach den Schleswig-Holsteinschen und Hannoverschen Gesetzen fallen für die Forstverwaltung insbesondere folgende Sonderbestimmungen ins Gewicht:

In Hannover kann der Waldbesitzer Brennholz- und Weideberechtigungen der Bewohner und Gemeinden des Amtes Zellerfeld gegen Geld nicht ablösen; ebenso können Torfberechtigungen und solche zum Fruchtbau mittels Brennkultur oder auf andere Weise

---

[1]) Nach Hagen-Donner.

in Hannover gegen den Willen des Berechtigten nur gegen Landabfindung abgelöst werden. Gemeinden und Genossenschaften aber können für ihre Holzberechtigungen aller Art und für Holzkohlenberechtigungen Abfindung in bestandenem Walde stets verlangen, wenn sowohl das abzutretende als auch das verbleibende Forstland zur forstlichen Benutzung geeignet bleibt.

Im Regierungsbezirk Kassel haben die Berechtigten dieses letztere Recht dem provozirenden Waldbesitzer gegenüber dann, wenn die Berechtigten Gemeinden, Mark- oder ähnlichen Genossenschaften oder eine aus solchen Markgenossen etc. bestehende Klasse von Personen sind.

Die weitgehenden Rechte der Servitutberechtigten auf Waldabfindung nach einzelnen dieser Gesetze bereiteten namentlich in der ersten Zeit dem auf Durchführung des Ablösungswerkes gerichteten Vorgehen der Forstverwaltung erhebliche Schwierigkeiten. Allmählich ist es ihr aber mehr und mehr gelungen, dieselben durch gütliche Vereinbarungen zu umgehen, so dass jetzt auch in den neuen Provinzen das Ablösungswerk in allen wichtigeren Fällen durchgeführt ist.

Ueber das allmälige Fortschreiten der Forstservitutablösung gewähren folgende Zahlen ein Bild:

In den 38 Jahren von 1860—1897/98 sind in den alten Provinzen an Servitutablösungssachen in den Staatsforsten bearbeitet 33 935, abgeschlossen 6 686, in den neuen Provinzen bearbeitet 17 311, abgeschlossen 5 291. Als Abfindung für Servituten und Reallasten sind in den alten Provinzen von 1860—1896/97 gegeben 33 767 ha Forstland, 44 128 363 Mk. Kapital und 8 895 924 Mk. Renten, hiervon

	Forstland ha	Kapital ℳ	Renten ℳ
1860—1867	16 833	9 704 191	4 036 272
1868	12 896	24 358 284	4 298 068
1880/81—1896/97 . . .	4 003	10 065 888	561 584

In den neuen Provinzen sind als Abfindung gegeben:

	Forstland ha	Kapital ℳ	Renten ℳ
1868—1879/80	8 438	8 490 540	879 131
1880/81—1896/97 . . .	10 845	16 527 029	1 178 314
zusammen 1868—1896/97	19 283	25 017 569	2 047 445

Von der sich für den Zeitraum von 1860—1896/97 ergebenden Gesammtsumme von Ablösungskapitalien von rund 69 Millionen Mark ist zwar ein nicht unerheblicher Theil aus andern Fonds als denen der Forstverwaltung bestritten, der Hauptheil aber aus den im Extraordinarium des Etats der Forstverwaltung ausgebrachten Mitteln. Zu diesem Zwecke sind, wie die Anlage XXV erweist, in den 80er Jahren alljährlich 1 100 000 bis 1 500 000, dann 1890/91—1893/94 je 1 000 000, seitdem alljährlich 500 000 Mark ausgeworfen worden. In den 70er Jahren betrug die Dotirung dieses Fonds 1870 und 1871 je 1 500 000, 1872 bis 1874 je 900 000, 1875 1 445 000 und seit 1876 je 1 200 000 Mark, wozu 1879/80 noch ein weiterer Betrag von 2 200 000 Mark zur Ablösung von Passivrenten trat.

Weitere erhebliche Opfer mussten gebracht werden, als das Gesetz vom 27. April 1872 und die ihm nachgebildeten Gesetze (vgl. oben I. Buch §§ 53 und 57) die Ablösung auch der geistlichen und wohlthätigen Instituten zustehenden Leistungen ermöglichte. Die hierfür von der Forstverwaltung an die Rentenbanken geleisteten Rentenzahlungen beliefen sich in den 19¼ Jahren von 1874 bis 1892/93 auf rund 7,379 Millionen Mark.

§ 53. Alle die nicht in der Form von Kapitalzahlungen zu leistenden Baarabfindungen für abgelöste Servituten, Reallasten und Passivrenten sind, soweit sie der Forstverwaltung zur Last liegen, bei Kap. 4 Tit. 2 zu verrechnen, ausserdem aber noch Baarvergütungen für noch nicht abgelöste Holzabgaben, welche auf Wunsch der Berechtigten entweder für ein einzelnes Jahr oder für einen längeren Zeitraum durch eine Geldzahlung abgegolten werden.

Die Dotirung des gedachten Etatstitels, wie sie Anlage XVII ersehen lässt, spiegelt daher auch die vorstehend skizzirte Entwicklung des Ablösungswerkes wieder: in den 50er und namentlich in der ersten Hälfte der 60er Jahre ein starkes Anschwellen des Titels, das sich auch nach dem Zutritt der neuen Provinzen noch fortsetzt und erst in den 90er Jahren einer sinkenden Tendenz Platz macht. Wenn die Steigerung der Ausgabe nicht, namentlich auch nach dem Hinzukommen der neuen Provinzen nicht eine noch erheblich stärkere gewesen ist, so liegt das daran, dass, wie sich aus den oben mitgetheilten Zahlen ergiebt, in den alten Provinzen namentlich 1867—1876, in den neuen 1876—1887, in grossem Umfange Kapitalien, ausserdem, in den alten Provinzen besonders 1867—1876, in den neuen in dem ganzen Zeitraum seit 1869, recht erhebliche Forstflächen als Abfindung gewährt sind. Uebrigens sind die Etatsansätze auch vielfach bedeutend, namentlich Ende der 70er und Anfang der 80er Jahre, 1879/80 sogar um ca. 148 000 Mark, überschritten worden. Künftig ist mit einem fortgesetzten Sinken des Bedarfs dieses Titels zu rechnen.

Von den einzelnen Bezirken nehmen zur Zeit den Fonds mit den höchsten Beträgen in Anspruch Königsberg, Potsdam, Stettin, Breslau, Magdeburg, Hannover und Hildesheim, mit den geringsten Köslin, Stralsund, Posen, Bromberg und Arnsberg, während in der ganzen Zeit von 1860—1892 nach den Angaben bei Hagen-Donner die höchsten Gesammtaufwendungen für Forstablösungen zu machen waren an Renten in den Provinzen Brandenburg (ca. 4 Millionen Mark), Hannover (ca. 1 358 000 Mk.), Sachsen (ca. 1,1 Millonen Mark) und Pommern (ca. 1 080 000 Mk.), die geringsten, nämlich nicht mehr als 300 000 Mk., in Ostpreussen, Schleswig-Holstein und Westfalen. Die höchsten Gesammtsummen an Kapital sind aufgewendet für Brandenburg (über 16 Millionen Mark), Hannover (ca. 14,8 Millionen), Hessen-Nassau (fast 9 Millionen) und die Rheinprovinz ca. 5 Millionen; von den übrigen Provinzen beanspruchten je 3—4 Millionen Pommern, Schlesien und Sachsen, 2—3 Millionen Ostpreussen, Westpreussen, Posen und Westfalen, dagegen Schleswig-Holstein nur ca. 147 000 Mk. An Forstland wurden hingegeben in den Provinzen Ostpreussen ca. 2000 ha, Westpreussen ca. 3 250 ha, Brandenburg ca. 6 250 ha, Pommern ca. 5 680 ha, Schlesien ca. 8 500 ha, Sachsen ca. 1 600 ha, Schleswig-Holstein ca. 1 090 ha, Hannover ca. 2850 ha, Westfalen ca. 3 400 ha, Hessen-Nassau beinahe 15 000 ha, Rheinprovinz ca. 1 000 ha.

XI. Kapitel.

Ausgaben auf Grund der Arbeiterversicherungsgesetze, für Armenpflege und Unterstützungen.

(Staatshaushaltsetat Kap. 4 Tit. 2a—5.)[1]

§ 54. Durchaus gleichartige Ausgaben, wie sie in den Tit. 3—5 des Kap. 4 für die Forstverwaltung nachzuweisen sind, liegen auch der Domänenverwaltung ob, und zwar entsprechen

Kap. 4 Tit. 3 „Zu Unterstützungen für ausgeschiedene Beamte, sowie zu Pensionen und Unterstützungen für Wittwen und Waisen von Beamten" . . . . dem Kap. 1 Tit. 8,

Kap. 4 Tit. 4 „Kosten der dem Forstfiskus auf Grund rechtlicher Verpflichtung obliegenden Armenpflege mit Einschluss von rund 30700 Mark, welche im Durchschnitt alljährlich als Beiträge der Forstverwaltung zur Forstarbeiter-Unterstützungskasse zu Clausthal im Regierungsbezirke Hildesheim gezahlt werden" . . . . . dem Kap. 1 Tit. 15,

Kap. 4 Tit. 5 „Zu Unterstützungen aus sonstiger Veranlassung, einschliesslich zu einmaligen Unterstützungen für Personen, welche, ohne die Eigenschaft von Beamten zu haben, im Dienste der Forstverwaltung beschäftigt werden oder beschäftigt gewesen sind, sowie für Hinterbliebene solcher Personen" . . . . . . dem Kap. 1 Tit. 15a,

während die von der Forstverwaltung unter Kap. 4 Tit. 2a zu verrechnenden „Beiträge zur gesetzlichen Krankenversicherung der Arbeiter, Ausgaben auf Grund der Unfallversicherungsgesetze, sowie Aszendentenrenten, Heilungskosten und Sterbegelder auf Grund des Unfallfürsorgegesetzes, Ausgaben auf Grund des Gesetzes über die Invaliditäts- und Altersversicherung" im Bereiche der Domänenverwaltung einen Theil des Tit. 16 der dauernden Ausgaben bilden. Hinsichtlich der gesetzlichen und administrativen Vorschriften, auf denen alle diese Ausgaben beruhen, und der für die Verausgabung aus den Tit. 2a—5 des Kap. 4 massgebenden Grundsätze kann daher auf die entsprechenden Abschnitte des I. Buches verwiesen werden.

---

[1]) Ueber Tit. 6 dieses Kapitels „Zum Ankauf von Grundstücken zu den Forsten" vgl. oben im § 2.

Besonderer Hervorhebung bedarf nur der im Tit. 4 enthaltene Beitrag zu der Forstarbeiter-Unterstützungskasse in Clausthal. Es ist dies eine aus der hannoverschen Zeit stammende durch Allerhöchst genehmigte Statuten organisirte Kasse ohne Beitrittszwang, der die in den fiskalischen Harzforsten der Provinz Hannover im Dienste der Staatsforstverwaltung und bei den fiskalischen Sägemühlbetrieben im Harz „dauernd angenommenen" Arbeiter beitreten können. Sie gewährt ihren Mitgliedern Krankengelder, freie ärztliche Behandlung und Arznei, Invalidenpensionen und nach dem Tode des Mitglieds Beerdigungskosten, Wittwen- und Waisenunterstützungen, in besonderen Fällen auch ausserordentliche Beihilfen. Die Forstverwaltung leistet zu der Kasse Beiträge in derselben Höhe wie die Mitglieder. Diese Beiträge haben sich im Laufe der Jahre fortgesetzt gesteigert: während sie 1868 nur 18000 Mark betrugen, waren sie 1880/81 schon auf 23000 und sind nach dem Etat für 1899 auf 30700 Mark gestiegen.

Kleinere Waldarbeiter-Unterstützungskassen geringeren Umfanges bestehen zwar auch für eine Anzahl anderer Oberförstereien, insbesondere im Regierungsbezirk Cassel; doch leistet zu diesen der Forstfiskus keine Beiträge.

Die reichsgesetzliche Krankenversicherung greift nur für eine, allerdings recht erhebliche, Minderheit der Forstarbeiter Platz, da die Mehrzahl der Kommunalverbände sich bislang zu der in ihre Hand gelegten Einführung der Krankenversicherung für die Land- und Forstwirthschaft noch nicht entschlossen hat. Die Forstverwaltung muss daher in Bedarfsfällen mit den ihr jetzt durch Tit. 5 bezw., soweit eine rechtliche Verpflichtung obliegt, durch Tit. 4 zur Verfügung gestellten Mitteln eingreifen.

Was die reichsgesetzliche Unfallversicherung anlangt, so gehört die Staatsforstverwaltung wie alle Staatsbetriebe nach § 102 des Reichsgesetzes vom 5. Mai 1885 einer Berufsgenossenschaft nicht an, sondern ist für ihre Arbeiter selbst Trägerin der Rechte und Pflichten einer solchen.

§ 55. Wenn wir im Eingange dieses Kapitels ausgeführt haben, dass die hier zu besprechenden Tit. 2a—5 des Kap. 4 des Forstetats sich, was den Charakter der Ausgaben anlangt, fast völlig mit den Tit. 8, 15—16 des Domänenetats decken, so besteht doch eine sehr wesentliche Verschiedenheit zwischen beiden Etats, was die Höhe der Ausgaben anlangt, eine Verschiedenheit, die sich sehr einfach aus der im Verhältniss zu der nur relativ wenige Eigenbetriebe unterhaltenden Domänenverwaltung weit grössern Zahl der Beamten und Arbeiter erklärt, die im Bereiche der Forstverwaltung beschäftigt werden und ihre Entlohnungen aller Art aus Mitteln dieser erhalten.

So steht denn nach dem Etat für 1899 für Unterstützung von ausgeschiedenen Beamten und von Beamten-Wittwen und -Waisen der Domänenverwaltung ein Betrag von 27000 Mark zur Verfügung, der

Forstverwaltung aber, obwohl auch sie aus demselben — was die Titelbezeichnung „zu Unterstützungen und Pensionen von Wittwen und Waisen“ nicht klar zum Ausdruck bringt — nur gnadenweise Bewilligungen, nicht etwa die gesetzlichen Wittwen- und Waisengelder zu bestreiten hat, ein solcher von 180000 Mark, und der Tit. 5 des Etatskapitel 4 ist mit 18700, Tit. 15a des Kap. 1 nur mit 5470 Mark dotirt; das Soll der Ausgabe der Forstverwaltung für Arbeiterversicherung etc. aber beträgt 513000 Mark, während die Domänenverwaltung für die gleichen Zwecke nur weniger Tausend Mark bedarf. Ziemlich gleich hoch ist dagegen, wenn man den Beitrag zu der Unterstützungskasse in Clausthal in Abzug bringt, für beide Verwaltungen der Bedarf für Kosten der gesetzlichen Armenpflege.

Insgesammt belaufen sich nach dem Etat für 1899 die Ausgaben der vier Titel 2a bis 5 des Kap. 4 auf 803700 Mark. Von ihnen sind diejenigen des Tit. 2a erst seit dem Etatsjahre 1886/87 hinzugetreten; ihr enormes Anschwellen von 7200 auf 513000 Mark erklärt sich aus dem successiven Inkrafttreten der verschiedenen Versicherungsgesetze, aus der allmählichen Ausdehnung der Krankenversicherung und der allgemein beobachteten Steigerung der Lasten dieser Versicherungen.

Wenn umgekehrt der Tit. 3 die gerade bei persönlichen Ausgaben ziemlich seltene Erscheinung einer Ausgabeverminderung, Anfangs der 80er Jahre 210000, seit 1887/88 nur noch 180000 Mark, aufweist, so liegt das daran, dass bis zur Einführung der gesetzlichen Wittwen- und Waisengelder natürlich ein vermehrtes Bedürfniss zu freiwilligen Unterstützungen bestand. Für den Fiskus bedeutet diese Erscheinung das ganze Gegentheil einer Ersparniss, wie schon daraus hervorgeht, dass, so lange die gesetzlichen Wittwen- und Waisengelder noch auf dem Forstetat figurirten, sie einen erheblich höheren als den bei Tit. 3 abgesetzten Betrag darstellten, zuletzt (1888/89) 100000 Mark gegen 30000 Mark.

Wenig oder garnicht angewachsen sind die beiden Tit. 4 und 5.

D. Ausgaben für forstwissenschaftliche und Lehrzwecke.

(Staatshaushaltsetat Kap. 3.)

XII. Kapitel.

Forstakademien und Forstversuchswesen.

§ 56. Von den im § 30 skizzirten Stadien der Vorbildung zum höheren Forstdienst bedarf dasjenige des systematischen wissenschaftlichen Studiums der Forstwissenschaft und ihrer Nebenfächer der Bereitstellung besonderer Hochschulen.

In Preussen bestehen für den gedachten Zweck die beiden Forstakademien in Neustadt-Eberswalde und Münden. Die Erstere wurde, nachdem sich die bisherige Verbindung des forstwissenschaftlichen Unterrichts mit der Universität Berlin nicht bewährt hatte, im Jahre 1830 begründet. Die Akademie in Münden wurde nach der Erweiterung der Monarchie im Jahre 1866 mit einem Kostenaufwande von 237 000 Mark, wozu die Stadt Münden 45 000 Mark beisteuerte, errichtet und im April 1868 eröffnet.

Die Lehrfächer der Akademien umfassen neben den verschiedenen Zweigen der eigentlichen Forstwissenschaft insbesondere auch Vermessungswesen, Planzeichnen, Wegebau, Botanik, Mykologie, Zoologie, Chemie, Mineralogie, Geognosie, Physik, Mechanik, Meteorologie, Mathematik, Geodäsie, Rechtswissenschaft und Landwirthschaftslehre. Den Unterricht ertheilen im Hauptamt angestellte Professoren, zur Zeit ausser dem Direktor 7 in Eberswalde und 5 in Münden, benachbarte Oberförster, gegenwärtig je 3 an jeder Akademie, und Professoren benachbarter Universitäten oder Richter; endlich werden an den Akademien auch Hülfslehrer und Assistenten beschäftigt, gegenwärtig in Eberswalde 6, in Münden 3.

Beide Akademien sind mit reichlichen Lehrmitteln, wie Bibliotheken, Kartensammlungen, naturhistorischen Gegenständen und Präparaten, Geräthen, Modellen, mathematischen und physikalischen Instrumenten, chemischen Laboratorien, Fischbrutanstalten, botanischen und Versuchsgärten ausgestattet, während praktische Unterweisungen für die Akademie in Eberswalde vorzugsweise in den Oberförstereien Eberswalde, Biesenthal, Chorin und Freienwalde für die zu Münden in den Oberförstereien Gahrenberg, Cattenbühl und Bramwald stattfinden. Für diese Oberförstereien, ausser Bramwald, sind deshalb und auch, um die Direktoren der Akademien in lebendiger Berührung mit der forstlichen Praxis zu erhalten, die Funktionen des Oberforst- und Inspektionsbeamten für den technischen Wirthschaftsbetrieb dem Direktor der betreffenden Akademie übertragen. In den Herbstferien finden ausserdem forstliche Studienreisen unter Leitung eines der beiden Akademiedirektoren statt. Gerade für die eigentliche Forstwirthschaftslehre ergänzen sich beide Akademien in einer äusserst glücklichen und für die Ausbildung der Forstverwaltungsbeamten bei den Verhältnissen Preussens nahezu unentbehrlichen Weise, indem die Studierenden Gelegenheit haben, in Eberswalde besonders die forstlichen Verhältnisse der Ebene mit ihren Nadel-, insbesondere Kiefernwäldern, in Münden die des Gebirges mit Laub- und Fichtenwaldungen kennen zu lernen. Das Studium, das übrigens auch auf einer nichtpreussischen deutschen Forstakademie oder einem mit einer Universität verbundenen Forstlehrinstitut des Deutschen Reiches, wie solche in München, Tübingen und Giessen und bei der technischen Hochschule in Karlsruhe bestehen, absolvirt werden kann, umfasst 4 Semester, welche wie bei den Universitäten von Ostern bis zum Herbst und vom Herbst bis Ostern laufen.

Beide Akademien unterstehen unmittelbar dem Landwirthschaftsminister und der Leitung und Aufsicht des Oberlandforstmeisters als Kurators, der hierfür aber eine besondere Vergütung nicht erhält.

Mit der Akademie in Eberswalde verbunden ist die Hauptstation für das Preussische Forstversuchswesen, der zugleich die Geschäftsleitung des Vereins Deutscher forstlicher Versuchsanstalten und des internationalen Verbandes forstlicher Versuchsanstalten obliegt. An ihrer Spitze steht der Direktor der Akademie in Eberswalde, während ihre 5 Abtheilungen (forsttechnische, meteorologische, pflanzenphysiologische, zoologische und bodenkundlich-chemische) von Professoren dieser Akademie geleitet werden. Der meteorologischen Abtheilung unterstehen die meteorologischen Beobachtungsstationen, deren zur Zeit im Bereiche der Forstverwaltung freilich, nachdem am 1. April 1897 auf 8 und am 1. Oktober 1898 auf weiteren 2 der bis dahin bestehenden 11 Stationen die Beobachtungen eingestellt sind, nur eine, die Hauptstation in Eberswalde, besteht. Durch das Extraordinarium für 1898/99 sind zwar die Mittel zur Errichtung von sechs neuen behufs Erforschung der klimatischen Wirkungen des Waldes, zur Beobachtung der Temperatur und Feuchtigkeit der Luft im Bereiche eines grössern Laubwaldkomplexes und der atmosphärischen Niederschläge im Bereiche von 6 verschiedenen Waldkomplexen zur Verfügung gestellt; die Einrichtung ist jedoch bis jetzt (Herbst 1899) noch nicht ausgeführt.

Mit der Akademie in Münden ist zwar keine förmlich organisirte Versuchsanstalt verbunden, doch werden auch dort zahlreiche forstliche, zoologische und botanische Versuche angestellt und stehen ausreichende Versuchsflächen zur Verfügung.

§ 57. Die Frequenz der Akademien hat ausserordentlich geschwankt. Eberswalde wies in seinem ersten, dem Sommersemester 1830 39 Studirende auf. In den nächsten Jahren ging die Zahl bis auf 21 (Winter 1833/34) zurück, um sodann, wenn auch mit vorübergehenden Schwankungen, bis auf einige achtzig Ende der 40er und in der ersten Hälfte der 50er Jahre zu steigen. In der zweiten Hälfte der 50er Jahre schwankte sie zwischen 72 (Sommer 1858) und 54 (Winter 1859/60), in der ersten Hälfte der 60er Jahre zwischen 55 (Winter 1861/62) und 32 (Winter 1863/64), in der zweiten Hälfte zwischen 57 (Sommer 1865) und 93 (Sommer 1868). Dann tritt wieder eine rückläufige Bewegung ein, die mit Unterbrechungen bis Ende der 70er Jahre andauerte, um dann in den Jahren 1880—1884 Zahlen Platz zu machen, die bisher noch nicht erreicht waren und ständig 100 überstiegen: die höchste Frequenz verzeichneten die Sommersemester 1881 und 1883 mit 216. In der Folgezeit führte die infolge der Ueberfüllung der Forstkarrière seit 1888 beschränkte Zulassung zu derselben zu einem starken Rückgang der Frequenz, der seinen Tiefpunkt im Sommer 1894 mit nur 51 Studirenden, von denen nur 25 den Vorbedingungen für den Eintritt in die Preussische Forstverwaltungslaufbahn Genüge geleistet hatten, erreichte. In den letzten fünf Jahren ist Eberswalde besucht gewesen

im Winter 1894/95	von	55	Studirenden		im Sommer	1895	von	51	Studirenden
„ „ 1895/96	„	57	„		„ „	1896	„	72	„
„ „ 1896/97	„	72	„		„ „	1897	„	62	„
„ „ 1897/98	„	73	„		„ „	1898	„	75	„
„ „ 1898/99	„	68	„		„ „	1899	„	68	„

Münden ist stets erheblich schwächer besucht gewesen. Nur in fünf Semestern Sommer 1874, 1875, 1879, 1882, 1883 und 1884 hat die Besuchsziffer 100 um ein Geringes überstiegen (113, 106, 117, 120 und 111). In den Jahren 1890—1894 ging sie infolge der erwähnten Beschränkung des Eintritts in die Karrière auf durchschnittlich 30—40, ja einmal, im Sommer 1891 sogar bis auf 14 zurück. Seitdem hat sie betragen

Winter 1894/95 . . .	39	Sommer 1895 . . .	39
„ 1895/96 . . .	39	„ 1896 . . .	38
„ 1896/97 . . .	39	„ 1897 . . .	46
„ 1897/98 . . .	48	„ 1898 . . .	43
„ 1898/99 . . .	45	„ 1899 . . .	54.

Uebrigens sind in den Besuchsziffern beider Akademien auch solche Studirende enthalten, die die Akademien nur als Hospitanten oder doch ohne die Vorbedingungen für den Eintritt in den Preussischen Forstverwaltungsdienst erfüllt zu haben, besuchten. Ihre Zahl ist namentlich in den letzten Jahrzehnten eine nicht unerhebliche gewesen; hin und wieder hat sie, namentlich in den Jahren besonders geringer Frequenz, die der vollberechtigten Studirenden erreicht, ja in Eberswalde während der letzten fünf Jahre stets überstiegen. In Münden blieb die Zahl der nicht vollberechtigten Studirenden in den letzten fünf Jahren meist unter der Hälfte, aber mit Ausnahme dreier Semester über einem Drittel der Gesammtzahl.

Für den Besuch der Akademien ist ausser Inskriptionsgebühren bei der Aufnahme (15 Mark) ein festes Honorar von 75 Mark pro Semester, nicht, wie an den Universitäten, Kollegiengeld für die einzelne Vorlesung zu zahlen. Feldjäger sind von diesen Zahlungen befreit.

XIII. Kapitel.

Unterricht für die Forstschutzbeamtenlaufbahn.

§ 58. Der Schwerpunkt der Ausbildung für die Schutzbeamtenlaufbahn liegt in der Lehrzeit im Revier. Behufs Befestigung und Erweiterung der hier gewonnenen Kenntnisse erhalten die Jäger der Klasse A bei den Jägerbataillonen und den Gardeschützen einen systematischen forsttechnischen Unterricht durch Oberförster oder Forstassessoren, und zwar vorwiegend Assessoren, welche dem Feldjägerkorps angehören; gegenwärtig (1899) wird der Unterricht bei einem Jägerbataillon durch einen Oberförster, bei den Gardeschützen durch einen im Ministerium beschäftigten Assessor des Civilstandes, im Uebrigen durch Feldjäger ertheilt. Im Anschluss an den Unterricht finden auch Exkursionen in die benachbarten Forsten statt, bei denen die Jäger Gelegenheit haben, sich selbstthätig an den Kultur- und sonstigen im Wirkungskreise des Försters liegenden Arbeiten zu betheiligen. Als weitere Lehrmittel sind für die Jäger kleine Bibliotheken und Sammlungen sowie Forstgärten zur Verfügung gestellt. An besonderen vom Staat unterhaltenen Schulen für die die Forstschutzbeamten-Laufbahn Einschlagenden bestehen die Forstlehrlings- und Fortbildungsschule in Gross-Schönebeck im Regierungsbezirk Potsdam, welche, früher nur staatlich subventionirte Privatanstalt, im Etatsjahr 1883/84 vom Staate übernommen wurde, und seit dem 1. Oktober 1882 die Försterschule in Proskau, Regierungsbezirk Oppeln. Von diesen beiden Schulen, deren Besuch keineswegs obligatorisch ist, bietet diejenige in Schönebeck den Schülern Gelegenheit, in einer zweiklassigen Fortbildungsschule ihre Schulbildung bis zu derjenigen einer guten Mittelschule zu erweitern und in einer obern Abtheilung, einer einklassigen Forstlehrlingsschule, sich die sonst durch die Lehrzeit im Revier zu erwerbenden Kenntnisse anzueignen, sodass der Besuch dieser Abtheilung die Lehrzeit ersetzt. Der Kursus der beiden untern Klassen währt je ein Jahr, der der Oberklasse zwei Jahre. Die Schülerzahl ist begrenzt, in jeder der beiden Unterklassen auf 30, in der Oberklasse auf 20. Die Schüler sind internirt und zahlen für Unterricht und Pension monatlich in den Unterklassen 28,5, in der Oberklasse 33 Mark, wenn sie aber Förstersöhne sind, je 6 Mark weniger. Als forsttechnische Lehrer fungiren im Nebenamt die beiden in Schönebeck ihren Sitz habenden Oberförster, von denen der ältere auch die Direktorialgeschäfte versieht. Im Hauptamt sind an der Schule nur zwei Elementar- bezw. Mittelschullehrer angestellt, deren Einer auch die Rendanturgeschäfte besorgt. Den sonstigen Unterricht ertheilen zur Zeit zwei Geistliche, ein Elementarlehrer, ein Förster und zwei Forstaufseher. Die Schule ressortirt von der Regierung in Potsdam, deren Oberforstmeister den Vorsitz in einem ausser ihm aus einem Regierungs- und Forstrath, einem Regierungs- und Schulrath, den erwähnten beiden Oberförstern und einem der beiden Geistlichen bestehenden Kuratorium führt.

Die Schule in Proskau besitzt Fortbildungsklassen nicht, sondern ist nur Forstlehrlingsschule; in erster Linie werden auch nur Schüler aufgenommen, die ein Lehrjahr bereits absolvirt haben, und nur, soweit noch Vakanzen in der sehr beschränkten Stellenzahl vorhanden sind, auch solche zur Absolvirung der ganzen Lehrzeit. Der Unterricht wird hier nur nebenamtlich von dem Oberförster, dessen Assistenten und von Elementarlehrern ertheilt. Auch hier sind die Schüler internirt. An Kostgeld sind monatlich 24, für Wohnung und Unterricht von Förstersöhnen monatlich 7,5, von andern Zöglingen 9 Mark zu zahlen. Die Schule untersteht der Regierung in Oppeln und einem unter Vorsitz des Oberforstmeisters stehenden Kuratorium.

Die beiden Anstalten haben nach dem Urtheil von Hagen-Donner gute Erfolge aufzuweisen, indess gegenüber einer gut geregelten Lehrzeit bei einem Oberförster nicht so hervorragende, dass sich die grundsätzliche Ersetzung der Letztern durch den Besuch solcher Schulen empfehle.

XIV. Kapitel.

Der Geldbedarf für die forstlichen Lehr- und forstwissenschaftlichen Zwecke.

(Staatshaushaltsetat Kap. 3.)

§ 59. Die gesammten Ausgaben für forstwissenschaftliche und Lehrzwecke betragen nach dem Forstetat für 1899 232 450 Mark, wovon ca. $^2/_3$, nämlich 153 890 Mark auf die persönlichen (Tit. 1—6) und $^1/_3$ mit 78 560 Mark auf die sächlichen Ausgaben entfallen. Wie die Anlage XVII erweist, sind beide Kategorien, die persönlichen aber noch mehr wie die sächlichen, im Laufe der Zeit ausserordentlich gestiegen, so dass sie jetzt reichlich das Dreifache dessen betragen, was sie im Jahre 1869 ausmachten. Zu der Steigerung der persönlichen Ausgaben hat in gleicher Weise die Vermehrung wie die pekuniäre Besserstellung der Lehr- und Hülfskräfte beigetragen. Während im Jahre 1869 an etatsmässigen Beamten vorhanden waren nur je ein Direktor und vier Lehrer an jeder der beiden Akademien, sind jetzt vorhanden in Eberswalde 1 Direktor, 7 Professoren, 1 Sekretär und 1 Hausmeister und Pedell, in Münden 1 Direktor, 5 Professoren, 1 akademischer Gärtner und 1 Hausmeister und Pedell; ausserdem sind bei jeder der beiden Akademien je 3 Oberförster gegen Gewährung pensionsfähiger Zulagen von je 1 650 Mark beschäftigt. Und auch an der Forstlehrlingsschule in Schönebeck sind seit 1885/86 zwei Lehrer im Hauptamt mit Pensionsberechtigung angestellt. Die Besoldungen dieser Lehrer und Beamten aber haben an den allgemeinen Aufbesserungen der letzten Jahrzehnte derart Antheil genommen, dass sie jetzt betragen — neben Dienstwohnung für die beiden Direktoren, einen Professor und den akademischen Gärtner, Dienstwohnung und freier Feuerung für die beiden Hausmeister und Pedelle und dem reglementsmässigen Wohnungsgeldzuschuss für die übrigen etatsmässigen Lehrer und Beamten — für den Direktor in Eberswalde 8 300, für denjenigen in Münden 7 500 Mark, für die Professoren 4 100 bis 6 900 Mark, von drei zu drei Jahren steigend in den Stufen von je 400 Mark, für den Sekretär und den akademischen Gärtner 1 500 bis 2 700 Mark, in 7 Stufen von je 200 Mark von drei zu drei Jahren steigend, für die Hausmeister und Pedelle seit 1899 900—1 200 Mark, von drei zu drei Jahren fünf Mal um je 50 und zwei Mal um je 25 Mark steigend, für die Lehrer an der Forstlehrlingsschule in Gross-Schönebeck 1 500—2 700 Mark (Stufen von je 200 Mark, von drei zu drei Jahren steigend).

Anfangs der 70er Jahre betrugen die Gehälter für die beiden Direktoren 6 900 Mark, für die vollbeschäftigten Professoren 3 300 bis 6 000 Mark, für den akademischen Gärtner 1 800, den Sekretär 1 500, die Hausmeister und Pedelle 900 Mark. Im Ganzen bezifferten sich die Gehälter 1874 für Eberswalde (Tit. 1) auf 35 550, für Münden (Tit. 2) auf 28 800 Mark, während sie sich für 1899 auf 57 850 bezw. 45 550 Mark stellen, wozu noch von den Wohnungsgeldzuschüssen (Tit. 4) der Hauptantheil mit 5 700 Mark tritt.

In noch stärkerem Masse sind trotz der Vermehrung der etatsmässigen Stellen die aus Tit. 5 zu bestreitenden Ausgaben für Remunerirung von Hülfskräften und für den forstlichen Unterricht bei den Jägerbataillonen gestiegen: 1874 erschienen hier, allerdings noch nicht mit für den erst Ende der 70er Jahre eingerichteten Unterricht bei der Truppe, nur 1 800 Mark, während 1899 ausgeworfen sind 37 550 Mark. Der zu ausserordentlichen Remunerationen und Unterstützungen bestimmte Fonds Tit. 6 hat in Gemässheit der bei der Domänenverwaltung erörterten allgemeinen Grundsätze seit 1899 hinsichtlich seiner Verwendung die Beschränkung erfahren, dass Remunerationen an höhere Beamte nicht mehr gewährt werden dürfen.

Von den sonstigen überwiegend sächlichen Ausgaben dienen der Tit. 7, der gegenwärtig mit 9000 Mark dotirt ist, aber, wie oben erwähnt, nöthigenfalls aus Kap. 2 Tit. 17 zu verstärken ist, zur Unterhaltung der Gebäude, der grösste, im Tit. 8 ausgebrachte Betrag aber zu Amtsunkostenvergütungen, Umzugskosten, Diäten, Reisekosten, nicht aversionirten Postporto- und Gebührenbeträgen und sonstigen Frachtgebühren, Telegrammgebühren und sächlichen Ausgaben, insbesondere zur Unterhaltung und Vermehrung der Lehrmittel u. s. w. In dem Etat für 1899 sind für die gedachten Zwecke 69 560 Mark ausgebracht, das sind 16 310 Mark mehr als im Jahre 1874 einschliesslich der Ausgaben für Gebäudeunterhaltung ausgeworfen waren. Allerdings befinden sich darunter 1 400 Mark für die 1899 auf die Akademie Eberswalde übergegangene Schweisshundezuchtanstalt in Forsthaus Leuenberger Wiesen, die bis dahin aus Kap. 2 Tit. 35 zu bestreiten waren. Abweichend von der sonst für derartige Ausgaben bestehenden Regel dürfen übrigens sowohl bei Tit. 7 als auch bei Tit. 8 die verbleibenden Bestände zur Verwendung in die folgenden Jahre übertragen werden.

§ 60. Die den Ausgaben für das forstliche Unterrichtswesen gegenüber stehenden Einnahmen setzen sich hauptsächlich aus den Honoraren und Aufnahmegebühren der Studirenden der beiden Akademien und dem Erlöse für Pflanzenverkauf aus den bei den Letztern bestehenden Forstgärten zusammen und schwanken daher mit der Frequenz der Akademien. Gegenwärtig (1899) sind sie veranschlagt auf 12 900 Mark für Eberswalde (Kap. 2 Tit. 12 der Einnahme) und 5 100 Mark für Münden (Tit. 13 a. a. O.), während in den Zeiten starker Frequenz in den 80er Jahren bis zu 24 370 Mark für Eberswalde und 12 650 Mark für Münden angesetzt waren und die Isteinnahme im Jahr 1882/83 insgesammt sogar 46 064 Mark betragen hat. Den Tiefpunkt in den letzten Jahrzehnten bezeichneten die Etats für 1894/95 und 1895/96, in denen für Eberswalde 12 300, für Münden 3 800 Mark angesetzt waren.

Die Einnahmen der Schulen in Gross-Schönebeck und Proskau sind in den vermischten Einnahmen des Kap. 2 Tit. 11 enthalten.

II. Abschnitt.

Die einmaligen und ausserordentlichen Ausgaben.

(Staatshaushaltsetat Kap. 11 des Extraordinariums.)

§ 61. Wie die Anlage XXV ergiebt, hat die Dotation des Extraordinariums im Durchschnitt der 10 Jahre 1889/90—1899 betragen 2 190 300 Mark, 1880/81—1889/90 2 203 965 Mark, während sie in dem Jahrzehnt 1870—1879/80 sich auf durchschnittlich 2 136 446 Mark belief. Der zehnjährige Durchschnitt ist also in den letzten 30 Jahren ziemlich stabil geblieben. Auch unter den einzelnen Jahresbeträgen finden sich in dem letzten Jahrzehnt keine höheren als schon in früheren Jahrzehnten vorgekommen waren. Gleichwohl kann man in gewissem Sinne auch hier von einer freigebigeren Dotirung des Extraordinariums in den letzten Jahren sprechen, wenn man sich seine einzelnen Posten ansieht. Der alljährlich wiederkehrende Titel „Zur Ablösung von Forstservituten u. s. w." hat infolge der fortschreitenden Ablösung seit 1894/95 auf die Hälfte des bisherigen und ein Dritttheil des bis 1889/90 erforderlichen Betrages verringert werden können. Andere Ausgaben, wie zum Neubau von Försterdienstwohnungen, für Chausseebauprämien und zu Anbauversuchen mit ausländischen Holzarten, sind auf das Ordinarium übernommen. Das hierdurch im Extraordinarium Ersparte ist aber von der Finanzverwaltung nicht in Anspruch genommen, sondern der Forstverwaltung unverkürzt oder in den Jahren ungünstigerer Finanzlage doch zum grossen Theil belassen worden für Ausgaben, die zwar wirthschaftlich sehr erwünscht, aber doch nicht als geradezu unumgänglich nöthig oder unaufschiebbar zu bezeichnen sind: der Fonds zum Ankaufe von Grundstücken, der früher fast stets nur 950 000 Mark betrug — die einmalige Erhöhung um eine Million Mark im Etatsjahre 1890/91 erfolgte, um Ersatz für im Vorjahre veräusserte werthvolle Flächen zu schaffen — ist 1898/99 auf 1 100 000 Mark und 1899 auf mehr als das Doppelte, auf 2 400 000 Mark erhöht worden; zu Moor- und Wiesenmeliorationen sind 1889/90 50 000 Mark, 1890/91—1896/97 je 100 000 Mark, 1898/99 150 000 und

1899 200 000 Mark eingestellt; zur Unterstützung des Kleinbahnbaues sind seit 1894/95 alljährlich 200 000 Mark, zum Bau von Insthäusern 1896/97 40 000, unter Ausdehnung der zuerst nur auf Ost- und Westpreussen beschränkten Bestimmung auf Pommern 1897/98 und 1898/99 je 50 000, 1899 unter Bestimmung auch für Posen und Schlesien 80 000 Mark verfügbar gemacht.

Vergleicht man hiermit vollends die Forstextraordinarien früherer Zeiten, so tritt der wirthschaftliche Fortschritt klar zu Tage. In der Zeit von 1849—1867 sind nur in 4 Jahren kleine Beträge von 11 000, 8000, 9000 und 15000 Mark für Meliorationen ausgeworfen, sonst nur Ablösungskapitalien und alljährlich Beträge von bis 1862 je 33 000—43 000 Mark, dann von 10 000—11 000 Mark an Diäten und Reisekosten für Wahrnehmung auswärtiger Forstgerichtstermine, welche Kosten später, seit 1877/78, auf den Justizetat übernommen wurden.

Günstiger präsentirt sich schon das Extraordinarium in den letzten 60er und in den 70er Jahren. Wohl treten auch in jener Zeit alljährlich die übrigen extraordinären Ausgaben, was die Höhe anlangt, gegenüber denen für die Ablösungen in den Hintergrund. Immerhin finden wir, ausser einem geringeren Betrage in dem Etat für 1868, für 1873 zur Umwandlung des Zauchebruchs in Stauwiesen 47 460 Mark, für 1878/79 60 000 Mark zur Einrichtung des Torfbetriebes auf dem Lütjenwestedter Torfmoor in Schleswig-Holstein und 1874—1876 zusammen 650 000 Mark für durch den Berliner Verkehr nothwendig gewordene Chausseeanlagen im Grunewald, 1872 für Wegebauten 100 000 Mark und alljährlich 50 000—150 000 Mark für Chausseebauprämien ausgeworfen. Ausserdem sind in den 70er Jahren aus Mitteln des Extraordinariums mehr als 500 000 Mark zu Neubauten an den Akademiegebäuden, nahezu 40 000 Mark zur Erweiterung des Gasthauses auf der Stubbenkammer auf Rügen und ca. 45 000 Mark für die Schiffsschleuse bei Guszianka im Gumbinner Bezirk ausgegeben worden.

Ergebniss.

Die Nettoerträge der Forstverwaltung.

§ 62. Die Umstände, welche aus einer Vergleichung der in dem Etat der Domänenverwaltung erscheinenden Einnahmen und Ausgaben ein völlig zutreffendes Bild von den Reinerträgen dieser Verwaltung nicht gewinnen lassen (vgl. I. Buch § 83), walten bei der Forstverwaltung nicht oder nur in erheblich geringerem Masse ob. Denn die Verwaltungskosten erscheinen in dem Forstetat viel weniger unvollständig als in dem Domänenetat, und die Zusammensetzung des Forstbesitzes hat sich im Laufe der Zeit weit weniger geändert als die des Domänenbesitzes, indem einmal das Areal geringeren Veränderungen unterworfen worden ist, sodann aber ein derartiger fortgesetzter Abgang von Ertragsquellen, wie bei der Domänenverwaltung durch die Ablösung der grundherrlichen und ähnlichen Hebungen, nicht stattgefunden hat bezw. stattfindet.

Von der hieraus sich ergebenden Verschiedenartigkeit der wirklichen Bedeutung der etatsmässigen Ueberschüsse abgesehen, muss das Bild, das diese bei der Forstverwaltung gewähren, auch deshalb ein wesentlich anderes als bei der Domänenverwaltung sein, weil jene so gut wie ihren gesammten Besitz durch Selbstbewirthschaftung, diese den grössten Theil durch Verpachtung nutzt. Infolgedessen muss die Forstverwaltung ungleich höhere Ausgaben leisten und das Verhältniss des Rein- zum Rohertrage bei ihr ein weit ungünstigeres als in dem Domänenetat sein, wo die Pachteinnahmen schon die Erträge nach Abzug der eigentlichen laufenden Bewirthschaftungskosten darstellen. Ein Vergleich der Spalten 6 und 8 in den beiden Anlagen XIV und XXVI ergiebt, dass der als Reineinnahme verbleibende Prozentsatz der Roheinnahmen bei der Domänenverwaltung meist nahezu doppelt so gross ist wie bei der Forstverwaltung. Der nach Abzug nur der dauernden Ausgaben verbleibende bewegt sich

in der Zeit von	bei der Domänenverwaltung zwischen	bei der Forstverwaltung zwischen
1849—1861	84—81 Prozent	52,0—49,5 Prozent
1868—1879/80 . . .	79—76 „	52,5—42,8 „
1880/81—1889/90 . .	78—74 „	45,2—41,5 „
1890/91—1899 . . .	77—75 „	47,6—42,9 „ ,

der nach Abzug auch der einmaligen und ausserordentlichen verbleibende

in der Zeit von	bei der Domänenverwaltung zwischen	bei der Forstverwaltung zwischen
1849—1861	84—79 Prozent	49,3—46,9 Prozent
1868—1879/80 . . .	78—70 „	47,3—38,0 „
1880/81—1889/90 . .	78—69 „	41,2—36,9 „
1890/91—1899 . . .	75—69 „	44,4—40,0 „

Vergleicht man diese Prozentsätze, so fällt als ein weiterer Unterschied zwischen beiden Verwaltungen auf, dass sie, wenn man berücksichtigt, dass sie bei der Forstverwaltung nicht viel mehr als halb so hoch wie bei der Domänenverwaltung sind, somit dieselbe absolute Erhöhung oder Verminderung bei jener nahezu das Doppelte wie bei dieser bedeutet, bei den Forsten stärker schwanken als bei den Domänen; wenn diess in höherem Masse bei den Zahlen der Spalten 6 als bei denen der Spalten 8 der Fall ist, so rührt das daher, dass die Bemessung des Extraordinariums in höherem Grade als die des Ordinariums in der Hand der gesetzgebenden Faktoren liegt, da es sich bei jenem mehr als bei diesem um vermeidliche oder doch aufschiebbare Ausgaben handelt. Der Grund des stärkern Schwankens der prozentualen Reinerträge bei den Forsten ist wieder in erster Linie in der verschiedenen Art und Weise der Benutzung zu suchen. Wirthschaftliche Schwankungen prägen sich in durch Selbstbewirthschaftung gewonnenen Erträgen sofort und voll aus, in Pachtverträgen erst bei grösserer Intensität und längerer Dauer der Gunst oder Ungunst der Verhältnisse und nur allmählich; dann aber hält ihre Wirkung, der Dauer der Pachtkontrakte entsprechend, auch länger an, nachdem bereits wieder ein Umschwung eingetreten ist. Deshalb sind die Schwankungen sowohl in der absoluten Höhe der Reinerträge als auch in dem Prozentverhältniss derselben zur Roheinnahme auch bei der Forstverwaltung plötzlichere als bei der Domänenverwaltung. Schwankungen wie zwischen den Jahren 1873—1879/80 (in Spalte 6: 48; 42,8; 45,5; 47,6; 48,6; in Spalte 8: 42; 38; 39,7; 44; 45,3 Prozent), 1885/86 zu 1886/87 (Spalte 6: 42,1—44,6 Prozent) oder 1898/99 zu 1899 (Spalte 6: 42,9—45,6 Prozent) — die Zahlen der Jahre 1862—1865 müssen als anormale unberücksichtigt bleiben, da in diesen Jahren Etats nicht zu stande kamen, die Zahlen daher die durch das Indemnitätsgesetz vom 14. September 1866 festgesetzten Isteinnahmen und -Ausgaben darstellen und in der Konfliktszeit aus naheliegenden Gründen vermeidbare Ausgaben vermieden wurden — in der Anlage XXVI sucht man in der Anlage XIV vergeblich. Die nachstehende graphische Skizze, in der die obere Linie die Bewegung der nach Abzug nur der ordentlichen Ausgaben verbleibenden Erträge der Domänen, die untere die der Forsten in den 30 Jahren von 1870—1899 angiebt, macht anschaulich, um wieviel stärker diese Bewegung bei diesen als bei jenen gewesen ist.

Reinerträge (nach Abzug nur der dauernden Ausgaben) der

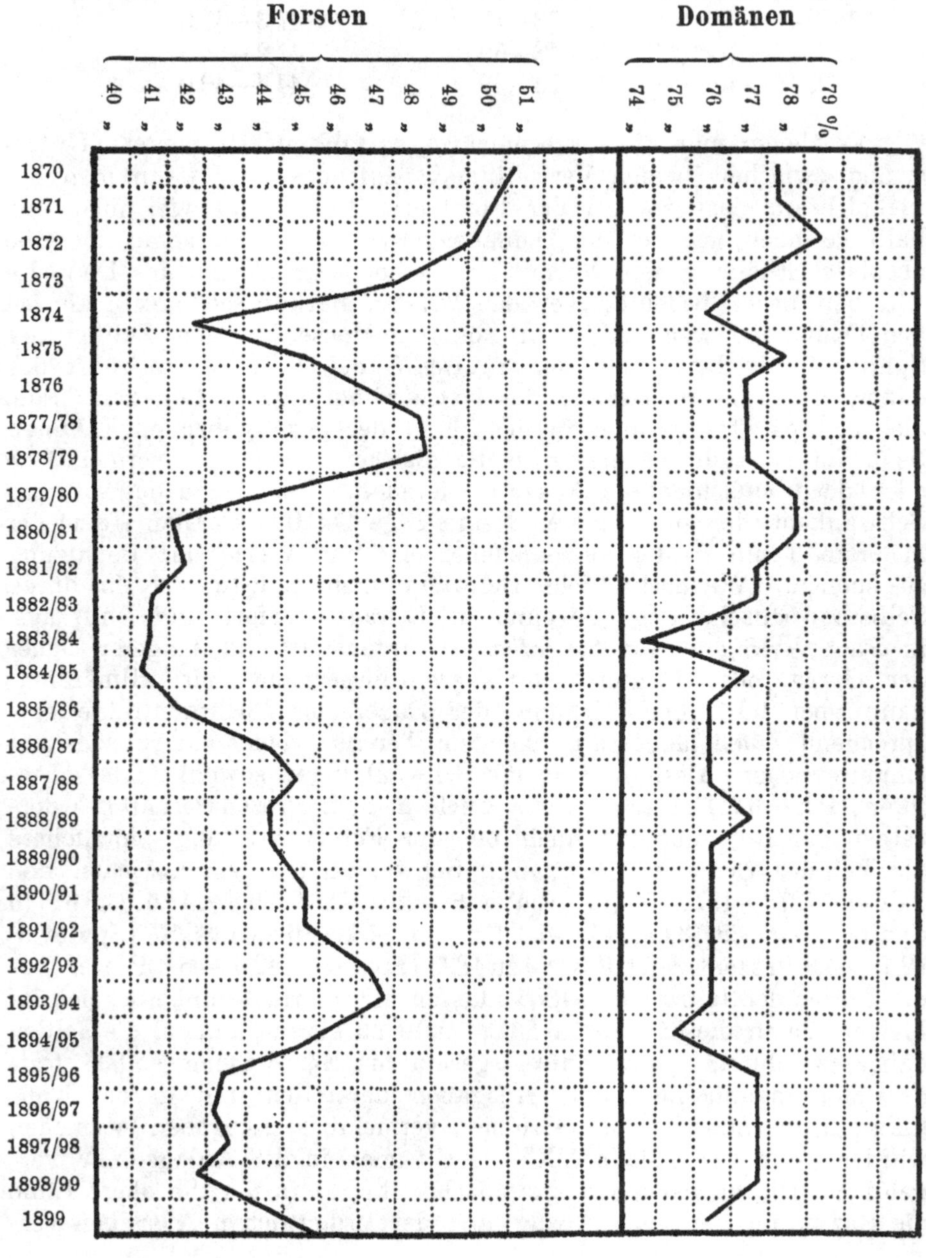

Die Schwankungen der Reinerträge würden übrigens noch grösser sein, wenn nicht das hauptsächlichste Moment der Schwankung, die Holzeinnahmen, ein Gegengewicht dadurch erhielte, dass auch die beiden hervorragendsten Ausgabepositionen, die Werbungs- und Kulturkosten, in ihrer Höhe vorzugsweise von der Stärke des Abtriebes bedingt sind.

Der Reinertrag zeigt im Verhältniss zum Rohertrag, von den vorübergehenden Schwankungen abgesehen, eine sinkende Tendenz: der in den Spalten 5/6 nachgewiesene war von 1850—1872 nie unter 50 Prozent des Rohertrages gesunken; seitdem ist er zu diesem Prozentsatz nie mehr gelangt, und innerhalb der letzten 20 Jahre, bis 1899, hat er nur zwei Mal 46 Prozent erreicht oder überstiegen, während er im vorangegangenen Jahrzehnt nur drei Mal unter diesen Satz herabging. Die Gründe dieser den meisten Produktionszweigen eigenen Erscheinung sind an verschiedenen Stellen der vorstehenden Darstellung der Einnahmen und Ausgaben der Forstverwaltung berührt oder aus derselben zu entnehmen.

Mit dem Sinken des als Reinertrag verbleibenden Prozentsatzes des Rohertrages ist aber in der Forstverwaltung nicht, wie dies bei der Domänenverwaltung nicht zu vermeiden gewesen ist, auch ein Rückgang seiner absoluten Höhe verbunden gewesen. Nach Abzug der dauernden Ausgaben verblieben im letzten Jahrzehnt zwischen 26,8 und 32,7 Millionen Mark, und zwar nur zwei Mal weniger als 27, sechs Mal mehr als 28 und drei Mal mehr als 30 Millionen Mark, während von den 80er Jahren sechs Beträge von 21,6—22,3 und nur vier solche von 25—26,3 Millionen Mark aufwiesen; es ist also in jedem der letzten 10 Jahre mehr als in dem günstigsten des vorangegangenen Jahrzehnts erzielt worden. Geringer sind die Unterschiede zwischen den 80er und den 70er Jahren, von welch' letztern sogar 1877/78 und 1878/79 höhere Reinerträge aufwiesen als sie im folgenden Jahrzehnt vorkommen. Der Grund liegt im Wesentlichen in der wirthschaftlichen Entwicklung: die Etatszahlen der zweiten Hälfte der 70er Jahre fussten auf den Ergebnissen von Jahren wirthschaftlichen Aufschwunges, die der ersten 80 Jahre auf solchen wirthschaftlichen Niederganges. Theilweise haben diese Schwankungen ihren Grund auch in wegen Windbruchs oder anderen Umständen abnorm verstärkten Abtrieben, die dann in den nächsten Jahren durch Minderabtriebe wieder ausgeglichen werden mussten; solche Umstände sprechen beispielsweise bei den hohen Erträgen der Jahre 1876 bis 1878/79 und den niedrigen der nächsten Jahre mit.

Eher ungünstig als günstig haben bisher auf den Reinertrag die zumeist der neuesten Zeit angehörenden Arealserweiterungen eingewirkt, da sie hauptsächlich Flächen betrafen, die zunächst für eine längere oder kürzere Zeit keine oder geringe Erträge bringen können, dagegen hohe Kulturkosten erfordern. Immerhin haben weder der letztere

Umstand noch das Anwachsen der Ausgaben die Reinerträge so ungünstig zu beeinflussen vermocht, dass auch im Verhältniss zur nutzbaren Fläche ein Rückgang derselben zu beobachten wäre. Denn nach den Etatsansätzen betrug der — nach Abzug der dauernden Ausgaben verbleibende — Reinertrag pro Hektar nutzbarer Fläche in den letzten zehn Jahren

1890/91 . .	10,42 Mark	1895/96 . .	10,14 Mark
1891/92 . .	10,92 „	1896/97 . .	10,17 „
1892/93 . .	11,67 „	1897/98 . .	10,48 „
1893/94 . .	11,87 „	1898/99 . .	10,78 „
1894/95 . .	11,08 „	1899 . . .	12,11 „ ,

also nie weniger als 10 Mark, während er — nach Hagen-Donner, der allerdings die Isteinnahmen und -Ausgaben zu Grunde legt — sich bewegte

1880/81—1889/90 zwischen 8,82 und 13,21 Mark
1870—1879/80 „ 7,73 „ 12,51 „ ,

1849—1861 für das Hektar der Gesammtfläche zwischen 3,85 und 5 Mark und 1880/81—1889/90 drei Mal, 1870—1879/80 fünf Mal unter 10 Mark blieb.

Dass diese Ergebnisse schon als recht günstig zu bezeichnen sind, wird klar, wenn man das rapide Anwachsen der dauernden Ausgaben betrachtet. Augenfälliger als durch die hierfür in der Anlage enthaltenen Zahlen wird dieses noch, wenn man es in Prozenten der Ausgabe eines bestimmten früheren Jahres ausdrückt. Wir entnehmen in dieser Beziehung Hagen-Donner Folgendes:

Es betrugen 1861 in Prozenten der Beträge von 1849

a) die dauernden Ausgaben insgesammt 129,0
und zwar:
persönliche Ausgaben 128
Werbungs- etc. Kosten 131
Kultur- etc. Kosten 122
Steuern und Renten 403
sonstige sächliche Ausgaben 96
Ausgaben für wissenschaftliche und Lehrzwecke 135,
dagegen
b) die Roheinnahmen 161,0
c) der Reinertrag 194,0
d) das Areal 99,4

Für das Jahr 1892/93 ergiebt sich dagegen in Prozenten des Jahres 1868 Folgendes:

a) dauernde Ausgaben 169,0
und zwar:
persönliche Ausgaben 175
Werbungs- etc. Kosten 160
Kultur- etc. Kosten 223

Steuern und Renten	133
sonstige sächliche Ausgaben	137
Ausgaben für wissenschaftliche und Lehrzwecke	259
b) Roheinnahme	161,0
c) Reinertrag	153,0
d) Areal	105,5

Diese Zahlen stellen auch insofern der Verwaltung ein sehr günstiges Zeugniss aus, als die Steigerung von 1868 zu 1892/93 — von den Ausgaben für Lehr- und wissenschaftliche Zwecke abgesehen — am stärksten ist bei den Kulturkosten, also bei denjenigen Ausgaben, welche in erster Linie der Verbesserung des Forstbesitzes und der Nachhaltigkeit und künftigen Steigerung seines Ertrages dienen. Hierin unterscheiden sich die Zahlen von 1868—1892/93 vortheilhaft von denen für 1849—1861.

Wie sich die Roheinnahmen, die dauernden Ausgaben und die Reinerträge auf die einzelnen Bezirke vertheilen, ist in der Anlage XXI nach dem Etat für 1898/99 ersichtlich gemacht. Betrachtet man hier die letzte Spalte, so fällt ins Auge, dass von den 14 Regierungsbezirken, die einen Reinertrag von weniger als 10 Mk. pro ha aufweisen, fünf den neuen Provinzen angehören, darunter der die grösste Staatsforstfläche umfassende Bezirk Kassel und die ebenfalls an Staatsforsten reichen Bezirke Lüneburg und Hannover und endlich der den niedrigsten Reinertrag im ganzen Staate (2,12 Mk.) abwerfende Bezirk Osnabrück-Aurich. Diese somit überwiegend ungünstige Stellung, welche die neuen Landestheile in dieser Beziehung einnehmen, rührt, wie eine Vergleichung der auf das Hektar entfallenden Gesammteinnahme und Gesammtausgabe zeigt, davon her, dass diese in einem relativ ungünstigen Verhältniss zu jener stehen. Sie übersteigt in Hannover, Hildesheim, Kassel und Wiesbaden den Staatsdurchschnitt und bleibt in Lüneburg, Stade und Osnabrück-Aurich nur um etwa 20 Prozent hinter demselben zurück. Dagegen beträgt die Einnahme in Lüneburg, Stade und Osnabrück-Aurich nur ca. 72—55, in Kassel ca. 80 Prozent des Staatsdurchschnitts und geht über diesen auch in Hannover in erheblich geringerem, in Hildesheim in annähernd gleichem Verhältniss wie die Ausgabe hinaus. Dieses, in mehr oder weniger dauernden, in den vorangegangenen Abschnitten dieses Buches wiederholt zur Sprache gekommenen Umständen begründete ungünstige Verhältniss zwischen Einnahmen und Ausgaben bildet auch den Grund dafür, dass mit dem Jahre 1868, d. i. mit dem Hinzutritt der neuen Provinzen, der Reinertrag der Staatsforsten von 58,3 auf 52,3 Prozent des Rohertrages zurückschnellt. Die neuen Provinzen haben also hier denselben Einfluss geübt, wie auf die Reinerträge der Domänenverwaltung.

§ 63. Bei den bisherigen Betrachtungen sind wir von dem nach Abzug nur der dauernden, nicht auch der einmaligen und ausserordentlichen Ausgaben verbleibenden Reinertrage ausgegangen, weil dieser ein zutreffenderes Bild der Entwicklung bietet, als wenn man auch die in ihrer Höhe mehr als die dauernden von Zufälligkeiten, von dem Belieben der massgebenden Faktoren und infolgedessen auch von ausserhalb liegenden Umständen, wie insbesondere der allgemeinen Finanzlage abhängt. Die Differenz zwischen den Prozentsätzen der Spalte 6 und 8 der Anlage XXVI zeigt daher auch viele durch derartige Umstände hervorgerufene Schwankungen. Doch lässt sich, namentlich in letzter Zeit, das Bestreben erkennen, durch reichlichere oder sparsamere Bemessung des Extraordinariums ein stabileres Verhältniss zwischen Einnahmen und Ausgaben herzustellen, als sich zwischen jenen und den dauernden Ausgaben allein ergiebt, mit andern Worten, in Jahren, wo die Einnahmen die dauernden Ausgaben besonders stark übersteigen, das Extraordinarium reicher, in Jahren mit umgekehrten Verhältnissen weniger reich zu dotiren. So schwankte der Ueberschuss der ordentlichen Ausgaben über die Einnahmen 1895/96 bis 1899 zwischen 42,9 und 45,6, derjenige der dauernden und einmaligen Ausgaben nur zwischen 40 und 40,8 Prozent der Einnahmen. Die Vorzüge einer nach solchen Prinzipien verfahrenden Bemessung des Extraordinariums für die Erhaltung des Gleichgewichts in den Staatseinnahmen und -Ausgaben liegen auf der Hand. Dieselbe erfüllt bis zu einem gewissen Grade die Aufgaben einer Kontingentirung der für allgemeine Staatszwecke zur Verfügung zu stellenden Reinerträge, wie sie von mancher Seite verlangt ist.

Wenn im Ganzen trotz der in den letzten Jahren im Allgemeinen reichlicheren Ausstaltung der Extraordinarien der verschiedenen Verwaltungen dasjenige der Forstverwaltung im Verhältniss zu den Einnahmen prozentual kaum gestiegen ist, so liegt das eben in der im vorigen Kapitel hervorgehobenen Verweisung vieler Ausgaben aus dem Extraordinarium in das Ordinarium. Gerade diese Massregel bildet aber ein unentbehrliches Korrelat für die Anpassung des Extraordinariums an die Höhe des nach Abzug des Ordinariums verbleibenden Ueberschusses und an die allgemeine Finanzlage. Denn eine solche Anpassung lässt sich ohne Schaden nur dann durchführen, wenn aus dem Extraordinarium nur solche Ausgaben, die wirklich einmalige sind, oder die ohne unverhältnissmässigen Schaden vermieden oder aufgeschoben werden können, alle diejenigen, bei denen diese Voraussetzungen nicht zutreffen, aber aus dem Ordinarium zu bestreiten sind. Von diesem Gesichtspunkte ist es auch ganz rationell, dass für den Ankauf von Grundstücken ein Theil der Mittel im Ordinarium und ein Theil im Extraordinarium ausgebracht wird. Denn bei einzelnen Grundstücken kann der baldige Ankauf im wirthschaftlichen Interesse geboten, bei andern nur erwünscht, aber ohne Schaden sehr wohl aufschiebbar sein.

Von dem Nettoerforderniss des Staatshaushalts, wie es jetzt in dem dem Staatshaushaltsetat beigefügten Nettoetat berechnet wird — jedoch zuzüglich der dort vorweg abgezogenen Kronfideikommissrente mit 7,7 Millionen Mark —, finden in dem nach Abzug der dauernden und der ausserordentlichen Ausgaben verfügbar bleibenden Ueberschuss der Forstverwaltung für 1899 6,1 Prozent Deckung, gegen 5,9 Prozent 1898/99, 5,3 Prozent 1897/98, 5,8 Prozent 1896/97, 6,4 Prozent 1895/96 und 6,9 Prozent 1894/95. Trotz der allgemeinen Steigerung der Staatsausgaben ist es somit möglich gewesen, den Ueberschuss der Forstverwaltung in den letzten Jahren ziemlich in demselben Verhältniss zum Staatsnettobedarf zu erhalten.

Einen auf den ersten Blick befremdend ungünstigen Eindruck erhält man dagegen, wenn man die Reinerträge der Preussischen Staatsforsten mit denen der Forsten anderer deutscher Staaten vergleicht. In Preussen stellt sich der nach Abzug der dauernden Ausgaben verbleibende Reinertrag pro Hektar der Gesammtfläche auf 11,7 Mk., dagegen in

Sachsen auf	ca. 42,0 Mk.
Bayern auf	„ 15,3 „
Württemberg auf . . .	„ 40,0 „

Ebenso betragen die Forstreinerträge in Hessen und Baden pro Hektar das Doppelte bis Dreifache der Preussischen, und auch in Mecklenburg-Schwerin sind sie nicht unerheblich höher. Dem gegenüber ist aber zu berücksichtigen einmal, dass in andern deutschen Staaten ein erheblicher Theil der Ausgaben, die in Preussen auf dem Forstetat stehen, aus andern Fonds bestritten werden, insbesondere diejenigen für Ablösungen, für Unterstützungen, für die Arbeiterversicherungen, theilweise auch die Hoch- und Tiefbaukosten, für das forstliche Unterrichtswesen u. a. m., sodann aber die in Preussen durchschnittlich ungünstigeren Bodenverhältnisse, endlich die Schäden, denen infolge dieser ungünstigen Bodenverhältnisse beziehungsweise des durch sie bedingten Ueberwiegens der Kiefernbestände, die Preussischen Forsten mehr ausgesetzt sind als die anderer Staaten. Die finanziell werthvollste Holzart, die Fichte, findet sich in den Forsten Bayerns, Württembergs, Sachsens in relativ ganz anderem Umfange als in denen Preussens, und Mecklenburg z. B. besitzt verhältnissmässig weit mehr werthvolle Laubholzbestände. Bei den so ungemein verschiedenartigen Verhältnissen der einzelnen Preussischen Landestheile verbietet es sich eben, daraus, dass kleinere Staaten ohne solche Verschiedenheiten höhere Erträge erzielen, Schlüsse auf die Qualität der Forstwirthschaft zu ziehen.

Druck von Otto Walter, Berlin S.,
Kommandantenstrasse 44 a.

Anlagen.

Anlage I.

Nachweisung der in den Rechnungsjahren 1863 bis 1897/98 aufgekommenen Kapitalien für Veräusserung von Domänen- und Forstgrundstücken und für Ablösung von Domänen- und Forstgefällen.

1	2	3	4	5	6	7
Etatsjahr	Aus den älteren Landestheilen			Aus der 1866 neu erworbenen Landestheilen		
	für Veräusserungen ℳ	für Ablösungen ℳ	Summe ℳ	für Veräusserungen ℳ	für Ablösungen ℳ	Summe ℳ
1863	1 193 634	829 275	2 022 909			
1864	970 815	692 271	1 663 086			
1865	1 371 983	1 586 388	2 958 371			
1866	927 920	1 323 214	2 251 134			
1867	1 132 204	1 314 362	2 446 566	99 405	224 863	324 268
1868	882 789	1 387 999	2 270 788	290 778	1 392 176	1 682 954
1869	1 205 687	1 439 607	2 645 294	562 170	1 392 895	1 955 065
1870	660 309	1 432 389	2 092 698	1 150 319	3 619 138	4 769 457
1871	1 172 205	1 442 854	2 615 059	2 052 831	3 512 466	5 565 297
1872	2 255 748	1 695 701	3 951 449	3 081 027	4 991 318	8 072 345
1873	2 088 440	1 605 194	3 693 634	5 004 582	5 272 551	10 277 133
1874	3 846 548	1 498 979	5 345 825	5 220 455	3 330 776	8 551 231
1875	2 665 729	1 461 756	4 127 485	4 506 928	3 046 798	7 553 726
1876	3 180 307	1 492 280	4 672 587	3 301 821	2 492 571	5 794 392
I. Quartal 1877	638 187	384 344	1 022 531	488 782	1 746 580	2 235 362
1877/78	1 765 567	1 411 193	3 176 760	3 698 057	2 777 229	6 475 286
1878/79	3 703 264	1 299 697	5 002 961	4 485 638	1 778 668	6 264 306
1879/80	1 814 348	1 427 163	3 241 511	2 542 204	2 233 374	4 775 577
1880/81	1 961 051	1 412 533	3 373 584	2 570 907	1 507 006	4 077 913
1881/82	1 054 656	1 350 415	2 405 071	1 894 621	1 301 009	3 195 630
1882/83	2 895 897	1 475 295	4 371 192	1 495 483	1 060 168	2 555 651
1883/84	1 521 163	1 402 893	2 924 056	1 297 361	972 525	2 269 886
1884/85	688 004	1 424 689	2 112 693	619 826	1 391 465	2 011 291
1885/86	465 143	1 357 796	1 822 939	504 624	1 695 073	2 199 697
1886/87	521 405	1 558 689	2 080 094	720 554	512 235	1 232 789
1887/88	1 238 728	1 374 493	2 613 221	462 448	416 020	878 468
1888/89	375 559	1 360 756	1 736 315	622 671	381 684	1 004 355
1889/90	3 614 937	1 423 147	5 038 084	660 286	843 951	1 504 137
1890/91	994 254	1 283 216	2 777 470	719 213	563 563	1 282 776
1891/92	450 261	1 236 885	1 687 146	773 096	513 194	1 286 290
1892/93	281 236	1 302 045	1 583 281	833 938	472 115	1 306 053
1893/94	1 192 838	1 239 850	2 432 688	1 708 759	356 916	2 065 675
1894/95	573 681	1 374 001	1 947 682	1 639 864	294 362	1 934 226
1895/96	3 363 962	1 190 660	4 554 622	2 194 184	332 980	2 527 164
1896/97	809 466	1 221 378	2 030 844	1 731 740	314 409	2 046 149
1897/98	1 187 760	1 157 249	2 345 009	1 625 978	261 798	1 887 776
Summe 1863 bis 1897/98	**54 665 685**	**47 870 656**	**102 536 341**	**58 560 550**	**51 001 876**	**109 562 426**

Anlage II.

Uebersicht der Resultate der Domänen- und Forstveräusserungen vom Jahre 1825 bis zum Jahre 1897.

(Nach den Akten des Ministeriums für Landwirthschaft, Domänen und Forsten.)

1	2	3	4	5	6	7
Rechnungsjahr	Betrag der für die veräusserten und vererbpachteten Objekte stipulirten		Zusammen	Nettoertrag der veräusserten Objekte vor der Veräusserung	Die Zinsen d. Kauf- u. Erbstandsgelder, der neue jährliche Kanon u. Domänenzins u. die neue Grundsteuer (bis 1. April 1895) der veräusserten Grundstücke betrugen	Mithin betrug die Einnahme (Sp. 6) gegenüber der früheren Sp. 5 mehr bezw. weniger
	Kaufgelder	Erbstandsgelder				
	Thaler	Thaler	Thaler	Thaler	Thaler	Thaler
1825	561 878	50 592	612 470	23 238	33 989	10 751
1826	1 131 173	91 611	1 222 784	57 992	74 643	16 651
1827	1 319 435	110 188	1 429 623	62 532	78 135	15 603
1828	1 637 817	141 920	1 779 736	68 935	94 446	25 511
1829	1 839 951	91 265	1 931 216	79 135	99 928	20 792
1830	1 480 843	82 356	1 563 199	65 641	87 928	22 287
1831	1 310 983	54 209	1 365 192	65 664	81 532	15 868
1832	1 763 659	78 879	1 842 538	79 392	105 135	26 343
1833	891 750	34 187	925 937	42 692	54 632	11 940
1834	1 001 239	24 636	1 025 875	39 101	58 317	19 216
1835	583 641	22 863	606 505	27 391	38 304	10 913
1836	776 506	28 748	805 254	36 212	48 887	12 675
1837	532 189	13 788	545 977	20 351	31 754	11 403
1838	385 351	2 980	388 331	14 134	20 457	6 323
1839	624 139	2 518	626 657	17 735	30 013	12 278
1840	418 827	611	419 437	14 128	25 724	11 596
1841	397 426	14 607	412 033	11 966	19 637	7 671
1842	269 618	1 255	270 874	9 685	15 023	5 338
1843	668 308	87	668 395	23 824	32 962	9 138
1844	486 620	232	486 853	16 747	23 230	6 483
1845	213 276	934	214 210	6 212	10 100	5 888
1846	282 090	3 436	285 526	6 104	12 680	6 376
1847	174 907	11 073	185 980	7 023	16 175	9 152
1848	245 458	3 075	248 533	10 117	13 496	3 379
1849	1 176 366	366	1 176 732	34 871	55 899	19 028
1850	869 769	—	869 769	19 919	39 444	19 525
1851	486 620	—	486 620	15 077	21 389	6 312
1852	492 350	—	492 350	12 350	21 886	9 516
1853	234 754	—	234 754	8 059	11 294	3 235
1854	158 667	—	158 667	5 186	6 575	1 388
1855	248 314	—	248 314	7 614	10 299	2 685
1856	159 393	600	159 993	3 972	6 623	2 651
1857	292 389	100	292 489	7 618	12 083	4 465
1858	212 648	—	212 648	5 593	9 045	3 452
1859	159 708	—	159 708	3 978	6 781	2 803
1860	228 137	—	228 137	5 517	9 659	4 142
1861	576 526	—	576 526	11 601	24 693	13 092
1862	679 744	—	679 744	18 506	28 333	9 827
1863	576 144	—	576 144	10 471	23 129	12 659
1864	280 366	—	280 366	6 325	11 221	4 896
1865	329 642	—	329 642	7 691	13 222	5 531

Anmerkung: Für die Jahre 1825 bis 1865 sind in den Zahlen diejenigen für Forstveräusserungen mit enthalten.

Noch: Anlage II.

Noch: Uebersicht der Resultate der Domänen- und Forstveräusserungen vom Jahre 1825 bis zum Jahre 1897.

1	2	3	4	5	6	7
Rechnungsjahr	Betrag der stipulirten Kaufgelder für Domänen- Objekte	Betrag der stipulirten Kaufgelder für Forst- Objekte	Zusammen	Netto-ertrag der veräusserten Objekte vor der Veräusserung	Die Zinsen der Kauf- und Erbstandsgelder, der neue jährliche Kanon und Domänenzins und die neue Grundsteuer (bis 1. April 1895) der veräusserten Grundstücke betrugen	Mithin betrug die Einnahme (Sp. 6) gegenüber der früheren Sp. 5 mehr bezw. weniger
	Thaler	Thaler	Thaler	Thaler	Thaler	Thaler
1866	244 564	93 746	338 310	6 864	13 924	7 060
1867	196 521	74 742	271 263	5 987	11 097	5 110
1868 alte L.-Th. . .	189 313	64 881	254 195	6 532	10 322	3 790
neue (1860 erworbene) L.-Th.	102 314	428	102 742	6 346	7 501	1 198
zusammen . .	291 627	65 309	356 937	12 878	17 823	4 988
1869 alte L.-Th. . .	299 491	67 337	366 828	9 627	14 853	5 225
neue „ . .	240 376	2 265	242 641	8 430	11 491	3 961
zusammen . .	539 867	69 602	609 469	18 052	26 344	8 287
1870 alte L.-Th. . .	242 697	59 183	301 880	8 688	12 319	3 631
neue „ . .	670 282	13 258	683 540	18 621	28 299	9 677
zusammen . .	912 979	72 441	985 420	27 309	40 618	13 308
1871 alte L.-Th. . .	277 473	97 325	374 798	5 098	15 138	10 040
neue „ . .	705 004	43 662	748 676	20 239	30 913	10 674
zusammen . .	982 477	140 987	1 123 464	25 337	46 051	20 715
1872 alte L.-Th. . .	792 852	158 123	950 974	10 263	38 399	28 136
neue „ . .	1 202 039	30 766	1 232 805	31 219	50 486	19 267
zusammen . .	1 994 891	188 889	2 183 779	41 482	88 885	47 403
1873 alte L.-Th. . .	1 002 453	444 002	1 446 455	42 754	41 388 + 17 993	5 545 + 11 081
neue „ . .	1 961 173	197 061	3 158 434	35 137	79 343 + 8 016	47 301 + 5 020
zusammen . .	2 963 626	641 063	3 604 689	77 891	120 731 + 26 009	52 846 + 16 102
1874 alte L.-Th. . .	547 947	313 665	861 611	8 318 + 3 524	22 525 + 12 657	14 208 + 9 132
neue „ . .	1 393 824	103 059	1 496 884	34 342 + 2 508	57 066 + 4 176	22 724 + 1 668
zusammen . .	1 941 771	416 724	2 358 495	42 660 + 6 032	79 591 + 16 833	36 932 + 10 800

Anmerkung: Wo in den Jahren seit 1873 in Spalte 5, 6 und 7 für die neuen und die alten Landestheile sowie für den ganzen Staat je zwei Zahlen, deren zweiter + vorgesetzt ist, angegeben sind, bezieht sich die erste auf die Domänen, die zweite auf die Forsten.

Noch: Anlage II.

Noch: Uebersicht der Resultate der Domänen- und Forstveräusserungen vom Jahre 1825 bis zum Jahre 1897.

1	2	3	4	5	6	7
Rechnungsjahr	Betrag der stipulirten Kaufgelder für Domänen- Objekte	Betrag der stipulirten Kaufgelder für Forst- Objekte	Zusammen	Nettoertrag der veräusserten Objekte vor der Veräusserung	Die Zinsen der Kauf- und Erbstandsgelder, der neue jährliche Kanon und Domänenzins und die neue Grundsteuer (bis 1. April 1895) der veräusserten Grundstücke betrugen	Mithin betrug die Einnahme (Sp. 6) gegenüber der früheren Sp. 5 mehr bezw. weniger
	ℳ	ℳ	ℳ	ℳ	ℳ	ℳ
1875 alte L.-Th. . .	2 077 683	672 982	2 750 665	62 082	86 843	24 761
				+ 18 132	+ 27 504	+ 9 372
neue „ . .	3 962 211	330 591	4 292 802	93 964	163 095	69 131
				+ 5 442	+ 13 437	+ 7 995
zusammen . .	6 039 894	1 003 573	7 043 467	156 046	249 938	93 892
				+ 23 574	+ 40 941	+ 17 367
1876 alte L.-Th. . .	958 351	1 621 250	2 579 602	26 341	39 381	19 041
				+ 17 664	+ 65 129	+ 47 465
neue „ . .	2 355 925	131 321	2 487 246	63 357	96 839	33 482
				+ 3 772	+ 5 291	+ 1 519
zusammen . .	3 314 276	1 752 571	5 066 848	83 698	136 220	52 523
				+ 21 437	+ 70 420	+ 48 984
1877 1. Jan.-1. April						
alte L.-Th. . .	39 221	122 074	161 295			
neue „ . .	361 539	16 296	377 835			
zusammen . .	400 760	138 370	539 131	9 103	16 407	7 303
				+ 2 547	+ 5 627	+ 3 079
1877/78 alte L.-Th.	1 654 060	480 485	2 134 544	41 658	68 017	26 359
				+ 9 398	+ 19 394	+ 9 996
neue „	2 969 841	524 281	3 494 122	72 673	123 410	50 737
				+ 7 714	+ 21 163	+ 13 449
zusammen . .	4 623 901	1 004 766	5 628 666	114 331	191 427	77 096
				+ 17 113	+ 40 557	+ 23 445
1878/79 alte L.-Th.	3 032 196	301 973	3 334 170	29 467	121 576	92 109
				+ 5 252	+ 12 268	+ 7 016
neue „	4 145 956	117 050	4 263 006	105 502	174 231	68 729
				+ 2 753	+ 4 751	+ 1 998
zusammen . .	7 178 153	419 023	7 597 176	134 970	295 807	160 837
				+ 8 006	+ 17 019	+ 9 014
1879/80 alte L.-Th.	987 562	522 486	1 510 058	22 590	40 014	17 425
				+ 5 802	+ 21 068	+ 15 267
neue „	2 477 967	100 082	2 578 049	93 490	103 997	10 507
				+ 2 625	+ 4 083	+ 1 458
zusammen . .	3 465 529	622 568	4 088 107	116 079	144 011	27 932
				+ 8 426	+ 25 151	+ 16 725
1880/81 alte L.-Th.	1 403 232	124 247	1 527 479	20 155	56 757	36 602
				+ 2 087	+ 5 230	+ 3 142
neue „	2 164 133	34 336	248 669	61 993	92 213	30 220
				+ 711	+ 1 412	+ 701
zusammen . .	3 567 365	158 783	1 776 148	82 148	148 971	66 823
				+ 2 798	+ 6 642	+ 3 843
1881/82 alte L.-Th.	440 966	494 104	935 068	9 157	17 819	18 035
				+ 5 793	+ 19 989	+ 14 196
neue „	1 384 305	43 146	1 427 451	39 187	57 223	8 662
				+ 1 035	+ 1 756	+ 721
zusammen . .	1 825 271	537 250	2 362 520	48 344	75 043	26 697
				+ 6 828	+ 21 745	+ 14 917

Noch: Uebersicht der Resultate der Domänen- und Forstveräusserungen vom Jahre 1825 bis zum Jahre 1897.

1	2	3	4	5	6	7
Rechnungsjahr	Betrag der stipulirten Kaufgelder für Domänen- Objekte	Betrag der stipulirten Kaufgelder für Forst- Objekte	Zusammen	Nettoertrag der veräusserten Objekte vor der Veräusserung	Die Zinsen der Kauf- und Erbstandsgelder, der neue jährliche Kanon und Domänenzins und die neue Grundsteuer (bis 1. April 1895) der veräusserten Grundstücke betrugen	Mithin betrug die Einnahme (Sp. 6) gegenüber der früheren Sp. 5 mehr bezw. weniger
	ℳ	ℳ	ℳ	ℳ	ℳ	ℳ
1882/83 alte L.-Th.	2 659 785	147 400	2 807 186	24 924	107 487	82 563
				+ 3 987	+ 6 003	+ 2 159
neue „	950 453	78 966	1 029 419	9 533	39 262	19 729
				+ 2 262	+ 3 224	+ 961
zusammen . .	3 610 238	226 366	3 836 605	44 457	146 749	102 292
				+ 6 160	+ 9 277	+ 3 119
1883/84 alte L.-Th.	1 248 313	91 991	1 340 304	9 802	50 014	40 212
				+ 2 522	+ 3 711	+ 1 188
neue „	967 039	57 465	1 014 504	17 325	39 420	22 095
				+ 1 629	+ 2 304	+ 675
zusammen . .	2 215 352	149 456	2 354 808	27 128	89 435	62 307
				+ 4 151	+ 6 015	+ 1 863
1884/85 alte L.-Th.	279 231	316 103	595 335	7 044	11 233	4 189
				+ 5 814	+ 12 960	+ 7 146
neue „	443 970	49 438	493 408	9 125	18 159	9 035
				+ 1 568	+ 2 042	+ 474
zusammen . .	723 201	365 541	1 088 743	16 169	29 393	13 224
				+ 7 382	+ 15 002	+ 7 620
1885/86 alte L.-Th.	227 908	95 227	323 135	6 349	9 161	2 813
				+ 2 378	+ 4 008	+ 1 629
neue „	374 419	46 882	421 301	6 484	15 362	8 878
				+ 862	+ 1 966	+ 1 104
zusammen . .	602 327	142 109	744 436	12 833	24 524	11 691
				+ 3 240	+ 5 974	+ 2 734
1886/87 alte L.-Th.	270 748	115 828	386 575	6 204	11 145	4 941
				+ 2 892	+ 4 649	+ 1 757
neue „	671 839	53 496	725 335	13 246	27 415	14 169
				+ 1 065	+ 2 168	+ 1 103
zusammen . .	942 587	169 324	1 111 910	19 450	38 560	19 110
				+ 3 957	+ 6 817	+ 2 860
1887/88 alte L.-Th.	957 900	105 102	1 063 003	29 924	39 670	9 746
				+ 1 496	+ 4 220	+ 2 724
neue „	487 363	37 741	525 105	9 820	19 754	9 935
				+ 332	+ 1 531	+ 1 334
zusammen . .	1 445 263	142 843	1 588 108	39 744	59 425	19 681
				+ 1 499	+ 5 757	+ 4 257
1888/89 alte L.-Th.	255 968	110 736	366 704	5 899	10 381	4 482
				+ 2 441	+ 4 452	+ 2 311
neue „	509 748	2 578	512 326	6 456	20 558	14 102
				+ 59	+ 105	+ 46
zusammen . .	765 716	113 314	879 030	12 355	30 940	18 585
				+ 2 501	+ 4 557	+ 2 056
1889/90 alte L.-Th.	788 141	2 998 743	3 786 883	16 879	32 385	15 506
				+ 7 455	+ 120 638	+ 113 179
neue „	737 747	47 105	784 852	9 399	29 797	20 398
				+ 944	+ 2 073	+ 1 129
zusammen . .	1 525 888	3 045 848	4 571 735	26 278	62 183	35 904
				+ 8 399	+ 122 708	+ 114 306

Noch: **Anlage II.**

Noch: Uebersicht der Resultate der Domänen- und Forstveräusserungen vom Jahre 1825 bis zum Jahre 1897.

1	2	3	4	5	6	7
Rechnungsjahr	Betrag der stipulirten Kaufgelder für Domänen-Objekte	Betrag der stipulirten Kaufgelder für Forst-Objekte	Zusammen	Nettoertrag der veräusserten Objekte vor der Veräusserung	Die Zinsen der Kauf- und Erbstandsgelder, der neue jährliche Kanon und Domänenzins und die neue Grundsteuer (bis 1. April 1895) der veräusserten Grundstücke betrugen	Mithin betrug die Einnahme (Sp. 6) gegenüber der früheren Sp. 5 mehr bezw. weniger
	ℳ	ℳ	ℳ	ℳ	ℳ	ℳ
1890/91 alte L.-Th.	689 723	137 852	827 575	7 421 + 1 103	28 157 + 5 545	20 736 + 4 442
neue „	765 187	36 629	801 816	7 783 + 1 316	30 970 + 1 475	23 187 + 158
zusammen . .	1 454 910	174 481	1 629 391	15 204 + 2 419	59 127 + 7 019	43 923 + 4 600
1891/92 alte L.-Th.	207 871	196 077	403 947	4 053 + 7 038	8 496 + 10 285	4 443 + 3 247
neue „	905 596	20 166	925 762	5 444 + 607	36 414 + 811	30 970 + 204
zusammen . .	1 113 466	216 243	1 329 709	9 497 + 7 645	44 910 + 11 096	35 413 + 3 452
1892/93 alte L.-Th.	153 888	116 061	269 949	2 934 + 2 345	6 314 + 4 907	3 381 + 2 561
neue „	629 806	19 689	649 495	14 812 + 529	25 655 + 788	10 843 + 260
zusammen . .	783 694	135 750	919 443	17 746 + 2 874	31 970 + 5 695	14 224 + 2 821
1893/94 alte L.-Th.	1 811 994	137 718	1 949 712	3 803 + 3 238	72 592 + 5 542	68 789 + 2 304
neue „	1 437 081	376 785	1 813 866	28 440 + 2 082	58 436 + 15 081	29 997 + 12 999
zusammen . .	3 249 075	514 503	3 763 578	32 243 + 5 320	131 029 + 20 623	98 786 + 15 303
1894/95 alte L.-Th.	335 140	59 607	394 747	6 679 + 2 075	15 522 + 2 384	8 843 + 309
neue „	1 598 794	49 177	1 648 971	34 395 + 1 665	63 952 + 1 967	29 557 + 302
zusammen . .	1 933 934	108 784	2 043 718	41 073 + 3 740	79 474 + 4 351	38 400 + 611
1895/96 alte L.-Th.	2 342 934	658 742	3 001 677	7 143 + 6 852	93 717 + 26 350	86 574 + 19 498
neue „	1 929 825	78 198	2 708 023	42 352 + 494	77 193 + 3 128	34 841 + 2 633
zusammen . .	4 272 759	736 940	5 709 700	49 495 + 7 347	170 910 + 29 478	121 416 + 22 131
1896/97 alte L-Th.	605 798	115 527	721 325	3 933 + 2 467	24 232 + 5 245	18 299 + 2 785
neue „	1 485 213	397 406	1 882 619	26 076 + 12 515	59 408 + 15 896	33 333 + 3 381
zusammen . .	2 091 011	512 933	2 603 944	32 009 + 14 975	83 640 + 21 141	51 632 + 6 166
1897/98 alte L.-Th.	1 147 230	31 714	1 178 944	4 903 + 151	45 889 + 1 269	40 986 + 1 117
neue „	1 384 851	164 043	1 548 893	16 179 + 4 172	55 394 + 6 562	39 215 + 2 389
zusammen . .	2 532 081	195 757	2 727 837	21 082 + 4 323	101 283 + 7 830	80 201 + 3 507

Anlage III.

Nachweisung der in der Zeit vom 1. Januar 1873 bis 31. März 1898 verkauften Flächen an Domänenvorwerken, Parzellen von Domänenvorwerken und einzelnen Domänengrundstücken.

Aufgestellt nach den Akten des Ministeriums für Landwirthschaft, Domänen und Forsten.

1	2	3	4	5	6	7	8	9	10	11	12
Zeitperiode	In den alten Provinzen sind verkauft					In den neuen Provinzen sind verkauft					Gesammtfläche im ganzen Staat
	Domänenvorwerke			Parzellen v. Domänenvorwerken und einzelnen Grundstücken	Gesammtfläche in den alten Provinzen	Domänenvorwerke			Parzellen v. Domänenvorwerken und einzelnen Grundstücken	Gesammtfläche in den neuen Provinzen	
	im Regierungsbezirk	Zahl	mit einer Fläche von			im Regierungsbezirk	Zahl	mit einer Fläche von			
			ha	ha	ha			ha	ha	ha	
1873 bis 1. April 1878 . . .	Posen	2	596,211	5 314,248	7 617,586	Prov. Hannover	6	378,621	9 752,588	10 901,784	18 519,37
	Stralsund . .	4	1 237,962			R.-B. Cassel . .	9	721,711			
	Münster . . .	2	469,065			„ Wiesbaden	1	48,865			
		8	2 303,238				16	1 149,196			
1878/79—1882/83	Merseburg .	2	301,498	1 442,678	1 744,176	Prov. Hannover	5	446,454	8 247,586	8 694,040	10 438,216
						R.-B. Schleswig	2	106,859			
						„ Cassel . .	1	19,151			
							8	572,464			
1883/84—1887/88	Potsdam . .	1	525,54	1 514,751	2 040,291	Prov. Hannover	1	433,945	3 296,036	3 796,055	5 336,327
						R.-B. Cassel . .	1	66,074			
							2	500,019			
1888/89—1892/93	Stralsund . .	1	145,945	1 290,627	1 528,518	Hildesheim . . .	1	73,071	2 026,899	2 099,97	3 628,515
	Oppeln . . .	1	91,946								
		2	237,891								
1893/94—1897/98	—	—	—	671,543	671,543	Hildesheim . . .	2	416,266	3 923,465	4 688,361	5 359,904
						Lüneburg	2	293,630			
						Aurich	1	55,000			
							5	764,896			
1. Jan. 1873 b. 1. April 1898		**13**	**3 368**,167	**10 233**,847	**13 602**,014		**32**	**3 059**,646	**27 246**,514	**30 306**,16	**43 908**,174

Ueber 100 ha wurden an Parzellen (Sp. 5 und 10) und einzelnen Grundstücken verkauft in den Regierungsbezirken:

	ha		ha		ha		ha
1873		**1875**		**¹/₁1877—¹/₄1878**		**1879/80**	
Gumbinnen	531	Königsberg	144	Gumbinnen	214	Schleswig	626
Marienwerder	115	Gumbinnen	119	Frankfurt a./O.	116	Pr. Hannover	1035
Frankfurt a./O.	219	Breslau	439	Stettin	203	**1880/81**	
Pr. Hannover	804	Schleswig	302	Köslin	172	Königsberg	169
Schleswig	1277	Cassel	341	Cassel	128	Pr. Hannover	1948
Cassel	232	Pr. Hannover	1268	Wiesbaden	135	**1881/82**	
1874		**1876**		Pr. Hannover	1127	Köslin	101
Frankfurt a./O.	846	Frankfurt a./O.	854	**1878/79**		Schleswig	265
Stralsund	562	Köslin	150	Schleswig	221	Pr. Hannover	367
Schleswig	1021	Stralsund	282	Wiesbaden	102	**1882/83**	
Cassel	253	Cassel	248	Pr. Hannover	2447	Pr. Hannover	878
Pr. Hannover	1480	Pr. Hannover	867				

	ha		ha		ha		ha
1883/84		**1886/87**		**1890/91**		**1894/95**	
Königsberg	280	Königsberg	264	Stralsund	305	Potsdam	110
Gumbinnen	180	Aurich	309	Osnabrück	160	Lüneburg	146
Pr. Hannover	1267	**1887/88**		Aurich	701	Aurich	505
1884/85		Aurich	456	**1891/92**		**1895/96**	
Schleswig	188	**1888/89**		—	—	Hildesheim	119
Pr. Hannover	275	Aurich	818	**1892/93**		Aurich	389
1885/86		**1889/90**		Posen	149	**1896/97**	
Königsberg	189	Königsberg	144	Aurich	208	Schleswig	418
Schleswig	283	Stralsund	179	**1893/94**		Aurich	285
Aurich	208			Stade	106	**1897/98**	
				Aurich	201	Aurich	502

Anlage IV.

Uebersicht über die etatsmässigen Einnahmen und dauernden Ausjahre 1899 bis 1887/88, 1885/86, 1883/84, 1881/82,

1 Stelle im Etat 1899 Kap.	2 Tit.	3 Bezeichnung der Etatspositionen.	4 1899 M.	5 1898/99 M.	6 1897/98 M.	7 1896/97 M.
		Einnahme.				
1.	1.	Grundherrliche Hebungen und Hebungen von veräusserten Domänenobjekten	965 976	970 833	990 833	1 020 833
	2.	Domänen-Amortisationsrenten	5 415 753	5 427 584	5 477 584	5 552 584
	3.	Ertrag von Domänenvorwerken	13 378 484	13 514 362	13 681 280	13 809 820
	4.	Ertrag von anderen Domänengrundstücken, Mühlen und Fischereien	4 471 293	4 561 415	4 561 415	4 591 715
	5.	Ertrag von Mineralbrunnen und Badeanstalten	1 775 477	1 760 000	1 760 000	1 713 942
	6.	Aus der Nutzung des Bernsteinregals	132 290	528 858	708 458	708 458
	7.	Zinsen von Aktivkapitalien	15 521	18 348	19 692	20 510
	8.	Renten, welche das Deutsche Reich gemäss § 3 d. Reichsges. v 25. Mai 1873 (R.G.Bl. S. 113) an den Bundestaat Preussen zu zahlen hat	97 491	97 491	97 491	97 491
	9.	Sonstige vermischte Einnahmen und zur Abrundung der Einnahmen in den Kassen-Etats	147 715	141 109	130 247	130 597
		Summe der Einnahme . . .	**26 400 000**	**27 020 000**	**27 427 000**	**27 645 950**
		Ausgabe.				
		Besoldungen.				
1.	1.	Mittlere Beamte der Lokalverwaltung[1]) . . .	185 620	194 320	169 025	167 905
	2.	Fällt aus[2])	.	.	.	.
	3.	Unterbeamte der Domänenverwaltung	119 920	116 370	114 488	118 078
		Summe Tit. 1—3 . . .	*305 540*	*310 690*	*283 513*	*285 983*
	4.	Zu Wohnungsgeldzuschüssen für die Beamten	16 068	15 960	16 704	16 855
		Andere persönliche Ausgaben.				
	5.	Kosten der Erhebung der Domänengefälle .	15 000	15 000	15 000	19 264
	6.	Aufsichtskosten, als: Entschädigungen an Beamte für die Wahrnehmung von Domanialinteressen, Kosten der Beaufsichtigung von Domänengrundstücken, Etablissements und Bauwerken etc	154 886	153 105	155 605	158 475
	7.	Zu ausserordentlichen Remunerationen und Unterstützungen für Unterbeamte	10 000	10 000		
	7a.	Zu ausserordentlichen Remunerationen für mittlere Beamte	3 000	3 000	} 22 000	25 000
	7b.	Zu ausserordentlichen Unterstützungen für mittlere Beamte	5 000	5 000		
	8.	Zu Unterstützungen für ausgeschiedene Beamte, sowie für Wittwen und Waisen von Beamten.	27 000	27 000	27 000	32 000
		Summe Tit. 5—8 . . .	*214 000*	*213 105*	*219 605*	*234 739*

[1]) Im Etat nicht unter dieser Bezeichnung; dort sind ohne eine allgemeine Bezeichnung nur Besoldungen der jetzt in Tit. 3 erscheinenden Domänen-Rentamtsdiener.

gaben der Domänenverwaltung nach den Etats für die Rechnungs-
1879/80, 1874, 1869, 1866, 1859 und 1849.

8	9	10	11	12	13	14	Stelle im Etat 1899	
Etatsjahr								
1895/96 ℳ	1894/95 ℳ	1893/94 ℳ	1892/93 ℳ	1891/92 ℳ	1890/91 ℳ	1889/90 ℳ	Kap.	Tit.
1 040 833	1 085 833	1 135 833	1 170 833	1 240 833	1 144 833	1 144 833	1.	1.
5 687 584	5 817 584	5 957 584	6 132 584	6 147 584	6 169 584	6 254 160		2.
13 916 262	14 000 369	14 044 823	14 010 151	14 074 292	14 047 639	14 011 394		3.
4 591 715	4 501 715	4 615 215	4 608 715	4 630 785	4 624 125	4 624 162		4.
1 767 692	2 341 675	2 341 675	2 396 326	2 245 473	2 163 701	2 210 492		5.
710 000	710 000	710 000	710 000	650 000	650 000	650 000		6.
20 838	21 500	21 776	22 242	23 148	23 457	23 563		7.
97 498	97 498	97 531	97 531	97 561	97 532	97 532		8.
130 598	130 596	130 593	130 598	130 604	130 609	130 614		9.
27 963 020	**28 706 770**	**29 055 030**	**29 278 980**	**29 240 280**	**29 051 480**	**29 146 750**		
168 205	170 369	169 919	172 169	175 769	136 800	139 800	1.	1.
.	.	.	.	.	6 240	6 360		2.
117 936	123 806	126 031	126 310	126 910	167 334	167 334		3.
286 141	*301 175*	*295 950*	*298 479*	*302 679*	*310 374*	*313 494*		
16 843	16 771	16 831	17 011	17 779	19 963	20 383		4.
36 940	81 657	83 547	96 612	96 730	97 442	99 137		5.
159 565	154 145	156 121	152 331	152 331	147 898	148 438		6.
								7.
25 000	25 000	25 000	25 000	25 000	25 000	25 000		7a.
								7b.
32 000	32 000	32 000	32 000	32 000	32 000	32 000		8.
253 505	*292 802*	*296 668*	*305 943*	*306 061*	*302 340*	*304 575*		

die einzelnen Beamten aufgeführt; vergl. Anlage XII. — [2]) Enthielt bis einschl. 1890/91 die

Noch: Anlage IV.

Noch: Uebersicht über die etatsmässigen Einnahmen und dauernden Ausgaben der Domänen-
1881/82, 1879/80, 1874,

1 Stelle im Etat 1899 Kap.	2 Tit.	2 Bezeichnung der Etatspositionen.	15 1888/89 M.	16 1887/88 M.	17 1885/86 M.	18 1883/84 M.
		Einnahme.				
1.	1.	Grundherrliche Hebungen und Hebungen von veräusserten Domänenobjekten	1 320 790	1 441 160	1 488 414	1 818 414
	2.	Domänen-Amortisationsrenten	6 480 060	6 470 060	6 470 060	6 376 060
	3.	Ertrag von Domänenvorwerken	14 171 535	14 221 363	13 935 328	13 271 470
	4.	Ertrag von anderen Domänengrundstücken, Mühlen und Fischereien	4 609 341	4 805 960	4 881 666	4 704 196
	5.	Ertrag von Mineralbrunnen und Badeanstalten	2 098 651	2 019 664	1 978 000	1 970 000
	6.	Aus der Nutzung des Bernsteinregals	650 000	650 000	625 000	550 000
	7.	Zinsen von Aktivkapitalien	22 544	23 637	24 250	25 918
	8.	Renten, welche das Deutsche Reich gemäss § 3 d. Reichsges. v. 25. Mai 1873 (R.G Bl. S 113) an den Bundesstaat Preussen zu zahlen hat	97 532	97 532	[4]) 76 645	[4]) 77 900
	9.	Sonstige vermischte Einnahmen und zur Abrundung der Einnahmen in den Kassen-Etats	130 617	[5]) 10 371 .	[5]) 11 076 133 201	[5]) 11 605 177 197
		Summe der Einnahme	**29 581 070**	**29 870 360**	**29 623 640**	**29 982 760**
		Ausgabe.				
		Besoldungen.				
1.	1.	Mittlere Beamte der Lokalverwaltung[1])	139 800	139 800	161 250	202 500
	2.	Fällt aus[2])	6 360	6 360	6 360	8 580
	3.	Unterbeamte der Domänenverwaltung	174 144	174 144	173 184	160 604
		Summe Tit. 1—3	*320 304*	*320 304*	*340 794*	*371 684*
	4.	Zu Wohnungsgeldzuschüssen für die Beamten	20 348	20 300	22 748	24 080
		Andere persönliche Ausgaben.				
	5.	Kosten der Erhebung der Domänengefälle	98 808	101 508	101 250	110 010
	6.	Aufsichtskosten, als: Entschädigungen an Beamte für die Wahrnehmung von Domanialinteressen, Kosten der Beaufsichtigung von Domänengrundstücken, Etablissements und Bauwerken	146 488	145 161	140 621	130 433
	7.	Zu ausserordentlichen Remunerationen und Unterstützungen für Unterbeamte				
	7a.	Zu ausserordentlichen Remunerationen für mittlere Beamte	25 000 [7]) 6 100	25 000 [7]) 5 100	25 500 [7]) 6 000	27 000 [7]) 960
	7b.	Zu ausserordentlichen Unterstützungen für mittlere Beamte				
	8.	Zu Unterstützungen für ausgeschiedene Beamte, sowie für Wittwen und Waisen von Beamten	32 000	32 000	32 000	32 000
		Summe Tit. 5—8	*308 396*	*308 769*	*305 371*	*300 043*

[1]) Vergl. die Anm. [1]) auf S. 10. — [2]) Vergl. die Anm. [2]) auf S. 11. — [3]) Ertrag des Thiergartens „Gesetzliche Wittwen- und Waisenbeiträge". — [6]) Pensionsbeiträge. — [7]) „Gesetzliche Wittwen-

verwaltung nach den Etats für die Rechnungsjahre 1899 bis 1887/88, 1885/86, 1883/84, 1869, 1866, 1859 und 1849.

19	20	21	22	23	24	25	Stelle im Etat 1899	
Etatsjahr								
1881/82 M.	**1879/80** M.	**1874** M.	**1869** M.	**1866** M.	**1859** M.	**1849** M.	Kap.	Tit.
2 248 414	2 713 414	3 941 154	6 368 277	1 803 414	2 645 502	11 883 035	1.	1.
6 315 060	6 315 060	6 235 410	6 025 743	6 039 873	5 648 649	.		2.
13 074 541	12 823 230	11 125 683	9 811 110	7 199 871	5 231 682	4 581 146		3.
4 905 076	5 285 461	4 741 638	6 628 482	1 315 962	1 117 404	1 007 118		4.
1 935 000	1 900 000	1 674 648		.	.	.		5.
		5) 15 900						
550 000	502 000	240 000	66 609	28 344	28 530	30 301		6.
22 650	23 150	25 347	219 462	41 619	50 499	39 796		7.
4) 82 346	4) 87 625	4) 96 114	4) 97 776	4) 98 739	4) 87 834	4) 69 654		8.
200 753	200 760	78 156	85 161	11 178	6 930	6) 5 975		9.
29 333 840	**29 850 700**	**28 384 860**	**29 302 620**	**16 539 000**	**14 817 030**	**17 617 029**		
202 500	208 581	463 629	958 848	500 341	562 689	567 529	1.	1.
8 580	8 652	124 020						2.
179 551	191 628	196 554						3.
390 631	*408 861*	*784 203*						
24 188	25 328	.	.	.	.	.		4.
114 925	121 000	216 756	252 077	123 003	139 365	21 943		5.
136 153	136 000	171 576						6.
27 000	27 000	40 650	40 947	19 596	18 000	15 751		7.
								7a.
								7b.
32 000	32 000	33 600	.	.	.	.		8.
310 078	*316 000*	*462 582*	*293 024*	*142 599*	*157 365*	*37 694*		

bei Berlin. — 4) Bis 1885/86 unter dem Titel „Festungsrevenuen“. — 5) 1883/84, 1887/88 Tit. 8a und Waisengelder.“

Noch: Anlage IV.

Noch: Uebersicht über die etatsmässigen Einnahmen und dauernden Ausgaben der Domänen-
1881/82, 1879/80, 1874,

1	2	3	4	5	6	7
Stelle im Etat 1899 Kap.	Tit.	Bezeichnung der Etatspositionen.	1899 ℳ	1898/99 ℳ	1897/98 ℳ	1896/97 ℳ
		Dienstaufwands-Entschädigungen.				
	9.	An Beamte der Domänenverwaltung	124 385	124 091	121 591	121 591
	10. 11.	Fallen aus[1])	.	.	.	.
		Summe Tit. 9—11 . . .	*124 385*	*124 091*	*121 591*	121 591
		Sonstige Kosten u. Lasten der Verwaltung.				
	12.	Zur Entlastung der Domänen und zum Ankaufe von Grundstücken	75 000	75 000	75 000	75 000
	13.	Kosten der geistlichen und Schulverwaltung	166 582	121 536	121 536	123 666
	14.	Zahlungen an Armenanstalten und milde Stiftungen	48 488	48 630	48 836	48 836
	15.	Kosten der dem Domänenfiskus auf Grund rechtlicher Verpflichtung obliegenden Armenpflege	56 429	54 060	54 060	54 060
	15a.	Zu Unterstützungen aus sonstig. Veranlassung	5 470	5 470	5 470	5 470
	16.	Zinsen von Passivkapitalien, Passivrenten, sonstige Abgaben und Lasten, Beiträge zur gesetzlichen Krankenversicherung der Arbeiter, Ausgaben auf Grund der Unfallversicherungsgesetze, sowie Aszendentenrenten, Heilungskosten und Sterbegelder auf Grund des Unfallfürsorgegesetzes, Ausgaben auf Grund des Gesetzes über die Invaliditäts- und Altersversicherung	1 255 247	1 235 154	1 205 761	1 179 600
	17.	Fällt aus[2])	.	.	.	.
	18.	Zur Unterhaltung und zum Neubau der Domänengebäude, sowie zu Wege-, Brücken-, Ufer- und Wasserbauten, welche dem Domänenfiskus obliegen	2 595 990	2 595 990	2 598 000	2 598 000
	19.	Zu Vermessungen und Bonitirungen	16 525	20 000	20 000	20 000
	20.	Kosten in Auseinandersetzungs-Angelegenheiten und Prozessen.	26 146	26 000	26 000	26 000
	21.	Betriebskosten für administrirte Grundstücke	480 166	430 000	417 390	417 390
	22.	Betriebskosten für die Mineralbrunnen und -Bäder, und zwar für die ersteren, soweit sie nicht verpachtet sind	815 564	815 000	850 000	803 695
	23.	Vermischte Ausgaben, einschl. Stellvertretungskosten und Beihülfen zu Chausseen und Eisenbahngüter-Haltestellen, deren Anlage von wesentlichem Interesse für die Domänenverwaltung ist	137 514	138 314	137 734	137 885
		Summe Tit. 12—23 . . .	*5 679 121*	*5 565 154*	*5 559 787*	*5 489 602*
		Dazu *„ „ 9—11* . . .	*124 385*	*124 091*	*121 591*	*121 591*
		„ „ 5—8 . . .	*214 886*	*213 105*	*219 605*	*234 739*
		„ „ 4 . . .	*16 068*	*15 960*	*16 704*	*16 855*
		„ „ 1—3 . . .	*305 540*	*310 690*	*283 513*	*285 983*
		Summe A. Dauernde Ausgaben . . .	**6 340 000**	**6 229 000**	**6 201 200**	**6 148 770**

[1]) Tit. 10 enthielt die Dienstaufwandsentschädigungen der Rentamtsdiener und sonstigen Beamten sind beide Titel vereinigt. Tit. 11 enthielt jetzt weggefallene kontraktliche Entschädigungen an führt. — [2]) „Zu Remissionen“.

verwaltung nach den Etats für die Rechnungsjahre 1899 bis 1887/88, 1885/86, 1883/84, 1869, 1866, 1859 und 1849.

8	9	10	11	12	13	14	Stelle im Etat 1899	
Etatsjahr								
1895/96 ℳ	1894/95 ℳ	1893/94 ℳ	1892/93 ℳ	1891/92 ℳ	1890/91 ℳ	1889/90 ℳ	Kap.	Tit.
123 591	123 591	126 183	126 183	127 683	105 566	104 222		9.
.	.	.	.	108	{ 21 460	19 420		10.
					108	108		11.
123 591	*123 591*	*126 183*	*126 183*	*127 791*	*127 134*	*123 750*		
75 000	75 000	75 000	75 000	75 000	75 000	75 000		12.
124 116	124 303	126 845	119 933	139 268	159 423	171 423		13.
48 836	54 798	58 118	53 327	53 394	53 394	53 394		14.
54 060	48 270	48 270	48 270	48 270	48 270	48 270		15.
5 470	5 470	5 470	5 470	5 470	5 470	5 470		15a.
1 164 930	1 173 471	1 169 342	1 191 094	1 204 615	1 230 995	1 251 568		16.
.	.	.	.	300	300	900		17.
2 598 000	2 600 000	2 485 306	2 486 236	2 487 170	2 493 250	2 499 040		18.
22 000	22 000	22 000	25 000	25 000	25 000	25 000		19.
27 920	27 920	30 700	28 500	42 000	45 000	50 000		20.
417 390	417 390	465 682	469 182	469 182	429 182	429 182		21.
840 340	1 447 241	1 459 186	1 459 186	1 335 606	1 306 345	1 296 700		22.
137 888	137 888	137 889	137 886	137 885	137 880	137 881		23.
5 515 950	*6 133 751*	*6 083 808*	*6 099 084*	*6 023 160*	*6 009 509*	*6 043 828*		
123 591	*123 591*	*126 183*	*126 183*	*127 791*	*122 134*	*123 750*		
253 505	*292 802*	*296 668*	*305 943*	*306 061*	*302 340*	*304 575*		
16 843	*16 771*	*16 831*	*17 011*	*17 779*	*19 963*	*20 383*		
286 141	*301 175*	*295 950*	*298 479*	*302 679*	*310 374*	*314 494*		
6 196 030	**6 868 090**	**6 819 440**	**6 846 700**	**6 777 470**	**6 769 320**	**6 806 030**		

der Domänenverwaltung, während Tit. 9 früher nur die der Rentamten nachwies. Seit 1891/92 Domänenpächter für Amts- und Kassenverwaltung, der Titel wird seit 1892/93 als ausfallend ge-

Noch: Anlage IV.

Noch: Uebersicht über die etatsmässigen Einnahmen und dauernden Ausgaben der Domänen-

1881/82, 1879/80, 1874,

1	2	3	15	16	17	18
Stelle im Etat 1899 Kap.	Tit.	Bezeichnung der Etatspositionen.	1888/89 ℳ	1887/88 ℳ	1885/86 ℳ	1883/84 ℳ
		Dienstaufwands-Entschädigungen.				
	9.	An Beamte der Domänenverwaltung	104 222	104 222	104 222	105 233
	10.	Fallen aus[1])	20 680	20 200	20 650	16 893
	11.		108	708	1 308	1 308
		Summe Tit. 9—11 . . .	*125 010*	*125 130*	*126 180*	*123 434*
		Sonstige Kosten u. Lasten der Verwaltung.				
	12.	Zur Entlastung der Domänen und zum Ankaufe von Grundstücken	75 000	75 000	75 000	75 000
	13.	Kosten der geistlichen und Schulverwaltung	168 857	165 853	165 624	167 276
	14.	Zahlungen an Armenanstalten und milde Stiftungen	49 435	49 435	55 830	55 830
	15.	Kosten der dem Domänenfiskus auf Grund rechtlicher Verpflichtung obliegenden Armenpflege	48 270	48 270	32 270	} 8 100
	15a.	Zu Unterstützungen aus sonstig. Veranlassung	5 470	5 470	5 470	
	16.	Zinsen von Passivkapitalien, Passivrenten, sonstige Abgaben und Lasten, Beiträge zur gesetzlichen Krankenversicherung der Arbeiter, Ausgaben auf Grund der Unfallversicherungsgesetze, sowie Aszendentenrenten, Heilungskosten und Sterbegelder auf Grund des Unfallfürsorgegesetzes, Ausgaben auf Grund des Ges. üb. die Invaliditäts- u. Altersversicherung	1 270 525	1 290 535	1 220 219	1 177 837
	17.	Fällt aus[2])	900	900	900	900
	18.	Zur Unterhaltung und zum Neubau der Domänengebäude, sowie zu Wege-, Brücken-, Ufer- und Wasserbauten, welche dem Domänenfiskus obliegen	2 499 040	2 499 160	2 500 000	2 346 630
	19.	Zu Vermessungen und Bonitirungen	25 000	25 000	29 800	29 800
	20.	Kosten in Auseinandersetzungs-Angelegenheiten und Prozessen	60 000	70 000	80 000	88 000
	21.	Betriebskosten für administrirte Grundstücke	429 182	626 142	670 763	577 803
	22.	Betriebskosten für die Mineralbrunnen und -Bäder, und zwar für die ersten, soweit sie nicht verpachtet sind	1 269 600	1 246 410	1 197 870	1 211 240
	23.	Vermischte Ausgaben, einschl. Stellvertretungskosten und Beihülfen zu Chausseen und Eisenbahngüter-Haltestellen, deren Anlage von wesentlichem Interesse für die Domänenverwaltung ist	Tit. 23. Ausgaben der Festungs-Revenüen-Kasse:			550
			137 843	137 962	148 451	148 493
		Summe Tit. 12—23 . . .	*6 039 122*	*6 240 137*	*6 182 647*	*5 960 459*
		Dazu „ „ *9—11* . . .	*125 010*	*125 130*	*126 180*	*123 434*
		„ „ *5—8* . . .	*308 396*	*308 769*	*305 371*	*300 043*
		„ „ *4* . . .	*20 348*	*20 300*	*22 748*	*24 080*
		„ „ *1—3* . . .	*320 304*	*320 304*	*340 794*	*371 684*
		Summe A. Dauernde Ausgaben . . .	**6 813 180**	**7 014 640**	**6 977 740**	**6 780 060**

[1])[2]) Vergl. Anm. [1])[2]) auf Seite 14. — [3]) Kosten der Ortspolizeiverwaltung. — [4]) Kosten der Thiergarten bei Berlin. — [7]) Einschliesslich der Kosten der Verwaltung der Brunnen- und Bade-

verwaltung nach den Etats für die Rechnungsjahre 1899 bis 1887/88, 1885/86, 1883/84, 1869, 1866, 1859 und 1849.

19	20	21	22	23	24	25	Stelle im Etat 1899	
Etatsjahr								
1881/82 M.	1879/80 M.	1874 M.	1869 M.	1866 M.	1859 M.	1849 M.	Kap.	Tit.
105 233	105 233	295 797	307 830	188 244	203 807	215 620		9.
16 893	17 943	36 828						10.
1 308	1 563	16 923						11.
123 434	*124 739*	*349 548*						
		3) 63 408	52 218	45 024	51 345	92 423		
						4) 4 130		
75 000	75 000	75 000	—	—	—	—		12.
180 915	193 346	311 310	446 712	218 631	158 073	218 640		13.
68 341	82 284	112 827	119 064	53 577	43 725	6 096		14.
68 000	70 000	94 800	61 599	51 060	49 410	20 055		15. 15a.
1 033 597	923 305	570 096	546 219	313 008	276 219	840 156		16.
1 000	1 000	2 190	3 825	3 630	17 070	41 415		17.
2 323 060	2 330 000	2 365 000	1 935 420	538 080	540 000	740 929		18.
						5) 96 000		
25 000	25 000	38 109	41 770	11 520	10 935	23 610		19.
90 000	90 000	90 000	92 862	50 880	90 720	81 355		20.
		6) 92 492						
598 335	543 406	341 408	7) 1 409 079	260 922	274 860	265 854		21.
1 140 000	1 100 000	922 081	Vgl. unten Anm. 7.					22.
550	404	6 549	7 110	6 354	6 714			
157 041	157 277	163 414	Vgl. unten Anm. 7.					23.
5 760 839	*5 591 022*	*5 148 417*						
123 434	*124 739*	*349 548*						
310 078	*316 000*	*462 582*						
24 188	*25 328*	—						
390 631	*408 861*	*784 203*						
6 609 170	**6 465 950**	**6 744 750**	**6 275 580**	**2 579 070**	**2 442 930**	**3 274 419**		

Justizverwaltung. — 6) Zum Bau chaussirter Bezirksstrassen in Posen. — 7) Betriebskosten für den anstalten und der vermischten Ausgaben.

Anlage V.

Summarische Nachweisung der zur Amortisation übernommenen, für die Rechnungsjahre **1869, 1879/80, 1889/90** und **1898/99** zu erhebenden Domänen-Amortisationsrenten.

1	2	3	4	5	6	7
Regierungsbezirke.	Renten pro 1869			Renten pro 1879/80		
	zu $^9/_{10}$ ℳ	volle ℳ	in Summa ℳ	zu $^9/_{10}$ ℳ	volle ℳ	in Summa ℳ
1. Königsberg	567 202	122 658	689 860	574 155	122 310	696 465
2. Gumbinnen	743 157	12 771	755 928	738 540	12 364	750 904
3. Danzig	288 749	14 144	302 893	284 940	13 717	298 656
4. Marienwerder	426 531	32 324	458 855	417 037	31 476	448 512
5. Berlin	—	—	—	—	—	—
6. Potsdam	587 571	162 592	750 163	578 115	158 664	736 779
7. Frankfurt	628 908	32 332	660 241	591 073	31 518	622 591
8. Stettin	305 401	56 548	361 948	300 889	54 850	355 739
9. Köslin	171 551	23 289	194 840	166 824	22 780	189 605
10. Stralsund	1 477	1 530	3 007	1 401	1 458	2 859
11. Posen	251 934	30 198	282 133	252 061	29 692	281 753
12. Bromberg	240 657	14 427	255 085	238 462	14 295	252 757
13. Breslau	256 177	1 756	257 933	251 285	1 546	252 832
14. Liegnitz	126 676	9 099	135 775	123 747	8 741	132 488
15. Oppeln	175 658	992	176 650	166 166	1 048	167 214
16. Magdeburg	234 877	178 346	413 222	223 665	160 447	384 112
17. Merseburg	464 694	52 047	516 741	455 202	50 162	505 364
18. Erfurt	45 061	77 862	122 923	47 328	77 834	125 162
19. Schleswig	—	—	—	—	169 266	169 266
20. Hannover	—	—	—	—	} 208 536	208 536
21. Hildesheim	—	—	—	—		
22. Lüneburg	—	—	—	—	} 176 062	176 062
23. Stade	—	—	—	—		
24. Osnabrück	—	—	—	} 680	60 029	60 709
25. Aurich	—	—	—			
26. Münster	26 138	11 497	37 635	26 031	10 838	36 869
27. Minden (Minden-Ravensberg)	175 841	27 764	203 605	170 390	26 129	196 519
28. " (Paderborn-Corvey)	—	79 262	79 263	—	73 775	73 775
29. Arnsberg	25 151	5 906	31 057	38 671	7 531	46 202
30. Kassel	—	—	—	—	2 633	2 633
31. Wiesbaden	—	—	—	—	328	328
32. Koblenz	1 621	1 299	2 921	1 516	1 148	2 664
33. Düsseldorf	5 593	5 056	10 649	5 397	4 275	9 673
34. Köln	472	1 899	2 371	472	1 875	2 347
Summa	**5 751 100**	**950 799**	**6 701 899**	**5 654 048**	**1 435 329**	**7 089 377**
Es gebühren hiervon						
der Staatsschuldentilgungskasse $^1/_9$ der $^9/_{10}$ Renten und $^1/_5$ der vollen mit	639 011	190 160	829 171	628 228	287 066	915 293
der Domänenverwaltung $^8/_9$ der ersteren u. $^4/_5$ d. letzteren	5 112 089	760 639	5 872 728	5 025 820	1 148 263	6 174 084

Noch: Anlage V.

Noch: Summarische Nachweisung der zur Amortisation übernommenen, für die Rechnungsjahre 1869, 1879/80, 1889/90 und 1898/99 zu erhebenden Domänen-Amortisationsrenten.

1	8	9	10	11	12	13
Regierungsbezirke	Renten pro 1889/90			Renten pro 1898/99		
	zu 9/10 ℳ	volle ℳ	in Summa ℳ	zu 9/10 ℳ	volle ℳ	in Summa ℳ
1. Königsberg	568 223	121 450	689 673	559 496	6 738	566 234
2. Gumbinnen	734 955	11 956	746 911	731 778	5 237	737 015
3. Danzig	281 403	13 379	294 782	278 932	1 852	280 784
4. Marienwerder	411 665	30 281	441 946	401 046	4 321	405 368
5. Berlin	—	—	—	—	—	—
6. Potsdam	564 474	154 958	719 433	546 470	2 666	549 136
7. Frankfurt	582 463	30 973	613 436	574 284	4 156	578 440
8. Stettin	295 546	53 520	349 066	290 387	344	290 732
9. Köslin	162 232	22 242	184 474	158 388	2 547	160 935
10. Stralsund	1 401	1 458	2 859	1 398	1 268	2 665
11. Posen	247 148	28 932	276 080	242 457	4 410	246 867
12. Bromberg	235 169	13 879	249 049	228 413	737	229 150
13. Breslau	246 616	1 459	248 075	240 224	117	240 341
14. Liegnitz	120 237	8 575	128 812	117 657	2	117 658
15. Oppeln	158 467	1 012	159 479	153 152	64	153 216
16. Magdeburg	213 116	136 560	349 676	200 041	66 949	266 990
17. Merseburg	417 446	43 794	461 241	417 332	4 356	421 687
18. Erfurt	44 881	70 293	115 174	43 456	18 661	62 116
19. Schleswig	—	256 303	256 303	—	227 661	227 661
20. Hannover	—	76 598	76 598	—	69 973	69 973
21. Hildesheim	—	121 723	121 723	—	111 211	111 211
22. Lüneburg	—	116 073	116 073	—	108 976	108 976
23. Stade	—	38 667	38 667	—	32 744	32 744
24. Osnabrück	2 503	4 350	4 350	—	3 602	3 602
25. Aurich		56 162	58 665	2 508	53 116	55 624
26. Münster	24 990	10 481	35 471	23 491	362	23 853
27. Minden (Minden-Ravensberg)	164 957	24 699	189 657	160 337	1 293	161 630
28. „ (Paderborn-Corvey)	—	70 137	70 137	—	17 677	17 677
29. Arnsberg	54 893	13 336	68 229	50 938	10 356	61 344
30. Kassel	7 747	35 514	43 261	33 737	6 871	40 608
31. Wiesbaden	—	406	406	—	406	406
32. Koblenz	1 459	1 002	2 461	1 111	774	1 885
33. Düsseldorf	4 952	3 784	8 737	2 419	610	3 029
34. Köln	472	946	1 418	4	—	4
Summa	**5 547 418**	**1 574 905**	**7 122 323**	**5 459 506**	**770 059**	**6 229 565**
Es gebühren hiervon						
der Staatsschuldentilgungskasse 1/9 der 9/10 Renten und 1/5 der vollen mit	616 380	314 981	931 361	606 612	154 012	760 624
der Domänenverwaltung 8/9 der ersteren u. 4/5 d. letzteren	4 931 039	1 259 924	6 190 963	4 852 894	616 047	5 468 942

Anlage VI.

Nachweisung der aus den einzelnen Regierungsbezirken aufkommenden grundherrlichen Hebungen und Hebungen von veräusserten Domänenobjekten nach den Anlagen zu den Staatshaushaltsetats für **1869, 1879/80, 1889/90** und **1899**.

1	2	3	4	5	1	2	3	4	5
Regierungs-bezirke.	Nach den Spezialetats der Etatsjahre				Regierungs-bezirke.	Nach den Spezialetats der Etatsjahre			
	1869 ℳ	1879/80 ℳ	1889/90 ℳ	1899 ℳ		1869 ℳ	1879/80 ℳ	1889/90 ℳ	1899 ℳ
Königsberg .	226 071	166 624	151 590	121 579	Schleswig . .	2 535 652	1 277 620	193 475	802
Gumbinnen .	252 456	195 097	189 202	176 498	Hannover . .			4 702	2 276
Danzig	118 101	110 763	103 285	80 570	Hildesheim .			10 795	1 793
Marienwerder	117 093	95 848	88 321	64 488	Lüneburg . .			9 956	10 589
Berlin	3 254	1 423	908	279	Stade	1996818	1 091 173	7 128	2 919
Potsdam . . .	90 763	44 574	39 711	25 041	Osnabrück . .			557	493
Frankfurt. . .	217 709	177 738	144 329	114 079	Aurich			39 580	25 985
Stettin	61 352	47 880	43 534	38 295	Münster . . .	8 248	4 849	4 702	4 460
Köslin	18 399	14 626	14 138	12 697	Minden. . . .	18 873	14 267	10 795	8 054
Stralsund . .	23 768	23 113	19 115	15 034	Arnsberg. . .	118 800	74 023	25 542	18 228
Posen	122 634	107 714	100 338	80 106	Kassel	80 380	69 031	7 973	4 198
Bromberg . .	113 532	98 431	89 336	69 014	Wiesbaden .	124 342	25 993	21 294	10 868
Breslau. . . .	16 665	13 760	12 246	5 442	Koblenz . . .	779	341	220	1
Liegnitz . . .	5 415	1 702	1 638	1 317	Düsseldorf . .	37 341	26 042	18 401	10 265
Oppeln	32 538	8 648	8 044	7 016	Köln	4 874	2 727	1 304	1 019
Magdeburg .	57 225	57 711	47 180	36 885	Trier	594	237	28	28
Merseburg . .	53 313	23 402	21 057	15 268	Aachen. . . .	114	2	2	1
Erfurt	31 050	1 795	1 206	389	**Summe . .**	**6 507 038**	**3 777 153**	**1 421 514**	**965 976**
Wegen der seit Aufstellung der letzten Spezial-Domänenetats eingetretenen Veränderungen geht summarisch ab						138 762	1 063 740	276 680	—
					Bleibt Einnahme . . .	**6 368 276**	**2 713 413**	**1 144 833**	**965 976**

Anlage VII a.

Hauptübersicht über die Zahl der Pachtungen und Domänenvorwerke, ihre Fläche und Pachtzinse sowie den durchschnittlichen Pachtzins für den ganzen Staat.

1	2	3	4	5	6	1	2	3	4	5	6
Rechnungs-jahr.	Zahl der		Nutzbare Fläche	Bedungener Pachtzins	Durchschnittlicher Pachtzins pro ha	Rechnungs-jahr.	Zahl der		Nutzbare Fläche	Bedungener Pachtzins	Durchschnittlicher Pachtzins pro ha
	Pachtungen	Vorwerke	ha	ℳ	ℳ		Pachtungen	Vorwerke	ha	ℳ	ℳ
1849 . .	503	879	328 116	4 581 147	13,96	1889/90	803	1 063	339 250	14 011 394	41,30
1859 . .	503	830	296 724	5 231 683	17,62	1890/91	800	1 060	338 787	14 047 639	41,46
1866 . .	529	822	298 914	7 199 871	24,07	1891/92	800	1 059	338 726	14 074 292	41,55
1869 . .	851	1 148	348 167	9 811 110	28,18	1892/93	805	1 056	337 885	14 010 151	41,46
1874 . .	840	1 119	344 051	11 125 683	32,34	1893/94	803	1 053	337 091	14 044 823	41,66
1879/80	825	1 098	341 172	12 823 230	37,56	1894/95	801	1 051	336 872	14 000 369	41,56
1884/85	813	1 072	339 578	13 735 677	40,45	1895/96	799	1 049	336 450	13 916 262	41,36
1885/86	810	1 071	339 788	13 935 328	41,01	1896/97	797	1 047	335 217	13 809 820	41,20
1886/87	809	1 070	339 530	14 164 013	41,72	1897/98	797	1 047	334 819	13 681 280	40,86
1887/88	804	1 065	338 529	14 221 363	42,00	1898/99	797	1 046	334 799	13 514 362	40,37
1888/89	806	1 068	340 261	14 171 535	41,65	1899 . .	804	1 054	336 542	13 378 484	39,75

Anlage VIIb.

Nachweisung der Zahl der Pachtungen und Domänenvorwerke, ihrer Fläche und Pachtzinse sowie des durchschnittlichen Pachtzinses in den einzelnen Regierungsbezirken.

1	2	3	4	5	6	7	8	9
Regierungs-bezirke.	Zahl der Vorwerke bei Beginn des Etatsjahres					Nach dem Stande im IV. Quartal 1898/99	Nutzbare Fläche	
	1840²)	1869	1879/80¹)	1889/90¹)	1899¹)		1840²) ha	1869²) ha
1. Königsberg	50	42	42	42	45	41	18 737	15 864
2. Gumbinnen	62	70	70	69	69	Wie in Spalte 6 (2.–20.)	30 141	29 068
3. Danzig	13	12	12	12	12		3 886	3 655
4. Marienwerder	45	36	32	32	32		19 561	15 743
6. Potsdam	60	60	59	56	52		25 744	24 493
7. Frankfurt	85	83	83	80	79		33 774	30 413
8. Stettin	70	64	60	60	60		30 711	28 183
9. Köslin	19	16	16	16	19		7 686	6 246
10. Stralsund	82	79	78	74	73		35 933	30 237
11. Posen	66	58	53	55	53		22 758	18 620
12. Bromberg	28	26	26	26	29		9 222	9 783
13. Breslau	71	59	57	57	56		19 899	19 135
14. Liegnitz	15	10	9	9	8		2 495	2 080
15. Oppeln	38	33	33	33	31		8 543	8 030
16. Magdeburg	88	79	77	77	77		35 597	33 341
17. Merseburg	66	62	60	57	57		18 551	18 643
18. Erfurt	16	17	15	15	15		3 515	3 719
19. Schleswig	—	3	6	3	4		—	303
20. Hannover	— (20.–25.)	198 (20.–25.)	207 (20.–25.)	25	24		— (20.–25.)	35 547 (20.–25.)
21. Hildesheim				45	40	42		
22. Lüneburg				23	22	Wie in Sp. 6 (22.–23.)		
23. Stade				16	15			
24. Osnabrück				—	1	—		
25. Aurich				80	78	Wie in Sp. 6 (25.–27.)		
26. Münster	—	—	2	—	—		1 363 (26.–28.)	1 958 (26.–28.)
27. Minden	—	2	2	2	2			
28. Arnsberg	—	3	—	—	1	—		
29. Kassel	— (29.–30.)	136 (29.–30.)	89	79	78	Wie in Sp. 6 (29.–30.)	—	—
30. Wiesbaden			25	21	20		—	—
31. Koblenz	—	—	—	—	1	—	—	—
32. Düsseldorf	—	—	—	—	—	Wie in Sp. 6 (32.–34.)	—	—
33. Köln	—	—	—	—	—		—	—
34. Trier	—	—	—	—	—		—	—
35. Aachen	—	—	—	—	1	—	—	—
36. Sigmaringen	—	—	—	—	—	—	—	—

¹) Nach den Spezial-Domänenetats. Daher kleine Abweichungen gegen den Hauptetat.

²) Nach Conrad im Handwörterbuch für Staatswissenschaften.

Noch: Anlage VIIb.

Noch: Nachweisung der Zahl der Pachtungen und Domänenvorwerke, ihrer Fläche und

1	10	11	12	13	14	15	16	17
Regierungs-bezirke.	Nutzbare Fläche			Gegen Ende des Etatsjahres 1898/99 (vergl. Sp. 7) landwirthschaftlich nutzbare Fläche	Pachtzins			
	1879/80[1])	1889/90	1899		1840	1869[2])	1879/80	1889/90
	ha	ha	ha	ha	ℳ	ℳ	ℳ	ℳ
1. Königsberg .	15 763	16 086	17 403	15 310	160 641	283 843	370 145	393 769
2. Gummbinnen	29 139	28 874	28 889	28 920	207 282	371 001	463 735	511 028
3. Danzig	3 680	3 747	3 775	3 785	46 479	102 825	122 246	116 481
4. Marienwerder	14 939	14 998	15 180	14 246	144 366	278 393	384 430	428 591
5. Potsdam . . .	24 826	23 657	23 285	22 619	325 368	589 411	745 178	723 775
6. Frankfurt . .	30 814	29 908	29 663	25 079	501 357	868 995	1 095 109	1 127 109
7. Stettin	26 740	26 708	26 567	26 138	385 965	680 602	706 697	772 362
8. Köslin	6 006	6 028	7 028	7 060	75 381	125 266	163 553	164 835
9. Stralsund . .	30 227	28 662	28 395	28 428	401 571	905 385	969 191	853 482
10. Posen	17 649	18 816	17 434	17 527	180 534	318 831	351 694	390 316
11. Bromberg . .	9 864	9 875	11 000	11 042	74 250	186 275	210 386	219 300
12. Breslau . . .	15 876	15 792	15 182	14 448	277 725	400 763	547 734	713 759
13. Liegnitz . . .	1 899	1 912	1 776	1 776	34 155	49 565	79 222	881 394
14. Oppeln	7 951	7 540	7 369	7 371	85 956	140 359	193 548	268 774
15. Magdeburg .	32 878	33 113	32 963	29 347	965 271	1 588 948	2 451 498	3 039 607
16. Merseburg . .	18 388	18 163	18 164	18 587	589 227	757 796	1 032 589	1 392 880
17. Erfurt	3 333	3 240	3 215	3 217	85 890	123 111	143 725	137 167
18. Schleswig . .	732	571	800	801	—	6 540	38 963	41 560
19. Hannover . .	37 366 (19.–24. zusammen)	7 797	7 456	7 398	— (19.–24. zusammen)	1 299 662 (19.–24. zusammen)	1 814 711 (19.–24. zusammen)	532 734
20. Hildesheim .		13 715	12 610	10 708				796 694
21. Lüneburg . .		5 304	4 990	5 044				169 854
22. Stade		2 311	2 119	1 283				84 888
33. Osnabrück . .		—	55	—				—
24. Aurich		6 094	5 977	5 950				409 268
25. Münster . . .	493	—	—	—	—	—	11 931	—
26. Minden	1 004	1 006	1 007	—	—	57 678 (26.–27. zusammen)	23 785	19 165
27. Arnsberg . .	—	—	65	—	—			
28. Kassel	13 767	12 352	12 124	10 927	— (28.–29. zusammen)	675 966 (28.–29. zusammen)	588 409	595 171
29. Wiesbaden . .	2 559	1 962	1 936	1 917			100 449	99 890
30. Koblenz . . .	—	—	165	—	—	—	—	—
31. Düsseldorf . .	—	—	—	—	—	—	—	—
32. Köln	—	—	—	—	—	—	—	—
33. Trier	—	—	—	—	—	—	—	—
34. Aachen . . .	—	—	50	—	—	—	—	—
35. Sigmaringen .	—	—	—	—	—	—	—	—

[1]) [2]) Vergl. Anm.[1]) [2]) auf Seite 21.

Pachtzinse sowie des durchschnittlichen Pachtzinses in den einzelnen Regierungsbezirken.

18	19	20	21	22	23	24	25	26	27	28	29	
	Durchschnittlicher Pachtzins für 1 Hektar										Durchschnittlicher Grundsteuer-Reinertrag des ganzen Regierungsbezirkes für ha	Wiederholung der Spalte 1.
1899	1849	1869	1879/80	1887/88	1889/90	1891/92	1893/94	1895/96	1897/98	1899		
ℳ	ℳ	ℳ	ℳ	ℳ	ℳ	ℳ	ℳ	ℳ	ℳ	ℳ	ℳ	
392 338	8,57	17,89	23,48	25,11	24,48	23,56	23,56	23,41	23,38	22,84	7,5	1.
494 459	6,88	14,14	15,92	17,31	17,70	12,68	17,68	17,72	17,48	17,12	6,9	2.
105 976	11,96	28,13	33,22	31,09	31,09	30,15	28,68	28,68	29,00	28,07	9,6	3.
348 760	7,38	17,68	25,42	28,58	28,58	27,60	25,99	25,99	23,38	23,13	6,6	4.
592 147	10,26	24,06	30,43	31,18	30,59	29,53	29,53	29,18	28,40	25,43	10,2	5.
967 787	14,84	28,57	37,11	38,01	37,69	37,54	37,54	37,01	34,58	32,63	9,6	6.
669 630	12,57	24,15	27,19	28,91	28,91	28,31	27,69	27,69	27,06	25,21	11,1	7.
160 335	9,81	20,06	27,59	27,34	27,34	23,07	23,42	23,42	23,98	22,81	5,7	8.
789 452	11,18	29,94	31,49	29,78	29,78	29,78	28,61	28,61	28,61	27,80	19,2	9.
346 728	7,93	17,12	20,27	20,74	20,74	20,62	20,94	20,94	20,42	19,89	8,1	10.
236 011	8,05	19,04	21,14	22,21	22,21	20,26	19,79	19,79	19,73	21,46	8,4	11.
634 354	13,96	24,84	34,68	44,81	45,19	45,70	45,70	44,60	41,72	41,78	17,7	12.
56 038	13,69	23,83	41,71	42,73	42,50	34,61	34,61	34,82	33,07	31,55	12,3	13.
246 291	10,06	17,48	27,32	33,71	35,65	35,95	35,95	37,65	36,34	33,42	11,7	14.
2 987 391	27,12	47,66	78,37	91,80	91,80	91,80	92,35	92,35	92,17	90,63	20,4	15.
1 333 718	31,76	40,65	60,16	76,69	76,69	75,63	76,31	76,31	76,53	73,43	26,4	16.
114 341	24,43	33,10	43,78	42,33	42,33	39,82	36,54	36,54	36,62	35,56	20,7	17.
68 549	—	21,65	63,79	72,78	72,78	72,68	72,92	72,92	69,93	85,69	20,1	18.
558 828	—	36,56	52,15	68,32	68,32	68,32	72,52	75,96	75,96	74,95	13,5	19.
904 129				56,67	58,09	58,09	66,31	70,97	70,97	71,70	22,8	20.
159 833				32,02	32,02	32,02	32,26	33,16	33,16	32,03	8,7	21.
82 081				36,73	36,73	36,73	37,07	38,60	38,60	38,74	13,2	22.
500				—	—	—	—	—	—	9,09	8,1	23.
418 915				75,87	67,16	67,16	67,04	68,70	68,70	70,09	21,6	24.
—	—	—	—	—	—	—	—	—	—	—	—	25.
19 178	—	29,45	22,87	23,95	19,04	19,04	19,04	19,05	19,05	19,04	17,4	26.
2 200										33,85	15,9	27.
576 420	—	42,15	45,66	47,70	48,18	49,10	49,10	48,48	47,49	47,54	14,7	28.
106 895				47,94	50,90	49,85	49,85	50,13	56,53	55,21	16,8	29.
3 400	—	—	—	—	—	—	—	—	—	20,61	14,7	30.
—	—	—	—	—	—	—	—	—	—	—	—	31.
—	—	—	—	—	—	—	—	—	—	—	—	32.
—	—	—	—	—	—	—	—	—	—	—	—	33.
1 800	—	—	—	—	—	—	—	—	—	36,00	22,5	34.
—	—	—	—	—	—	—	—	—	—	—	—	35.

Anlage VIII.

Ergebnisse der Neuverpachtungen von Domänenvorwerken für die Jahre **1889** bis **1898**.[1])

1	2	3	4	5	6	7	8	9	10	11	12
	Provinzen										
	Ost-preussen	West-preussen	Branden-burg	Pommern	Posen	Schlesien	Sachsen	Schles-wig-Holstein	Han-nover	Hessen-Nassau	Ganzer Staat
1889											
Bisher. Pachtzins	—	3 960	10 620	18 572	—	—	91 021	—	181 120	55 964	361 257
Mehrerlös	—	—	—	2 470	—	—	—	—	44 313	—	16 790
Mindererlös . . .	—	2 960	6 577	—	—	—	19 056	—	—	1 400	—
1890											
Bisher. Pachtzins	89 241	31 699	93 272	159 323	—	15 118	267 974	—	109 788	28 890	795 306
Mehrerlös	—	—	—	—	—	—	31 577	—	38 605	926	16
Mindererlös . . .	17 872	11 609	6 359	33 116	—	1 936	—	—	—	—	—
1891											
Bisher. Pachtzins	52 252	33 108	106 280	41 163	42 294	11 254	129 786	—	122 783	99 733	638 653
Mehrerlös	—	—	—	—	—	—	—	—	1 927	—	—
Mindererlös . . .	7 707	12 522	5 728	4 874	7 062	3 459	15 721	—	—	11 634	66 780
1892											
Bisher. Pachtzins	8 260	41 530	45 321	65 748	28 941	24 950	147 748	—	231 805	15 337	609 639
Mehrerlös	—	—	—	—	—	—	—	—	78 439	—	32 277
Mindererlös . . .	460	9 520	4 839	8 982	2 787	17 713	1 751	—	—	111	—
1893											
Bisher. Pachtzins	—	36 651	190 782	78 713	53 123	74 672	110 384	—	104 629	88 796	737 751
Mehrerlös	—	—	—	—	—	1 109	16 488	—	17 301	—	—
Mindererlös . . .	—	13 728	50 812	13 012	8 675	—	—	—	—	139	51 469
1894											
Bisher. Pachtzins	8 283	32 137	127 779	47 809	53 409	80 899	458 178	20 920	174 818	26 658	1 030 889
Mehrerlös	—	—	—	—	—	—	1 062	—	347	—	—
Mindererlös . . .	1 756	14 573	23 946	7 156	12 889	26 169	—	2 585	—	5 806	93 430
1895											
Bisher. Pachtzins	30 290	25 850	122 239	88 673	19 595	84 265	349 585	14 932	186 109	53 715	975 253
Mehrerlös	—	—	—	—	—	—	—	850	4 646	737	—
Mindererlös . . .	9 568	8 629	11 848	18 044	5 623	22 193	34 575	—	—	—	104 247
1896											
Bisher. Pachtzins	92 507	24 444	177 919	114 516	27 952	96 577	109 743	—	148 850	49 544	842 053
Mehrerlös	—	—	—	—	9 787	—	—	—	—	—	—
Mindererlös . . .	4 301	5 576	52 218	40 235	—	22 699	5 102	—	3 871	6 427	130 642
1897											
Bisher. Pachtzins	52 337	30 518	225 267	162 224	22 256	7 276	322 612	—	110 676	42 094	975 961
Mehrerlös	—	—	—	—	—	—	—	—	—	—	—
Mindererlös . . .	9 153	5 992	69 397	31 076	693	1 456	46 514	—	11 597	11 040	186 918
1898											
Bisher. Pachtzins	99 652	37 836	143 460	60 892	27 440	—	236 244	—	23 052	53 025	681 601
Mehrerlös	—	—	—	—	—	—	—	—	—	—	—
Mindererlös . . .	13 012	8 672	46 527	7 796	8 495	—	49 468	—	7 852	8 250	150.072

[1]) In Westfalen und Rheinprovinz kamen Neuverpachtungen nicht vor.

Anlage IX.

Uebersicht der im Domanialbesitz enthaltenen Acker- und Wiesenparzellen und Wasserstücke.

1	2	3	4	5	6	7	8
Regierungsbezirke.	Ackerparzellen		Wiesenparzellen		Summe (Sp. 3 u. 5)	Wasserstücke	
	Zahl	ha	Zahl	ha	ha	Zahl	ha
1. Königsberg	226	355	27	473	828	23	175 707
2. Gumbinnen	1 702	2 071	1 979	2 014	4 085	240	92 193
3. Danzig	[1]) 700	1 415	[1]) 600	1 250	2 665	2	28 312
4. Marienwerder . . .	[1]) 400	418	[1]) 700	735	1 153	[1]) 10	1 860
5. Potsdam	585	443	651	559	1 002	118	11 803
6. Frankfurt	1 582	1 207	678	1 730	2 937	287	3 128
7. Stettin	145	200	34	307	507	[1]) 10	102 728
8. Köslin	5	21	10	211	232	19	17 602
9. Stralsund	36	1 595	4	17	1 612	1	181
10. Posen	87	137	28	39	176	4	16
11. Bromberg	4	61	2	157	218	8	[1]) 100
12. Breslau	52	100	.	.	100	3	1
13. Liegnitz	2	29	.	.	29	.	.
14. Oppeln	10	152	9	137	289	.	.
15. Magdeburg	1 691	1 546	839	490	2 036	.	.
16. Merseburg	799	439	255	299	738	1	25
17. Erfurt	[1]) 80	51	.	.	51	.	.
18. Schleswig	1 582	10 014	89	139	10 153	73	5 828
19. Hannover	414	1 144	413	1 490	2 634	17	1 572
20. Hildesheim	1 091	1 341	147	279	1 620	.	.
21. Lüneburg	[1]) 1 000	1 339	[1]) 2 000	2 250	3 589	[1]) 20	232
22. Stade	432	901	858	2 122	3 023	17	16
23. Osnabrück	1 755	382	1 105	317	699	13	2
24. Aurich	482	1 017	576	1 728	2 745	8	410
25. Kassel	2 847	2 048	855	672	2 720	6	5
26. Wiesbaden	31 622	5 848	11 708	1 607	7 455	5	6
Summe . .	**49 331**	**34 274**	**23 567**	**10 022**	**53 296**	**885**	**441 727**

[1]) Ungefähr!

Anlage X.

Nachweisung der etatsmässigen Einnahmen aus einzelnen Domänengrundstücken, Mühlen und Fischereien (Staatshaushaltsetat Kap. 1 Tit. 4) für die einzelnen Regierungsbezirke und die Etatsjahre 1879/80, 1889/90, 1899.

Regierungsbezirke.	1879/80 ℳ	1889/90 ℳ	1899 ℳ	Regierungsbezirke.	1879/80 ℳ	1889/90 ℳ	1899 ℳ
1. Königsberg .	52 291	81 290	95 840	20. Hannover . .	1 620 752 (für 20.–25. zusammen)	229 429	206 413
2. Gumbinnen .	230 995	234 410	241 189	21. Hildesheim .		129 848	120 523
3. Danzig	212 664	208 739	254 025	22. Lüneburg . .		368 763	293 711
4. Marienwerder	68 504	86 692	103 049	23. Stade		316 030	282 614
5. Berlin	56 167	40 715	23 366	24. Osnabrück .		48 170	46 230
6. Potsdam . . .	106 744	108 962	110 801	25. Aurich . . .		331 369	319 846
7. Frankfurt . .	316 039	296 328	199 314	26. Münster . . .	1 850	2 413	3 207
8. Stettin	73 914	96 522	137 350	27. Minden . . .	10 445	7 335	4 045
9. Köslin	11 041	11 752	18 651	28. Arnsberg . .	5 203	3 866	725
10. Stralsund . .	81 907	94 298	84 559	29. Kassel . . .	268 298	265 472	227 260
11. Posen	1 492	9 904	10 096	30. Wiesbaden .	822 980	814 985	842 112
12. Bromberg . .	13 534	18 123	15 765	31. Koblenz . . .	13 453	12 206	15 088
13. Breslau	19 901	17 158	21 612	32. Düsseldorf .	7 657	855	594
14. Liegnitz . . .	2 356	2 081	1 873	33. Köln	2 510	26 441	27 476
15. Oppeln	16 436	18 655	18 540	34. Trier	5 034	7 965	10 534
16. Magdeburg .	223 820	263 155	262 919	35. Aachen . . .	2 223	263	184
17. Merseburg . .	99 209	91 427	78 559	36. Sigmaringen	767	—	—
18. Erfurt	7 811	4 028	5 105				
19. Schleswig . .	655 623	501 997	388 118	Summe . .	**5 011 624**	**4 751 639**	**4 471 293**
Wegen der seit Aufstellung der letzten Spezial-Domänen-Etats eingetretenen Veränderungen gehen summarisch . . . . zu					273 837	—	—
ab					—	127 477	—
				Bleibt Einnahme . .	**5 285 461**	**4 624 162**	**4 471 293**

Anlage XI.

Nachweisung der Ist-Einnahme und Ist-Ausgabe der Domanial-Mineralbrunnen und Bade-Anstalten für die Etatsjahre 1892/93—1897/98.

1		2	3	4	5
Bezeichnung der Mineralbrunnen und Badeanstalten.		Ist-Einnahme ℳ	Ist-Ausgabe einschliesslich der laufenden baulich. Unterhaltungskosten ℳ	Mithin Überschuss ℳ	Mithin Mehrausgabe ℳ
I. Mineralbrunnen:					
a) administrirte.					
1. Ems	1892/93	624 537	335 617	288 921	—
	1893/94	688 208	318 602	369 606	—
	1894/95	633 837	453 500	180 336	—
	1895/96	717 105	506 275	210 830	—
	1896/97	650 779	429 179	221 600	—
	1897/98	705 749	459 851	245 898	—
Summe		*4 020 216*	*2 503 024*	*1 517 192*	—
2. Langenschwalbach	1892/93	20 869	12 802	8 068	—
	1893/94	16 746	10 518	6 228	—
	1894/95	16 073	13 603	2 469	—
	1895/96	18 747	12 928	5 820	—
	1896/97	16 370	10 589	5 781	—
	1897/98	15 905	11 462	4 443	—
Summe		*104 711*	*71 902*	*32 809*	—
3. Weilbach	1892/93	7 024	3 086	3 938	—
	1893/94	5 789	3 410	2 379	—
	1894/95	4 403	3 795	608	—
	1895/96	5 939	3 926	2 013	—
	1896/97	5 698	4 505	1 193	—
	1897/98	4 591	4 306	285	—
Summe		*33 445*	*23 028*	*10 417*	—
Zusammen 1 bis 3		**4 158 372**	**2 597 955**	**1 560 417**	—
b) jetzt verpachtete.					
4. Niederselters, Fachingen Geilnau [1])	1892/93	979 697	828 885	150 812	Der durchschnittl. Reinertrag von 1888 ab betrug 268 469 M.
	1893/94	1 106 278	896 272	210 006	
	1894/95	310 000	—	310 000	
	1895/96	310 000	—	310 000	
	1896/97	[2]) 310 000	—	310 000	
	1897/98	[2]) 336 398	—	336 398	
Summe		*4 352 373*	*1 725 157*	*1 627 216*	—
Zusammen 1 bis 4		**7 510 745**	**4 323 112**	**3 187 633**	—
II. Badeanstalten.					
5. Ems	1892/93	206 684	138 218	68 466	—
	1893/94	218 733	144 692	74 041	—
	1894/95	224 197	140 837	83 360	—
	1895/96	226 494	157 404	69 090	—
	1896/97	221 781	148 998	72 784	—
	1897/98	222 187	144 125	78 062	—
Summe		*1 320 075*	*874 273*	*445 802*	—

[1]) 1892/93 und 1893/94 wurden die Mineralbrunnen zu Niederselters, Fachingen und Geilnau administrirt, dagegen 1894/95, 1895/96, 1896/97 verpachtet. — [2]) Für 1896/97 kommt noch hinzu der Betrag der Mehrpacht in Höhe von 26 398,25 M., welcher jedoch erst am 1. Juni 1897 zahlbar war. Der für das Pachtjahr 1/4 1897/98 zu entrichtende Pachtzuschlag beträgt 46 123,42 M. und ist erst am 1. 6. 1898 fällig gewesen.

Noch: Anlage XI.

Noch: Nachweisung der Ist-Einnahme und Ist-Ausgabe der Domanial-Mineralbrunnen und Bade-Anstalten für die Etatsjahre 1892/93—1897/98.

1		2	3	4	5
Bezeichnung der Badeanstalten.		Ist-Einnahme ℳ	Ist-Ausgabe einschliesslich der laufenden baulich. Unterhaltungskosten ℳ	Mithin Ueberschuss ℳ	Mithin Mehrausgabe ℳ
Noch: II. Badeanstalten.					
6. Schlangenbad	1892/93	104 909	88 501	16 408	—
	1893/94	102 285	91 610	10 675	—
	1894/95	97 864	97 623	780	—
	1895/96	105 573	95 667	10 505	—
	1896/97	100 444	93 731	6 713	—
	1897/98	107 518	91 600	15 918	—
	Summe ..	*618 532*	*557 533*	*60 999*	—
7. Langenschwalbach ..	1892/93	72 793	63 380	9 413	—
	1893/94	60 628	62 702	—	2 074
	1894/95	60 225	61 790	—	1 565
	1895/96	68 235	66 496	1 739	—
	1896/97	55 443	64 224	—	8 781
	1897/98	63 204	68 359	—	5 154
	Summe ..	*380 530*	*386 952*	*11 151*	*6 423*
8. Weilbach	1892/93	5 831	12 110	—	6 280
	1893/94	4 845	11 341	—	6 496
	1894/95	5 119	12 314	—	7 194
	1895/96	5 903	14 194	—	8 290
	1896/97	6 749	13 416	—	6 667
	1897/98	5 186	14 040	—	8 854
	Summe ..	*33 633*	*77 414*	—	*43 781*
Zusammen 1 bis 8[1] ..		**9 863 516**	**6 219 284**	**3 644 232**	—
9. Nenndorf	1892/93	59 631	82 201	—	22 570
	1893/94	69 538	66 955	2 582	—
	1894/95	61 326	70 967	—	9 641
	1895/96	63 659	72 879	—	9 220
	1896/97	60 541	68 917	—	8 376
	1897/98	68 067	73 728	—	5 660
	Summe ..	*382 761*	*435 647*	*2 582*	*52 886*
10. Rehburg.........	1892/93	13 564	20 598	—	7 035
	1893/94	14 144	20 037	—	5 893
	1894/95	12 668	20 625	—	7 956
	1895/96	12 612	18 851	—	6 239
	1896/97	11 981	18 280	—	6 299
	1897/98	10 989	19 619	—	8 630
	Summe ..	*75 958*	*118 011*	—	*42 053*
11. Norderney	1892/93	239 549	156 425	83 125	—
	1893/94	256 210	180 569	75 641	—
	1894/95	251 527	182 756	68 771	—
	1895/96	285 568	214 193	71 376	—
	1896/97	291 443	216 650	74 793	—
	1897/98	307 113	226 306	80 807	—
	Summe ..	*1 631 411*	*1 176 897*	*454 513*	—

[1]) Mineralbrunnen und Badeanstalten im Regierungsbezirk Wiesbaden.

Anlage XII a.

Nachweisung der Beamten der Domänen-Lokalverwaltung und ihrer Besoldungsverhältnisse für die Etatsjahre 1849, 1859, 1866, 1869, 1879/80, 1891/92.

1849

		ℳ
7	Domänenintendanten: davon: 6 à 1 200 ℳ, 1 à 1 500 -, und zur Disposition 366 -	9 066
	Aussserdem je 462 ℳ Fuhrkostenentschädigung, die unter Titel „Dienstaufwand" verrechnet werden.	
267	Rentbeamte oder Domänen-Rentmeister einschl. der als solche fungirenden Kreiskassen-Rendanten und sonstigen Kassenbeamten . . . à 300—2700 ℳ	
16	Kreiskassen-Kontroleure, welche im R.-B. Gumbinnen mit den Kreiskassen-Rendanten die Erhebung der Domänengefälle besorgen . . . à 1 050—1 200 ℳ	
6	Domänenaktuarien: max. 1 800 „	
3	Untereinnehmer . 750—1 050 „	
292	Beamte	384 206
68	Domänen-Pachtbeamte (d. s. Pächter) beziehen an Vergütung	56 983
12	desgl. besorgen die Rendanturgeschäfte ohne Vergüt. auf Grund kontraktlicher Verpflichtung.	
80	Beamte.	
368	Amtsdiener, Exekutoren, Fruchtmesser und sonstige Unterbedienten bei den Domänen-Rent- u. Pachtämtern, erhalten ausser Meilen- und Exekutionsgebühren Gehälter von oft nur wenigen Thalern, selten aber mehr als 360 ℳ, überhaupt . .	96 183
51	Oberfischmeister, Fischmeister u. Fischerei-Schulzen, bei der Berliner Mühlen-Administration angestellte Verwaltungsbeamte u. sonstige Beamte	21 090
776	besoldete u 12 unbesoldete Beamte	567 529

1859

		ℳ
105	Polizeiverwalter mit Gehältern u. Remunerationen bis zu 2 700 ℳ.	115 689 (zusammen mit folgender Zeile)
78	Polizeidiener u. Gefangenenwärter mit desgl. bis 540 ℳ	
	Zur Disposition	2 180
183	Beamte	126 869
201	Domänen-Rentmeister und als solche fungirende Kreiskassen-Rendanten u. sonstige Kassenbeamte mit . . . 150—2 700 ℳ	
16	Kreiskassen-Kontroleure (wie nach dem Etat für 1849) à 1200 ℳ	
3	Untereinnehmer mit 660—901 „	
220	Beamte	269 983
52	Domänen-Pachtbeamte	37 767
4	Desgl. ohne Vergütung.	
56	Beamte.	
217	Amtsdiener, Exekutoren u. sonstige Unterbeamte bei den Domänen-Rent- u. Pachtämtern erhalten ausser den durchschnittlich 30 591 ℳ betragenden Exekutionsgebühren Gehälter bis zu 600 ℳ, insgesammt	68 631
147	Oberfischmeister, Fischmeister u. Fischerei-Schulzen, Administratoren, Wiesen-, Schleusen- u. Rehnenwärter, bei der Berliner Mühlenverwaltung angestellte und sonstige Beamte erhalten: 9 à 1 200—1 470 ℳ, 138 unter 1 200 „	
1	Techniker b. d. Meliorationsanlagen im R.-B. Marienwerder 3600 ℳ	
148	Beamte	59 439
830	besoldete und 4 unbesoldete Beamte beziehen	562 689

1866

		ℳ
185	Polizeiverwalter mit Gehältern u. Remunerationen bis zu 3 000 ℳ	
146	Polizeidiener u. Gefangenenwärter mit dergl. bis 600 ℳ	
331	Beamte beziehen	296 127
47	Domänen-Rentmeister und als solche fungirende Kreiskassen-Rendanten und sonstige Kassenbeamte, mit Gehältern b. 3 000 ℳ	
6	Kreiskassen-Kontroleure (wie nach dem Etat für 1849) à 1 200 ℳ	
3	Untereinnehmer mit 615 – 702 ℳ	
55	Beamte	91 031
52	Amtsdiener, Exekutoren u. sonstige Unterbeamte bei den Domänen-Rent- u. Pachtämtern erhalten ausser den durchschnittlich 20 616 ℳ betragenden Exekutionsgebühren Gehälter bis 600 ℳ, insgesammt	21 915
139	Oberfischmeister u. s. w. (wie nach dem Etat für 1859) erhalten: 10 à 1 200—2 400 ℳ, 129 unter 1 200 ℳ	
1	Techniker (wie nach dem Etat für 1859) 3 600 ℳ.	
140	Beamte	63 555
578	besoldete Beamte beziehen	500 541

	1869	ℳ
183	Polizeiverwalter mit Gehältern u. Remunerationen bis zu 3 000 ℳ	
129	Polizeidiener u. Gefangenenwärter mit dergl. bis 600 ℳ	
312	Beamte beziehen	331 059
222	Domänen-Rentmeister u. s. w. (wie nach dem Etat für 1866) mit Gehältern bis 3 000 ℳ	
2	Kreiskassen-Kontroleure (wie nach dem Etat für 1849) und	
39	Receptur-Accessisten i R.-B. Wiesbaden mit Gehältern bis 1 200 ℳ	
4	Untereinnehmer mit 300—474 ℳ	
267	Beamte	341 607
44	Domänen-Pachtbeamte	26 352
166	Amtsdiener u. s. w. (wie nach vorstehend. Etats) erhalten ausser den durchschnittlich 40 206 ℳ betragend. Exekutionsgebühren Gehälter bis 900 ℳ, insgesammt	83 439
285	Oberfischmeister und sonstige mit diesen in den vorstehenden Etats aufgeführte Beamtenkategorien sowie die Beamten der administratirten Weinberge, Badeanstalten und Mineralbrunnen erhalten 8 à 3 000—5 250 ℳ 277 à unter 3 000 ℳ zusammen	176 393
1 074	besoldete Beamte beziehen . . .	958 848

	1879/80	ℳ
75	Domänen-Rentbeamte mit 1 800 bis 3 600 ℳ, ausserdem 6 081,42 ℳ persönliche Zulagen als Ersatz früherer Dienstbezüge	208 581
11	Domänen - Rentamtsdiener bis 1 050 ℳ, im Durchschn. 780 ℳ, ausserdem 72 ℳ Ersatz früherer Dienstbezüge	8 652
2	Kammerkonsulenten mit 4 650 u. 5 100 ℳ	
1	Kammerkommissar mit 900 ℳ	
1	Kommissar für die Regulirung des Ostfriesisch. Moorwesens 6000 ℳ	
1	diesem beigeordneter Geometer 3 000 ℳ	
5	Administratoren fiskalisch. Grundstückskomplexe und Mühlen mit 2 400—3 300 ℳ, im Durchschnitt 2 760 ℳ	
1	Unterverwalter 1 200 ℳ	
17	Beamte der Domanial-Weinbergs-, Bäder- und Mineralbrunnen-Verwaltung mit 1 050—3 600 ℳ, im Durchschnitt 2 290,82 ℳ	
30	Unterbeamte bei dieser Verwaltung 324—1 650 ℳ, im Durchschnitt 978,66 ℳ	
1	Hofgärtner 1 950 ℳ	
2	Schlosswarte à 720 ℳ	
24	Wiesenmeister, Dammeister, Fehnmeister, Moorvögte und Pritzstabel mit 450—1 350 ℳ, im Durchnitt 913,12 ℳ	
31	Garten-, Wiesen-, Weide-, Fischerei-, Kanal-, Schleusen-, Röhrleitungs-, Moor-Aufseher u. -Wärter u. s w. mit 270—720 ℳ, im Durchnitt 556,75 ℳ	
8	Stackmeister à 180 ℳ, und 36 ℳ künftig wegfallend.	
	Bei d. Schlossverwaltung in Cassel:	
1	Schlossverwalter 3 000 ℳ	
5	Kastellane 1 500—1 800 ℳ, im Durchschnitt 1 740 ℳ	
1	Kastellan im Nebenamt 300 ℳ	
6	Saalwärter, Portiers und sonstige Bedienstete 790—1 142 ℳ, im Durchschnitt 917 ℳ	
	Bei d. Gartenverwaltung in Cassel:	
10	Schlossgärtner und Hegeförster 1 300—2 250 ℳ, im Durchschnitt 1 724,49 ℳ	
8	Gartengehülfen und Aufseher 425,4—1 350 ℳ, im Durchschnitt 799,43 ℳ	
3	Winzer 1 129,72—1 190 ℳ, im Durchnitt 1 149,81 ℳ	
158	Beamte erhalten	191 628
244	Beamte insgesammt erhalten . .	408 861

	1891/92	ℳ
39	Domänen-Rentbeamte mit 1 800 bis 3 600 ℳ	105 300
2	Amtsrentmeister in Hannover, die das volle Gehalt als Wartegeld beziehen	5 550
41	Beamte erhalten	11 850
7	Domänen-Rentamtsdiener 800 bis 1 200 ℳ	
1	Kammerkommissar 900 ℳ	
1	Geometer bei der Regulirung des Ostfriesisch. Moorwesens 3 000 ℳ	
5	Administratoren (wie nach dem Etat für 1879/80.	
1	Unterverwalter 900—1 200 ℳ	
15	Beamte der Weinbergs- etc. Verwaltung (wie 1879/80) bis 3600 ℳ	
7	Brunnenmeister, 1 Bademeister, 1 Maschinist 1 500—1 800 ℳ u. 24 Unterbeamte 900—1 500 ℳ	
1	Garteninspektor 1 950 ℳ	
2	Schlosswarte 800—1 200 ℳ	194 829
23	Wiesenmeister etc. (wie 1879/80), ferner 5 Fischerei-Oberaufseher 900—1 500 ℳ, im Durchschnitt 1 200 ℳ	
25	Garten- etc. Aufseher (wie 1879/80)	
1	Schlossinspektor 3 000 ℳ	
2	Kastellane 1 500—1 800 ℳ	
1	Saalwärter 900—1 500 ℳ	
2	Schlossgärtner, 1 Obergärtner und 1 Hegeförster bis 2 250 ℳ	
7	Gartengehülfen etc. 900—1 500 ℳ	
1	Gartenaufsichtsbeamter im Nebenamt 300 ℳ	
5	Stackmeister im Durchschn. 180 ℳ	
181	Beamte insgesammt erhalten . . .	302 679

(Die Posten 7 Domänen-Rentamtsdiener bis 5 Stackmeister sind durch eine Klammer zusammengefasst: 194 829.)

Anlage XIIb.

Besoldungsetat der Beamten der Domänenverwaltung für die Etatsjahre 1899 und 1894/95.

(Die durch *schrägen* Druck kenntlich gemachten Angaben beziehen sich auf das Jahr 1894/95, die andern auf 1899.)

1	2	3	4	5	6	7	8	9	10	11	12
Dienststellung.	Zahl der Beamten	Einheitsgehalt ℳ	Gehaltsstufen								Aufrückungszeit in das Höchstgehalt in Jahren
I. Mittlere Beamte.											
A. Einzelgehälter.											
Brunnenkommissar	*1*	*3 600*	.	.	.	.	.	.	.	.	.
Badeinspektor: in Schlangenbad	1	[1]) 3 300	.	.	.	.	.	.	.	.	.
	1	*3 160*	.	.	.	.	.	.	.	.	.
in Norderney	1	3 300	.	.	.	.	.	.	.	.	.
	1	*2 880*	.	.	.	.	.	.	.	.	.
in Nenndorf	1	2 700	.	.	.	.	.	.	.	.	.
	1	*2 400*	.	.	.	.	.	.	.	.	.
in Langenschwalbach	1	[2]) 2 700	.	.	.	.	.	.	.	.	.
	1	*2 370*	.	.	.	.	.	.	.	.	.
Mineralwasser-Lagerverwalter	*1*	*2 700*	.	.	.	.	.	.	.	.	.
Badeinspektor in Ems	1	2 100	.	.	.	.	.	.	.	.	.
	1	*2 100*	.	.	.	.	.	.	.	.	.
Brunneninspektor in Ems	1	2 400	.	.	.	.	.	.	.	.	.
	1	*2 300*	.	.	.	.	.	.	.	.	.
Hauskassirer in Langenschwalbach	*1*	*2 100*	.	.	.	.	.	.	.	.	.
Brunnenkommissar	1	1 800	.	.	.	.	.	.	.	.	.
Buchhalter b. d. Brunnenkontor	*1*	*1 800*	.	.	.	.	.	.	.	.	.
Brunnenverwalter	*1*	*1 800*	.	.	.	.	.	.	.	.	.
Magazinverwalter	1	1 350	.	.	.	.	.	.	.	.	.
	1	*1 350*	.	.	.	.	.	.	.	.	.
Sekretär } *bei d. Brunnenverwaltung*	*1*	*1 350*	.	.	.	.	.	.	.	.	.
Kassirer } *bei d. Brunnenverwaltung*	*1*	*1 114*	.	.	.	.	.	.	.	.	.
Administrator d. Dimmerwiese	1	2 400	.	.	.	.	.	.	.	.	.
	1	*2 400*	.	.	.	.	.	.	.	.	.
Obergärtner in Hannover	1	2 100	.	.	.	.	.	.	.	.	.
	1	*1 950*	.	.	.	.	.	.	.	.	.
Garteninspektor } in Kassel	1	2 400	.	.	.	.	.	.	.	.	.
	1	*2 250*	.	.	.	.	.	.	.	.	.
Schlossgärtner } in Kassel	1	2 100	.	.	.	.	.	.	.	.	.
	2	*1 950*	.	.	.	.	.	.	.	.	.
Hegeförster } in Kassel	1	1 800	.	.	.	.	.	.	.	.	.
	1	*1 524*	.	.	.	.	.	.	.	.	.
B. Aufsteigende Gehälter.											
Weinbau- und Kellereiinspektor	1	.	3 000	3 300	3 600	3 900	4 200	.	.	.	12
	1	*3 000*	.	.	.	.	.	.	.	.	.

[1]) Einschl. 1 260 Mk. Maximaltantième. — [2]) Einschl. 270 Mk. Maximaltantième.

Noch: Anlage XIIb.

Noch: Besoldungsetat der Beamten der Domänenverwaltung für die Etatsjahre 1899 und 1894/95.

1	2	3	4	5	6	7	8	9	10	11	12	13
Dienststellung.	Zahl der Beamten	Einheitsgehalt M	Gehaltsstufen									Aufrückungszeit i. d. Höchstgeh. in Jahren
Noch: B. Aufsteigende Gehälter.												
Geometer für das Ostfriesische Moorwesen .	1	.	2 100	2 500	2 900	3 300	3 600	3 900	4 200	.	.	18
	1	*3 000*										
Domänen-Rentbeamte . .	38	—	1 800	2 200	2 600	3 000	3 300	3 600	3 900	4 200	.	21
	39	—	*1 800*	*1 200*	*2 400*	*2 600*	*2 800*	*3 000*	*3 200*	*3 400*	*3600*	*24*
Administratoren von fiskalischen Grundstückskomplexen	4	—	1 800	2 200	2 600	3 000	3 300	3 600	3 900	4 200	.	21
	4	—	*2 400*	*2 600*	*2 800*	*3 000*	*3 150*	*3 300*	.	.	.	*15*
II. Unterbeamte.												
Brunnenmeister	6											
	7											
Bademeister	1											
	1											
Maschinenmeister	1											
Maschinisten	2	—	1 500	1 580	1 660	1 740	1 800	.	.	.	.	12
	1	—	*1 500*	*1 580*	*1 660*	*1 740*	*1 800*	.	.	.	.	*12*
Kastellane bei der Schlossverwaltung in Kassel .	2											
	2											
zus. Beamte mit 1500-1800 M	**12**											
	11											
Unterverwalter	1											
	1											
Obergärtner	1											
Obergartengehülfe	*1*											
Weinbergsaufseher	6											
	6											
Wiesenmeister	8	—	1 200	1 300	1 350	1 400	1 450	1 500	1 550	1 600	.	21
	8	—	*1 100*	*1 200*	*1 250*	*1 300*	*1 350*	*1 400*	*1 450*	*1 500*	.	*21*
Fehnmeister	1											
	1											
Kellerkontroleur	1											
zus. Beamte mit 1200-1600 M	**18**											
1100—1500	*17*											
Fischereioberaufseher . . .	5											
	5											
Dammmeister	1											
	1											
Moorvögte	6											
	6											
Gartenmeister (in Norderney)	1	—	1 000	1 100	1 200	1 260	1 320	1 380	1 440	1 500	.	21
	1											
Gartengehülfen (in Kassel)	2											
	2	—	*900*	*1 000*	*1 100*	*1 180*	*1 260*	*1 340*	*1 420*	*1 500*	.	*21*
zus. Beamte mit 1000-1500 M	**15**											

Noch: Anlage XIIb.

Noch: Besoldungsetat der Beamten der Domänenverwaltung für die Etatsjahre 1899 und 1894/95.

1	2	3	4	5	6	7	8	9	10	11	12
Dienststellung.	Zahl der Beamten	Einheitsgehalt M.	Gehaltsstufen								Aufrückungszeit in das Höchstgehalt in Jahren
Noch: II. Unterbeamte.											
Bademeister	7										
	7										
Brunnenmeister	1										
	1										
Krugzähler	*3*	—	900	1 000	1 100	1 180	1 260	1 340	1 420	1 150	21
Packhofsaufseher bei der Mineralbrunnen-Verwaltung	1										
	1										
Brunnenaufseher	*2*										
Pritzstabel	3										
	3	—	*800*	*900*	*950*	*1 000*	*1 050*	*1 100*	*1 150*	*1 200*	*21*
Fischmeister	1										
Gärtner	1										
	1										
Rehnenmeister	3	—	900	1 000	1 100	1 180	1 260	1 340	1 420	1 500	21
	3	—	*900*	*1 000*	*1 100*	*1 180*	*1 260*	*1 340*	*1 420*	*1 500*	*21*
Grabenmeister	1										
	1										
zus. Beamte mit 900—1500 M.	**18**										
	34										
Domänen-Rentamtsdiener	7										
	7										
Brunnendiener	*1*										
Röhrleitungsaufseher	1										
	1										
Gartenvogt	1										
	1										
Schlossgartenaufseher	1										
	1										
Parkaufseher	4										
	4										
Wiesenaufseher u. Wärter	5										
	5										
Weideverwalter	1										
	1	—	900	950	1 000	1 040	1 080	1 120	1 160	1 200	21
Weideaufseher	7	—	*800*	*900*	*950*	*1 000*	*1 050*	*1 100*	*1 150*	*1 200*	*21*
	7										
Kanal- u. Schleusenwärter	5										
	5										
Buschwärter	1										
	2										
Spreewehrwärter	1										
	1										
Kastellan	1										
	1										
Schlosswart	*1*										
Krugzähler	*1*										
zus. Beamte mit 900—1200 M.	**35**										
800—1200	*42*										
Stackmeister	5		180	240	300	.	.	.	.	.	16
	5		*144*	*180*	*216*	.	.	.	.	.	*16*

Anlage XIII.

Zusammenstellung der etatsmässigen einmaligen und ausserordentlichen Ausgaben der Domänenverwaltung für die 10 Etatsjahre 1890/91—1899.

Bezeichnung der Ausgabe.	1890/91 ℳ	1891/92 ℳ	1892/93 ℳ	1893/94 ℳ	1894/95 ℳ	1895/96 ℳ	1896/97 ℳ	1897/98 ℳ	1898/99 ℳ	1899 ℳ
Zur Bewillig. v. Darlehen an Domänenpächter behufs d. Ausführung von Meliorationen, insbes. Drainirungen auf Domänenvorwerken, einschl. zu Drainirungen a. d. Domänenbauerhöfen im R.-B. Stralsund	300 000	300 000	300 000	300 000	300 000	400 000	400 000	400 000	400 000	400 000
Zur Deckung der Kosten der Erwerbung des Grund und Bodens, welcher zur Anlage einer Eisenbahn untergeordneter Bedeutung von Norden nach Norddeich im Reg.-Bez. Aurich erforderlich ist.	76 500	—	—	—	—	—	—	—	—	—
Zur Vermehrung und Verbesserung der Arbeiterwohnungen nebst Zubehörungen an Stallgebäuden, Brunnen etc. auf den Domänen (extraordinärer Zuschuss zu Kap. 1 Tit. 18 d. dauernden Ausgaben)	—	—	—	—	200 000	200 000	200 000	200 000	400 000	500 000
Zur Anlage und zur Betheiligung an Anlagen von Kleinbahnen, sowie zur Beihülfe für dieselben, sofern diese Bahnen von wesentlichem Interesse für die Domänenverwaltung sind	—	—	—	—	50 000	50 000	50 000	50 000	50 000	50 000
Zur Sommerbedeichung von Theilen des Osterhever und des Tetenbüller Vorlandes im Kreise Eiderstedt, Reg.-Bez. Schleswig . .	—	—	—	—	—	268 500	—	—	—	—
Zur Erwerbung und etwa nöthigen baulichen Einrichtung von kleineren Domänen in denjenigen Landestheilen, in denen Domänen gar nicht oder nur vereinzelt vorhanden sind, namentlich in der Rheinprovinz u. in der Provinz Westfalen, sowie im R.-B. Osnabrück	—	—	—	—	—	—	—	—	—	300 000
Zum Neubau der zu den fiskalischen Meliorationsanlagen an der Brahe gehörigen Flöss- u. Fluthschleuse bei Mühlhof Kr. Konitz	—	—	—	—	—	—	—	125 000	125 000	—
Zur Eindeichung fiskalischer Sommerkoogs- und Vorlandsflächen im Kreise Süderdithmarschen, Reg.-Bez. Schleswig, und zwar										
a) zur Winterbedeichung des Trennenwurther Vorlandes, des alten und des neuen Neert-Sommerkoogs, sowie des Rathjensdorfer Sommerkoogs	—	—	—	—	—	—	—	—	—	—
b) zur Sommerbedeichung des Vorlandes südlich vom Frederik II-Koog und nördlich vom Kaiser-Wilhelm Koog . .	—	—	—	—	—	—	—	—	600 000	234 500
Zur Herst. elektr. Anlagen f. landw. Betriebszwecke auf Domänen	—	—	—	—	—	—	—	—	50 000	50 000
Zu vermehrten Landgewinnungsarbeiten an d. ostfriesischen Küste	—	—	—	—	—	—	—	—	40 000	66 000
Zur Instandsetzung der Südostseite des Kgl. Schlosses zu Hannover, einmaliger Kostenzuschuss.	—	—	—	—	—	—	—	—	40 000	—
Ausserordentlicher Zuschuss zum ordentlichen Domänenbaufonds Kap. 1 Tit. 18 der dauernden Ausgaben	—	—	—	—	—	—	—	—	—	500 000
Zu fiskalischen Weinbergsanlagen in der Saar- und Moselgegend	—	—	—	—	—	—	—	—	—	140 000
Summa . . .	**376 500**	**300 000**	**300 000**	**300 000**	**550 000**	**918 500**	**650 000**	**775 000**	**1 705 000**	**2 240 500**

Anlage XIV.

Uebersicht über die Gesammt-Einnahmen und -Ausgaben und die Nettoerträge der Domänenverwaltung von 1849 bis 1899.

1	2	3	4	5	6	7	8
				Ueberschuss nach Abzug der			
Etatsjahr.	Einnahmen	Dauernde Ausgaben	Ausser-ordentliche u. einmalige Ausgaben	dauernden Ausgaben Betrag	Prozent der Einnahme	dauernden und der ausserordentlichen und einmaligen Ausgaben Betrag	Prozent d. Einnahme
	in Tausend Mark						
1849	17 617	3 274	421	14 343	81	13 922	79
1850	17 336	3 107	111	14 229	82	14 118	81
1851	17 376	3 009	10	14 366	83	14 356	83
1852	16 708	2 769	90	13 938	83	13 848	83
1853	15 106	2 464	136	12 642	84	12 506	83
1854	14 978	2 457	18	12 522	83	12 504	83
1855	14 942	2 429	42	12 513	84	12 471	83
1856	14 763	2 419	15	12 344	84	12 329	83
1857	14 604	2 418	135	12 186	83	12 051	82
1858	14 685	2 448	135	12 239	83	12 104	82
1859	14 817	2 443	168	12 374	83	12 206	82
1860	14 895	2 398	47	12 497	84	12 450	84
1861	15 029	2 402	15	12 627	84	12 612	84
[1] 1862	15 656	2 322	—	13 334	85	—	—
[1] 1863	16 000	2 373	—	13 627	85	—	—
[1] 1864	16 399	2 387	—	14 011	85	—	—
[1] 1865	16 791	2 438	—	14 353	85	—	—
[2] 1866	16 539	2 384	120	14 155	86	14 035	85
[3] 1867	16 795	2 297	75	14 498	86	14 423	86
1868	28 773	6 437	165	22 335	78	22 170	77
1869	29 303	6 276	—	23 027	78	—	—
1870	28 742	6 329	—	22 413	78	—	—
1871	28 877	6 234	—	22 643	78	—	—
1872	28 761	6 103	1 483	22 658	79	21 174	74
1873	28 425	6 410	709	22 015	77	21 307	75
1874	28 174	6 745	1 713	21 429	76	19 716	70
1875	28 385	6 100	1 875	22 285	78	20 410	72
1876	28 541	6 583	1 283	21 958	77	20 675	72
1877/78	29 143	6 569	399	22 574	77	22 175	76
1878/79	29 532	6 755	94	22 776	77	22 682	77
1879/80	29 851	6 466	33	23 385	78	—	—
1880/81	29 614	6 533	—	23 081	78	—	—
1881/82	29 334	6 609	—	22 725	77	—	—
1882/83	29 261	6 676	600	22 585	77	21 985	75
1883/84	28 983	6 780	2 128	22 203	74	20 075	69
1884/85	29 294	6 865	605	22 429	77	21 824	75
1885/86	29 624	6 978	600	22 646	76	22 046	74
1886/87	29 989	7 088	716	22 902	76	22 185	74
1887/88	29 870	7 015	400	22 856	76	22 456	75
1888/89	29 581	6 813	520	22 768	77	22 248	75
1889/90	29 147	6 806	300	22 341	76	22 041	75
1890/91	29 051	6 769	376	22 282	76	21 906	75
1891/92	29 240	6 777	300	22 463	76	22 163	75
1892/93	29 279	6 847	300	22 432	76	22 132	75
1893/94	29 055	6 819	300	22 236	76	21 936	75
1894/95	28 707	6 868	550	21 839	75	21 289	74
1895/96	27 963	6 196	918	21 767	77	20 848	74
1896/97	27 646	6 149	650	21 497	77	20 847	75
1897/98	27 427	6 201	775	21 226	77	20 451	74
1898/99	27 020	6 229	1 705	20 791	77	19 086	70
1899	26 400	6 340	2 240	20 060	76	17 819	69

[1]) Nach den Zahlen des Ges. vom 14. Sept. 1866. — [2]) Nach dem Etatsentwurf.
[3]) Ohne Berücksichtigung der 1866 erworbenen Landestheile.

Anlage XV.

Uebersicht über den Flächeninhalt der Staatsforsten.

1	2	3	4	5	6
Jahr.	Zur Holzzucht bestimmter Boden	Nicht zur Holzzucht bestimmter Boden: nutzbar	Nicht zur Holzzucht bestimmter Boden: unnutzbar	Zusammen nutzbarer Boden	Gesammtfläche
	darunter dem Staate antheilig gehörige Waldungen				
	Hektar				
1830	1 937 270	203 360		—	2 140 630
1831	1 953 301	205 043		—	2 158 344
1833	1 950 049	204 701		—	2 154 750
1835	1 952 584	204 968		—	2 157 552
1836	1 935 094	203 195		—	2 138 889
1838	1 928 398	201 428		—	2 129 826
1839	1 907 946	200 282		—	2 108 228
1848	1 868 195	196 109		—	2 064 304
1849	1 867 650	203 202		—	2 070 852
1851	1 858 238	208 425		—	2 066 663
1853	1 859 654	209 194		—	2 068 848
1859	1 838 801	220 626		—	2 059 427
1865	1 822 551	229 783		—	2 052 334
1867 (alte Provinzen) .	1 816 556	236 607		—	2 053 163
1868 (einschl. der neuen Provinzen)	2 347 096	134 768	123 564	2 481 864	2 605 428
1869	2 366 873	145 239	118 610	2 512 112	2 630 722
	33 507	*516*	*6*	*34 023*	*34 029*
1873	2 368 544	154 673	116 891	2 523 217	2 640 108
	31 368	*445*	—	*31 813*	*31 813*
1874	2 355 164	154 288	115 994	2 509 454	2 625 446
	31 368	*445*	—	*31 813*	*31 813*
1876	2 351 208	160 654	111 292	2 511 862	2 623 154
	22 221	*185*	*112*	*22 406*	*22 518*
1877/78	2 354 318	162 944	111 292	2 517 262	2 628 554
	22 221	*185*	*112*	*22 406*	*22 518*
1878/79	2 388 443	162 344	111 017	2 550 787	2 661 104
	28 788	*185*	*112*	*28 973*	*29 085*

Noch: Anlage XV.

Noch: Uebersicht über den Flächeninhalt der Staatsforsten.

1	2	3	4	5	6
Jahr.	Zur Holzzucht bestimmter Boden	Nicht zur Holzzucht bestimmter Boden		Zusammen nutzbarer Boden	Gesammt-fläche
		nutzbar	unnutzbar		
	darunter dem Staate antheilig gehörige Waldungen				
	Hektar				
1879/80	2 398 907	154 493	117 038	2 553 400	2 670 438
	28 431	*185*	*112*	*28 616*	*28 728*
1882/83	2 374 039	161 485	114 368	2 535 524	2 649 892
	6 810	*23*	*32*	*6 833*	*6 865*
1884/85	2 384 095	160 854	112 715	2 544 949	2 657 664
	3 711	*25*	*15*	*3 736*	*3 751*
1889/90	2 424 770	164 303	112 633	2 589 073	2 700 206
	1 667	*15*	—	*1 682*	*1 682*
1890/91	2 429 921	166 242	112 308	2 596 163	2 708 471
	1 667	*15*	—	*1 682*	*1 682*
1891/92	2 438 832	168 583	110 841	2 607 415	2 718 256
	1 667	*14*	—	*1 681*	*1 681*
1892/93	2 449 573	169 255	110 532	2 618 828	2 729 360
	1 503	*11*	*1*	*1 514*	*1 515*
1893/94	2 455 910	170 838	111 199	2 626 748	2 737 947
	1 503	*11*	*1*	*1 514*	*1 515*
1894/95	2 464 750	169 825	112 631	2 634 575	2 747 206
	1 503	*12*	—	*1 515*	*1 515*
1895/96	2 470 245	171 519	113 034	2 641 764	2 754 798
	1 767	*12*	—	*1 779*	*1 779*
1896/97	2 476 083	172 825	112 339	2 648 908	2 761 247
	1 781	*13*	—	*1 794*	*1 794*
1897/98	2 488 394	175 371	108 260	2 663 765	2 771 925
	1 517	*13*	—	*1 530*	*1 530*
1898/99	2 497 353	175 375	110 892	2 662 728	2 783 520
	1 517	*11*	*1*	*1 528*	*1 529*
1899	2 511 545	171 921	115 750	2 683 466	2 799 216
	1 516	*12*	*1*	*1 528*	*1 529*

Anlage XVI.

Uebersicht über die Vertheilung des Staatsforstbesitzes auf die Regierungsbezirke.

1	2	3	4	5	6	7	8
	1831	**1850**			**1865**		
Regierungsbezirke.	im Ganzen	zur Holzzucht benutzt	nicht zur Holzzucht benutzt	im Ganzen	zur Holzzucht benutzt	nicht zur Holzzucht benutzt	im Ganzen
	ha	ha	ha	ha	ha	ha	ha
1. Königsberg	215 171	171 657	50 276	221 933	173 358	57 847	231 205
2. Gumbinnen	263 326	182 857	52 803	235 660	180 553	49 895	230 448
3. Danzig	103 626	88 206	9 620	97 826	85 815	11 729	97 544
4. Marienwerder	192 584	166 613	19 366	182 979	167 651	16 956	184 607
5. Potsdam	226 964	202 838	12 978	215 816	199 038	15 670	214 708
6. Frankfurt	189 617	173 102	10 825	189 927	172 521	12 535	185 056
7. Stettin	131 595	120 106	6 899	127 005	112 908	10 333	123 241
8. Köslin	54 077	50 004	1 522	51 526	45 444	5 074	50 518
9. Stralsund	25 161	25 215	1 973	27 188	24 344	3 685	28 029
10. Posen	59 762	55 149	3 987	59 136	52 420	6 288	58 708
11. Bromberg	119 522	102 728	8 428	111 156	96 114	7 229	103 343
12. Breslau	63 016	61 513	2 856	64 369	59 795	3 949	63 744
13. Liegnitz	28 233	26 341	2 227	28 568	20 616	1 947	22 563
14. Oppeln	87 453	78 374	4 103	82 477	75 974	5 367	81 341
15. Magdeburg	68 755	61 941	3 376	65 317	61 059	3 942	65 001
16. Merseburg	87 376	77 663	4 778	82 441	71 011	7 638	78 649
17. Erfurt	37 024	35 644	1 310	36 954	35 649	1 333	36 982
18. Schleswig	.	.	.	.	.	.	.
19. Hannover 20. Hildesheim 21. Lüneburg 22. Stade 23. Osnabrück 24. Aurich	.	.	.	.	.	.	.
25. Münster	3 071	2 229	257	2 486	2 231	235	2 466
26. Minden (von 1870 ab einschl. der ehemals zu Kurhessen gehörigen Grafschaft Schaumburg)	35 376	25 495	627	26 122	22 954	1 042	23 996
27. Arnsberg	16 660	19 037	766	19 803	19 975	802	20 777
28. Kassel (auschl. Grafschaft Schaumburg)	.	.	.	.	.	.	.
29. Wiesbaden	.	.	.	.	.	.	.
30. Koblenz	26 648	25 109	576	25 685	25 440	984	26 424
31. Düsseldorf	14 918	16 936	1 239	18 175	16 668	2 325	18 993
32. Köln	14 223	11 699	697	12 396	11 523	616	12 139
33. Trier	62 698	61 895	1 061	62 956	61 370	1 612	62 982
34. Aachen	31 288	28 299	652	28 951	28 120	750	28 870
Summa	**2 158 344**	**1 867 650**	**203 202**	**2 070 852**	**1 822 551**	**220 783**	**2 052 334**
	.	.	.	.	.	.	.

Noch: Uebersicht über die Vertheilung des

1	9	10	11	12	13	14	15	16
	1870				1879/80			
Regierungs-bezirke.	zur Holzzucht benutzt	nicht zur Holzzucht benutzt		im Ganzen	zur Holzzucht benutzt	nicht zur Holzzucht benutzt		im Ganzen
		nutzbar	unnutzbar			nutzbar	unnutzbar	
	ha	ha	ha	ha	ha	ha	ha	ha
1. Königsberg . . .	174 244	26 991	31 977	233 212	181 905	32 795	38 767	243 467
2. Gumbinnen . . .	180 072	36 322	17 834	234 228	181 055	34 581	19 919	235 555
3. Danzig	89 516	6 323	5 790	101 629	95 232	6 857	5 696	107 785
4. Marienwerder . .	166 532	8 943	8 265	183 740	172 944	9 085	7 679	189 708
5. Potsdam	197 849	8 618	8 750	215 217	199 142	8 107	8 889	216 408
6. Frankfurt	172 463	5 058	7 082	184 605	171 159	5 483	5 262	181 904
7. Stettin	112 337	8 605	2 359	123 301	113 258	7 309	2 321	122 888
8. Köslin	44 911	3 638	2 069	50 618	46 149	3 951	1 371	51 471
9. Stralsund	24 663	2 279	1 632	28 574	24 804	2 272	1 401	28 477
10. Posen	63 491	4 667	1 517	69 675	65 331	4 384	1 992	71 707
11. Bromberg	93 900	3 616	4 176	101 692	94 810	3 543	3 806	102 159
12. Breslau	60 058	2 771	1 171	64 000	57 053	3 086	948	61 087
13. Liegnitz	20 629	731	1 237	22 597	20 519	925	540	21 984
14. Oppeln	75 137	3 554	1 721	40 412	73 322	2 956	641	76 919
15. Magdeburg . . .	61 059	2 316	1 626	65 001	60 332	2 886	1 517	64 735
16. Merseburg	71 788	4 955	2 092	78 835	73 149	4 294	1 294	78 737
17. Erfurt	35 637	781	565	36 983	35 514	703	430	36 647
18. Schleswig	24 816	7 173	247	32 236	29 091	7 098	402	36 591
19. Hannover . . . . 20. Hildesheim . . . 21. Lüneburg . . . . 22. Stade . . . . . . 23. Osnabrück . . . . 24. Aurich	232 201	5 827	7 046	245 074	238 957	12 672	7 903	259 532
					4 660			4 660
25. Münster	2 232	216	19	2 467	2 228	213	21	2 462
26. Minden (von 1870 ab einschl. der ehemals zu Kurhessen gehörigen Grafsch. Schaumburg)	35 328	550	777	36 655	34 743	819	673	36 235
27. Arnsberg	19 468	417	374	20 259	19 638	454	298	20 390
28. Kassel (ausschl. Grafsch. Schaumburg)	216 267	2 063	4 452	222 782	214 626	5 318	1 981	221 925
					22 209	184	111	23 204
29. Wiesbaden	50 118	924	1 159	52 201	50 523	1 095	1 197	52 815
					562	1	1	864
30. Koblenz	25 892	472	506	26 870	26 072	540	196	26 808
31. Düsseldorf	16 281	646	972	17 899	15 864	1 382	748	17 994
32. Köln	11 785	450	119	12 354	11 708	373	114	12 195
33. Trier	61 365	926	693	62 984	61 223	992	615	62 830
34. Aachen	28 113	284	454	28 851	28 286	322	417	29 023
Summa . .	**2 368 152**	**150 116**	**116 681**	**2 634 949**	**2 398 907**	**154 493**	**12 038**	**2 670 438**
					28 431	185	112	28 728

Staatsforstbesitzes auf die Regierungsbezirke.

17	18	19	20	21	22	23	24	
1889/90				1899				Wiederholung der Spalte 1.
zur Holzzucht benutzt	nicht zur Holzzucht benutzt		im Ganzen	zur Holzzucht benutzt	nicht zur Holzzucht benutzt		im Ganzen	
	nutzbar	unnutzbar			nutzbar	unnutzbar		
ha	ha	ha	ha	ha	ha	ha	ha	
174 265	29 099	38 343	231 707	188 145	20 568	37 741	246 454	1.
190 357	36 613	18 381	245 351	193 315	34 922	17 604	245 841	2.
103 196	6 369	5 497	115 062	109 306	6 535	5 647	121 488	3.
175 110	9 584	9 346	194 040	217 495	12 291	13 637	243 423	4.
198 926	8 811	10 556	218 293	200 794	9 879	10 546	221 219	5.
170 515	6 789	4 749	182 053	177 229	7 061	5 494	189 784	6.
102 859	9 369	1 878	114 106	102 569	9 380	2 217	114 166	7.
59 106	5 456	1 694	66 256	65 279	4 311	1 833	71 423	8.
25 126	2 012	1 111	28 249	25 124	1 967	983	28 074	9.
72 762	4 825	2 195	79 782	76 175	5 486	2 538	84 199	10.
101 138	3 853	3 442	108 433	101 704	4 783	3 377	109 864	11.
57 534	3 279	786	61 599	57 512	3 707	772	61 991	12.
20 587	907	278	21 772	20 598	1 023	294	21 915	13.
73 160	3 230	636	77 026	72 990	3 474	661	77 125	14.
61 362	3 764	1 091	66 217	63 295	4 403	1 531	69 229	15.
73 337	4 265	1 134	78 736	71 725	5 594	1 204	78 523	16.
35 725	826	395	36 746	36 081	655	269	37 005	17.
35 314	6 414	905	42 633	35 485	6 745	909	43 139	18.
29 349	2 932	669	32 950	27 757	2 584	647	30 988	19.
102 748	2 272	1 419	106 439	100 861	2 512	1 584	104 957	20.
76 286	6 780	2 326	85 392	77 987	6 045	2 118	86 150	21.
16 920	4 760	570	22 250	17 987	4 557	353	22 309	22.
14 817	1 342	334	16 193	14 898	1 072	337	16 307	23. 24.
2 211	206	21	2 438	2 206	198	22	2 426	25.
33 764	807	377	34 948	33 066	837	437	34 340	26.
20 245	422	148	20 815	20 550	495	150	21 195	27.
1 115	9	.	1 124	1 115	8	.	1 123	
202 167	4 488	958	207 613	201 165	4 949	971	207 089	28.
552	6	.	558	401	4	1	406	
51 132	1 323	282	52 737	51 202	1 373	289	52 864	29.
26 623	562	196	27 381	28 257	640	193	29 090	30.
16 076	1 472	745	18 293	16 429	1 572	383	18 384	31.
12 057	431	117	12 605	12 269	45	115	12 859	32.
61 084	1 188	572	62 844	62 403	1 460	422	64 285	33.
28 912	353	482	29 747	30 275	364	472	31 111	34.
2 424 770	**264 303**	**111 633**	**2 700 706**	**2 511 545**	**171 920**	**115 750**	**2 799 216**	
1 667	15	.	1 682	1 516	12	1	1 529	

Anlage XVII.

Uebersicht über die etatsmässigen Einnahmen und dauernden Aus-
1869, 1874, 1879/80, 1881/82, 1883/84,

Etatsstelle 1899 Kap.	Titel	Etatspositionen.	1899 ℳ	1898/99 ℳ	1897/98 ℳ
		Einnahme.			
2.	1.	Für Holz	66 000 000	61 500 000	58 000 000
	2.	Für Nebennutzungen	4 323 000	4 250 000	4 300 000
	3.	Aus der Jagd	364 000	350 000	360 000
	4.	Von Torfgräbereien	255 000	265 000	265 000
	5.	Von Flössereien	9 000	7 700	8 000
	6.	Fällt aus; früher „Von Wiesenanlagen"	—	71 000	75 000
	7.	Fällt aus; früher „Von Ablagen", vor 1891/92 „Von Brennholzniederlagen"	—	—	—
	8.	Vom Sägemühlenbetrieb	125 000	115 000	160 000
	9.	Fällt aus; früher „Von grösseren Baumschulen"	—	9 000	8 000
	10.	Von d. Thiergarten bei Cleve u. dem Eichholze b. Arnsberg	19 500	19 600	19 000
	11.	Verschiedene andere Einnahmen	588 600	584 245	571 245
	11a.	Rückzahlungen auf die an Forstbeamte zur wirthschaftlichen Einrichtung bei Uebernahme einer Stelle gewährten Vorschüsse	40 000	40 000	40 000
	12.	Von der Forstakademie zu Eberswalde	12 900	11 700	11 700
	13.	Von der Forstakademie zu Münden	5 100	5 055	5 055
		Summe der Einnahme	**71 742 100**	**67 228 300**	**63 823 000**
		Dauernde Ausgaben.			
2.		**Kosten der Verwaltung und des Betriebes.**			
		Besoldungen.			
	1.	Oberforstmeister und Regierungs- und Forsträthe	785 700	785 100	682 900
	2.	Oberförster[1]) und verwaltende Revierförster in den Klosterforsten der Provinz Hannover	3 070 255	3 019 455	2 458 510
	2a.	Vollbeschäftigte Forstkassen-Rendanten	364 400	361 700	313 650
	3.	Revierförster, Förster und vollbeschäftigte Waldwärter	5 598 998	5 446 428	4 932 577
	4.	Verwaltende Beamte, Meister, Wärter und Aufseher bei den Nebenbetriebs-Anstalten, Thiergartenförster (sämmtlich voll beschäftigt)[2])	41 350	44 528	44 206
		Summe Titel 1—4	*9 860 703*	*9 657 211*	*8 431 843*
	5.	Zu Wohnungsgeldzuschüssen für die Beamten *Summe Tit. 5 für sich*	104 000	105 000	106 000
		Andere persönliche Ausgaben.			
	6.	Zur Remunerirung von Hilfsarbeitern bei den Regierungen und[3]) bei den Oberförstern	274 000	90 000	89 000
	7.	Zur Remunerirung von Forsthilfsaufsehern, nebenamtlichen Waldwärtern und Wärtern bei den Nebenbetriebsanstalten[4]) und zur Verstärkung des Forstschutzes überhaupt	1 764 100	1 862 000	1 860 000
	8.	Vergütung für die Gelderhebung und Auszahlung an nicht voll, beziehungsweise nur nebenamtlich beschäftigte[5]) Forstkassenbeamte und an Untererheber	282 800	277 800	277 800
	9.	Zu ausserordentlichen Remunerationen u. Unterstützungen für Unterbeamte	36 800	36 000	
	9a.	Zu ausserordentl. Remunerationen für mittlere Beamte	18 000	18 000	[6]) 168 000
	9b.	Zu ausserordentlichen Unterstützungen für mittlere und höhere Beamte	113 000	113 000	
	9c.	Vorschüsse an Forstbeamte zur wirthschaftlichen Einrichtung bei Uebernahme einer Stelle	40 000	40 000	40 000
		Summe Tit. 6 bis 9c	*2 528 700*	*2 437 600*	*2 434 800*

[1]) Seit 1892/93 einschl. zwei Verwalter der Bezirksoberförsterei in den Hohenzollernschen die vollbeschäftigten, die nebenamtlichen werden seit 1899 auf Titel 7 remunerirt. — [3]) Seit 1899. Remunerationen und Unterstützungen an Nichtbeamte, welche nützliche Dienste geleistet haben.

gaben der Forstverwaltung für die Etatsjahre **1849, 1859, 1866, 1885/86, 1887/88** und **1888/89** bis **1899.**

Etatsjahr								Etatsstelle 1899	
1896/97 ℳ	**1895/96** ℳ	**1894/95** ℳ	**1893/94** ℳ	**1892/93** ℳ	**1891/92** ℳ	**1890/91** ℳ	**1889/90** ℳ	Kap.	Titel
56 500 000	56 000 000	58 000 000	60 000 000	59 000 000	56 500 000	53 500 000	52 200 000	2.	1.
4 300 000	4 120 000	4 017 000	4 000 000	4 300 000	4 250 000	4 200 000	4 150 000		2.
368 000	362 000	356 000	340 000	356 000	340 000	340 000	341 000		3.
270 000	270 000	260 000	260 000	280 000	290 000	290 000	290 000		4.
7 700	7 150	7 300	8 500	9 000	8 800	9 000	9 100		5.
85 000	85 000	61 000	77 000	90 000	90 000	89 000	89 000		6.
3 000	3 000	2 000	2 000	3 000	3 400	3 400	3 400		7.
156 000	151 000	190 000	195 000	250 000	300 000	354 000	380 000		8.
3 600	3 790	9 000	9 700	15 000	14 000	14 000	15 000		9.
18 500	21 000	21 000	18 650	18 650	18 650	18 500	18 500		10.
537 045	536 960	524 600	510 500	511 700	508 500	499 280	451 180		11.
40 000	40 000	40 000	40 000	—	—	—	—		11a.
12 300	12 300	12 300	18 900	18 900	18 900	24 370	24 370		12.
3 855	3 800	3 800	7 750	7 750	7 750	8 300	8 300		13.
62 305 000	**61 616 000**	**63 504 000**	**65 488 000**	**64 860 000**	**62 350 000**	**59 350 000**	**57 980 000**		
								2.	
681 900	683 200	646 800	618 600	618 600	617 400	617 400	617 400		1.
2 418 610	2 405 710	2 395 060	2 395 060	2 374 360	2 364 010	1 945 560	1 945 560		2.
300 400	297 800	293 600	293 800	293 800	293 800	296 400	299 000		2a.
4 910 153	4 880 165	4 852 126	4 788 681	4 708 740	4 691 833	3 973 057	3 960 617		3.
44 556	49 806	53 516	55 872	57 460	57 860	50 466	52 938		4.
8 355 619	*8 316 681*	*8 241 101*	*8 152 013*	*8 052 960*	*8 024 903*	*6 882 885*	*6 875 515*		
106 840	106 840	105 840	105 840	105 840	105 000	105 000	105 000		5.
73 200	65 000	57 300	57 300	57 300	57 300	57 300	57 300		6.
1 790 000	1 680 000	1 500 000	1 500 000	1 480 000	1 480 000	1 330 000	1 270 000		7.
277 800	289 800	289 800	289 800	307 821	307 821	311 200	308 000		8.
[6]) 168 000	[6]) 168 000	[6]) 168 000	[6]) 158 000	[6]) 168 000	[6]) 168 000	[6]) 168 000	[6]) 168 000		9. 9a. 9b.
40 000	40 000	40 000	40 000	—	—	—	—		9c.
2 349 000	*2 242 800*	*2 055 100*	*2 045 100*	*2 013 121*	*2 013 121*	*1 866 500*	*1 803 300*		

Landen, die bis dahin auf dem Etat des Ministeriums des Innern standen. — [2]) Seit 1899 nur
— [4]) Vgl. Anmerkung zu Titel 4. — [5]) Bis 1888/89 auch an vollbeschäftigte. — [6]) Auch zu

Noch: Anlage XVII.

Noch: Uebersicht über die etatsmässigen Einnahmen und dauernden Ausgaben der Forst-
1885/86, 1887/88 und

Etatsstelle 1899 Kap.	Titel	Etatspositionen.	1888/89 M	1887/88 M	1885/86 M
		Einnahme.			
2.	1.	Für Holz	52 000 000	52 000 000	46 764 000
	2.	Für Nebennutzungen	4 147 000	4 120 000	4 198 000
	3.	Aus der Jagd	341 000	341 000	340 000
	4.	Von Torfgräbereien	291 000	280 000	300 000
	5.	Von Flössereien	10 000	15 300	24 800
	6.	Fällt aus; früher „Von Wiesenanlagen"	86 000	84 600	102 300
	7.	Fällt aus; früher „Von Ablagen", vor 1891/92 „Von Brennholzniederlagen"	2 600	1 750	2 200
	8.	Vom Sägemühlenbetrieb	396 000	481 000	569 000
	9.	Fällt aus; früher „Von grösseren Baumschulen"	15 000	17 000	22 000
	10.	Von d. Thiergarten bei Cleve u. dem Eichholze b. Arnsberg	17 488	17 488	17 488
			—	8) 227 000	8) 210 200
	11.	Verschiedene andere Einnahmen	449 242	439 002	405 162
	11a.	Rückzahlungen auf die an Forstbeamte zur wirthschaftlichen Einrichtung bei Uebernahme einer Stelle gewährten Vorschüsse	—	—	—
	12.	Von der Forstakademie zu Eberswalde	24 370	19 210	18 100
	13.	Von der Forstakademie zu Münden	8 300	12 650	11 750
		Summe der Einnahme	**57 788 000**	**58 056 000**	**52 985 000**
		Dauernde Ausgaben.			
2.		**Kosten der Verwaltung und des Betriebes.**			
		Besoldungen.			
	1.	Oberforstmeister und Regierungs- und Forsträthe	617 400	617 400	616 650
	2.	Oberförster [1]) und verwaltende Revierförster in den Klosterforsten der Provinz Hannover	1 942 430	1 951 430	1 734 050
	2a.	Vollbeschäftigte Forstkassen-Rendanten	11) 149 500	—	—
	3.	Revierförster, Förster und vollbeschäftigte Waldwärter	3 959 205	3 955 943	3 469 718
	4.	Verwaltende Beamte, Meister, Wärter und Aufseher bei den Nebenbetriebs-Anstalten, Thiergartenförster (sämmtlich voll beschäftigt) [2])	53 082	53 082	52 902
		Summe Tit. 1—4	*6 721 617*	*6 577 855*	*5 873 320*
	5.	Zu Wohnungsgeldzuschüssen für die Beamten *Summe Tit. 5 für sich*	105 560	105 560	105 560
		Andere persönliche Ausgaben.			
	6.	Zur Remunerirung von Hilfsarbeitern bei den Regierungen und [3]) bei den Oberförstern	57 300	61 300	57 300
	7.	Zur Remunerirung von Forsthilfsaufsehern, nebenamtlichen Waldwärtern und Wärtern bei den Nebenbetriebsanstalten [4]) und zur Verstärkung des Forstschutzes überhaupt	1 240 000	1 229 000	1 210 000
	8.	Vergütung für die Gelderhebung und Auszahlung an nicht voll, beziehungsweise nur nebenamtlich beschäftigte [5]) Forstkassenbeamte und an Untererheber	13) 604 500	790 000	735 000
	9.	Zu ausserordentlichen Remunerationen u. Unterstützungen für Unterbeamte			
	9a.	Zu ausserordentl. Remunerationen für mittlere Beamte	6) 168 000	168 000	168 000
	9b.	Zu ausserordentl. Unterstützung. f. mittl. u. höhere Beamte			
	9c.	Vorschüsse an Forstbeamte zur wirtschaftlichen Einrichtung bei Uebernahme einer Stelle	—	—	—
		Summe Tit. 6 bis 9c	*2 069 800*	*2 248 300*	*2 170 300*

1—6) Vgl. die Anmerkungen 1—6 auf Seite 40 und 41. — 7) Nach dem Etat in Titel 2 ent-
Cleve. — 10) Hiervon 152 166 Mk. Straf-, Pfand- und Ersatzgelder und 23 790 Mk. Pensionsbei-
enthalten. — 12) Einschliesslich Remuneration von Hilfsarbeitern. — 13) Vgl. oben Anmerkung 11

verwaltung für die Etatsjahre 1849, 1859, 1866, 1869, 1874, 1879/80, 1881/82, 1883/84, 1888/89 bis 1899.

Etatsjahr 1883/84 ℳ	1881/82 ℳ	1879/80 ℳ	1874 ℳ	1869 ℳ	1866 ℳ	1859 ℳ	1849 ℳ	Etatsstelle 1899 Kap.	Titel
46 130 000	44 346 400	45 200 000	42 000 000	36 581 100	24 900 000	17 042 754	12 883 969	2.	1.
4 221 000	4 161 000	4 500 000	3 360 000	2 998 200	2 157 700	1 385 850	894 302		2.
339 100	341 714	341 714	303 453	285 174	144 000	91 524	99 430		3.
338 300	371 000	402 274	284 538	244 482	184 308	156 720	7) 135 762		4.
35 925	35 925	35 925	37 147	61 839	100 278	160 032	7) 278 460		5.
100 000	91 899	84 558	55 359	47 181	36 756	25 509	—		6.
2 880	20 500	37 525	166 329	96 540	—	—	—		7.
541 000	648 320	651 000	526 797	597 966	—	—	—		8.
22 000	27 976	27 976	13 266	—	—	—	—		9.
17 488	16 714	9) 16 714	9) 14 398	9) 13 740	9) 13 740	9) 14 349	—		10.
8) 209 730	—	—	—	—	—	—	—		
385 527	419 452	352 614	454 737	363 903	163 608	93 471	10) 221 940		11.
									11a.
—	—	—	—	—	—	—	—		
17 000	9 900	9 900	10 500	} 15 975	{ 5 610	4 791	—		12.
11 550	9 200	9 200	8 580		—	—	—		13.
52 371 500	**50 500 000**	**51 669 400**	**47 235 000**	**41 306 100**	**27 906 000**	**18 975 000**	**15 423 219**		
								2.	
615 300	615 300	616 800	639 300	12) 677 100	365 400	341 100	372 905		1.
1 729 350	1 752 300	1 747 500	1 726 350	1 515 030	749 700	749 700	677 866		2.
—	—	—	—	—	—	—	—		2a.
3 455 358	3 451 880	3 440 062	3 382 641	3 305 472	2 084 400	1 760 934	1 204 666		3.
									4.
54 834	57 492	57 978	48 966	—	—	—	—		
5 854 842	*5 876 972*	*5 862 340*	*5 797 257*	—	—	—	—		
105 560	105 200	103 000	—	—	—	—	—		5.
									6.
57 300	65 000	65 000	72 000	in Tit. 1 enthalten	desgl.	desgl.	desgl. in dem Reservefonds zu den Besoldungen		7.
1 190 000	1 161 530	1 161 530	990 000	in Tit. 3 enthalten	desgl.	desgl.	desgl.		8.
765 000	765 000	780 000	780 000	661 200	488 250	348 000	254 300		
168 000	168 000	168 000	168 000	137 760	104 550	104 550	204 620		9. 9a. 9b.
—	—	—	—	—	—	—	—		9c.
2 180 300	*2 159 530*	*2 174 530*	*2 010 000*	Reservefonds zu den Besoldungen			*119 745*		

halten. — 8) Titel 10a. Gesetzliche Wittwen- und Waisengeldbeiträge. — 9) Nur Thiergarten bei träge. — 11) Nur für ½ Jahr. Ausgabe für das andere Halbjahr wie in den Vorjahren in Titel 8 zu Titel 2a.

Noch: Anlage XVII.

Noch: Uebersicht über die etatsmässigen Einnahmen und dauernden Ausgaben der Forst- 1885/86, 1887/88 und

Etatsstelle 1899 Kap.	Titel	Etatspositionen.	1899 ℳ	1898/99 ℳ	1897/98 ℳ
		Stellenzulagen, Dienstaufwands- und Mieths-Entschädigungen.			
(2.)	10.	Fuhrkosten-Aversa für Oberforstmeister und Dienstaufwands-Entschädigungen für Regierungs- u. Forsträthe	306 300	304 200	301 700
	11.	Dienstaufwands-Entschädigungen für Oberförster	1 237 900	1 209 020	1 197 260
	12.	Stellenzulagen für Oberförster	68 200	66 600	65 900
	12a.	Dienstaufwands-Entschädigungen für die vollbeschäftigten Forstkassen-Rendanten Kap. 2 Tit. 2a	159 642	156 642	155 642
	13.	Stellenzulagen für Revierförster, Förster und vollbeschäftigte Waldwärter, sowie zur Haltung eines Dienstpferdes oder Annahme von Forstschutzhülfe für Revierförster und Förster und Kahnunterhaltungszulagen . .	379 302	367 222	353 972
	14.	Dienstaufwands-Entschädigungen und Stellenzulagen für Beamte bei den Nebenbetriebsanstalten	11 608	11 408	11 408
	15.	Miethsentschädigungen wegen fehlender Dienstwohnungen	99 200	78 000	69 000
		Summe Tit. 10 bis 15 . . .	*2 262 152*	*2 193 092*	*2 154 882*
		Materielle Verwaltungs- nnd Betriebskosten.			
	16.	Für Werbung und Transport von Holz und anderen Forstprodukten	9 500 000	9 350 000	9 000 000
	17.	Zur Unterhaltung und zum Neubau der Gebäude im Geschäftsbereich der Forstverwaltung, sowie zur Beschaffung fehlender Gebäude	2 394 800	2 394 800	2 394 800
	18.	Zur Unterhaltung und zum Neubau der öffentlichen Wege und zur Gewährung von Beiträgen zur Herstellung solcher Wege (innerhalb der Forsten)	1 614 340	1 514 340	1 504 650
	19.	Beihülfen zu Chaussee- und anderen Wege- und Brückenbauten und zur Anlegung von Eisenbahngüter-Haltestellen (ausserhalb der Forsten)	250 000	200 000	200 000
	20.	Zu Wasserbauten in den Forsten	66 500	66 500	66 500
	21.	Zu Forstkulturen, zur Erziehung von Pflanzen zum Verkauf, zur Verbesserung der Forstgrundstücke, zum Bau und zur Unterhaltung der Holzabfuhrwege und Eisenbahngüter-Haltestellen, welche im Interesse der Forstverwaltung angelegt werden müssen, sowie zu Forstvermessungen und Betriebsregulirungen	5 123 500	5 100 000	4 600 000
	22.	Jagdverwaltungskosten, einschliesslich der Wildschaden-Ersatzgelder	87 000	75 000	74 000
	23.	Betriebskosten für Torfgräbereien	73 000	78 200	80 000
	24.	Betriebskosten für Flössereien	11 000	11 000	11 500
	25.	Fällt aus, bis 1898/99 „Betriebskosten für Wiesenanlagen“	—	16 800	17 000
	26.	Fällt aus, bis 1897/98 „Betriebskosten der Ablagen“ . .	—	—	—
	27.	Betriebskosten der Sägemühlen	120 000	114 000	160 000
	28.	Fällt aus, bis 1898/99 „Betriebskost. f. grössere Baumschul.“	—	6 800	6 600
	29.	Für d. Thiergarten bei Cleve u.[1]) d. Eichholz bei Arnsberg	13 220	13 220	13 220
	30.	Für Fischereizwecke	8 000	8 000	8 000
	31.	Zur Bezeichnung und Berichtigung der Grenzen, zu Separationen, Regulirungen und Prozesskosten	95 000	95 000	87 000
	32.	Holzverkaufs- und Verpachtungskosten, Botenlöhne und sonstige kleine Ausgaben der Lokalverwaltung	177 000	185 000	185 000
	33.	Druckkosten	60 800	64 000	64 900
	34.	Stellvertretungs- u. Umzugskosten, Diäten u. Reisekosten	276 000	390 000	320 000
	35.	Kosten f. Vertilgung der den Forsten schädlichen Thiere, Vorfluthkosten und andere vermischte Ausgaben . . .	444 285	445 687	400 525
		Summe Tit. 16 bis 35 . . .	*20 314 445*	*20 128 347*	*19 193 695*
		Summe Kap. 2 . . .	**35 070 000**	**34 521 250**	**32 321 220**

[1]) Seit 1877/78.

verwaltung für die Etatsjahre 1849, 1859, 1866, 1869, 1874, 1879/80, 1881/82, 1883/84, 1888/89 bis 1899.

Etatsjahr 1896/97 ℳ	1895/96 ℳ	1894/95 ℳ	1893/94 ℳ	1892/93 ℳ	1891/92 ℳ	1890/91 ℳ	1889/90 ℳ	Etatsstelle 1899 Kap.	Titel
300 500	299 800	297 250	297 250	297 250	297 250	297 250	297 250	(2.)	10.
1 165 150	1 165 150	1 159 400	1 217 715	1 206 715	1 204 765	1 194 115	1 127 500		11.
61 900	61 900	61 300	61 300	61 300	61 000	59 300	59 300		12.
155 642	155 642	150 342	163 130	163 130	163 130	164 930	154 000		12a.
348 276	344 276	342 276	340 496	339 406	336 558	303 158	301 608		13.
12 368	12 368	12 518	12 683	12 983	13 303	13 753	13 648		14.
64 000	66 000	68 000	70 000	72 000	75 000	80 000	82 000		15.
2 107 836	*2 105 136*	*2 091 086*	*2 162 574*	*2 152 784*	*2 151 006*	*2 112 506*	*2 035 306*		
9 000 000	9 000 000	8 860 000	8 860 000	9 000 000	8 650 000	8 400 000	8 380 000		16.
2 394 800	2 394 800	2 394 800	2 394 800	2 394 800	2 394 800	2 394 800	2 324 000		17.
1 498 200	1 498 200	1 498 200	1 498 200	1 498 200	1 498 200	1 498 200	1 498 200		18.
200 000	200 000	200 000	200 000	200 000	200 000	200 000	200 000		19.
66 500	66 500	66 500	66 500	66 500	60 000	60 000	60 000		20.
4 600 000	4 281 700	4 281 700	4 275 700	4 275 700	4 275 700	4 275 700	4 295 000		21.
74 000	74 000	70 000	100 000	100 000	84 000	84 000	84 000		22.
85 000	87 000	87 000	87 000	90 000	112 000	112 000	110 000		23.
10 200	10 200	15 000	11 000	11 000	12 000	9 000	7 500		24.
18 000	20 000	17 000	23 000	22 000	22 000	22 400	23 000		25.
1 600	1 200	1 000	1 000	2 600	2 600	1 500	1 000		26.
147 500	147 000	190 000	190 000	210 700	280 000	297 000	300 000		27.
2 000	2 400	9 400	9 400	13 000	19 000	18 500	18 000		28.
13 220	13 000	13 000	13 000	13 000	13 000	13 000	13 000		29.
8 000	8 000	6 000	6 000	6 000	6 000	6 000	6 000		30.
98 300	100 000	95 000	92 000	92 000	92 000	92 000	97 000		31.
180 000	177 000	160 000	154 000	155 000	158 000	161 000	169 000		32.
64 400	63 000	60 000	60 000	58 000	58 000	58 000	57 000		33.
315 000	315 000	270 000	240 000	240 000	240 000	222 000	220 000		34.
400 205	400 012	400 293	400 353	410 525	409 400	408 739	441 409		35.
19 176 925	*18 859 012*	*18 694 893*	*18 681 953*	*18 859 025*	*18 586 700*	*18 353 839*	*18 204 109*		
32 096 220	**31 630 470**	**31 188 020**	**31 147 480**	**31 183 730**	**30 880 730**	**29 300 730**	**29 023 230**		

Noch: Anlage XVII.

Noch: Uebersicht über die etatsmässigen Einnahmen und dauernden Ausgaben der Forst- 1885/86, 1887/88 und

Etatsstelle 1899 Kap.	Titel	Etatspositionen.	1888/89 ℳ	1887/88 ℳ	1885/86 ℳ
		Stellenzulagen, Dienstaufwands- und Mieths-Entschädigungen.			
(2.)	10.	Fuhrkosten-Aversa für Oberforstmeister und Dienstaufwands-Entschädigungen für Regierungs- u. Forsträthe	297 250	297 250	297 250
	11.	Dienstaufwands-Entschädigungen für Oberförster	1 125 800	1 125 800	1 111 400
	12.	Stellenzulagen für Oberförster	58 700	60 000	60 000
	12a.	Dienstaufwands-Entschädigungen für die vollbeschäftigten Forstkassen-Rendanten Kap. 2 Tit. 2a	176 500	—	—
	13.	Stellenzulagen für Revierförster, Förster und vollbeschäftigte Waldwärter, sowie zur Haltung eines Dienstpferdes oder Annahme von Forstschutzhülfe für Revierförster und Förster und Kahnunterhaltungszulagen..	300 638	300 468	297 894
	14.	Dienstaufwands-Entschädigungen und Stellenzulagen für Beamte bei den Nebenbetriebsanstalten	13 648	13 648	13 793
	15.	Miethsentschädigungen wegen fehlender Dienstwohnungen	83 000	86 000	101 000
		Summe Tit. 10 bis 15 ...	*2 055 536*	*1 883 166*	*1 881 337*
		Materielle Verwaltungs- und Betriebskosten.			
	16.	Für Werbung und Transport von Holz und anderen Forstprodukten	8 222 000	8 150 000	7 604 000
	17.	Zur Unterhaltung und zum Neubau der Gebäude im Geschäftsbereich der Forstverwaltung, sowie zur Beschaffung fehlender Gebäude	2 324 000	2 324 000	2 324 000
	18.	Zur Unterhaltung und zum Neubau der öffentlichen Wege und zur Gewährung von Beiträgen zur Herstellung solcher Wege (innerhalb der Forsten).........	1 498 200	1 498 200	1 500 000
	19.	Beihülfen zu Chaussee- und anderen Wege- und Brückenbauten und zur Anlegung von Eisenbahngüter-Haltestellen (ausserhalb der Forsten)	100 000	100 000	100 000
	20.	Zu Wasserbauten in den Forsten	60 000	60 000	60 000
	21.	Zu Forstkulturen, zur Erziehung von Pflanzen zum Verkauf, zur Verbesserung der Forstgrundstücke, zum Bau und zur Unterhaltung der Holzabfuhrwege und Eisenbahngüter-Haltestellen, welche im Interesse der Forstverwaltung angelegt werden müssen, sowie zu Forstvermessungen und Betriebsregulirungen.........	4 295 000	4 290 080	4 300 000
	22.	Jagdverwaltungskosten, einschliesslich der Wildschaden-Ersatzgelder	84 000	77 000	74 000
	23.	Betriebskosten für Torfgräbereien............	107 000	100 000	105 000
	24.	Betriebskosten für Flössereien...............	7 500	12 000	23 000
	25.	Fällt aus, bis 1898/99 „Betriebskosten für Wiesenanlagen"	21 000	23 500	24 000
	26.	Fällt aus, bis 1897/98 „Betriebskosten der Ablagen" ..	1 000	1 000	1 000
	27.	Betriebskosten der Sägemühlen	304 000	389 000	542 000
	28.	Fällt aus, bis 1898/99 „Betriebskost. f. grössere Baumschul."	18 000	21 000	21 000
	29.	Für d. Thiergarten bei Cleve u.[1]) d. Eichholz bei Arnsberg	12 198	12 198	12 198
	30.	Für Fischereizwecke	6 000	6 000	6 000
	31.	Zur Bezeichnung und Berichtigung der Grenzen, zu Separationen, Regulirungen und Prozesskosten	97 000	102 000	140 000
	32.	Holzverkaufs- und Verpachtungskosten, Botenlöhne und sonstige kleine Ausgaben der Lokalverwaltung	163 000	156 000	140 000
	33.	Druckkosten	55 000	60 500	63 000
	34.	Stellvertretungs- u. Umzugskosten, Diäten u. Reisekosten	220 000	220 000	200 000
	35.	Kosten f. Vertilgung der den Forsten schädlichen Thiere, Vorfluthkosten und andere vermischte Ausgaben ...	368 819	350 071	394 425
		Summe Tit. 16 bis 35 ...	*17 963 717*	*17 952 549*	*17 633 623*
		Summe Kap. 2 ...	**28 916 230**	**28 767 430**	**27 664 140**

[1]) Vergl. die Anmerkung auf S. 44. — [2]) Nur zur Haltung eines Dienstpferdes oder Annahme

verwaltung für die Etatsjahre 1849, 1859, 1866, 1869, 1874, 1879/80, 1881/82, 1883/84, 1888/89 bis 1899.

Etatsjahr 1883/84 ℳ	1881/82 ℳ	1879/80 ℳ	1874 ℳ	1869 ℳ	1866 ℳ	1859 ℳ	1849 ℳ	Etatsstelle 1899 Kap.	Titel
297 250	297 250	295 200	295 200	237 000	131 250	129 000	128 084	(2.)	10.
1 109 600	1 108 700	1 101 800	1 058 400	560 745	361 500	558 800	254 377		11.
—	—	—	—	—	—	—	—		12.
—	—	—	—	—	—	—	—		12a.
293 233	291 188	287 032	²) 13 260	in Tit. 8 mit 20 440 ℳ enthalten	in Tit. 3 mit 21 270 ℳ enthalten	desgl. mit 22 070 ℳ	desgl.		13.
13 943	15 153	14 423	9 075	—	—	—	—		14.
101 010	101 010	101 010	101 010	99 810	36 630	16 980	—		15.
1 815 036	*1 813 301*	*1 799 465*	*1 476 945*	—	—	—	—		
7 744 000	7 200 000	7 200 000	7 095 000	5 135 874	3 153 000	2 295 000	1 736 589		16.
2 324 000	2 024 000	2 024 000	1 914 000	1 144 875	731 175	589 770	540 000		17.
1 500 000	1 244 800	1 200 000	1 020 000	582 000	300 000	166 218	130 686		18.
100 000	—	—	—	—	—	—	24 000		19.
46 800	37 440	37 440	39 000	33 900	36 000	36 000	91 500		20.
4 300 000	3 803 700	3 670 200	3 450 000	2 077 000	1 119 000	980 766	794 925		21.
74 000	74 000	76 000	55 650	54 672	12 000	11 211	9 511		22.
116 000	119 000	128 000	103 500	93 393	70 749	69 258	}		23.
26 000	26 000	29 000	27 600	58 851	87 060	147 567	} 314 244		24.
27 500	25 956	24 000	15 000	16 302	14 247	10 587	}		25.
2 000	16 000	33 000	174 000	92 010	—	—	—		26.
532 000	600 000	610 000	516 000	519 300	—	—	—		27.
26 000	32 000	32 000	8 400	—	—	—	—		28.
12 198	11 424	11 424	9 654	13 740	13 740	14 349	in vorsteh. Summe		29.
—	—	—	—	—	—	—			30.
150 000	180 000	180 000	188 505	373 800	221 535	191 340	140 145		31.
140 000	132 000	132 000	226 000	}	}	}	}		{ 32.
57 500	56 000	56 000	60 000	} 849 216	657 228	432 867	124 691		{ 33.
190 000	190 000	190 000	570 000	}					{ 34.
340 574	399 677	400 001	445 489	}					{ 35.
17 708 572	*16 171 997*	*16 039 065*	*15 819 798*	—	—	—	—		
27 664 310	**26 127 000**	**25 978 400**	**25 104 000**	—	—	—	—		

von Forstschutzhilfe.

Noch: Anlage XVII.

Noch: Uebersicht über die etatsmässigen Einnahmen und dauernden Ausgaben der Forst- 1885/86, 1887/88 und

Etatsstelle 1899 Kap.	Titel	Etatspositionen.	1899 ℳ	1898/99 ℳ	1897/98 ℳ
3.		**Zu forstwissenschaftlichen und Lehrzwecken.**			
		Besoldungen.			
	1.	Bei der Forstakademie zu Eberswalde	57 850	52 900	45 600
	2.	Bei der Forstakademie zu Münden	45 550	44 750	39 150
	3.	Bei der Forstlehrlingsschule zu Gross-Schönebeck	4 600	4 600	3 450
		Summe Tit. 1 bis 3	*108 000*	*102 250*	*88 200*
	4.	Zu Wohnungsgeldzuschüssen für die Lehrer und Beamten	5 940	5 460	5 220
		Summe Tit. 4 für sich.			
		Andere persönliche Ausgaben.			
	5.	Zur Remunerirung von Hülfskräften und für den forstlichen Unterricht bei den Jäger-Bataillonen	37 550	37 550	37 550
	6.	Zu ausserordentlichen Remunerationen an mittlere und Unterbeamte u. zu ausserordentlichen Unterstützungen an höhere, mittlere und Unterbeamte bei den Forstakademien und den Forstlehrlingsschulen	2 400	2 400	2 400
		Summe Tit. 5 und 6	*39 950*	*39 950*	*39 950*
		Sonstige Ausgaben.			
	7.	Zur Unterhaltung der Gebäude	9 000	9 000	9 000
	8.	Amtsunkostenvergütungen, Umzugskosten, Diäten und Reisekosten, nicht aversionirte Postporto- u. Gebührenbeträge u. sonstige Frachtgebühren für dienstliche Sendungen, Telegrammgebühren bei d. Akademien, sächl. Ausgaben, einschliesslich derjenigen bei den forstlichen Versuchsstationen, sowie sonstige vermischte Ausgaben	69 560	64 910	64 910
		Summe Tit. 7 und 8	*78 560*	*73 910*	*73 910*
		Summe Kap. 3	**232 450**	**221 570**	**207 280**
4.		**Allgemeine Ausgaben.**			
	1.	Real- und Kommunallasten und Kosten der örtlichen Kommunal- und Polizeiverwaltung in fiskalischen Guts- und Amtsbezirken	1 370 000	1 320 000	1 000 000
	2.	Ablösungsrenten und zeitweise Vergütungen an Stelle von Naturalabgaben	530 000	550 000	570 000
	2a.	Beiträge zur gesetzlich. Krankenversicherung d. Arbeiter, Ausgaben auf Grund der Unfallversicherungsgesetze, sowie Aszendentenrenten, Heilungskosten und Sterbegelder auf Grund des Unfallfürsorgegesetzes, Ausgaben auf Grund des Gesetzes über die Invaliditäts- und Altersversicherung	513 000	478 000	469 000
	3.	Zu Unterstützungen für ausgeschiedene Beamte, sowie zu Pensionen und Unterstützungen für Wittwen und Waisen von Beamten	180 000	180 000	180 000
	4.	Kosten der dem Forstfisk. auf Grund rechtlich. Verpflichtung obliegenden Armenpflege m. Einschluss d. Beiträge zur Forstarbeiter-Unterstützungskasse zu Clausthal	92 000	91 800	92 000
	5.	Zu Unterstützungen aus sonstiger Veranlassung	18 700	18 700	18 500
	6.	Zum Ankauf von Grundstücken zu den Forsten	1 050 000	1 050 000	1 050 000
		Summe Kap. 4	**3 753 700**	**3 688 500**	**3 379 500**
		Hierzu: „ „ 3	**232 450**	**221 570**	**207 280**
		„ „ 2	**35 070 000**	**34 521 250**	**32 321 220**
		Summe A. Dauernde Ausgaben	**39 056 150**	**38 431 320**	**35 908 000**

verwaltung für die Etatsjahre 1849, 1859, 1866, 1869, 1874, 1879/80, 1881/82, 1883/84, 1888/89 bis 1899.

Etatsjahr 1896/97 ℳ	1895/96 ℳ	1894/95 ℳ	1893/94 ℳ	1892/93 ℳ	1891/92 ℳ	1890/91 ℳ	1889/90 ℳ	Etatsstelle 1899 Kap.	Titel
								3.	
45 600	45 150	41 900	41 900	41 800	41 500	41 500	40 900		1.
39 150	39 350	37 050	37 000	36 850	36 550	36 550	35 950		2.
3 450	3 450	3 450	3 450	3 450	3 050	3 050	3 050		3.
88 200	*87 950*	*82 400*	*82 350*	*82 100*	*81 100*	*81 100*	*79 900*		
5 220	5 220	5 220	5 220	5 220	5 220	5 220	5 220		4.
37 550	37 550	37 550	37 550	35 550	35 550	35 550	35 250		5.
2 400	2 400	2 400	2 400	2 400	2 400	2 400	2 400		6.
39 950	*39 950*	*39 950*	*39 950*	*37 950*	*37 950*	*37 950*	*37 650*		
9 000	9 000	9 000	9 000	9 000	9 000	9 000	9 000		7.
64 910	62 910	62 910	63 500	65 500	65 500	65 500	65 500		8.
73 910	*71 910*	*71 910*	*72 500*	*74 500*	*74 500*	*74 500*	*74 500*		
207 280	**205 030**	**199 480**	**200 020**	**199 770**	**198 770**	**198 770**	**197 270**		
								4.	
746 000	690 000	680 000	690 000	700 000	720 000	748 000	742 000		1.
579 000	595 000	606 000	620 000	700 000	700 000	670 000	700 000		2.
415 000	381 000	324 000	294 000	133 000	58 000	58 000	58 000		2a.
180 000	180 000	180 000	180 000	180 000	180 000	180 000	180 000		3.
87 000	86 000	84 000	80 000	78 000	80 000	80.000	81 000		4.
18 500	18 500	18 500	18 500	18 500	18 500	18 500	18 500		5.
1 050 000	1 050 000	1 050 000	1 050 000	1 050 000	1 050 000	1 050 000	1 050 000		6.
3 075 500	**3 000 500**	**2 942 500**	**2 933 500**	**2 859 500**	**2 806 500**	**2 804 500**	**2 829 500**		
207 280	**205 030**	**199 480**	**200 020**	**199 700**	**198 770**	**198 770**	**197 270**		
32 096 220	**31 630 470**	**31 188 020**	**31 147 480**	**31 183 730**	**30 880 730**	**29 300 730**	**29 023 230**		
35 379 000	**34 836 000**	**34 330 000**	**34 281 000**	**34 243 000**	**33 886 000**	**32 304 000**	**32 050 000**		

Noch: Anlage XVII.

Noch: Uebersicht über die etatsmässigen Einnahmen und dauernden Ausgaben der Forst-
1885/86, 1887/88 und

Etatsstelle 1899 Kap.	Titel	Etatspositionen.	1888/89 ℳ	1887/88 ℳ	1885/86 ℳ
3.		**Zu forstwissenschaftlichen und Lehrzwecken.**			
		Besoldungen.			
	1.	Bei der Forstakademie zu Eberswalde	40 900	37 150	36 750
	2.	Bei der Forstakademie zu Münden	35 950	32 200	31 800
	3.	Bei der Forstlehrlingsschule zu Gross-Schönebeck	3 050	3 050	3 050
		Summe Tit. 1 bis 3	*79 900*	*72 400*	*71 600*
	4.	Zu Wohnungsgeldzuschüssen für die Lehrer und Beamten	5 220	5 220	5 220
		Summe Tit. 4 für sich.			
		Andere persönliche Ausgaben.			
	5.	Zur Remunerirung von Hülfskräften und für den forstlichen Unterricht bei den Jäger-Bataillonen	35 250	33 950	37 950
	6.	Zu ausserordentlichen Remunerationen an mittlere und Unterbeamte u. zu ausserordentlichen Unterstützungen an höhere, mittlere und Unterbeamte bei den Forstakademien und den Forstlehrlingsschulen	2 400	2 400	2 400
		Summe Tit. 5 und 6	*37 650*	*36 350*	*40 350*
		Sonstige Ausgaben.			
	7.	Zur Unterhaltung der Gebäude	9 000	9 000	9 000
	8.	Amtsunkostenvergütungen, Umzugskosten, Diäten und Reisekosten, nicht aversionirte Postporto- u. Gebührenbeträge u sonstige Frachtgebühren für dienstliche Sendungen, Telegrammgebühren bei d. Akademien, sächl. Ausgaben, einschliesslich derjenigen bei den forstlichen Versuchsstationen, sowie sonstige vermischte Ausgaben	65 500	65 500	67 000
		Summe Tit. 7 und 8	*74 500*	*74 500*	*76 000*
		Summe Kap. 3	**197 270**	**188 470**	**193 170**
4.		**Allgemeine Ausgaben.**			
	1.	Real- und Kommunallasten und Kosten der örtlichen Kommunal- und Polizeiverwaltung in fiskalischen Guts- und Amtsbezirken	718 000	700 000	632 000
	2.	Ablösungsrenten und zeitweise Vergütungen an Stelle von Naturalabgaben	700 000	730 000	760 000
	2a.	Beiträge zur gesetzlichen Krankenversicherung der Arbeiter, Ausgaben auf Grund der Unfallversicherungsgesetze, sowie Aszendentenrenten, Heilungskosten und Sterbegelder auf Grund des Unfallfürsorgegesetzes,	[1]) 100 000	70 400	70 000
		Ausgaben auf Grund des Gesetzes über die Invaliditäts- und Altersversicherung	58 000	7 200	—
	3.	Zu Unterstützungen für ausgeschiedene Beamte, sowie zu Pensionen und Unterstützungen für Wittwen und Waisen von Beamten	180 000	180 000	200 000
	4.	Kosten der d. Forstfiskus auf Grund rechtlich. Verpflichtung obliegenden Armenpflege in. Einschluss d. Beiträge zur Forstarbeiter-Unterstützungskasse zu Clausthal	81 000	75 000	72 190
	5.	Zu Unterstützungen aus sonstiger Veranlassung	18 500	18 500	18 500
	6.	Zum Ankauf von Grundstücken zu den Forsten	1 050 000	1 050 000	1 050 000
		Summe Kap. 4	**2 905 500**	**2 831 100**	**2 802 690**
		Hierzu: „ „ 3	**197 270**	**188 470**	**193 170**
		„ „ 2	**28 916 230**	**28 767 430**	**27 664 140**
		Summe A. Dauernde Ausgaben	**32 019 000**	**31 787 000**	**30 660 000**

[1]) Gesetzliche Wittwen- und Waisengelder.

verwaltung für die Etatsjahre 1849, 1859, 1866, 1869, 1874, 1879/80, 1881/82, 1883/84, 1888/89 bis 1899.

Etatsjahr 1883/84 ℳ	1881/82 ℳ	1879/80 ℳ	1874 ℳ	1869 ℳ	1866 ℳ	1859 ℳ	1849 ℳ	Etatsstelle 1899 Kap.	Titel
								3.	
36 750	36 150	36 150	35 550	75 000 (Tit. 1 und 2 zusammen)	34 500 (Tit. 1 und 2 zusammen)	24 528	19 690		1.
31 800	28 800	28 800	28 800		—	—	—		2.
—	—	—	—	—	—	—	—		3.
68 550	*64 950*	*64 950*	*64 350*	—	—	—	—		
4 740	4 440	4 440	—	—	—	—	—		4.
41 000	29 000	29 000	18 000	in der bei Kap. 3 Tit. 1/2 ausgeworfenen Summe enthalten. (Tit. 5–8)					5.
2 400	2 400	2 400	2 400						6.
43 400	*31 400*	*31 400*	*20 400*						
76 000 (Tit. 7 und 8 zusammen)	72 510	69 510	53 250		desgl. in Tit. 1	desgl. in Tit. 1	—		7.
									8.
—	—	—	—						
192 690	**173 300**	**170 300**	**138 000**	—	—	—	—		
								4.	
600 000	590 000	530 000	330 000	279 950	141 900	55 275	92 766 (Tit. 1, 2 und 2a zusammen)		1.
730 000	686 000	686 000	210 000	657 210	615 600	277 200			2.
17 500	—	—	—	—	—	—			
—	—	—	—	—	—	—	—		2a.
210 000	210 000	210 000	210 000	132 390	84 000	84 000	68 310		3.
—	—	—	—	—	—	—	—		4.
—	—	—	—	—	—	—	—		5.
1 050 000	1 050 000	1 050 000	1 050 000	—	—	—	—		6.
2 607 500	**2 536 000**	**2 476 000**	**1 800 000**	zur Bestreitung von	Mehrausgaben		150 000		
192 690	**173 300**	**170 300**	**138 000**	—	—	—	—		
27 664 310	**26 127 000**	**25 978 400**	**25 104 000**	—	—	—	—		
30 464 500	**28 836 300**	**28 624 700**	**27 042 000**	**19 623 000**	**11 694 000**	**9 195 000**	**7 463 718**		

Anlage XVIII.

Uebersicht der Soll- und Isteinnahmen der Forstverwaltung für Holz in den Rechnungsjahren 1878/79 bis 1897/98.

Rechnungsjahr.	Soll-Einnahme ℳ	Ist-Einnahme ℳ	Hiervon entfallen auf: Bau- und Nutzholz ℳ	Hiervon entfallen auf: Brennholz ℳ
1. April 1878/79 . . .	49 000 000	42 942 046		
„ 1879/80 . . .	45 200 000	41 865 749		
„ 1880/81 . . .	44 000 000	45 787 884		
„ 1881/82 . . .	44 346 400	46 484 141		
„ 1882/83 . . .	45 700 000	45 460 394		
„ 1883/84 . . .	46 130 000	48 067 914		
„ 1884/85 . . .	45 972 000	51 783 790	29 242 290	22 541 500
„ 1885/86 . . .	46 764 000	52 283 731	28 891 409	23 392 322
„ 1886/87 . . .	49 900 000	51 820 373	28 253 445	23 566 928
„ 1887/88 . . .	52 000 000	52 729 033	29 384 449	23 344 584
„ 1888/89 . . .	52 000 000	54 436 025	31 964 423	22 471 602
„ 1889/90 . . .	52 200 000	60 650 879	37 215 353	23 435 526
„ 1890/91 . . .	53 500 000	63 168 080	39 396 803	23 771 277
„ 1891/92 . . .	56 500 000	60 521 024	36 970 762	23 550 262
„ 1892/93 . . .	59 000 000	62 392 240	38 587 621	23 804 619
„ 1893/94 . . .	60 000 000	58 708 519	36 857 119	21 851 400
„ 1894/95 . . .	58 000 000	72 314 096	50 147 783	22 166 313
„ 1895/96 . . .	56 000 000	58 429 670	38 448 534	19 981 136
„ 1896/97 . . .	56 500 000	64 484 276	43 030 402	21 453 874
„ 1897/98 . . .	58 000 000	68 464 986	47 595 954	20 869 032

Anlage XIX.

Uebersicht der Natural-Sollerträge der Staatsforsten nach den Abnutzungssätzen für die Etatsjahre 1879/80 bis 1899.

Etats-jahr.	Kontrol-fähiges Material fm	Nicht kontrol-fähiges Material fm	Zu-sammen fm	Im Durchschnitt auf das ha zur Holzzucht bestimmten Fläche fm
1879/80	4 993 847	1 714 027	6 707 864	2,80
1880/81	5 080 419	1 758 047	6 838 466	2,88
1881/82	5 177 863	1 825 631	7 003 494	2,94
1882/83	5 360 666	1 859 197	7 219 863	3,04
1883/84	5 427 005	1 905 943	7 332 948	3,09
1884/85	5 517 807	1 947 146	7 464 953	3,14
1885/86	5 622 847	1 985 770	7 608 617	3,18
1886/87	5 708 295	2 008 090	7 716 385	3,20
1887/88	5 783 930	2 028 151	7 812 081	3,24
1888/89	5 878 063	2 072 965	7 951 028	3,29
1889/90	5 975 167	2 124 746	8 099 913	3,34
1890/91	6 042 030	2 159 185	8 201 215	3,377
1891/92	6 081 614	2 161 550	8 243 264	3,38
1892/93	6 130 733	2 131 756	8 262 489	3,375
1893/94	6 160 830	2 128 996	8 269 826	3,370
1894/95	6 200 813	2 110 269	8 311 082	3,374
1895/96	6 246 599	2 116 498	8 363 097	3,388
1896/97	6 325 938	2 099 549	8 425 487	3,405
1897/98	6 383 944	2 088 090	8 472 034	3,406
1898/99	6 401 149	2 067 443	8 468 592	3,39
1899	6 516 638	2 057 768	8 564 406	3,41

Anlage XX.

Nachweisung des Flächeninhalts und des Naturalertrages des staatlichen Forstbesitzes für 1899 nach den einzelnen Regierungsbezirken.

1	2	3	4	5	6	7
Regierungsbezirke.	Flächeninhalt nach Hektaren.				Naturalertrag nach den Abnutzungssätzen in Festmetern.	
	Zur Holzzucht		Summe	Darunter unnutzbar an Wegen, Gestellen, Sümpfen u. Wasserstücken	Kontrolfähiges	Nicht kontrolfähiges
	bestimmter	nicht bestimmter				
	Waldboden				Material	
1. Königsberg	188 145	58 309	246 454	37 741	496 040	98 235
2. Gumbinnen	193 315	52 526	245 841	17 604	482 317	139 604
3. Danzig	109 306	12 182	121 488	5 647	223 637	54 622
4. Marienwerder	217 495	25 928	243 423	13 637	534 284	120 147
5. Potsdam	200 794	20 425	221 219	10 546	509 131	143 594
6. Frankfurt	177 229	12 555	189 784	5 494	466 951	108 254
7. Stettin	102 569	11 597	114 166	2 217	330 295	60 165
8. Köslin	65 279	6 144	71 423	1 833	157 273	38 297
9. Stralsund	25 124	2 950	28 074	983	63 435	28 115
10. Posen	76 175	8 024	84 199	2 538	159 252	51 813
11. Bromberg	101 704	8 160	109 864	3 377	249 213	71 510
12. Breslau	57 512	4 479	61 991	772	227 788	49 124
13. Liegnitz	20 598	1 317	21 915	294	66 435	21 671
14. Oppeln	72 990	4 135	77 125	661	251 788	48 869
15. Magdeburg	63 295	5 934	69 229	1 531	130 372	77 619
16. Merseburg	71 725	6 798	78 523	1 204	192 837	77 778
17. Erfurt	36 081	924	37 005	269	133 826	49 021
18. Schleswig	35 485	7 654	43 139	909	87 029	35 739
19. Hannover	27 757	3 231	30 988	647	90 543	35 587
20. Hildesheim	100 861	4 096	104 957	1 584	338 964	96 392
21. Lüneburg	77 987	8 163	86 150	2 118	134 076	74 070
22. Stade	17 399	4 910	22 309	353	42 113	15 886
23. Osnabrück (inkl. Aurich)	14 898	1 409	16 307	337	20 244	8 922
24. Münster	2 206	220	2 426	22	7 540	3 803
25. Minden	33 066	1 274	34 340	437	98 474	35 708
26. Arnsberg	19 435	637	20 072	150	59 490	13 838
Gemeinschaftliche Waldungen	1 115	8	1 123	—	—	—
27. Kassel	200 764	5 919	206 683	970	438 956	265 068
Gemeinschaftliche Waldungen	401	5	406	1	—	—
28. Wiesbaden	51 202	1 662	52 864	289	145 088	70 590
29. Koblenz	28 257	833	29 090	193	67 172	34 878
30. Düsseldorf	16 429	1 955	18 384	383	45 928	23 933
31. Köln	12 269	590	12 859	115	27 528	18 203
32. Trier	62 403	1 882	64 285	422	167 587	56 438
33. Aachen	30 275	836	31 111	472	71 032	30 275
Summe	**2 510 029**	**287 658**	**2 797 687**	**115 749**	**6 516 638**	**2 057 768**
Gemeinschaftliche Waldungen	*1 516*	*13*	*1 529*	*1*	—	—

Anlage XXI.

Uebersicht über die Vertheilung der etatsmässigen Einnahmen und für das Rechnungs-

1	2	3	4	5
Regierungsbezirke.	Flächeninhalt nach Hektaren.			
	Zur Holzzucht bestimmter Waldboden	Zur Holzzucht nicht bestimmter Waldboden	Summe	Darunter unnutzbar an Wegen, Gestellen, Sümpfen und Wasserstücken
1. Königberg	184 491	57 432	241 923	37 097
2. Gumbinnen	195 408	53 341	248 749	15 426
3. Danzig	112 920	12 527	125 447	5 771
4. Marienwerder	208 896	24 375	233 271	11 955
5. Potsdam	200 094	19 818	219 912	10 412
6. Frankfurt	177 002	12 540	189 542	5 395
7. Stettin	102 589	11 582	114 171	2 214
8. Köslin	64 471	6 296	70 767	1 767
9. Stralsund	25 144	2 931	28 075	982
10. Posen	73 313	7 952	81 265	2 353
11. Bromberg	101 633	8 119	109 752	3 390
12. Breslau	57 483	4 500	61 983	779
13. Liegnitz	20 589	1 325	21 914	298
14. Oppeln	72 880	4 075	76 955	632
15. Magdeburg	62 852	5 935	68 787	1 531
16. Merseburg	71 621	6 778	78 399	1 204
17. Erfurt	35 997	950	36 947	298
18. Schleswig	35 371	7 652	43 023	909
19. Hannover	27 779	3 197	30 976	618
20. Hildesheim	100 726	4 087	104 813	1 578
21. Lüneburg	77 966	8 937	86 903	2 165
22. Stade	17 453	4 837	22 290	364
23. Osnabrück-Aurich	14 859	1 401	16 260	337
24. Münster	2 187	217	2 404	22
25. Minden	33 043	1 278	34 321	432
26. Arnsberg	19 328	638	19 966	152
Gemeinschaftliche Waldungen	1 115	8	1 123	—
27. Kassel	200 735	5 892	206 627	962
Gemeinschaftliche Waldungen	402	4	406	1
28. Wiesbaden	51 204	1 639	52 843	272
29. Koblenz	27 851	835	28 686	193
30. Düsseldorf	16 386	1 954	18 340	383
31. Köln	12 315	575	12 890	115
32. Trier	62 017	1 807	63 824	414
33. Aachen	29 233	833	30 066	471
Summe	**2 495 836**	**286 255**	**2 782 091**	**110 891**
Gemeinschaftliche Waldungen	*1 517*	*12*	*1 529*	*1*
Wegen der seit Aufstellung der letzten Spezialetats eingetretenen Aenderungen gehen ab	—	—	—	—
bleiben	—	—	—	—
Die Mehreinnahme gegen die Annahme der Spezialetats, die Einnahmen der Akademien und der General-Staatskasse betragen	—	—	—	—
Zusammen	—	—	—	—

Ausgaben der Forstverwaltung auf die einzelnen Regierungsbezirke jahr **1898/99**.

6	7	8	9	10	11	12	13	
Naturalertrag nach den Abnutzungssätzen in Festmetern.		Einnahme.						Wiederholung d. Spalte 1.
			Davon entfallen auf					
Kontrolfähiges	Nicht kontrolfähiges	Im Ganzen	Tit. 1. Für Holz	Tit. 2. Für Nebennutzungen	Tit. 3. Aus der Jagd	Tit. 4. Von Torfgräbereien	Auf ein Hektar nutzbar. Fläche	
Material		ℳ	ℳ	ℳ	ℳ	ℳ	ℳ	
506 425	98 845	3 757 300	3 193 900	508 095	14 234	22 820	18,34	1.
465 205	136 568	3 592 200	2 884 420	617 305	12 080	66 500	15,40	2.
220 949	53 585	1 452 000	1 338 374	102 552	4 382	390	12,13	3.
510 751	111 363	3 653 600	3 444 090	178 403	7 740	—	16,51	4.
500 439	145 206	5 934 600	5 486 479	347 222	42 728	—	28,33	5.
436 433	106 442	5 528 200	5 260 170	237 150	22 459	4 021	30,02	6.
330 295	60 165	3 579 900	3 295 077	196 289	11 513	65 080	31,98	7.
145 488	37 167	1 145 200	1 055 980	70 725	4 710	1 910	16,60	8.
62 227	28 115	582 700	525 720	50 856	5 700	—	21,51	9.
159 341	51 610	1 224 900	1 112 940	83 923	5 600	—	15,52	10.
240 771	68 041	1 846 000	1 761 440	71 565	2 731	—	17,36	11.
227 788	49 124	2 352 000	2 148 130	180 154	11 295	2 500	38,43	12.
68 859	24 177	818 500	777 988	35 778	2 327	1 600	37,86	13.
251 788	48 869	2 442 200	2 334 645	92 628	5 442	—	32,00	14.
127 820	85 710	1 932 200	1 688 873	214 475	26 519	—	28,73	15.
192 837	77 778	2 906 800	2 601 490	227 760	15 301	53 940	37,66	16.
129 402	50 941	1 442 200	1 416 830	17 586	4 893	—	39,35	17.
87 029	35 739	1 068 600	983 200	56 939	11 510	16 297	25,37	18.
91 060	36 862	1 083 000	920 700	42 147	8 476	13 758	35,67	19.
338 414	96 016	3 980 300	3 684 660	140 858	20 750	—	38,56	20.
124 736	79 123	1 532 000	1 393 760	103 161	13 770	6 812	18,08	21.
37 560	18 010	383 500	361 940	15 188	2 628	2 814	17,49	22.
18 573	9 314	218 400	189 295	21 391	1 331	5 774	13,71	23.
7 540	3 803	124 900	120 000	4 588	293	—	52,44	24.
98 474	35 708	1 039 700	999 680	32 611	5 153	—	30,68	25.
57 962	14 703	544 400	527 030	12 017	2 609	—	27,47	26.
—	—	—	—	—	—	—	—	
439 161	266 910	4 400 000	4 043 201	222 157	32 598	79	21,39	27.
—	—	—	—	—	—	—	—	
144 979	73 217	1 817 400	1 624 780	84 704	17 063	—	34,57	28.
67 172	34 878	881 500	848 856	21 421	6 197	—	30,94	29.
45 928	23 933	893 700	676 280	190 413	9 279	—	49,71	30.
27 528	18 203	458 800	417 610	24 659	14 314	—	35,91	31.
167 585	57 043	2 120 200	2 000 570	108 939	9 943	—	33,44	32.
70 630	30 275	708 400	685 390	14 666	6 992	—	23,94	33.
6 401 149	**2 067 443**	**65 445 300**	**59 803 498**	**4 328 326**	**362 566**	**264 295**	—	
—	—	—	—	—	—	—	—	
—	—	—	—	78 326	12 566	—	—	
—	—	**65 445 300**	**59 803 498**	**4 250 000**	**350 000**	**264 295**	—	
—	—	1 783 000	1 696 502	—	—	705	—	
—	—	**67 228 300**	**61 500 000**	**4 250 000**	**350 000**	**265 000**	25,16	

Noch: Anlage XXI.

Noch: Uebersicht über die Vertheilung der etatsmässigen Einnahmen und Ausgaben der

1	14	15	16	17
	Dauernde			
		Davon entfallen auf Kap. 2		Von den geführten
Regierungsbezirke.	Im Ganzen *M*	a. Tit. 1 bis 15. Persönliche Ausgaben: Besoldungen, Wohnungsgeldzuschüsse, andere pers. Ausgaben, Stellenzulagen, Dienstaufwands- und Miethsentschädigungen *M*	b. Tit. 16 bis 35. Materielle Verwaltungs- und Betriebskosten *M*	Tit. 16. Für Werbung u. Transport von Holz und anderen Forstprodukten *M*
1. Königsberg	1 993 000	713 991	1 081 895	602 255
2. Gumbinnen	1 970 600	728 069	1 126 126	643 909
3. Danzig	911 200	420 940	443 554	214 967
4. Marienwerder	1 587 000	698 306	809 554	421 395
5. Potsdam	2 153 100	766 520	1 184 123	702 227
6. Frankfurt	1 501 200	621 284	815 536	462 977
7. Stettin	1 236 300	470 258	652 060	345 333
8. Köslin	510 200	228 212	266 701	131 575
9. Stralsund	355 400	140 026	204 516	101 770
10. Posen	708 500	294 590	388 687	197 717
11. Bromberg	785 000	348 488	417 176	190 614
12. Breslau	931 400	332 686	512 298	295 990
13. Liegnitz	302 500	114 168	173 499	93 056
14. Oppeln	826 600	344 036	445 031	260 995
15. Magdeburg	886 100	357 096	442 586	266 850
16. Merseburg	994 000	418 119	534 695	283 338
17. Erfurt	623 000	239 654	367 923	245 062
18. Schleswig	580 700	235 222	314 656	175 603
19. Hannover	798 300	404 877	286 984	146 531
20. Hildesheim	2 277 100	735 735	1 328 303	747 553
21. Lüneburg	958 300	401 543	484 600	259 226
22. Stade	261 000	116 117	122 242	63 898
23. Osnabrück-Aurich	184 600	90 110	82 947	34 445
24. Münster	53 600	20 571	24 491	13 412
25. Minden	481 900	196 161	271 023	161 043
26. Arnsberg	336 300	151 050	164 521	80 962
Gemeinschaftliche Waldungen	—	—	—	—
27. Kassel	2 971 200	1 276 030	1 645 197	863 077
Gemeinschaftliche Waldungen	—	—	—	—
28. Wiesbaden	1 199 700	574 461	574 609	347 307
29. Koblenz	515 000	246 264	257 402	154 200
30. Düsseldorf	321 600	138 115	163 363	94 332
31. Köln	216 000	90 794	112 982	59 085
32. Trier	1 091 000	442 465	617 004	400 935
33. Aachen	426 900	168 373	245 456	127 540
Summe . . .	**30 948 300**	**12 524 331**	**16 561 739**	**9 189 179**
Gemeinschaftliche Waldungen . . .	—	—	—	—
Wegen der seit Aufstellung der letzten Spezialetats eingetretenen Aenderungen gehen ab	—	—	—	—
bleiben . . .	**30 948 300**	**12 524 331**	**16 561 739**	**9 189 179**
Die Mehreinnahme gegen die Annahme der Spezialetats, die Einnahmen der Akademien und der General-Staatskasse betragen	7 483 020	1 868 571	3 566 608	160 821
Zusammen . . .	**38 431 020**	**14 392 903**	**20 128 347**	**9 350 000**
		34 521 250		

Forstverwaltung auf die einzelnen Regierungsbezirke für das Rechnungsjahr 1898/99.

18	19	20	21	22	23	24	
Ausgabe.					**Ueberschuss.**		Wiederholung der Spalte 1.
nebenstehend unter b auf Ausgaben treffen auf		Bei Kap. 4 entfallen auf					
Tit. 21. Zu Forstkulturen	Tit. 22. Jagdverwaltungskosten	Tit. 1. Real- und Kommunallasten etc.	Tit. 2. Ablösungsrenten und zeitweise Vergütungen an Stelle von Naturalabgaben	Gesammtausgabe für ein Hektar nutzbarer Fläche	Im Ganzen	Für ein Hektar nutzbarer Fläche	
M	*M*	*M*	*M*	*M*	*M*	*M*	
230 360	575	77 113	74 718	9,73	1 764 300	8,61	1.
223 310	4 944	80 592	988	8,45	1 621 600	6,95	2.
116 220	14	18 015	13 632	7,61	540 800	4,52	3.
199 668	250	39 760	15 676	7,17	2 066 600	9,34	4.
243 550	8 689	102 137	52 415	10,28	3 781 500	18,05	5.
164 150	2 099	30 978	818	8,15	4 027 000	21,86	6.
154 430	260	21 822	72 648	11,04	2 343 600	20,93	7.
63 500	150	7 047	255	7,40	635 000	9,20	8.
58 000	165	6 421	78	13,12	227 300	8,38	9.
93 200	762	13 400	120	8,98	516 400	6,54	10.
103 300	330	10 237	465	7,38	1 061 000	9,98	11.
112 750	1 625	22 843	43 139	15,22	1 420 600	23,21	12.
41 400	95	7 630	2 474	13,99	516 000	23,87	13.
78 200	1 159	17 191	1 648	10,83	1 615 600	21,16	14.
95 150	2 054	33 766	42 919	13,17	1 046 100	15,55	15.
104 900	866	24 368	973	12,88	1 912 800	24,78	16.
72 650	2 291	5 601	739	17,00	819 200	22,35	17.
79 800	55	9 859	10 732	13,79	487 900	11,58	18.
80 720	1 072	29 500	69 480	26,30	284 700	9,38	19.
277 900	11 381	66 619	82 320	22,06	1 703 200	16,50	20.
154 000	451	54 537	2 719	11,31	573 700	6,77	21.
36 500	—	18 669	761	11,90	122 500	5,59	22.
29 100	—	8 427	787	11,59	33 800	2,12	23.
7 000	—	6 194	2 044	22,50	71 300	29,93	24.
61 260	3 916	5 783	983	14,22	557 800	16,46	25.
37 060	57	15 820	429	16,97	208 100	10,50	26.
—	—	—	—	—	—	—	
503 565	10 815	12 285	1 051	14,44	1 428 800	6,95	27.
—	—	—	—	—	—	—	
132 395	1 163	31 521	3 976	22,82	617 700	11,75	28.
53 869	344	3 758	2 008	18,07	366 500	12,86	29.
29 600	134	13 355	2 588	17,85	572 100	31,86	30.
24 600	346	8 271	2 427	16,91	242 800	19,00	31.
108 431	3 089	14 523	2 832	17,21	1 029 200	16,23	32.
59 700	591	5 404	2 977	14,42	281 500	9,51	33.
3 830 238	**59 742**	**823 448**	**511 820**	—	**34 497 000**	—	
—	—	—	—	—	—	—	
—	—	—	—	—	5 700 020	—	
3 830 238	**59 742**	**823 448**	**511 820**	—	**28 796 980**	—	
1 269 762	15 258	496 552	38 180	—	—	—	
5 100 000	**75 000**	**1 320 000**	**550 000**	**14,39**	**28 796 980**	**10,78**	

Anlage XXII.

Vergleichende Uebersicht über die Bruttoerträge der Holznutzung in den Staatsforsten der einzelnen Regierungsbezirke für die Rechnungsjahre **1850, 1865, 1875, 1884/85, 1892/93** und **1897/98.**

1	2	3	4	5	6	7	8	9	10	11
Regierungs-bezirke.	Ertrag aus dem Holze (einschl. des Taxverlustes für Freiholzabgaben) für das Hektar der zur Holzzucht bestimmten Fläche[1]								Sollbetrag der Holzeinnahme pro ha ertragsfähiger Staatswaldfläche für	
						1. April 1892/93 gegen				
	1850	1865	1875	1884/85	1892/93	1850 gestiegen	1870 gestiegen	1870 gesunken	1892/93	1897/98
	ℳ	ℳ	ℳ	ℳ	ℳ	von 100 ℳ auf			ℳ	ℳ
1. Königsberg	3,93	10,02	14,41	16,22	19,93	507	271	—	14,29	15,66
2. Gumbinnen	4,19	8,00	12,93	13,55	15,52	370	224	—	10,73	12,39
3. Danzig	2,04	6,02	8,69	11,08	13,29	651	212	—	9,60	11,20
4. Marienwerder	2,46	7,19	11,79	17,00	18,38	747	247	—	14,33	15,81
5. Potsdam	9,80	19,40	25,49	27,07	30,25	309	181	—	25,47	26,28
6. Frankfurt	8,80	17,11	24,99	23,23	32,74	372	188	—	28,65	28,57
7. Stettin	10,38	20,00	28,08	33,66	34,67	334	187	—	28,75	29,43
8. Köslin	3,50	9,11	13,18	13,72	17,69	505	186	—	9,81	15,30
9. Stralsund	12,38	24,18	27,92	21,30	21,65	175	107	—	20,31	19,41
10. Posen	5,50	13,33	16,85	17,48	19,08	346	169	—	12,95	14,10
11. Bromberg	3,07	8,00	11,61	14,81	18,49	602	187	—	14,05	16,79
12. Breslau	12,96	22,05	33,13	36,47	39,12	302	147	—	31,99	35,08
13. Liegnitz	10,20	19,56	24,23	37,77	38,14	374	166	—	31,73	35,98
14. Oppeln	8,66	13,52	23,90	29,83	34,45	398	218	—	25,93	30,58
15. Magdeburg	19,18	27,83	29,92	27,08	27,08	141	—	97	23,40	25,11
16. Merseburg	16,51	32,50	33,25	33,04	36,95	224	137	—	31,19	33,71
17. Erfurt	16,56	30,77	46,15	39,92	49,26	297	172	—	36,67	38,67
18. Schleswig	—	—	36,62	25,27	28,59	—	112	—	19,41	23,37
19. Hannover	—	—			35,07	—	122	—	29,08	27,45
20. Hildesheim	—	—			38,90	—	117	—	34,52	34,05
21. Lüneburg	—	—	31,80 (19.–24.)	27,39 (19.–24.)	17,90	—	101	—	15,65	15,70
22. Stade	—	—			22,91	—	128	—	14,81	15,92
23. Osnabrück	—	—			13,24 (23.–24.)	—	122	—	10,56	10,67
24. Aurich	—	—								
25. Münster	27,06	34,91	60,36	43,30	60,13	222	201	—	49,83	50,38
26. Minden (v. 1870 ab mit Schaumburg)	10,04	17,84	23,00	23,24	36,06	359	230	—	24,10	27,10
27. Arnsberg	13,07	15,85	21,78	21,07	27,50	210	192	—	24,76	25,44
28. Kassel (ohne Schaumburg)	—	—	18,33	17,87	22,40	—	154	—	17,65	19,62
29. Wiesbaden	—	—	37,42	25,96	33,88	—	124	—	26,70	30,90
30. Koblenz	17,64	22,96	35,52	30,12	34,45	195	132	—	28,29	29,76
31. Düsseldorf	13,90	23,79	32,41	33,81	38,11	274	144	—	29,37	31,23
32. Köln	16,35	24,11	29,24	31,99	36,15	221	171	—	24,94	31,79
33. Trier	13,43	29,94	33,53	28,92	35,69	266	150	—	32,03	31,66
34. Aachen	9,21	16,16	18,55	20,62	23,62	256	182	—	20,35	22,78
Staat	8,09	**15,72**	**22,53**	**22,62**	**26,18**	**324**	**161**	—	**22,53**	**22,23**
									Staat 1899:	**24,61**

[1]) Einschl. gemeinschaftliche Waldungen.

Anlage XXIII.

Uebersicht über die Zahl der Forstbeamten in den einzelnen Regierungsbezirken nach dem Etat für 1899.

1	2	3	4	5	6	7	8
Regierungs-bezirke.	Oberforstmeister	Regierungs- und Forsträthe	Oberförster	vollbeschäftigte Forstkassen-Rendanten	Förster, einschl. Revierförster und Hegemeister	Waldwärter	Beamte der Nebenbetriebs-anstalten
1. Königsberg	1	6	40	9	213	16	3 Meister, 1 Wärter } 4
2. Gumbinnen	1	5	39	13	205	11	5 Meister, 3 Wärter } 8
3. Danzig . . .	1	3	20	3	127	9	—
4. Marienwerd.	1	6	42	13	220	13	1 Meister, 1 Wärter } 2
5. Potsdam . .	1	5	42	9	223	20	2 Meister 2
6. Frankfurt .	1	4	37	11	196	6	—
7. Stettin . . .	1	3	25	12	120	3	1 Verwalter, 4 Meister, 4 Wärter } 9
8. Köslin . . .	1	¹) 2	15	2	70	3	2 Wärter 2
9. Stralsund .	1	—	6	3	42	2	—
10. Posen . . .	1	2	15	2	91	7	—
11. Bromberg .	1	2	20	4	107	—	2 Wärter 2
12. Breslau . .	1	2	14	5	98	10	1 Wärter, 1 Holzaufseher } 2
13. Liegnitz . .	1	—	5	—	36	1	—
14. Oppeln . .	1	2	16	5	99	3	2 Meister 2
15. Magdeburg	1	2	19	6	96	5	1 Meister 1
16. Merseburg .	1	3	22	4	119	13	2 Meister, 2 Wärter } 4
17. Erfurt . . .	1	2	14	1	70	3	—
18. Schleswig .	1	2	15	—	54	24	1 Meister, 3 Wärter } 4
19. Hannover .	1	3	24²) + 2³)	1	85	31	1 Wärter 1
20. Hildesheim	1	6	42	6	179	8	—
21. Lüneburg .	1	3	24	—	99	24	3 Wärter 3
22. Stade . . .	1	—	7	—	28	11	—
23. Osnabrück. } 24. Aurich . . . }	1	—	5	—	23	6	—
25. Münster . .	—	—	1	—	6	7	—
26. Minden . .	1	2	10	1	62	8	—
27. Arnsberg .	1	2	9	1	39	2	—
28. Kassel . . .	2	11	86	2	393	27	—
29. Wiesbaden	2	5	57	3	103	50	—
30. Koblenz . .	1	3	11	—	72	9	—
31. Düsseldorf.	1	—	5	1	36	2	1 Verwalter, 2 Thiergarten-förster } 3
32. Köln	1	—	4	—	22	3	—
33. Trier	1	4	18	1	112	5	—
34. Aachen . .	1	1	9	—	43	5	—
35. Sigmaring.	—	—	⁴) 2	—	—	—	—
Staat . .	¹) 34	91	720 + 2	118	3 488	Nach dem Etat für 1897/98⁷) 347	2 Verwalter, 21 Meister, 2 Thiergarten-förster, 23 Wärter, 1 Holzaufseher } 49
			Hierzu durch den Etat für 1899 neu bewilligt u. 1 neue Kloster-Oberförsterei 17	⁵) 1	Bewilligt durch die Etats 1897/98 18; 1898/99 131; 1899⁶) 130	1899 ⁸) 232	Seit 1897/98 weggefallen 1 Wärter 1
			737 + 2	119	3 767		⁹) 48

¹) Einschl. einer erst 1899 bewilligten Stelle. — ²) Hiervon 8 Kloster-Oberförster. — ³) Selbstständige Kloster-Revierförster. — ⁴) Verwalter der Bezirksoberförstereien. — ⁵) Durch den Etat 1898/99 bewilligt. — ⁶) Einschl. 4 für die Klosterforsten. — ⁷) Einschl. 76 nur nebenamtlich beschäftigte. — ⁸) Ausschl. der nebenamtlich beschäftigten. — ⁹) Hiervon nur nebenamtlich 11 Wärter.

Anlage XXIV.

Uebersicht über die Zahl und Besoldung der Forstinspektions-, Verwaltungs- und Schutzbeamten (nach den Anlagen zu den Etats).

1849.

I. Inspektionsbeamte.

a) Bei den Regierungen.

12 wirkliche Oberforstmeister mit 5 400—7 800 ℳ
12 Oberforstbeamte mit oder ohne Titel „Oberforstmeister" mit 3 900—6 711 ℳ
9 Regierungs- und Forsträthe mit 3 000—3 600 ℳ
4 Forst-Assessoren . . . mit 1 800 „
15 Forstsekretäre, einer . „ 3 900 „
die übrigen . . . . mit 1 500—1 800 „

b) Forstinspektoren.

58 . . . . mit 2 700—3 600 „

II. Forstverwaltungs- und Schutzbeamte.

a) Verwaltende Forstbeamte.

8 Oberförster ausnahmsweise mehr als 2 700 ℳ
337 Oberförster . . . . . . 1 500—2 700 „
8 Revierförster . . . . . . 900—1 200 „
353 Beamte.

b) Forstschutzbeamte.

1 617 Förster, wovon 45 ausnahmsweise über 660 ℳ, die übrigen . . . . 420—660 ℳ
286 stationäre Hülfsaufseher mit 300—420 ℳ
249 ambulante Hülfsaufseher mit 300—420 „
303 Waldwärter . . . . . „ 180—216 „
126 desgl. mit Besoldungen unter . 180 „
2 581 Beamte.

III. Forstkassenbeamte

mit Ausnahme einiger wenigen mit Tantièmen, und zwar
216 Forstrendanten bis zu . . . . . . 2 700 ℳ
145 Untererheber „ „ . . . . . . 900 „
361 Beamte.

1859.

I. Inspektionsbeamte.

a) Bei den Regierungen.

11 wirkliche Oberforstmeister mit 3 900—4 800 ℳ und je 900 ℳ Dirigentenzulage.
13 sonstige Oberforstbeamte, bei den Regierungen mit dem Rang der Regierungsräthe . . . . mit 2 700—4 800 ℳ
57 Forstinspektoren mit 2 700—3 600 „
25 Forstassessoren mit 1 200—2 400 „

II. Forstverwaltungs- und Schutzbeamte.

a) Verwaltende Forstbeamte.

357 Oberförster . . . mit 1 500—2 700 ℳ

b) Forstschutzbeamte.

1 856 Förster und Revierförster mit 540—900 ℳ und mit 180—450 ℳ Zulage für Revierförster.
596 Forstaufseher und Waldwärter,
Forstaufseher . . . . mit 540 ℳ
Waldwärter . . . . „ 360 „
2 452 Beamte.

1866.

I. Inspektionsbeamte.

a) Bei den Regierungen.

77 Oberforstbeamte und Forstinspektoren, jene mit 3 600—5 400 ℳ und bis 900 ℳ Funktionszulage für Oberforstbeamte, die Forstinspektoren mit 2 700—3 900 ℳ

II. Forstverwaltungs- und Schutzbeamte.

a) Verwaltende Forstbeamte.
Oberförster wie 1859.

b) Forstschutzbeamte.

2 232 Förster und Revierförster mit Besoldungen wie 1859.
155 Waldwärter . . . . mit 36—450 ℳ
3 387 Beamte.

1869.

I. Inspektionsbeamte.

a) Bei den Regierungen.

144 Oberforstmeister und Forstmeister, soweit sie den Rang der Regierungsräthe haben, mit 3 600—5 400 ℳ, die übrigen Forstmeister 2 700—3 900 ℳ, ausserdem Oberforstmeister je 900 ℳ Funktionszulage.

II. Forstverwaltungs- und Schutzbeamte.

a) Verwaltende Forstbeamte.

756 Oberförster mit 1 500—2 700 ℳ, einschl. Stellenzulage auf sehr schwierigen oder ungünstigen Stellen.

b) Forstschutzbeamte.

3 219 Förster mit 660—960 ℳ, einschl. Stellenzulage auf sehr schwierigen oder ungünstigen Stellen, Revierförsterzulagen wie 1859.
421 Waldwärter mit 36—450 ℳ, Hülfsaufseher bis zu . . . . 600 ℳ

1872.

I. Inspektionsbeamte.

a) Bei den Regierungen.

136 Oberforstmeister und Forstmeister mit 4 200 — 6 000 *M*, die Oberforstmeister 4 200—6 000 *M*, im Durchschnitt 5 100 *M*; Forstmeister 3 600—6 000 *M*, im Durchschnitt 4 800 *M*.

II. Forstverwaltungs- und Schutzbeamte.

a) Verwaltende Forstbeamte.

697 Oberförster mit 1 800—3 300 *M*, im Durchschnitt 2 250 *M*.

b) Forstschutzbeamte.

3 282 Förster bis 1 080 *M*, im Durchschnitt 915 *M*.
372 Waldwärter bis 660 *M*, Hülfsaufseher wie bisher.

1886/87.

I. Inspektionsbeamte.

a) Bei den Regierungen.

33 Oberforstmeister.
89 Forstmeister.
(Besoldungen wie bisher.)

II. Forstverwaltungs- und Schutzbeamte.

a) Verwaltende Forstbeamte.

679 Oberförster mit 2 000 — 3 400 *M* im Durchschnitt 2 700 *M*.

b) Forstschutzbeamte.

2 verwaltende Revierförster in den Hannoverschen Klosterforsten mit 1 260 *M* und 1 320 *M*.
3 384 Förster incl. 1 Forstpolizeisergeant mit 900—1 170 *M*, im Durchschnitt 1 035 *M*, Revierförster- und Hegemeisterzulagen wie bisher.
263 vollbesoldete Waldwärter mit 360—660 *M*
85 nebenamtliche „ „ 36—324 „

1887/88.

I. Inspektionsbeamte.

Wie bisher.

II. Forstverwaltungs- und Schutzbeamte.

a) Verwaltende Forstbeamte.

683 Oberförster mit 2 100 — 3 600 *M*, im Durchschnitt 2 850 *M*, verwaltende Revierförster der Klosterforsten wie bisher.

b) Forstschutzbeamte.

3 390 Förster incl. 1 Forstpolizeisergeant mit 900 - 1 300 *M*, im Durchschnitt 1 100 *M*, Revierförster- und Hegemeisterzulage wie bisher.
266 vollbesoldete } Waldwärter
83 nebenamtlich beschäftigte } Waldwärter
mit Besoldungen wie bisher.

1888/89.

I. Inspektionsbeamte.

Wie bisher.

II. Forstverwaltungs- und Schutzbeamte.

a) Verwaltende Forstbeamte.

680 Oberförster,
2 verwaltende Revierförster in den Klosterforsten mit Besoldungen wie bisher.

b) Forstschutzbeamte.

3 388 Förster incl. 1 Forstpolizeisergeant mit Besoldungen wie bisher.
3 Förster mit einer angekauften Herrschaft übernommen à 750 *M*.
2 antheilig besoldete Förster à 380 und 320 *M*.

3 393 Beamte.

271 vollbesoldete } Waldwärter
78 nebenamtlich beschäftigte } Waldwärter
mit Besoldungen wie bisher.

III. Forstkassenbeamte.

115 vollbeschäftigte Forstkassen-Rendanten mit 1 800 — 3 400 *M*, im Durchschnitt 2 600 *M*.

1891/92.

I. Inspektionsbeamte.

Wie bisher.

II. Forstverwaltungs- und Schutzbeamte.

a) Verwaltende Forstbeamte.

684 Oberförster mit 2 400—4 500 *M*, im Durchschnitt 3 450 *M*.
2 verwaltende Revierförster in den Klosterforsten mit 1 600 und 1 660 *M*.

b) Forstschutzbeamte.

3 419 Förster mit 1 100—1 500 *M*, im Durchschnitt 1 350 *M*.
2 Förster für Zwecke und Kosten einer Privatperson mit 1 200 *M*, Revierförster- und Hegemeisterzulagen wie bisher.

3 421 Beamte.

270 vollbesoldete Waldwärter mit 400—800 *M*.
79 nebenamtliche Waldwärter mit 36—350 „

III. Forstkassenbeamte.

113 vollbeschäftigte Forstkassen-Rendanten mit den bisherigen Besoldungen.

1894/95.

I. Inspektionsbeamte.

a) Bei den Regierungen.

340 Oberforstmeister und
88 Regierungs- und Forsträthe mit 4 200—6000 *M*
Gehaltsstufen: 4 200, 4 600, 5 000, 5 400, 5 700 und 6 000 *M*, Aufrückungszeit je 3 Jahre, Höchstgehalt in 15 Jahren.

II. Forstverwaltungs- und Schutzbeamte.

a) Verwaltende Forstbeamte.

693 Oberförster, einschl. 2 Hohenzollernsche Bezirksoberförster, mit 2 400—4 500 ℳ in 8 Stufen um je 300 ℳ steigend, Aufrückungszeit je 3 Jahre, Höchstgehalt in 24 Jahren, im übrigen wie bisher.

b) Forstschutzbeamte.

3 447 Förster[1]) mit 1 100—1 500 ℳ in 8 Stufen von 1 100, 1 200, 1 250, 1 300, 1 350, 1 400, 1450, 1 500 ℳ, Aufrückungszeit je 3 Jahre, Höchstgehalt in 21 Jahren.
3 Förster je 750 ℳ.
3 450 Beamte.

280 vollbeschäftigte Waldwärter, } wie bisher.
77 nebenamtliche " }

[1]) Seit 1893/94.

III. Forstkassenbeamte.

113 vollbeschäftigte Forstkassen-Rendanten mit 1 800—3 400 ℳ in 9 Stufen um je 200 ℳ steigend, Aufrückungszeit je 3 Jahre, Höchstgehalt in 24 Jahren.

1898/99.

I. Inspektionsbeamte.

a) Bei den Regierungen.

340 Oberforstmeister und
90 Regierungs- und Forsträthe mit 4 200—7 200 ℳ Gehaltsstufen 4 200, 4 800, 5 400, 6 100, 6 500, 6 900, 7 200 ℳ, Aufrückungszeit wie bisher.

II. Forstverwaltungs- und Schutzbeamte.

a) Verwaltende Forstbeamte.

720 Oberförster, einschl. 2 Hohenzollernsche Bezirksoberförster, mit 2 700—5 700 ℳ, Gehaltsstufen 2 700, 3 100, 3 500, 3 900, 4 300, 4 700, 5 100, 5 400, 5 700 ℳ, Aufrückungszeit wie bisher.

Anlage XXV.

Uebersicht der etatsmässigen einmaligen und ausser-den Etats der 20 Jahre

1	2	3	4	5	6	7
Etatsjahr.	Zur Ablösung von Forstservituten, Reallasten und Passivrenten.	Prämien zu Chausseen.	Zur Beschaffung fehlender Förster-Dienstwohnungen.	Zu Anbauversuchen mit ausländischen Holzarten in den Staatsforsten.	Zum Ankauf von Grundstücken zu den Forsten.	Zur Melioration von Moor- und Wiesenflächen.
	ℳ	ℳ	ℳ	ℳ	ℳ	ℳ
1880/81	1 200 000	100 000	300 000	—	—	—
1881/82	1 100 000	100 000	300 000	50 000	—	—
1882/83	1 100 000	—	—	—	950 000	39 650
1883/84	1 100 000	—	—	—	950 000	—
1884/85	1 500 000	—	—	—	950 000	—
1885/86	1 500 000	—	—	—	950 000	—
1886/87	1 500 000	—	—	—	950 000	—
1887/88	1 500 000	—	—	—	950 000	—
1888/89	1 500 000	—	—	—	950 000	—
1889/90	1 500 000	—	—	—	950 000	50 000
1890/91	1 000 000	—	—	—	1 950 000	100 000
1891/92	1 000 000	—	—	—	950 000	100 000
1892/93	1 000 000	—	—	—	950 000	100 000
1893/94	1 000 000	—	—	—	950 000	100 000
1894/95	500 000	—	—	—	950 000	100 000
1895/96	500 000	—	—	—	950 000	100 000
1896/97	500 000	—	—	—	950 000	100 000
1897/98	500 000	—	—	—	950 000	150 000
1898/99	500 000	—	—	—	1 100 000	150 000
1899	500 000	—	—	—	2 400 000	200 000

b) Forstschutzbeamte.

176 Revierförster mit 1 200—1 800 *M*, Stufen 1 200, 1 300, 1 400, 1 500, 1 575, 1 650, 1 725, 1 800 *M*, Aufrückungszeit je 3 Jahre, Höchstgehalt in 21 Jahren.

3 461 Förster mit 1 200—1 600 *M* in 6 Stufen von 1 200, 1 280, 1 360, 1 440, 1 520, 1 600 *M*, Aufrückungszeit je 3 Jahre, Höchstgehalt in 15 Jahren, Revier- und Hegemeisterzulagen wie bisher.

261 vollbeschäftigte Waldwärter 400—800 *M*

77 nebenamtliche „ 36—350 „

III. Forstkassenbeamte.

119 vollbeschäftigte Forstkassen-Rendanten mit 1 800—4 200 *M*, 8 Stufen: 1 800, 2 200, 2 600, 3 000, 3 300, 3 600, 3 900, 4 200 *M*, Aufrückungszeit je 3 Jahre, Höchstgehalt in 21 Jahren.[1])

[1]) Schon seit 1896/97 mit 8 um je 200 *M* steigende Gehaltsstufen.

1899.

I. Inspektionsbeamte.

a) Bei den Regierungen.

Inspektionsbeamte wie im Vorjahr, nur 91 Regierungs- und Forsträthe.

II. Forstverwaltungs- und Schutzbeamte.

a) Verwaltende Forstbeamte.

Oberförster wie 1898/99, nur die Zahl auf 737 vermehrt.

b) Forstschutzbeamte.

174 Revierförster und

3 593 Förster mit 1 200—1 800 *M*. Gehaltsstufen und Aufrückungszeit wie bisher bei den Revierförstern.

232 vollbeschäftigte Waldwärter mit 600 bis 1 000 *M*. Die nebenamtlich beschäftigten sind aus dem Besoldungsetat ausgeschieden.

III. Forstkassenbeamte.

Forstkassen-Rendanten wie bisher.

ordentlichen Ausgaben der Forstverwaltung nach 1. April/31. März **1880/1899.**

8	9	10	11	12	13	14
Zur Anlage und zur Betheiligung an Anlagen von Kleinbahnen sowie zu Beihülfen für dieselben.	Zur versuchsweisen Errichtung von Insthäusern für Arbeiter.	Zur Errichtung meteorologischer Beobachtungsstationen.	Zum Neubau der forstfiskalischen Schiffsschleuse bei Guszianka im R.-B. Gumbinnen, 1. Rate.	Zum Aufbau eines grösseren Logir- und Speisehauses auf dem „Stutenhaus" in der Oberförsterei Erlau, R.-B. Erfurt.	Summe der Ausgaben überhaupt.	Wiederholung der Spalte 1.
M	*M*	*M*	*M*	*M*	*M*	
—	—	—	—	—	**1 600 000**	1880/81
—	—	—	—	—	**1 550 000**	1881/82
—	—	—	—	—	**2 089 650**	1882/83
—	—	—	—	—	**2 050 000**	1883/84
—	—	—	—	—	**2 450 000**	1884/85
—	—	—	—	—	**2 450 000**	1885/86
—	—	—	—	—	**2 450 000**	1886/87
—	—	—	—	—	**2 450 000**	1887/88
—	—	—	—	—	**2 450 000**	1888/89
—	—	—	—	—	**2 500 000**	1889/90
—	—	—	—	—	**3 050 000**	1890/91
—	—	—	—	—	**2 050 000**	1891/92
—	—	—	—	—	**2 050 000**	1892/93
—	—	—	—	—	**2 050 000**	1893/94
200 000	—	—	—	—	**1 750 000**	1894/95
200 000	—	—	—	—	**1 750 000**	1895/96
200 000	40 000	—	—	—	**1 790 000**	1896/97
200 000	50 000	—	—	—	**1 850 000**	1897/98
200 000	50 000	13 000	—	—	**2 013 000**	1898/99
200 000	80 000	—	100 000	70 000	**3 550 000**	1899

Anlage XXVI.

Uebersicht der Einnahmen, Ausgaben und der nach Abzug dieser von jenen verbleibenden Nettoerträge der Forstverwaltung nach den Etats. (In Tausenden Mark.)

1	2	3	4	5	6	7	8
Etatsjahr	Einnahme	dauernde	einmalige und ausserordentliche	Nettoertrag nach Abzug der dauernden		Nettoertrag nach Abzug der dauernden u. d. einmaligen u. ausserordentlichen	
		Ausgaben		Ausgaben	Prozent der Brutto-Einnahme	Ausgaben	Prozent der Brutto-Einnahme
1849 . . .	14 777	7 464	375	7 313	49,5	6 938	46,9
1850 . . .	14 766	7 404	60	7 362	49,9	7 302	49,4
1851 . . .	15 146	7 521	89	7 624	50,3	7 535	49,7
1852 . . .	15 681	7 719	150	7 962	50,8	7 812	49,8
1853 . . .	15 969	7 869	150	8 100	50,7	7 950	49,8
1854 . . .	16 121	8 000	400	8 121	50,4	7 720	47,9
1855 . . .	16 454	8 074	450	8 380	50,9	7 930	48,8
1856 . . .	16 807	8 077	550	8 730	51,9	8 180	48,7
1857 . . .	17 505	8 445	570	9 060	51,8	8 490	48,5
1858 . . .	18 210	8 811	570	9 399	51,6	8 829	48,5
1859 . . .	18 975	9 195	531	9 780	51,6	9 249	48,7
1860 . . .	19 405	9 334	516	10 071	51,9	9 555	49,2
1861 . . .	19 706	9 466	516	10 240	52,0	9 724	49,3
1862[1]) . .	26 914	11 731		—	—	15 183	56,4
1863[1]) . .	28 329	12 458		—	—	15 871	56,1
1864[1]) . .	28 604	12 362		—	—	16 242	56,8
1865[1]) . .	30 853	12 621		—	—	18 232	59,1
1866[2]) . .	27 906	11 634	1 270	16 272	58,3	15 001	53,8
1867[3]) . .	28 074	11 730	1 791	16 344	58,2	14 553	51,8
1868 . . .	41 025	19 555	2 050	21 470	52,3	19 410	47,3
1869 . . .	41 306	19 624	2 167	21 683	52,5	19 516	47,2
1870 . . .	41 416	20 260	1 980	21 156	51,1	19 176	46,3
1871 . . .	41 817	20 587	2 010	21 229	50,8	19 219	46,4
1872 . . .	41 820	20 904	2 286	20 916	50,0	18 630	44,5
1873 . . .	43 620	22 686	2 597	20 934	48,0	18 337	42,0
1874 . . .	47 235	27 042	2 295	20 193	42,8	17 898	38,0
1875 . . .	51 086	27 852	2 945	23 234	45,5	20 289	39,7
1876 . . .	53 410	27 989	1 900	25 421	47,6	23 521	44,0
1877/78. .	55 100	28 310	1 837	26 790	48,6	24 953	45,3
1878/79. .	55 497	28 383	1 850	27 114	48,9	25 264	45,5
1879/80. .	51 669	28 625	3 750	23 045	44,4	19 295	37,3
1880/81. .	50 150	28 845	1 600	21 305	42,5	19 705	39,3
1881/82. .	50 500	28 836	1 550	21 664	42,9	20 114	39,8
1882/83. .	51 587	29 985	2 090	21 602	41,9	19 512	37,8
1883/84. .	52 371	30 464	2 050	21 907	41,8	19 857	37,7
1884/85. .	52 333	30 611	2 450	21 722	41,5	19 272	36,9
1885/86. .	52 985	30 660	2 450	22 325	42,1	19 875	37,5
1886/87. .	56 070	31 062	2 450	25 008	44,6	22 558	40,2
1887/88. .	58 056	31 787	2 450	26 269	45,2	23 819	41,3
1888/89. .	57 788	32 019	2 450	25 769	44,6	23 319	40,3
1889/90. .	57 980	32 050	2 500	25 930	44,7	23 430	40,4
1890/91. .	59 350	32 304	3 050	27 046	45,6	23 996	40,4
1891/92. .	62 350	33 886	2 050	28 464	45,6	26 414	42,3
1892/93. .	64 860	34 243	2 050	30 617	47,2	28 567	44,0
1893/94. .	65 488	34 281	2 050	31 207	47,6	29 157	44,4
1894/95. .	63 504	34 330	1 750	29 174	45,9	27 424	43,2
1895/96. .	61 616	34 836	1 750	26 780	43,5	25 030	40,6
1896/97. .	62 305	35 379	1 790	26 926	43,2	25 136	40,3
1897/98. .	63 823	35 908	1 850	27 915	43,7	26 065	40,8
1898/99. .	67 228	38 431	2 013	28 797	42,9	26 784	40,0
1899 . . .	71 742	39 056	3 550	32 686	45,6	29 136	40,6

[1]) Nach den Zahlen des Gesetzes v. 14. September 1866. — [2]) Nach dem Etatsentwurf. — [3]) Ohne Berücksichtigung der neuen Landestheile.

Kolibri 360 GmbH
Ferdinand-Jühlke-Straße 7
99095 Erfurt, Deutschland
produktsicherheit@kolibri360.de